KB273627

한국어능력인증
대학생을 위한 강의와 실습

고 창 운

도서출판 박이정

책 머 리 에

이 책은 한국어 능력 인증을 위한 각종 시험을 준비하는 데에 필요한 내용을 짜임새 있게 정리하여 제시한 것이다. 애초 대학의 학부 학생들을 위한 강의 목적으로 준비였으나, 이 책으로 일반인도 스스로 공부할 수 있도록 하면 좋겠다는 생각에서 상당한 분량의 연습 문제까지 추가하여 자습용으로도 손색이 없도록 하였다.

한국어 능력이란 한국어 사용 능력을 가리키는 것으로서 한국어를 매개로 자신의 생각이나 느낌 등을 바르고 정확하게 표현하는 능력과 남의 생각이나 느낌을 제대로 이해하는 능력을 말한다. 크게 보면 표현의 면에서 말하기, 쓰기 능력이 있고, 이해의 면에서 듣기, 읽기 능력이 있다. 이 책에는 언어 사용 능력과 관련한 이러한 네 영역을 뼈대로 삼아 영역별 언어능력을 키우는 데 필요한 기본 개념과 지식을 요령있게 정리하였으며, 이와 연관된 실질적인 연습을 하기 위한 문제들을 함께 제시하였다.

언어를 효율적이고 바르게 사용하는 능력은 인간이 하는 모든 문화활동의 기초이므로 그 중요성은 새삼 말할 필요도 없으나, 요즈음 한국어 능력 인증을 위한 각종 시험이 실시됨으로써 언어능력 향상을 위한 일에 관심이 매우 높아지고 있다. 특히 지난 2005년 '국어 사용의 촉진'과 '국어 발전과 보급의 기반'을 마련한 국어기본법이 제정된 일을 계기로 우리 사회에서는 국어가 민족문화 창조의 원동력임을 새롭게 인식하고, 각종 시험에서 국어능력을 인재 선발의 중요한 기준으로 삼는 일이 많아져서, 국어능력을 중요한 경쟁력으로 인정하는 시대가 왔다. 현재 KBS를 비롯한 일부 언론사가 주관해 한국어능력 인증 시험을 시행하고 있으며, 국가공무원 고시에서도 공직 적성 능력 시험(PSAT)의 언어영역에서 이와 유사한 내용의 시험을 통해 인재를 발굴하고 있는데, 이런 추세는 정부와 언론사를 거쳐 앞으로 민간 부문에까지 확대될 전망이다.

　이런 현실을 감안할 때 사회에서 요구하는 능력을 갖춘 인재를 교육하는 것은 오늘의 대학이 할 일 가운데 가장 큰 일이라고 할 것인데, 이 책은 이런 현실적 요구에 호응하기 위하여 세상에 모습을 보이게 됐다.

　이 책은 크게 5부로 구성했다. 제1부에서는 한글 맞춤법 규정을 비롯한, 띄어쓰기, 표준어 규정, 표준발음법, 외래어 표기법, 로마자 표기법 등 우리의 말글살이에서 반드시 알아야 할 한국 어문 규정을 정리하고 있다. 제2부에서는 어법을 시작으로 쓰기 영역을 개괄하며, 제3부에서는 듣기와 말하기 영역, 제4부에서는 우리말의 역사와 생활 속에 자주 등장하는 속담 및 한자 성어, 그리고 외래어와 일본어투의 어휘 순화를 다루었다. 그리고 제5부에서는 고전과 현대를 아우르는 우리 문학을 개관하였다.

　마지막으로 이 책이 세상에 나오기까지 수고한 여러 사람들에게 감사의 마음을 전한다. 특히 그동안 많은 자료를 수집하고, 원고를 편집·교정하면서 고생한 박영민, 이춘우, 박성현 세 강사 선생께 깊은 감사와 위로의 말을 전한다.

고 창 운

차 례

제1부

어문규정

제1장 한글 맞춤법 규정

▌한글 맞춤법

한국어를 한글문자 체계에 의한 어법(語法)의 규칙에 맞게 표기하는 방법이다. 『국어 정서법』이라고도 하나 이는 한자를 비롯한 외래문자 체계를 포함하는 보다 넓은 개념으로 쓰인다. 한글은 자음과 모음의 초성·중성·종성이 합해져 하나의 음절을 이루는 음소문자(音素文字)인 동시에 음절문자(音節文字)이므로 반드시 바른 음절을 이루게 하는 일정한 규칙과 법칙이 필요하다. 현행 『한글맞춤법』은 1933년 조선어학회에서 제정·공포하여 50여 년 동안 국어의 공식적 표기규칙으로 사용되어 온『한글맞춤법통일안』의 체계를 보완·개정한 것이다. 이는 70년 4월부터 개정작업이 시작되어 87년 시행(안)이 마련되었고 88년 1월 교육부 고시 제88-1호로 고시되어 89년 3월 1일부터 시행되었다.

1. 한글 맞춤법의 원칙

(1) 소리와 어법

『한글 맞춤법』제 1항에 따르면, 한글 맞춤법의 원칙은 크게 두 가지로 나눌 수 있다. 첫째, 표준어를 소리대로 적는다는 것, 둘째, 어법에 맞도록 하는 것이다. 첫 번째 원칙에 따라 [구름], [나무], [하늘], [놀다]로 소리 나는 말들을 '구름', '나무', '하늘', '놀다'로 적게 된다.

그런데, 표준어를 소리대로 적는다는 원칙만을 적용하기 어려운 경우도 상당히 많다. 가령 '꽃'이라는 단어는 '-이, -과, -은' 등의 조사를 비롯하여 '+나무, +산' 등 뒤에 붙는 말에 따라 [꼬치, 꼳꽈, 꼰나무]처럼 그 발음 형태가 상이하게 나타난다. 이를 그 발음 형태대로 적는다면 그 뜻이 얼른 파악되지 않고, 따라서 의사소통에 많은 어려움이 따를 것이다. 그리하여 소리대로 적되, '어법에 맞도록 한다'는 원칙이 붙은 것이다. 여기서 어법이란 뜻을 파악하기 쉽도록 하기 위해 하나의 형태소는 동일하게 적는다는 원리를 의미한다.

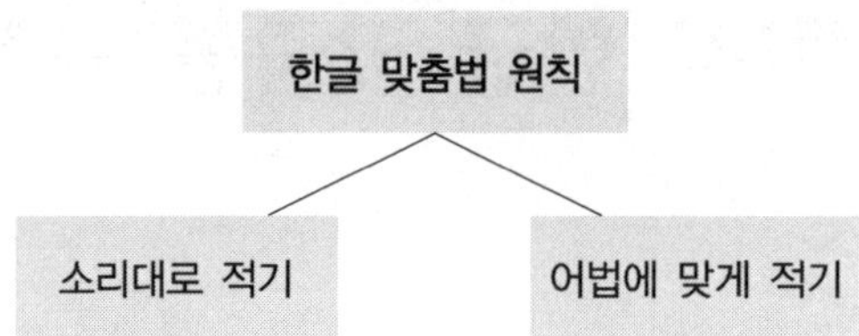

(2) 자음과 모음

한글 글자는 자음을 적는 음소문자와 모음을 적는 음소문자를 모아 쓴 음절이다. 한글의 자음과 모음의 수는 모두 24자로 『한글 맞춤법』 제 4항에 그 순서와 이름을 밝혀 놓았다.

자음	ㄱ(기역)	ㄴ(니은)	ㄷ(디귿)	ㄹ(리을)	ㅁ(미음)
	ㅂ(비읍)	ㅅ(시옷)	ㅇ(이응)	ㅈ(지읒)	ㅊ(치읓)
	ㅋ(키읔)	ㅌ(티읕)	ㅍ(피읖)	ㅎ(히읗)	

모음	ㅏ(아)	ㅑ(야)	ㅓ(어)	ㅕ(여)	ㅗ(오)
	ㅛ(요)	ㅜ(우)	ㅠ(유)	ㅡ(으)	ㅣ(이)

위의 자모로는 된소리나 거센소리, 이중모음 등을 적을 수 없다. 그래서 이들은 두 개 이상의 자음과 모음을 어울러서 적고 있다. 『한글 맞춤법』 제 4항 '붙임 1'에서는 그 순서와 이름을 다음과 같이 정하고 있다.

자음	ㄲ(쌍기역)	ㄸ(쌍디귿)	ㅃ(쌍비읍)	ㅆ(쌍시옷)	ㅉ(쌍지읒)

모음	ㅐ(애)	ㅒ(얘)	ㅔ(에)	ㅖ(예)	ㅘ(와)	ㅙ(왜)
	ㅚ(외)	ㅝ(워)	ㅞ(웨)	ㅟ(위)	ㅢ(의)	

또한 사전에 올릴 적의 자모 순서도 다음과 같이 명시하고 있다.

자 음	ㄱ	ㄲ	ㄴ	ㄷ	ㄸ	ㄹ	ㅁ	ㅂ
	ㅃ	ㅅ	ㅆ	ㅇ	ㅈ	ㅉ	ㅊ	ㅋ
	ㅌ	ㅍ	ㅎ					

모 음	ㅏ	ㅐ	ㅑ	ㅒ	ㅓ	ㅔ	ㅕ	ㅖ
	ㅗ	ㅘ	ㅙ	ㅚ	ㅛ	ㅜ	ㅝ	ㅞ
	ㅟ	ㅠ	ㅡ	ㅢ	ㅣ			

2. 소리에 관한 맞춤법

(1) 된소리 적기

『한글 맞춤법』제 3항 1절에서는 한 단어 안에서 뚜렷한 까닭 없이 나는 된소리는 다음 음절의 첫소리를 된소리로 적는다.

원칙 1   한 개의 형태소 내부에서, 두 모음 사이에서 나는 된소리는 된소리로 적는다.

소쩍새	어깨	오빠	으뜸	아끼다
기쁘다	깨끗하다	어떠하다	해쓱하다	가끔
거꾸로	부썩	어찌	이따금	

원칙 2   한 개 형태소 내부에서, 울림소리(ㄴ, ㄹ, ㅁ, ㅇ) 뒤에서 나는 된소리는 된소리로 적는다. 받침 'ㄴ, ㄹ, ㅁ, ㅇ'은 예사소리를 경음화시키는 필연적인 조건이 안 되기 때문이다.

산뜻하다	잔뜩	살짝	훨씬	담뿍
움찔	몽땅	엉뚱하다		

'산뜻하다, 잔뜩, 살짝' 등은 '산듯하다, 잔득, 살작' 등으로 적을 이유는 없다. 다만, '국수, 깍두기, 딱지' 등 한 개의 형태소 내부에 있어서도 'ㄱ, ㅂ' 받침 뒤는 항시 경음화의 규칙성이 적용되는 환경을 만들기 때문에, 된소리로 나더라도 된소리로 적지 않기로 한다.

> **알아두기** "뚝빼기도 곱빼기가 있습니까?"
>
> 식당에 가면, 대부분의 차림표에 '뚝빼기'를 적고 있는 것을 볼 수 있다. '뚝배기'와 '곱빼기'의 경우, 다같이 〔-빼기〕로 발음되면서도 이를 '-배기'와 '-빼기'로 구별해 적도록 하고 있다. '귀퉁배기, 나이배기, 대짜배기, 육자배기, 주정배기, 포배기, 혀짤배기' 등과 같이, 〔-배기〕로 발음되는 경우를 '-배기'로 적어야 하는 것은 당연하다. 그런데, 문제가 되는 것은 발음이 〔-빼기〕이지만, '-배기'로 적어야 하는 경우이다.
>
> 결론으로 말하자면, 위의 문장은 "뚝배기도 곱빼기가 있습니까?"로 적어야 한다. '뚝배기, 학배기' 등의 낱말에서 한 형태소 내부에서 'ㄱ, ㅂ' 받침 뒤에서 〔빼기〕로 발음되는 경우는 '-배기'로 적어야 한다. 왜냐하면, '뚝배기, 학배기'는 『한글 맞춤법』제5항의 "한 낱말 안에서 'ㄱ, ㅂ' 받침 뒤에서 나는 된소리는 같은 음절이나 비슷한 음절이 겹쳐 나는 경우가 아니면 된소리로 적지 아니한다."라는 규정을 따라야 하기 때문이다. 유의해야 할 것은, '곱빼기'는 'ㄱ' 받침 뒤에서 된소리가 나는 경우이지만, '같은 음절이나 비슷한 음절이 겹쳐 나는 경우(ㅂ+ㅃ)'에 속하므로 된소리로 적는다. 반면, 다른 형태소 뒤에서 〔-빼기〕로 발음되는 것은 모두 '-빼기'로 통일하여 적도록 하고 있다. 여기에는 '고들빼기, 그루빼기, 대갈빼기, 머리빼기, 이마빼기, 재빼기, 코빼기' 등이 해당한다.

(2) 'ㄷ' 소리 받침

원칙 1 'ㄷ' 소리로 나는 받침 중에서 'ㄷ'으로 적을 근거가 없는 것은 'ㅅ'으로 적는 것을 원칙으로 한다.

덧저고리　돗자리　엇셈　웃어른　핫옷　무릇　사뭇
얼핏　자칫하면　뭇〔衆〕　옛　첫　헛

'ㄷ' 소리로 나는 받침이란, 음절 끝소리로 발음될 때 [ㄷ]으로 실현되는 'ㅅ, ㅆ, ㅈ, ㅊ, ㅌ' 등을 말하는데, 이 받침들은 단어의 끝이나 자음 앞에서는 모두 [ㄷ]으로 실현된다. 한편, 'ㄷ'으로 적을 근거가 없는 것이란, 그 형태소가 'ㄷ' 받침을 가지지 않은 것을 말하는데, 가령 '걷-잡다', '곧-장', '낟-가리' 등은 원래 'ㄷ' 받침을 가지고 있는 것으로 분석되고, '반짇-고리', '사흗-날', '숟-가락' 등은 'ㄹ'받침이 'ㄷ'으로 바뀐 것으로 설명될 수 있다. 그러나, '갓-스물', '걸핏-하면', '덧-셈' 등은 'ㄷ'으로 적을 근거가 없는 것이다. 이 경우에는 'ㅅ'으로 적는 것을 원칙으로 한다.

(3) 구개음화

원칙 1 'ㄷ, ㅌ' 받침 뒤에 종속적 관계를 가진 '- 이(-)'나 '- 히 -'가 올 적에는, 그 'ㄷ, ㅌ'이 'ㅈ, ㅊ'으로 소리 나더라도 'ㄷ, ㅌ'으로 적는다.

ㄱ	ㄴ	ㄱ	ㄴ
맏이	마지	핥이다	할치다
해돋이	해도지	걷히다	거치다
굳이	구지	닫히다	다치다
같이	가치	묻히다	무치다
끝이	끄치		

※ 원칙 : ㄱ을 취하고, ㄴ을 버린다.

'종속적 관계'란 형태소 연결에 있어서 체언, 어근, 용언, 어간 등의 실질 형태소에 조사, 접미사, 어미 등의 형식 형태소가 결합하는 관계를 말한다. 그런데 『한글 맞춤법』 제 6항에서는 실질 형태소의 끝 받침 'ㄷ, ㅌ'이 구개음화하여 [ㅈ, ㅊ]으로 발음되더라도 그 기본 형태인 'ㄷ, ㅌ'을 밝히는 것을 원칙으로 하고 있다. 다시 말해, 형식 형태소의 경우는 변이 형태를 인정하여 소리 나는 대로 적지만, 실질 형태소의 경우는 그 본모양을 밝히어 적는 것을 원칙으로 한다.

(4) 두음 법칙

원칙 1 한자음 '녀, 뇨, 뉴, 니'의 경우
단어 첫머리에 위치하는 한자의 음이 두음법칙에 따라 달라지는 것은 달라지는 그대로 적는다.

곧, 한자음이 '녀, 뇨, 뉴, 니'인 한자가 첫머리에 올 적에는, 두음 법칙을 적용하여 '여, 요, 유, 이'로 적는다. 그러나 '냥', '냥쭝', '년' 등은 그 앞의 말과 연결되어 하나의 단위를 구성하는 것이기 때문에, 소리대로 적는다.

ㄱ	ㄴ	ㄱ	ㄴ
여자(女子)	녀자	유대(紐帶)	뉴대
연세(年歲)	년세	이토(泥土)	니토
요소(尿素)	뇨소	익명(匿名)	닉명

※ 원칙 : ㄱ을 취하고, ㄴ을 버린다.

한편, '남녀(男女), 당뇨(糖尿), 결뉴(結紐), 은닉(隱匿)' 등의 단어의 첫머리가 아닌 경우에는 두음법칙의 적용을 받지 않지만, '신여성(新女性), 공염불(空念佛), 남존여비(男尊女卑)' 등 접두사처럼 쓰이는 한자가 붙어서 된 말이나 합성어에서 뒷말의 첫소리가 'ㄴ' 소리로 나는 말이라도 두음 법칙에 따라 적는다. 아울러 '한국여자대학, 대한요소비료회사' 등 둘 이상의 단어로 이루어진 고유 명사를 붙여 쓰는 경우에도 두음법칙을 적용한다.

알아두기 **연도(年度)와 년(年)**
이미 살펴본 것처럼, 단어 첫머리에 오는 '녀, 뇨, 뉴, 니'는 반드시 두음법칙을 적용한다. 그러나 의존명사는 이 규정을 적용하지 않음을 유의해야 한다. 가령, 의존명사 '년(年)'은 '몇 년', '년 2회' 등과 같이 본디 음대로 '년'으로 적는다. 이 단어는 의존명사가 아닌 두 음절 이상의 낱말 첫머리에 쓰일 때만 두음법칙의 적용을 받는다.

알아두기 **'회계연도'와 '학년도'**
회계연도는 회계(會計)와 연도(年度)의 합성어이다. 그러므로 연도(年度)는 두음법칙 적용을 해 반드시 '연도'라 적어야 한다. 보통 회계연도를 '회계년도'로 쓰는 경우를 종종 볼 수 있는데, 이는 이 단어를 합성어가 아닌 한 단어로 잘못 보고 있기 때문에 일어나는 현상이다. 그런데 학년도는 회계연도와 조어법이 다르다. 회계연도는 회계와 연도가 합쳐진 말인 반면, 학년도는 학년과 도가 합쳐진 말이다. 그러므로 학년은 두음법칙의 적용을 받지 않는다.

알아두기 **신여성과 신녀성**
'신여성'은 '-여-'의 형태로 두음법칙의 적용을 받지 않는 환경을 형성하지만, '신(新)'이 접두사처럼 쓰이는 한자이기 때문에 두음법칙의 적용을 받는다. 따라서 신녀성이 아니라 신여성으로 적어야 한다. 신학기, 신세기 등의 단어를 보면 '신'이 접두사처럼 쓰이고 있음을 쉽게 알 수 있다. 공염불(空念佛)도 이와 비슷한 예이다.

원칙 2 한자음 '랴, 려, 례, 료, 류, 리'의 경우
한자음 '랴, 려, 례, 료, 류, 리'가 단어의 첫머리에 올 적에는, 두음 법칙에 따라 '야, 여, 예, 요, 유, 이'로 적는다. 그러나 '리'(里)와 같은 의존 명사와 '개량(改良), 선량(善良), 수력(水力),

협력(協力)’ 등 단어의 첫머리 이외의 경우에는 본음대로 적는다.

ㄱ	ㄴ	ㄱ	ㄴ
양심(良心)	량심	용궁(龍宮)	룡궁
역사(歷史)	력사	유행(流行)	류행
예의(禮儀)	례의	이발(理髮)	리발

※ 원칙 : ㄱ을 취하고, ㄴ을 버린다.

　　다만, ‘나열(羅列), 치열(齒列), 비열(卑劣)’처럼 모음이나 ‘ㄴ’ 받침 뒤에 이어지는 ‘렬, 률’의 경우는 ‘열, 율’로 적으며, ‘신립(申砬), 최린(崔麟)’처럼 외자로 된 이름을 성에 붙여 쓸 경우에도 본음을 적을 수 있다. 또한 ‘국련(국제연합), 대한교련(대한교육연합회)’ 등 준말에서 본음으로 소리가 나는 경우나, ‘역이용(逆利用), 열역학(熱力學)’ 등 접두사처럼 쓰이는 한자가 붙어서 된 말이나, 합성어에서 뒷말의 첫소리가 ‘ㄴ’ 또는 ‘ㄹ’ 소리로 나는 경우에도 두음법칙이 적용된다. 마지막으로 ‘서울여관, 신흥이발관, 육천육백육십육’ 등 둘 이상의 단어로 이루어진 고유 명사를 붙여 쓰는 경우나 십진법에 따라 쓰는 수(數)도 두음법칙을 적용한다.

> **알아두기** ‘리(里/ 理/ 厘)’와 ‘량(輛)’
> 　의존명사 리와 량의 경우도 역시 두음법칙의 적용을 받지 않는다. ‘그럴 리가 없다’, ‘몇 리까지 왔나?’, ‘2푼 5리(厘)’, 그리고 ‘객차 오십 량(輛)’에처럼 본음대로 적는다.

> **알아두기** ‘연리율’과 ‘연이율’
> 　앞의 ‘신여성’의 경우처럼, 접두사처럼 쓰이는 한자 뒤에서는 두음법칙이 적용된다. 따라서 ‘연(年)’이 접두사처럼 쓰이고 있기 때문에, 리율이 아닌 이율로 적어야 하는 것이다.

> **알아두기** ‘자민연’과 ‘자민련’
> 　자유민주연합의 줄임말은 무엇인가? 결론으로 말하면, 자민연이 아니라 자민련이 맞다. 본디 이름이 길어서 부르기 불편한 단체들의 이름은 줄임말로 만들어서, 본이름보다도 더 널리 통용되고 있다. 그런데 줄임말의 경우에는 두음법칙이 적용되지 않은 예외적 상황이 발생한다. 줄임말은 합성어가 아니라 신조어이며, 그렇기 때문에 낱말마다의 고유한 어형이 사라지게 된다.

원칙 3　한자음 ‘라, 래, 로, 뢰, 루, 르’의 경우

　　한자음 ‘라, 래, 로, 뢰, 루, 르’가 단어의 첫머리에 올 적에는, 두음 법칙에 따라 ‘나, 내, 노, 뇌, 누, 느’로 적는다. 그러나 ‘쾌락(快樂), 극락(極樂), 거래(去來), 왕래(往來)’ 등 단어의 첫머리 이외의 경우에는 적용받지 않는다.

ㄱ	ㄴ	ㄱ	ㄴ
낙원(樂園)	락원	뇌성(雷聲)	뇌성
내일(來日)	래일	누각(樓閣)	누각
노인(老人)	로인	능묘(陵墓)	릉묘

※ 원칙 : ㄱ을 취하고, ㄴ을 버린다.

알아두기 '중노동(重勞動)'과 '비논리적(非論理的)'

'중노동', '비논리적'처럼 접두사처럼 쓰이는 한자 뒤에서는 항시 두음법칙의 적용을 받는다.

알아두기 '구름량'인가, '구름양'인가

『한글 맞춤법』 해설에 보면, "고유어 뒤에 한자어가 결합한 경우는 뒤의 한자어 형태소가 하나의 낱말로 인식되므로, 두음법칙을 적용"한다고 되어 있다. 따라서 구름+량(量)은 '구름양'으로, 허파숨+량(量)은 '허파숨양'으로, 어머니+란(欄)은 '어머니난'으로 적어야 한다. 아울러 외래어+한자어의 경우도 두음법칙을 적용한다. 가십(gossip)+란(欄)은 '가십란'이 아니라 '가십난'으로 적어야 한다.

(5) 모음 'ㅖ'와 'ㅒ', 겹쳐서 나는 소리

(가) 모음

원칙 1 '계, 례, 몌, 폐, 혜'의 'ㅖ'는 'ㅔ'로 소리나는 경우가 있다. 즉, '예' 이외의 음절에 쓰이는 이중모음 'ㅖ'는 단모음화하여 [ㅔ]로 발음되고 있지만, 'ㅖ'로 적는 것을 원칙으로 한다.

ㄱ	ㄴ	ㄱ	ㄴ
계수(桂樹)	게수	혜택(惠澤)	헤택
사례(謝禮)	사레	계집	게집
연몌(連袂)	연메	핑계	핑게
폐품(廢品)	페품	계시다	게시다

※ 원칙 : ㄱ을 취하고, ㄴ을 버린다.

알아두기 '계송'(偈頌)인가 '게송'(偈頌)인가

『한글 맞춤법』에 따르면, 한자 '揭, 憩, 偈'는 '게'로 적기로 하고 있다. 따라서 계송(偈頌)은 게송으로 적어야 한다. 이에 해당하는 단어로는 게시판(揭示板), 휴게실(休憩室), 게양(揭揚) 등이 있다.

원칙 2 '의'나, 자음을 첫소리로 가지고 있는 음절의 'ㅢ'는 'ㅣ'로 소리나는 경우가 있더라도 'ㅢ'로 적는다.

ㄱ	ㄴ	ㄱ	ㄴ
의의(意義)	의이	띄어쓰기	띠어쓰기
본의(本義)	본이	씌어	씨어
오늬	오니	희망(希望)	히망
하늬바람	하니바람	희다	히다
늴리리	닐리리	유희(遊戲)	유히

※ 원칙 : ㄱ을 취하고, ㄴ을 버린다.

(나) 겹쳐 나는 소리

원칙 1 한 단어 안에서 같은 음절이나 비슷한 음절이 겹쳐 나는 부분은 같은 글자로 적는다.

ㄱ	ㄴ	ㄱ	ㄴ
딱딱	딱닥	꼿꼿하다	꼿곳하다
똑딱똑딱	똑닥똑닥	밋밋하다	민밋하다
연연불망(戀戀不忘)	연련불망	쌉쌀하다	쌉살하다
유유상종(類類相從)	유류상종	씁쓸하다	씁슬하다
누누이(屢屢-)	누루이	짭짤하다	짭잘하다

※ 원칙 : ㄱ을 취하고, ㄴ을 버린다.

알아두기 **'누누이'와 '누루이'**

　'연연불망, 유유상종, 누누이'는 두음법칙을 적용하면 '연련-, 유류-, 누루-'의 형태로 적어야 하지만, 사람들의 발음 형태가 〔여: 년-〕, 〔유유-〕, 〔누: 누-〕로 굳어져 있는 것이므로, 관용 형식을 취해, '연연-, 유유-, 누누-'로 적는다. '노노법사(老老法師), 요요무문(寥寥無聞)' 등도 마찬가지다. 그러나 그밖의 경우는 2음절 이하에서 본음대로 적는 것이 원칙이다. 낭랑(朗朗)하다, 냉랭(冷冷)하다, 녹록(碌碌)하다, 늠름(凜凜)하다, 연년생(年年生), 적나라(赤裸裸)하다 등이 여기에 해당한다.

3. 형태와 맞춤법

(1) '-오'와 '-요'의 구별

원칙 1 우리나라 사람이 종종 틀리기 쉬운 말 가운데의 하나가 '-오'와 '-요'의 구별이다. 『한글맞춤법』제 4장 2절 '붙임 2'에서는 종결형에서 사용되는 어미 '- 오'는 '요'로 소리 나는 경우가 있더라도 그 원형을 밝혀 '오'로 적어야 함을 원칙으로 하고 있다.

ㄱ	ㄴ
이것은 책이오.	이것은 책이요.
이리로 오시오.	이리로 오시요.
이것은 책이 아니오.	이것은 책이 아니요.

※ ㄱ은 취하고, ㄴ은 버린다.

대부분의 경우 종결어미 '-오'는, '나도 가오.', '집이 크오.'처럼 모든 용언 어간에 공통적으로 결합하는 형태이다. 그런데, 모음 '이-'의 뒤에서는 '이요'로 발음되는 경우가 있는데, 이는 언어의 체계성을 위해, '-요'로 발음되는 예외를 인정하지 않는다.

원칙 2 반면, 연결형에서 사용되는 '이요'는 소리대로 '이요'로 적는다.

ㄱ	ㄴ
이것은 책이요, 저것은 붓이요, 또 저것은 먹이다.	이것은 책이오, 저것은 붓이오, 또 저것은 먹이다.

※ ㄱ은 취하고, ㄴ은 버린다.

이때, '-요'는 연결형 어미로, 비록 옛말의 '이고'의 'ㄱ'이 묵음화하여 '이오'로 굳어진 것이기는 하지만, 다른 단어의 연결형에 '오' 형식이 없으므로, 소리 나는 대로 적는 것을 원칙으로 한다. 참고로 '읽어요, 좋아요'의 경우처럼 '-요'가 어미 뒤에 덧붙어 높임의 뜻을 더하기도 한다.

> **알아두기** 높임을 뜻하는 보조사 '-요'와 종결형 어미 '-오'의 구별
> '요/오'는 문장 끝에 붙는데, 이 '요/오'를 빼고 문장이 성립하면 '요'를 쓰고, 그렇지 않으면 '오'를 쓴다. 왜냐하면 '요'는 보조사이고, '-오'는 어미로, 국어 문장에서 보조사는 생략될 수 있지만, 어미는 생략될 수 없기 때문이다. "어떻게 살리-요", "참아-요", "좋지-요", "뭘 봐-요" 등에서는 보조사 '요'를 빼면 '해체'가 되지만, 그대로 두면 '해요체'의 문장이 성립한다. 하지만 "이리 오시오", "무엇을 하오", 등에서는 어미 '-오'를 생략하면 문장이 성립하지 않는다. 단, '안녕하세요/ 안녕하셔요'의 '-(으)세요/ -(으)셔요'는 복수표준어로 굳어진 어미로 다룬다.

(2) 어간의 맞춤법

원칙 1 다음과 같은 용언들은 어미가 바뀔 경우, 그 어간이나 어미가 원칙에 벗어나면 벗어나는 대로 적는다.

> - **어간의 끝 'ㄹ'이 줄어드는 경우** 갈다-가니, 간, 갑니다, 가시다, 가오
> - **어간의 끝 'ㅅ'이 줄어드는 경우** 굿다 - 그어, 그으니, 그었다
> - **어간의 끝 'ㅎ'이 줄어드는 경우** 그렇다 - 그러니, 그럴, 그러면, 그러오
> - **어간의 끝 'ㅜ, ㅡ'가 줄어드는 경우** 뜨다 - 떠, 떴다
> - **어간의 끝 'ㄷ'이 'ㄹ'로 바뀌는 경우** 걷다〔步〕 - 걸어, 걸으니, 걸었다
> - **어간의 끝 'ㅂ'이 'ㅜ'로 바뀌는 경우** 쉽다 - 쉬워, 쉬우니, 쉬웠다
> - **'하다'의 활용에서 어미 '-아'가 '-여'로 바뀌는 경우** 하다 - 하여, 하여서, 하여도, 하여라, 하였다
> - **어간의 끝음절 '르' 뒤에 오는 어미 '-어'가 '-러'로 바뀌는 경우** 이르다〔至〕 - 이르러, 이르렀다
> - **어간의 끝음절 '르'의 'ㅡ'가 줄고, 그 뒤에 오는 어미 '-아/-어'가 '-라/-러'로 바뀌는 경우** 부르다 - 불러, 불렀다

알아두기   '(하)자마자'와 '(하)자말자'

　　어간 끝 받침 'ㄹ'은 'ㄷ, ㅈ, 아' 앞에서 줄지 않는 게 원칙인데, 관용상 'ㄹ'이 준 형태가 굳어져 쓰이는 것은 준 대로 적는다. '마지못하다, 마지않다, (하)다마다, (하)자마자, (하)지 마라, (하)지 마(아)'가 여기에 해당한다.

알아두기   '도와'와 '괴로워'

　　'돕-, 곱-'과 같은 단음절 어간에 어미 '-아'가 결합해 '와'로 소리 나는 것은 '-와'로 적는다. 모음이 'ㅗ'이면서 단음절 어간 뒤에 결합하는 '-아'의 경우에만 '와'로 적고 그밖의 경우는 모두 '워'로 적는다.

　·돕다[助]:　　　　도와　　　도와서　　　도와도　　　도왔다
　·괴롭다:　　　　　괴로워　　　괴로워서　　괴로워도　　괴로웠다

(3) 명사와 명사형

　　명사형이란 용언의 어간에 '-음/-ㅁ'이 덧붙여져 만들어지는 낱말을 일컫는다. 우리는 '같음', '소박함', '읽음' 등을 명사형이라고 하는데, '같음'과 '소박함'은 각각 형용사 '같다'와 '소박하다'의 명사형이고, '읽음'은 동사 '읽다'의 명사형이다. 이 낱말들은 모두 완전한 명사는 아니지만, 명사와 같은 기능을 한다. 그러나 명사형으로 바뀌었다고 해서, 품사 자체가 본질적으로 바뀐 것은 아니다. '같음', '소박함'의 품사는 형용사이며, '읽음'의 품사는 동사이다.

(가) '웃음'과 '그리움'

　　명사형을 만드는 데는 어간과 어미의 변화가 없는 경우와, 변화가 있는 경우로 나눌 수 있다. 전자는 '좋다, 있다, 웃다, 같다' 등의 용언에 '-음'이 붙거나, '가다, 하다, 푸르다' 등의 용언에 '-ㅁ'이 붙는 경우로, 각각 '좋음, 있음, 웃음, 같음'과 '감, 함, 푸름'으로 적는다. 이때, 어간과 어미에는 아무런 변화가 없이 본디 형태가 유지된다. 후자는 'ㅅ'이 탈락하거나, 어간의 받침 'ㄷ'이 'ㄹ'로 변한다.

원칙 1   어간 'ㅅ'이 탈락하는 경우

　　어간이 'ㅅ'으로 끝나는 용언을 만들 때에는 받침 'ㅅ'이 탈락하는 경우가 있다. '긋다, 낫다, 잇다, 짓다' 등의 낱말은 어미 '-음'과 결합할 때, 'ㅅ'이 탈락한 채 '그음, 나음, 이음, 지음'으로 바뀐다. 그러나 '빼앗다, 웃다'의 경우처럼 'ㅅ'이 그대로 유지된 채 명사형으로 바뀌는 경우도 있다.

원칙 2   어간 'ㄷ'이 'ㄹ'로 변하는 경우

　　'(길을) 걷다', '(모르는 것을) 묻다'와 같은 낱말들은 명사형으로 바뀔 때, 어간의 받침 'ㄷ'이 'ㄹ'로 변한다. 곧, '걷다'는 '걸음'으로 '묻다'는 '물음'이 된다. 그런데, '걷다'나 '묻다'의 의미가 다르게 쓰이면, 'ㄷ'이 'ㄹ'로 바뀌지 않는 경우도 있다. 곧, '(장막을) 걷다', '(땅에) 묻다'와 같은 낱말들은 각각 '걷음'

과 '묻음'으로, 아무런 형태의 변화가 없다.

  어간이 'ㅂ' 받침으로 끝난 때에는 어간과 어미가 함께 바뀐다. 곧 '곱다, 그립다, 반갑다, 정답다'와 같은 낱말들은 각각 '고움, 그리움, 반가움, 정다움' 들로, 어간의 받침 'ㅂ'이 탈락되고, 어미 '음'도 '움'으로 바뀐다.

(나) '베풂'과 '만듦'

어간이 'ㄹ' 받침으로 끝난 용언을 명사형으로 만들 때 주의해야 할 것이 있다. '갈다, 만들다, 베풀다, 살다, 알다' 등의 낱말은 모두 어간에 받침('ㄹ')이 있지만, 앞의 경우처럼 '-음'을 붙이지 않고, '-ㅁ'을 붙여서 명사형으로 만든다. 이때, 어간의 'ㄹ' 받침은 '-ㅁ'과 결합하여 'ㄻ'의 형태로 변한다. 곧, '갊, 만듦, 베풂, 삶, 앎'의 형태로 바뀐다. 이들을 '감(갈음), 만듬(만들음), 베품(베풀음), 삼(살음), 암(알음)'으로 적으면 모두 맞춤법에 어긋나게 된다는 점을 주의해야 한다. '들다, 열다, 졸다, 흔들다, 둥글다, 줄어들다' 등의 낱말이 여기에 해당한다.

> **알아두기** '삶'(명사)과 '삶'(동사)의 구별
> 명사와 명사형의 형태가 같아 혼란을 주는 수가 있다. 이러한 것들은 그 낱말만으로는 구별하기 쉽지 않다. 이 경우 앞뒤 문맥을 살펴 그 수식관계를 보면 쉽게 알 수 있다.
>
> (ㄱ) 건강한 <u>삶</u>은 건강한 육체에서 비롯된다.
> (ㄴ) 이렇게 <u>삶</u>㉠은 실로 빛나는 <u>삶</u>㉡이다.
>
> (ㄱ)의 경우 '삶'은 관형형인 '건강한'의 수식을 받고 있어 명사임을 알 수 있고, (ㄴ)에서 ㉠은 부사형 이렇게의 수식을 받고 있어 동사임을, 그리고 ㉡은 관형형의 수식을 받고 있어 명사임을 알 수 있다.

(4) 부사화 접미사 '이', '히'

『한글 맞춤법』에는 "부사의 끝 음절이 분명히 '이'로만 소리 나는 것은 '이'로 적고, '히'로만 나거나 '이' '히'로 나는 것은 '히'로 적는다."고 명시되어 있다. 그러나 정확한 발음을 잘 모르는 경우가 많기 때문에, 구별하여 적는 것은 쉽지 않다.

> **원칙 1** '이'로 적는 경우
> - ㄱ받침으로 끝나는 순 우리말 뒤 : 깊숙이, 촉촉이, 큼직이, 끔찍이, 그윽이 등
> - ㅂ불규칙 용언 뒤 : 날카로이, 너그러이, 가벼이, 새로이, 외로이 등
> - 한 단어를 반복한 복합어 뒤 : 겹겹이, 번번이, 일일이, 틈틈이
> - '-하다'가 붙는 어근의 끝소리가 'ㅅ'인 경우 : 깨끗이, 다소곳이, 버젓이, 산뜻이 등
> - '-하다'가 붙지 않는 용언의 어간 뒤 : 헛되이, 적이, 같이, 굳이 등
>
> **원칙 2** '히'로 적는 경우
> - '-하다'가 붙는 어간 뒤 : 조용히, 답답히, 과감히, 막연히 등

알아두기 '섭섭이'와 '섭섭히'

　여기서 우리가 알아두어야 할 것은 '이', '히'의 사용에는 어떤 절대적인 규칙은 없는 점이다. '구구이(구절구절마다)', '구구히(떳떳하게 못하게)'는 뜻에 따라 두 가지 표기가 있다. '섭섭'은 한 단어가 반복됐지만 '섭섭'을 '하다'가 붙는 용언으로 봐야 한다는 주장이 더 설득력 있어 '섭섭히'로 쓴다.

알아두기 '이', '히' 적기

① '이'로만 나는 것 : 가붓이, 깨끗이, 나붓이, 느긋이, 따뜻이, 반듯이, 버젓이, 산뜻이, 의젓이, 가까이, 헛되이, 겹겹이, 날카로이, 대수로이, 번거로이, 적이, 많이, 고이, 번번이, 틈틈이, 일일이, 집집이, 낱낱이, 뚜렷이

② '히'로만 나는 것 : 극히, 급히, 딱히, 속히, 작히, 족히, 특히, 엄격히, 정확히

③ '이', '히'로 나는 것 : 솔직히, 가만히, 간편히, 나른히, 무단히, 각별히, 소홀히, 쓸쓸히, 정결히, 과감히, 꼼꼼히, 심히, 열심히, 급급히, 답답히, 섭섭히, 공평히, 능히, 당당히, 분명히, 상당히, 조용히, 간소히, 고요히, 도저히

(5) 사이시옷

사이시옷을 받쳐 적는 경우는 크게 두 가지이다. 첫째, 우리말끼리의 합성어 사이 둘째, 우리말과 한자어의 합성어 사이.

> **원칙 1** 우리말끼리 어울린 합성어로서 앞말이 모음으로 끝난 경우 다음과 같은 소리 환경에서 사이시옷을 받쳐 적는다.
>
> 　(ㄱ) 뒷말의 첫소리가 된소리로 나는 것
> 　　고랫-재[-째], 귓-밥[-빱], 나룻-배[-빼], 나뭇-가지[-까-], 냇-가[-까], 찻-집[-찝]

（ㄴ）뒷말의 첫소리 ‘ㄴ, ㅁ’ 앞에서 ‘ㄴ’ 소리가 덧나는 것
멧나물〔맨-〕, 아랫-니〔-랜-〕, 텃마당〔턴-〕, 아랫-마을〔-랜-〕, 뒷-머리〔뒨-〕

（ㄷ）뒷말의 첫소리 모음 앞에서 ‘ㄴㄴ’ 소리가 덧나는 것
두렛-일〔두렌닐〕, 뒷-일〔뒨-닐〕, 깻-잎〔깬닙〕, 나뭇-잎〔나문닙〕, 댓-잎〔댄닙〕

|알아두기| 〈우리말＋우리말〉 환경에서 사이시옷이 적용되지 않는 경우
① 앞말이 자음으로 끝나면 뒷말의 첫음이 경음으로 나타나더라도 사이시옷을 쓰지 않는다 : ‘손＋등’〔손뚱〕, ‘먹＋구름’〔먹꾸름〕
② 앞말이 모음으로 끝나더라도 뒷말의 첫음이 경음(ㄲ,ㄸ,ㅃ,ㅆ,ㅉ)이나 격음(ㅊ,ㅋ,ㅌ,ㅍ)인 경우에는 사이시옷을 쓰지 않는다 : ‘배탈, 호떡, 나무판, 뒤뜰, 허탕, 위쪽, 쇠뿔, 나무꾼, 호리꾼, 뒤처리, 낚시터, 뒤꿈치, 아래뜸, 뒤통수’
③ 앞말이 모음으로 끝나더라도 뒷말의 첫소리가 평음으로 나는 경우엔 사이시옷을 쓰지 않는다: ‘개구멍, 머리말, 바다뱀, 깨소금, 나들이옷, 새발(鳥足), 대못(竹釘)’
④ 접미사나 조사(助詞)같은 의존형태소와 연결될 때는 사이시옷을 쓰지 않는다 : ‘예부터, 해님, 예스럽다, 나라님’

원칙 2 순 우리말과 한자어로 된 합성어로서 앞말이 모음으로 끝난 경우 다음과 같은 소리 환경에서 사이시옷을 받쳐 적는다.

（ㄱ）뒷말의 첫소리가 된소리로 나는 것
귓-병〔-뼝〕, 머릿-방〔-빵〕, 뱃병〔-뼝〕, 사잣-밥〔-빱〕, 햇-수〔-쑤〕

（ㄴ）뒷말의 첫소리 ‘ㄴ, ㅁ’ 앞에서 ‘ㄴ’ 소리가 덧나는 것
곗-날〔곈날〕, 제삿-날〔제산날〕, 훗-날〔훈날〕, 툇-마루〔퇸마루〕, 양칫-물〔양친물〕

（ㄷ）뒷말의 첫소리 모음 앞에서 ‘ㄴㄴ’ 소리가 덧나는 것
가욋-일〔가왼닐〕, 사삿-일〔시산닐〕, 예삿-일〔예산닐〕, 훗-일〔훈닐〕

원칙 3 개정맞춤법에서는 두 음절로 된 6개 한자어에만 사이시옷을 쓰기로 규정하였다.

곳간(庫間), 셋방(貰房), 숫자(數字), 찻간(車間), 툇간(退間), 횟수(回數)

(6) 준말

‘엊그제’는 ‘어제그제’가 줄어든 낱말이다. 이처럼 어떤 단어의 의미를 원래의 어형보다 간략하게 표시한 말을 준말이라고 하는데, 말하거나 글로 쓸 때 또는 인쇄나 기계에 의해서 통신을 할 때 어형이 길면 불편한 경우가 많으므로 이를 피하기 위해서 약어를 만들어 쓰는 경우가 많다.

원칙 1　단어의 끝모음이 줄어지고 자음만 남은 것은 그 앞의 음절에 받침으로 적는다.

본말	준말
기러기야	기럭아
어제그저께	엊그저께
어제저녁	엊저녁
가지고, 가지지	갖고, 갖지

원칙 2　체언과 조사가 어울려 줄어지는 경우에는 준 대로 적는다.

본말	준말
그것은	그건
그것으로	그걸로
무엇을	뭣을/무얼/뭘
무엇이	뭣이/무에

원칙 3　모음 'ㅏ, ㅓ'로 끝난 어간에 '- 아/- 어, - 았 -/- 었 -'이 어울릴 적에는 준 대로 적는다.

본말	준말
가아	가
서었다	섰다

원칙 4　모음 'ㅗ, ㅜ'로 끝난 어간에 '- 아/- 어, - 았 -/- 었 -'이 어울려 'ㅘ/ㅝ, 왔/웠'으로 될 적에는 준 대로 적는다. 아울러 'ㅚ' 뒤에 '- 어, - 었 -'이 어울려 'ㅙ, 됐'으로 될 적에도 준 대로 적는다.

본말	준말
꼬아	꽈
쑤었다	쒔다
괴어	괘
되어	돼

알아두기　**'되라'와 '돼라'의 구별**

　우리말에서 'ㅔ'와 'ㅐ'처럼 발음만을 가지고 구별하기 힘든 음소가 있다. '되라'와 '돼라'의 경우가 그것이다. 결론으로 말하면 '되라'는 잘못 적은 말이다. 명령형 어미 '-어라'가 으뜸꼴 '되다'에 붙어서 '되어라'의 형태로 되었는데, 이것이 줄어서 '돼라'로 된 것이다. 〈되＋어라〉→〈되어라〉→〈돼라〉

원칙 5　'ㅣ' 뒤에 '- 어'가 와서 'ㅕ'로 줄 적에는 준 대로 적는다.

본말	준말
가지어	가져
버티었다	버텼다

알아두기 '-이에요'(○), '-이여요'(×)

　'-이에요'가 줄어들어 '-예요'가 된다는 것은 흔히 알고 있는 사실이다. 사람 이름을 가리킬 때, "제 이름은 민철이예요"라고 쓰는 것을 종종 보는데, 이 경우는 "민철이에요"라고 적어야 한다. '민철이가, 민철이도, 민철이와, 민철이를'을 보면 '민철이＋가/도/와/를'이 붙은 형태를 띤다. 따라서 '민철이에요'는 '민철이＋이에요'가 준 말로 해석해야 한다.

원칙 6　'ㅏ, ㅓ, ㅗ, ㅜ, ㅡ'로 끝난 어간에 '-이-'가 와서 각각 'ㅐ, ㅔ, ㅚ, ㅟ, ㅢ'로 줄 적에는 준 대로 적는다.

본말	준말
싸이다	쌔다
펴이다	폐다

원칙 7　'ㅏ, ㅗ, ㅜ, ㅡ' 뒤에 '-이어'가 어울려 줄어질 적에는 준 대로 적는다.

본말	준말
보이어	뵈어, 보여
쓰이어	씌어, 쓰여

원칙 8　어미 '-지' 뒤에 '않-'이 어울려 '-잖-'이 될 적과 '-하지' 뒤에 '않-'이 어울려 '-찮-'이 될 적에는 준 대로 적는다.

본말	준말
그렇지 않은	그렇잖은
적지 않은	적잖은

알아두기　'않'과 '안'의 구별

　'않다'는 동사나 형용사 아래에 붙어 부정의 뜻을 더하는 보조용언 '아니하다'의 준말이고 '안'은 용언 위에 붙어 부정 또는 반대의 뜻을 나타내는 부사 '아니'의 준말이다. "철수가 하지 않았다, 서울은 작지 않다"와 같이 동사나 형용사에 덧붙어 함께 서술어를 구성할 때에는 '않다'를 쓰고, "밥을 안 먹는다, 옷이 안 어울린다"와 같이 서술어를 꾸미는 구실을 할 때에는 '안'을 쓴다. 이 두 말은 쉽게 구별할 수 있다. "작지 않다"에서 '않다'는 '아니하다'로 풀어 쓸 수 있지만, '아니'로는 쓰지 못한다. 반면에 "안 먹는다"에서 '안'은 '아니하다'로 풀어 쓸 수 없다.

원칙 9 어간의 끝음절 '하'의 'ㅏ'가 줄고 'ㅎ'이 다음 음절의 첫소리와 어울려 거센소리로 될 적에는 거센소리로 적는다.

본말	준말
간편하게	간편케
연구하도록	연구토록
가하다	가타

알아두기 '않다'(○), '안타'(×)

『한글 맞춤법』에서는 'ㅎ'이 어간의 끝소리로 굳어진 것은 받침으로 적는다는 것을 원칙으로 하고 있다. 그러므로 '않다'의 소리〔안타〕로 적으면 안 된다. 이와 비슷한 용례로는 "않다/ 않고/ 않지/ 않든지, 그렇다/ 그렇고/ 그렇지/ 그렇든지, 어떻다/ 어떻고/ 어떻지/ 어떻든지"가 있다.

알아두기 '생각건대'(○), '생각컨대'(×)

'생각건대'는 '생각하건대'가 준말이다. 원칙 9에 따르면, '생각컨대'가 맞을 것 같지만, 여기서는 어간의 끝음절 '하'가 아주 줄어든 형태이기 때문에 '-건대'로 적는다. 그런데, 원칙 9에서 '간편하게'가 '간편케'로 줄어드는 환경과 '생각하건대'가 '생각건대'로 줄어드는 환경에는 차이가 있다. 바로 유성음과 무성음이다. 무성음(ㄱ, ㄷ, ㅂ, ㅈ) 다음에 '하'는 생략되면서 '-건대'가 이어오고, 유성음(ㄴ, ㄹ, ㅇ, ㅁ) 다음에 '하'는 생략되면서 '-컨대'가 이어온다. 주의할 것은 '깨끗하지 않다'가 줄어서 '깨끗지 않다'로 된다는 것이다.

알아두기 '왠지/ 웬지', '금새/ 금세'

우리가 흔히 쓰는 말에서 많은 사람들이 틀린 말임에도 불구하고 표준어로 잘못 생각하는 말이 있다. 그 중 대표적인 것이 '웬지, 금새' 등이다.
① 왠지/ 웬지 : 왠지는 '왜인지'의 준말로 '왜'라는 의미를 가지며, '웬지'는 '어찌된, 어떠한'의 의미를 가진다. 오늘은 왠지 불고기가 먹고 싶다(○)/ 오늘은 웬지 불고기가 먹고 싶다(×)
② 금세/ 금새 : 금새는 틀린 말이다. '금세'는 '금시에'의 준말이다. 너 집에 금세 갔네?(○)/ 너 집에 금새 갔네?(×)

4. 틀리기 쉬운 낱말

(1) '-더라, -던'과 '-든지'

원칙 1 지난 일을 나타내는 어미는 '-더라, -던'으로 적는다.(ㄱ을 취하고, ㄴ을 버림.)

ㄱ	ㄴ
지난 겨울은 몹시 춥더라.	지난 겨울은 몹시 춥드라.
깊던 물이 얕아졌다.	깊든 물이 얕아졌다.
그렇게 좋던가?	그렇게 좋든가?

※ ㄱ을 취하고 ㄴ을 버림

원칙 2 물건이나 일의 내용을 가리지 아니하는 뜻을 나타내는 조사와 어미는 '(-)든지'로 적는다.

ㄱ	ㄴ
배든지 사과든지 마음대로 먹어라. 가든지 오든지 마음대로 해라	배던지 사과던지 마음대로 먹어어라. 가던지 오던지 마음대로 해라

※ ㄱ을 취하고 ㄴ을 버림

(2) '-로서'와 '-로써'/ '-대'와 '-데'

(가) '-로서', '-로써'

여전히 조사 '-로서'와 '-로써'의 구별에 어려움을 겪는 사람들이 많다. 이 말은 발음이 비슷할 뿐만 아니라, 쓰이는 환경도 비슷해 틀리게 사용하는 경우가 종종 있다. 먼저 '-로서'는 자격을 나타내는 말 뒤에, '-로써'는 수단이나 방법을 나타내는 말 뒤에 쓰인다. 두 말의 구별이 어렵다면, '-을(를) 가지고'와 '-자격으로'라는 말로 바꾸어 보면 쉽게 알 수 있다. 다시 말해, '-을(를) 가지고'라는 말로 바꾸어 말이 되면 '-로써'가 쓰일 자리이고, '-(의) 자격으로'라는 말로 바꾸어 말이 되면 '-로서'가 쓰이는 자리이다.

ㄱ) 방송인<u>으로서</u>(의 자격으로) 시청자와 직접 소통하고 싶다는 생각을 해왔다.
ㄴ) 언제든지 달려가 한 사람의 시민<u>으로서</u>(의 자격으로) 돕고 싶다.
ㄷ) 그의 말이라면 콩<u>으로써</u>(을 가지고) 메주를 쑨다고 해도 믿지 않는다.
ㄹ) 칼<u>로써</u>(을 가지고) 연필을 깎는다.

(나) '-대'와 '-데'

종결어미 '-대'와 '-데'는 의미가 다른 말이다. 따라서 두 어미를 구분해서 써야 한다. 먼저 '-대'는 어떤 사실을 주어진 것으로 치고 그 사실에 대한 의문을 나타내는 종결 어미로 쓰이는데, 놀라거나 못마땅하게 여기는 뜻이 섞여 있다.

ㄱ) 왜 이렇게 일이 <u>많대?</u>
    입춘이 지났는데 왜 이렇게 <u>춥대?</u>

위의 예문들은 모두 '일이 많다는 것', '날씨가 상당히 춥다는 것'을 자신의 감정을 섞어서 말하고 있다. 또한 '-대'는 '-다고 해'가 줄어든 말로도 쓰인다.

ㄴ) ㉠ 그 사람이 아주 <u>똑똑하대</u>
    ㉡ 철수는 하루 여섯 끼를 <u>먹는대</u>

ㄴ)의 ㉠은 "그 사람이 아주 똑똑하다고 해"로, ㉡은 "철수가 하루 여섯 끼를 먹는다고 해"로 풀어 쓸 수 있다. 두 문장의 공통점은 화자가 직접 경험한 사실이 아니라, 다른 사람이 말한 내용을 간접적으로 전달하고 있다는 것이다.

한편, '-데'는 과거 어느 때에 직접 경험하여 알게 된 사실을 현재의 말하는 장면에 그대로 옮겨 와서 말함을 나타내는 종결 어미다.

ㄷ) ㉠ 그가 말을 아주 잘 <u>하데</u>.
　　㉡ 그 여자는 아들만 <u>둘이데.</u>
　　㉢ 고향은 하나도 변하지 <u>않았데</u>.

ㄴ)에서 '-대'가 쓰인 문장의 의미와는 달리 ㄷ)에서는 자신이 직접 체험한 것을 적고 있다. ㉠은 '그가 말을 아주 잘 한다'는 사실을 직접 듣고 옮기는 것이며, ㉡은 '그 여자의 자식이 아들만 둘'이라는 사실을 직접 보고 옮기는 경우다. 이 경우 '-데'와 '-대'의 차이는 간단하다. '-대'는 직접 경험한 사실이 아니라 남이 말한 내용을 간접적으로 전달할 때 쓰이고, '-데'는 화자가 직접 경험한 사실을 나중에 보고하듯이 말할 때 쓰인다.

연습문제 다음 중에서 올바른 문장을 골라 ○ 표를 하시오.
① 어제 보니까 네 눈이 참 예쁘대. (　　　)
② 그 아이가 밥을 잘 먹데. (　　　)
③ 영희가 그러는데, 철수가 벌써 제대했대. (　　　)
④ 어제 동창회에 가 보니, 철수가 벌써 제대했데. (　　　)
⑤ 미진이가 결혼한대. (　　　)
⑥ 오늘 날씨 참 시원한대. (　　　)
⑦ 어머니 팔순 잔치에 네 삼촌도 왔던데. (　　　)

(3) '-할게'와 '-할께'

현행 표기법에서는, '~할께'는 '~할게'의 잘못으로 규정하고 있다.

ㄱ) ㉠ 걱정 마, 내가 *할께. (→할게)
　　㉡ 그래, 내가 *치울께. (→치울게)

ㄴ) ㉠ 그럼 내가 할까?
　　㉡ 어떤 것부터 치울까?

ㄱ)과 ㄴ)의 예에서 볼 수 있듯이, 용언 '-(으)ㄹ 게'와 '-(으)ㄹ 까'는 둘 다 된소리로 발음되면서도 ㄱ)은 예사소리로, ㄴ)은 된소리로 구별하여 적는다. 『한글 맞춤법』제53항의 규정에 따르면, 어미 '-(으)ㄹ 걸, -(으)ㄹ 게, -(으)ㄹ 세, -(으)ㄹ 세라, -(으)ㄹ 수록, -(으)ㄹ 시, -(으)ㄹ 지, -(으)ㄹ 지니라, -(으)

ㄹ 지라도, -(으)ㄹ 지어다, -(으)ㄹ 지언정, -(으)ㄹ 진대, -(으)ㄹ 진저, -올시다' 등은 예사소리로 적되, 다만 의문을 나타내는 어미 '-(으)ㄹ 까, -(으)ㄹ 꼬, -(스)ㄹ 니까, -(으)리까, -(으)ㄹ 쏘냐' 등만을 된소리로 적도록 했다.

(4) 그밖에 구별해야 할 낱말

정확한 의미 전달을 위해서는 반드시 정확한 낱말을 골라서 써야 한다. 우리말에는 '가름'과 '갈음'처럼 발음이 비슷하여 혼동되는 낱말이 많다. 그런데 '가름'은 '가르다'의 명사형으로 '하나의 덩어리를 둘로 가르다'의 의미를 갖고 있다. '가름'을 "새 책상으로 가름하였다"처럼 써서는 안 된다. 이 문장은 "새 책상으로 갈음하였다"가 정확하다.

ㄱ) 풀을 썩인 〔거름(○)/ 걸음(×)〕
　　빠른 〔거름(×)/ 걸음(○)〕

ㄴ) 영수는 어제 영월을 〔거쳐(○)/ 걷혀(×)〕 왔다.
　　경기가 호전되어 외상값이 잘 〔거친다(×)/ 걷힌다(○)〕.

ㄷ) 이제 이 일은 〔걷잡을(○)/ 겉잡을(×)〕 수 없는 상태가 되었다.
　　〔걷잡아서(×)/ 겉잡아서(○)〕 이틀 걸릴 일인데 뭐. 부지런히 해라.

ㄹ) 그는 부지런하다. 〔그러므로(○)/ 그럼으로(×)〕 잘 살 수밖에 없다.
　　그는 열심히 책을 읽고 있다. 〔그러므로(×)/ 그럼으로(○)〕 그의 정신은 풍부해질 것이다.

ㅁ) 〔노름(○)/ 놀음(×)〕은 백해무익할 뿐이다.
　　즐거운 〔노름(×)/ 놀음(○)〕.

ㅂ) 힘이 〔부치는(○)/ 붙이는(×)〕 일이다.
　　지금 작성하는 안건은 내일 회의에 〔부쳐라(○)/ 붙여라(×)〕
　　조건을 〔부치지(×)/ 붙이지(○)〕 말고 말하시오.
　　　너는 반드시 흥정을 〔부쳐야(×)/ 붙여야(○)〕 한다.

연습문제　다음 중에서 올바른 낱말을 고르시오.
　① 진도가 너무 〔느리다/ 늘이다/ 늘리다〕.
　　고무줄을 〔느리다/ 늘이다/ 늘리다〕.
　　수출양을 더 〔느리다/ 늘이다/ 늘리다〕.
　② 옷을 〔다린다/ 달인다〕.
　　약을 〔다린다/ 달인다〕.
　③ 손을 〔다치다/ 닫히다/ 닫치다〕.
　　문이 〔다치다/ 닫히다/ 닫치다〕.
　　문을 힘껏 〔다쳤다/ 닫혔다/ 닫쳤다〕.

④ 벌써 일을 〔마쳤다/ 맞혔다〕.
   여러 문제를 더 〔마쳤다/ 맞혔다〕.
⑤ 〔목거리/ 목걸이〕가 덧났다.
   이 〔목거리/ 목걸이〕는 금으로 만든 것이다.
⑥ 선열들은 나라를 위해 자신의 목숨을 〔바쳤다/ 받쳤다/ 받혔다/ 밭치고〕.
   비가 오는가보다. 우산을 〔바치고/ 받치고/ 받히고/ 밭치고〕 가라.
   그 상처는 쇠뿔에 〔바친/ 받친/ 받힌/ 밭치고〕 상처다.
   쌀가루를 체에 〔바치고/ 받치고/ 받히고/ 밭치고〕 솎아내라.
⑦ 내일 약속은 〔반드시/ 반듯이〕 지켜라.
   고개를 〔반드시/ 반듯이〕 들고 말해라.
⑧ 저 택시는 중앙선을 넘어 마주오던 승용차와 〔부딪쳤다/ 부딪혔다〕.
   저 승용차는 중앙선을 너머 마주오던 택시에 〔부딪쳤다/ 부딪히다〕.
⑨ 수명이 삼백년이나 된 소나무는 둘레만도 세 〔아름/ 알음〕이나 된다.
   전에부터 그녀와 〔아름/ 알음〕이 있는 사이이다.
   ⑪ 밥을 〔안친다/ 앉힌다〕.
      윗자리에 〔안친다/ 앉힌다〕.
   ⑫ 〔이따가/ 있다가〕 집에 오너라.
      상심하지 마라. 돈은 〔이따가도/ 있다가도〕 없는 법이다.
   ⑬ 다친 다리가 〔저려/ 절여〕 오고 있다.
      이번 겨울 김장을 위해 배추를 〔저려라/ 절여라〕
   ⑭ 배고픔에 여러 날을 〔주렸다/ 줄였다〕
      고부가가치를 위해 생산비용을 〔주린다/ 줄인다〕
   ⑮ 〔하노라고/ 하느라고〕 한 것이 이 모양이다.
      공부를 〔하노라고/ 하느라고〕 밤을 새웠다.
   ⑯ 나를 〔찾아오느니보다/ 찾아오는 이보다〕 집에 있거라.
      오는 이가 〔가는이보다/ 가는 이보다〕 적다.
   ⑰ 나를 〔미워하리만큼/ 미워하리 만큼〕 그에게 잘못한 일이 없다.
      찬성할 이도 〔반대하리만큼/ 반대할 이만큼〕이나 많을 것이다.
   ⑱ 나는 지금 〔공부하러/ 공부하려〕 가야 한다.
      우리는 이제부터 부산에 〔가러/ 가려〕 한다.
   ⑲ 그가 나를 〔믿으므로/ 믿음으로〕 나도 그를 믿는다.
      그는 〔믿으므로/ 믿음으로〕 산 보람을 느꼈다.
   ⑳ 일정을 〔바꿔/ 고쳐〕 내일 떠나기로 했어요.
      자세를 〔바꿔/ 고쳐〕 앉고 정신을 가다듬었다.
   ㉑ 이 일은 관례를 〔쫓아/ 좇아〕 처리하자.
      사냥꾼이 노루를 〔쫓았다. / 좇았다.〕
   ㉒ 본격적인 실적 회복은 〔빨라야/ 일러야〕 하반기부터 가능할 전망이지만 2분기부터는
      회복 속도가 점차 〔빨라질/ 일러질〕 것으로 보인다.
   ㉓ 꽃이 〔매우/ 너무〕 예쁘다.
      물을 〔매우/ 너무〕 많이 마시지 마라.

연습문제(1) 다음 문장에서 적절한 어휘를 고르시오.

〈문제 1〉〔가든지 오든지 / 가던지 오던지〕 이제는 네 마음이다.
〈문제 2〉 지금쯤은 영화관에 〔도착했을걸 / 도착했을껄〕
〈문제 3〉 어제 학교에 〔왔던 / 왔든〕 사람이 유명한 시인이래.
〈문제 4〉 이 일을 빨리 마치고 집에 〔가려고 / 갈려고〕 합니다.
〈문제 5〉 이번 회의에 중요한 안건을 〔부쳤다 / 붙였다〕.
〈문제 6〉 누가 말했는데, 민숙이가 다음 주에 〔결혼한대 / 결혼한데〕.
〈문제 7〉 어제 보니 수정이가 참 〔예쁘데/예쁘대〕.
〈문제 8〉 얘들아. 떠들지 〔마라 / 말아라〕.
〈문제 9〉 우리가 2002년도 한일 월드컵 우승팀을 〔맞췄다 / 맞혔다〕.
〈문제 10〉 내년부터 독서에 취미를 〔부칠 / 붙일〕 계획이다.
〈문제 11〉 그는 무리하게 사업을 〔벌였다 / 벌렸다〕.
〈문제 12〉 인사부의 인원을 〔늘릴 / 늘일〕 필요가 있다.
〈문제 13〉 우리가 제시한 의견을 어떻게 〔생각할는지 / 생각할런지〕 모르겠어.
〈문제 14〉 정간호사님, 이 아이에 예방 주사를 〔맞췄습니까? / 맞혔습니까〕?
〈문제 15〉 어제부터 라디오를 뜯었다가 〔맞추고 있다. / 맞히고 있다.〕
〈문제 16〉 여름의 별미! 팥빙수 〔있음 / 있슴〕.
〈문제 17〉 그는 날 보고도 못 본 〔체 / 채〕했다.
〈문제 18〉 우리는 불을 켠 〔채 / 체〕 잠을 잤다.
〈문제 19〉 보도블럭 공사 중이니 오른쪽으로 돌아가 〔주십시요 / 주십시오〕.
〈문제 20〉 "숙제 다 했니?" "〔아니요 / 아니오〕, 조금 남았어요."
〈문제 21〉 그것은 당신 잘못이 〔아니오 / 아니요〕.
〈문제 22〉 〔서슴치 / 서슴지〕 말고 어서 네 의견을 말해.
〈문제 23〉 달리기에 〔알맞는 / 알맞은〕 옷을 입고 오세요.
〈문제 24〉 여러분! 오늘 이 자리에 선 저는 〔눈물로써 / 눈물로서〕 호소합니다.
〈문제 25〉 정말 〔저로서는 / 저로써는〕 할 말이 없습니다.
〈문제 27〉 제가 어제 말씀드린 것은 이 〔책이에요 / 책이예요〕.
〈문제 28〉 〔생각컨대 / 생각건대〕 그 방법은 좋지 않아. 피해만 줄 뿐이야.
〈문제 29〉 커피 〔만듦 / 만듬〕.
〈문제 30〉 〔아뭏든 / 아무튼〕 이 집으로 빨리 들어와라.
〈문제 31〉 네 사정이 〔어떻든 / 어떠튼〕 난 내일 새벽에 집에 가야해.
〈문제 32〉 내가 〔도와줄게 / 도와줄께〕.

〈문제 33〉 그 여자는 나이가 들수록 〔아름다와졌다 / 아름다워졌다〕.
〈문제 34〉 그는 언제나 〔부지런하므로 / 부지런함으로〕 그 일에 적임자라 생각해.
〈문제 35〉 이론과 실제는 〔틀립니다. / 다릅니다.〕
〈문제 36〉 나는 〔박가올시다 / 박가올습니다〕.
〈문제 37〉 여기서는 흡연을 〔삼가 / 삼가해〕 주십시오.
〈문제 38〉 이 동아리에는 건국대에서 〔내로라 / 내노라〕 하는 학생들이 모두 모였다.
〈문제 39〉 이 자리를 〔빌려 / 빌어〕 한 말씀 올리자면…
〈문제 40〉 마르크스의 말을 〔빌리자면 / 빌자면〕, 자본주의는…
〈문제 41〉 〔왠지 / 웬지〕 너를 보면 가슴이 두근거려.
〈문제 42〉 어제 지하철 역에서부터 〔웬 / 왠〕 이상하게 생긴 사람이 날 따라왔어.
〈문제 43〉 터널에서는 〔끼어들기 / 끼여들기〕를 하지 맙시다.
〈문제 44〉 우리들의 관계는 〔얽히고설킨 / 얽히고섥힌〕 실타래처럼 복잡해졌어.
〈문제 45〉 우리의 〔바람 / 바램〕은 하루 빨리 통일이 되는 것입니다.
〈문제 46〉 선생님은 아이들에게 늘 참된 길을 가라고 〔가르치셨다 / 가리키셨다〕.
〈문제 47〉 너와 나는 생각이 〔다르다 / 틀리다〕.
〈문제 48〉 나는 열 문제 중에서 겨우 세 개만 〔맞춰 / 맞혀〕 자존심이 무척 상했다.
〈문제 49〉 날이 어두워졌는데, 산 〔너머 / 넘어〕에 있다는 마을은 보이지 않습니다.
〈문제 50〉 누군가에게 도움이 되는 일이라면 아무리 〔작은 / 적은〕 일이라 해도 사회를 따뜻하게 할
          수 있다.
〈문제 51〉 올해는 〔구설 / 구설수〕에 휘말리지는 일이 없도록 해야 한다.
〈문제 52〉 정부가 〔결단 / 결딴〕을 내리지 않으면 그나마 회복기에 접어든 경제가 〔결단 / 결딴〕나게
          생겼다.
〈문제 53〉 가장 눈에 〔띠는 / 띄는〕 변화는 한달 전부터 시행되고 있는 부동산 특별법 때문에 재건축
          경기가 침체 양상을 〔띠고 / 띄고〕 있다는 점이다.
〈문제 54〉 사람들이 노름판을 〔벌리는 / 벌이는〕 바람에 장례식장의 엄숙한 분위기가 흐려지고 말았다.
〈문제 55〉 분식회계, 그것은 고무줄을 〔늘였다 / 늘렸다〕 줄였다 하는 것처럼 기업이 자산·부채를 마음
          대로 〔늘였다 / 늘렸다〕 줄였다 하는 행태를 말한다.
〈문제 56〉 일본산 고추는 한국 고추에 비해 세 〔갑절 / 곱절〕이나 맵다.
〈문제 57〉 기득권 계층의 반발에도 불구하고 중요 사안을 국민투표에 〔붙이는 / 부치는〕 등 과감한 개
          혁 정책을 밀어〔붙이고 / 부치고〕 있다.
〈문제 58〉 이 자리를 〔빌어 / 빌려〕 도와주신 모든 분께 감사드립니다.
〈문제 59〉 특별소비세가 내린 〔탓 / 덕분〕에 그나마 매출이 조금 늘었습니다.
〈문제 60〉 네가 말한 것은 정말 그 의미를 〔가늠 / 가름〕하기 힘들다.

연습문제(2)   다음 문제를 읽고 물음에 답하시오.

〈문제 61〉 밑줄 친 부분이 한글 맞춤법에 맞는 것은? (   )
          ① 가계부는 <u>월별이나 년간</u> 수입과 지출 항목을 정확히 기록해서 다음달 혹은 내년에 예산
            을 짜고 재정적으로 미래를 계획하기 위해서 반드시 필요합니다.
          ② 한국 과학 재단에서는 과학기술기본법 제○○조 제○항 및 동법 시행령 제○○조에 따
            라 내년부터 과학 기술 진흥 기금 융자 사업을 <u>시행하게 되었슴을</u> 알려드립니다.

③ 본인은 귀 회가 시행하는 상기 입찰에 참가하고자 귀 회에서 정하는 소정의 절차와 입찰유의서 등을 <u>전적으로 승락하고</u> 이에 참가 신청서를 제출합니다.

④ 여권발급 신청서를 드리겠습니다. 신청인은 ①번 난에서 ⑥번 난까지 기재하십시오.

⑤ 우리나라 세관에서는 납세자가 추징 내용에 동의하는 경우에 한하여 <u>추징을 하도록 하므로써</u> 납세자 권리를 원천적으로 보호하고 있습니다.

〈문제 62〉 밑줄 친 표현이 어문 규정에 맞는 것은? (　　　)

　① 자신에게 <u>걸맞는</u> 일을 찾도록 하는 것이 취업 준비를 하는 학생들에게 중요하다.

　② 목걸이가 끊어지는 바람에 유리알들이 <u>낱알</u>로 떨어졌다.

　③ <u>짜집기</u> 논문이 발붙일 수 없도록 하려면, 연구자들의 독창성을 우선하는 연구풍토가 하루 빨리 자리매김되어야 한다.

　④ 우리 모두 강물이 <u>불기</u> 전에 미리 제방을 점검해 둡시다.

　⑤ 네 친구는 예의가 <u>발라서</u> 좋은 인상을 주고 있다.

〈문제 63〉 다음 중 어문 규정에 맞는 문장은? (　　　)

　① 잔듸를 밟으면 안 돼!　　　　② 몇일 동안 비가 내려, 마을이 불안했다.

　③ 붓으로 그림을 그렸다.　　　　④ 너는 늘 옳바르게 생각을 해야만 한다.

　⑤ 너는 행동을 삼가하고 입을 조심하여라.

〈문제 64〉 다음 중 정서법에 맞는 문장은? (　　　)

　① 휴계실에서 시간을 보내고 있어.　　② 얼큰하게 황태국을 졸인다.

　③ 잡지를 읽음으로 시간을 보낸다.　　④ 10년 만에 뵌 선생님을 반갑게 맞아드렸다.

　⑤ 아뭏든 이번엔 그를 믿고 일을 맡겨 보자.

〈문제 65〉 맞춤법에 맞는 문항끼리 묶은 것은? (　　　)

　㉠ 내일부터 비가 올는지 모르겠다.
　㉡ 가던지 말던지 네 마음대로 하여라.
　㉢ 판매 성적이 우수함으로 해외연수 추천을 받았다.
　㉣ 네가 먹든 사과는 경북 영주 산이다.
　㉤ 안전운전을 위해서는 게시판과 교통 표지판을 늘 잘 살펴야 한다.

　① ㉠ ㉡　　　　　　　　　② ㉠ ㉤　　　　　　　　　③ ㉡ ㉢
　④ ㉢ ㉣　　　　　　　　　⑤ ㉣ ㉤

〈문제 66〉 ㉠~㉤ 중 맞춤법에 따라 바르게 쓰인 것은? (　　　)

　우리 큰애의 ㉠<u>첫돐</u>에는 ㉡<u>으례</u> 잔치를 해야 한다고 생각했습니다. 부족하나마 잔치상을 ㉢<u>벌려</u> 놓고 손님을 모셨는데, 얼마나 사람이 ㉣<u>많았든지</u> 정신이 하나도 없네요. ㉤<u>아무튼</u> 바쁘신 중에도 참석해주신 여러분께 감사의 말씀을 드립니다.

　① ㉠ 첫돐　　　　② ㉡ 으례　　　　③ ㉢ 벌려
　④ ㉣ 많았든지　　　⑤ ㉤ 아무튼

<문제 67> ㉠~㉤ 중 밑줄 친 부분이 맞춤법에 어긋난 것은? (   )

> ㉠ 친구로서는 좋으나, <u>남편감으로서는</u> 부족한 점이 많다
> ㉡ 우리의 간절한 <u>바람은</u> 그가 무사히 돌아오는 것이다.
> ㉢ 공부를 <u>잘한다든지</u> 운동을 <u>잘한다든지</u> 무엇이든 하나는 잘해야 한다.
> ㉣ 김치가 먹기에 <u>걸맞게</u> 익었다
> ㉤ 솥에 쌀을 <u>안치러</u> 부엌으로 갔다.

① ㉠   ② ㉡   ③ ㉢   ④ ㉣   ⑤ ㉤

<문제 68> 밑줄 친 부분이 바르게 고쳐지지 않은 것은? (   )
① <u>일찌기</u> 이렇게도 아름다운 노을을 보지 못했다. → 일찍이
② 시누이가 쌀을 <u>안힐</u> 줄도 몰라서 그냥 앉아서 쉬라고 했어요. → 앉칠
③ 총알이 작은 과녁을 <u>마췄다</u>. → 맞혔다
④ <u>버스던지 택시던지</u> 타고 어서 가라. → 버스든지 전철이든지
⑤ 그는 졸업식 때 입을 정장을 <u>마췄다.</u> → 맞췄다

<문제 69> 다음 중 바르게 고쳐 쓴 것은? (   )
① 술과 담배를 <u>끊으므로써</u> 건강을 회복하였다. → 끊음으로써
② 이번 설에는 배가 <u>터지리만큼</u> 많이 먹었다. → 터질이만큼
③ 김장을 잘 하려면, 소금에 배추를 잘 <u>절여야 한다.</u> → 저려야 한다.
④ 어제 우체국에 가서 소포로 책을 <u>부쳤다.</u> → 붙였다
⑤ 며칠 전 뒷차에 <u>받혔는데</u> 아직도 뒷목이 저려. → 받쳤다

<문제 70> ㉠~㉣ 중 '로서/로써'의 쓰임이 바른 것을 모두 고른 것은? (   )

> ㉠ 그는 친구로서는 좋으나, 남편감으로서는 부족한 점이 많았다.
> ㉡ 콩으로서 메주를 쑨다고 해도 그는 믿지 못했다.
> ㉢ 언니는 아버지의 딸로서 부족함이 없다고 생각했었다.
> ㉣ 옛말에도 말로서 천냥 빚을 갚는다고 했다. 너는 왜 그런 식으로 말을 하고 있니?
> ㉤ 이제는 눈물로써 호소하는 수밖에 없다.

① ㉠, ㉢   ② ㉢, ㉣   ③ ㉡, ㉢, ㉣
④ ㉠, ㉢, ㉤   ⑤ ㉠, ㉡, ㉢, ㉣

<문제 71> ㉠~㉤을 맞춤법에 맞게 고쳐 쓴 것 중 틀린 것은? (   )

　　최고 문화로 인류의 모범이 되기로 사명을 삼는 우리 민족의 각원(各員)은 이기적 개인주의자여서는 안 된다. 우리는 개인의 자유를 극도로 ㉠주장하되, 그것은 저 짐승들과 같이 저마다 제 배를 채우기에 쓰는 자유가 ㉡아니오, 제 가족을, 제 이웃을, 제 국민을 잘 살게 하기에 쓰이는 자유다. 공원의 꽃을 꺾는 자유가 아니라, 공원에 꽃을 심는 자유다. 우리는 남의 것을 ㉢빼았거나 남의 덕을 입으려는 사람이 아니라 가족에게, 이웃에게, 동포에게 주는 것으로 낙을 삼는 사람이다. 그러므로 우리는 ㉣게을르지 아니하고 부지런하다. 우리 조상네가 좋아하던 인후지덕(仁厚之德)이 바로 이것이다. ㉤이러하므로써 우리나라의 산에는 산림이 무성하고, 들에는 오곡백과가 풍성하며, 촌락과 도시는 깨끗하

고 풍성하고 화평할 것이다.

① ㉠ 주장하돼 → 주장하되   ② ㉡ 아니오 → 아니요
③ ㉢ 빼았거나 → 빼앗거나   ④ ㉣ 게을르지 → 게으르지
⑤ ㉤ 이러하므로써 → 이러함으로서

〈문제 72〉 다음 빈칸에 들어갈 알맞은 어휘를 적절하게 묶은 것은? (   )

오늘은 (㉠   )지 기분이 좋을 것 같아요.
그녀는 그 이야기를 듣자 (㉡   )지 불길한 예감이 들기 시작했다.
(㉢   )일로 그래?
(㉣   ) 까닭인지 몰라 어리둥절했다.
새로운 직장에 이제는 (㉤   )만큼 적응이 된 것 같아.

① 왠 - ㉠, ㉡   웬 - ㉢, ㉣, ㉤
② 왠 - ㉠, ㉡, ㉢   웬 - ㉣, ㉤
③ 왠 - ㉠, ㉡, ㉢, ㉣   웬 - ㉤
④ 왠 - ㉠, ㉡, ㉤   웬 - ㉢, ㉣
⑤ 왠 - ㉢, ㉣, ㉤   웬 - ㉠, ㉡

〈문제 73〉 다음 상황에서 ㉠과 ㉡에 들어갈 표현으로 적절한 것은? (   )

갑 : ㉠〔   〕
을 : 왜?
갑 : 갑자기 집안 사정이 어려워져서 아들 등록금을 못 내고 있었는데, 어제 박 씨가 자기 적금을
     깨면서까지 그 돈을 내게 빌려 줬어.
을 : 하긴 나도 박 씨가 어려운 사람들을 많이 도와준다는 소문은 들었어.
     ㉡〔   〕

① 갑 : ㉠"박 씨가 정말 착하데."
   을 : ㉡"어렸을 때부터 그랬데."
② 갑: ㉠"박 씨가 정말 착하대."
   을 : ㉡"어렸을 때부터 그랬데."
③ 갑: ㉠"박 씨가 정말 착하데."
   을 : ㉡"어렸을 때부터 그랬대."
④ 갑: ㉠"박 씨가 정말 착하대."
   을 : ㉡"어렸을 때부터 그랬대."
⑤ 갑: ㉠"박 씨가 정말 착해."
   을: ㉡"어렸을 때부터 그랬데."

〈문제 74〉 다음 중 맞춤법과 표준어가 모두 맞는 것은? (   )
　　　① 돐 - 사글세　　　　　　　　② 미장이 - 더우기
　　　③ 개구장이 - 일찍이　　　　　④ 희노애락 - 장밋빛
　　　⑤ 한랭 전선 - 인사말

〈문제 75〉 밑줄 친 단어가 적절하게 쓰인 것은? (   )
　　　① 영국으로 유학 간 동생에게 편지를 <u>띄우다.</u>
　　　② 그 소문에 귀가 번쩍 <u>띠다.</u>
　　　③ 바다가 갑자기 붉은 빛을 <u>띄기</u> 시작했다.
　　　④ 매우 중대한 임무를 <u>띠다.</u>
　　　⑤ 며칠 전부터 남동생의 행동이 눈에 띠게 <u>달라졌다.</u>

〈문제 76〉 밑줄 친 단어가 모두 바르게 표기된 것은? (   )
　　　① 자동차에 <u>받쳐</u> 입원한 나를 성심껏 간호해 준 아내에게 이 책을 <u>바칩니다.</u>
　　　② 그 일이 있은 후 아이의 행동이 눈에 <u>띄게</u> 달라지자 어머니가 미소를 <u>띄우고</u> 말씀하셨다.
　　　③ 하늘을 <u>나는</u> 비행기는 승객이 아니라 짐을 <u>날르고</u> 있다.
　　　④ 저쪽에서 자꾸 조건을 <u>부쳐오니</u> 이 문제를 회의에 <u>붙이도록</u> 해야겠다.
　　　⑤ 그는 아까운 재능을 <u>썩히고</u> 있는 바람에 부모님의 속을 <u>썩였다.</u>

〈문제 77〉 밑줄 친 부분이 바르지 않은 것은? (   )
　　　① 남의 집을 전전하며 동가식서가숙하던 일이 <u>엊그제</u>였는데, 이젠 어엿한 한 회사의 사장
　　　　이 되었다니 새삼 그를 다시 보게 되었다.
　　　② 자네 어렸을 적이던가, 낳기도 전이던가. <u>아무튼</u> 오래전에 자네 어르신네로부터는 이런
　　　　대접을 받으면서도 마음이 편했네.
　　　③ 병수는 생명수를 대하듯 눈을 <u>지그시</u> 감고 그러나 깊은 한숨을 내쉬며 술을 마셨다
　　　④ 갑자기 차 앞으로 버스가 <u>끼여들었다.</u>
　　　⑤ <u>더욱이</u> 비좁은 공간에 여러 명의 판매원이 있으며 대부분 매장 상태가 불결하고 비위생
　　　　적이다.

〈문제 78〉 맞춤법이나 표준어 규정에 맞는 낱말로만 구성되어 있는 문장은? (   )
　　　① 미류나무 꼭대기에 조각 구름이 걸려 있네.
　　　② 할아버지는 마음이 언짢으실 때면 케케묵은 옛날 일을 꺼내셨다.
　　　③ 걱정하지 마. 그 일은 내가 해 줄게.
　　　④ 그 사람은 성격이 워낙 괴퍅스러워서 탈이야.
　　　⑤ 어떤 장사아치가 동네 어귀에서 물건을 흥정하고 있었다.

※ 위 문제 중 일부는 "공무원 국어시험을 위한 제언"(국립국어원, 2002)을 정리한 것임.

연습문제(1)

1. 가든지 오든지 이제는 네 마음이다.
2. 지금쯤은 영화관에 도착했을걸
3. 어제 학교에 왔던 사람이 유명한 시인이래.
4. 이 일을 빨리 마치고 집에 가려고 합니다.
5. 이번 회의에 중요한 안건을 부쳤다.
6. 누가 말했는데, 민숙이가 다음 주에 결혼한대
7. 어제 보니 수정이가 참 예쁘데
8. 얘들아. 떠들지 마라
9. 우리가 2002년도 한일 월드컵 우승팀을 맞혔다.
10. 내년부터 독서에 취미를 붙일 계획이다.
11. 그는 무리하게 사업을 벌였다.
12. 인사부의 인원을 늘릴 필요가 있다.
13. 우리가 제시한 의견을 어떻게 생각하는지 모르겠어.
14. 정간호사님, 이 아이에 예방 주사를 맞혔습니까?
15. 어제부터 라디오를 뜯었다가 맞추고 있다.
16. 여름의 별미! 팥빙수 있음
17. 그는 날 보고도 못 본 체 했다.
18. 우리는 불을 켠 체 잠을 잤다.
19. 보도블럭 공사 중이니 오른쪽으로 돌아가 주십시오.
20. "숙제 다 했니?" "아니요, 조금 남았어요."
21. 그것은 당신 잘못이 아니오.
22. 서슴지 말고 어서 네 의견을 말해.
23. 달리기에 알맞은 옷을 입고 오세요.
24. 여러분! 오늘 이 자리에 선 저는 눈물로써 호소합니다.
25. 정말 저로서는 할 말이 없습니다.
27. 제가 어제 말씀드린 것은 이 책이에요.
28. 생각건대 그 방법은 좋지 않아. 피해만 줄 뿐이야.
29. 커피 만듦
30. 아무튼 이 집으로 빨리 들어와라.
31. 네 사정이 어떻든 난 내일 새벽에 집에 가야해.
32. 내가 도와줄게.
33. 그 여자는 나이가 들수록 아름다워졌다.
34. 그는 언제나 부지런하므로 그 일에 적임자라 생각해.
35. 이론과 실제는 다릅니다.
36. 나는 박가올시다.
37. 여기서는 흡연을 삼가 주십시오.
38. 이 동아리에는 건국대에서 내로라 하는 학생들이 모두 모였다.
39. 이 자리를 빌려 한 말씀 올리자면…
40. 마르크스의 말을 빌리자면, 자본주의는…

41. 왠지 너를 보면 가슴이 두근거려.
42. 어제 지하철 역에서부터 웬 이상하게 생긴 사람이 날 따라왔어.
43. 터널에서는 끼어들기를 하지 맙시다.
44. 우리들의 관계는 얽히고설킨 실타래처럼 복잡해졌어.
45. 우리의 바람은 하루 빨리 통일이 되는 것입니다.
46. 선생님은 아이들에게 늘 참된 길을 가라고 가르치셨다
47. 너와 나는 생각이 다르다.
48. 나는 열 문제 중에서 겨우 세 개만 맞혀 자존심이 무척 상했다.
49. 날이 어두워졌는데, 산 너머에 있다는 마을은 보이지 않습니다.
50. 누군가에게 도움이 되는 일이라면 아무리 작은 일이라 해도 사회를 따뜻하게 할 수 있다.
51. 올해는 구설에 휘말리지는 일이 없도록 해야 한다.
52. 정부가 결단을 내리지 않으면 그나마 회복기에 접어든 경제가 결딴나게 생겼다.
53. 가장 눈에 띄는 변화는 한달 전부터 시행되고 있는 부동산 특별법 때문에 재건축 경기가 침체
    양상을 띠고 있다는 점이다.
54. 사람들이 노름판을 벌이는 바람에 장례식장의 엄숙한 분위기가 흐려지고 말았다.
55. 분식회계, 그것은 고무줄을 늘였다 줄였다 하는 것처럼 기업이 자산과 부채를 마음대로 늘렸다
    줄였다 하는 행태를 말한다.
56. 일본산 고추는 한국 고추에 비해 세 곱절이나 맵다.
57. 기득권 계층의 반발에도 불구하고 중요 사안을 국민투표에 부치는 등 과감한 개혁 정책을 밀어
    붙이고 있다.
58. 이 자리를 빌려 도와주신 모든 분께 감사드립니다.
59. 특별소비세가 내린 덕분에 그나마 매출이 조금 늘었습니다.
60. 네가 말한 것은 정말 그 의미를 가름하기 힘들다.

연습문제(2)

61.④ 62.⑤ 63.③ 64.③ 65.② 66.⑤ 67.④ 68.② 69.① 70.① 71.⑤ 72.① 73.③ 74.⑤
75.④ 76.⑤ 77.④ 78.①

제2장 띄어쓰기

띄어쓰기는 왜 필요한가?

　우리는 평소 생활하면서 말과 글로써 의사표현을 한다. 의사(意思)를 말로 표현할 때에는 특별한 노력 없이도 대체로 거침없이 잘 할 수 있다. 설령 정확한 표현은 아닐지라도 별 어려움 없이 할 수 있고, 상대방도 말하는 이가 의도하는 바를 거의 정확히 알아듣는 데 큰 어려움이 없다. 그러나 글로써 의사를 표현할 때에는 사정이 다르다. 의사전달 매개체로서의 글은 불특정 다수를 대상으로 하고 또 그러한 이유 때문에 더욱 문장 표현에 정확을 기하지 않을 수 없다. 문장의 앞뒤가 왔다갔다하고 필요없이 중언부언(重言復言)한다면 읽는 이로 하여금 짜증나게 하고 글쓴이의 정확한 의사전달에도 어려움이 있다. 더군다나 문장 표현이 적절하지 못하다든지 맞춤법에 맞지 않는 부분이 자주 눈에 띈다면 정확한 의사전달의 효과나 글쓴이가 의도하는 효과는 줄어들 것이다. 깊이 있는 생각들은 말로 표현하기가 곤란할 때가 많으며, 정확한 전달을 위하여 글이라는 수단을 매개체로 할 때가 많다. 말로 통하는 것보다 글로 통할 때가 훨씬 효과가 클 때가 많다. 그러나 글로써 나타내는 일은 결코 쉽지 않다. 문장 구성법이나 맞춤법을 무시하고서 글을 쓸 수는 없기 때문이다.

1. 띄어쓰기의 기본 원칙

원칙 1　조사는 그 앞말에 붙여 쓴다.

　조사는 체언이나 용언 밑에 붙어 다른 말과의 관계를 나타내거나 그 말의 뜻을 도와주는 품사이다. 우리말에서는 문법적인 기능만을 담당하는 격조사와, 의미를 담당하는 특수 조사(보조사)로 구분된다. 이런 조사는 독립성이 없고, 그것이 결합되는 체언이 지니는 문법적 기능을 표시하므로, 붙여서 쓴다. 단, 조사가 둘 이상 겹쳐지거나, 조사가 어미 뒤에 붙는 경우에도 붙여 쓴다.

강은	강이	강을	강으로만
여기서부터입니다	어디까지입니까	나가면서까지도	들어가기는커녕
아시다시피	옵니다그려	"알았다."라고	

 '-입니다/ -입니까'는 앞말에 붙여 쓴다.

    은행에 설치된 현금자동 지급기의 모니터에 "지금 처리중입니다"라는 안내 글귀가 나온다. 이 문장은 띄어쓰기에 맞을까? 보통 '-이다'는 앞말에 붙여 쓰면서, '-입니다'는 앞말과 띄어 쓰는 경우가 있다. 그런데 '-이다'와 마찬가지로 '-입니다/ -입니까' 등도 반드시 앞말에 붙여 써야 한다. 앞의 문장은 띄어쓰기를 전혀 고려하지 않은 결과로서, 앞 문장 가운데 '중'은 의존 명사이므로 앞말과 띄어 써야 하고, '입니다'는 '이다'가 활용한 것으로서 앞말에 붙여 써야 한다. 따라서 위의 안내 글귀는 "지금 처리 중입니다"로 고쳐야 한다.

원칙 2   의존 명사는 띄어 쓴다.

   의존 명사는 독립하지 못하고 다른 말에 의지하여 형식상으로만 쓰이는 명사로서, '것, 수, 만큼, 이, 바, 지' 등의 불완전 명사를 가리킨다. 의존 명사는 띄어 쓰는 것을 원칙으로 하지만, 이들이 문장 안에서 언제나 의존 명사로만 사용되는 것은 아니니, 주의해야 한다.

아는 **것**이 힘이다	나도 할 **수** 있다	먹을 **만큼** 먹어라
아는 **이**를 만났다	네가 뜻한 **바**를 알겠다	그가 떠난 **지**가 오래다

 혼동하기 쉬운 의존 명사의 띄어쓰기 : '만큼, 뿐, 대로, 만, 지, 들'
① '만큼'은 관형어 밑에서는 의존 명사로서 띄어 써야 하나, 체언 밑에 붙어 특수 조사로 쓰이면, 띄어 쓰지 않고 붙여 쓴다. '그만큼, 너만큼, 오늘만큼, 생각만큼'
② '뿐'이 '남자뿐이다, 다섯뿐이다'처럼 체언 뒤에 붙어서 한정의 뜻을 나타내는 경우에는 접미사로 다루어 붙여 써야 하지만, 용언의 관형사형 '-을' 뒤에서 '따름'이라는 뜻을 나타낼 경우에는 의존명사로 다루어 띄어 쓴다.
③ '대로'는 용언 밑에서는 의존 명사로서 띄어 써야 하나, 체언 밑에서 '그와 같이'라는 뜻의 보조사로 쓰이게 되면 붙여 쓴다. "멋대로 하다, 그대로 두다, 너대로 하여라."
④ '만'이 "하나만 알고, 둘은 모른다. 이것은 그것만 못하다"처럼 체언에 붙어서 한정 또는 비교의 뜻을 나타낼 경우에는 조사로 다루어져 붙여 써야 하지만, 시간의 경과를 나타낼 때는 의존 명사로 다루어져 띄어 써야 한다. "떠난 지 사흘 만에 돌아왔다. 온 지 1년 만에 떠났다."
⑤ '지'는 용언 밑(반드시 'ㄴ' 뒤에 씀)에서는 의존 명사로서 띄어 써야 하나, 어간에 붙어 연결 어미 또는 종결 어미로 쓰이면 붙여 쓴다. "놀지 못하다. 어떻게 할지를 모른다. 너의 선생님이었지 않느냐. 어떻게 이어질지 귀추가 주목된다."
⑥ '들'이 '남자들, 여자들'처럼 하나의 단어에 결합하여 복수를 나타내는 경우에는 접미사로 다루어 붙여 써야 하지만, 두 개 이상의 사물을 열거하는 구조에서 '그런 따위'의 의미를 가질 경우에는 의존 명사이므로 띄어 써야 한다. "쌀, 보리, 콩, 조 기장 들을 오곡이라 한다."
⑦ '데'가 '그런데, -하는데'로 쓸 경우에는 붙여 쓰나, 의존 명사로서 '곳, 경우, 처지'의 뜻으로 쓸 경우에는 '그런 데', '-하는 데 있다', '-하는 데 소질이 있다', '아픈 데에 먹는 약' 등과 같이 띄어 쓴다.

원칙 3   단위를 나타내는 명사는 띄어 쓴다. 단위나 수효를 나타내는 명사도 의존 명사로서 띄어 쓴다.

한 마리	한 개	신 한 **켤레**	옷 한 벌
연필 두 **자루**	차 한 대	일곱 살	은 한 돈
집 한 **채**	삼 **개월**	여섯 시간	북어 한 쾌

다만 숫자와 어울리어 쓰이는 경우나 순서를 나타내는 경우에는 붙여 쓸 수도 있다.

103 동 2311 호 → 103동 2311호	30 원 → 30원
80 개 → 80개	50 번지 → 50번지
제 일 장 → 제일장	일 학기 → 일학기
삼 층 → 삼층	1 시 10 분 → 1시 10분
일천구백팔십팔 년 오 월 이십 일 → 일천구백팔십팔년 오월 이십일	

알아두기 '**개년, 개월, 일(간), 시간**'

  수효를 나타내는 '개년, 개월, 일(간), 시간' 등은 붙여 쓰지 않는다. "삼 (개)년 육 개월 이십 일(간) 체류하였다."

알아두기 **수를 적을 때는 '만(萬)' 단위로 띄어 쓴다. '십이억 삼천사백오십육만 칠천팔백구십팔'**

원칙 4   두 말을 이어 주거나 열거할 적에 쓰이는 말들은 띄어 쓴다.

| 1조 대 3조 | 대학원장 **겸** 부총장 | 마흔 내지 쉰 |
| 음악·미술 **등** | 국장 **및** 과장들 | 사과·감·배 **등등** |

  다만, 한 음절인 단어가 여러 개 계속될 경우에는 띄어 쓰는 것이 쓰기에 오히려 부담을 주고, 읽기에도 부담을 주게 되므로 이러한 경우에는 의미상으로 한 덩어리가 되는 단어는 붙여 쓸 수도 있다.

| 한 술 두 술 → 한술 두술 | 한 잎 두 잎 → 한잎 두잎 |
| 한 뼘 두 뼘 → 한뼘 두뼘 | 그 때 그 곳 → 그때 그곳 |

원칙 5   보조 용언은 띄어 씀을 원칙으로 하되, 경우에 따라 붙여 씀도 허용한다.(ㄱ을 원칙으로 하고, ㄴ을 허용함.)

ㄱ	ㄴ
불이 꺼져 간다.	불이 꺼져간다.
내 힘으로 막아 낸다.	내 힘으로 막아낸다.
어머니를 도와 드린다.	어머니를 도와드린다.
그릇을 깨뜨려 버렸다.	그릇을 깨뜨려버렸다.
비가 올 듯하다.	비가 올듯하다.
그 일은 할 만하다.	그 일은 할만하다.

일이 될 법하다.	일이 될법하다.
비가 올 성싶다.	비가 올성싶다.
잘 아는 척한다.	잘 아는척한다.

다만, 앞말에 조사가 붙거나 앞말이 합성 동사인 경우, 그리고 중간에 조사가 들어갈 적에는 그 뒤에 오는 보조 용언은 띄어 쓴다.

잘도 놀아만 나는구나!	책을 읽어도 보고…….
네가 덤벼들어 보아라.	강물에 떠내려가 버렸다.
그가 올 듯도 하다.	잘난 체를 한다.

원칙 6 성과 이름, 성과 호 등은 붙여 쓰고, 호칭어, 관직명 등은 띄어 쓴다. 다만, '남궁 억'의 예와 같이 성과 이름을 분명하게 구분할 필요가 있을 때에는 띄어 쓴다. '씨, 양, 군' 등은 접미사가 아닌 호칭어이므로 띄어 써야 한다.

임숙희   이충무공   김영희 씨   김미영 양   안창호 선생   이승만 박사
김용호 국장   이순신 장군

원칙 7 성명 이외의 고유 명사는 단어 단위로 띄어 씀이 원칙이나, 단위별로 띄어 쓸 수 있다. 아울러 전문 용어는 단어 단위로 띄어 씀이 원칙이나, 붙여 쓸 수 있다.

한국 고등학교 → 한국고등학교   한국 대학교 예술 대학 → 한국대학교 예술대학
급성 맹장염 → 급성맹장염   대륙간 탄도 유도탄 → 대륙간탄도유도탄

2. 틀리기 쉬운 띄어쓰기

(1) 관형사 '본(本)'과 접두사 '본(本)'

'본(本)'을 비롯한 '전(全), 타(他), 매(每)' 등은 표준국어사전에 따르면, 관형사로 분류되고 있다. 때문에 이 낱말이 체언 앞에서 쓰일 때는 그 뒤에 나오는 단어와 띄어 써야 한다.

전 국민   전 인류   전 학과   전 지원자
타 지역   타 학과   매 주일   매 끼니

특히, '본(本)'의 경우에는 위에서 말한 관형사와 접두사의 형태로 쓰일 때가 많으므로 주의를 요한다. '본 법정, 본 사건, 본 대학'처럼 쓸 경우에 '본'은 지시 관형사로서 띄어 써야 하나, '본청(本廳), 본예산, 본무대, 본이름, 본얼굴, 본마음, 본바탕, 본처, 본서방, 본가(本家)의 뜻인 본집' 등으로 쓸 경우의 '본'은 '본디의', 또는 '근본이 되는'의 뜻인 접두사로서 뒤에 오는 단어와 붙여 써야

한다. 또한 '본인(本人)은 이렇게 생각한다.', '본서(本書)를 읽어보면 잘 알 수 있다.'에서 '본'은 지시관형사의 형태이나, '본인(本人)', '본서(本書)'의 경우는 이미 하나의 명사로서 굳어져 쓰이고 있으므로 띄어 쓰지 않고 붙여 쓰고 있다.

'본' 뒤에 나오는 단어가 똑같더라도 쓰임새에 따라 붙여 써야 하는 경우, 또는 띄어 써야 하는 경우가 있다. '본'이 지시 관형사의 뜻으로 쓰이면 띄어 써야 하지만, '본'이 '본디의', 또는 '근본이 되는'의 뜻으로 쓰이면 붙여 써야 한다. 가령, "회장의 인사말이 있은 후 본회의가 시작되었다", "마침내 본계약이 체결되었다", "인삼의 본고장으로 유명한 지방"에서 '본'은 접두사로 쓰였으므로 붙여 써야 한다. 그러나 "본 회의에서 결정된 사항", "본 계약은 무효다", "본 고장에는 미인이 많다"에는 관형사로 쓰인 경우이므로 띄어 써야 한다.

아울러, '내(內)'가 체언 뒤에서 '-의 범위 안'의 뜻으로 쓰일 경우에도 마찬가지로 이를 의존 명사로 규정하여 앞의 단어와 띄어 쓰도록 하고 있다. 단, '국내(國內), 교내(校內), 실내(室內), 차내(車內)' 등의 경우는 이미 하나의 명사로서 굳어져 쓰이고 있으므로 띄어 쓰지 않고 붙여 쓴다.

당선권 내에   이 달 내에   강의실 내   운동장 내

(2) '-받다', '-하다', '-되다'의 올바른 사용

(가) '받다'가 명사 뒤에서 접미사로 쓰일 경우에는 앞말에 붙여 쓴다. 그러나 "선물을 받다, 존경을 받다, 결혼 날짜를 받다" 등에서는 동사로 쓰일 경우에는 띄어 쓴다.

그 사람은 존경 받는 사람이다 → 그 사람은 존경받는 사람이다

(나) '하다'가 '운동하다, 까마득하다, 기뻐하다' 등과 같이 접미사로 쓰이는 경우에는 앞의 말에 붙여 써야 한다.

사랑하는 사람과 길게 통화 하세요! → 사랑하는 사람과 길게 통화하세요!
대화 합시다 → 대화합시다.
'모집기준을 적용 함' → '모집기준을 적용함'
'…다른 열차에도 주의 하여 주시기 바랍니다.' → '…다른 열차에도 주의하여 주시기 바랍니다.'

(다) '되다'가 그 자체로서 동사로 쓰이지 않고, '걱정되다, 비롯되다, 복되다' 등과 같이 접미사로 쓰이는 경우에는 앞의 말에 붙여 써야 한다.

저 기계는 이렇게 사용 될 것이다 → 저 기계는 이렇게 사용될 것이다
연초에 재정문제가 왜 발생 되었을까요? → 연초에 재정문제가 왜 발생되었을까요?

〔한글 맞춤법 규정의 띄어쓰기 원칙〕

규정		내용	용례
조사	제41항	조사는 그 앞말에 붙여 쓴다.	꽃이 / 꽃마저
의존 명사 및 단위 명사	제42항	의존 명사는 띄어 쓴다.	아는 것이 힘이다.
	제43항	단위를 나타내는 명사는 띄어 쓴다. 단지, 순서를 나타내거나 숫자가 어울리어 쓰이는 경우에는 붙여 쓸 수 있다.	한 개 / 열 살 16동 502호
	제44항	수를 적을 때는 '만 (萬)'단위로 띄어 쓴다.	12억 3456만 7890
	제45항	두 말을 이어주거나 열거할 때 쓰이는 말들은 띄어 쓴다.	국장 겸 과장 / 열 내지 스물 / 청군 대 백군
	제46항	단음절로 된 단어가 연이어 나타날 때에는 붙여 쓸 수 있다.	그때 그곳 / 좀더 큰 것 이말 저말 / 한잎 두잎
보조용언	제47항	보조 용언은 띄어 씀을 원칙으로 하는데, 경우에 따라 붙여 쓴다. 가령 앞말에 조사가 붙거나 앞말이 합성동사인 경우, 그리고 중간에 조사가 들어갈 적에는 그 뒤에 오는 보조용언은 띄어 쓴다.	꺼져 간다(꺼져간다) 아는 척한다(아는척한다) 떠내려가 버렸다. 올 듯도 하다.
고유명사 전문용어	제48항	성과 이름, 성과 호 등은 붙여 쓰고, 이에 덧붙이는 호칭어, 관직명 등은 띄어 쓴다. 단, 성과 이름/성과 호를 분명히 구분할 필요가 있을 경우에는 띄어 쓸 수 있다.	이순신, 이순신 장군 남궁 억
	제49항	성명 이외의 고유명사는 단어별로 띄어 씀을 원칙으로 하고 단위별로 띄어 쓸 수 있다. (띄어 쓴 것을 원칙으로 하고 붙여 쓴 것도 허용)	건국 대학교(건국대학교) 문과 대학 국문 학과(문과 대학 국문학과)
	제50항	전문용어는 단어별로 띄어 씀을 원칙으로 하되, 붙여 쓸 수도 있다.	만성 골수성 백혈병(만성 골수성백혈병)

연습문제(1) 다음 문장을 띄어쓰기 원칙에 따라 바르게 띄어 쓰시오.

〈문제 1〉 뒷 목이 섬뜩 해서 고개를 돌리고야말았다.
〈문제 2〉 일곱내지 여덟 명의 학생들이 운동장안에 있는듯하다.
〈문제 3〉 네가 전학간 빈교실에서 너의 쓸쓸한 웃음 소리만이 울릴뿐 이다.
〈문제 4〉 우리는 만난지 3년만인가. 서로 오해때문에 생긴 불신이 우리의 관계를 금이가게 했을뿐만아니라 영원히 고치지 못할 마음의 상처를 냈다.
〈문제 5〉 구경하고싶은만큼 구경 해라.
〈문제 6〉 비는 오고 있어. 그런데 내마음은 갈데가 없어. 얼마나만큼 시간이흘렀을 까. 나는 운동장 한 곳에 우두커니 서있었던거야.
〈문제 7〉 내일 부터는 새벽 다섯 시에서 부터 일곱 시까지 운동을해야 겠다.
〈문제 8〉 나를 찾아오느니 보다 집에 있거라.
〈문제 9〉 그상자에는 구멍이 뚫려있었으나, 도무지 그속은 보이지않았다.
〈문제 10〉 암컷이 뿌린 이상한냄새에 끌려 수컷은 안절 부절 하지못했다.
〈문제 11〉 알은 낳은 그 자리에 붙어서 떨어지지 않는다.
〈문제 12〉 몸이커진 애 벌레는 작은껍질을 벗어 버린다.
〈문제 13〉 이제 그 사자는 사람들이 보살펴 주지 않으면 살아 갈 수없게 되었다.
〈문제 14〉 밤새 잘듯말듯했으면서도 다음날에도 날 듯이 뛰는 걸보면 기가막혔다.
〈문제 15〉 고치에 열을 쬐면 어른 벌레가 되지 못하고 죽는다.
〈문제 16〉 한번 시작 하면 탱크같이 밀어붙이는것이 필요하다.
〈문제 17〉 잘살펴보면 필자가 명시적 으로 드러내지않은 내용 까지 알아볼수 있을 것이다.
〈문제 18〉 곤충들이 어떤 생활을 하는지 관찰해 보자.
〈문제 19〉 누에고치는 고치에서 명주실을 뽑아 낸다.
〈문제 20〉 입학한지 삼년만에 졸업 하기는 커녕 오히려 더다니기 까지 했다.

연습문제(2) 다음 문장들을 띄어쓰기에 맞게 고치시오(띄어야 할 부분에 ∨ 표시를 할 것).

〈문제 21〉 많이아는사람보다는마음이어진사람을사귀어야한다.
〈문제 22〉 그는한학기동안결석한번없이열심히공부했다.
〈문제 23〉 노는시간에잠좀그만자고소설책이라도읽어라
〈문제 24〉 바람이몹시휘몰아치고있었으므로얼굴을들수없을만큼대기는차가웠다.
〈문제 25〉 나무커녕풀도없는황무지가저렇게옥답으로변했다오.
〈문제 26〉 만화방같은데는가지말라고그렇게말했는데도듣는기미가없다.
〈문제 27〉 그는이제막떠오른눈앞의경치를화폭에담고있었다.
〈문제 28〉 주저없이한번뛰어들면세배이문은떼어논당상이다.

〈문제 29〉 집을떠난지가삼년인지사년인지알수도없소.

〈문제 30〉 그래도우리에게밥한술,돈한푼이라도주는사람은못사는사람들뿐이야.

〈문제 31〉 이것이그것보다못하다고는더이상말못하겠지.

〈문제 32〉 여기서뿐아니라저기서도먹고죽자는듯술을마셔들댔다.

〈문제 33〉 안주로북어를두들겨패더니하나씩들고앉아찢지도않고대가리부터먹었다.

〈문제 34〉 아무리생각해도그의진의가무엇인지알쏭달쏭하기만했다.

〈문제 35〉 목포에는선창하역인부들을통솔하기위해열다섯명의십장이있었다.

〈문제 36〉 북어한쾌갖다주지않는다해도내알바아니다.

〈문제 37〉 이집을계약하고싶으면먼저계약했던전세계약금을포기해야한다.

〈문제 38〉 건국대학교일감호에서바라보는풍경은무척아름답다.

〈문제 39〉 언제부터인지는정확히꼬집어말할수없지만아내는어떤비밀스러운자신감을지닌여자처럼행동했다.

〈문제 40〉 이렇게누워만있다가는답답해서못견딜것같다.

연습문제(3) 다음 문제를 읽고 물음에 답하시오.

〈문제 41〉 밑줄 친 부분의 띄어쓰기가 바르게 된 것은?
　　　① 이틀에 걸친 2001년 운동 산업 정책 <u>국제학술회의중</u>, 모두 6차례의 분과 토론회가 거행되었다.
　　　② 이 화백이 파리 유학을 <u>떠난 지 6개월만에</u> 대상을 수상했다는 소식을 들은 것은 참으로 기쁜 일이었다.
　　　③ 르노 삼성 자동차는 그 대금으로 <u>1천1백억 5천만 원을</u> 즉시불로 지급하였으며, 부채의 출자 전환을 통하여 440억 원을 상환하였다.
　　　④ 여야는 지역 갈등의 해소가 중요한 시대적 <u>과제라는데 의견을 같이 하고</u> 이를 위해 초당적으로 협력하기로 했다.
　　　⑤ 경제학적 접근을 따르는 학자들은 정부 정책을 공공재의 문제로 설명하거나 시장 실패의 상황과 <u>관련 짓고 있다.</u>

〈문제 42〉 밑줄 친 부분의 띄어쓰기가 잘못된 것은?
　　　① 그 사람은 변덕이 죽 <u>끓듯 하다.</u>
　　　② 불의에 <u>굴할 바에는</u> 차라리 감옥에 가겠다.
　　　③ 시장에서 파는 지글거리는 햄버거가 정말 <u>먹음직 해</u> 보인다.
　　　④ 주소 <u>변경 및 기타 접수에</u> 관한 사항은 전화로 문의해 주시기 바랍니다.
　　　⑤ <u>그외에</u> 다른 질문이 있으신 분들은 질의 응답 게시판을 이용해 주십시오.

〈문제 43〉 ㉠~㉢ 중 띄어쓰기가 바른 것은?

　　제 생각으로는 기술과 사회는 전 역사를 통해 서로 영향을 주고받아 왔다고 보는 것이 ㉠<u>타당할듯 싶습니다.</u> 때로 기술이 사회에 미친 영향이 사회가 기술 발전에 미친 ㉡<u>영향 보다</u> 훨씬 더 심대하거나 또는 그 역이 성립할 때가 종종 있었겠지만, 전체적으로 볼 때 기술과 사회는 상호 작용해 왔다고 ㉢<u>보는 게 마땅할 것입니다.</u> 이 상호 작용론의 관점에서 보면, 오늘날의 정보 통신 기술과 정치 형태의 상호 관계는 보다 동태적으로 이론화될 수 있습니다. 정보 통신 기술의 발전이 일방적으로 민주주의 혹은 전체

주의를 결정지을 수 없고, 마찬가지로 현재의 정치 형태가 정보 통신 기술의 사용을 일방적으로 @규정
할 수도 없기때문입니다. 중요한 문제는 정보 통신 기술이 가지고 있는 잠재력이 @가능한 한 민주주의
를 촉진시킬 수 있는 방향으로 설계, 분배, 활용, 통제하는 것이라고 생각합니다.

① ㉠   ② ㉡   ③ ㉢   ④ ㉣   ⑤ ㉤

〈문제 44〉㉠~㉤ 중 띄어쓰기가 바르게 된 것은?

  탈춤에서 연행되는 모든 전도와 파괴는 탈판을 떠나는 순간 효력을 상실하게 마련이다. 이 당시 엄격
한 신분 제도 아래에서 양반들을 신랄하게 비판하고 조롱하는 연극을 공연할 수 있었던 것도 양반의 특
별한 배려가 없이는 사실상 불가능하였다. ㉠비록 현실 세계와는 구별되는 연극이라고는하지만 양반들
은 하인들이 자신들을 공공연히 조롱하고 매도하는 행위를 ㉡묵인할리 만무하기 때문이다. 이렇게 자신
들을 ㉢조롱하고 매도하도록 허용해주는데에는 ㉣그 나름대로의 까닭이 있게마련이다. 양반의 입장에서
보면 탈춤은 신분 사회의 유지를 위해서 꼭 필요한 것이었다. 탈춤의 연행을 통하여 평소 억눌려 있던
민중의 불만과 감정을 발산하도록 허용해 줌으로써 ㉤지배 체제를 보다 효용 있게 유지하는 수단으로
삼았기 때문이다.

① ㉠   ② ㉡   ③ ㉢   ④ ㉣   ⑤ ㉤

〈문제 45〉㉠~㉤ 중 띄어쓰기가 바르게 된 것은?

  평소 소방 행정 발전을 위하여 항상 ㉠아낌 없는 성원을 ㉡보내주신 데 진심으로 깊은 감사의 말씀을
드립니다. 겨울철에는 화재가 빈발하는 시기입니다. 화재나 ㉢재해로 부터 우리 시민의 생명과 재산을
보호하는 것은 그 ㉣무엇 보다도 중요한 일입니다. 재래 시장이나 주택가 이면 도로에 불법으로 주정차
하지 않기, 물건 적치 안하기 등은 우리 이웃의 불편을 ㉤해소하는 데 필요할뿐 아니라 생명과 재산을
지키는 것이 됩니다. 시민 여러분께서는 아래 사항을 준수하시어 긴급상황 발생 시 소방 차량의 통행에
장애가 되는 일이 없도록 적극적으로 협조하여 주시기 바랍니다.

① ㉠   ② ㉡   ③ ㉢   ④ ㉣   ⑤ ㉤

〈문제 46〉㉠~㉤ 중 띄어쓰기가 바르지 않은 것은?

  자본 논리는 광범한 네트워크를 광속으로 이동하면서 그 외연을 ㉠세계화할 뿐 아니라 정치 권력, 과
학 기술, 문화, 가치, 종교, 심지어 인간의 심성까지 내포화함으로써 자본의 축적 과정을 완성하고 있
다. 인간의 자유와 창의는 물론, 일체의 가치를 자본 논리에 예속시킴으로써 인간을 상품화하고 인간 관
계를 시장화한다. 20세기를 자본주의와 사회주의의 모순으로 규정하지만 사회주의는 자기 운동에 기초
한 대안 ㉡패러다임이기 보다는 반운동(anti-movement)에 기초한 저항 패러다임이었으며 결국 사회
주의의 실패는 바로 인간주의에 있어서의 실패로 ㉢평가되기도 한다. 21세기는 결국 자본 논리와 인간
논리를 맞세우는 휴머니즘에서부터 다시 시작하지 ㉣않을 수 없을 것이다. 인간의 삶이라는 가장 기본
적 준거로서의 휴머니즘이 새로운 세기의 목전에서 다시 돌아가야 할 근본적 반성의 자리라는 사실에
재론의 여지는 없다. 그리고 '세계의 시장화'와 이에 맞서는 '투쟁의 세계화', '아래로부터의 세계화'라는
실천적 과제에 비추어 볼 때 21세기는 지금까지의 인류사에서 최초로 '임무와 주체'가 동시에 결합하는
진정한 휴머니즘의 세기로 ㉤예상되기 때문이다.

① ㉠세계화할 뿐 아니라   ② ㉡패러다임이기 보다는
③ ㉢평가되기도 한다   ④ ㉣않을 수 없을 것이다
⑤ ㉤예상되기 때문이다

〈문제 47〉 ㉠~㉤ 중 띄어쓰기가 바른 것은? (4)

① ㉠   ② ㉡   ③ ㉢   ④ ㉣   ⑤ ㉤

〈문제 48〉 ㉠, ㉡, ㉢의 띄어쓰기가 모두 바르게 된 것은?

① ㉠-철수만, ㉡-12년만이었다, ㉢-오랜만이었는데도
② ㉠-철수만, ㉡-12년만이었다, ㉢-오랜만이었는 데도
③ ㉠-철수만, ㉡-12년 만이었다, ㉢-오랜만이었는데도
④ ㉠-철수 만, ㉡-12년 만이었다, ㉢-오랜만이었는 데도
⑤ ㉠-철수 만, ㉡-12년 만이었다, ㉢-오랜 만이었는 데도

〈문제 49〉 다음 중 잘못 띄어 쓴 것은?
① 실수로 그릇을 깨뜨려 버렸다.
② 네가 뜻한바가 무엇인지 알겠다.
③ 나는 그 강을 건너다가 죽을 뻔하였다.
④ 오늘 회의에는 이사장 및 이사들이 참석하였다.
⑤ 사업 때문에 부산, 광주, 대전 등지로 돌아다녔다.

〈문제 50〉 다음 중 바르게 띄어 쓴 것은?
① 비가 올듯 하다.
② 그가 떠난 지가 오래다.
③ 약속대로만 실천하여라.
④ 비가 오는 데 우산이 없다.
⑤ 지금 시각은 두시 삼십분 십초이다.

<문제 51> ㉠~㉤ 중 띄어쓰기 규정에 맞게 고쳐지지 않은 것은?

세기말은 과연 역사적 전환점이 될 수 있는가? 서운하지만 없다는 것이 지금까지의 역사가 남긴 교훈이다. 인류가 세기 단위의 사고를 ㉠가진이래 이미 ㉡몇번째의 세기말을 경험하였지만 그것이 역사적 전환점이 ㉢된적은 없다. 그러한 기대는 다만 흘러가는 강물 위에 깃발을 꽂는 ㉣부질없음이다. 강물은 어제의 몸짓으로 내일의 물길을 ㉤계속할따름이다. 그러나 세기의 전환기가 갖는 단 하나의 가능성이 있다면 그것은 반성과 그 반성들의 결집이다. 그러한 결집이 이루어 내는 동력이다. 반성이란 지금까지 사용해 온 개념과 담론의 틀을 바꾸어 '역사적 현재'를 새롭게 범주화하는 일이다.

① ㉠ 가진이래 → 가진 이래
② ㉡ 몇번째 → 몇 번째
③ ㉢ 된적은 → 된 적은
④ ㉣ 부질없음이다 → 부질 없음이다
⑤ ㉤ 계속할따름이다 → 계속할 따름이다

<문제 52> 띄어쓰기가 잘못된 것을 고쳐 쓴 것으로 옳지 않은 것은?

국내 최대 축산물 수입업체 대표인 ㉠이씨는 지난 6월부터 유통 기한이 지났거나 다 되어가는 미국산 냉장 쇠고기(유통 기한 90일) ㉡10억여원어치 20톤을 냉동육(유통 기한 24개월)으로 속여 ㉢축산물 도매상등을 통해 유명 놀이공원과 병원, 기업체의 구내식당에 납품하고 61톤을 보관해 온 혐의를 받고 있다.

또 축협 중앙회의 출자 회사인 축협 유통 상무는 유통 기한이 지난 ㉣덴마크 산 냉동 돼지고기 69톤을 판매 목적으로 보관해 온 혐의를 받고 있다. 축협 유통은 지난 5월 이후 1500톤의 수입 냉동 돼지고기를 판매했는데 이 가운데 1100톤은 남은 유통 기한이 5일도 ㉤안되는 상태여서 최종 소비 단계에서는 유통 기한이 지났을 가능성이 높은 것으로 나타났다.

① ㉠→ '이 씨'
② ㉡→ '10억여 원 어치'
③ ㉢→ '축산물 도매상 등'
④ ㉣→ '덴마크산 냉동 돼지고기'
⑤ ㉤→ '안 되는'

※ 위 문제 중 일부는 "공무원 국어시험을 위한 제언"(국립국어원, 2002)을 정리한 것임.

연습문제(1)

1. 뒷골이 섬뜩해서 고개를 돌리고야 말았다.
2. 일곱 내지 여덟 명의 학생들이 운동장 안에 있는 듯하다.
3. 네가 전학 간 빈 교실에서 너의 쓸쓸한 웃음소리만이 울릴 뿐이다.
4. 우리는 만난 지 3년 만인가. 서로 오해 때문에 생긴 불신이 우리의 관계를 금이 가게 했을 뿐만 아
   니라 영원히 고치지 못할 마음의 상처를 냈다.
5. 구경하고 싶은 만큼 구경해라.
6. 비는 오고 있어. 그런데 내 마음은 갈 데가 없어. 얼마만큼 시간이 흘렀을까. 나는 운동장 한곳에
   우두커니 서 있었던 거야.
7. 내일부터는 새벽 다섯 시에서부터 일곱 시까지 운동을 해야겠다.
8. 나를 찾아오느니보다 집에 있어라.
9. 그 상자에는 구멍이 뚫려 있었으나, 도무지 그 속은 보이지 않았다.
10. 암컷이 뿌린 이상한 냄새에 끌려 수컷은 안절부절못했다.
11. 알은 낳은 그 자리에 붙어서 떨어지지 않는다.
12. 몸이 커진 애벌레는 작은 껍질을 벗어 버린다.
13. 이제 그 사자는 사람들이 보살펴 주지 않으면 살아갈 수 없게 되었다.
14. 밤새 잘 듯 말 듯 했으면서도 다음날에도 날듯이 뛰는 걸 보면 기가 막혔다.
15. 고치에 열을 쬐면 어른벌레가 되지 못하고 죽는다.
16. 한번 시작하면 탱크같이 밀어붙이는 것이 필요하다.
17. 잘 살펴보면 필자가 명시적으로 드러내지 않은 내용까지 알아볼 수 있을 것이다.
18. 곤충들이 어떤 생활을 하는지 관찰해 보자.
19. 누에고치는 고치에서 명주실을 뽑아낸다.
20. 입학한 지 삼 년 만에 졸업하기는커녕 오히려 더 다니기까지 했다.

연습문제(2)

21. 많이∨아는∨사람보다는∨마음이∨어진∨사람을∨사귀어야∨한다.
22. 그는∨한∨학기∨동안∨결석∨한∨번∨없이∨열심히∨공부했다.
23. 노는∨시간에∨잠∨좀∨그만∨자고∨소설책이라도∨읽어라.
24. 바람이∨몹시∨휘몰아치고∨있었으므로∨얼굴을∨들∨수∨없을∨만큼∨대기는∨차가웠다.
25. 나무커녕∨풀도∨없는∨황무지가∨저렇게∨옥답으로∨변했다오.
26. 만화방∨같은∨데는∨가지∨말라고∨그렇게∨말했는데도∨듣는∨기미가∨없다.
27. 그는∨이제∨막∨떠오른∨눈앞의∨경치를∨화폭에∨담고∨있었다.
28. 주저∨없이∨한번∨뛰어들면∨세∨배∨이문은∨떼어∨논∨당상이다.
29. 집을∨떠난∨지가∨삼∨년인지∨사∨년인지∨알∨수도∨없소.
30. 그래도∨우리에게∨밥∨한술, 돈∨한∨푼이라도∨주는∨사람은∨못사는∨사람들뿐이야.
31. 이것이∨그것보다∨못하다고는∨더∨이상∨말∨못하겠지.
32. 여기서뿐∨아니라∨저기서도∨먹고∨죽자는∨듯∨술을∨마셔들∨댔다.
33. 안주로∨북어를∨두들겨∨패더니∨하나씩∨들고∨앉아∨찢지도∨않고∨대가리부터∨먹었다.
34. 아무리∨생각해도∨그의∨진의가∨무엇인지∨알쏭달쏭하기만∨했다.
35. 목포에는∨선창∨하역∨인부들을∨통솔하기∨위해∨열다섯∨명의∨십장이∨있었다.

36. 북어∨한 쾌∨갖다∨주지∨않는다∨해도∨내∨알∨바∨아니다.
37. 이∨집을∨계약하고∨싶으면∨먼저∨계약했던∨전세∨계약금을∨포기해야∨한다.
38. 건국대학교∨일감호에서∨바라보는∨풍경은∨무척∨아름답다.
39. 언제부터인지는∨정확히∨꼬집어∨말할∨수∨없지만∨아내는∨어떤∨비밀스러운∨자신감을∨지닌∨여자
    처럼∨행동했다.
40. 이렇게∨누워만∨있다가는∨답답해서∨못∨견딜∨것∨같다.

연습문제(3)
41.③ 42.⑤ 43.⑤ 44.⑤ 45.② 46.② 47.④ 48.③ 49.② 50.⑤ 51.④ 52.②

제3장 표준어 규정

표준어 규정의 특징

표준어에 대한 최초의 규범은 1936년 '조선어 학회'에서 내놓은 『사정한 조선어 표준말 모음』이다. 이때 9,547 낱말을 사정한 바 있고, 그 뒤로도 몇 차례 민간 학회 주도로 표준말 사정 작업이 있어 왔다. 1988년에 이르러 문교부에서 『표준어 규정』을 고시하여, 이듬해 3월 1일부터 지금까지 시행해 오고 있다. 현행 『표준어 규정』의 특징은 첫째, 거센소리와 굳어진 형태를 표준말로 인정하고 있다는 점, 둘째, 두 뜻을 가진 낱말을 한 낱말로 삼은 점, 셋째, 모음조화에서 벗어난 형태를 인정한 점, 넷째, 모음이 단순화한 형태를 인정한 점, 다섯째, 준말과 복수 표준어를 인정한 점이 그것이다.

1. 거센소리와 굳어진 형태에 관한 규정

(1) 거센소리

원칙 1 다음 단어들은 거센소리를 가진 형태를 표준어로 삼는다

> 끄나풀, 나팔꽃, 부엌, 녘, 살쾡이, 칸, 털어먹다

알아두기 '칸'과 '간'

'칸'은 한자말 '간(間)'이었으나 현실적으로 〔칸〕으로 발음하기 때문에, '간'의 구분에서 표준어로 인정했다. '칸'은 공간의 구획이나 넓이를 나타내며, '간'은 '초가삼간, 뒷간, 외양간, 대하천간' 등 관습적으로 굳어진 표현에만 쓰기로 해, '일등 칸, 한 칸 벌린다' 등 일반적인 용법에서는 '칸'만 쓴다.

원칙 2 다음 단어들은 거센소리로 나지 않는 형태를 표준어로 삼는다

> 가을-갈이, 거시기, 분침

(2) 굳어진 형태

원칙 3 어원에서 멀어진 형태로 굳어져서 널리 쓰이는 것은 그것을 표준어로 삼는다.

> 강낭콩, 고샷, 사글세, 울력성당

다만, 어원적으로 원형에 더 가까운 형태가 아직 쓰이고 있는 경우에는 그것을 표준어로 삼는다.

> 갈비, 갓모, 굴젓, 말곁, 물수란, 밀뜨리다, 적이, 휴지

알아두기 '강낭콩'의 어원

　'강낭콩'의 어원은 '강남콩'이다. 이 낱말은 중국 강남지방에서 들여온 콩이기 때문에 그렇게 부르는 것이다. 보통 어원이 분명한 경우, 발음이 변했다 할지라도 어원을 밝혀서 적는 것이 의미를 파악하는 데 좋다. 그렇지만, '강남콩'은 발음이 이미 '강남콩'으로 변했고, 대부분의 사람들도 그 어원을 알지 못하기 때문에 굳이 '강남콩'으로 적을 필요가 없다.

알아두기 '월세'와 '사글세'

　'월세(月貰)'의 딴말인 '삭월세'를 '朔月貰'의 뜻으로 생각해, '사글세'와 함께 써 오던 것을 '朔月貰'는 단순한 한자 취음일 뿐임으로 취할 바가 못된다 하여 '사글세'만을 표준어로 삼았다.(『표준어 규정』 해설 참조)

2. 두 뜻을 가진 낱말

원칙 1 다음 단어들은 의미를 구별함 없이, 한 가지 형태만을 표준어로 삼는다.

> 돌,　둘째,　　셋째,　　넷째,　　빌리다

다만, '둘째'는 십 단위 이상의 서수사에 쓰일 때에 '두째로 한다.

> 열두째,　　　스물두째,　　서른두째

알아두기 '빌리다'와 '빌다'

　'빌다'는 '乞, 祝'의 뜻으로 쓰이는 반면, '빌리다'는 '借'(빌려 오다)과 '貸'(빌려 주다)의 뜻이 동시에 있다. 따라서 '빌리다'는 "돈을 빌리다. 차를 빌리다."에 쓰이고, '빌다'는 "용서를 빌다"에 써야 한다.

3. 모음에 관한 낱말

원칙 1 양성모음이 음성모음으로 바뀌어 굳어진 다음 단어는 음성모음 형태를 표준어로 삼는다.

ㄱ	ㄴ	비 고
깡충 – 깡충 – 둥이 발가 – 숭이	깡총 – 깡총 – 동이 발가 – 송이	큰말은 '껑충껑충'임. 귀 –, 막 –, 선 –, 쌍 –, 검 –, 바람 –, 흰 –. 센말은 '빨가숭이', 큰말은 '벌거숭이, 뻘거숭이'임.
보퉁이 봉죽 뻗정 – 다리 아서, 아서라 오뚝 – 이 주추	보통이 봉족 뻗장 – 다리 앗아, 앗아라 오똑 – 이 주초	 하지 말라고 금지하는 말. 부사도 '오뚝 – 이'임. 柱礎. 주춧 – 돌.

※ ㄱ을 취하고 ㄴ을 버림

다만, 어원의식이 강하게 작용하는 다음 단어에서는 양성모음 형태를 그대로 표준어로 삼는다.

> 부조(扶助),　　사돈(査頓),　　삼촌(三寸)

원칙 2 'ㅣ' 역행동화 현상에 의한 발음은 원칙적으로 표준발음으로 인정하지 아니하되, 다만 다음 단어들은 그러한 동화가 적용된 형태를 표준어로 삼는다.

> -내기,　　냄비,　　동댕이치다

또한 기술자에게는 '-장이', 그 외에는 '-쟁이'가 붙는 형태를 표준어로 삼는다.

> 미장이,　　유기장이,　　멋쟁이,　　소금쟁이,　　담쟁이-덩굴,　　골목쟁이,　　발목쟁이

알아두기 '아지랭이'는 틀린 말이다.
　'아지랑이'는 사전에서 '아지랭이'로 고쳐서 그동안 '아지랭이'가 표준어로 쓰였으나, 현실 언어가 '아지랑이'이므로 다시 고쳤다.

원칙 3 다음 단어는 모음이 단순화한 형태를 표준어로 삼는다.

> 괴팍하다, -구먼, 미루나무, 미륵, 여느, 온달, 으레, 케케묵다
> 허우대　허우적허우적

원칙 4 다음 단어에서는 모음의 발음 변화를 인정하여 발음이 바뀌어 굳어진 형태를 표준어로

삼는다.

   -구려, 깍쟁이, 나무라다, 미수, 바라다, 상추, 시러베 아들, 주책, 허드레

원칙 5 '웃-/윗-'은 명사 '위'에 맞추어 '윗'으로 통일한다.

ㄱ	ㄴ	ㄱ	ㄴ
윗-눈썹	웃-눈썹	윗-몸	웃-몸
윗-니	웃-니	윗-배	웃-배
윗-덧줄	웃-덧줄	윗-벌	웃-벌
윗-도리	웃-도리	윗-변	웃-변
윗-동아리	웃-동아리	윗-수염	웃-수염
윗-막이	웃-막이	윗-입술	웃-입술
윗-머리	웃-머리	윗-잇몸	웃-잇몸
윗-목	웃-목	윗-자리	웃-자리

※ ㄱ을 취하고 ㄴ을 버림

다만, 된소리나 거센소리 앞에서는 '위-'로 한다.

   위짝, 위쪽, 위채, 위층, 위치마, 위턱, 위팔

또한, 아래·위의 대립이 없는 단어는 '웃-'으로 발음되는 형태를 표준어로 삼는다.

   웃국, 웃기, 웃돈(윗돈-×), 웃비, 웃어른(윗어른-×), 웃옷(윗옷-×)

4. 준말

원칙 1 준말이 널리 쓰이고 본말이 잘 쓰이지 않는 경우에는, 준말만을 표준어로 삼는다.

ㄱ	ㄴ	비　　고
귀찮다	귀치 않다	
김	기음	~ 매다.
따리	또아리	
무	무우	~강즙, ~말랭이, ~생채, 가랑~, 갓~, 왜~, 총각~.
미다	무이다	1. 털이 빠져 살이 드러나다. 2. 찢어지다.
뱀	배암	설~, 생일~.
뱀-장어	배암-장어	~바르다, ~바리.
빔	비음	
샘	새암	

생-쥐	새앙-쥐	
솔개	소리개	
온-갖	온-가지	
장사-치	장사-아치	

※ ㄱ을 취하고 ㄴ을 버림

5. 단수 및 복수 표준어

원칙 1 비슷한 발음 및 형태가 쓰일 경우 그 의미에 아무런 차이가 없고 그 중 하나가 널리 쓰이면 그 한 형태만을 표준어로 삼는다.

> 거든거리다, 귀고리, 귀띔, 귀지, 까딱하면, 꼭뚜각시, -던, 반빗아치, 봉숭아, 뺨따귀, 뻐개다, 뻐기다, -습니다, 상판대기, 씀벅씀벅, 아궁이, 어중간, 오금팽이, 옹골차다, 우두커니, 짓무르다, 천장

원칙 2 다음 단어는 모두 허용한다.

> 네-예, 쇠-소, 괴다-고이다, 꾀다-꼬이다, 쐬다-쐬이다, 죄다-조이다, 쬐다-쪼이다

비슷한 발음을 가지는 두 형태에 대하여 두 형태 모두 널리 쓰이는 경우 언어 현실의 수용을 위한 복수 표준어의 허용

■ 표준말 보기

표준말	버리는 말
가루-약	말-약
개다리-소반	개다리-밥상
겸-상	맞-상
겸사-겸사	겸지-겸지/겸두-겸두
고구마	참-감자
고봉-밥	높은-밥
고치다	낫우다
골목-쟁이	골목-자기
광주리	광우리
괴통	호구
구들-장	방-돌
국-물	멀-국/말-국
군-표	군용-어음
귀밑-머리	귓-머리
길-잡이	길-앞잡이

길품 - 삯	보행 - 삯
까 - 뭉개다	까 - 무느다
까다롭다	까닭 - 스럽다/까탈 - 스럽다
까막 - 눈	맹 - 눈
까치 - 발	까치 - 다리
꼬창 - 모	말뚝 - 모
꼭지 - 미역	총각 - 미역
나룻 - 배	나루
나뭇 - 갓	시장 - 갓
납 - 도리	민 - 도리
농 - 지거리	기롱 - 지거리
늙 - 다리	노닥다리
다사 - 스럽다	다사 - 하다
다오	다구
단 - 벌	**홑** - 벌
담배 - 꽁초	담배 - 꼬투리/담배 - 꽁치/담배 - 꽁추
담배 - 설대	대 - 설대
대장 - 일	성냥 - 일
두껍 - 닫이	두껍 - 창
뒤져 - 내다	뒤어 - 내다
뒤통수 - 치다	뒤꼭지 - 치다
등 - 나무	등 - 칡
등 - 때기	등 - 떠리
등잔 - 걸이	등경 - 걸이
떡 - 보	떡 - 충이
떡 - 암죽	병 - 암죽
똑딱 - 단추	딸꼭 - 단추
마른 - 갈이	건 - 갈이
마른 - 빨래	건 - 빨래
마방 - 집	마바리 - 집
막상	마기
매 - 만지다	우미다
먼 - 발치	먼 - 발치기
메 - 찰떡	반 - 찰떡
며느리 - 발톱	뒷 - 발톱
명주 - 붙이	주 - 사니
목 - 메다	목 - 맺히다
민망 - 스럽다/면구	민주 - 스럽다 - 스럽다
밀짚 - 모자	보릿짚 - 모자
바가지	열 - 바가지/열 - 박
바람 - 꼭지	바람 - 고다리
박달 - 나무	배달 - 나무
반 - 나절	나절 - 가웃
반두	독대
밥 - 소라	식 - 소라
방 - 고래	구들 - 고래
버젓 - 이	뉘연 - 히

본 - 받다   법 - 받다
부각   다시마 - 자반
부끄러워 - 하다   부끄리다
부스러기   부스럭지
부지깽이   부지팽이
부항 - 단지   뜸 - 단지
부항 - 단지   부항 - 항아리
붉으락 - 푸르락   푸르락 - 붉으락
비켜 - 덩이   옆 - 사리미
빈대 - 떡   빈자 - 떡
빙충 - 이   빙충 - 맞이
빠 - 뜨리다   빠 - 치다
뻣뻣 - 하다   왜긋다
뽐 - 내다   느물다
사래 - 논   사래 - 답
사래 - 밭   사래 - 전
사로 - 잠그다   사로 - 채우다
삯 - 말   삯 - 마
산 - 누에   멧 - 누에
산 - 줄기   멧 - 줄기/멧 - 발
살 - 풀이   살 - 막이
상투 - 쟁이   상투 - 꼬부랑이
새앙 - 손이   생강 - 손이
샛 - 별   새벽 - 별
생인 - 손   생안 - 손
선 - 머슴   풋 - 머슴
섭섭 - 하다   애운 - 하다
성냥   화곽
속 - 말   속 - 소리
손 - 수레   손 - 구루마
손목 - 시계   팔목 - 계/팔뚝 - 시계
솟을 - 무늬   솟을 - 문(～紋)
쇠 - 고랑   고랑 - 쇠
수 - 삼   무 - 삼
수도 - 꼭지   수도 - 고동
숙성 - 하다   숙 - 지다
순대   골집
술 - 고래   술 - 꾸러기/술 - 부대/술 - 보/술 - 푸대
식은 - 땀   찬 - 땀
신기 - 롭다   신기 - 스럽다
심 - 돋우개   불 - 돋우개
쌍동 - 밤   쪽 - 밤
쏜살 - 같이   쏜살 - 로
아주   영판
안 - 걸이   안 - 낚시
안다미 - 씌우다   안다미 - 시키다
안쓰럽다   안 - 슬프다

안절부절 - 못하다	안절부절 - 하다
앉은뱅이 - 저울	앉은 - 저울
알 - 사탕	구슬 - 사탕
암 - 내	곁땀 - 내
앞 - 지르다	따라 - 먹다
애 - 벌레	어린 - 벌레
양 - 파	둥근 - 파
얕은 - 꾀	물탄 - 꾀
어질 - 병	어질 - 머리
언뜻	펀뜻
언제나	노다지
얼룩 - 말	워라 - 말
역 - 겹다	역 - 스럽다
열심 - 히	열심 - 로
외 - 지다	벽 - 지다
움 - 파	동 - 파
윤 - 달	군 - 달
입 - 담	말 - 담
잎 - 담배	잎 - 초
자배기	너벅지
잔 - 돈	잔 - 전
장력 - 세다	장성 - 세다
전봇 - 대	전선 - 대
제석	젯 - 돗
조 - 당수	조 - 당죽
주책 - 없다	주책 - 이다
죽데기	피 - 죽
쥐락 - 펴락	펴락 - 쥐락
지겟 - 다리	목 - 발
짐 - 꾼	부지 - 군(負持 -)
짓고 - 땡	지어 - 땡/짓고 - 땡이
짧은 - 작	짜른 - 작
찹 - 쌀	이 - 찹쌀
청대 - 콩	푸른 - 콩
총각 - 무	알 - 무/알타리 - 무
칡 - 범	갈 - 범
칫 - 솔	잇 - 솔
코 - 주부	코 - 보
포수	총 - 댕이
푼 - 돈	분 - 전/푼 - 전
흰 - 말	백 - 말/부루 - 말
흰 - 죽	백 - 죽
- 게끔	- 게시리
- 에는	- 엘랑
- 지만	- 지만서도

■ 복수 표준어

가는-허리/잔-허리	돼지-감자/뚱딴지
가락-엿/가래-엿	되우/된통/되게
가뭄/가물	두동-무늬/두동-사니
가엾다/가엽다	뒷-갈망/뒷-감당
감감-무소식/감감-소식	뒷-말/뒷-소리
개수-통/설거지-통	들락-거리다/들랑-거리다
개숫-물/설거지-물	들락-날락/들랑-날랑
갱-엿/검은-엿	딴-전/딴-청
-거리다/-대다	땅-콩/호-콩
거위-배/횟-배	땔-감/땔-거리
것/해	-뜨리다/-트리다
게을러-빠지다/게을러-터지다	뜬-것/뜬-귀신
고깃-간/푸줏-간	마룻-줄/용총-줄
곰곰/곰곰-이	마-파람/앞-바람
관계-없다/상관-없다	만장-판/만장-중(滿場中)
교정-보다/준-보다	만큼/만치
구들-재/구재	말-동무/말-벗
귀퉁-머리/귀퉁-배기	매-갈이/매-조미
극성-떨다/극성-부리다	매-통/목-매
기세-부리다/기세-피우다	먹-새/먹음-새
기승-떨다/기승-부리다	멀찌감치/멀찌가니/멀찍이
갓-저고리/배내-옷/배냇-저고리	멱통/산-멱/산-멱통
까까-중/중-대가리	면-치레/외면-치레
꼬까/때때/고까	모-내다/모-심다
꼬리-별/살-별	모쪼록/아무쪼록
꽃-도미/붉-돔	목판-되/모-되
나귀/당-나귀	목화-씨/면화-씨
날-걸/세-뿔	무심-결/무심-중
내리-글씨/세로-글씨	물-봉숭아/물-봉선화
넝쿨/덩굴	물-부리/빨-부리
녘/쪽	물-심부름/물-시중
눈-대중/눈-어림/눈-짐작	물추리-나무/물추리-막대
느리-광이/느림-보/늘-보	물-타작/진-타작
늦-모/마냥-모	민둥-산/벌거숭이-산
다기-지다/다기-차다	밑-층/아래-층
다달-이/매-달	바깥-벽/밭-벽
-다마다/-고말고	바른/오른〔右〕
다박-나룻/다박-수염	발-모가지/발-목쟁이
닭의-장/닭-장	버들-강아지/버들-개지

댓-돌/툇-돌
덧-창/겉-창
독장-치다/독판-치다
동자-기둥/쪼구미
볼-따구니/볼-퉁이/볼-때기
부침개-질/부침-질/지짐-질
불똥-앉다/등화-지다/등화-앉다
불-사르다/사르다
비발/비용(費用)
뾰두라지/뾰루지
살-쾡이/삵
삽살-개/삽사리
상두-꾼/상여-꾼
상-씨름/소-걸이
생/새앙/생강
생-뿔/새앙-뿔/생강-뿔
생-철/양-철
서럽다/섧다
서방-질/화냥-질
성글다/성기다
-(으)세요/-(으)셔요
송이/송이-버섯
수수-깡/수숫-대
술-안주/안주
-스레하다/-스름하다
시늉-말/흉내-말
시새/세사(細沙)
신/신발
신주-보/독보(櫝褓)
심술-꾸러기/심술-쟁이
씁쓰레-하다/씁쓰름-하다
아귀-세다/아귀-차다
아래-위/위-아래
아무튼/어떻든/어쨌든/하여튼/여하튼
앉음-새/앉음-앉음
알은-척/알은-체
애-갈이/애벌-갈이
애꾸눈-이/외눈-박이
양념-감/양념-거리
어금버금-하다/어금지금-하다

벌레/버러지
변덕-스럽다/변덕-맞다
보-조개/볼-우물
보통-내기/여간-내기/예사-내기
역성-들다/역성-하다
연-달다/잇-달다
엿-가락/엿-가래
엿-기름/엿-길금
엿-반대기/엿-자박
오사리-잡놈/오색-잡놈
옥수수/강냉이
왕골-기직/왕골-자리
외겹-실/외올-실/홑-실
외손-잡이/한손-잡이
욕심-꾸러기/욕심-쟁이
우레/천둥 우렛-소리/천둥-소리
우지/울-보
을러-대다/을러-메다
의심-스럽다/의심-쩍다
-이에요/-이어요
이틀-거리/당-고금
일일-이/하나-하나
일찌감치/일찌거니
입찬-말/입찬-소리
자리-옷/잠-옷
자물-쇠/자물-통
장가-가다/장가-들다
재롱-떨다/재롱-부리다
제-가끔/제-각기
좀-처럼/좀-체
줄-꾼/줄-잡이
중신/중매
짚-단/짚-뭇
쪽/편
차차/차츰
책-씻이/책-거리
척/체
천연덕-스럽다/천연-스럽다
철-따구니/철-딱서니/철-딱지
추어-올리다/추어-주다

어기여차/어여차
어림-잡다/어림-치다
어이-없다/어처구니-없다
어저께/어제
언덕-바지/언덕-배기
얼렁-뚱땅/엄벙-뗑
여왕-벌/장수-벌
여쭈다/여쭙다
여태/입때
여태-껏/이제-껏/입때-껏

축-가다/축-나다
침-놓다/침-주다
통-꼭지/통-젖
파자-쟁이/해자-쟁이
편지-투/편지-틀
한턱-내다/한턱-하다
해웃-값/해웃-돈
혼자-되다/홀로-되다
흠-가다/흠-나다/흠-지다

연습문제 다음을 읽고 물음에 답하시오.

〈문제 1〉 밑줄 친 표현이 올바른 것은?
    ① 민수는 지난 운동회 때 <u>넓이뛰기</u> 종목에서 최고점을 받았다.
    ② 그가 돌아서자 그녀는 <u>눈꼬리</u>를 치켜 뜨며 그의 등을 노려보기 시작했다.
    ③ 영숙은 결혼 7년이 지나도록 임신을 못하였지만, 이제는 <u>홀몸이 아니다.</u>
    ④ 종합 우승이 확정되자 선수들은 감독을 헹가래 <u>태우기</u> 위해 대기실에서 뛰어 나왔다.
    ⑤ <u>헙수룩하게</u> 차린 할아버지 한 분이 차비를 좀 빌려 달라며 다가왔다.

〈문제 2〉 밑줄 친 말이 표준어가 아닌 것은?
    ① 날카로운 총뿌리가 사슴을 겨누었다.
    ② 내일부터 강낭콩으로 밥을 하기로 했어.
    ③ 불행하게도 그 사람은 사글세 신세를 면하지 못하였다.
    ④ 병아리 감별사는 오늘 약 400마리의 수평아리를 골라냈다.
    ⑤ 첫째와 셋째 안건은 뒤로 미루고 둘째 안건부터 시작하겠습니다.

〈문제 3〉 다음 중 표준어끼리 묶은 것은?
    ① 웃돈 – 웃잇몸
    ② 윗잇몸 – 윗자리
    ③ 윗어른 – 윗수염
    ④ 웃분 – 윗자리
    ⑤ 웃국 – 웃넓이

〈문제 4〉 표준어 규정에 맞는 문항끼리 묶은 것은?

㉠ <u>수꿩</u>은 목이 푸른색이고 그 위에 흰 줄이 있으며 암컷보다 크게 운다.
㉡ 꿩의 <u>숫놈</u>은 장끼라고 한다.
㉢ <u>숫양</u>의 털은 직물의 원료로 쓰고 고기, 가죽도 이용한다.
㉣ 염소의 수컷은 <u>수염소</u>라고 한다.
㉤ <u>수탯지</u>는 흐린 물을 좋아한다.

    ① ㉠ ㉡   ② ㉠ ㉤   ③ ㉡ ㉢
    ④ ㉢ ㉣   ⑤ ㉣ ㉤

〈문제 5〉 표준어로만 묶인 것이 아닌 것은?
　　　　　① 구절 - 귀절
　　　　　② 고린내 - 코린내
　　　　　③ 나부랭이 - 너부렁이
　　　　　④ 꺼림하다 - 께름하다
　　　　　⑤ 거슴츠레하다 - 게슴츠레하다

〈문제 6〉 다음의 설명에 부합하는 표준어가 아닌 것은?

　비슷한 발음 및 형태가 쓰일 경우 그 의미에 아무런 차이가 없고 그 중 하나가 널리 쓰이면 그 한 형태만을 표준어로 삼는다.

　　　　　① 천장 - 천정
　　　　　② 봉숭아 - 봉숭화
　　　　　③ 어중간 - 어지중간
　　　　　④ 짓무르다 - 짓물다
　　　　　⑤ 거슴츠레하다 - 게슴츠레하다

〈문제 7〉 다음의 설명에서 말하는 표준어에 해당하지 않는 것은?

　준말과 본말이 다 같이 널리 쓰이면서 준말의 효용이 뚜렷이 인정되는 것은, 두 가지를 다 표준어로 삼는다.

　　　　　① 아래로 - 알로
　　　　　② 소리개 - 솔개
　　　　　③ 일구다 - 일다
　　　　　④ 생쥐 - 새앙쥐
　　　　　⑤ 이기죽거리다 - 이죽거리다

※ 위 문제는 "공무원 국어시험을 위한 제언"(국립국어원, 2002)을 정리한 것임.

정답

1.⑤ 2.① 3.② 4.② 5.① 6.⑤ 7.⑤

제4장 표준 발음법

표준 발음법의 특징

　『한글 맞춤법』이 표준어를 글로 적을 때 어떻게 표기할 것인가를 규정해 놓은 것이라면 『표준 발음법』은 표준어를 입으로 말할 때 어떻게 발음해야 하는가를 규정해 놓은 것이다. 예컨대 '明'을 뜻하는 국어의 단어를 '밝다, 밝고, 밝으니'와 같이 표기하도록 한 것은 '한글 맞춤법'에 규정되어 있는 사항이고, 이것을 〔박따, 발꼬, 발그니〕로 발음하도록 한 것은 '표준 발음법'에 규정되어 있는 사항이다. 흔히 동일하게 표기된 단어에 대해서는 모든 사람들이 동일하게 발음할 것으로 생각하기 쉽지만 사실은 그렇지 않다. '밝다'를 〔박따〕로 발음하는 사람이 있는가 하면 〔발따〕로 발음하는 사람도 있고, '의사'를 〔의사〕라고 발음하지 못하고 〔으사〕라고 발음하는 사람이 있는가 하면 〔이사〕라고 발음하는 사람도 있는 것이다. 이러한 현상은 대체로 방언에 따라서 발음 습관이 다르기 때문에 나타난다. 동일한 표준어 단어를 사람마다 각기 다르게 발음한다면 통일된 언어생활이 이루어질 수 없다. 따라서 통일된 언어생활을 위해서는 표준어의 발음과 관련된 규정도 필요하다. 『표준 발음법』이 바로 이에 해당하는 규정이다.

1. 모음의 표준 발음

　모음에는 단모음(單母音)과 이중모음(二重母音)이 있다. 단모음이란 발음할 때, 입모양이 바뀌지 않는 모음이고 이중모음이란 발음할 때, 입모양이 달라지는 모음을 뜻한다. 단모음 'ㅏ'와 이중모음 'ㅑ', 단모음 'ㅗ' 와 이중모음 'ㅘ'를 비교하여 발음해 보면 그 차이를 쉽게 알 수 있을 것이다.

(1) 단모음

현재 표준어에서 인정되는 단모음은 아래와 같이 10개이다.

　　ㅏ, ㅓ, ㅗ, ㅜ, ㅡ, ㅣ, ㅐ, ㅔ, ㅚ, ㅟ

이들 10개의 단모음 중에서 가장 문제가 되는 것은 'ㅚ, ㅟ'이다. 여전히 많은 사람들이 'ㅚ,

'ㅟ'를 단모음이 아닌 이중모음으로 발음하고 있기 때문이다. 'ㅚ'를 이중모음으로 발음하면 'ㅞ'[we]와 발음이 같아진다. 그러나 현행『표준 발음법』에서는 'ㅚ, ㅟ'를 단모음으로 발음하는 것을 원칙으로 하되 이중모음으로 발음하는 것도 허용한다고 되어 있어, 이들을 이중모음으로 발음하는 것은 현행『표준 발음법』에 어긋나는 것은 아니다. 아울러, 'ㅔ'와 'ㅐ' 또한 문제로 지적되고 있다. 'ㅔ'와 'ㅐ'를 구별하지 못하는 현상은 전라남도와 경상도 일부 지역, 그리고 서울 지역의 젊은 세대들에게서 광범위하게 나타나는 현상이다. 이는 방언에서 나타난 현상이 서울말 내지는 표준어 화자들에게 영향을 미친 결과일 것이다.

마지막으로 'ㅓ'를 'ㅡ'로 잘못 발음하는 경우도 허다한데, 예컨대, '어른'을 [으:른]으로, '거짓말'을 [그:진말]로, '거지'를 [그:지]로 발음하는 예들이 이에 해당한다. 이밖에 '더럽다[드:럽따], 없다[읍:따], 정말[증:말]' 등 많은 예들이 있다. 서울 지역에 사는 사람들도 종종 이러한 발음을 하는 경우가 많다. 특히 경상도 토박이말에서는 'ㅡ'와 'ㅓ'가 합류해 버려서 경상도 화자들은 '으'와 '어'를 거의 구별하지 못한다. 이들에게 있어서는 사람 이름 '승수'와 '성수'가 발음상으로 구별되지 않으며, '승희'와 '성희'도 발음상으로 구별되지 않는다.

> **알아두기** '먹〔고〕 싶다'와 '먹〔구〕 싶다'
> '먹고 싶다'를 한번 발음해 보자. 많은 사람들이 '먹〔구〕 싶다'로 발음하지 않은가? 이러한 현상은 이미 오래전부터 나타났는데, 어미 '-고, -고요'를 〔-구, -구요〕로 발음한다든가 조사 '-(으)로, -도'를 〔-(으)루, -두〕로 발음하는 경우가 대표적이다. '삼촌'을 삼〔춘〕으로, '사돈'을 〔사둔〕으로, '부조'를 〔부주〕로 발음하는 것이 이에 해당한다.

(2) 이중 모음

현재 표준어에서 인정되는 이중 모음은 아래와 같이 11개다

  ㅑ, ㅕ, ㅛ, ㅠ, ㅒ, ㅖ, ㅢ, ㅘ, ㅝ, ㅙ, ㅞ

이들 11개의 이중 모음에서 주로 문제가 되는 것은 'ㅖ, ㅢ, ㅙ, ㅞ' 등 4개이다.

(가) [ㅖ]와 [ㅢ]

『표준발음법』(제5항 다만2)에 따르면 'ㅖ'는 '예, 례'의 경우에는 제 음가대로만 발음해야 하고, 그밖의 경우에는(계, 폐, 혜 등) 제 음가대로 발음하는 것을 원칙으로 하되 [ㅔ]로 발음하는 것도 허용된다고 규정되어 있다.

  '계발, 폐수, 혜택' → 〔계/게〕발, 〔폐/페〕수, 〔혜/헤〕택

그런데 최근에는 '례'를 [레]로 발음하는 경향이 많다. 그러나 '례'를 [레]로 발음하는 것은 현행 『표준 발음법』에는 어긋나는 것이니 주의해야 한다.

한편, 'ㅢ'는 자음을 첫소리로 가지고 있는 음절에서는 [ㅣ]로 발음한다고 규정되어 있다.

'희망, 띄어쓰기, 무늬' → 〔히〕망, 〔띠〕어쓰기, 〔무〕니

그러나 제5항 다만4에 따르면, 자음을 첫소리로 가지고 있지 않은 경우에는('의'로 적히는 경우) 이중모음 [ㅢ]로 발음하는 것을 원칙으로 하되, 단어의 첫 음절 이외의 위치에 올 때는 [ㅣ]로 발음하는 것을 허용하며, 조사 '의'는 [ㅔ]로 발음하는 것도 허용되고 있다.

'주의, 협의, 우리의' → 주〔의/이〕, 혀〔븨/비〕, 우리〔의/에〕

문제가 되는 것은 단어의 첫 음절에 오는 '의'인데, 이것은 [ㅢ]로만 발음해야 한다고 규정하고 있다. 그러므로 '의식'를 '[으]식'으로 발음한다든가, [이]식라고 발음하는 것은 『표준 발음법』에 어긋난다.

(나) [ㅙ]와 [ㅞ]

이중 모음 'ㅙ, ㅞ'는 혼동하기 쉬운 모음 중의 하나이다. 많은 사람이 '왠지'를 '[웬]지'로, '웬일'을 '[왠]일'로 발음하는 경향이 있다.

'왠지 무슨 일이 일어날 것 같아 → 〔웬〕지 무슨 일이 일어날 것 같아
너 여기 웬일이니? → 너 여기 〔왠〕일이니?

또한 '돼지'를 '[뒈]지'로 발음하거나, '궤도'를 '[게]도'로 발음하는 것도 모두 잘못된 예들이다.

(3) 소리의 길고 짧음

우리말의 모음 중 특기할 만한 사항은 장단의 구별이 있다는 점이다. 모음의 장단은 '눈(眼)/ 눈 (雪)', '말(馬, 斗)/ 말(言)' 등의 대립짝을 갖는 경우에 가장 분명하게 드러난다.

눈〔眼〕 / 눈:〔雪〕   말〔馬, 斗〕 / 말:〔言〕
발〔足〕 / 발:〔簾〕   밤〔夜〕 / 밤:〔栗〕
배〔船, 梨, 腹〕 / 배:〔倍〕   섬〔石〕 / 섬:〔島〕
적다〔記〕 / 적:다〔少〕   그리다〔慕〕 / 그:리다〔畵〕
되다〔化〕 / 되:다〔硬〕

여기서 유의할 것은 우리말에서 긴소리는 단어의 제1음절에서만 인정되고, 2음절 이하에서의

긴소리는 인정하지 않는 것이다. 따라서 긴소리로 발음되던 것이라도 합성어나 파생어 등에 의해 2음절 이하에 놓이게 되면 짧은소리가 된다. '눈[雪]'이 '눈사람[눈ː싸람]'에서와 같이 첫 음절에 놓이면, 긴소리로 발음되지만 '함박눈[함방눈]'처럼 2음절 이하에 놓이게 되면 짧은소리로 발음된다. 이에 해당하는 것은 '참말[참말], 거짓말[거ː진말], 회오리밤[회오리밤]' 등이 있다. 합성동사의 경우도 같은 원칙을 적용한다. 예컨대, '껴안다, 내뱉다, 빼내다, 뛰어넘다, 갈아대다, 몰아넣다, 죽어지내다' 등의 둘째 동사 첫음절은 본래의 긴소리에 관계 없이 짧게 발음한다.

알아두기 '선남선녀'는 〔선ː남 선ː녀〕로 발음한다.

『표준발음 규정』에서는 2음절 이하에서 긴소리로 발음되는 것을 인정하는 단어가 있다. '반관반민, 선남선녀, 전신전화, 재삼재사' 등이 그것이다. 이 낱말은 각각 〔반ː관 반ː민〕, 〔선ː남 선ː녀〕, 〔전ː신 전ː화〕, 〔재ː삼 재ː사〕로 발음한다. 그런데 '반반(半半), 간간(間間)이' 등과 같이 음절이 반복되어 두 음절이 된 경우 둘째 음절을 긴소리로 발음하지 않는다. '영영, 서서이, 시시비비' 등이 여기에 해당하는데, 각각 〔영ː영〕, 〔서ː서이〕, 〔시ː시비비〕로 발음한다.

이외에도 긴소리가 짧은소리로 바뀌는 현상에는 다음과 같은 두 가지 경우가 더 있다. 긴소리로 발음되는 1음절 용언어간에 모음으로 시작되는 어미가 결합되면 짧은소리로 발음되고, 사동·피동 접미사가 결합되어도 긴소리가 짧은소리로 바뀐다.

적+다〔적ː따〕 – 적+으니〔저그니〕　　　살다〔살ː다〕 – 살리다〔살리다〕

알아두기 두 가지 예외

이러한 현상은 용언 어간에만 적용되고 체언 어간에는 적용되지 않는다. 따라서 '말〔言〕+도'는 〔말ː도〕로, '밤〔栗〕+과'는 〔밤ː과〕로, '밤+을'은 〔바ː믈〕로 발음한다. 용언 어간의 경우에도 예외적인 것들이 있다. 즉 모음으로 시작되는 어미와 결합해도 여전히 긴소리로 발음되는 것들이 있다. '끌다, 떫다, 썰다, 없다' 등이 그러한 예들이다. '없+으니'는 〔업ː쓰니〕로, '끌+어'는 〔끄ː러〕로 발음한다.

한편 위에서와는 달리 짧은소리가 긴소리로 바뀌는 현상도 있다. 두 음절이 한 음절로 줄어들면서 그대신 소리가 길어지는 현상을 반영한 것인데, 대부분 모음으로 끝나는 1음절 용언어간에 어미 '-아/어-'가 결합되어 한 음절로 축약되는 경우이다.

보아 → 봐〔봐ː〕　　　주어 → 줘〔줘ː〕　　　두어 → 둬〔둬ː〕
끼어 → 껴〔껴ː〕　　　기어 → 겨〔겨ː〕

그런데 여기에도 예외가 있다. '오아→와[와], 지어→져[저], 찌어→쪄[쩌], 치어→쳐[처]' 같은 예들은 축약이 되어도 긴소리로 바뀌지 않는다.

2. 받침의 표준 발음

현재 표준어에서 인정되는 받침소리는 'ㄱ, ㄴ, ㄷ, ㄹ, ㅁ, ㅂ, ㅇ'의 7개이다. 받침 'ㄲ, ㅋ', 'ㅅ, ㅆ, ㅈ, ㅊ, ㅌ', 'ㅍ'은 어말 또는 자음 앞에서 각각 대표음 [ㄱ, ㄷ, ㅂ]으로 발음한다.

(1) 홑받침의 발음

받침에는 홑받침과 겹받침이 있다. 우선 홑받침에서 문제가 되는 것을 살펴본다. 홑받침 중에서는 'ㅋ', 'ㅍ'과 'ㅈ, ㅊ, ㅌ'의 발음이 문제가 된다. 이들은 각각 어말이나 자음 앞에서는 [ㄱ, ㅂ, ㄷ]으로 발음하고, 모음으로 시작되는 어미나 조사와 결합할 때는 제 음가대로 발음해야 한다. 그러나 문제는 이들 받침을 갖는 체언어간이 모음으로 시작되는 조사와 결합될 때다.

꽃이, 꽃을 → 〔꼬시, 꼬슬〕　　　　무릎이, 무릎을 → 〔무르비, 무르블〕

표준 발음에서는 이와 같은 발음을 인정하지 않으므로 모음으로 시작되는 조사와 결합되는 경우 받침을 제 음가대로 발음하도록 노력해야 한다.

> **알아두기** '놓이다'는 〔노이다〕로!
>
> 　받침 'ㅎ'은 모음으로 시작되는 어미나 접미사와 만날 때는 발음되지 않는다. 따라서 '놓이다'는 〔노히다〕가 아니라 〔노이다〕로, '놓으니'는 〔노흐니〕가 아니라 〔노으니〕로 발음해야 한다. 겹받침 'ㄶ, ㅀ'의 경우에도 모음으로 시작되는 어미나 접미사와 만날 때 'ㅎ'은 발음되지 않는다. '많으니〔마:느니〕, 싫어도〔시러도〕. 또한 받침 'ㄱ ㄷ ㅂ ㅈ'이 'ㅎ'을 만나면 두 자음이 하나로 합쳐져서 거센소리'ㅋ ㅌ ㅍ ㅊ'으로 발음된다. 받침이 'ㅅ ㅈ ㅊ ㅌ'인 경우에는 이들이 'ㄷ'으로 된 다음 뒤에 오는 'ㅎ'과 합쳐져서 'ㅌ'으로 발음된다. '각하〔가카〕, 맏형〔마텽〕, 좁히다〔조피다〕, 꽂히다〔꼬치다〕, 깨끗하다〔깨끄타다〕, 옷 한 벌〔오탄벌〕, 낮 한때〔나탄때〕, 꽃 한 송이〔꼬탄송이〕, 숱하다〔수타다〕' 등이 그 예이다.

(2) 겹받침의 발음

현재 우리말의 겹받침에는 'ㄶ, ㅀ, ㄳ, ㄺ, ㄻ, ㄼ, ㄽ, ㅄ' 등이 있다. 이들 겹받침은 어말이나 자음 앞에서 둘 중 하나만 발음되고 하나는 탈락하는데, (가) 'ㄳ, ㄼ, ㄽ, ㅄ'처럼 첫 번째 자음이 발음되고 두 번째 자음이 탈락하는 경우와 (나) 'ㄺ, ㄻ'처럼 첫 번째 자음이 탈락하고 두 번째 자음이 발음되는 경우가 있다.

(가)	(나)
ㄳ : 넋〔넉〕, 넋도〔넉또〕 ㄵ : 앉다〔안따〕 ㄼ : 여덟〔여덜〕, 여덟도〔여덜또〕	ㄻ : 삶〔삼〕, 삶도〔삼도〕 / 삶다〔삼따〕 ㄿ : 읊다〔읍따〕, 읊고〔읍꼬〕

<table>
<tr><td>

ㄹㄱ : 외곬〔외골〕
ㄹㅌ : 핥다〔할따〕, 핥고〔할꼬〕
ㅂㅅ : 값〔갑〕, 값도〔갑또〕
ㄹㄱ : 흙〔흑〕, 흙도〔흑또〕

</td><td></td></tr>
</table>

일부 사람들은 '여덟'을 [여덥]으로, '짧다'를 [짭다]로, '읽다'를 [일따]로, '읊다'를 [을따]로 발음하는 경우가 있는데, 이러한 발음들은 모두 현행『표준 발음법』에 어긋나는 발음들이다.

알아두기 **'밟다'와 '읽고'의 발음은 유의해야 한다.**

그런데 위와 같은 일반 원칙에서 벗어나는 경우가 몇 가지 있다. 첫째 'ㄹㅂ' 받침을 갖는 것 중에서 '밟다'와 '넓죽하다, 넓적다리' 등은 위에서와는 달리 첫 번째 자음 'ㄹ'이 탈락하고 두 번째 자음 'ㅂ'이 발음된다.

밟다〔밥따〕,　　　　　밟고〔밥꼬〕,　　　　　밟는〔밤는〕
넓죽하다〔넙쭈카다〕, 넓적다리〔넙쩍따리〕

아울러, 'ㄹㄱ' 받침이 용언 어간 말음일 경우, 뒤에 'ㄱ'으로 시작되는 어미가 오면 두 번째 자음 'ㄱ'이 탈락하고 'ㄹ'이 발음된다. 읽고〔일꼬〕, 읽거나〔일거나〕. 그러나 체언의 경우에는 그렇지 않다. 흙과〔흑꽈〕.

겹받침 다음에 모음으로 시작되는 조사나 어미, 접미사가 올 때에는 마지막 자음만 다음 음절의 초성으로 옮겨 발음하면 되므로 별로 문제될 것은 없다. 다만 체언의 경우에는 다음과 같이 잘못 발음하는 경우가 많이 있으므로 유의할 필요가 있다.

알아두기 **'맛있다'는 〔마딛따〕와 〔머딛따〕 두 발음이 허용된다.**

'맛있다'와 '멋있다'는 〔마딛따〕, 〔머딛따〕로 발음하는 것이 원칙이지만 〔마싣따〕, 〔머싣따〕로 발음하는 것도 허용된다. 특이한 것은 '맛없다'는 〔마덥따〕만 표준발음으로 인정되고 있다.

알아두기 **'ㄷ+이' 발음은 〔디그시〕이다.**

한글 자모의 이름이 모음으로 시작하는 조사와 결합할 때는 그 받침소리를 연음하되 'ㄷ ㅈ ㅊ ㅋ ㅌ ㅍ ㅎ'의 경우에는 특별히 다음과 같이 발음한다. '디귿이〔디그시〕, 지읒이〔지으시〕, 치읓이〔치으시〕, 키읔이〔키으기〕, 티읕이〔티으시〕, 피읖이〔피으비〕, 히읗이〔히으시〕.' 한글 자모의 이름은 해당 자모가 첫소리로 쓰일 때와 끝소리로 쓰일 때를 모두 보이기 위한 방식으로 붙인 것이어서 원칙적으로는 모음으로 시작되는 조사와 결합될 때 '디귿이〔디그디〕, 지읒이〔지으지〕' 등과 같이 발음해야 하지만, 대부분의 사람들이 〔디그시〕, 〔지으시〕 등과 같이 발음하므로 이 현실 발음을 인정하여 위와 같이 규정화한 것이다.

3. 그 밖의 표준 발음

(1) 소리의 동화

소리의 동화 현상에는 구개음화와 비음화, 유음화 등이 있다. 구개음화는 'ㄷ, ㅌ'이 'ㅣ' 모음 환경에서 'ㅈ,ㅊ'으로 발음되는 현상이고, 비음화는 'ㄱ, ㄷ, ㅂ'이 'ㅇ, ㄴ, ㅁ'로, 유음화는 'ㄴ'이 'ㄹ'로 발음되는 현상이다. 유음화를 제외한 나머지 경우는 발음상에 혼란을 보인다든가 '표준 발음법'에 어긋나는 경우가 거의 없다. 유음화의 경우도 고유어에서는 별다른 문제가 없는데, 다만 한자어에서가 문제이다.

> ㄱ) 광한루〔광할루〕   대관령〔대괄령〕
> ㄴ) 의견란〔의견난〕   결단력〔결단녁〕

ㄱ)은 '-ㄴㄹ-'이 [ㄹㄹ]로 발음되는 경우이고 ㄴ)은 '-ㄴㄹ-'이 [ㄴㄴ]으로 발음되는 경우인데 이를 구분하는 기준은 대체로 다음과 같다. 즉 하나의 한자어를 두 부분으로 분석했을 때 앞쪽의 것이 독립성이 있으면 ㄴ)과 같이 [ㄴㄴ]으로 발음하고 독립성이 없으면 [ㄹㄹ]로 발음한다. ㄱ)의 '광한루'와 '대관령'은 '광한+루', '대관+령'과 같이 분석되는데, '광한'이나 '대관'은 독립성이 없다. 이에 비해 '의견란'의 '의견'이나 '결단력'의 '결단'은 독립성이 있다. '음운론'을 [음울론]이 아니라 [음운논] 으로 발음하는 것도 이러한 기준에 따른 것이다.

연습문제 다음 낱말을 표준 발음대로 적으시오.

임진란〔임:진난〕	생산량〔생산냥〕	결단력〔결딴녁〕
공권력〔공꿘녁〕	동원령〔동:원녕〕	상견례〔상견네〕
이원론〔이원논〕	입원료〔이붠뇨〕	구근류〔구근뉴〕

(2) 된소리되기

국어의 된소리되기는 매우 복잡한 양상을 보이는데 대략 다음과 같이 다섯 가지 경우로 나누어 볼 수 있다.

> ㄱ. 'ㄱ ㄷ ㅂ' 다음 : 죽다〔죽따〕 믿고〔믿꼬〕 잡고〔잡꼬〕 죽과〔죽꽈〕   밥과〔밥꽈〕
> ㄴ. 'ㄴ ㅁ' 다음 : (아기를) 안고〔안꼬〕 (머리를) 감다〔감따〕
> ㄷ. 관형사형 어미 '-ㄹ(-을)' 다음 : 갈 사람〔갈 싸람〕 할 적에〔할 쩌게〕
> ㄹ. 한자어의 'ㄹ' 받침 다음 : 갈등〔갈뜽〕 말살〔말쌀〕 발전〔발쩐〕
> ㅁ. 사이시옷이 개입하는 경우 : 냇가〔낻까〕 빗소리〔빋쏘리〕

ㄱ)의 경우는 거의 필수적이기 때문에 별로 문제되는 것이 없다. ㄴ)의 경우는 'ㄴ ㅁ'이 용언어간 말음일 때에만 뒤에 오는 자음이 된소리화하는데, 다만 사동 피동의 접미사 '-기-'와 결합할 때는

된소리화가 일어나지 않는다. '안기대[안기다], 신기대[신기다], 감기대[감기다]' 따라서 '안기다'나 '신기다'를 [안끼다], [신끼대]로 발음하는 경우가 있다면 그것은 '표준발음법'에 어긋나는 것이다. 체언어간 말음 'ㄴ, ㅁ' 다음에서는 된소리화가 일어나지 않는다. 산과[산과], 감도[감도]. ㄹ)의 경우는 뒤에 오는 소리가 'ㄷ, ㅅ, ㅈ'일 때만 된소리화가 일어나고 'ㄱ, ㅂ'일 때는 된소리화가 일어나지 않는다. 발굴[발굴], 불복[불복]. 그러나 한자어에서의 된소리화는 매우 복잡한 양상을 보이고 있다. ㅁ)과 관련하여서는 '봄바람[봄빠람], 산(山)새[산쌔]' 등에서의 된소리화도 표기상으로는 나타나지 않고 있지만 사이시옷이 개입하여 된소리화가 일어난다고 보아야 할 것이다. '밤밥[밤밥]'에서처럼 사이시옷이 개재하지 않으면 된소리화가 일어나지 않는다.

> **알아두기** '소주'는 〔쏘주/ 쒜주〕가 아니다.
> 근래에 어두의 예사소리를 까닭없이 된소리로 잘못 발음하는 경향이 많다. 이들을 된소리로 발음하는 것은 표준어에서는 인정되지 않는다.

고추 → 〔꼬추〕	거꾸로 → 〔꺼꾸로〕	과(科) → 〔꽈〕
동그랗다 → 〔똥그라타〕	두드리다 → 〔뚜드리다〕	소주 → 〔쏘주〕 혹은 〔쒜주〕
생라면 → 〔쌩나면〕	세련되다 → 〔쎄련되다〕	좀스럽다 → 〔쫌스럽따〕
작다 → 〔짝다〕	조금 → 〔쪼금〕	

또한 외래어의 경우도 표기와는 달리 어두 자음을 된소리로 발음하는 경우가 많다. '버스〔뻐스〕, 가스〔까스〕, 볼〔뽈〕, 검〔껌〕' 등이 대표적이다. 이들의 어두 자음은 원어에서는 유성자음(b, g)인 것들인데 외국어의 어두 유성자음은 우리나라 사람들에게는 된소리에 유사하게 들리는 경향이 있다고 한다. 그러나 『표준 발음법』에 이들을 된소리로 발음해도 된다는 규정은 없다. 따라서 이들을 된소리로 발음하는 것도 표준발음에서는 벗어나는 것이다.

(3) 소리의 첨가

『표준발음법』 규정 29항에 따르면, 한자어, 합성어 및 접두파생어에서 앞 단어나 접두사가 자음으로 끝나고 뒤 단어의 첫 음절이 'ㅣ, ㅑ, ㅕ, ㅛ, ㅠ'로 시작되는 경우에는 'ㄴ'을 첨가하여 [니, 냐, 녀, 뇨, 뉴]로 발음한다. 'ㄹ'받침 뒤에 첨가되는 'ㄴ'은 'ㄹ'에 동화되어 [ㄹ]로 발음된다. 그밖에 두 단어를 한 마디로 발음하는 경우에도 동일한 현상이 나타난다.

솜이불〔솜니불〕	콩엿〔콩녇〕	물약〔물략〕
막일〔망닐〕	짓이기다〔진니기다〕	늑막염〔능망념〕
영업용〔영엄뇽〕	옷 입다〔온닙따〕	할 일〔할릴〕

그런데 'ㄴ'첨가의 경우 한자어에서는 양상이 복잡하게 나타나고 있다. 가령 '금융'은 합성어라고 보기 어려운데 [금늉]으로 발음하는 것을 허용하고 있다. 그렇다면 '촬영, 활약' 같은 경우도 [촬령], [활략]으로 발음하는 것이 허용되는 것인지, 아니면 이 경우에는 [촤령], [화략]으로 발음하는 것만

인정하는 것인지가 불분명하다. 다만, '6.25, 월요일'은 [유기오], [워료일]로 발음하는 것이 표준 발음이므로, 이것을 [융니오], [월료일]로 발음하는 것은 『표준 발음법』에 어긋난다. 이에 해당하는 예로는 '3·1절[사밀쩔], 송별연[송: 벼련], 등용-문[등용문]' 등이 있다.

(4) 사이시옷

사이시옷이 붙은 단어는 다음과 같이 발음한다. 첫째, 'ㄱ, ㄷ, ㅂ, ㅅ, ㅈ'으로 시작하는 단어 앞에 사이시옷이 올 때는 이들 자음만을 된소리로 발음하는 것을 원칙으로 하되, 사이시옷을 [ㄷ]으로 발음하는 것도 허용한다.

<blockquote>

냇가〔내: 까/낻까〕　　샛길〔새: 낄/샏낄〕　　　빨랫돌〔빨래똘/빨랟똘〕

깃발〔기빨/긷빨〕　　대팻밥〔대: 패빱/대: 팯빱〕　　햇살〔해쌀/핻쌀〕 뱃속〔배쏙/밷쏙〕

</blockquote>

또한 사이시옷 뒤에 'ㄴ, ㅁ'이 결합되는 경우에는 [ㄴ]으로 발음한다.

<blockquote>

콧날〔콛날→콘날〕　　　　아랫니〔아랟니→아랜니〕

툇마루〔퇻: 마루→퇸: 마루〕　　뱃머리〔밷머리→밴머리〕

</blockquote>

사이시옷 뒤에 '이' 소리가 결합되는 경우에는 [ㄴㄴ]으로 발음한다.

<blockquote>

베갯잇〔베갣닏→베갠닏〕　　깻잎〔깯닙→깬닙〕　　나뭇잎〔나묻닙→나문닙〕

도리깻열〔도리깯녈→도리깬녈〕　　뒷윷〔뒫: 뉻→뒨: 뉻〕

</blockquote>

연습문제 다음을 읽고 문제에 답하시오.

〈문제 1〉 다음 중 표준 발음이 아닌 것은? (   )
　　① 월요일〔월료일〕　　　② 설익다〔설릭다〕
　　③ 눈요기〔눈뇨기〕　　　④ 물엿〔물렫〕
　　⑤ 꽃잎〔꼰닙〕

〈문제 2〉 밑줄 친 부분의 표준 발음을 적은 것 중 맞는 것은? (   )
　　① 어제는 <u>무릎이</u> 무척 아팠다. → 〔무르비〕
　　② 네 <u>곁이</u> 좋아. → 〔겨티〕
　　③ 저 눈부신 <u>흙 위</u>를 걷는 사람을 보라 → 〔흘 귀〕
　　④ 바다는 <u>맑고</u> 푸르렀다. → 〔막꼬〕
　　⑤ <u>젊은</u> 청춘의 아름다운 희상 → 〔절믄〕

〈문제 3〉 표준 발음을 표기한 것 중 틀린 것은? (   )
　　① 꽃〔꼳〕 - 떫다〔떨따〕　　　② 여덟〔여덥〕 - 닳지〔달치〕
　　③ 기슭〔기슥〕 - 겉옷〔거돋〕　　　④ 잎〔입〕 - 읊다〔읍따〕
　　⑤ 밟다〔밥따〕 - 밟게〔밥게〕

〈문제 4〉 밑줄 친 단어의 발음이 바른 것은? (   )
　　① 국세청은 <u>종로</u> 한복판에 있다. : 〔종노〕
　　② 드디어 <u>광안리</u> 해수욕장과 해운대를 잇는 도로가 개통되었다. : 〔광안니〕
　　③ <u>선릉</u>은 성종과 계비 정현 황후를 모신 곳이다. : 〔선능〕
　　④ 영화 여고괴담은 올여름을 강타한 <u>납량</u> 공포물이다. 〔납냥〕
　　⑤ 한 반의 모든 아이들을 <u>담임</u> 선생님이 지도하기란 현실적으로 어렵다. : 〔담님〕

〈문제 5〉 밑줄 친 단어의 발음이 바른 것은? (   )
　　① 하루가 <u>짧게</u> 느낄 수 있도록 환상적인 여행으로 여러분을 안내하겠습니다. 〔짭께〕
　　② 시동을 걸 때 페달을 <u>밟는</u> 습관은 잘못된 것이다. 〔밤는〕
　　③ 우리 고유의 '향'에 함유된 유황은 정신을 <u>맑게</u> 해 주는 효과가 있다. 〔막께〕
　　④ 저 문을 나설 때, 시인은 자신의 비극적인 사랑을 <u>읊고</u> 있었다. 〔을꼬〕
　　⑤ 녹차를 오랫동안 먹으면 몸의 노폐물이 정화되며, <u>늙지</u> 않다고 한다. 〔늘찌〕

〈문제 6〉 다음 말에 나타나는 음운 현상에 대한 설명으로 맞지 않는 것은? (   )
　　① 감기 → 〔강기〕: 받침 'ㅁ'은 자음 동화 현상 때문에 〔ㅇ〕으로 발음한다.

② 닭이 → 〔달기〕: 겹받침 뒤에 모음 어미가 연결되는 경우에는 그 중 하나만을 옮겨 뒤 음절 첫
③ 맏형 → 〔마텽〕: 받침 'ㄷ'이 뒤 음절 첫소리 'ㅎ'과 결합되는 경우 두 소리를 합쳐 〔ㅌ〕으로 발음한다.
④ 키읔 → 〔키윽〕: 받침 'ㅋ'은 어말 또는 자음 앞에서 〔ㄱ〕으로 발음한다.소리로 발음한다.
⑤ 헛웃음 → 〔허두슴〕: 받침 'ㅅ' 뒤에 모음으로 시작되는 실질 형태소가 연결되는 경우에는 'ㄷ'으로 바꾸어서 뒤 음절 첫소리로 옮겨 발음한다.

〈문제 7〉 다음 중 ㉠의 예에 해당하지 않는 것은? (   )

㉠ 형태소 끝소리가 /ㄺ/인 것은 원칙적으로 대표음 /ㄱ/으로 실현된다. 그러나 뒤에 /ㄱ/으로 시작되는 어미가 이어질 때에는 /ㄹ/로 발음된다. 끝소리가 /ㄼ/인 것은 /ㄹ/로 변동되는 것이 원칙이나, 예외도 있다. '밟다'의 /ㄼ/은 /ㅂ/으로 발음한다.

① 밝다〔박따〕　　　　② 읽고〔익꼬〕　　　　③ 맑게〔말게〕
④ 늙지〔늑찌〕　　　　⑤ 굵다〔극따〕

※ 위 문제는 "공무원 국어시험을 위한 제언"(국립국어원, 2002)을 정리한 것임.

제5장 외래어 표기법

외래어 표기법의 특징

외래어는 외국어에서 들어오는 말이니만큼 그 나라의 발음을 될 수 있는 대로 살려야 한다. 중국의 주석 '덩샤오핑'을 '등소평'으로 발음한다면, 웃음거리밖에 되지 않는다. 외래어 표기법의 기본 정신도 외국어 발음을 원음에 가깝게 한글로 표기하자는 것이다. 외래어 표기법은 국제음성 기호와 한글 대조표를 통해서 실현하고 있다. 외국어의 소리는 국제음성 기호라는 발음 기호로 표기할 수 있다. 영어 사전에는 영어 단어의 발음이 표시되어 있는데 대개 국제음성 기호로 표기되어 있다. 국제음성 기호와 한글 대조표는 국제음성 기호마다 가장 가까운 한글을 배당해 놓은 표이다. 외래어는 이미 확고하게 굳어져 버린 경우 이외에는 이 표에 따라 한글 표기가 결정된다. 이 표에 따르면 외국어 발음에 가깝게 외래어 표기가 정해진다. 예를 들어 ice hockey라는 영어 단어는 발음이 〔ais hɑːki〕이다. 따라서 이 표에 따라 '아이스하키'가 된다.

〔국제음성기호와 한글 대조표〕

자음			반모음		모음	
국제음성기호	한글		국제음성기호	한글	국제음성기호	한글
	모음 앞	자음 앞/ 어말				
p	ㅍ	ㅂ, 프	j	이	i	이
b	ㅂ	브	ɥ	위	y	위
t	ㅌ	ㅅ, 트	w	우	e	에
d	ㄷ	드			ø	외
k	ㅋ	ㄱ, 크			ɛ	에
g	ㄱ	그			ɛ̃	앵
f	ㅍ	프			œ	외
v	ㅂ	브			œ̃	욍
θ	ㅅ	스			æ	애
ð	ㄷ	드			a	아
s	ㅅ	스			ɑ	아
z	ㅈ	즈			ɑ̃	앙
ʃ	시	슈, 시			ʌ	어
ʒ	ㅈ	지			ɔ	오

ʦ	ㅊ	츠			ɔ̃	옹
dz	ㅈ	즈			o	오
ʧ	ㅊ	치			u	우
ʤ	ㅈ	지			ə	어
m	ㅁ	ㅁ			ɚ	어
n	ㄴ	ㄴ				
ɲ	니	뉴				
ŋ	ㅇ	ㅇ				
l	ㄹ, ㄹㄹ	ㄹ				
r	ㄹ	르				
h	ㅎ	흐				
ç	ㅎ	히				
x	ㅎ	흐				

1. 외래어 표기법의 기본원칙

원칙 1 외래어는 우리말의 현용 24자모만으로 적는다.

외국어에는 우리말에 없는 소리가 많이 있다. 만일 우리말에 없는 [f]를 적기 위해 'ㆄ'을 규정한다면, [θ], [ð], [z], [ʒ] 등을 적기 위한 글자도 새로 만들어야 한다. 또한 프랑스어의 [r] 소리나 콧소리가 나는 모음을 위해서도 새 글자를 만들어야 한다. 그러다 보면 지금 우리가 쓰고 있는 한글보다도 더 많은 글자를 만들어야 한다. 이것은 수많은 문제를 낳을 수 있으므로, 『외래어 표기법』에서는 단 하나의 새로운 글자도 허용하지 않고 있다.

> **알아두기** **장음 표기 문제**
>
> 현행 『외래어 표기법』에서는 장모음의 장음은 따로 적지 않도록 규정하고 있다. 만일 장음을 표기한다면 별도의 장음 부호를 사용해야 하는데, 이는 『외래어 표기법』 제1조 1항("외래어는 국어의 현용 24자모만으로 표기하고 그 밖의 글자나 부호를 사용하지 않는다")에 어긋난다. 이 원칙에 따라 전에 '뉴우요오크'로 적던 것을 '뉴욕'으로 표기하게 되었으며, 이외에도 '큐우슈우, 토오쿄오, 오오사카' 들도 모두 '규슈, 도쿄, 오사카'로 표기한다. 생활 용어도 마찬가지로 '루우트, 서어비스'는 '루트, 서비스'로 적어야 한다.

원칙 2 외래어의 1음운은 1기호로 적는다.

이 원칙은 언어의 예측 가능성에 대한 규정이다. 외국어의 한 소리는 늘 일정한 우리말로 적을 수 있어야 한다. 만일 [f]를 [i] 앞에서는 'ㅎ'로, [u] 앞에서는 'ㅍ'로 적는다고 한다면, film은 '휠름', football은 '풋볼'이 된다. 이는 언중들로 하여금 글자 표기에 대한 막중한 부담을 줄 수밖에 없다. 따라서 현행 『외래어 표기법』에서 [f]는 언제나 'ㅍ' 또는 '프'로 적도록 하고 있다.

'텔레비전'은 영어 'television'에서 온 말로, 영어 발음은 〔teliviʒən〕이다. "〔ʒ〕, 〔ʤ〕, 〔ʧ〕는 모음 앞에서 각각 'ㅈ', 'ㅈ', 'ㅊ'으로 적어야" 하고, "〔ə〕는 'ㅓ'로 적어야" 한다는 『외래어 표기법』에서 규정한 것에 따라 '텔레비전'으로 적고 있다. 이처럼 'juice'도 영어 발음이 〔ʤu:s〕이므로 '쥬스'가 아니라 '주스'로 적어야 한다. 결국 '〔ʒ〕, 〔ʤ〕, 〔ʧ〕'의 발음들이 모음 앞에서 각각 '지, 지, 치'가 아니라 'ㅈ', 'ㅈ', 'ㅊ'로 적도록 되어 있기 때문에, '쟈, 졔, 쟤, 져, 죠, 쥬'나 '챠, 체, 채, 쳐, 쵸, 츄'와 같은 표기는 있을 수 없다. 반면, "〔ʃ〕는 모음 앞에서 '시'로 적되 뒤따르는 모음에 따라 '샤, 세, 섀, 셔, 쇼, 슈'로 적어야" 한다는 규정에 따라 'shadow, shake, shock, shoe'들은 각각 '섀도, 셰이크, 쇼크, 슈'로 적어야 한다.

국제음성기호 〔ə〕sms 우리말 'ㅓ'에 대응되어 있다. 영어 'center〔sentə〕', 'terminal〔tə:minəl〕', 'ratary〔routəri〕'는 각각 '센터, 터미널, 로터리'로 표기해야 옳다. 이것을 '센타, 터미날, 로타리'로 적는 것은 잘못된 표기이다.

원칙 3　외래어의 받침에는 'ㄱ, ㄴ, ㄹ, ㅁ, ㅂ, ㅅ, ㅇ'만을 적는다.

영어 'coffe shop'은 '커피숖'이 아니라 '커피숍'으로 적어야 한다. 우리말은 반드시 조사가 낱말에 이어온다는 점을 생각한다면 쉽게 알 수 있는 문제이다. 가령 '커피숍'이란 낱말 뒤에 조사 '이', '은', '에서'가 붙는 경우, 우리는 각각 [커피쇼비], [커피쇼븐], [커피쇼베서]와 같이 발음하지 [커피쇼피], [커피쇼픈], [커피쇼페서]와 같이 발음하지 않는다. 따라서 '커피숖'이라고 쓸 이유는 전혀 없다. 마찬가지로 우리가 일상 생활에서 흔히 쓰는 '슈퍼마켙'이라든지 '디스켙', '케잌' 같은 표기도 '슈퍼마켓', '디스켓', '케이크'로 적어야 한다. 아울러 우리가 알아야 할 것은, 외래어의 받침에는 겹받침을 써서도 안 된다는 것이다. 대표적인 예로, '맑스'가 있는데, 이처럼 적는 것은 옳지 않다. '마르크스'가 올바른 표기다.

원칙 4　파열음 표기에는 된소리를 쓰지 않는 것을 원칙으로 한다.

프랑스어나 스페인어의 무성파열음은 우리말의 된소리와 비슷하므로 된소리로 적을 수도 있다. 가령, 'Paris'의 발음은 [파리]보다는 [빠리]에 더 가깝다. 만일 프랑스어의 [p]를 된소리인 'ㅃ'으로 적는다면, '나폴레옹'도 '나뽈레옹'으로 바꾸어야 할 것이고 [p]뿐 아니라 [k], [t]도 다 된소리로 적어야 하는 문제가 생긴다. 각 나라마다 이러한 경우를 일일이 조사해서 기록해야 하고, 언중들은 각각의 낱말에 대한 표기법을 모두 기억해서 써야 한다.

『외래어 표기법』에는 된소리를 쓰지 않음을 규정하고 있음에도, 흔히 되소리로 발음하는 낱말들이 많다. 대표적인 예로, '뻐스, 께임' 등이 있다. 'bus, gam'의 발음이 우리에게 'ㅂ, ㄱ'으로 들리는데도, 우리말 생활에서는 된소리 표기와 된소리 발음이 널리 퍼져 있다. 만일 '뻐스, 께임'이 널리 퍼져 있다 해서 이를 인정해 버린다면 어디까지 된소리 표기를 인정해야 할지 큰 혼란이 일어날 수 있다. '골프', '게임', '골', '가운', '달러', '더블', '백', '볼' 등도 현실 우리말 발음에서는 된소리로 흔히 발음되기 때문이다. 파찰음인 'ㅈ'의 경우에도 마찬가지이다 '재즈', '지프', '잼' 등도 현실 우리말에서는 된소리로 흔히 발음되지만 표기는 'ㅈ'으로 해야 『외래어 표기법』에 어긋나지 않는다. 이 같은 사정은 마찰음인 〔s〕에도 이어진다. 'service, system'에서 온 말도 '써비스', '씨스템'이 아닌 '서비스', '시스템'이 올바른 표기이다. 아밖에 흔히 잘못 쓰는 외래어 된소리 표기는 다음과 같다. '까페'→'카페', '꼬냑'→'코냑', '도꾜'→'도쿄', '모스끄바'→'모스크바', '삐에로'→'피에로', '아뜰리에'→'아틀리에', '후꾸오까'→'후쿠오카'로 정확하게 적어야 한다.

원칙 5　이미 굳어진 외래어는 관용을 존중한다.

　우리 일상생활에서 오랫 동안 쓰여 굳어진 외래어는 굳어진 그대로 적어야 한다. 원음과 다르게 굳어졌다 하더라도 큰 문제는 없다. 왜냐하면, 외래어도 우리말에 속하기 때문이다. '언어'는 사회적 약속이며, 동시에 사회적으로 용인된 관행이므로 갑자기 사회 구성원들 사이에 맺어진 약속을 바꿀 수는 없는 것이다. 가령 영어 'model'의 발음은 영국영어로는 [mɔdl], 미국영어로는 [mɑdl]이다. 둘 다 '모들'이나 '마들'이 원어 발음과 가깝지 지금 우리가 쓰고 있는 '모델'은 그 발음과 멀다. 그렇다고 해서 지금까지 온 국민이 '모델'로 써 온 것을 '모들'이나 '마들'로 바꿀 필요가 없다.

알아두기　'피자'가 맞을까, '핏자'가 맞을까?

　'피자'는 관용 외래어에 속한다. 어떤 사람들은 '피자'가 영어의 발음과 다르다고 하여 '핏자'나 '피짜'라고 하지만, 우리나라에서는 '피자'가 익숙하기 때문에 굳이 바꿀 필요는 없다.

연습문제 1 올바른 외래어 표기법에 따라 쓴 낱말을 고르시오.

	①	②	③
〈문제 1〉 boat	보트	보우트	볻
〈문제 2〉 cake	케이크	케익	케잌
〈문제 3〉 Cannes	칸느	깐느	칸
〈문제 4〉 coffee shop	커피숖	커피숍	커피샾
〈문제 5〉 diskette	디스켙	디스켓	디스캣
〈문제 6〉 encore	앙코르	앵콜	앙콜
〈문제 7〉 interchange	인터체인지	인터췌인지	인터첸지
〈문제 8〉 juice	쥬스	주스	주우스
〈문제 9〉 leadership	리더십	리더쉽	리더싶
〈문제 10〉 radio	라디오	레디오	뤠디오
〈문제 11〉 service	써비스	서비스	사비스
〈문제 12〉 super market	슈퍼마켙	수퍼마켙	수퍼마켓
〈문제 13〉 trot	트롯	트로트	트롵트
〈문제 14〉 window	윈도우	윈도	윈도오우
〈문제 15〉 東京	토쿄	도쿄	토오쿄오

연습문제 2 다음 문제를 읽고 물음에 답하시오.

〈문제 16〉 밑줄 친 부분이 외래어 표기법에 어긋나는 것은? (   )
　　　　　① 남산 <u>타워</u>　　　② 보디 <u>오일</u>　　　③ 모델 <u>하우스</u>
　　　　　④ <u>보트</u> 선착장　　　⑤ <u>옐로우</u> 카드

〈문제 17〉 밑줄 친 단어의 표기가 바르지 않은 것은? (   )
　　　　　① 이 주의 <u>하이라이트</u>
　　　　　② 디지털 <u>텔레비전</u> 방송 임박
　　　　　③ <u>헬멧</u> 착용 의무화 캠페인
　　　　　④ 사각형 기본 <u>스카프</u> 연출법
　　　　　⑤ 아기자기한 스토리의 로맨틱 <u>코메디</u>

〈문제 18〉 밑줄 친 단어의 표기가 바른 것은? (   )
　　　　　① 새로운 개념의 <u>도너츠</u>
　　　　　② 깔끔한 맛의 과일 <u>쥬스</u>
　　　　　③ 새내기 숙녀를 위한 <u>껌</u>
　　　　　④ 정통 <u>초코렛</u>의 진한 여운
　　　　　⑤ 한국인의 입맛에 맞는 매콤한 <u>스낵</u>

〈문제 19〉 다음 중 외래어 표기법에 맞는 것은? (　　　)
　　　　① 디지탈　　　　　② 칼라　　　　　③ 콤팩트
　　　　④ 아답터　　　　　⑤ 배터리

〈문제 20〉 외래어 표기법에 맞는 것끼리 묶은 것은? (　　　)

㉠도너츠	㉡난센스
㉢내레이션	㉣다이나믹
㉤리더쉽	㉥카운슬링

　　　　① ㉠ ㉡ ㉤　　　　　② ㉠ ㉡ ㉥　　　　　③ ㉡ ㉢ ㉣
　　　　④ ㉡ ㉢ ㉥　　　　　⑤ ㉣ ㉤ ㉥

〈문제 21〉 표준어 규정과 외래어 표기법에 맞게 표기된 항목끼리 짝지은 것은? (　　　)

〈 2006년 3월 셋째 주 학생식단표〉

월	화	수	목	금
강낭콩밥 ㉠닭계장 떡볶이 ㉡오이소박이 고추조림	보리밥 시금치된장국 깻잎나물 ㉢어묵케찹조림 ㉣과일샐러드	강낭콩밥 감자탕 콩나물무침 ㉤깍두기 고등어구이	검정쌀밥 ㉥참치김치찌개 취나물 닭강정 ㉦계란후라이	㉧함박스테이크 감자튀김 야채샐러드 크림수프 김치

　　　　① ㉠ ㉢ ㉤　　　　　② ㉡ ㉣ ㉥　　　　　③ ㉢ ㉧ ㉦
　　　　④ ㉣ ㉥ ㉦　　　　　⑤ ㉤ ㉦ ㉧

〈문제 22〉 다음 중 외래어 표기법에 맞게 잘 만들어진 간판은? (　　　)
　　　　① 자동차 <u>서비스 센터</u>
　　　　② 자동차 <u>써비스 센터</u>
　　　　③ 자동차 <u>서비스 센타</u>
　　　　④ 자동차 <u>써비스 센타</u>
　　　　⑤ 자동차 <u>써비스 쎈터</u>

〈문제 23〉 ㉠~㉢ 중 외래어 표기법 규정에 맞는 것은? (　　　)

　지난해 9월 일본 대중 문화 2차 개방 조치로 인하여, 비디오의 경우는 영화 및 극장 애니메이션의 개방과 연계하여 개방 대상 영화와 극장용 ㉠애니메이션 중에서 정식 수입 추천 절차를 거쳐 국내에서 상영된 작품은 국내 출시가 허용된다. 게임의 경우 ㉡한국어 버젼 일본 게임물 외에 일본 원판의 수입이 가능해졌다. 방송의 경우는 앞으로 매체 구분 없이 스포츠, ㉢다큐멘타리, 보도 프로그램의 방송이 가능해졌다. 문화관광부 장관은 이상과 같은 내용의 일본 대중 문화 3차 개방 방침은 5개월간 한국 문화 정책 개발원과 민간 연구 기관의 전문가가 공동으로 실시한 일본 대중 문화 개방 정책의 심사 분석 결과와 문화 예술인 및 업계로부터의 광범위한 의견 수렴, 그리고 한일 문화 교류 정책 자문 위원회의

㉣워크샵을 포함한 총 5차례의 자문 회의 결과를 토대로 결정되었다고 밝혔다.

　또한 문화관광부는 이러한 개방 확대 조치와 관련 부작용을 최소화하고 우리 문화 산업 및 대중 문화 예술의 경쟁력 제고를 위하여 ㉤문화 산업 지원 센타의 조성, 문화 산업 진흥 기금의 조성(2003년까지 5000억 원 조성 목표) 등을 골자로 지난해부터 추진 중인 문화 산업 발전 5개년 계획(1999~2003)을 더욱 적극적으로 추진해 나갈 계획임을 밝혔다.

① ㉠애니메이션　　　　② ㉡한국어 버젼
③ ㉢다큐멘타리　　　　④ ㉣워크샵
⑤ ㉤문화 산업 지원 센타

※ 위 문제 중 일부는 "공무원 국어시험을 위한 제언"(국립국어원, 2002)을 정리한 것임.

정답

1.① 2.① 3.③ 4.② 5.② 6.① 7.① 8.② 9.① 10.① 11.② 12.① 13.② 14.② 15.②
16.⑤ 17.⑤ 18.③ 19.⑤ 20.④ 21.② 22.① 23①

제6장 로마자 표기법

로마자 표기법의 특징

문화관광부에서는 지난 2000년 7월 4일 국어로마자 표기법 개정안을 확정 발표했다. 지난 1984년 고시된 로마자 표시법은 반달표와 어깻점이라는 특수부호를 사용, 일반 국민은 물론 외국인들로 쉽게 이해할 수 없었으며, 컴퓨터 표기가 불가능해 사용에 불편이 많았다. 지난 2000년도에 개정된 『로마자 표기법』의 주요 개정사항을 보면 다음과 같다. 첫째, 반달점(˘) 및 어깨점(')의 폐지한다. 둘째, 자음(ㄱ, ㄷ, ㅂ, ㅈ)을 위치에 관계없이 (g, d, b, j)로 표기한다. 셋째, 인명, 회사명, 단체명은 예외로 인정한다. 특히 발음 위주의 표기원칙을 고수하고 있는데, 가령, '신라'를 'Sinra'로 하지 않고 'Sila'로 적고 '종로'를 'Jongno'로 표기한 것이 그 예이다.

〔자모음 로마자 표기법〕

자음	ㄱ	ㄲ	ㅋ	ㄷ	ㄸ	ㅌ	ㅂ	ㅃ	ㅍ	ㅈ
	g,k	kk	k	d,t	tt	t	b,p	pp	p	j
	ㅉ	ㅊ	ㅅ	ㅆ	ㅎ	ㄴ	ㄹ	ㅁ	ㅇ	
	jj	ch	s	ss	h	n	r,l	m	ng	
모음	ㅏ	ㅓ	ㅗ	ㅜ	ㅡ ㅣ	ㅐ	ㅔ	ㅚ	ㅟ	ㅑ
	a	eo	o	u	eu i	ae	e	oe	wi	ya
	ㅕ	ㅛ	ㅠ	ㅒ	ㅖ	ㅘ	ㅙ	ㅝ	ㅞ	ㅢ
	yeo	yo	yu	yae	ye	wa	wae	wo	we	ui

1. 로마자 표기법의 유의 사항

(1) 로마자 이외의 부호를 없앴다

지금까지의 표기법(1984)에서 모음 '어'는 'ŏ'로 적도록 되어 있었으나, 개정 표기법에서는 특수

기호를 없애고 'eo'로 적기로 하였다. 이에 따라 '여'는 'yeo'로 적게 되었는데, 다만, '워'는 'wo'로 적도록 하였다. 또한 모음 '으'는 지금까지 'ŭ'로 적어 왔으나, 개정 표기법에는 'eu'로 적기로 하였다. 다만, '의'는 'ui'로 적기로 하였다. 그리고 자음 'ㅋ, ㅌ, ㅍ, ㅊ'는 지금까지 'k′, t′, p′, ch″로 적어 왔지만, 개정 표기법에서는 어깨점을 없애고, 'k, t, p, ch'로 적도록 하였다.

'어' (종전 ŏ → 개정 eo) : 섬강 Seomgang
'으' (종전 ŭ → 개정 eu) : 금강 Keumgang
'ㅋ, ㅌ, ㅊ, ㅍ'(종전 k′, t′, ch′, p′ → 개정 k, t, ch, p) : 칼집 Kaljip

(2) 'ㄱ, ㄷ, ㅂ, ㅈ'의 유 · 무성음의 구별을 없앴다

지금까지의 표기법에서는 자음 'ㄱ, ㄷ, ㅂ, ㅈ'을 유성음이냐, 무성음이냐에 따라 다르게 표기했다. 곧, 말 첫머리에서는 'k, t, p, ch'로, 유성음 사이에서는 'g, d, b, j'로, 말 끝받침에서는 'k, t, p, t'로 적어 왔다. 그러나 이것은 유성음과 무성음의 차이를 못 느끼는 우리나라 사람들에게는 무의미했던 것으로, 개정 표기법에서는 'k, t, p, ch'를 'g, d, b, j'로 바꿨다. 자음 'ㄱ, ㄷ, ㅂ, ㅈ'은 말 첫머리에 오든, 유성음 사이에 오든 간에 모두 'g, d, b, j'로 표기하되, 다만 말 끝받침에 올 때만, 'k, t, p, ch'로 적는다.

	(구표기법)		(새 표기법)
거북선	Kobukson	→	Geobukseon
김포	Kimpo	→	Gimpo
대구	Taegu	→	Daegu
부산	Pusan	→	Busan
의정부	Uijongbu	→	Uijeongbu
제주	Cheju	→	Jeongju

한편, 'ㄱ, ㄷ, ㅂ, ㅈ'의 된소리 'ㄲ, ㄸ, ㅃ, ㅉ'는 지금까지 'kk, tt, pp, tch'로 적어 왔던 것을 지키되, 'ㅉ'만 'tch'를 'jj'로 바꾸어 적기로 하였다.

(3) 우리말의 표준 발음법에 따라 적도록 하였다.

신라	Silla
한라	Halla
신문로	Sinmunno
종로	Jongno

(4) 세계적으로 널리 알려진 회사명 등은 그대로 사용한다.

Samsung(삼성),　Hyundai(현대)

(5) 이름은 성과 이름의 순서로 띄어 쓴다

개정 로마자 표기법에 인명 표기법은 "인명은 성과 이름의 순서로 띄어 쓴다. 이름은 붙여 쓰는 것을 원칙으로 하되, 음절 사이에 붙임표(-)를 쓰는 것을 허용한다"고 규정하고 있다. 곧 'Cheol Su Kim이나 Cheol Su, Kim, Kim, Cheol Su'를 버리고 'Kim CheolSu' 혹은 'Kim Cheol- Su'의 형식을 표준으로 삼았다.

연습문제 다음 문제를 읽고 물음에 답하시오.

〈문제 1〉 아래 보기를 참고하여 괄호 안에 알맞은 발음을 쓰시오.

보기
ya yae yu ui oe

① ㅠ (　　) 　　② ㅑ (　　) 　　③ ㅢ (　　) 　　④ ㅐ (　　) 　　⑤ ㅚ(　　)

〈문제 2〉 다음은 모음의 로마자 표기법이다. 빈칸을 채우시오.

모음	ㅏ	ㅓ	ㅗ	ㅜ	ㅡ	ㅣ	ㅐ	ㅔ	ㅚ	ㅟ	ㅑ
	a	①	o	u	②	i	ae	e	oe	wi	ya
	ㅕ	ㅛ	ㅠ	ㅒ	ㅖ	ㅘ	ㅙ	ㅝ	ㅞ	ㅢ	
	③	yo	yu	yae	ye	wa	④	wo	⑤	ui	

〈문제 3〉 다음 로마자표기 중 틀린 것은?

① 설악 - Seolak 　　② 백암 - Baegam 　　③ 옥천 - Okchen

④ 월곶 - Wolgot 　　⑤ 김포 - Gimpo

〈문제 4〉 다음을 로마자로 표기하시오.

거북선 　　　　　(　　　　　　　　)

〈문제 5〉 다음은 자음의 로마자 표기법이다. 틀린 것은?

자음	ㄱ	ㄲ	ㅋ	ㄷ	ㄸ	ㅌ	ㅂ	ㅃ	ㅍ	ㅈ
	g,k	kk	①k	d,t	tt	t	b,p	②bb	p	j
	ㅉ	ㅊ	ㅅ	ㅆ	ㅎ	ㄴ	ㄹ	ㅁ	ㅇ	
	jj	③ch	s	④ss	h	n	r,l	m	⑤ng	

〔6-8〕 다음 중 행정 구역 단위의 로마자 표기가 올바른 것을 고르시오.

〈문제 6〉 의정부시 　　① Uijeongbu-si 　　② Uijeongbusi 　　③ Uijeongbushi
　　　　　　　　　　　④ Uijeongbu-shi 　　⑤ Uijongbusi

〈문제 7〉 종로 2가　　　　① Jongno 2 -ga　　　② Jongno 2ga　　③ Jongro 2 -ga
　　　　　　　　　　　　④ Jongro 2ga　　　　⑤ chongno 2ga

〈문제 8〉 여의도　　　　　① Yeouido　　　　　② Yeoui- do　　③ Yeoi-do
　　　　　　　　　　　　④ Yeoido　　　　　　⑤ Yeuuido

〈문제 9〉 국어의 로마자 표기법에 따라 바르게 적은 것은? (　　　)
　　　　　① 순천　Soonchon　　　　② 진영　Jinyeong
　　　　　③ 묵호　Mugho　　　　　④ 성산　Sungsan
　　　　　⑤ 광희문 Gwangheemun

〈문제 10〉 다음 중 로마자 표기법에 맞는 표기는? (　　　)
　　　　　① 을지로　Eulji-ro　　　　② 제주도　Jejudo
　　　　　③ 독립문　Dongnimmun　　④ 소월길　Sowoelgil
　　　　　⑤ 서대전　West Daejeon

〈문제 11〉 다음 중 개정된 로마자 표기법에 어긋난 표기는? (　　　)
　　　　　① 한강　　　Hangang　　　② 신림동　　Sillim-dong
　　　　　③ 북악산　　Bukak Mountain　④ 김포 공항　Gimpo Airport
　　　　　⑤ 올림픽 공원 Olympic Park

〈문제 12〉 다음 중 우리말의 로마자 표기법 중 알맞은 것은? (　　　)
　　　　　① 비빔밥(Bibimbab)　　　② 불고기(Bulgogi)
　　　　　③ 해장국(Hejangguk)　　④ 갈비탕(Kalbitang)
　　　　　⑤ 우거짓국(Ugŏjikuk)

〈문제 13〉 '강감찬'을 로마자 표기법으로 쓴 것 중 바른 것은? (　　　)
　　　　　① Gang Gam Chan　　　② Gang Gamchan
　　　　　③ Gam Chan Gang　　　④ Gam Chan, Gang
　　　　　⑤ Gam-chan, Gang

〈문제 14〉 밑줄 친 지하철역의 로마자 표기와 표준 발음이 모두 맞는 것은? (　　　)

| 신림 - 봉천 - 서울대입구 - ……… - 교대 - 강남 - 역삼 - 선릉 - 삼성 |

　　　　　① 신림〔실림〕 Shinlim　　② 강남〔강남〕 Kangnam
　　　　　③ 역삼〔역쌈〕 Yeokssam　④ 선릉〔설릉〕 Seolleung
　　　　　⑤ 삼성〔삼성〕 Samsung

※ 위 문제 중 일부는 "공무원 국어시험을 위한 제언"(국립국어원, 2002)을 정리한 것임.

정답

1.①yu ②ya ③ui ④yae ⑤oe 2.①eo ②eu ③yeo ④wae ⑤we 3.③ 4. Geobukseon 5.②
6.② 7.② 8.① 9.② 10.③ 11.③ 12.② 13.② 14.④

우리말 바로 쓰기

제1장 우리말 어법

언어의 가장 기본 기능은 의사소통이다. 의사소통이 제대로 이루어지려면 말하는 이가 우리말의 특성을 정확히 살려 문장을 만들어야 한다. "본격적인 공사가 언제 시작되고, 언제 개통될지 모른다"라는 문장은 '본격적인 공사가 언제 시작될지 모른다'와 '(도로가) 언제 개통될지 모른다'의 두 문장이 결합한 경우이다. 그런데 각 문장의 서술어 '시작될지 모른다'와 '개통될지 모른다'의 주어가 하나로 통합되어 의미 전달의 명확성이 떨어지고 있다. 이 문장은 "본격적인 공사가 언제 시작되고, 도로가 언제 개통될지 모른다"로 고쳐 써야 정확한 문장이 된다. 이처럼 우리말을 명확하게 쓰기 위해서는 몇 가지 기본 사항이 있다. 우선 문장 성분이 잘 갖춰져야 하고, 둘째, 각 문장 성분 간의 호응이 제대로 이루어져야 하며, 외래어투의 문장을 쓰지 말아야 한다.

1. 필요한 문장 성분

우리말에서는 주어의 생략이 비교적 자유로운 편이다. 특히 대화에서 자주 일어난다. "그는 부모님의 말씀을 거스른 적이 없다. (그는) 친구들과 어울리다가도 정해진 시간에 반드시 들어오곤 했다."와 같은 문장에서는 주어가 생략된 것이 비교적 자연스럽다. 그러나 "피로연은 성대하게 치러졌다. 신랑과 신부는 결혼식을 마치고 신혼 여행을 떠났다. <u>하례객들이 식당 안으로 옮겨 앉으면서 시작되었다.</u>"와 같은 문장에서 '무엇이' 시작되었는지 정확하지 않다. 이 문장에서 주어 '피로연이' 빠졌기 때문이다. 이처럼 반드시 들어가야 할 주어가 생략되면 문장의 자연스러운 흐름이 끊기고 의미의 혼란이 일어난다.

원칙 1 필수 문장 성분을 갖춰야 한다. 특히 겹문장에는 주어와 서술어의 호응이 자연스럽지 못한 경우가 많으므로, 이를 피하기 위해서는 필수 문장 성분이 반드시 갖춰져야 한다.

ㄱ) 문학은 다양한 삶의 체험을 보여 주는 예술의 장르로서 문학을 즐길 예술적 본능을 지닌다.

고쳐쓰기

ㄴ) 인간은 자연을 지배하기도 하고 때로는 순응해 가며 산다.
고쳐쓰기

ㄷ) 나는 원고지에 연필로 십 년 이상 글을 써 왔는데, 이제 바꾸려니 쉽지 않다.
고쳐쓰기

원칙 1　불필요한 문장 성분은 쓰지 말아야 한다. 불필요한 성분이 포함된 문장은 형식상으로는 비문법적인 문장이 되기 쉽고, 의미상으로는 내용이 중복되기 쉽다. 주어와 서술어가 반복되는 것이나, 동일한 의미의 낱말이 반복되는 경우가 여기에 해당된다.

ㄱ) 그 선수의 장점은 경기 흐름을 잘 읽고, 다른 선수들에게 공을 정확히 보내 준다는 것이 큰 장점이다.
고쳐쓰기

ㄴ) 요즘 같은 때에는 공기를 자주 환기시켜야 감기에 안 걸려.
고쳐쓰기

2. 문장 성분의 호응

　문장의 의미가 명확하게 잘 전달되기 위해서는 정확한 문장 성분을 갖춰야 하지만, 동시에 그 성분 간의 호응이 자연스러워야 한다. 우리는 종종 주어나 서술어가 생략된 문장이나, 서술어가 있지만 주어와 호응하지 않는 문장도 자주 발견할 수 있다. 성분 간의 호응이 자연스러워지려면 겹문장을 피하는 것이 좋다. 문장이 길어지면 한 문장 안에 여러 개의 주어와 술어가 나타나 제1주어와 제1서술어가 대응 관계인지, 제2주어와 제2서술어가 호응 관계인지를 주의하지 않게 되고, 결과적으로 주술관계가 어색한 문장을 쓰게 된다. 문장을 짧게 쓰는 것, 이것이 호응 관계의 명확성을 유지하는 데 가장 좋은 방법이다. 다시 말해 목적어나 보어를 수식하는 절이나 구를 짧게 하거나, 문장을 둘로 나누어야 한다.

(1) 주어와 서술어의 호응

원칙 1 주어와 서술어 필수 문장 성분을 갖춰야 한다. 특히 겹문장은 주어와 서술어가 호응이 안 되는 경우가 많으므로 필수 문장 성분이 반드시 갖춰져야 한다.

ㄱ) 소련은 당초 7일로 예정된 세바르드나제 외무장관의 방북을 연기해 달라는 평양의 요청을 묵살하고 오히려 남북 총리 회담의 북측 대표단이 출발하기 하루 앞서 평양을 방문했다.
고쳐쓰기

ㄴ) 현재의 복지 정책은 앞으로 손질이 불가피할 전망입니다.
고쳐쓰기

ㄷ) 이 지역은 무단 입산자에 대하여든 자연 공원법 제60조에 의거 처벌을 받게 됩니다.
고쳐쓰기

ㄹ) 확실한 것은 그가 이제까지의 잘못을 반성하고 앞으로 진실한 국민으로 살아갈 것은 틀림없습니다.
고쳐쓰기

(2) 목적어와 서술어의 호응

타동사 앞에는 목적어가 있다. 타동사를 쓴 문장에 목적어가 없거나, 목적어 뒤에 타동사가 아닌 자동사를 쓸 때가 종종 있다. "나는 영화가 보고 싶다."에서는 '영화가'를 '영화를'로 고쳐써야 한다. 또한 이중목적어를 사용하는 경우도 목적어와 서술어가 호응되지 않는 경우이다.

ㄱ) 길동은 산과 강을 건너 보름 만에 고향에 도착하였다.
고쳐쓰기

ㄴ) 새 정부청사를 공사 중에 있다.
고쳐쓰기

(3) 부사어와 서술어의 호응

부사는 서술어를 수식한다. 하지만 우리말의 일부 부사는 아무 서술어와 결합하지 않고 특정한 서술어 하고만 결합하는데, 우리는 이를 주의하여야 한다. '모름지기'라는 부사는 '~해야 한다'처럼 당위를 나타내는 서술어와 결합해야 하고, '결코'는 '~하지 않다'처럼 부정을 표현하는 서술어와, 그리고 '설령'은 '~할지라도'처럼 양보를 나타내는 서술어하고만 결합한다. 그런데 이러한 특수한 결합 관계를 주의하지 않은 문장은 어색할 수밖에 없다. 문장의 명확성을 유지하려면 부사를 잘 사용해야 하고, 그러기 위해서는 부사어와 서술어의 호응 부술관계를 잘 활용해야 한다.

ㄱ) 왜냐하면 우리가 그 사실을 알지 못했다.
`고쳐쓰기` ____

ㄴ) 같이 모여 노는 것을 그는 그다지 좋아했다
`고쳐쓰기` ____

(4) 그밖의 주의해야 할 호응관계

가) 구조어의 호응이 이루어지지 못한 경우

과연 그 사람은 <u>영리하지 않구나!</u>(→영리하구나!)
비록 그는 <u>가난하면서</u> 이 세상에 사는 보람을 느꼈다.(→ 가난하지만, 가난할지라도)
비록 힘은 <u>없으니</u> 어떻게 모르는 체하겠는가?(→ 없으나, 없지만)
필수도 못 푸는 문제인데, 하물며 네가 <u>풀겠다고 덤볐다.</u>(→ 풀겠는가?, 풀겠다고 덤비다니.)

알아두기 부사어-서술어의 호응

결코 ~ 않다	과연 ~구나
그다지 ~(하)지 않다	ㄴ들 ~이 아니겠느냐
-ㄴ들 ~수 있겠느냐	당연히 ~해야 한다
마치 ~ 같다	비단 ~만-이 아니라
비단 ~뿐 아니라	여간 ~지 않다
으레 ~ㄴ 줄 알다	만약 ~라면(~ㄴ다면)
하물며 ~이랴	비록 ~ (ㄴ들/더라도/ㄹ지라도) ~
	(하겠는가/랴?/리요?)

나) 높임법의 호응이 이루어지지 못한 경우

저 학생의 부모님이 서울에 <u>있으신가?</u>(→ 계신가?)
할머니께서는 <u>이빨</u>이 좋으시다.(→ 치아)

다) 시제의 호응이 이루어지지 못한 경우

그녀는 요즘 순수한 마음을 잃어가는 것 같은 느낌으로 슬퍼지는 때가 <u>있었다</u>.(→ 있다.)
새벽부터 내린 봄시샘 눈으로 강원도 영동 산간 지방은 <u>기막히는</u> 설경을 이루었다.(→ 기막힌)

3. 부적절한 관형어와 명사형

(1) 관형어의 문제

"이 수술은 후유증이 없는 안전한 고도의 정밀한 수술로 비용도 저렴한 파격적인 저비용이다."
문장을 보자. '수술'이라는 낱말을 수식하기 위해 '없는, 안전한, 고도의, 정밀한'의 관형어가 연속적
으로 사용돼, 의미가 모호하다. 관형어가 긴 문장은 이처럼 의미 전달에 불편을 주는 경우가 많다.
이 문장은 어떻게 고쳐야 할까? "이 수술은 고도로 정밀하여 후유증이 없고 안전하다. 게다가
비용도 파격적으로 저렴하다."로 고치면 자연스럽다.

ㄱ) 유구한 빛나는 전통 문화를 단절시킬 가능성이 큰 융통성이 없는 문화 정책은 재고해야 한다.
고쳐쓰기 ____

관형어에서 더 살펴야 할 것은 수식 관계다. "내가 가장 존경하는 선배의 스승님"이라는 문장을
보자. 이 문장은 수식 관계에 따라 '내가 존경하는' 사람이 '선배'인지, 아니면 '스승'인지 하는
혼란이 생긴다. 이러한 경우 쉼표를 사용하여 수식 관계를 구별할 수 있다. '내가 가장 존경하는
선배의 스승'은 선배를 존경하는 것이고, '내가 가장 존경하는, 선배의 스승'은 스승을 존경하는
의미가 된다.

ㄴ) 용감한 그의 아버지는 적군을 향해 돌진했다.
고쳐쓰기 ____

ㄷ) 갑돌이가 울면서 떠나가는 갑순이를 배웅했다.
고쳐쓰기 ____

알아두기 **연관되는 어휘는 서로 가까이 있어야 한다.**
문장의 의미가 정확하기 위해서는 몇 가지 지켜야 할 사항이 있다. 첫째, 주어와 서술어를 가까
이 놓아야 한다. 둘째, 수식어와 피수식어를 가까이 놓아야 한다. 셋째, 한 단어를 함부로 분리하
지 말아야 한다. 특히 '한자어＋하다' 형의 동사를 분리하여, '한자어＋를 하다' 식으로 자주 쓰는
데, 문장의 길이가 길어지기 때문에 그만큼 의미 전달이 쉽지 않다.

발전을 하기 위해서 → 발전하기 위해

유지를 하기 위해서 → 유지하기 위해

유지가 되기 어려울 것이다 → 유지되기 어려울 것이다.

(2) 부적절한 명사형

명사화 구성 그 자체만으로 비문이 되지 않는다. 문제는 명사화 구성을 남용하는 것이다. 뉴스를 보더라도 명사가 지나치게 긴 문장을 발견하게 된다. "여름이 되면 수해 방지 대책 마련에 만전을 기해야 한다."라는 문장은 비문은 아니지만, 정확한 의미가 전달되지 않는다. 이 문장을 다음과 같이 고쳐보자. "여름이 되면 수해를 방지할 대책을 마련하는 데 만전을 기해야 한다." 이처럼 우리말의 특징을 보면, 명사화하여 표현하는 것보다 동사나 형용사로 풀어 쓰는 것이 더 자연스러울 때가 많다.

ㄱ) 그가 그 문제를 명쾌하게 해결할 것으로 예상되는 것이다

고쳐쓰기 ____

ㄴ) 결국 철수는 권장 도서 목록 선정이 너무 주관적이라며 불만을 터뜨렸다.

고쳐쓰기 ____

알아두기 '~것이다'와 같은 표현은 되도록 쓰지 않는다

논문이나 논설문 같은 글에서 종종 '~것이다'라는 표현을 자주 보게 된다. '~것이다'는 어딘가 문장을 어색하게 만들고, 읽는 이로 하여금 글의 흐름을 끊게 만든다. 때문에 사용하지 않는 것이 좋다. 아래의 네 가지 경우는 표현 기법상 반드시 사용해야 한다.

① 뒷문장이 앞 문장을 부연·설명할 때 : 전통은 재창조되어야한다. 전해내려 오는 그대로의 모습이 아니라 오늘날의 현실에 적합한 모습으로 바뀌어야 하는 것이다.

② 주술의 호응을 지켜야 할 때 : 중요한 점(것)은 글 쓸 능력이 부족하다는 것이다.

③ 문장에 힘을 주고 의미를 강조하려할 때 : 다독과 다작만이 글쓰기를 잘하는 비결이라는 것이다.

④ 어떤 이야기를 전달하는 입장일 때 : 그는 방귀를 뀌고도 자신이 한 일이 아니라는 것이었다.

4. 접속어 문제

우리말의 특징 중의 하나는 접속어가 많다는 점이다. '그리고, 그러나'와 같은 접속어는 앞뒤 문장을 이어주며, 이어오는 문장의 내용을 예상할 수 있게 한다. 하지만 접속어가 많이 사용되면 오히려 글의 흐름이 끊기기도 한다. 확실히 문장이 산만할수록 접속어가 많다.

ㄱ) 이미 앞에서 상론한 바와 마찬가지로 봄철의 이상 기후로 말미암아 과일 생산량이 줄어듦에 따라 과일 가격이 상승할 것으로 예상된다.

위의 문장은 불필요한 접속어가 나열된 경우이다. "이미 앞에서 상론한 바와 마찬가지로"는 "상론한 것처럼"으로 고쳐 쓰면 문장이 간결해지고 의미가 분명해진다. 또한 어떤 문장은 '그리고, 그러나, 그런데'와 같은 접속어 뒤에 '한편, 반면에, 뿐만 아니라, 동시에, -와 함께'를 쓰는 경우가 있는데, 이것도 역시 불필요하다.

5. 외래어 번역투의 표현

(1) 일본어투의 문장

우리가 일상생활에서 흔히 쓰는 말 중에 일본어의 잔재가 많다. 우리말의 정체성을 살리려면 쓰지 말아야 한다. 그런데 문장을 구성할 경우에도 예외는 아니어서, "-에 있어서, -에 다름 아니다, -에 의하여, -에 의하면, -와/과, 의, -에의, -으로서의, -(으)로부터의, -에로의, 서로의" 등의 일본어 투가 버젓이 쓰인다. 아래의 일본어투 문장을 고쳐 써 보자.

   ㄱ) 정년 퇴직 전에 있어서 탁구는 내 삶의 유일한 즐거움이었다.
   고쳐쓰기 ____

   ㄴ) 학행 회의에 있어 진지하게 참여하는 것이 중요합니다.
   고쳐쓰기 ____

   ㄷ) 그 정권은 히틀러에 다름 아니다.
   고쳐쓰기 ____

   ㄹ) 대학생 시위를 폭력에 의해 진압한 경찰이 오늘 성명을 발표했다.
   고쳐쓰기 ____

   ㅁ) 서로의 주장이 다른 것은 토론에 의해 합의되어야 한다.
   고쳐쓰기 ____

   ㅂ) 통일에의 기대치가 상승하고 있다.
   고쳐쓰기 ____

(2) 영어투의 문장

우리말에서 영어투의 문장은 '되어지다, 보여지다' 등의 수동형 구문과 '~것이 중요하다, ~에 대하여, ~를 갖다, ~와 함께, ~으로부터' 등과 '아무리 강조해도 지나치지 않다' 가 포함된 문장,

그리고 무생물 주어 구문에 남아 있다. 아래의 문장을 순우리말로 고쳐보자.

ㄱ) 이것은 온도의 변화라고 보여진다.
고쳐쓰기 ______________________________

ㄴ) 쌀알에 불상이라고 생각되는 그림이 그려져 있었다.
고쳐쓰기 ______________________________

ㄷ) 불조심, 그것은 아무리 강조해도 지나치지 않는다.
고쳐쓰기 ______________________________

ㄹ) 나는 네 일상에 대하여 많은 관심을 갖고 있다.
고쳐쓰기 ______________________________

ㅁ) 동춘호에서 마지막 밤을 보낸 사람들은, 배의 침몰과 함께 돌아올 수 없었다.
고쳐쓰기 ______________________________

6. 부주의하기 쉬운 비문(非文)

(1) 문장의 모호성

우리말 문장에는 어순을 바꾸거나 쉼표를 붙이거나 말을 첨가하면 자연스러운 문장이 되는 경우가 많다.

ㄱ) 사람들이 많은 도시를 다녀 보면 재미있는 일이 많을 것이다.(→ 사람들이, 많은~)
ㄴ) 그 거만한 市長의 외삼촌은 그 동안 시장이 애써 쌓은 공덕을 죄다 깎아내리고 있었다.
   (→ 그 거만한, 시장의 외삼촌은~)
ㄷ) 맑은 물과 흰구름이 감도는 봉우리를 바라보며 우리는 한 걸음 한 걸음 秘境으로 들어갔다.
   (→ 맑은 물과, 흰구름이)
ㄹ) 사람이 많은 집을 가 보면 어수선하다.(→ 사람들이 많이 사는 집)
ㅁ) 1478부대 장병들이 크리스마스 대미사를 부대 밖의 성당에서 갖게 된 것은 독실한 카톨릭 신자인 부대장 사모님의 덕분이었다.(→ 독실한 카톨릭 신자인, 부대장 사모님의~)
ㅂ) 문학을 연구하는 김선생의 아들이 박사 학위를 받았다.(→ 문학을 연구하는, 김선생의 ~)
ㅅ) 튼튼하고 질긴 희경이의 가방을 보았다.(→ 튼튼하고 질긴, 희경이의~)

(2) 조사의 오용과 부당한 생략

조사를 없애거나 잘못 쓰면 비문이 된다. 조사를 쓸 때, 몇 가지 주의해야 할 점이 있다. 첫째, 대조 보조사 '은/는'은 주격 조사 '이/가'와 용법이 다르다. 둘째, '에게'는 사람이나 동물에게만 쓰이고, '에'는 무정물에만 사용되는 조사이다. 셋째, 남의 말을 인용하는 방법에는 '-라고', '-라는'을 사용하는 직접 인용과 '-고', '-는'을 사용하는 간접 인용이 있는데, 간접 인용을 직접 인용처럼 쓰는 경우가 종종 있다.

> ㄱ) 옛날 옛적에 마음씨가 착한 총각은 있었습니다.(은 → 이)
> ㄴ) 원시시대부터 인간은 끊임없는 발전을 거듭해 온 것은 우리가 인정해야 하는 사실이다.
> 　　(은 → 이)
> ㄷ) 정부는 이 문제를 일본에게 강력히 항의하였다.(에게 → 에)
> ㄹ) 우리 농민들은 UR대책을 정부 당국에게 묻는다.(에게 → 에)
> ㅁ) 그렇다고 해서 나에게서 불만이 아주 없는 것은 아니다.(에게서 → 에게)
> ㅂ) 월드컵 이후 각 매스컴에서 우리 선수들의 골에 대한 결정력이 문제라는 것을 지적했다.
> 　　(라는 → 는)
> ㅅ) 모두 자기들 주장만이 옳다라고 우기며 타협하지 않았다.(라고 → 고)
> ㅇ) 동암이 형은 나만 보면 커서 뭐가 되겠느냐라고 묻곤 하였다.(라고 → 고)
> ㅈ) 여름은 바다로, 겨울은 산으로 가자.(→ 에는)
> ㅊ) 비루스와 같은 미생물은 보통 현미경으로 볼 수 없다.(보통 → 보통의)
> ㅌ) 한결이는 날마다 화초에게 물을 준다.(에게 → 에)
> ㅋ) '신기록 제조기다.'라는 평을 받고 있습니다.(라는→ 는)

(3) 단어의 오용

단어를 잘못 쓰면 문장의 의미가 분명하지 않다.

> ㄱ) 나는 19살의 여고 삼년생이다.(→ 열아홉살, 19세)
> ㄴ) 시험 준비에 시달린 탓인지 신체가 많이 줄었다.(→ 몸, 체중)
> ㄷ) 노력한 만큼 성적도 많이 상승했다.(→ 향상됐다)
> ㄹ) 지방질이 낮아서 로우, 단백질이 높아서 하이.(→ 적어서, 많아서)
> ㅁ) 우리 아이는 나이가 일곱 살인데도 칠칠하게 침을 흘리고 다닌다.(→ 칠칠하지 못하게)

(4) 중복된 단어나 표현

"신문 기사는 꾸며서 창작한 글이 아니다."라는 문장에는 같은 의미를 가진 낱말이 반복되고 있다. 즉 '꾸며서'와 '창작한'이 그것이다. 우리말 가운데 중복된 낱말이나 표현이 많은데 굳이 반복해서 쓸 필요가 없다. 가령, "어제 동해 바다에 갔다 왔어."라는 문장을 보자. '동해(東海)'에는 '바다'라는 의미가 있기 때문에 '바다'는 버려야 한다.

이 같은 예로는 "고목나무, 피해를 입다, 역전 앞, 축구를 찬다, 같은 동포, 간단히 요약하다, 날조된 조작극, 남은 여생, 넓은 광장, 높은 고온, 담임을 맡다, 더러운 누명, 명백히 밝히다, 박수를 치다, 새로 들어온 신입생, 시범을 보이다, 쓰이는 용도, 유산을 물려주다, 음모를 꾸미다, 폭음 소리, 푸른 창공, 죽은 시체, 배우는 학생, 따뜻한 온정, 스스로 자각, 새 신랑, 청천 하늘, 처갓집" 등이 있으니, 주의해야 한다. 아래의 문장에서 중복된 낱말이나 표현을 찾아보자.

ㄱ) 소설과 희곡은 지은이인 소설가나 극작가가 꾸며낸 이야기이다.
ㄴ) 그럴 줄 알고 미리 예비해 두었다.
ㄷ) 선열들의 나라를 사랑하는 애국 정신을 우리는 본받아야 한다.
ㄹ) 밤새도록 격론 끝에 마침내 결론을 맺었다.
ㅁ) 빠진 말은 넣고 쓸데없는 말은 삭제하여 뺀다.
ㅂ) 우리 한화 이글스의 올시즌 목표는 탈꼴찌에서 벗어나 중위권으로 도약하는 것이다.
ㅅ) 김선생님은 동물을 사랑하는 동물 애호가입니다.

(5) 그밖에 주의해야 할 어휘

ㄱ) 엉덩이 - 허리와 허벅다리 사이의 부분(뒤볼기)
   궁둥이 - 엉덩이의 아래 부분
   방둥이 - 길짐승의 엉덩이

ㄴ) 늘이다 - 길이를 늘임(延長)
   늘리다 - 무게를 늘림(增量)

ㄷ) 여의다 - 죽어서 이별하다
   여위다 - 살이 빠져서 파리하게 되다

ㄹ) 들르다 - 지나는 길에 잠깐 거치다.   예)들렀다, 들러 갔다, 회사에 들러서
   들리다 - 물건이 위로 치켜지다. 소리를 귀로 느끼다.

ㅁ) 부수다 - 깨뜨리다(碎)   *졸이다 -물기가 없어지게 하다. 애를 쓰다
   부시다 - 깨끗이 씻다(洗) 졸리다 -남에게 시달림을 받다. 단단히 매어지다

ㅂ) 삼가다 - '삼가하다'가 아님. 예)삼가 주십시오. 흡연을 삼갑시다.
   서슴다 - '서슴하다'가 아님. 예)서슴지 마시고 찾아 주세요.

우리말에 나타난 겹말과 군말의 용례

아래의 예들은 겹말과 군말로서, 우리말에 자주 쓰이고 있다. 겹말과 군말은 문장을 길게 하고 의미를 모호하게 하기 때문에 사용해서는 안 된다.

1. 겹말의 예

（1） 대등하게 겹친 말

가마(釜)-솥	거의 대부분	계속 꾸준히	그 때 당시
기간 동안	남포-등	너무 과하다	너무 심하다
너무 지나치다	느낀 바 소감	맡은 바 소임	늘-상(常)
닭-도리 탕	당(堂)-집	도라무-깡-통	또 다시
마메-콩	모두 다	모음-집(集)	모찌-떡
백주 대낮	비까-번쩍	빠따-방망이	삼시 세때
애매 모호	어서 속히	잠시 잠깐	조만간 곧
족-발	중심 센터	지금 막	큣(cue)-대
크고 장대	표(票)-딱지	깡통	23세의 나이
불과 -에 지나지 않다	열 명의 사람들		

（2） 명사가 겹친 말

노래 가사	해변-가	화젯(話題)-거리	차간 거리
하층 계층	남태령 고개	대치 고개	우방-국(가)
연방 국가	철롯-길	국화-꽃	고목-나무
공일-날	동짓-날	생일-날	초하룻-날
평일-날	도로 노면	석교 다리	전구 다마
채소값의 단가	정월-달	미주 대륙	외갓-댁
노잣-돈	잠깐 동안	잠시 동안	한참 동안
손녀-딸	말기 때	성수기 때	한문 문장
현안 문제	낙숫-물	약숫-물	동해 바다
거룻배	송이-버섯	팽이-버섯	굉음 소리
서열 순서	역전 앞	약(藥)의 약효	패인의 요인
사용 용도	옥상 위	노동-일	농사-일
철사-줄	행선-지	상갓-집	외갓-집
처갓-집	양옥-집	초가집	한옥-집
지프-차	면도-칼	카터-칼	베니어-판

（3） 관형어가 겹친 말

가까운 근방	가까운 근처	가까운 친구	가난한 빈농
거친 황야	고요한 침묵	관람하는 관객	그 당시
그 이전	그 이후	근거 없는 낭설	나쁜 감정(憾情)
남은 여생	낮은 구릉지	낮은 저지대	넓은 광장
높은 고난이도	높은 고원	높은 고지	누런 황금

느낀 소감	늙은 노인	다른 이견	다른 차이
독특한 특성	뒷 배경	따듯한 온정	떠도는 풍문
뜨거운 열기	뜨거운 열정	맑고 청아한	맡은 임무
맡은 직무	모든 국민	모든 물가	묵은 고목
보는 관람객	보는 관점	보는 소견	보는 시각
본래적 속성	빈 공간	빈 허공	빠른 속공
사랑하는 애인	살아 생전	새로운 신조어	새로운 창작
성난 노도	시원한 냉수	아름다운 미모	어려운 난제
예쁜 미인	오래 된 고가구	오랜 숙원	온-종일
우렁찬 함성	작은 소모임	젊은 청년	정해진 정형
좋은 모범	좋은 행운	좋은 향기	좋은 호기
좋은 호재	주어진 사명	주어진 임무	주요 골자
주요 핵심	중요한 요소	진-종일	짜인 각본
짧은 단도	짧은 순간	차디찬 냉방	착한 선행
푸른 창공	필요한 요건	필요한 요소	하얀 백발
하얀 백설	해 묵은 노송	-하려는 의도	-에 대한 대책

(4) 서술어가 겹친 말

결실을 맺다	구색을 갖추다	급식을 제공	김장 담그다
당구를 치다	득점을 올리다	박수를 치다	봉변 당하다
상품을 팔다	수확을 거두다	~감을 느끼다	실증적 검증
역할을 분담	열기가 뜨겁다	용도로 쓰다	일격을 가하다
장식을 꾸미다	장치를 만들다	제품을 만들다	준비를 갖추다
지분을 보유	찬송 부르다	축구를 차다	축하 드리다
탁구를 치다	행사를 거행	현상을 걸다	현판을 걸다
지급해 주다	공급해 주다	향락을 즐기다	짧고 간결
수돗물이 누수	전기가 누전	그런데도 불구	

재학(존재-, 소재-, 산재-, 혼재-, 상존-, 생존-)하고 있다

(5) 부사어가 겹친 말

가까스로 신승	가지런히 정돈	군데군데 산재	굳게 고수
굳게 고착	깊이 심사숙고	높이 거양	높이 숭배
느닷없이 돌출	느리게 서행	늘 상존	늘 상설
두루 망라	뒤늦게 후회	뒤로 후진	뒤로 후퇴
뒤로 빠꾸(back)	맨 나중	맨 처음	먼저 선점
목숨 걸고 사수	몸소 체험	보다 더	반드시 신상필벌
빠르게 질주	뿌리째 근절	새로 창조	스스로 자처
어서 빨리	어서 속히	어지럽게 난립	유용하게 이용
완전히 근절	유용하게 활용	자세히 상론	자세히 상술
잘 이용	잘못 오용	잘못 오판	처음 발견
처음 발명	최고로 높은	판이하게 다른	한 동안 소원
활발히 활동	함께 동반	함께 동행	함께 더불어

호되게 질타	훨씬 능가	감옥에 투옥	견지에서 보다
물속에 수장	밖으로 퇴장	배에 승선	빗물에 침수
안으로 입장	앞으로 전진	자리에 착석	정상에 등정
집으로 택배	시각에서 보다	현재 재학 중	현재 유학 중

(6) '-들, -수'가 겹친 말

너희-들	우리-들	저희-들	여러분-들
많은 사람-들	가족-들	식구-들	관중-들
국민-들	군중-들	대중-들	민족-들
민중-들	백성-들	주민-들	동아리-들
무리-들	양 떼-들	제문제-들	제국-들
시간-들	세월-들	과정-들	사항-들
회원-들	식구-수	가구-수	인구-수
인원-수			

(7) 그밖의 겹말

매년마다	→ 해마다 / 매년
무려 15%나	→ 15%나 / 무려 15%가
과반수 이상 찬성	→ 과반수 찬성
과반수가 넘는	→ 반이 넘는
3월 1일 이후-부터	→ ~부터 / ~ 이후
~ 이전-까지	→ ~까지 / ~ 이전에
1천 원 이상부터	→ 1천 원부터 / 1천 원 이상
~ 이하까지	→ 1천 원까지 / 1천 원 이하
약 5만 원 정도	→ 5만 원 가량 / 5만 원 정도 / 약 5만 원
수-십-여 명	→ 수십 명
5만여 원이 넘는	→ 5만 원이 넘는 / 5만여 원

2. 덧말의 예

(1) 우리말의 덧말

'덧말'은 문장의 의미에 영향을 별로 주지 않지만, 있으나마나한 말이다. 덧말은 주로 아래와 같은 문장에 붙어 있다.

-이라고 하겠다	→ -이다
-임을 알 수가 있다	→ -이다
-에 불과한 실정이다	→ -이다
-에 이르고 있다	→ -이다
-이 아닐 수 없다	→ -이다
-이라고 하지 않을 수 없다	→ -이다
둥근 형태를 가지고 있다	→ (둥글다)

둥근 모양을 가지고 있다	→ (둥글다)
-(만원)을 기록하다	→ -이다
-을 하다	→ -하다
-하여 가고 있다	→ -하고 있다
-되어 가고 있다	→ -되고 있다
-하였던 것이다	→ -하였다
-하였던 것이었던 것이다	→ -하였다
-하는 것이 현실이다	→ -하다
-하는 모습(현상, 상태, 상황)을 나타내다	→ -하다
-하는 결과를 가져오다(초래하다)	→ -하다
-하고 있는 추세(상황)에 있다	→ -하고 있다
(노력)을 경주하다(기울이다, 이루어지다)	→ -(노력)하다
(조사)를 실시하다	→ -하다
(발전)을 이룩하다	→ -하다
(활동)을 벌이다	→ -하다
가능성을 가지고 있다	→ 가능하다
(손짓)을 보내 오다	→ -하다
우려를 자아내고(낳고) 있다	→ 우려된다
-하지 않으면 안 된다	→ -하여야 한다
-한 데에 기인한다	→ -이 원인이다
-한 데에서 말미암은 것이다	→ -이 원인이다
-한 데에서 빚어진 것이다	→ -이 원인이다
- 하락으로 인하여(말미암아)	→ -이 하락하여서
(기쁘기) 그지없다	→ (기쁘다)
(안타까운) 마음을 금할 길이 없다	→ (안타깝다)
(실패)라 해도 과언이 아니다	→ (실패)이다
~은 아무리 강조해도 지나치지 않는다	→ 이다
(대책) 마련이 있어야 하겠다	→ (대책)을 마련해야 한다

(2) 한자의 덧말

청소년에게 대하여 유해한	→ 에게
순국 선열에 대한 묵념	→ 께
국기에 대해 경례	→ 에
문제에 관하여 논의하다	→ 를
방법에 의하여 해결하다	→ 으로
방법을 통하여 해결하다	→ 으로
동쪽을 향하여 가다	→ 으로
모양상으로 보면	→ 을
이 기간 중에 새들이 산란한다	→ 에
상황 하(위, 속, 아래, ……)에서	→에서

연습문제 1 다음 문장을 바르게 고쳐 쓰시오.

1. 공연이 시작되기에는 시간이 빨라서인지 온 사람이 아무도 없다.
2. 찬조 연설자가 단상 앞으로 나와 엇비슷한 말들을 엿가락처럼 느려 되풀이하는 바람에 식이 끝났을 때는 오후 한 시가 넘어 버렸다.
3. 양복 속에 두꺼운 내복을 바쳐서 입으면 옷맵시가 나지 않는다.
4. 원장님께서는 지금 원장님실에 계십니다.
5. 인간은 자연을 지배도 하고 복종도 해 가며 삶을 영위해 왔다.
6. 신랑과 신부의 앞날을 위해 주례 선생님의 말씀이 계시겠습니다.
7. 미생물의 발육 억제는 당분의 농도가 50% 이상으로 되어질 때이다.
8. 대학 입시철을 맞이하여 우리 학교에서는 입시 위원회를 가동시킬 예정이다.
9. 아버님, 어머님, 올해도 늘 건강하세요.
10. '날으는 원더우먼'은 1970년대 유명했던 텔레비죤 외화 프로그램이다.
11. 봄이 되니 나들이하기에 알맞는 날씨가 계속되 연일 나들이 차량으로 고속도로가 혼잡하다.
12. 우리 자신인 인체는 오랜 습관으로 하나의 살아 있는 유기체라기보다는 시각적 구조물로 간주되어 지고 있다.
13. 여러 개의 선을 그어 몸을 나누어 보고 다시 잇대어 연장시키기도 하면서 적절한 인체의 형과 선을 찾으려 생각해 보는 단어들이다.
14. 벌써 한나라당은 시청료 분리 징수를 추진 중이다.
15. 정전·고장시에는 다른 행동을 삼가하시고 인터폰이나 전화로 연락하십시요.
16. 카바를 위로 열고 손잡이를 앞으로 당기면 출입문을 손으로 열수 있습니다.
17. 국어, 영어, 수학 과목이 중요하다는 것은 아무리 강조해도 지나치지 않는다.
18. 춘향호의 선장과 선원들은 배 침몰과 함께 사망했습니다.
19. 행원들은 지적이나 당하지 않을까 하며 늦게까지 근무하는 것을 나는 볼 수 있었다.
20. 조사에서 밝혀진 바에 의하면 너희들이 거기서 정기적으로 불법 집회를 가졌다 그 말이야.
21. 철수가 피아노 치는 것이 이상하다.
22. 어린이들은 내일에의 희망이다.
23. 사람들이 많은 도시에 다녀 보면 재미있는 일이 많을 것이다.
24. 서태지의 노래를 즐겨 듣는 기성세대는 매우 작다.
25. 문화적 괴리가 심각해지면 질수록 세대간의 갈등의 골은 깊어질 수 밖에 없다.
26. 미국 문화가 우리의 문화 풍토와 충동하면서 빚어내는 혼란과 갈등은 우리나라 근대화 과정의 한 특징이다.
27. 눈 또는 기름으로 덮힌 통로를 지날 때에는 사고가 나지 않도록 조심해야 한다.
28. 드디어 오랜 겨울 방학이 끝나고 개강을 하였습니다. 학우 여러분, 다시 만나 뵈 반갑습니다.
29. 사고방식이 남들과 틀리면 커다란 댓가를 치르기 쉽상이다.
30. 그 아이는 읍내 중학교에 다니는 학생이예요.
31. 우리가 인체를 탐구하는 것은 그 속에 인간을 창조한 모든 비밀이 숨어 있다고 생각한다.
32. 우리나라 사람들은 과정이야 어쨋든 결과만 얻으면 된다고 생각하는 경향이 있다.
33. 그는 상대해서는 않 될 사람이다.
34. 영희는 나보다 핑큿빛을 스카프를 더 좋아한다.
35. 철수는 학생들에 대하여 많은 관심을 가지고 있다고 아무 거리낌도 없는양 서슴치 않고 말했다.
36. 우리의 간절한 바램은 그가 무사히 돌아오는 것 뿐이다.

37. 예절 교육의 중요성이야말로(이야말로) 그 어떤 경우에도 소홀히 할 수 없는 사실이다.

38. 학교법인에는 임원으로써 7인이상의 이사와 2인이상의 감사를 두되 이사중에는 당해 학교의 장과 공관 주재관 1명이 포함되어야 한다.

39. 제40조의 규정에 의한 교육인적자원부장관의 명령에 위반하여 사업을 계속한 때 2천만원 이하의 벌금에 처한다.

40. 임상시험으로부터 피험자가 탈락 또는 탈퇴한 모든 사실이 증례기록서상에 기재 또는 보고되고 그 이유가 설명되었는지의 여부

연습문제(2)　　다음 문제를 읽고 물음에 답하시오.

〈문제 1〉 밑줄 친 부분의 쓰임이 바른 것은?
　　　　① 50억 원 이상의 채권액을 <u>갖고 있은</u> 은행들만 참가하였다.
　　　　② 비가 온 뒤라 그런지 <u>푸르른</u> 앞산이 더 푸르렀다.
　　　　③ 시민들의 반발은 대통령의 발언과 <u>무관하지 않은</u> 것으로 보인다.
　　　　④ 중앙 정부의 힘이 <u>강력한 한</u> 소요 사태는 쉽게 해결되리라고 본다.
　　　　⑤ 예산의 사용 내역이 당초 목적과 <u>부합된지</u> 확인을 강화할 필요가 있다.

〈문제 2〉 어법에 가장 잘 맞고 의미가 명료하게 표현된 문장은?
　　　　① 본격적인 공사가 언제 시작되고, 언제 개통될지 모른다.
　　　　② 그가 노래를 부르는 것이 이상하다.
　　　　③ 그렇다고 해서 우리에게 불편이 아주 없는 것은 아니다.
　　　　④ 문학은 다양한 삶의 체험을 보여 주는 장르로서 문학을 즐길 예술적 본능을 지닌다.
　　　　⑤ 경주 박물관에서 통일 신라의 공예품을 관람했는데, 거의 왕이나 왕족의 화려한 생활을 보여 주었다.

〈문제 3〉 단어의 쓰임이 적절하고 어법에 맞는 문장은?
　　　　① 그들이 자숙하는 것을 필요로 합니다.
　　　　② 민수를 때린 것은 내가 아니고 옆에 있던 성민이야.
　　　　③ 인간은 환경을 지배하기도 하고, 때로는 순응하면서 살기도 한다.
　　　　④ 단정하고 눈맵씨 있는 옷차림을 한 그녀는 유독 눈에 띠었다.
　　　　⑤ 김 씨의 일과는 매일 아침 뉴스를 시청하는 데서 시작한다.

〈문제 4〉 주어와 서술어의 호응이 어색하지 않고 의미 전달이 가장 자연스러운 것은?
　　　　① 무엇보다도 중요한 것은 자네가 팀을 위해 많은 희생을 감수하였다.
　　　　② 프랑스와 쌍벽을 이루는 독일 팀은 2002년 월드컵 예선부터 꾸준한 수준 향상을 보여 이번에 강력한 우승 후보로 떠오른 브라질 팀을 꺾었다.
　　　　③ 작업복이 튼튼하고, 입기에 편하며, 비싸지 않은 것으로 고쳐야 한다.
　　　　④ 행복은 명예와 부와 같은 외부적 조건에 있는 것이 아니라 내적인 자세, 즉 행복해지려는 마음가짐을 가져야 한다.
　　　　⑤ 일회 용품은 편리하지만 한번 쓰고 나면 버리게 되므로 오히려 물자를 낭비하게 된다.

〈문제 5〉 다음 중에서 주어와 서술어의 호응이 자연스러운 것은?
　　① 나는 원래 내가 장래에 되고자 한 진로를 선택했다.
　　② 세계 주요 국가들은 19세기를 전후로 하여 과학적인 지질학 탐구에 들어가 지표면의 속
　　　성과 윤곽이 밝혀지게 되었다.
　　③ 다시 말해, 인간의 삶에 있어서 건강한 몸과 신체의 완전성을 행복의 첫째 조건이 된다.
　　④ 개방화 시대를 맞게 된 우리는 외제품을 쓰지 말고 국산품을 사랑하는 마음을 당부하고
　　　싶다.
　　⑤ 두 언어가 문화적으로 대등한 관계에 놓여 있지 않아서, 한 언어가 다른 언어로부터 여
　　　러 가지 어휘를 차용하는 일은 반드시 필요한 일이야.

〈문제 6〉 주어와 서술어의 호응이 자연스러운 문장은?
　　① 오늘날 한자 공용론이 급부상하고 있는 데는 동북아시아가 경제적으로 새롭게 관심을 끌
　　　고 있는 것 때문이다.
　　② 오늘 가장 기쁘고 반가운 일은 나를 지도해 주신 최 선생님께서 칭찬과 격려의 글을 보
　　　내 주신 것이다.
　　③ 종로를 관통하는 도로는 혼잡이 많습니다.
　　④ 운동 중 발목의 부상을 획기적으로 개선시킨 테니스화의 일대 혁신!
　　⑤ 일반 인사 중에는 우리 문화와 언어 사이에 불가분의 관계가 있는 듯이 여기고 만족을
　　　느끼는 듯한데, 우리는 이러한 태도를 검토해 보아야 한다.

〈문제 7〉 다음 중 어법에 맞고 자연스러운 것은?
　　① 5월이 되면 개심사의 연못은 온통 연꽃으로 수놓고 있다.
　　② 자기 뜻대로 자식을 키운다면, 부모는 바보를 키우는 일밖에 안 됩니다.
　　③ 일전에 보여주신 사진에서 옛날 그대로의 모습을 대하고 무척 반가웠습니다.
　　④ 많은 사람들이 철학적 사유를 하는 까닭은 우리 자신들의 삶과 그 삶의 반영인 사유를
　　　풍부하게 하는 것이다.
　　⑤ 인간성에는 태생적인 기질과 만들어지는 것 두 가지로 성립된다.

〈문제 8〉 다음 중 어법에 맞고 의미가 모호하지 않은 문장은?
　　① 움직이는 사람들의 눈동자를 보라.
　　② 우리나라는 그동안 많은 다목적 댐들이 만들어지고, 전국에 홍수 방지 시스템들이 마련
　　　되어 가고 있다.
　　③ 선생님의 얼굴에는 만족의 느낌으로 꽉 찬 것처럼 보였다.
　　④ 청색도 푸르다고 하고 초록색도 푸르다고 한다.
　　⑤ 브라질과 대등한 경기를 펼치던 아르헨티나는 작년 월드컵 때부터 수준이 향상되어 이번
　　　에 강력한 우승 후보로 꼽히고 있는 프랑스를 감당해 내기 어려울 것이다.

〈문제 9〉 어법에 맞고 자연스러운 문장은?
　　① 이 배는 사람이나 짐을 싣고 하루에 세 번 번씩 왕복한다.
　　② 한번 세운 목표는 반드시 이루고 말겠다는 의지와 그 의지를 뒷받침할 수 있는 체력이다.
　　③ 그래, 현대 철학은 너무 전문화되고 세분화된 나머지 일반인들에게는 매우 낯설고 어려
　　　운 학문으로만 인식되고 있는 것이 현실이야.

④ 시청자 여러분! 금번 새로이 개발한 저희 회사의 신제품을 애용해 주시길 바랍니다.
⑤ 경찰을 피해 달아나던 범인이 결국 마주오던 차에 숨졌다.

〈문제 10〉 다음 중 의미가 모호하지 않고 표현이 자연스러운 문장은?
① 사람은 제각각의 모습을 가지고 있듯이, 그들이 지향하는 목표도 다르다.
② 김 박사가 환경친화 재배법을 선택하게 된 것은 무엇보다 인류의 건강 문제가 심각했다.
③ 우리는 국토가 분단되어 서로 만날 수 없는 불행한 형편에 살고 있다.
④ 산에서 불어 오는 싸늘한 바람은, 나의 마음을 알아 주는 듯이 포근했다.
⑤ 상대적으로 느끼는 행복이 물질적 조건에서 오는 행복이라면 절대적으로 느끼는 행복은
   정신적 조건이라 할 수 있다.

〈문제 11〉 가장 자연스럽게 표현된 문장은?
① 정직하지 못한 마음으로 시작한 일이 끝내는 잘못될 수밖에 없다는 것을 증명했다.
② 급속한 산업화에 따라 전 인류는 생태 위기에 당면한 것은 당연한 결과이다.
③ 심지어 친구들까지도 그녀를 얌전 내지는 말이 없다는 식으로 얘기를 했다.
④ 인간들은 어쭙잖은 지식 따위를 자랑하며 자연을 정복하겠다는 만용을 부렸다.
⑤ 그는 정확하게 알 수는 없지마는 남 모르게 건강상의 변화를 가져오고 있으며, 마침내
   자신의 일에 자신감을 얻게 되었다.

〈문제 12〉 어법에 맞고 자연스러운 문장은?
① 한국은 일본에게 2:1로 이겨 월드컵에 진출하게 되었다.
② 마치 둔기로 뒤통수를 맞은 것처럼 기억이 뚜렷해졌다.
③ 그가 지방에서 올라왔을 때, 벌써 그 이전에 터미널에서는 벌어지고 있었다.
④ 나는 친구들과 어울리면서 내성적인 성격을 외향적인 성격으로 바꾸려고 노력하였다.
⑤ 그는 사회 현상은 환경과 제도에 근거하여 설명되어야 한다는 제도주의적 관점을 주장하
   였다.

〈문제 13〉 다음 중 불필요한 의미 중복이 없고 어법에 맞는 문장은?
① 친일파들과 타협이나 협상은 패배를 인정하는 것이다.
② 입찰이 끝났지만, 본격적인 공사가 언제부터 시작되고 언제 개통될지 현재로서는 불투명
   할 뿐이야.
③ 미국에서 살다가 십 년 만에 돌아온 그의 눈에는 조국의 발전상에 그만 압도되었다.
④ 현대 과학 문화가 만든 여러 제도들은 생활의 편리함을 줄 뿐만 아니라, 생활의 기능주
   의를 재촉할 뿐이다.
⑤ 백담사까지 가는 길 양편에 울창한 소나무들이 늘어서 있어서 대낮인데도 어둑어둑했다.

〈문제 14〉 어법에 맞고 자연스러운 문장은?
① 시화호의 오염된 환경이 되살리지 않으면 우리는 더 이상 악취를 견딜 수 없을 것이다.
② 이 건물 안에는 방한(防寒)과 방진(防震)에 견딜 수 있도록 특별히 설계된 것들이다.
③ 할아버지께서는 생전에 당신의 장서를 소중히 다루셨다.
④ 사회의 계층화란 재화가 불평등하게 분배됨으로 인해 개인과 집단을 서열화시키는 현상
   이다.

⑤ 신규 사업 편성에 따른 추가 비용은 사업 시행자 부담으로 하되 총 사업비의 산정에는 포함하지 않기로 했습니다.

〈문제 15〉 다음 중 단어의 쓰임이 적절하고 어법에 맞는 문장은?
① 이미 오래 전부터 영수는 성현을 사랑하였고, 성현 또한 존경하였다.
② 교수님에게 자문을 구하는 것이 이 문제를 해결하는 가장 좋은 방법이라 생각해.
③ 그가 땀흘려 일할 때는 밝은 미래를 약속해 주기 때문이다.
④ 언어를 갖지 못한 동물에게서도 지적인 작용이나 사고 작용에 비길 만한 점이 많이 발견된다.
⑤ 그가 우표수집에 몰두하는 이유는 어떤 만족을 얻기 위해서보다는 괴로움을 잊기 위해서이다.

〈문제 16〉 ㉠~㉤ 중 가장 자연스러운 문장은?

㉠인류가 옷을 처음 입기 시작한 이유는 여러 가지 위험 등으로부터 자신을 보호하기 때문이다. ㉡문명이 발전하면서 새로운 기능이 첨가되었다. ㉢의복은 지위를 나타내기도 하고, 좀 더 아름답게 표현할 수 있는 수단이 되기도 하였다. ㉣우리는 사람을 처음 대할 때에 그 사람이 입고 있는 옷에서 강한 인상을 받기도 하고, 옷을 통해서 그 사람의 안목과 성격을 짐작하기도 한다. ㉤이와 같이 옷은 자신의 신체를 보호하는 기능뿐 아니라 자기의 이미지를 전달하는 기능도 지니므로 의생활에서는 표현성도 고려해야 한다.

① ㉠　　　② ㉡　　　③ ㉢
④ ㉣　　　⑤ ㉤

〈문제 17〉 밑줄 친 문장 중 가장 자연스럽지 못한 문장은?

㉠윤 장관은 체니 부통령에게 이라크전 개전 이후 국내외 언론에서 보도된 미국의 북한선제공격설과 관련해 "한반도에서 전쟁이 일어나서는 안 되며 북한 핵 문제는 반드시 평화적으로 해결되어야 한다."라는 정부 입장을 전달한 것으로 알려졌다. ㉡우리 정부의 이라크 파병 계획 역시 이러한 구도에서 북핵 문제의 평화적 해결을 도출하기 위한 지원 방안으로 이해할 수 있다. ㉢우리의 안보를 강조하는 것은 당연하지만 미국이 북한 공격 가능성까지 추측해 걱정을 키울 필요는 없다. ㉣지나친 불안감은 대내적으로는 혼란을 야기하고 경제활동을 위축하는 결과를 가져온다. ㉤또한, 대외적으로는 외국인 투자 기피를 불러 국내외에서 위기설을 확대 재생산하게 할 우려가 있다.

① ㉠　　　② ㉡　　　③ ㉢
④ ㉣　　　⑤ ㉤

〈문제 18〉 다음 글을 고쳐 쓰기 위해 여러 사람이 의논하고 있다. 적절하지 않은 것은?

영어만 잘하면 성공한다는 믿음에 온 나라가 ㉠야단법썩이다. ㉡오히려 일본을 따라 영어를 공용어로 하자는 주장이 심심찮게 들리고 있다. 영어는 배워서 나쁠 것 없고, 국제 경쟁력을 키우는 차원에서 ㉢절대로 배워야 한다. ㉣하지만, 더 중요한 것은 우리 한글이다. 그러나 우리말을 제대로 세우지 않고 영어를 들여오는 일은 우리 개구리들을 돌보지 않은 ㉤채 황소개구리를 들여온 우를 또다시 범하는 것이다.

① ⑦은 맞춤법에 어긋한 표현이야. '야단법석'이 정확한 표현이지.
② ⑥는 뒤의 문맥과 어울리지 않아. '한 술 더 떠'와 같이 앞 문장보다 더 심화됨을 나타내
　는 표현을 써야 해.
③ ⑥은 부정 표현과 어울리는 부사야. '반드시'로 고치자.
④ ⑧은 '한글'과 비교되는 대상이 없어. '하지만' 뒤에 '영어보다'라는 문장 성분을 보충해
　야 해.
⑤ ⑩은 '체'로 고쳐 써야 맞춤법에 맞아.

〈문제 20〉 ⑦은 그 뜻이 명확하지 않다. 가장 적절하게 고친 것은?

① 일시 정지하여 보행자를 건너게 하고 위험을 주어서는 아니 된다.
② 보행자의 횡단을 방해하거나 위험을 주지 않도록 일시 정지하여야 한다.
③ 보행자의 횡단을 방해하거나 일시 정지하여 위험을 주어서는 아니 된다.
④ 보행자의 횡단을 방해하거나 보행자에게 위험을 주어서는 아니 된다.
⑤ 일시 정지하여 보행자를 건너게 하고 보행자에게 위험을 주어서는 아니 된다.

〈문제 21〉 ⑦~⑩을 어법에 맞고 자연스러운 문장이 되도록 아래와 같이 고쳐 쓸 때, 적절하게 고쳐지
　　　　　　지 않은 것은?

① → 정장 양복은 착용자의 활동을 제한할 수 있고 착용자가 어색함을 느낄 수 있다.
② → 정장이 사회 경험의 어떤 틀을 마련하듯이, 언어는 실재 경험의 틀을 마련한다.
③ → 언어가 없이는 경험한 세계를 구체화하기 어렵다.
④ → 미국 어린이는 영어의 어법을 배워 미국 사회의 특징인 평등한 인간관계를 경험한다.
⑤ → 존칭 어법이 잘못 사용될 때는 억압적이지만 올바로 사용될 때는 배려적이고 고양적
　　인 인간관계에 들어갈 것이다.

〈문제 23〉 ㉠~㉤ 중 잘못 고친 것은?

　　장대높이뛰기 선수가 되려는 ㉠바램을 가진 사람은 처음에는 낮은 높이에서부터 시작해야 하며, 기량이 ㉡상승함에 따라 조금씩 더 높은 자리에 도전해야 한다. 처음부터 일류 선수의 흉내를 내고자 하거나 한꺼번에 기록을 크게 ㉢갱신하려고 욕심을 부리면 일을 그르치기 십상이다. 그리고 순서를 따라서 훈련을 쌓을 경우에도, 어느 높이까지 가면 그 이상의 발전은 기대하기 어려운 한계에 ㉣부디친다. 국민의 의식 수준을 ㉤높히는 문제도 근본은 비슷한 것이다.

① 바램 → 바람
② 상승함에 → 상승됨에
③ 갱신 → 경신
④ 부디친다 → 부딪힌다
⑤ 높히는 → 높이는

〈문제 24〉 ㉠~㉤ 중에서 어법에 맞지 않은 문장은?

　　㉠서울역에서 남으로 향하여 한강 인도교를 건너가면, 한편으로는 흑석동으로 넘어가는 언덕 길이 뻗었다. ㉡우편으로는 사육신 무덤이 있는 산을 돌아 영등포로 향한 아스팔트 길이 플라타너스 가로수의 그늘을 받고 뻗어 갔다. ㉢노량진 장터를 지나면 바로 왼편으로 넓은 오르막길이, 산허리를 굽이굽이 돌아 올라간다. ㉣이 로터리에서 서로 향한 길을 내려가면, 또 아담한 로터리가 있다. ㉤여기서 동으로 관악산을 바라보는 가로수가 늘어선 길 한 복판으로 맑은 산물이 흘러내리는 개천이 있다.

① ㉠　　　　　② ㉡　　　　　③ ㉢
④ ㉣　　　　　⑤ ㉤

〈문제 25〉 ㉠·㉤ 중에서 문장의 호응 관계가 부정확한 것은?

　　1593년 2월 12일 새벽 6시. 3만 명의 왜군이 행주산성을 공격하기 시작했다. 행주산성을 지키던 조선군 병사는 고작 2,800명. ㉠왜군은 첨단 무기인 조총으로 무장하고 있는데다가 행주산성은 성벽이 없는 토성이다. 객관적인 상황으로는 행주산성은 금방 함락될 수밖에 없어 보인다. ㉡그러나 전투는 열두 시간이나 계속되었고, 왜군은 아홉 번째 공격을 끝으로 퇴각하고 말았다. ㉢왜군의 사상자는 자그마치 1만 명. 왜군은 회복하기 힘든 타격을 당했고, 육상 전투에서도 역전의 계기가 마련되었다. 역사는 이 전투를 행주대첩이라고 기록했다. 행주대첩의 승리의 원인은 무엇일까? ㉣우리는 초등학교 때 권율 장군의 뛰어난 지도력과 부녀자들이 덧치마에 돌을 날라 투석전을 했던 것이 승리의 큰 요인으로 배웠다. 원래 초등학교 선생님에게 배운 내용은 의심하지 않고 또 쉽게 잊혀지지도 않는 법이다. 그러나 여기서는 의심해야 한다. ㉤아낙네들이 행주치마로 돌을 날라 싸움을 지원했다는 것은 사실이겠지만, 돌멩이로 조총을 지닌 일본군 3만 명을 격퇴했다는 것은 합리적이지 않기 때문이다.

① ㉠　　　　　② ㉡　　　　　③ ㉢
④ ㉣　　　　　⑤ ㉤

〈문제 26〉 ㉠~㉤을 고친 것으로 적절하지 않은 것은?

이곳은 조국 독립을 위해 일생을 바친 김구 선생의 묘이다. 선생은 1876년 황해도 해주에서 태어나 일찍이 조선 왕조의 부패에 항거하고 외세를 배격하는 등 국권 수호에 힘썼다. 3·1운동 이후 1919년 상하이(上海)로 망명, ㉠대한민국 임시정부의 주요 요직을 거쳐 주석에 이르렀다. ㉡한편 한국독립당·한인애국단·한국광복군을 조직하여 조국 광복을 위해 애썼다. 광복이 되어 1945년에는 완전 자주 독립정부 수립을 위해 ㉢모스크바 삼상회의 결정에 따른 신탁통치 반대 운동을 주도하였고, 1948년에는 남한만의 총선거 실시에 반대하여 남북 협상을 제창하였으나 실패하였다. ㉣그러나 1949년 경교장에서 안두희에게 암살당하였다. 국민장으로 이곳에 안장되었고, ㉤1962년 건국공로훈장에 추서(追敍)되었다.

    ① ㉠ → 대한민국 임시정부의 요직을 거쳐 주석에 이르렀다.
    ② ㉡ → 그리고 한국독립당·한인애국단·한국광복군을 조직하여 조국 광복을 위해 애썼다.
    ③ ㉢ → 모스크바 삼상회의에서 결정된 신탁통치를 반대하는 운동을 주도하였고
    ④ ㉣ → 그리하여 1949년 경교장에서 안두희에게 암살당하였다.
    ⑤ ㉤ → 1962년 건국공로훈장이 추서(追敍)되었다.

〈문제 27〉 '강원도의 복지 정책에도 새로운 복지 구상과 실천이 새롭게 요구된다.'의 문장은 의미가 중복되어 있기 때문에 문제가 있다. 이와 같은 문제점을 지닌 문장이 아닌 것은? (　　　)
    ① 회비 외에 지출되는 경비는 본인이 자비로 부담해야 합니다.
    ② 강원도 역전 앞에 큰 느티나무가 있다.
    ③ 앞으로 더욱 편안하게 모시겠습니다.
    ④ 대부분의 많은 사람들이 통일을 바라고 있다.
    ⑤ 가까운 근처에 약국이 하나 있습니다.

〈문제 28〉 ㉠ 과 같이 조사가 잘못 쓰여 어색한 문장은?

보행자는 보도와 차도가 구분되지 아니한 도로에서는 ㉠도로의 좌측 또는 길 가장자리 구역을 통행하여야 한다.

    ① 채권은 10년간 행사하지 아니하면 소멸 시효가 완성한다.
    ② 잔여 재산은 각 조합원의 출자 가액에 비례하여 이를 분배한다.
    ③ 점유자는 소유의 의사로 선의, 평온 및 공연하게 점유한 것으로 추정한다.
    ④ 선량한 풍속, 기타 사회질서에 위반한 사항을 내용으로 하는 법률 행위는 무효로 한다.
    ⑤ 수임인이 위임 사무의 처리를 위하여 과실 없이 손해를 받은 때에는 위임인에 대하여 그 배상을 청구할 수 있다.

〈문제 29〉 다음 문장 중 ㉠ 문장과 유사한 잘못을 범하고 있는 문장은?

우리 사회에 '예고된 사고'라는 말 때문에 크고 작은 사고가 이어지고 있다. 특히 여름철만 되면 장마 때문에 수해를 입은 지역이 한둘이 아니다. ㉠여름이 되면 수해 방지 대책 마련에 철저를 기해야 한다.

    ① 아버님, 올해도 건강하세요.
    ② 그가 걸음을 걷는 것이 이상하다.
    ③ 희망호의 선장과 선원들은 배 침몰과 함께 사망했습니다.

④ 결국 철수는 권장 도서 목록 선정이 너무 주관적이라며 불만을 터뜨렸다.
⑤ 그 선수의 장점은 경기 흐름을 읽고, 다른 선수들에게 공을 잘 보내 준다는 것이 큰 장
　점이다.

〈문제 30〉 보기의 글에 사용된 문장의 어색한 점을 지적하고 아래와 같이 고쳐 썼다. 각 부분을 고쳐
　　　　　쓴 이유에 대한 설명으로 적절하지 않은 것은?

> 질의 내용
> 　최근 지자제 선거와 관련해서 ㉠허무맹랑한 공약들이 남발하고 있어 관광 특구 지정에 대한 공
> 약들을 내놓고 있어 ㉡관광 특구 지정은 어느 곳이든지 지정할 수 있는지요? ㉢제가 아는 상식으
> 로는 일정 이상의 까다로운 조건을 갖추어야 지정이 되는 것으로 알고 있습니다. 지정 요건에 대
> 해서 말씀해 주십시오.
>
> 답변 내용
> 　관광 특구란 외국인 관광객 유치 촉진 등을 위하여 관광 활동과 관련된 관계 법령의 적용이 배
> 제되거나 완화되는 지역으로서, ㉣시·도지사의 신청에 의하여 문화관광부 장관이 지정하는 제도인
> 바, ㉤지정 요건은 해당 지역 내에 접객 시설, 쇼핑·상가 시설, 휴양오락 시설, 숙박 시설, 공공
> 편익 시설, 관광 안내 시설 등이 분포되어 있어 외국인 관광객의 다양한 관광 수요를 충족시키고,
> 통계 전문 기관의 조사 결과 당해 지역의 최근 1년간 외국인 관광객이 10만 명 이상이어야 하며,
> 지정하고자 하는 지역이 다른 지역과 바다·산림·하천 또는 도로 등에 의하여 명확히 구분되어야
> 합니다.

> 질의 내용
> 　최근 지자제 선거와 관련해서 ㉠후보들이 관광 특구 지정에 관한 공약을 남발하고 있습니다.
> ㉡관광 특구는 어느 곳이든지 지정될 수 있는지요? ㉢저는 일정 이상의 까다로운 조건을 갖추어
> 야 지정이 되는 것으로 알고 있습니다. 지정 요건에 대해서 말씀해 주십시오.
>
> 답변 내용
> 　관광 특구란 외국인 관광객 유치 촉진 등을 위하여 관광 활동과 관련된 관계 법령의 적용이 배
> 제되거나 완화되는 지역으로서, ㉣시·도지사의 신청에 의하여 문화관광부 장관이 지정하게 됩니다.
> ㉤지정 요건은 다음과 같습니다. 첫째, 해당 지역 내에 접객 시설, 쇼핑·상가 시설, 휴양오락 시
> 설, 숙박 시설, 공공 편익 시설, 관광 안내 시설 등이 분포되어 있어 외국인 관광객의 다양한 관
> 광 수요를 충족시킬 수 있고, 둘째, 통계 전문 기관의 조사 결과 당해 지역의 최근 1년간 외국인
> 관광객이 10만 명 이상이며, 셋째, 지정하고자 하는 지역이 다른 지역과 바다·산림·하천 또는 도로
> 등에 의하여 명확히 구분되어야 합니다.

① ㉠동일한 어휘나 의미의 중복을 줄이고 간결하게 표현한다.
② ㉡주어와 서술어가 적절한 호응을 이루도록 정확하게 표현한다.
③ ㉢중의적인 표현을 줄여 의미가 명료하게 전달되도록 한다.
④ ㉣불필요하게 중문을 사용하여 문장이 길어지는 것을 피한다.
⑤ ㉤주어와 서술어가 지나치게 멀리 떨어지지 않도록 한다.

〈문제 31〉 ㉠은 서술어의 주어가 분명하지 않아서 어색한 문장이다. 이와 같은 이유에서 부자연스러운
　　　　　 문장은?

지금까지 사제단은 함세웅, 김승훈, 김병상, 최기식, 문정현, 문규현 신부 등이 중심에서 이끌어왔다. 모두 70년대 박정희 유신독재와 온몸을 던져 맞섰던 백전 노장들이다. 그러나 ㉠1984년 가톨릭대에 입학했고, 1990년에 신부 서품을 받은 민주화 1.5세대다. 어찌 보면 사제단 안에서 세대 교체인 셈이다.

① 비행기 출발 시간은 정확히 지켜져야 한다.
② 이용에 따른 문의 사항은 고객 센터를 이용하여 주시고 친절히 상담해 드리겠습니다.
③ 외삼촌은 그동안 쌓아 놓은 공덕을 죄다 깎아 내리고 있었다.
④ 아버지 시절에만 해도 어디서나 물을 마실 수 있고, 그야말로 산 좋고, 물 좋은 우리나라다.
⑤ 그 승용차는 모양이 아주 늘씬하고, 기능이 다양하다.

※ 위 문제 중 일부는 "공무원 국어시험을 위한 제언"(국립국어원, 2002)을 정리한 것임.

연습문제(1)

1. 공연이 시작되기에는 시간이 일러서인지 온 사람이 아무도 없다.

2. 찬조 연설자가 단상 앞으로 나와 엇비슷한 말들을 엿가락처럼 늘여 되풀이하는 바람에 식이 끝났을 때는 오후 한 시가 넘어 버렸다.

3. 양복 속에 두꺼운 내복을 받쳐서 입으면 옷맵시가 나지 않는다.

4. 원장님께서는 지금 원장실에 계십니다.

5. 인간은 자연을 지배도 하고 자연에 복종해 가며 삶을 영위해 왔다.

6. 신랑과 신부의 앞날을 위해 주례 선생님의 말씀이 있겠습니다.

7. 미생물의 발육 억제는 당분의 농도가 50% 이상으로 될 때이다.

8. 대학 입시철을 맞이하여 우리 학교에서는 입시 위원회를 가동할 예정이다.

9. 아버님, 어머님, 올해도 늘 건강하게 지내시길 바랍니다.

10. '나는 원더우먼'은 1970년대 유명했던 텔레비전 외화 프로그램이다.

11. 봄이 되니 나들이하기에 알맞은 날씨가 계속돼 연일 나들이 차량으로 고속도로가 혼잡하다.

12. 우리 인체는 오랜 습관으로 하나의 살아 있는 유기체라기보다는 시각적 구조물로 간주되고 있다.

13. 여러 개의 선을 그어 몸을 나누어 보고 다시 연장하기도 하면서 적절한 인체의 형과 선을 찾으려 생각해 보는 단어들이다.

14. 벌써 한나라당은 시청료를 분리하여 징수도록 (법안을) 추진 하고 있다.

15. (엘리베이터가) 정전되거나 고장날 경우에는 다른 행동을 삼가하시고 인터폰이나 전화로 연락하십시오.

16. 커버를 위로 열고 손잡이를 앞으로 당기면 출입문을 손으로 열 수 있습니다.

17. 국어, 영어, 수학 과목이 매우 중요하다.

18. 춘향호의 선장과 선원들은 배가 침몰하여 사망했습니다.

19. 나는 행원들이 지적당하지 않을까 봐 늦게까지 근무하는 것을 볼 수 있었다.

20. 조사에서 밝혀진 바로는 너희들이 거기서 정기적으로 불법 집회를 했다 그 말이야.

21. 철수가 피아노 친다는 사실이 이상하다.

22. 어린이들은 내일의 희망이다.

23. 사람이 많은 도시를 가보면 재미있는 일이 많을 것이다.

24. 서태지의 노래를 즐겨 듣는 기성세대는 매우 적다.

25. 문화적 괴리가 심각해질수록 세대 간의 갈등의 골은 깊어질 수밖에 없다.

26. 미국 문화가 우리의 문화 풍토와 충동하면서 빚어내는 혼란과 갈등은 우리나라 근대화 과정의 한 특징이다.

27. 눈 또는 기름으로 덮인 통로를 지날 때에는 사고가 나지 않도록 조심해야 한다.

28. 드디어 오랜 겨울 방학이 끝나고 개강을 하였습니다. 학우 여러분, 다시 만나 뵈어 반갑습니다.

29. 사고방식이 남들과 다르면 커다란 댓가를 치르기 쉽상이다.

30. 그 아이는 읍내 중학교에 다니는 학생이에요.

31. 우리가 인체를 탐구하는 것은 그 속에 인간을 창조한 모든 비밀이 숨어 있기 때문이다.

32. 우리나라 사람들은 과정이야 어쨌든 결과만 얻으면 된다고 생각하는 경향이 있다.

33. 그는 상대해서는 안 될 사람이다.

34. 영희는 나보다 핑크빛 스카프를 더 좋아한다.

35. 철수는 학생들에게 많은 관심을 가지고 있다고 아무 거리낌 없이 말했다.

36. 우리의 간절한 바람은 그가 무사히 돌아오는 것 뿐이다.
37. 예절 교육의 중요성이야말로 그 어떤 경우에도 소홀히 할 수 없는 것이다.
38. 학교법인에는 임원으로서 7인 이상의 이사와 2인 이상의 감사를 두되 이사 중에는 해당 학교의
    장과 공관 주재관 1명을 포함해야 한다.
39. 제40조의 규정에 따른 교육인적자원부장관의 명령을 위반하고 사업을 계속하였을 때에는 2천만
    원 이하의 벌금을 부과한다.
40. 임상시험으로부터 피험자가 탈락하거나 탈퇴한 모든 사실이 증례기록서상에 기재되거나 보고되
    고 그 이유가 설명되었는지의 여부

연습문제(2)
1.③ 2.③ 3.② 4. ⑤ 5.⑤ 6.② 7.③ 8.④ 9.③ 10.① 11.④ 12.④ 13.⑤ 14.③ 15.④ 16.④
17.③ 18.② 20.② 21.⑤ 23.② 24.③ 25.④ 26.④ 27.③ 28.④ 29.④ 30.③ 31.②

제2장 쓰기

바람직한 글쓰기

글은 글쓴이의 생각을 문자로 전달하는 것이다. 자신의 생각을 글로 표현해서 읽는 이에게 자신의 생각을 전달하여 일정한 목적을 달성하려는 행위가 글쓰기이고, 어떤 글을 통해서 글쓴이의 생각을 알아내려는 행위가 글읽기이다. 결국, 글쓰기와 글읽기는 글이라는 매개를 통해서 글쓴이와 읽는 이가 서로의 생각을 교환하는 보이지 않는 대화인 셈이다. 이 과정에서 글쓴이는 자신의 생각을 독자에게 가장 효과적으로 전달하려 하고, 독자는 글쓴이의 생각을 정확하게 읽어 내려 한다. 그러므로 글을 잘 쓰는 방법이나 글을 잘 읽는 방법은 서로 비슷한 일을 방향만 바꾸어서 하는 것과 마찬가지라고 할 수 있다. 우선, 글을 쓰는 사람은 자신의 목적을 달성하기 위해서 온갖 방법을 쓴다. 그 과정에서 어떤 것을 쓸지 결정하고(주제의 선정), 결정된 내용에 대해 어떤 재료들을 활용해서 내용을 만들지 계획하고(재료의 활용 및 개요의 구성), 계획된 개요의 방향에 따라 글을 쓰고(집필), 원래 생각했던 주제대로 글이 쓰였는지 확인하고 검토(글 다듬기)하여 한 편의 글이 완성된다.

1. 글쓰기의 과정

글쓴이는 자신의 생각을 가장 효과적으로 전달하기 위해 여러 가지 방법을 사용한다. 그리고 글은 필자가 전달하려고 하는 사고의 내용이 그 효과적인 방법을 통하여 활자로 고정된다. 그리고 여기서 글이 일정한 구조를 갖추게 된다. 글쓴이가 전달하고자 생각은 글쓴이가 생각한 표현 방법에 의해 구조로 고정되기 때문에, 독자는 글쓴이의 생각을 정확하게 알기 위해 글의 구조를 파악해야 한다.

글쓴이는 하나의 글을 쓰기 이전에 이미 자신이 쓰려고 하는 내용에 대해서 일정 정도의 생각을 갖고 있는데, 그것을 잘 표현하기 위해 여러 가지로 궁리를 한다. 이때 글쓴이가 생각하는 것은 우선 자신의 생각을 어떻게 가장 효과적으로 독자에게 전할까 하는 것이고, 다른 하나는 그것을 일정한 틀로 구조화할까 하는 점이다. 따라서 글을 읽는 이는 이런 글쓴이의 의도를 파악하고 있어야 글을 정확하고 쉽게 이해할 수 있다.

(1) 주제의 선정

모든 글에는 글쓴이가 드러내고자 하는 중심 내용이 들어 있게 마련이다. 글쓴이가 글을 통해서 독자에게 전달하고자 하는 중심 내용이 곧 글의 주제이다. 주제는 곧 글의 뼈대이기 때문에, 글을 쓴다는 것은 곧 말하고자 하는 주제가 있음을 의미한다. 그리고 머릿속에 떠오른 주제는 주제문으로 고정되고 이를 토대로 모든 글이 진행된다. 주제문이란 주제를 명확하게 하나의 문장으로 표현한 것인데, 이 속에 글쓴이의 생각과 태도가 표현되어야 한다.

가) 주제 선정 기준

어떤 글을 쓰려 할 때, 우선 생각해야 할 점이 어떤 주제에 관해서 써야 할 것인가이다. 주제를 선정하는 문제인데, 이때는 다음과 같은 사항들을 생각해야 한다. 우선, 자신이 잘 알고 있는 내용이고 자신이 쓸 수 있는 내용인지 생각한다. 집을 지을 수 있는 기술도 없으면서 높은 건물을 지을 수는 없기 때문이다. 그리고 글은 자신이 써서 자기가 읽는 일기가 아니라면 다른 사람이 읽고 흥미를 느낄 수 있는 내용을 찾는 것이 좋다.

나) 주제 선정 과정

구체적으로 주제를 선정하는 과정은 다음과 같다.

> (가) 가주제를 정한다. 가주제란 범위가 넓고 막연한 내용을 말하는데, 가령 어떤 범주에 관해서 말할 것인가를 정한다. 예를 들어, '등산에 관해서' 혹은 '사찰의 사계(四季)' 등 일정한 범주를 설정하는 것이 좋다.

> (나) 그리고, 참주제를 정한다. 참주제는 앞서 정한 가주제에서 범위가 좀더 좁혀진 주제를 말한다. 가령, '등산이 건강에 미치는 영향'이라든가 혹은 '해인사의 사계(四季)' 등으로 구체화하면 된다.

> (다) 끝으로 주제문을 선정한다. 주제문은 참주제를 하나의 완성된 문장으로 말한 것이다. 예를 들어, '월 2회의 등산으로 평생의 건강을 지킬 수 있다.'라든지 '해인사의 사계(四季) 속에서 배우는 우리 불교 전통의 아름다움' 등으로 자신의 생각을 명확히 표현할 수 있다.

다) 주제문 쓰기

선정된 주제문을 문장으로 쓸 때 주의할 사항으로는 다음과 같은 것들이 있다.

> (가) 어휘의 선택 : 주제문은 주로 지시적 의미를 드러내는 어휘를 사용하고, 대상을 표현하기에 정확한 어휘를 고르는 것이 좋다. 그리고 자신의 생각을 명확히 하는 것이 주제문이기

때문에 판단을 나타내는 부분에 '-라고 생각한다.' '-인 듯하다.'와 같은 **불분명한** 표현을 쓰는 것은 좋지 않다.

(나) 문장 기술의 요건 : 주제문을 쓸 때 주의 사항을 예로 들면 다음과 같다.

❶ 일관성
문장의 일관성 이어진 문장 간에 균형을 이루어야 한다.
　예) 민주 정치는 인민 주권 또는 주권이 인민에게 있다는 의미로서 인민의 정치요, 인민에 의한 정치요, 인민을 위한 정치이다. → 민주 정치는 인민의 정치요, 인민에 의한 정치요, 인민을 위한 정치이다.
시제의 일관성 앞뒤의 시제가 일치해야 한다.
　예) 숙제를 마치고 나니, 열두 시가 넘겠다. → 숙제를 마치고 나니, 열두 시가 넘었다.
문장 성분 호응 문장 성분 끼리 호응이 되어야 한다.
　예) 그 표기법은 이미 옛날에 체계화되어, 여러 군데에 썼었다.
　　→ 그 표기법은 이미 옛날에 체계화되어, 여러 군데에 쓰였다.

❷ 명료성
문장 부호 문장 부호에 유의한다.
　예) 그 여자의 아이들에 대한 지극한 사랑 → 그 여자의, 아이들에 대한 지극한 사랑
대명사 대명사에 유의한다.
　예) 영재 교육은 비단 과학 교육에만 국한할 일은 아니며, 체육과 예능에도 영재 교육의 수업을 추천해 볼 만하다. 특히 그것은 천부적인 소질을 갖고 태어나는.... → '그것'이 무엇을 지시하는지 불분명하다. 그러므로 지시 대명사보다 '스포츠 영재 교육'이나 '음악 영재 교육'등과 같이 구체적으로 밝혀야 한다.
의미의 모호성 의미의 모호성에 유의한다.
　예) 사람들이 많은 도시를 다녀 보면 다양한 경험을 할 수 있다.
　　→'사람들이 여러 도시', '사람들이 많이 사는 도시' 등으로 고쳐야 한다.

❸ 경제성
불필요한 낱말 불필요한 낱말을 삭제한다.
　예) 고등학교에서 보낸 3년 동안 얻을 수 있었던 것과 똑같은 성과를 대학에서 보낼 4년 동안에도 얻게 되기를 희망할 뿐이다. → 고등 학교 생활에서 얻을 수 있었던 것과 똑 같은 성과를 대학 생활에서 얻게 되기를 희망한다.
수다스런 표현 수다스런 표현을 간결한 표현으로 대치한다.
　예) 고대인들은 사랑을 어떻게 생각했으며, 현대인들은 사랑을 어떻게 생각했는가를 고찰할 때 고대인이나 현대인이나 사랑에 대한 인식은 동일하다고 생각한다. → 사랑에 대한 인식은 역사적으로 전혀 변하지 않고 있다.
명사적 진술 명시적 진술로 대치한다.
　예) 우리는 억만 년을 두고 그 사실을 오래오래 기억할 것이다.
　　→ 우리는 영원히 그 사실을 기억할 것이다.

(다) 주제문 작성 : 주제문(명제문)이란 글의 목적에 대해 진술하는 문장으로 글의 중심 사상

을 전달해 준다. 즉 주제문은 글 전체를 요약한 것이다. 주제문은 글 전체의 내용과 구조를 지배하고, 소주제문은 글의 한 부분, 곧 단락을 지배한다.

❶ 명제의 작성

명 제　글의 중심 사상을 논리적으로 진술한 의견으로, 예컨대, "한국 사회에서는 아직도 여성이 차별 대우를 받는다."와 같은 문장이다.

　가. 대립 명제 : 명제에 대립되는 관점들.
　　예) 우리 나라 헌법에는 "누구든지 성별에 의하여 경제적, 사회적 차별을 받지 않는다.
　나. 동의 명제 : 명제에 동의하는 관점들
　　예) 많은 회사에서는 20대 미혼 여성만을 채용하고, 취업 후 봉급, 승진상의 차별이 있는 것이 현실이다.

❷ 명제의 종류
　가. 사실 명제 : 사실을 확인하는 명제. '-이다.'의 형식이다.
　나. 가치 명제 : 사물의 가치 판단을 내리는 명네. '-하다.'의 형식이다.
　다. 정책 명제 : 어떤 상태, 행동이 바람직한가를 주장하여 내세우는 명제이다. 대체로 '-한다.'의 형식이다.

❸ 주제문 작성시 유의사항
　가. 완결된 하나의 문장이어야 한다.
　나. 의문문이나 선택형 문장의 형식을 취해서는 안 된다.
　다. 초점을 제재의 한정된 국면에 맞추고, 근거에 의하여 증명될 수 있는 것이어야 한다.
　라. 글쓴이의 관점, 태도, 주장이 분명하게 드러나야 한다.
　마. 가급적 비유적 표현은 피한다.
　바. 두 개의 내용이 양립하여 실질적으로 두 개의 주제문이 되어서는 안 된다.
　사. 표현이 정확하고 구체적인 것이어야 한다.

(2) 내용의 구상 및 글감 선정

글감은 글의 소재뿐 아니라 글을 쓰기 위해 필요한 모든 내용을 말한다. 자신이 드러내려는 주제를 뒷받침하는 사소한 생각도 모두 글감이 될 수 있다.

가) 글감의 요건

❶ 우선 준비 단계에서는 많은 글감을 생각해 놓는 것이 좋다. 자신이 아는 내용을 계열별로 분류해서 메모하는 일이 필요하다.
❷ 글감은 정확한 근거에 바탕한 것이어야 한다.
❸ 주제를 뒷받침할 수 있는 것이어야 한다.

나) 글감의 정리 방법

❶ 내용상 서로 관련되는 것들은 기준을 정해서 분류한다.
❷ 글의 주제와 직접 연관된 것인지, 간접적으로 연관된 것인지 구분한다
❸ 모든 글감들은 글의 전체적 구상에 따라 순서를 정하여 배열한다.
❹ 생각나는 대로 메모하면서 빠진 것은 보충하거나 불필요한 것은 뺀다.

글감 정리

가) 주　　제 : 이상적인 가족 제도
나) 주 제 문 : 현대의 핵가족 가정에 전통적 대가족 가정 속에 있던 사랑과 유대감을 결합하여
　　바람직한 가족 제도를 이뤄야 한다.
다) 재　　료 : 가정 – 가족의 안식처, 대가족 가정, 핵가족 가정
　　　　　　　생활 – 집단 거주, 분가, 농경생활, 도시 생활
　　　　　　　특징 – 상호 의존, 독립심, 유대감, 신속함, 합리적, 개성적, 복잡성
라) 문 제 점 : 의타적, 단절감, 소외감, 비합리적, 대화 부족

연습문제 1 〈보기〉에 제시된 추상적 진술에 바로 이어서, 이 내용을 온전하게 포괄하는 구체적 설명을
　　하려고 한다. 부분에 들어갈 글로 가장 적절한 것은? (　　　)

> 지적 재산권(知的 財産權)은 인간의 지적(知的) 활동에 의해 얻어진 무형재(無形財)에 대
> 한 소유권이다. ______________________________

① 지적 활동이라는 것은 육체적 노력에 의하지 않고 이루어지는, 과학 기술 분야의 모든 개인
　적 공동적 연구 활동을 말한다.
② 저작, 특허, 컴퓨터 프로그램, 데이터베이스 등 知力으로 개발된 결과물 가운데 재산 가치를
　지니는 것들에 대한 소유 권리를 말한다.
③ 오늘날 세계는 인간의 창의력과 지적 활동이 더욱 중시되는 정보화 시대로 줄달음치고 있어
　서 누구나 지적 재산의 주인이 될 수 있다.
④ 컴퓨터 프로그램을 구입, 사용하여 경영을 개선함으로써 기업이 많은 돈을 벌게 되었을 때,
　기업이 그 돈을 관리하는 권한이 지적 재산권이다.
⑤ 남이 심혈을 기울여 이룩해 낸 연구 결과나 피땀 흘린 노동의 산물 중에서 화폐적 가치로는
　따질 수 없는 것에 대한 소유권을 말한다.

〔정답〕 ②
〔풀이〕 추상적 진술에 대응하는 구체적 설명(진술)을 찾는 문제로서, ‘인간의 지적 활동에 의해
　　얻어진 무형재’ 가 추상적으로 진술된 내용이므로 이를 구체적으로 밝힌 글을 찾으면 된
　　다. ②에서 ‘저작, 특허, 컴퓨터 프로그램, 데이터베이스’는 ‘무형재’의 구체적 사례이며,
　　‘지력으로 개발된’은 ‘지적 활동에 의해 얻어진’, ‘결과물 가운데 재산 가치를 지니는 것’
　　은 ‘무형재’의 ‘재’에 대한 구체적 설명이므로 ②가 정답이다.

(3) 개요 작성 및 구성

구상에 의해 짜 놓은 글의 뼈대를 개요라고 한다. 구상이 "설계도를 그리는 일"이라면 개요는
그러한 구상에 의해 이루어진 '설계도' 이다. 개요는 글의 구성 내용을 한눈에 볼 수 있도록 표로
나타낸 것이다. 곧 개요는 구성목적 등을 함께 표시하는 경우가 많다. 따라서 개요를 보면 글의
전체적인 흐름이나 논지 전개 과정을 확연하게 알 수 있다.

구상과 구성

　가) 구상 : 글에 관한 착상과 이것을 어떻게 쓸 것인가 하는, 글쓴이의 머릿속에 떠오르는 아
　　　　　 이디어를 가리킨다.
　나) 구성 : 제재를 배치하여 줄거리를 짜는 것, 즉 구조를 가리키는 말이다.

가) 글의 구성 방법

글은 무엇보다도 논리적이어야 하고 사고의 전개에서 무리가 없어야 한다. 글을 쓰는 것이 흔히
집을 짓는 일에 비유된다. 주제를 전개하기 위하여 재료를 수집하는 것은 집 짓는 데 필요한 재료를
모으는 것과 같으며, 설계를 하듯이 글의 재료를 적절히 배치하고, 개요를 짜서 구성을 해야 한다.
구성 방법은 자연적 구성과 논리적 구성으로 대별된다. 논리적 구성은 다시 단계식 구성과 포괄식
구성, 열거식 구성, 점층식 구성 등으로 나뉜다. 그런데 논술에서는 3단 구성, 4단 구성이 가장
널리 쓰일 수 있으며, 논리 전개상 연역법이나 귀납법이 가장 적절하다.

　　　(가) 구성의 원칙
　　　　❶ 통일성 : 글 전체의 통일성을 유지한다.
　　　　❷ 긴밀성 : 글의 내용이 긴밀하게 연결되도록 한다.
　　　　❸ 일관성 : 글의 관점을 끝까지 일관되게 유지하도록 한다.

　　　(나) 구성의 방법
　　　　❶ 전개적(자연적) 구성
　　　　　（ㄱ) 시간적 순서에 따른 구성 : 사건의 발생이나 진행 과정 등의 시간적 경과에 따라
　　　　　　　 순행적, 또는 역순행적으로 글의 줄거리를 구성하는 방식
　　　　　（ㄴ) 공간적 순서에 따른 구성 : 사물의 공간적 배치에 따라 글의 줄거리를 구성하는
　　　　　　　 방식
　　　　❷ 종합적(논리적) 구성
　　　　　（ㄱ) 단계식 구성 : 필자의 의도나 문제 해결의 순서에 따라 글의 내용을 단계적으로
　　　　　　　 구성하는 방식

종류	단계별 기능				
3단구성	도입 (머리말,서론,起)		전개 (본문,본론,敍)		정리 (맺음말,결론, 結)
4단구성	도입(起)		발전(承)	전환(轉)	정리(結)
5단구성	주의 환기	과제 제기	과제 해명	해명의 구체화	결론
내용	❶글을 쓰는 동기나 목적 ❷주제의 직접적인 제시 및 다룰 문제의 범위나 특성 ❸글의 전개 방향이나 순서, 전개 방법, 예비 지식		❶제시한 문제를 해결해 나가는 구체적인 내용 ❷필요시 각 부분별 요약이나 결론 및 종합		❶도입 부분에서 내세운 의도와 전개 부분의 내용의 일치 여부 확인 ❷전체 글을 통한 자신의 입장이나 견해·주장을 제시 ❸전개 부분의 내용 요약·정리, 전망이나 당부의 말

(다) 구성할 때의 유의점

   ❶ 글 전체의 통일성을 유지하고, 중심 내용을 분명히 강조할 것

   ❷ 글의 내용이 긴밀하고 자연스럽게 연결되도록 할 것

   ❸ 글의 집필 관점을 끝까지 유지하도록 할 것

나) 개요 작성

ㄱ) 개요 작성

   ❶ 먼저 제목과 주제문을 써야 한다. 개요를 만드는 단계에서는 이들이 이미 확정되어 있기 때문이다.

> **주제와 제목과의 관계**
>
> (가) 제목의 형식
>
>   1. 설명 · 논증의 글의 제목은 대체로 명사나, 명사로 끝나는 명사구로 되어 있다.
>
>   (예) 민족 문화의 전통과 계승, 전자 오락의 중독성
>
>   2. 기타 글의 제목은 특별한 제한은 없다.
>
>   (예) 별이 빛나는 밤에, 기차에 낭만을 싣고
>
> (나) 제목 붙이기
>
>   1. 글의 내용과 성격을 암시해야 한다.
>
>   2. 가능한 한 간단하게 써야 한다.
>
>   3. 참신하고 인상적이어야 한다.
>
>   4. 과장적이거나 선동적인 제목은 피하는 것이 좋다.
>
> (다) 주제와 제목
>
>   1. 설명 · 논증의 글 : 주제와 제목이 일치한다.
>
>   2. 기타 글의 제목 : 제재 또는 주제를 암시하는 어구로 정한다.

연습문제 2 다음은 어떤 글의 주제문이다. 이 글의 제목으로 가장 적절한 것은?(   )

> 사회의 구조는 기능론과 갈등론의 두 관점을 포괄하여 파악해야 올바로 이해할 수 있다.

① 사회 구조의 관점　　　　② 사회 구조의 갈등
③ 사회 구조의 기능　　　　④ 사회 구조의 이해
⑤ 사회 구조의 통합

〔정답〕④
〔풀이〕사회 구조를 이해하기 위해서는 두 가지 관점을 포괄해야 한다는 내용을 드러낼 수
　　　 있는 제목을 찾는다.

❷ 주제의 내용을 두 가지 이상 주요 논점(소주제)으로 나누어 대항목을 정하고, 대항목
　 은 두 가지 이상의 종속적인 논점(하위 소주제)으로 나누어 중항목, 또는 소항목으로
　 정한다.

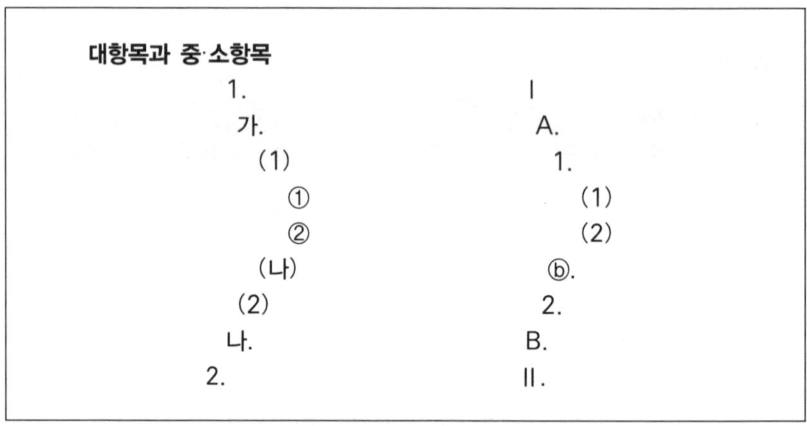

❸ 층위적으로 짜야 한다. 각 항목의 관계가 등위의 관계인지 주종의 관계인지를 분명히
　 가려 층위를 바로 하여 짜는 일이 무엇보다도 중요하다. 아래의 (가)와 같이 뒤섞여 있
　 는 항목을 층위적으로 (나)와 같이 짤 수 있다.

개요 작성 (가)	개요 작성 (나)
제목 : '환경을 보호하다' ·환경 오염의 문제점 제기 ·환경 오욤 부담금제의 실시 ·공해의 심각성 ·환경 보호의 대책 ·환경 오염의 폐해 ·자원의 재활용 극대화 ·생태계의 파괴 ·전국민의 각성과 노력 촉구	(가) 환경 오염의 문제점 제기 (나) 환경 오염의 폐해 　① 생태계의 파괴 　② 공해의 심각성 (다) 환경 보호 대책 　① 자원의 재활용 　② 환경 오염 부담금제의 실시 (라) 전국민적 각성과 노력 촉구

☞ '문제점의 제기'는 서두에, '전국민적 각성과 노력의 촉구'는 결말에 적당하고 '환경 오염의 폐해'는 '생태계의 파괴', '공해의 심각성'의 상위 개념으로 문제점의 제기 다음에 제시되는 것이 바람직하며, '환경 보호 대책'은 '자원의 재활용 극대화'와 '환경 오염 부담금제의 실시'의 상위 개념으로 본론의 뒷부분에 놓이는 것이 논지 전개에 합당하다.

ㄴ) 화제 개요와 문장 개요

❶ 화제 개요 : 각 항목을 단어나 구로 간결하게 진술한 개요로서 숫자나 부호 다음에 간단히 한 두 단어로 제목만 붙이는 형식의 개요

화제 개요의 예

주 제 : 올바른 가족 제도
주제문 : 현대의 핵가족 가정에 과거 대가족 가정의 사랑과 유대를 결합하여 바람
　　　　직한 가족 제도를 이루어야 한다.

　　　1. 가정의 의미
　　　2. 가정의 두 가지 형태
　　　　가. 대가족 가정
　　　　나. 핵가족 가정
　　　3. 대가족과 핵가족의 특성
　　　　가. 대가족의 특성
　　　　　(1) 집단 거주 생활
　　　　　(2) 상호 의존과 유대
　　　　나. 현대 사회의 특성
　　　　다. 핵가족의 특성
　　　　　(1) 가족 간 의존도 결여
　　　　　(2) 가족 간 대화의 결여
　　　4. 핵가족의 문제점 해결을 위한 노력
　　　　가. 가족 구성원의 대화와 노력
　　　　나. 친척들과의 유대 형성

❷ 문장 개요 : 완전한 문장으로 진술한 개요로서 글의 내용이나 방향을 분명하게 제시해 주기 때문에 보다 적합하며 글을 쓰는 데 더욱 직접적인 바탕이 된다.

문장 개요의 예

주 제 : 올바른 가족 제도
주제문 : 현대의 핵가족 가정에 과거 대가족 가정의 사랑과 유대를 결합하여 바람
　　　　직한 가족 제도를 이루어야 한다.

　　　1. 가정은 가족의 안식처이다.

            2. 가정은 크기와 구성원에 따라 두 형태를 띤다.
                가. 대가족은 전통 사회의 가정의 모습니다.
                나. 핵가족은 도시형의 가정의 모습이다.
            3. 대가족과 핵가족은 각기 특징이 있다.
                가. 대가족은 농경 사회에서의 특성을 지녔다.
                    (1) 노동력 집약을 위해 모여서 살았다.
                    (2) 가족끼리 단결하고 의존하며 살았다.
                나. 현대 사회는 복잡성과 전문성이 요구된다.
                다. 핵가족은 현대 사회에서의 특성을 지녔다.
                    (1) 사회의 전문화로 가족 간 의존도가 줄었다.
                    (2) 공동 관심사가 없어 대화가 감소했다.
            4. 핵가족의 문제점을 극복하기 위해 가족 구성원 간의 이해와 사랑이 필
               요하다.
                가. 가족 구성원 간의 대화와 노력이 요구된다.
                나. 분가한 친척들 간의 유대 강화가 중요하다.

다) 개요 작성

다음으로 구체적인 예제를 통해 개요 작성을 해보자.

〔예제1〕 텔레비전이 아동들에게 미치는 부정적 영향에 대해 설명하시오.

❶ 이 글을 쓰기 위해서는 문제가 요구하고 있는 텔레비전의 부정적인 면들을 생각해 보아
   야 한다. 예를 들어 텔레비전의 부정적 영향으로 ‘시력이 나빠진다’, ‘사진을 많이 빼앗긴
   다,’ ‘사고가 단순해진다’ 등을 생각해 볼 수 있을 것이다. 이 사항들은 시간을 빼앗긴다
   는 것과 사고가 단순해진다는 것과 같이 일정한 유기적 관계를 갖기도 하고 시력이 나
   빠진다는 것과 같이 개별적인 사항으로 존재하기도 할 것이다.

❷ 〔예제 1〕은 주어진 주제에 대한 단순한 설명을 요구하고 있으므로 적절한 자료를 수집
   하여 나열하는 방식이 효과적일 것이다. 이 때 필요에 따라 수집된 자료를 큰 항목으로
   나누고 다시 하위 항목으로 나누어 가는 방식을 사용하거나, 그냥 첫째, 둘째 하는 식
   으로 나누어 설명할 수도 있다. ❶에서 수집된 자료와 같이 세 가지 정도의 항목이 있
   을 경우에는 그냥 나열하는 것이 좋으나, 항목의 수가 여러 개일 경우에는 상위 항목과
   하위 항목으로 나누어 나열하는 것이 효과적이다.

❸ 자료가 수집되고 논의의 전개 순서가 대충 정해지면 개요를 작성하게 된다. 우선 서두
   에는 문제 제기를 하여야 한다. 서론을 쓰는 방법은 여러 가지가 있겠지만 주어진 문제
   를 바탕으로 문제 제기를 하는 것이 가장 손쉽고 효과적이다. ‘텔레비전이 대중화되어
   많은 아동들이 텔레비전 앞에서 시간을 빼앗긴다’는 정도로 논의를 시작해 문제를 제기

할 수 있을 것이다.

❹ 다음으로 수집된 자료를 순서에 따라 나열하는 것으로 본론에 해당하는 부분을 정리할 수 있다. 끝으로 글의 마무리 부분은 서두 부분에서 제기한 문제를 바탕으로 본론에서 말한 내용을 간단히 정리할 수 있을 것이다.

예제를 통한 개요 작성 1

〔예제 1〕 텔레비전이 아동들에게 미치는 부정적 영향을 설명하시오.

개요 작성 개요의 서두에 소주제문을 써 두기도 한다. 주장하는 글에서 흔히 논의가 다른 방향으로 진행되는 것을 막기 위해 소주제문을 써두기도 하지만, 설명하는 글의 경우에는 소주제문을 달아 두지 않아도 혼란이 생기지 않는다.

· 문제제기(서론) : 아이들의 과도한 텔레비전 시청은 부정적 영향이 크다.
· 설   명(본론) : 텔레비전이 아이들에게 미치는 부정적 영향
                    (1) 시력이 나빠진다.
                    (2) 시간을 너무 많이 빼앗긴다.
                    (3) 사고가 단순해진다.
· 결   론 : 아이들의 과도한 텔레비전 시청은 좋지 한다.

〔예제2〕 경제적인 부(富)가 행복의 기준이 될 수 있는지에 대한 자신의 견해를 쓰라.

❶ 주어진 논제는 '부'와 '행복' 사이의 관계에 대한 자신의 견해를 쓰라는 문제이다. 따라서 우선은 자신의 주장을 정하고 그 주장을 정당화할 수 있는 자료들을 수집해야 한다. 주어진 문항에 대한 주장으로 '부'와'행복'이 밀접하게 연관된다는 주장과 '부'는 '행복'의 절대적인 조건이 될 수 없다는 주장을 생각해 볼 수 있다.

❷ 설명을 요구하는 경우에는 주어진 제재를 이해하기 쉽도록 필요한 사항을 나열해 나가는 방식을 생각해 보았다. 그러나 〔예제 2〕와 같이 주장을 요구하는 경우에는 자신의 주장을 제시하고 이를 정당화할 수 있는 방법을 생각해 보아야 한다. 따라서 ❶의 두 주장 중 전자를 선택할 경우하면 논거로서 '부'가 '행복'을 결정짓는 예를 생각해 보아야 한다. 반면에 후자를 자신의 주장으로 선택한다면 그 논거로 '부'만으로 행복해지지 않는다는 구체적인 예들을 모아야 할 것이다.

❸ 일반적으로 '부'가 '행복'을 결정짓는 결정적인 요소라는 점에 동의하기보다는 한 요소에 지나지 않는다는 점에 동의할 것이다. 이처럼 '부'와 '행복'의 관계가 절대적인 것이 아니라는 입장에 선다면 '부'가 '행복'의 결정적인 요소라는 주장을 반박하고 자신의 주장을 정당화할 수 있는 예들을 들 수 있어야 할 것이다. 이 주장을 정당화하는 데는 '부'를 가지고 있으면서도 직업을 가지고 열심히 일을 하고 있는 사람을 예로 들 수 있고, 돈은 있으나 직업이

없어서 온갖 유희로 시간을 보내며 지루해 하는 사람이나 부자이면서 가장 생활이 좋지 않은 예를 들 수 있을 것이다.

❹ 모은 자료 중에 첫 자료는 자신의 주장을 정당화하기에 적절한 자료이고, 다음 자료는 자신의 주장을 정당화하는 데 쓰일 수도 있고, '부'가 '행복'에 결정적이라는 반대 주장을 반박하는 데도 쓰일 수가 있다. 그리고 마지막 자료는 반대 주장을 비판하는 자료로 적절할 것이다.

예제를 통한 개요 작성 2

〔예제 2〕 경제적인 부(富)가 행복의 기준이 될 수 있는지에 대한 자신의 견해를 쓰라.

서두 부분에서 '부'가 '행복'의 결정적 요소는 아니라는 자신의 주장을 제시하여야 한다. '부'에 대한 대안으로서 '직업'이나 '일'을 제시 할 수도 있겠다. 본론 부분은 자신의 견해에 대한 대표적인 비판, 즉 '부'가 결정적인 요소라는 견해를 비판하고 자신의 견해를 정당화할 논거를 제시하면 된다. 글의 마무리 부분에서는 주장을 다시 반복할 수 있겠다.

· 서론 : '부'가 '행복'을 결정하지는 않는다.
· 본론 : (1) 부자이면서도 가정 불화에 시달리는 예가 많이 있다.
　　　　 (2) 돈은 있지만 일이 없어 유희로만 시간을 보내서는 곤란하다.
　　　　 (3) 부를 가지고도 일을 하며 즐거워하는 사람을 많이 볼 수 있다.
· 결론 : '부'보다는 '일'이 행복을 결정한다.

(4) 올바른 표현 및 고쳐 쓰기

글을 쓸 때는 다음과 같은 사항들을 주의해야 한다.

가) 읽는 이가 되도록 거부감을 느끼지 않게 써야 한다.

글은 읽는 이에게 친숙하게 다가가야 한다. 글의 흐름을 안정되게 하여 읽는 이가 편한 마음으로 읽도록 써야 한다. 적절한 어휘의 선택과 부드러운 문장, 균형있는 단락 구성이라야만 거부감을 주지 않는다.

나) 쉬운 표현을 사용하고 현학적 표현을 피해야 한다.

문장은 쉽게 쓸수록 좋다. 어려운 것도 쉽게 표현할 때 비로소 읽는 이에게 자신의 생각을 바르게 전달할 수 있다.

연습문제 다음 문장을 쉬운 표현으로 고치시오.

현대 물리학의 제 개념들은 극동의 종교 철학에 표입된 여러 이데아들과 놀라운 유사성을 표출한다. 비록 이러한 측면이 광범위하게 논의되지는 않았지만, 금세기의 몇몇 물리학자들에 의해서 관심의 대상이 되었다.

다) 막연한 표현을 피하고 구체적으로 진술하라.

형용사의 남용은 문장의 논리성을 약화시키고 뜻이 막연한 문장이 되기 쉽다. 예를 들어 '그 기업은 훌륭한 기업이다'라는 문장에서 '훌륭한'은 뜻이 모호한 말로, 쓰는 사람이 홀로 그 말에 도취되어 쓴 것에 불과하다. '훌륭한'이 구체적으로 어떤 것인지를 밝혀 주어야 한다. 그래야만 글쓴이가 말하고자 하는 의미가 분명하게 전달될 수 있다.

그 기업은 **훌륭한** 기업이다.
그 기업은 장래성이 있는(사회에 대한 공헌이 많은, 많은 인재를 확보하고 있는, 소비자의 신뢰를 받고 있는)기업이다.

라) 번역투의 문장을 피하라.

우리의 생각을 표현하는 글은 우리 식 문장이어야 표현이 효과적이다. 번역투의 문장이 유식함을 나타내준다고 생각하는 것은 착각이다.

그는 청년 시절의 많은 부분을 외국에서 보냈다.
그는 청년 시절의 대부분을 외국에서 보냈다.

내게 있어서 흥미와 관심이 있는 것은 과학이다.
내가 흥미와 관심을 갖는 것은 과학이다.

마) 상투어나 진부한 표현을 피하라.

너무 흔히 쓰이는 어구나 참신하지 못한 비유는 글의 내용을 유치하게 만든다. "세월은 날아가는 화살과 같다," "인생은 짧고 예술은 길다" 따위의 진부한 어구는 글의 참신성을 떨어뜨린다. 가능한 한 최신 화제와 독창적인 어구, 참신한 비유를 써야 주목받을 수 있다.

바) 문장은 되도록 짧게 쓰는 것이 좋다.

아무리 훌륭한 내용이 담긴 문장일지라도 마지막까지 읽어 나갈 수 없는 것이라면 의미가 없다.

일률적으로 "긴 문장은 안 된다"고 단정할 수는 없다. 그러나 문장은 되도록이면 짧게 쓰는 편이 낫다. 짧다는 것은 구체적으로 몇 자까지를 가리켜 말하는 것이 아니라, 한 문장에는 한 가지 내용만을 담아야 한다는 것을 의미한다. 특히 '-고, -며, -는데' 등을 이용하여 이어가는 문장을 쓰지 말도록 하자. 한 문장에 주어와 서술어가 여럿 섞이면 주술 관계에 혼돈을 일으켜 뜻이 모호해진다.

> 우리 자신 자연의 한 부분이며, 우리의 죽음은 자연적으로 필연적인 것으로서 피할 수 없는 것이고, 우주의 섭리 속에 이미 계획되어 있는 것이라는 사실을 우리가 언제나 염두에 두면서 사는 방식이 죽음에 대해 올바르게 생각하며 대처하는 삶이다.
> ■ 우리 자신은 자연의 한 부분이다. 따라서 우리의 죽음은 필연적이며 피할 수 없다. 이것은 이미 우주의 섭리 속에 계획되어 있는 것이다. 이런 사실을 언제나 염두에 두고 사는 것이 죽음에 대해 올바르게 생각하며 대처하는 삶이다.

사) 주어와 서술어를 명확히 구분하라.

모든 문장은 주어와 서술어로 이루어진다. 따라서 '무엇이 어떻다'라는 관계만 명확하게 표현하면 문장의 골격은 갖추어지는 셈이다. 주어와 서술어가 호응하지 않으면 의사 전달이 명확하지 않게 된다.

> 그가 언제부터인지 정확하게 알 수 없지마는 남모르게 건강상의 변화를 가져오고 있으며, 그로 인하여 자신의 일에 자신감을 얻게 되어 요사이도 등산을 계속하고 있다.
> ■ 언제부터인지 정확하게 알 수는 없지만 그는 남모르게 건강상의 변화를 겪고 있다. 그로 인하여 자신의 일에 자신감을 얻게 되어 요사이도 등산을 계속하고 있다.

아) 수식어와 피수식어의 관계를 명확히 해야 한다.

수식어의 위치와 그 한계가 명확하지 않으면 혼란을 일으킨다. 수식어가 어떤 말을 꾸며 주는지 모르거나, 두 가지 이상을 꾸며 주는 것으로 볼 수 있는 모호성이 나타나기 때문이다. 가령 "큰 해충의 피해로 수확이 줄었다"에서 '큰'은 '해충'을 꾸며 주는 말이 아니라 '피해'를 꾸며 주는 말이다. 따라서 "해충의 큰 피해로~"라고 쓰는 것이 옳다. 주어진 시간 안에 쓰는 논술문은 이와 같이 수식어와 피수식어의 관계가 명확하지 않은 경우가 많이 나타날 수 있으므로 주의해야 한다. 수식어는 피수식어의 바로 앞에 두도록 하는 것이 좋다.

> 튼튼한 몸과 정신 ■ 튼튼한 몸과 건강한 정신
> 아름다운 산과 아름다운 들 ■ 아름다운 산과 들

연습문제 3 다음 중 어법이 바르고 자연스러운 문장은? (　　　)

① 세상 시름에서 훨훨 벗어난 그는 이 첩첩 산중에서 신선처럼 살았다.
② 오늘도 어김없이 바람 부는 날인데도 노인은 외출할 생각을 마음먹었다.
③ 그녀는 자신이 이기적인 줄을 알면서도 남에게서는 무척 듣기 싫어한다.
④ 회원 각자의 현재의 자기 상황에 최선을 다하는 것은 매우 중요한 일이다.
⑤ 그의 얼굴에 나타난 감정은 누구에게도 감출 수 없는 사랑의 표정이었다.

〔정답〕 ①

〔풀이〕 ② 구조어 '-도'의 중복으로 어색한 느낌을 준다. '생각을'과 '마음먹었다'도 의미의 중복이다. → "오늘도 어김없이 바람 부는데, 노인은 외출하려고 마음먹었다.(외출할 생각을 했다.)" ③ '~무척 듣기 싫어한다'에서 '듣기'의 목적어가 부당하게 생략되었다. → '~알면서도 남에게서 자신이 그렇다는 말은 무척~' ④ '최선을 다하는'의 주체가 드러나 있지 않다. '회원 각자의' → '회원 각자가' ⑤ '감정'은 '나타나는' 것이 아니라 '드러난다.' 또한, '얼굴'에 '감정'이 드러났을 때 그것을 '표정'이라고 한다. → "그의 얼굴에는 누구에게도 감출 수 없는 사랑의 감정이 드러났다."

2. 단락 쓰기

단락이란? 하나 또는 둘 이상의 문장이 하나의 소주제를 중심으로 하여 결합된, 일련의 사고(思考)의 단위

단락의 구성 요소
(1) 소주제(화제) : 전체 글의 주제와 관련된 하나의 중심 생각
(2) 소주제문(화제문) : 소주제를 하나의 문장으로 기술해 놓은 것
(3) 뒷받침 문장(보충문) : 소주제를 효과적으로 전달하기 위해 이를 뒷받침해 주는 문장

가) 단락 구성의 원리

ㄱ) 통일성

❶ 각 단락의 모든 화제는 전체 글의 주제에 수렴되어야 한다. 하나의 단락에는 하나의 소주제문만 있어야 하며, 또 뒷받침 문장들은 그것을 향해 수렴되어야 한다. 소주제문의 내용에 어긋나거나 관련이 없는 뒷받침 문장이 끼어들어서는 안 된다.

❷ 통일성을 위한 단락 구성의 방법
·하나의 단락 안에서는 하나의 소주제만을 다루어야 한다.
·내용상 관련된 것이라도 진술 대상이 바뀌거나 내용에 변화가 있게 되면 별도의 형식 단락으로 나누어 기술한다.
·소주제와 밀접한 관련이 없거나 소주제를 모호하게 만들 수 있는 문장은 삭제한다.

> **예시문**
>
> 불의 사용은 인류 역사에서 커다란 진보의 하나이다.(신에게서 불을 훔쳐 인간에게 전해 주었다고 하는, 희랍 신화의 영웅 프로메테우스의 고통은 인간 의지의 한 표현이기도 하다.) 불로 음식을 익혀 먹게 됨으로써 소화가 쉽게 되었으며, 다양한 방법으로 조리를 할 수 있게 되었다. 불의 사용으로 난방과 조명이 가능해져 인간 활동의 지역과 시간이 확장되었다. 또한 급속 제련이 가능해져 도구의 발달이라는 결정적인 진전이 이루어졌던 것이다.(이러한 불을 간수하고 관리하는 것은 지금도 마찬가지지만 대단히 중요한 일이었다.)

☞ (　　　) 부분은 밑줄 친 주제문과 관련이 없거나 거리가 먼 내용이므로 삭제하는 것이 좋다.

      ㄴ) 완결성

        ❶ 뒷받침 문장들이 충분히 제시되어 있어서 단란의 소주제를 독자가 충분히 납득할 수 있어야 한다. 다시 말해, 단락의 중심문(소주제문)은 부연, 예시, 비유 등의 뒷받침 문장에 의해 구체적으로 뒷받침되어야 한다.

        ❷ 완결성을 위한 단락 구성의 방법
        ·소주제문은 그 범위가 한정되어 명확하게 진술되어야 한다.
        ·뒷받침 문장은 소주제문의 내용 범주에 드는 내용을 충분히 다루어야 한다.

> **예시문**
>
> 산업에 있어서의 전문화의 경향은 많은 장점을 지니고 있으나, 동시에 그에 못지않은 결점을 내포하고 있다. 마치 로마 신화의 야누스와 같이 두 얼굴을 가지고 있는 것이다. 전문화로 인하여 커다란 발전이 이루어지긴 했으나, 전적으로 그것을 받아들이기에는 많은 문제점이 있다는 것을 알아야 하는 것이다.

☞ 위의 예시문은 장점과 결점이 실제로 어떠한 것들인지를 전혀 밝히지 않고 주제문만 중언부언하고 있다. 아래와 같이 고친 것과 비교해 보자.

> **예시문**
>
> 산업에 있어서의 전문화 경향은 많은 장점을 지니고 있으나, 동시에 그에 못지 않게 결점도 내포하고 있다. 산업의 전문화는 일의 능률을 향상시키고, 기술의 혁신을 가져 오는 것이 사실이다. 그러나 하나의 직업이나 과정에 골몰한 나머지 다른 것에는 무지한 결과를 낳게 되고, 자기가 현재 하고 있는 일의 전체적 모습이 어떠하며, 어떤 성겨을 갖고 있는지 전혀 알 수 없게까지 된다. 어떤 부분의 일을 담당하고 있는 사람은 그것밖에 할 수 없으며, 그 일의 결과가 사회에 어떠한 영향을 미치는지 알 수도 없는 것이다. 결국, 한 가지 일에만 얽매이는 무책임한 반 푼 어치의 인간들을 양산하는 것이니 심각한 문제가 아닐 수 없다.

      ㄷ) 일관성

        ❶ 한 단락의 여러 문장은 앞뒤의 내용이 논리적으로 연결되어야 한다. 다시 말해, 한 단락 안의 어구나 문장들은 서로 유기적으로 밀접하게 연결되어 그 흐름이 자연스럽고 일관성이 있어야 한다.

❷ 일관성을 위한 단락 구성의 방법
  ·소주제를 일관성 있게 진술하는 데 필요한 내용들만을 써야 한다.
  ·어구와 어구, 문장과 문장, 또는 단락과 단락 사이를 적절한 지시어나 접속어로 자연
  스럽게 연결한다.

예시문

운동을 잘 하기 위해서는 부단한 연습과 운동에 대한 요형 파악도 중요하지만, 선천적인 신체 조건을 무시할 수 없다. 꾸준한 연습만으로도 어느 정도의 수준까지는 남들보다 잘 할 수 있다. 수준급 이상으로 운동을 잘 하기 위해서는 신체 조건이 제대로 갖추어져 있어야 한다.

☞ 단락의 문장들이 끊어진 듯하여 내용의 흐름이 매끄럽지 못하다. 다음과 같이 고친 예시문을 비교해 보면, 적당한 접속어구나 지시어가 얼마나 중요한가를 알 수 있다.

예시문

운동을 잘 하기 위해서는 부단한 연습과 운동에 대한 파악도 중요하지만, 무엇보다도 선천적인 신체 조건을 무시할 수 없다. 물론 꾸준한 연습만으로도 어느 정도의 수준까지는 남들보다 잘 할 수 있다. 그러나 수준급 이상으로 운동을 잘 하기 위해서는 신체 조건이 갖추어져 있어야 한다.

연습문제 4 〈보기〉의 진술을 글의 서두에 배치하여 현대의 교육 현상을 비판하는 글을 쓰고자 한다. 뒤에 올 비판 내용으로 가장 적절한 것은 ? (   )

> 에덴 동산에서 아담은 동물의 이름을 짓기 전에 동물 그 자체를 먼저 보았다. 그런데 오늘날의 어린이들은 동물을 보기도 전에 동물의 이름부터 배운다.

① 고답적이고 선험적인 앎이 무시되는 현상
② 실용적이고 기술적인 앎이 천시되는 현상
③ 경험적이고 실제적인 앎이 경시되는 현상
④ 논리적이고 이성적인 앎이 약화되는 현상
⑤ 통합적이고 구체적인 앎이 강조되는 현상

〔정답〕 ③
〔풀이〕 뒤에 올 비판 내용은 곧 서두에 이어질 본론의 핵심 내용을 말하는데, 본론은 서론에서 도입한 내용과 밀접한 관련이 있어야 한다. 곧, 서두에서 보인 현상과 밀접한 관련이 있는 내용을 본론에서 다루어야 한다. 따라서 서두에 제기한 내용에 대한 해석과 가장 밀접한 관련이 있는 것을 찾아야 한다. 그런데 제시된 내용은 과거에는 개념을 알기 전에 체험을 했으나 오늘날에는 체험을 하기 전에 개념부터 배우고 있다는 내용이므로, 체험을 경시하고 개념만을 앞세우는 현상에 대한 비판이 본론에서 다루어지는 것이 적절하다.

나) 단락 구분의 기준

형식 단락은 글에서는 한 가지 생각의 단편적인 마디인데, 그것이 끝날 때는 행을 달리하여 말머리를 바꾼다. 그런데 말머리가 바뀐다는 것은 화제가 바뀐다는 것과 같은 뜻이다. 이렇게 화제가 바뀌는 계기가 되는 단락은 일반적으로 무엇을 기준으로 해서 어떻게 나누는가를 살펴보자.

ㄱ) 장소가 바뀜에 따라
· 주로 소설, 기행문, 수필 따위에서 흔히 장소가 바뀜에 따라 단락이 구분된다.

ㄴ) 시간이 바뀜에 따라
· 시간이 지남에 따라 단락이 달라지는 글이다. 예를 들면, 과거, 현재, 미래, 아침, 낮, 저녁, 봄, 여름, 가을, 겨울 등이 나올 때, 단락이 나뉘는 글을 가리킨다. 이것은 일기, 소설, 기행문, 수필 등에서 많이 나타나는 단락 형식이다.

ㄷ) 등장 인물이 바뀜에 따라
· 인물을 설명, 묘사하는 문장에서는 등장 인물이 바뀜에 따라 단락을 구분하는 것이 좋다.

ㄹ) 대상(화제)이 바뀜에 따라.
· 대상(화제)이 바뀜에 따라 달라지는 단락의 경우는 무척 다양하여 한 마디로 설명하기가 곤란하다. 소주제의 전환뿐만 아니라 실례, 비교, 설명, 묘사, 부정, 긍정 등이 나올 때, 단락이 달라지는 예가 많다.

ㅁ) 여러 가지 요소의 혼합
· 인물, 시간, 장소, 대상들 중에서 어느 한 가지 사건에 국한되어 단락이 구분되는 것이 아니라, 어떤 단락은 시간, 어떤 단락은 인물, 어떤 단락은 장소, 대상 등이 나와 있어 여러 요소가 혼합된 경우다.

ㅂ) 관점,시점의 바뀜

ㅅ) 화자의 바뀜

ㅇ) 일반적 진술과 구체적 진술

다) 단락의 기술 방법

ㄱ) 분석(分析) : 복잡한 것을 단순한 요소나 부분들로 나누어 더욱 세밀하게 구체화하는 지적 작용
❶ 분석의 조직
·처음 – 분석의 대상, 분석 목적, 이유, 전개 방향 등의 제시
·중간 – 목적·이유·기준에 맞게 항목별로 세부 내용 제시
·끝 – 분석의 마무리(미비점 보완, 분석의 요점 제시)

❷ 유의점
  · 분석된 항목을 순서에 따라 체계적으로 배열할 것
  · 대상의 구조 형태나 구성 원리를 밝히는 데 초점을 둘 것

ㄴ) 묘사(描寫) : 감각적 인상에 주로 의존하여 대상을 세부적으로 나누어 그려 보이는 지적
작용
  ❶ 절차 : 묘사의 목적 결정→지배적 인상 포착→묘사의 관점 결정→치밀한 관찰 →공간적
  순서에 따른 세부 묘사
  ❷ 유의점
  · 지배적 인상을 중심으로 그려 낼 것
  · 수평적, 수직적, 순환적 순서에 따라 일정한 방향으로 그려 낼 것

ㄷ) 분류(分類) : 어떤 대상들이나 생각들을 공통적인 특성에 근거하여 나누거나(구분), 묶는
(분류) 지적 작용
  ❶ 분류 기준의 요건 : 대상들 사이의 여러 동질성 중 진술 의도에 부합하는 것을 택할
  것, 기준 설정의 목적이나 이유가 분명히 드러나도록 할 것
  ❷ 분류의 조직
  처음 - 주제 및 분류 대상의 제시
  중간 - 일관된 기준에 의해 분류된 세부 항목들을 제시
  끝   - 분류의 마무리(미비점 보완, 내용 요약 및 정리)

  ㄹ) 예시(例示) : 일반적 원리나 추상적 진술 내용에 포함되는 구체적 사실들을 들어 보임
으로써 구체적으로 이해시키는 지적 작용
  ❶ 기능 : 글의 중심 내용을 명시적으로 드러내고 일반적 진술을 구체화함
  ❷ 유의점 :
  · 구체적인 특수 사실이나 사례를 예로 들 것
  · 진술 내용을 뒷받침할 수 있는 것을 예로 들 것
ㅁ) 정의(定義) : 대상이나 용어의 범위, 개념을 규정지음으로써 그 본질적 특성을 명확하게
이해시키려는 지적 작용
  ❶ 구조 : '사람은   생각하는 동물이다.'
  (종개념) = (종차) + (유개념)
            피정의항   =   정의항
  ❷ 유의점 :
  · 정의항을 비유에 의해 모호하게 표현하지 말 것
  · 피정의항과 정의항은 서로 대등한 범주, 대등한 개념일 것
  · 피정의항의 용어를 정의 항에서 반복하여 사용하지 말 것
ㅂ) 비교(比較)와 대조(對照) : 같은 부류에 속하는 어떤 사물들 사이의 유사점을 밝혀 내거나
차이점을 밝혀 내는 지적 작용
  ❶ 비교와 대조의 조직
  · 처음 - 비교 · 대조의 목적과 대상의 제시
  · 중간 - 소주제별 특성을 중심으로 비교 · 대조의 내용 제시
  · 끝   - 글의 요약 및 주제 제시

❷ 유의점 :
· 같은 범주에 속하는 것을 다룰 것
· 구체적이고 친숙한 사물을 끌어들여 비교·대조할 것

ㅅ) 유추(類推) : 복잡하고 어려운 개념이나 주제를 이와 유사성이 있는 단순하고 알기 쉬운
개념이나 주제와 비교함으로써 이해를 돕는 지적 작용
❶ 유추의 조직
· 처음 – 유추할 대상과 유추될 대상의 제시
· 중간 – 구체적인 유추 내용의 항목별 제시
· 끝   – 글의 요약 및 마무리
❷ 유의점 :
· 원래의 대상과 끌어들인 대상 사이의 유사성이 있어야 함
· 유추를 위한 사물은 구체적이며, 독자에게 잘 알려져 있거나 친숙한 것이어야 함

ㅇ) 서사(敍事) : 일정한 시간 내에 일어나는 사건이나 행동의 전개에 따르는 의미있는 행위에
초점을 두고 표현하는 지적 작용
❶ 서사의 조직
· 처음 – 이야기의 배경 및 최초 행동 제시
· 중간 – 사건이나 행동 전개에 따르는 의미 있는 행위의 순차적 제시
· 끝   – 이야기의 마무리, 전체적인 의미 제시
❷ 유의점 : 행동이나 사건에 관련된 시간을 명확히 제시할 것
ㅈ) 과정(過程) : 어떤 특정의 결말이나 결과를 가져오게 하는 일련의 행동이나 변화, 기능, 단
계, 작용 등을 밝히는 지적 작용
❶ 과정의 착안점 : 특정 결과를 위한 일련의 행동, 변화, 기능, 단계, 절차 등
❷ 유의점 : 일정한 절차와 단계를 명확히 보여줄 것

ㅊ) 인과(因果) : 어떤 결과를 일으킨 영향이나 힘(원인), 또는 이로써 초래된 현상(결과)을
밝히는 지적 작용
❶ 인과의 착안점 : 자체적인 원인과 결과 및 다른 것과의 인과 관계
❷ 유의점 :
· 원인과 결과의 관계가 필연적일 것
· 원인과 결과가 분명히 구분되도록 할 것

라) 문장의 진술 방법

ㄱ) 일반적 진술 → 구체적 진술
· 일반적 진술을 한 다음 그것을 풀어서 설명하거나 또는 증거를 제시해 이해를 돕는 방식
이다. 논술문에 많이 쓰이며, 연역적 전개에 해당한다.
ㄴ) 구체적 진술 – 일반적 진술
· 먼저 개별적인 사항을 진술하고 그것에 귀납되는 일반적 진술로 마무리짓는 방식. 귀납
적 전개에 해당한다.

ㄷ) 주지(핵심)단락
· 주제가 집약적으로 진술되어 있는 단락.
· 뒷받침(보조)단락 : 핵심 단락의 내용을 도와서 글을 완결하는 단락.
〔보기〕전제, 전환, 부연, 상술, 예시, 비교, 대조 등.

ㄹ) 단락의 구조
· 소주제문 : 화제를 드러내는 문장.
· 뒷받침(보조)문장 : 소주제를 구체화하는 문장.

일반적 진술	구체적 진술
소주제 문장	뒷받침 문장
주장, 긍정, 요약, 단정, 부정, 비판, 주지 등	예시, 인용, 부연, 상술, 비유, 비교, 이유(근거)제시

ㅁ) 소주제문의 위치에 따른 글의 형식
❶ 두괄식 : 주제문 + 뒷받침 문장 + ········
예) 언어와 민족은 운명을 같이한다. 즉 언어가 흥하면 민족이 흥하고, 언어가 망하면 민족도 망하는 것이다. 한문화에 도취되어 자기네의 언어를 잊었던 만주족이 오늘날 어찌 되었는가를 보면 알 수 있다.

❷ 미괄식 : 뒷받침 문장 + ········ + 주제문
예) 1906년부터 신문에 소설을 게재하기 시작했는데, 신문에 게재한 소설을 '쇼셜'이라고 불렀고 명칭상의 혼란은 없었으며, '신소설'이라는 말이 성립될 때에도 '신'이라는 접두어가 첨가되었을 뿐이고 '소설'이라는 명칭에는 혼란이나 시비가 없었다는 사실을 주목할 필요가 있다. 즉,'고대소설'이라고 하든 '신소설'이라 하든 '소설'이라는 말에는 변함이 없으며, 용어를 새로이 설정하려는 노력 같은 것은 나타나지 않았다. 이러한 사실은 신소설이 등장하기 전에 소설이 무엇이냐에 대해서 이미 일반적인 인식이 이루어져 있었음을 의미한다.

❸ 양괄식: 주제문 + 뒷받침 문장 + ········ + 주제문
예) 책의 선택과 독서의 방법은 독서의 목적에 따라 달라진다. 우리는 공부나 연구를 위해서 책을 읽을 수도 있고, 교양을 위해서, 혹은 단순히 여가를 즐기기 위해서 책을 읽을 수도 있다. 공부나 연구를 위해서 책을 읽을 때에는 책의 선택도 그에 알맞아야 하고, 방법도 속독이나 통독보다는 정독을 해야 할 것이며, 때로는 내용을 요약하며 읽을 필요도 있을 것이다. 그러나 교양이나 여가 선용을 위한 독서는 정독보다 주로 통독을 하게 된다. 단순히 어떤 통계 자료나 단편적인 정보를 얻기 위해서는 훑어 읽는 경우도 있을 것이다. 훌륭한 독자는 독서의 목적에 따라 독서의 방법을 적절히 선택할 줄 아는 사람이다.

❹ 변증법적 형식 : 명제(정)＋대립명제(반)＋소주제문(합)
예) 문학은 인간 체험의 표현이다. 그러나 그것이 누구나 다 체험할 수 있는 것이라

면, 사람들은 구태여 문학을 찾아가지는 않을 것이다.그러니까 문학은 다만 인간 체험일뿐만 아니라, 가치 있는 인간 체험의 표현이다.

❺ 병렬식 : 주제문1 + 주제문2 +....

ㅂ) 단락의 확장 방법
❶ 주제에 대한 대립 명제와 동의 명제를 이어간 확장. 글쓴이가 예상할 수 있는 반론에 대한 반박과 자신의 주장에 대한 옹호의 형식과 같다. 그리고 이같은 형식의 단락은 대부분 논술의 단락에 많이 쓰이는 형태이다.
　예) A. 부자가 되어야 행복해진다고 생각하는 사람은 부자가 될 때까지는 행복해지지 못한다. 자기보다 더 큰 부자가 있다고 생각할 때는 여전히 불안과 불행에 사로 잡힌다.
　　　 B. 그러나 최소한의 경제적 여건에 자조하면서 정신적 창조와 인격적 성장을 꾀하는 사람은 부자가 되기를 노리는 사람보다는 얼마든지 차원 높은 행복을 누릴 수 있다. ⓐ 소유에서 오는 행복은 낮은 차원의 것이지만 ⓑ 성장과 창조적 활동에서 얻는 행복은 비교할 수 없이 고상한 것이다.(A,ⓐ : 대립 명제, B,ⓑ : 동의 명제)
❷ 세부 사실과 특수성을 강조한 확장. 'A란 무엇인가?,' '우리는 어떻게 해야 할 것인가?'라는 질문에 대답하는 방식으로 A의 특수한 사실을 이야기하는 방식이다.
　예) 의병이란 국난을 당했을 때, 특히 구한말 일제의 침투에 대항해서 자발적으로 일어난 민병대를 뜻한다. 이미 임진란 때도 의병은 있었으나, 구한말(1895-1910)의 그것은 일본 세력을 배척하려는 강렬한 민족 정기와 그 저항 의식의 행동적인 표시이다.
❸ 구체적인 예시에 의한 확장
　예) 서로 이야기를 주고받는 데서 생겨나는 지식은, 학자가 과학적인 방법을 사용하며 연구하여서 하나하나 쌓아 올라가는 성질의 지식과는 상당히 다른 것이다. 예를 들면, 집안에 매우 어려운 문제가 생겼을때, 그 문제의 해결을 위하여 가장이 전전긍긍하는 것보다는 가족 모두가 대화를 통해 의견을 모아 보면 더 바람직하고 구체적인 해결책을 얻어낼 수 있다. 이러한 대화는 지식을 줄 뿐만 아니라 대화를 하는 동안에 가족간의 이해와 사랑을 깊게 해 줄 것이다.

❹ 비교나 대조에 의한 확장
　예) 인간은 직립 보행을 한다. 직립 보행으로 말미암아 인간은 손의 자유를 얻고, 이로 인하여 도구를 제작하고 사용할 수 있게 되었다. 일부 유인원은 흩어진 궤짝을 쌓고 올라가, 높은 곳에 있는 먹이를 집는다든지, 긴 막대로 나무의 열매를 딴다든지 하고, 조류의 경우도 많은 새들이 풀이나 나뭇가지를 물어다 둥지를 짓기도 하지만, 이들이 사용하는 것들은 이미 만들어졌거나 자연물 그대로의 것이므로 인간의 그것과는 구별된다.

❺ 유추에 의한 확장
　예) 지구와 화성은 비슷한 점이 많다. 둘은 태양계의 혹성으로, 태양으로부터의 거리가 비슷하고, 태양을 중심으로 공전, 자전하고 있는 점이 같다. 그런데 지구에는 물과

공기가 있다. 그러므로 화성에도 물과 공기가 있고 생물이 존재하고 있다.

❻ 이유를 제시한 확장

예) 민족적인 삶이 헐벗고 굶주리고 억압받고 있을 때 민족적 양심에 살려는 사람의 눈물과 노력은 모두 이런 민족적인 가난을 극복하려는 데 바쳐진다. 하물며 민족이 민족으로서의 존재조차 없어지려 할 어두운 시절에는, 민족이 외세의 침략에 눌리어 그 마지막 숨통이 끊어지려는 암울한 시절에는, 민족주의자는 자기의 생명조차 민족적인 삶을 되찾는 속에서 불태우지 않을 수 없다. 왜냐하면 민족의 생명, 민족의 존재가 이미 없어져 버릴 때는 민족의 한 사람인 그의 개인적인, 인간적인 생명과 존재조차 없어져 버리는 것이기 때문이다.

❼ 논리적 형식 또는 중요도의 순서에 따른 확장. 일반적 논술에서는 중요성이 덜한 것부터 시작해서 중요한 이유를 맨 나중에 제시하며 확장시킨다.

예) 시의 언어는 사실주의 태도에 따라 도전한다. 시적 언어의 특성에 대한 휠라이트의 견해에 따라 몇 가지 이유를 살펴보면 다음과 같다. 첫째로 시의 언어는 객관적 대상을 지시한다기보다 대상 자체가 되기 때문이다. 둘째로 시의 언어는 단일 기호로 사용되지 않고 복합 기호로 사용되기 때문이다. 셋째로 시의 언어는 문맥에 따라 다양한 의미를 산출하기 때문이다. 넷째로 시의 언어는 사물에 대해 애매한 초점을 나타내기 때문이다. 다섯째로 시의 언어는 단정적인 말을 회피하기 때문이다. 끝으로 시의 언어는 역설을 특성으로 하기 때문이다.

❽ 인과 관계에 따른 확장. '원인-결과' '결과-원인'의 순서로 확장된다. 그리고 일반적으로 앞의 문장이 주제문이다.

예) 1. 〔결과-원인-결과〕 어린이의 눈은 선천적으로 기존의 어떤 관념에도 얽매이지 않는 자유를 확보하고 있다. 두말 할 것도 없이 어린이의 눈은 미리 주입된 선입관에 의해 오염되어 있지 않기 때문이다. 시심과 동심을 동질적인 것이라고 사람들이 흔히 말하는 까닭은 여기에 있다.

2. 〔원인-결과1-결과2〕 전라도 고부군의 농민들이 군수 조병갑의 학정에 항거하여 동학의 접주 전봉준을 선두로 관청을 습격하고 봉기하자, 동학 교도를 중심으로 하여 농민들이 합세하여 운동이 전국적으로 퍼졌다. 정부의 관군만으로는 이를 막지 못하게 되어 청 나라와 일본의 군대가 들어와 진압하게 되었고, 결국 지도층의 부재와 국제 정세의 불리로 동학 농민 운동은 실패하고 말았다. 그럼에도 불구하고 동학 농민 운동은 이후의 역사에 큰 영향을 끼쳐 대내적으로는 위정자의 반성과 각성을 촉구하여 갑오개혁의 정치적 혁신을 가져왔고, 대외적으로는 청,일 양군의 출병을 유발하여 청일 전쟁의 직접적 계기를 마련하였다.

❾ 명료하게 다듬고 재진술한 확장

예) 그렇다면 갈등이란 무엇인가? 그것은 대립하는 두 가지가 완성에 도달하기 위해 벌이는 싸움이다. ⓐ 때로 그 가치들은 다양한 관계들을 형성하면서 투쟁을 벌인다. ⓑ 따라서 여기서 둘이라는 말의 사용은 양적 개념이 아니라 질적인 개념, 즉 대립하는 양자를 지칭하는 뜻임을 미리 밝혀 두는 바이다. ⓒ 이를테면 문학에 있어서 주요한 테마가 될 수 있는 선과 악, 진실과 허위, 사랑과 증오, 긍정과 부정 따위를 들 수 있다. ⓓ 문학은 이렇게 서로 대립 모순되는 여러 가지들이 투쟁하면서 보다 완전한 세계로 지향되어 가는 과정을 그려주는 정신 활동이다.

   ☞ 이 예시문은 소주제나 소주제문이 재진술됨으로써 그것들의 뜻이 명확해짐을 알 수 있다. ⓐ 앞의 내용 부연, ⓑ 이미 말한 내용을 스스로 반박, ⓒ 앞 내용을 예시로 부연, ⓓ 앞의 내용의 부연.

❿ 선택 가능한 것들을 제거한 확장

  예) 60년대나 70년대의 시적 결함들도 동일하게 지적되는 것들이다. A 따라서 우리들은 이제 시에 있어서의 실험이 ⓐ 사소한 언어 표현이나, ⓑ 미지의 조어방법, ⓒ 그리고 내부 의식의 형상화와 같은 극히 개인적이고 지엽적인 영역을 벗어나 <u>좀 더 광범한 문명사적 영역으로 확대되기를 바란다.</u> B 그것은 바로 우리가 살고 있는 한국적 문화 상황과 전통, 그리고 그것이 세계 정신사와 맺는 관계 인식을 의미하기 때문이다. 우리는 먼저 우리가 살고 있는 현실을 투철하게 의식함으로써, 세계 종말론과 함께 이 땅에 서서히 상륙해 들어오는 서구의 병든 문명을 극복해 나갈 이념을 수립하지 않으면 안될 것이다.

   ☞ 위의 예시문에서 글 쓴이는 자기 주장(밑줄 친 부분)에 대해서 ⓐ,ⓑ,ⓒ 세 요소를 제거하는 방식으로 확장해 나갔다. 즉 소주제, 명제를 실증함에 있어서 선택될 수 없는 것을 선택한 다음 그것을 차례로 지워 가면서 글을 전개하고 있다. 위의 예시문은 'A결과-B원인'으로 확장되었다.

⓫ 비교·대조의 방식으로 본론 쓰기. 자신의 주장을 논증하거나 자신이 알고 있는 사항을 설명하기 위해 흔히 사용하는 것이 비교와 대조의 방식이다. 어떤 일에 대한 장단점을 비교한다든가, 두 개의 상반된 견해를 비교하고 자신의 견해를 정당화한다든가, 다양한 견해를 비교·대조하여 설명함으로써 독자들에게 깊은 이해에 도달하게 한다든가 하는 등, 비교와 대조의 방식으로 본론을 전개해 나가는 예는 수없이 많이 들 수 있다. 여기에는 ㉠'주장을 펴기 위한 비교·대조'와 ㉡'개념 설명을 위한 비교·대조'가 있다.

> **주장을 펴기 위한 비교·대조** 어떤 일에 대한 자신의 견해를 분명히 밝히는, 즉 자신의 주장을 분명히 하는 글의 본론에서 비교와 대조의 방식을 많이 선택하게 된다. 자신과 다른 견해(반론)와 자신의 견해를 비교·대조함으로써 반론의 한계를 지적하고 자신의 견해가 지닌 정당성을 주장하거나, 두어 가지의 견해를 비교·대조하고 그 중 하나를 옹호하는 방식으로 글을 쓰게 되는 경우는 적지 않다.
>
> 〈예문〉 과학 기술의 발전은 양면성을 지닌다. 과학 기술은 인간의 삶을 풍요롭게 해 주고 또한 편리하게 바꾸어 준다는 이점이 있지만 동시에 많은 위험을 내포하여 인간의 생존 자체를 위협하기도 하는 것이다. 그로 인해 우리는 과학 기술을 계속 발전시켜 나갈 것인지, 인류의 생존을 위협한다는 점을 고려하여 기술 개발을 중지할 것인지 판단해야 할 상황에 이른 것이 아닌가 생각하게 되기도 한다. 많은 사람들은 과학 기술의 발전이 지니는 위협에 대해 별로 심각하

게 인식하지 않거나 낙관적인 시각을 가지고 있다. 이러한 낙관적 견해를 펴는 사람들의 생각은 다음과 같다. 첫째는 과학 기술 자체는 중립적인 것으로 인간 생존의 문제와는 별개의 것으로 생각하여 많은 현실적인 문제와 과학 기술과 연관짓지 않는다. 둘째는 과학 기술의 발전에 따른 피해가 자신에게는 직접적인 영향이 없으리라는 기대로 과학 기술의 발전에 따른 편리함만을 강조한다. 끝으로는 과학 기술의 발전에 따른 여러 문제들을 새로운 과학 기술로 해결할 수 있을 것으로 보아 사태의 심각성을 전혀 문제삼지 않는다.

그러나 비관론 또한 만만치 않다. 그들의 생각에 따르면 과학 기술의 발전에 따른 피해는 지금 매우 심각한 모습을 띠고 나타나고 있다는 것이다. 과학 기술의 발전에 따라 심각하게 나타나는 대기 오염과 수질 오염과 산성비 그리고 오존층의 파괴 등은 결코 국지적인 것이 아니다. 그리고 과학 기술의 발전이 이러한 문제를 해결할 수 있으리라는 생각 역시 위험하다. 과학 기술은 하나의 문제를 해결하면서 또 다른 문제를 만들어 왔다는 것을 우리는 경험으로 알고 있다. 과학 기술의 발전이 현재의 많은 문제를 해결하리라는 예측은 막연한 낙관에 지나지 않는다. 따라서 자연 과학의 지속적인 발전에 대해 심각한 우려를 표명하고 있는 것이다.

이러한 과학 기술의 발전에 따라 나타나는 여러 문제들에 대해 막연한 낙관론을 펴거나 미래에 대한 비관론으로 과학 기술의 발전 자체를 부정해서도 아니 된다. 그보다는 과학 기술 스스로 인류의 미래를 생각하는 진지한 자세를 확립하여야 할 것이다. 또한 우리는 자신의 이익에만 만족하는 이기주의를 벗어나 인류 전체를 위해 우리가 무엇을 해야 할 것인가를 생각하는 윤리관을 지니도록 해야 한다. 그리고 전사회적으로도 사태를 해결 할 수 있는 제도적 장치를 만드는 노력을 멈추지 않아야 할 것이다. 이 때 비로소 과학 기술의 발전은 인류의 행복을 가능하게 할 것이다.

– 학생 글, '과학 기술의 발전과 인류의 미래'

개념 설명을 위한 비교·대조 많은 경우 우리는 자신이 알고 있는 어떤 개념을 설명하는 글을 쓰게 된다. 이 경우 그 개념에 대해 사전적인 설명이나 자신이 알고 있는 바를 설명하는 방식을 사용하기도 하지만, 글에 변화를 주고 개념 설명을 보다 분명히 하기 위해 그 개념에 대한 서로 다른 견해를 비교·대조하여 설명하기도 한다. 이 같은 비교·대조의 설명 방식은 일방적인 설명보다는 독자들에게 다양한 이해를 가능하게 하고, 비교·대조된 내용 중 어느 하나를 선택하게 할 수 있다는 장점을 지닌다.

〈예문〉 대중 문화 및 민중 문화를 가치적인 측면 또는 기능적인 측면에서 다른 관점에서 볼 때 비관론과 낙관론으로 구별할 수 있다. 그 개념 자체가 내포하고 있는 것처럼 하나의 현상을 두고 대중 문화라고 하는 대부분의 학자는 비관적인 경향이 강하고 민중 문화라고 하는 경우는 민중 문화가 적어도 공식적으로 인정을 받지 못하였다. 하더라도 민중 또는 대중 속에서 긍정적인 평가를 받고 그 생명이 영위되는 문화라고 주장하여 옹호론을 전개 한다. 갠즈는 대중 문화라는 말이 아주 경멸적이며 대중이란 분화되지 못한 집단을 가리키며 그룹이나 구성원의 일원이라기보다는 심지어 폭도를 뜻하기도 하기 때문에 결국 대중 문화의 극단적인 해석은 폭도가 문화를 통하여 노출시키는 결핍으로밖에 볼 수 없다고 본다. 이와 같은 두 가지 문화 구분에 대해 기능적인 측면에서 비관론과 낙관론으로 분류하고 이론의 전개 실태를 소개하고자 한다.

대중 문화 또는 민중 문화의 경우 그 연륜은 200 년이나 되는데 이러한 세월 동안의 평가에 있어서 비판의 쟁점이 되고 있는 점을 갠즈는 다음과 같이 요약하고 있다.

(1) 민중 문화 창조에 있어서 부정적 성격 : 민중 문화는 바람직하지 못한 것이다. 왜냐 하면 금전을 지불하는 수용자에게 단지 만족만을 줄 목적으로 이윤을 추구하는 기업가에 의해 대량 생산이 이루어지고 있기 때문이다. (2) 고급 문화에게 주는 부정적 효과 : 민중 문화는 고급 문화로부터 차용하는 나머지 고급 문화를 저속하게 만든다. 고급 문화를 창조할 수 있는 잠재적 지능이 있는 생산자를 유혹하기 때문에 고급 문화의 유능한 재원을 고갈시킨다. (3) 민중 문화의 수용자에 미치는 부정적 영향 : 민중 문화의 내용을 소비하는 것은 고작 피상적인 만족만을 가져다 주기 때문에 최악에 가서는 수용자에게 정식으로 유해할 수도 있다. (4) 사회에 미치는 부정적 효과 : 대중 문화를 광범위하게 보급하면 한 사회의 질적 수준을 추락시킬 뿐 아니라 수동적인 수용자에게 전체주의 의식을 고취시키어 선동적 정치관에 의한 대중 설득에 민감하게 만든다.

－박기성, '문화 커뮤니케이션과 대중 문화'에서

❷ 열거 및 점층 방식. 여기에는 ㉠ '설명의 방식으로서 열거'와 ㉡ '주장의 방식으로서 점층'이 있다.

주장의 방식으로서 점층 자신의 주장을 분명히 하기 위해서 열거의 방식을 사용할 수 있을 것이다. 자신의 주장 을 첫째, 둘째, 셋째 하는 식으로 나열할 수 있을 것이기 때문이다.

〈예문〉 원자력 발전소가 '절대로 안전' 하지 않다는 것은 명백한 사실이다. 따라서 '사고를 일으킬 가능성이 있다' 라든가 '인체에 영향이 미칠 수 있는 가능성이 있다' 는 정도만으로는 아무런 의미도 없다. 가능성이 제로가 아니라는 것은 찬성파의 사람들도 인정하고 있다. 반대파의 사람들에게 요구되는 것은 어느 정도 크기의 가능성이 어떠한 이유에서 그러한가를 밝혀 주어야 하는 것이다. 다음으로 원자력 발전의 필요성의 논이에도 응해야 한다. 에너지의 안정 공급과 지구 규모의 환경 문제를 어떻게 생각하는지, 이러한 면에서도 원자력 발전의 유효성을 외면하고 이를 피해 스쳐가는 것은 다른 사람들에게 오해를 받게 된다. 다음으로 원자력 발전을 반대한다면 그 자리를 어떻게 메울 것인가에 대해서 구체적으로 실현 가능한 대안을 내놓아야 한다. 또 반대 운동과 주장 방법에 있어서도 단순히 일반 시민의 공포심을 부채질할 것이 아니라, 공평하고 정확한 데이터에 의한 이성적인 주장과 논리를 세워 자기들의 주장이 올바르다는 것을 누구에게나 수긍이 가도록 밝혀 주어야 할 것이다.

－'원자력은 악마의 앞잡인가' 에서

설명의 방식으로서 열거 어떤 하나의 대상을 설명하는 가장 흔히 선택되는 본론 쓰기의 방식은, 여러 가지 내용을 정리하여 그것을 체계적으로 나열하여 설명하는 것이다. 이러한 글을 쓰기 위해서는 정해진 주제에 맞는 여러 내용을 수집하고 체계적으로 정리하여 항목별로 하나씩 설명해 나가야 할 것이다. 다음 예문을 보고 정리하여 보자.

〈예문〉 세계 대부분의 곡물과 가축의 유전자 자원이 감소되고 있으며 곡물이나 가축은 해충이나 전염병, 토양이나 기후 변화의 영향을 쉽게 받아들이게 되었다. 세계적으로 유전자 자원은 여러 가지 의약품이나 공업 제품 생산만이 아니라 곡물이나 가축의 저항력을 높이기 위해서도 필수적임에도 불구하고 대폭적인 감소를 일으키고 있으며 더구나 이런 경향이 계속되고 있다. 현재 25,000종의 식물과 1,000종 이상의 척추동물이 전멸될 위기에 있는 것으로 알려져 있다. 앞으로 20년 사이에 지구 위에 있는 모든 생물의 10 퍼센트 또는 그 이상이 멸종될 가능성이 있다. 이런 규모의 종이 전멸하는 일은 인류 역사상 그 예를 찾아보기 어려운 것이다.

지구 위의 생물에게 가장 중대한 위협이 되는 일은 습지대나 삼림 같은 서식지의 파괴이다. 특히 세계의 생물 중 3분의 1 이상이 열대림에서 서식하고 있으며 대부분의 개발 도상국에서는 과학자가 생태학적으로 또는 경제적으로도 지속되기 어렵다고 생각할 정도의 속도로 열대림이 벌채되고 있다. 앞으로 20년 사이에 열대림이나 유전자 자원이 급격히 감소된다면 개발 도상국과 선진국 어느 편에 대해서도 환경상, 경제상 그리고 사회상으로 심각한 사태가 되리라는 것을 예측할 수 있다. 그럼에도 불구하고 이 문제와 장래 결과의 중대성, 그리고 특히 현재의 국내 개발 정책과 원조 정책이 가지는 의미의 중요성에 대해서는 이제 겨우 평가가 되기 시작한 정도이다. 또 습지나 삼림에 있는 서식지의 상실에서 먹이 연쇄나 생태계 전체의 안정이 위기에 빠져 있으며 , 이 문제는 단순히 약간의 유전자 자원에 대한 위협 정도로 그치는 일이 아니다.

– 경제협력개발기구 환경위원회, '공존의 조건'

⓭ 묘사나 서사에 의한 본론 쓰기. 구체적인 어떤 대상을 설명하는 경우에는 묘사가 적절한 방식으로 활용될 수 있으며 어떤 사건의 경과를 설명하는 글에서는 서사의 방식이 효과적일 수 있다.

예) 기역자 평면으로 구성된 이 집의 지붕은 첫 획 부분에는 팔작 지붕을, 나머지 부분에는 모임 지붕을 베풀었다. 팔작 지붕의 양 합각에는 채광과, 배연을 위한 까치 구멍이 있으며, 처마는 홑처마이다. 천장은 구들과 사랑에만 시설되었고, 나머지 공간은 연등 천장 그대로이다. 이 집의 평면이 지닌 특징은 첫째 방이 두 줄로 배치된 이른바 겹집이고, 둘째 봉당이라는 공간이 있으며, 셋째 매우 너른 부엌이 건물의 꺾임 부분에 배치된 점이다. 외양관 헛청이 전면에 돌출되고, 봉당이 생겨나기는 하였으나 우리는 이집의 평면을 통해서 북부형의 전형적인 집을 연상하게 된다.

– 김광언, '경기 서해 도서의 주거 생활'에서

❶ 원인을 밝히는 방식으로 본론 쓰기. 어떤 일이 우연히 있은 것일지라도 인간은 그 원인이 있는 것으로 생각하려는 경향이 있다. 본론 쓰기에서도 서론에서 제기된 하나의 일이 생겨난 원인을 다각도로 살핌으로써 그 결과를 밝히는 방식이 사용된다. 나열의 방식과 유사한 양상을 띠지만 원인을 밝혀 설명해 나가거나 자신의 주장을 합리화해 나간다는 점에서 차이를 보인다.

예) 카메라 렌즈가 나를 노리고 있다는 것을 아는 순간 금시 나의 표정은 굳어진다. 웃으라고 성화를 댄다. 환하게 또는 우아하게 웃고 싶다. 그러나 그것이 마음대로 되지 않는다. 다른 사람들은 배우 학교에 다니지 않았어도 웃으라면 곧잘 웃는데 어찌된 셈인지 나에겐 그것이 묘기나 되는 것처럼 흉내도 내기 어렵다. 억지로 웃으려고 애를 쓰면 도리어 표정이 어색하게 일그러진다.

텔레비전 프로 가운데 코미디라는 것이 있어서 인기가 대단하다. 참 재미있다고 하면서 모두들 웃고 즐긴다. 나도 같이 웃으며 피로를 풀고 싶다. 그러나 웃음이 나오지 않는다. 조금도 우습지 않은 것이다. 우습지 않을 뿐 아니라 도리어 화가 난다. 결코 화낼 일이 아니다. 여러 사람들이 웃고 즐기면 됐지, 그 이상을 기대하는 것은 기대하는 사람에게 문제가 있다고 보는 편이 옳을 것이다.

– 김태길, '마음대로 안 되는 것'에서

연습문제 5 다음은 어느 글의 서두이다. 이 글에서 취하고 있는 서두의 유형은? (   )

> 어느 촌 농가에서 하루 저녁 잔 일이 있었다. 달은 환히 밝은데 어디서 비오는 소리가 들린다. 여러 누에가 어석어석 다투어서 뽕잎 먹는 소리가 마치 비오는 소리 같았다. 식욕이 왕성한 까닭이다. 이 때 뽕을 충분히 공급해 주어야 한다. 며칠을 먹고 나면 누에 체내에 지방질이 충만해서 피부가 긴장되고 윤택하며 엿빛을 띠게 된다. 그 때부터 식욕이 감퇴된다. 이것을 최면기라고 한다. 그러다가 아주 단념을 해 버린다. 그러고는 실을 토해서 제 몸을 고정시키고 고개만 들고 잔다. 이것을 누에가 한 잠 잔다고 한다. 얼마 후에 탈피를 하고 고개를 든다. 이것을 기잠이라고 한다. 이 때에 누에의 체질은 극도로 쇠약해서 보호에 특별히 주의해야 한다. 다시 뽕을 먹기 시작한다. 초잠 때와 같다. 똑같은 과정을 되풀이해서 催眠, 脫皮, 起蠶이 된다. 이것을 一齡, 二齡 혹은 한 잠 두 잠 잤다고 한다. 五齡이 되면 집을 짓고 집 속에 들어앉는다. 成家된 것을 고치라고 한다. 이것이 공판장에 가서 특등, 일등, 이등, 삼등, 등외품으로 평가된다. 나는 이 말을 듣고서, 사람이 글을 쓰는 것과 꼭 같다고 생각했다.

① 글의 주제를 밝히는 방식
② 관련 화제로 시작하는 방식
③ 용어의 뜻을 정의하는 방식
④ 자기 자신을 솔직하게 고백하는 방식
⑤ 짤막하고 참신한 어구나 사항을 인용하는 방식

〔정답〕 ①

〔풀이〕 마지막 문장을 단서로 결국 누에의 성장 과정을 언급한 것은 글쓰기에 대해 언급하기 위함인 것을 알 수 있다.

3. 단어와 문장 구조

(1) 단어 선택

가) 단어 선택의 중요성

단어의 특성을 알고 글의 목적과 독자의 수준에 맞는 단어를 사용하면 내용을 효과적으로 전달할 수 있다.

나) 단어 선택의 유의점

❶ 두 단어 이상이 모여 이룬 관용구의 뜻을 잘 파악한다.
❷ 비슷한 단어의 의미상 차이나 쓰임상 차이를 파악한다.
❸ 특정 단어끼리의 호응 관계를 파악한다.
❹ 뜻은 다르나 소리가 비슷하여 혼동되는 단어가 없도록 한다.

다) 실용문에서의 단어 선택

❶ 추상어 : 지식, 정보를 전달하는 글에 적합
❷ 일반어 : 어떤 사물을 설명하거나 설득하는 글에 적합

라) 문예문에서의 단어 선택

❶ 구체어 : 독자의 감각적 체험을 되살려 주는 글에 적합
❷ 특수어 : 한 개체나 특정의 대상을 나타내므로 창작문에 적합

마) 고유어와 차용어의 선택

❶ 고유어 : 부드럽고 정감 넘치는 표현을 할 경우 효과적
❷ 차용어 : 개념이 분명하고 강한 인상을 주는 논리적인 글에 효과적

바) 표준어와 사투리의 선택

❶ 표준어 : 의사 전달을 분명하게 할 수 있어 논리적인 글에 적합
❷ 사투리 : 향토적, 토속적인 느낌 전달에 효과적이어서 문예문에 적합

(2) 문장 구조의 선택

가) 단순 문장 구조

❶ 유형 : 필수 성분으로 이루어진 기본 문형

❷ 효과 : 강렬한 인상을 주고, 글의 내용을 간결하고 명료하게 전달

나) 확장된 문장 구조

❶ 홑문장 내에서의 확장
  ㄱ) 유형 : 기본 문장에 수식 어구의 꾸밈을 받아 확장
  ㄴ) 효과 : 단순 문장 구조에 비해 구체적이고 섬세한 인상을 주고, 명료하고 직접적이며 강렬
      한 인상을 줌
❷ 이어진 문장으로의 확장
  ㄱ) 유형 : 대등하게 이어진 문장과 종속적으로 이어진 문장으로 확장
  ㄴ) 효과 : 여러 속성을 비교, 열거, 대조함으로써 강조의 효과를 높임
❸ 안은 문장으로의 확장
  ㄱ) 유형 : 하나의 절이 더 큰 문장의 성분이 되어 확장
  ㄴ) 효과 : 두 단위의 생각이 일원화되는 간결성의 효과

4. 표현 기법

표현 기법은 내용을 인상 깊게 나타내기 위하여 사용하는 표현상의 기술로, 글쓰는 이의 생각을
효과적으로 드러내고 개성적인 문체를 형성하기 위하여 사용한다.

(1) 비유법

비유법은 표현하려는 대상을 다른 것들에 견주어 나타내는 방법이다. 따라서 표현하려는 대상의
성질, 모양 등을 뚜렷하고 선명하게 하여, 공감의 폭을 넓게 하고 쉽게 이해시킬 수 있다.

가) 비유법의 종류

❶ 직유 : 원관념과 보조 관념을 직접 대응시키는 방법
❷ 은유 : 원관념과 보조 관념을 명시적으로 드러내지 않고, 의미의 전이나 새로운 의미를 환기시
      키는 방법
❸ 의인과 활유 : 생명이 없는 무생물에 생명감을 불어넣어 생물화하거나(활유), 인격화하는(의
      인) 방법
❹ 대유 : 대상의 부분이나 특징으로 전체를 대신 표현하는 방법
❺ 풍유 : 원관념은 제시하지 않고 보조 관념만 드러내어 풍자와 암시의 효과를 가져오는 방법

나) 비유법의 효과

❶ 비약의 묘미와 경쾌미, 현실감, 박진감을 줌
❷ 복잡한 의식과 감정을 선명하게 표현할 수 있음

(2) 변화법

변화법은 글이 단조롭지 않고 참신한 느낌을 주도록 문장에 변화를 주는 방법으로, 도치, 인용, 설의, 반어, 역설, 돈호, 문답 등이 있다.

(3) 반어법과 역설법

반어법은 일상적인 담화나 글에서 실제와는 반대되는 말을 함으로써 독자의 관심을 끌면서 표현 효과를 높이는 방법이다. 특히, 해학적인 분위기를 자아내는 데 효과적이며 말하고자 하는 참뜻과는 반대되기 때문에 참뜻은 언제나 이면(裏面)에 있다.

한편, 역설법은 이치에 어긋나거나 모순되는 진술을 통해 진실을 표현하는 방법으로 마음 속에 극적인 긴장감을 조성하며, 미묘한 정서적 반응을 일깨우는 효과가 있다.

반어법과 역설법의 공통점과 차이점
· 공통점 : 모순되는 두 가지 의미를 표현하고, 그 외면적 모순을 통해 진리나 진실을 보여준다.
· 차이점 : 반어가 상황과 언어 사이의 모순인 데 반해, 역설은 언어 상호간의 모순이다.

---

5. 고쳐 쓰기

고쳐 쓰기는 애초에 설정하였던 주제와 실제 작성된 원고 사이의 차이를 발견하여 그것을 보완함으로써, 주제가 일관되고 명확하게 드러나는 글로 만드는, 글쓰기의 필수적인 과정이다.

(1) 고쳐 쓰기의 원칙

가) 삭제의 원칙

필요없이 되풀이한 말, 뜻을 모호하게 하는 수식어, 분명하지 못하거나 적절치 않은 부분을 삭제하여 표현을 간결하게 하는 원리

나) 부가의 원칙

설명이나 논의가 부족한 부분, 지나친 생략으로 뜻이 통하지 않은 부분을 첨가하거나 보충하는 원리

다) 재구성의 원칙

글의 흐름을 차단하는 부분, 순서가 잘못된 부분, 꼭 필요한 부분이 빠진 경우에 문장이나 단락의 구성을 변경하여 글의 전개를 고쳐 나가는 원리

(2) 고쳐 쓰기의 절차

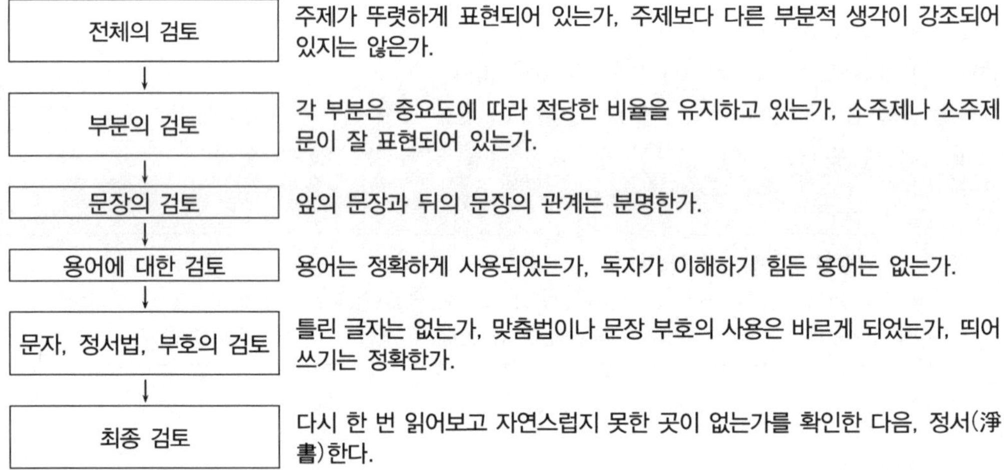

(3) 단락 수준 고쳐 쓰기

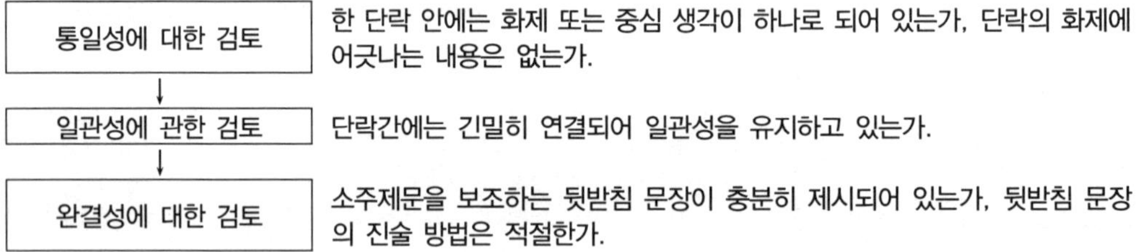

(4) 문장 수준 고쳐 쓰기

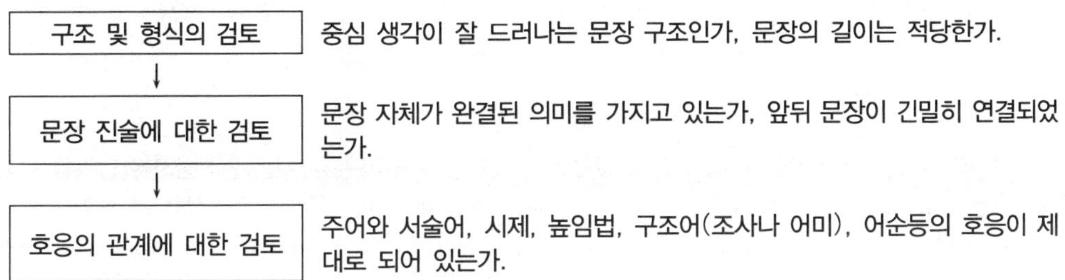

(5) 단어 수준 고쳐 쓰기

정확하고 명료한 단어, 독자가 이해하기 쉬운 단어를 사용하였는가, 특수어는 적절히 처리되었는가, 맞춤법에 맞게 표기되었는가.

출제 경향 쓰기는 시험 기술상 실제로 글을 쓰는 것을 측정하기가 곤란하므로 제재의 선택 요령, 제재의 분류, 주제 선택의 적절성과 효용성, 개요 작성 요령, 구성의 제요소 추리, 문체의 선택, 어법에 맞는 어휘의 사용, 논거 제시의 타당성, 내용의 논리적 전개 등의 문제가 출제되고 있다.

〔주제 잡기〕 글을 쓰는 목적이나 상황과 관련하여 적절한 주제 또는 주제문을 작성하는 능력을 평가하는 유형이다. 글쓰기는 대개 주제를 선정하는 것에서부터 시작된다. 글감이 주어졌을 경우 이들 각자의 의미와 상호 관련성을 살펴보고 해결해야 할 과제를 찾아냄으로써 주제를 잡을 수 있고, 글을 쓰는 동기와 목적 등이 제시되었을 때에는 단일한 개념을 담은 완전한 문장으로 진술된 주제문을 설정할 수도 있다.

〔자료의 수집과 분류〕 주제를 효과적으로 독자에게 전달할 수 있는 자료(소재 또는 제재)의 수집 능력과 이를 적절히 분류하여 재조직하는 능력을 평가하는 유형이다. 자료는 주제와 밀접해야 하고, 다양하면서도 독자들의 흥미를 끌 만한 것이어야 한다. 또한 수집된 자료를 주제와의 관련성에 따라 선별하며 그 중요도나 관점에 따라 적절히 구분하여 정리할 수 있어야 한다.

〔개요 짜기〕 주제와 주제문이 확정되고 글감이 선정되면 그 자료를 배치하는 능력을 평가하는 유형이다. 개요는 글의 구체적인 설계도인 동시에 글을 써 가는 방향을 지시해 주는 지침서가 되므로 자료 간의 동질성, 상하, 대소 종횡의 관계, 서술 방식이나 구조상의 선후 관계가 분명히 드러나도록 해야 한다.

〔표현의 정확성과 적절성〕 글의 표현상 특질과 진술 방식을 이해하고 활용하는 능력과 어법에 맞는 표현, 경제적인 표현, 상황에 적절한 표현 등의 능력을 평가하는 유형이다. 이 유형의 문제는 표현된 문장이나 단락의 평가 능력을 요구하므로 글쓰기 과정 중 고쳐 쓰기와 밀접한 관련이 있다. 비문은 다음과 같은 몇 가지 항목을 검토함으로써 쉽게 찾을 수 있다.
　㉠ 어구나 문장의 의미를 완성하거나 효과적으로 표현하는 데 가장 적절한 어휘가 사용되었는가?
　㉡ 주어와 서술어, 목적어와 서술어, 부사어와 서술어가 의미에 맞게 제대로 호응하는가?
　㉢ 문장과 문장을 잇는 연결 어미가 적절한가, 체언과 조사의 결합이 어법에 맞는가?
　㉣ 높임법에 어긋나거나 시제가 잘못되지는 않았는가?
　㉤ 중복되는 내용은 없는가?
　㉥ 어구나 어절이 부당하게 병렬되어 있지는 않은가?

〔고쳐 쓰기〕
　의미가 명확하지 않은 표현을 바로잡아 의미가 분명해지도록 고쳐 쓰거나 부족한 내용을 보충할 수 있는가를 평가하는 유형이다. 일반적으로 고쳐 쓰기는 글쓰기의 마지막 과정이지만 실제 글쓰기에서는 여러 과정에서 동시로 이루어진다. 따라서 이 유형의 출제는 완성된 글을 놓고 각 단락이 글 전체에 대해 적절한 기능을 수행하도록 고쳐 쓰거나, 문장 수준 또는 단어 수준에서 고쳐 쓰도록 출제할 수도 있다.

〈문제 1〉 다음 중 〈보기〉와 같은 분류에 적용된 기준 두 가지를 바르게 제시한 것은?

〔자선 활동에 대한 사람들의 의식 유형〕

〈유형 1〉 내가 돕든 남이 돕든, 불쌍한 이를 돕는 모든 자선 활동을 좋아하는 인간형
〈유형 2〉 자선 활동의 일반적 가치는 인정하면서도, 자신의 자선 활동 참여는 좋아하지 않는 인간형
〈유형 3〉 자기 만족을 위해 자신은 자선 활동에 참여하지만, 타인의 자선 활동은 좋아하지 않는 인간형
〈유형 4〉 몰인정하고 인색하여 자신은 물론이고 그 누구의 어떤 자선 활동도 좋아하지 않는 인간형

	（기준 1）	（기준 2）
①	자선 대상,	자선 활동의 가치
②	자선 의지,	자선 활동의 빈도
③	자선 방법,	자선 활동의 순수성
④	자선 동기,	자선 활동에 대한 만족
⑤	자선 주체,	자선 활동에 대한 태도

〈문제 2〉 다음은 '소비 생활과 인격'이라는 제목으로 글을 쓰기 위해 작성한 글의 개요이다. 부분에 들어갈 내용으로 가장 적절한 것은?

〔제목〕 소비 생활과 인격
〔서론〕 소비 생활의 일상화
    가. 모든 생활인은 소비 주체이다
    나. 소비 생활과 관련된 정보가 넘친다
    다. 일상 속에서 소비의 공간과 시간이 많아지고 있다.
〔본론〕
    1. 소비 현상에 나타난 현대인의 모습
        가. 부정적 모습 : 자아를 상실한 채 소비하는 모습
        나. 긍정적 모습 : 자아를 확립하여 소비하는 모습
    2. 소비에 다스림을 당하는 인격
        가. 충동적 소유욕으로 인해 소비 통제를 못 하는 사람
        나. 허영적 과시욕으로 인해 소비 통제를 못 하는 사람
    3. 소비를 다스리는 인격
        가. 생산성 향상을 위해 소비를 능동적으로 추구하는 사람
        나. 절약을 위해 소비를 적극적으로 억제하는 사람
〔결론〕 ◦ ________________________________
    가. ________________________________
    나. ________________________________

① ◦ 소비 습관의 교정
    가. 습관은 곧 인격이다.

　　나. 잘못된 소비 습관이 중대한 문제다.
　② ○소비 억제와 과소비 추방
　　가. 검약과 절제는 언제나 미덕이다
　　나. 미덕을 발휘하는 인간이 되자.
　③ ○소비자 보호 운동의 실시
　　가. 소비자가 다스림을 받아서는 안 된다
　　나. 소비자의 인격을 존중하자.
　④ ○주체성 있는 소비 철학 확립
　　가. 소비 생활 그 자체가 인격이다
　　나. 소비를 잘 다스려 건전한 인격을 갖추자.
　⑤ ○소비 생활의 편의성 추구
　　가. 소비 생활도 첨단 기술에 의존한다.
　　나. 새로운 소비 행동과 인격이 요구된다.

〈문제 3〉 다음은 '고속 도로'라는 소재를 두고, 글 쓰는 이가 자유 연상하는 과정을 나타낸 것이다. 연상이 전개될 수 있도록 그 의미가 일반화, 추상화되는 방향으로 나아간 것은?

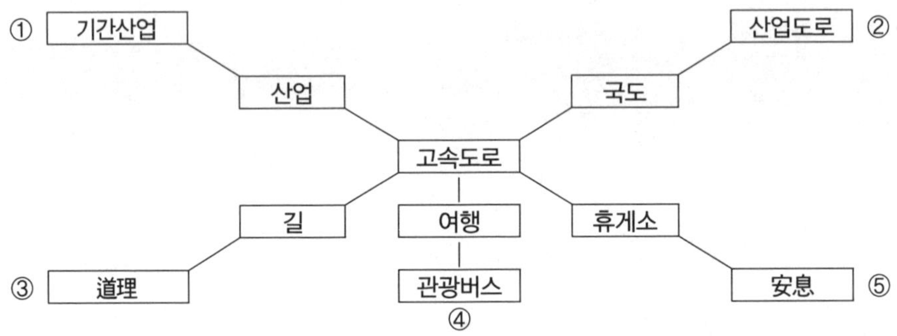

〈문제 4〉. 다음 중 〈보기〉에 제시된 내용을 하나의 문장으로 가장 잘 나타낸 것은?

김 선생님의 어질고 자상한 성품 → 자식들의 존경
남편의 사랑
→ 친구들이 김 선생님을 부러워함

　① 김 선생님께서 친구들의 부러움을 사고 있는 것은 그분의 성품이 어질고 자상하여 자식들의 존경과 남편의 사랑을 받고 있기 때문이다
　② 김 선생님께서 어질고 자상한 성품을 가지고서 자식들로부터 존경을 받고 남편의 사랑을 받으며, 그로 말미암아 친구들은 그를 부러워하고 있다.
　③ 김 선생님께서 친구들의 부러움을 받는 것은 그분이 어질고 자상함으로 말미암아 받은 자식들로부터의 존경과 남편 사랑 때문이다
　④ 김 선생님께서 어질고 자상하니까 자식들의 존경과 남편의 사랑을 받는 일에 대해서 친구들은 김 선생님을 부러워한다
　⑤ 김 선생님의 인품은 어질고 자상한 바람에 자식들이 그를 존경하고 남편의 사랑을 받으

며, 그것 때문에 친구들에게 부러움의 대상이 되고 있다.

〈문제 5〉 다음 중 아래와 진술 방식이 같은 것은?

> 노승은 미소 띤 얼굴로 경암과 나를 맞아 주었다. 나는 말이 통하지 않으므로 노승 앞에 발을 모으고 서서 정중히 합장을 올렸다. 어저께 진기수 씨 앞에서 연거푸 머리를 수그리던 것과는 달리, 이번에는 한 번만 머리를 수그려 절을 했다.

① 삼팔 접경의 이 북쪽 마을은 드높이 갠 가을 하늘 아래 한껏 고즈넉했다. 주인 없는 집 봉당에 흰 박통만이 흰 박통을 의지하고 굴러 있었다. 어쩌다 만나는 늙은이는 담뱃대부터 뒤로 돌렸다.
② 두세 시간이나 눈을 붙였을까, 신북청역에서 잠을 깼다. 차가 한 시간 반이나 연착, 함흥에서 내리니 9시가 다 되었다. 바삐 차표를 사 가지고 부전행 차를 탔다.
③ 오늘날처럼 모든 것이 급속하게 발전되어 가는 사회 속에 살면서 그러한 묵은 전통 세계에만 집착하는 것은 현대 문명 생활을 버리고 산이나 동굴 속으로 파고드는 것과 마찬가지이다.
④ 마취제가 쓰이게 된 덕으로 외과 수술의 방법은 크게 변했다. 이제는 환자가 수술하는 동안 고통을 느끼지 않을 뿐만 아니라 외과 의사도 복잡한 일을 끝낼 때까지 충분한 여유를 가질 수 있게 된 것이다.
⑤ 한 사내는 키가 설명하고 나이가 쉰댓 살쯤 나 보이는 중노인으로서 흰 모시 두루마기에 감빛 중절모를 쓰고 있었다. 게다가 크고 가무잡잡한 얼굴에는 어느덧 나룻이 한두 올 세어 있었다.

〈문제 6〉 다음과 같은 개요를 기초로 하여 글쓰기를 하려고 한다. 주제문의 ___에 가장 적당한 것은?

> 제 목 : 우리 나라의 수출 경쟁력 향상 전략
> 주제문 : 수출 경쟁력 향상을 위해서는 _______________
> 서 론 : 최근의 수출 실적 부진 현상
> 본 론 : 가. 수출 실적과 수출 경쟁력의 상관성
>   나. 수출 경쟁력의 실태 분석
>   1. 가격 경쟁력 요인
>   ㄱ. 제조 원가 상승
>   ㄴ. 고금리
>   ㄷ. 환율 불안정
>   2. 비가격 경쟁력 요인
>   ㄱ. 연구 개발 소홀
>   ㄴ. 품질 불량
>   ㄷ. 판매 후 서비스 부족
>   ㄹ. 납기의 지연
> 결 론 : 분석 결과의 요약 및 수출 경쟁력 향상 방안 제시

① 내수 산업의 기반을 시급히 강화해 나가야 한다.
② 정부에서 수출 분야의 산업을 적극적으로 지원하여야 한다.

③ 가격 경쟁력과 비가격 경쟁력을 동시에 강화하는 데 힘써야 한다.

④ 가격 경쟁력 요인과 비가격 경쟁력 요인을 철저하게 분석하여야 한다.

⑤ 기업은 연구 개발에 대한 투자와 품질 향상에 더 많은 노력을 기울여야 한다.

〈문제 7〉. '과소비를 추방하자'라는 제목으로 글을 쓰려고 한다. 〈보기〉의 글감을 가장 잘 정리한 것은?

① 가. 과소비의 문제점 제기
　나. 과소비 억제 방법
　　1. 과소비에 대한 무거운 세금 부과
　　2. 물질 만능적 사고 조장
　다. 계층간의 갈등 유발
　　1. 과소비의 폐해
　　2. 건전한 소비 생활 운동 전개
　라. 과소비 억제책 시행 강조

② 가. 과소비의 문제점 제기
　나. 과소비 억제 방법
　　1. 계층간의 갈등 유발
　　2. 과소비에 대한 무거운 세금 부과
　다. 과소비의 폐해
　　1. 물질 만능적 사고 조장
　　2. 건전한 소비 생활 운동 전개
　라. 과소비 억제책 시행 강조

③ 가. 과소비의 문제점 제기
　나. 과소비의 폐해
　　1. 계층간의 갈등 유발
　　2. 건전한 소비 생활 운동 전개
　다. 과소비 억제 방법
　　1. 과소비에 대한 무거운 세금 부과
　　2. 물질 만능적 사고 조장
　라. 과소비 억제책 시행 강조

④ 가. 과소비의 문제점 제기
　나. 과소비의 폐해
　　1. 물질 만능적 사고 조장
　　2. 계층간의 갈등 유발
　다. 과소비 억제 방법
　　1. 과소비에 대한 무거운 세금 부과

            2. 건전한 소비 생활 운동 전개
         라. 과소비 억제책 시행 강조
      ⑤ 가. 과소비의 문제점 제기
         나. 과소비의 폐해
            1. 계층간의 갈등 유발
            2. 과소비에 대한 무거운 세금 부과
         다. 건전한 소비 생활 운동 전개
            1. 물질 만능적 사고 조장
            2. 과소비 억제 방법
         라. 과소비 억제책 시행 강조

〈문제 8〉 다음 중, 문장의 내용이 나머지 넷과 다른 것은?
         ① 법이 있어야 안전한 사회 생활이 보장되므로 법은 필요하다.
         ② 법이 없으면 안전한 사회 생활을 할 수 없으므로 법은 존재해야 한다
         ③ 우리의 안전한 사회 생활을 위해서 법은 반드시 있어야 한다
         ④ 우리가 법을 필요로 하는 것은 안전한 사회 생활을 보장해 주는 법이 없기 때문이다.
         ⑤ 법이 있어야 하는 이유는 법이 없다면 우리가 안전한 사회 생활을 영위해 나갈 수 없
           기 때문이다.

〈문제 9〉 다음 중 〈보기〉의 문장을 이용하여 글쓰기를 하려고 할 때, ㉠~㉢순서를 가장 잘 배열한 것
         은?

서두 : 대부분의 사람들은 기계가 감정을 느낄 수 없다고 생각한다
   ㉠ 그리고 컴퓨터는 감정을 느낄 수 없기 때문에 절대로 인간의 지능을 가질 수 없다고 한다.
   ㉡ 그러나 실제 우리는 감정을 조절하는 두뇌 작용을 정보 처리 측면에서 어느 정도 이해할 수 있
     다.
   ㉢ 인공 지능 학자들조차도 컴퓨터가 감정을 갖게 하는 방법에 대해 회의적인 태도를 가지고 있
     다.
결말 : 따라서, 감정 조절 원리를 잘 응용하면 컴퓨터는 머지 않아 감정까지도 가질 수 있을 것으로
     예상된다.

         ① ㉠─㉡─㉢   ② ㉠─㉢─㉡   ③ ㉡─㉠─㉢
         ④ ㉡─㉢─㉠   ⑤ ㉢─㉡─㉠

〈문제 10〉 다음 중 〈보기〉의 (   )에 가장 알맞은 것은?

   사회화는 개인이 사회의 문화를 익히고 사회에서의 자신의 역할을 습득함으로써 그 사회의 한 구성원
으로 되어 가는 과정이다. (   ) 따라서, 사회화는 개인과 사회의 상호 작용 과정이라고 할 수
있다.

         ① 그렇지만 사회 구성원들은 사회의 역할 기대나 문화 규범을 준수함으로써 그것들을 지
           속적으로 재구성하려고 노력한다
         ② 그런데 사회 구성원들은 사회의 역할 기대나 문화 규범을 따르기만 하는 것이 아니라

그것들을 끊임없이 재구성해 나간다.
③ 또한 사회 구성원들은 기존의 사회 역할 기대나 문하 규범을 부인하지만 새로운 것들을 쉬지 않고 재구성해 나간다.
④ 왜냐 하면, 사회 구성원들은 사회의 역할 기대나 문화 규범에 의지하여 살아가면서도 한편으로는 그것들을 재구성하려는 노력을 계속 시도한다.
⑤ 그럼에도 불구하고 사회 구성원들은 사회의 역할 기대나 문화 규범을 따라 행동할 뿐이고 다른 한편으로는 그것들을 부단히 재구성한다.

〈문제 11〉 '국어사용의 현주소'라는 제목으로 짤막한 글을 쓰려고 할 때, 〈보기〉의 자료 중에서 적절한 것을 골라 가장 잘 배열한 것은?

◦영어 사용 빈도가 높아지고 있다.
◦외국의 문화를 이해하는 데는 그 나라의 언어를 익히는 것이 가장 좋다.
◦국어사용 실태를 조사, 분석하여 보았다.
◦한글은 매우 우수한 문자이다.
◦긍지를 갖고 국어를 사용하자.
◦국어에는 아직도 일본어의 잔재가 많이 남아 있다.
◦외국인이 국어를 잘 구사하는 일은 드물다.
◦요즈음 외국어가 남용되고 있다.
◦언어는 그 민족의 얼을 담고 있다.

① -외국의 문화를 이해하는 데는 그 나라의 언어를 익히는 것이 가장 좋다.
　-국어사용 실태를 조사, 분석하여 보았다.
　외국인이 국어를 잘 구사하는 일은 드물다.
　요즈음 외국어가 남용되고 있다.
　영어 사용 빈도가 높아지고 있다.
　-긍지를 갖고 국어를 사용하자,
② -한글은 매우 우수한 문자이다.
　-언어는 그 민족의 얼을 담고 있다.
　영어 사용 빈도가 높아지고 있다.
　국어에는 아직도 일본어의 잔재가 많이 남아 있다
　-국어사용 실태를 조사, 분석하여 보았다.
　-긍지를 갖고 국어를 사용하자
③ -요즈음 외국어가 남용되고 있다.
　-영어 사용 빈도가 높아지고 있다.
　-외국인이 국어를 잘 구사하는 일은 드물다.
　국어사용 실태를 조사, 분석하여 보았다.
　외국의 문화를 이해하는 데는 그 나라의 언어 익히는 것이 가장 좋다.
　-긍지를 갖고 국어를 사용하자.
④ -요즈음 외국어가 남용되고 있다
　-국어사용 실태를 조사, 분석하여 보았다.
　국어에는 아직도 일본어의 잔재가 많이 남아 있듯

　　영어 사용 빈도가 높아지고 있다.
　　언어는 그 민족의 얼을 담고 있다.
　　긍지를 갖고 국어를 사용하자.
⑤ -언어는 민족의 얼을 담고 있다.
　　-외국인이 국어를 잘 구사하는 일은 드물다
　　한글은 매우 우수한 문자이다.
　　국어에는 아직도 일본어의 잔재가 많이 남아 있다
　　-국어사용 실태를 조사, 분석하여 보았다
　　-긍지를 갖고 국어를 사용하자.

〈문제 12〉 다음 중 〈보기〉의 내용을 가장 잘 간추린 것은?

① 볼품은 없으나 당당한 돼지가 목이 짧은 것은 다행이다.
② 돼지의 당당한 목은 짧아서 줏대 없는 기린의 긴 목보다 더 잘났다.
③ 목이 짧지만 태도가 당당한 돼지가 목만 길고 줏대가 없는 기린보다 더 낫다,
④ 돼지는 목이 짧고 볼품이 없으나 기린처럼 줏대 없이 걷지 않아서 다행스럽다.
⑤ 돼지가 목이 짧기는 해도 목이 긴 기린보다 당당하게 걸을 수 있으니 잘 되었다.

〈문제 13〉 다음 중, 글의 제재를 표현한 방법이 적절하지 않은 것은?
① 구조주의는 상호 관련된 전체성을 강조한다. 전체를 보는 관점은 두 가지로 나누어 볼 수 있다. 전체를 해변의 반짝이는 작은 모래알처럼 각 요소들이 엉성하게 짝지어 있는 것이라고 보는 견해와, 각 요소들이 야무지게 뒤엉켜 있는 것과 같은 것이라고 보는 견해가 그것이다.
② 남생이는 냇가나 연못에 사는데, 생김새는 거북과 비슷하고 크기는 작다. 등은 진한 갈색 딱지로 되어 있다. 네 발에는 각자 다섯 개의 발가락이 있고, 발가락 사이에는 물갈퀴가 있다. 6~8월경에 모래 속에 구멍을 파고 4~6개의 알을 낳는다. 한국·일본·중국 등지에 분포한다.
③ 어느덧 열여드렛 달이 천마재 위에 솟았다. 산 속은 괴괴하다. 어디선가 간혹 접동새 울음이 들려 왔고, 그것이 그치면 알지 못할 산짐승이 짝을 찾는 듯 구슬프게 우는 소리뿐이었다.
④ 고대에는 인간이 자연 속에 포섭되는 것이라고 생각하였다. 중세에는 인간이 자연의 일부라고 생각하지는 않았지만 그 대신에 인간 이상의 존재인 신에게 종속되는 것이라고 생각했다. 그러나 근대에 와서는 모든 것을 인간을 중심으로 생각하게 되었다.
⑤ 영식이가 앞서서 병원으로 들어가 보니 텅 비어 있는 실내에는 얼씬하는 그림자 하나 없고, 아무리 소리를 쳐도 내다보는 사람이라고는 없었다. 입원실 쪽으로 돌아가서 겨

우 간호부 하나를 붙들고는 창길이가 입원한 곳을 물었다. 간호부는 얼쯤 얼쯤 대구를 하더니 황황히 달아나 버렸다.

〈문제 14〉 다음 중 〈보기〉의 항목으로부터 제기될 수 있는 문제를 가장 잘 정리한 것은?

① 인류가 살아 남기 위하여 어떻게 화석 에너지를 보존할 것인가?
② 대체 에너지도 없는 마당에 화석 에너지까지 고갈된다면 인류는 어떻게 될 것인가?
③ 화석 에너지마저 고갈되어 가고 대체 에너지는 개발되지 않는다면 인류가 살아 남을 가치가 있는가?
④ 화석 에너지는 고갈되어 가고 대체 에너지가 아직 없는 상황에서 인류가 살아 남기 위하여 어떻게 해야 하는가?
⑤ 화석 에너지가 고갈되고 대체 에너지도 개발하지 못해서 인류가 살아 남을 수 없게 된 다음에는 어떻게 할 것인가?

〈문제 15〉 다음 중 〈보기〉의 문장을 이용하여 글쓰기를 하려고 할 때, ㉠~㉢의 순서를 가장 잘 배열한 것은?

① ㉠-㉡-㉢   ② ㉠-㉢-㉡   ③ ㉡-㉠-㉢
④ ㉡-㉢-㉠   ⑤ ㉢-㉡-㉠

〈문제 16〉 다음 중, 쉼표로 말미암아 의미가 달라지지 않는 것은?
① 철수가, 웃으면서 자고 있는 동생을 보고 있다
   철수가 웃으면서, 자고 있는 동생을 보고 있다.
② 그는 상식적인 기준으로 보면 분명히 패배자이다.
   그는 상식적인 기준으로 보면, 분명히 패배자이다.
③ 나는 어제 사랑하는 오빠의 친구를 우연히 만났다.
   나는 어제 사랑하는, 오빠의 친구를 우연히 만났다.
④ 정부는 외국산 과일 나무의 수입을 규제하기로 했다
   정부는 외국산 과일, 나무의 수입을 규제하기로 했다.
⑤ 가을이 오면, 슬프고 아름다운 음악이 정겨워 진다.
   가을이 오면 슬프고, 아름다운 음악이 정겨워진다.

〈문제 17〉 다음 문장을 자연스러우면서도 의미가 정확히 전달되도록 가장 잘 고친 것은?

20세기 전반까지만 해도 과학은 인류에게 지상 낙원을 가져다 줄 원동력이 될 것이라는 기대를 가졌던 인류가 그런 꿈이 얼마나 허망했던 것이었던가를 깨닫기 시작했다.

① 과학이 인류에게 지상 낙원을 가져다 줄 원동력이 될 것이라는 기대를 가졌던 우리가 그런 꿈이 얼마나 허망했던 것이었던가를 깨닫기 시작한 것은 20세기 전반이었다.

② 과학은 20세기 전반까지만 해도 인류에게 지상 낙원을 가져다 줄 원동력이 될 것이라는 기대를 가졌었다. 그러나 인류가 그런 꿈이 얼마나 허망했던 것이었던가를 깨닫기 시작했다.

③ 20세기 전반까지만 해도 인류는 과학을 통하여 지상 낙원을 가져다 줄 원동력이 될 것이라는 기대를 가졌었으나 이제 우리는 그런 꿈이 얼마나 허망했던 것이었던가를 깨닫기 시작했다.

④ 20세기 전반까지만 해도 인류는 과학이야말로 우리 인간에게 지상 낙원을 가져다 줄 원동력이 될 것이라는 기대를 가졌었으나, 이제는 그런 꿈이 얼마나 허망했던 것이었던가를 깨닫기 시작했다.

⑤ 인류가 과학이야말로 인류에게 지상 낙원을 가져다 줄 원동력이 될 것이라는 기대를 가졌었던 것은 20세기 전반의 일이었으나, 인류가 그런 꿈이 얼마나 허망했던 것이었던가를 깨닫기 시작했다.

〈문제 18〉 다음은 어느 글의 결말이다. 이 글에서 채택하고 있는 결말의 유형은?

그리고 며칠 뒤, 저수지 밑 고서방의 논을 비롯하여 여기 저기에, 그예 입도 차압(立稻差押)의 푯말이 붙기 시작했다. 농민들은 알아보지도 못하는 그 차압 푯말을 몇 번이나 들여다보고, 또 들여다보았다. 피땀을 흘려 가면서 지은 곡식에 손도 못 대다니? 그들은 억울하고 분하기보다, 꼼짝없이 이젠 목숨을 빼앗긴다는 생각이 앞섰다. 이윽고 그들은 긴 줄을 지어 가지고 차압 취소와 소작료 면제를 탄원해 보려고 묵묵히 마을을 떠났다. 아낙네들은 전장에나 보내는 듯이 돌담 너머로 고개를 내 가지고 남정들을 보냈다. 만약 보광사에서 들어주지 않는다면-하고 뒷일을 염려했다. 그러나 또쭐이, 들깨, 철한이, 봉구, 이들 장정을 선두로 빈 짚단을 든 무리들은 어느새 벌써 동네 뒤 산길을 더위 잡았다. 철없는 아이들도 행렬의 꽁무니에 붙어서 절 태우러 간다고 부산히 떠들어댔다.

① 요약하며 보충하는 방식　　② 전망으로 결말을 짓는 방식
③ 여운에 의해 결말을 짓는 방식　　④ 본문을 요약하고 제언하는 방식
⑤ 일반적 진술로 결말을 짓는 방식

〈문제 19〉 다음은 현대 사회의 특징과 문제점에 관한 글의 개요이다. ㉠~㉣을 채우고 남는 하나는?

Ⅰ. 과학 기술의 발전과 현대 산업 사회
Ⅱ. 공업화 ┬ 생산 과정의 기계화, 대량 생산
　　　　　└─────── ㉠ ───────
Ⅲ. 정보화 ┬─────── ㉡ ───────
　　　　　└ 사생활 침해, 사회 혼란

Ⅳ. 대중화 ┌─────── ⓒ
          └─────── ⓓ
Ⅴ. 요약 및 전망

① 의, 식, 주의 평준화   ② 기계의 인간 지배 경향
③ 획일화 및 개성의 상실   ④ 경제의 해외 의존도 심화
⑤ 생활의 편리와 수준 향상

〈문제 20〉 '교통 사고의 원인과 대책'이라는 제목의 글을 쓰려고 할 때, 같은 단락 안에서 다루기 어려운 내용은?
　　　　　① 적발 중심의 교통 단속   ② 대형 차량의 과속 운전
　　　　　③ 음주 운전 습관의 교정   ④ 질서와 양보 의식의 부재
　　　　　⑤ 적절하지 못한 신호 체계

〈문제 21〉 다음 중 〈보기〉의 (　　　)에 가장 알맞은 것은?

　과거 우리는 삼강 오륜을 윤리의 기본으로 삼았다. 그런데 오늘의 현실은 어떤가? 삼강 오륜 중 어느 하나 제대로 지켜지는 것이 없다. (　)국민들의 윤리관과 가치관을 건전하게 이끌어야 할 그들 지도층부터 엉망이니 나머지 사람들이야 말해서 무엇하겠는가?

　　　　　① 깨끗하고 정직하게 사는 사람을 융통성 없는 사람이라고 부른다.
　　　　　② 사회의 지도층들도 국민들의 심성을 순화시키는 데에 앞장서야 한다.
　　　　　③ 이렇게 된 데에는 그 누구보다도 사회 지도층의 책임이 크다고 생각한다
　　　　　④ 우리 조상들이 가장 중시했던 윤리들이 이제 그 가치를 잃어 가고 있는 것이다.
　　　　　⑤ 과거의 지도층들은 선을 권하고 악을 벌하는데 있어서 조금도 인색하지 않았다.

〈문제 22〉 다음 중 의미의 중첩이 없이 가장 경제적으로 표현된 것은?
　　　　　① 돕는 삶의 궁극적 의의는 개인이 자신이 속한 사회의 복리에 이바지하고 기여하는 것이다.
　　　　　② 다른 나라와는 달리 한국 도시화의 또 한 가지 고유한 특징은 대도시 집중적이라는 점이다.
　　　　　③ 우리는 좀더 시야를 넓혀서 문화를 생활 양식의 총체로 확대하여 보는 문화관을 정립해야 한다.
　　　　　④ 고도화한 정보 사회에서는 필수적으로 구성원들 간의 자율적이고 긴밀한 협력 체제가 반드시 필요하다.
　　　　　⑤ 과학이 제공하는 지식 체계가 일순에 사라진다면 인간 사회에는 커다란 혼란과 파국이 초래될 것이다

〈문제 23〉 '민주주의와 삼권 분립'이라는 제목으로 글을 쓰려고 제재의 특성을 가장 잘 빗대어 설명할 수 있는 것은?
　　　　　① 삼국의 통일 과정   ② 사진기의 삼각 다리
　　　　　③ 삼각주의 형성과 변모   ④ 삼각 관계로 발전한 애정
　　　　　⑤ 세 꼭지점이 있는 삼각형

〈문제 24〉 '여성 문제를 바라보는 시각'이라는 내용의 글을 쓰기 위해 〈보기〉와 같은 글감을 수집하였다. 글감들을 가장 잘 배열한 것은?

◦여러 방면에서 여성의 사회적 진출이 뚜렷해지고 있다
◦남자아이들도 인형을 가지고 소꿉놀이를 한다.
◦전문 직종에 종사하는 여성의 수가 늘고 있다.
◦여성의 여성적 특징은 선천적인 것이 아니다.
◦여성도 남성과 대등한 능력을 기니고 있다

① ◦ 여러 방면에서 여성의 사회적 진출이 뚜렷해지고 있다.
　　- 여성도 남성과 대등한 능력을 지니고 있다.
　◦ 전문 직종에 종사하는 여성의 수가 늘고 있다.
　　- 여성의 여성적 특징은 선천적인 것이 아니다.
　　- 남자아이들도 인형을 가지고 소꿉놀이를 한다.
② ◦ 여성도 남성과 대등한 능력을 지니고 있다.
　　- 여러 방면에서 여성의 사회적 진출이 뚜렷해지고 있다.
　　- 전문 직종에 종사하는 여성의 수가 늘고 있다.
　◦ 여성의 여성적 특징은 선천적인 것이 아니다.
　　- 남자아이들도 인형을 가지고 소꿉놀이를 한다.
③ ◦ 여러 방면에서 여성의 사회적 진출이 뚜렷해지고 있다.
　　- 여성도 남성과 대등한 능력을 기니고 있다.
　◦ 남자아이들도 인형을 가지고 소꿉놀이를 한다.
　　- 전문 직종에 종사하는 여성의 수가 늘고 있다.
　　- 여성의 여성적 특징은 선천적인 것이 아니나.
④ ◦ 전문 직종에 종사하는 여성의 수가 늘고 있다.
　　- 여성도 남성과 대등한 능력을 지니고 있다
　　- 여러 방면에서 여성의 사회적 진출이 뚜렷해지고 있다.
　◦ 여성의 여성적 특징은 선천적인 것이 아니다.
　　- 남자아이들도 인형을 가지고 소꿉놀이를 한다.
⑤ ◦ 여성도 남성과 대등한 능력을 지니고 있다.
　　- 여러 방면에서 여성의 사회적 진출이 뚜렷해지고 있다.
　　- 여성의 여성적 특징은 선천적인 것이 아니다.
　◦ 남자아이들도 인형을 가지고 소꿉놀이를 한다.
　　- 전문 직종에 종사하는 여성의 수가 늘고 있다.

〈문제 25〉 '소설'에 대한 글을 쓰기 위해 참주제를 정하려고 한다. 다음 중 참주제로 적절하지 못한 것은?
① 소설에서 시점의 분류　　② 고대 소설의 형성 과정
③ 낭만주의 소설의 주제 의식　　④ 우리 나라 문학의 기원과 발생
⑤ 소설과 역사의 공통점과 차이점

〈문제 26〉 단락의 완결성을 고려할 때, 〈보기〉의 _____에 들어갈 내용으로 가장 적절한 것은?

① 현대를 특징짓는 중요한 사회 현상이 곧 매스 커뮤니케이션 현상이다.
② 현대 사회의 구성원을 정보를 통해 조작하는 기관이 곧 매스 미디어이다.
③ 매스컴이 극도로 발달하게 되면 개인의 비밀이라는 것은 존재할 수 없다.
④ 따지고 보면 매스 미디어라는 것은 인간이 발명해 낸 통신 기술에 불과하다.
⑤ 오늘과 같이 커뮤니케이션 기술이 발달한 시대에는 유통되는 정보의 양도 그만큼 많다.

〈문제 27〉 '농촌 생활의 장·단점'을 분석하는 글을 쓰려고 다음과 같은 표를 만들어 보았다. ㉠~㉣에 들어가기에 적절하지 못한 것은?

	긍정적 측면	부정적 측면
사회적 측면	㉠	
과학 , 기술적 측면		㉡
문화적 측면		㉢
쾌적한 삶의 측면	㉣	

① 이농 현상의 가속화　　　② 교통과 통신의 불편
③ 맑은 공기와 깨끗한 물　　④ 각종 문화 공간의 미비
⑤ 이웃간의 친밀한 유대 관계

〈문제 28〉 다음 단락의 주제문으로 가장 적절한 것은?

① ㉠　　　　　② ㉡　　　　　③ ㉢
④ ㉣　　　　　⑤ ㉤

〈문제 29〉 영농의 기계화나 규모 면에서 미국의 농산물과 한국의 농산물의 가격 경쟁력을 비교 또는 대조하는 글을 쓰고자 한다. 양자를 효과적으로 표상 하는 각각의 소재로 적당한 것은?
① 고양이와 쥐　　　　② 사막과 오아시스
③ 포크레인과 삽　　　　④ 권총과 대포
⑤ 수력 발전소와 화력 발전소

<문제 30> '오늘날 우리 사회의 모순이 심화된 이유는 잘못된 과거가 청산되지 않았기 때문이다.'라는 주장을 뒷받침하거나 약화시키는 진술이 아닌 것은?

① 어느 민족이나 어둡고 불행했던 과거의 역사를 지니고 있다.

② 부정에 대한 단죄가 이루어지지 않으면 또 다른 부정을 막을 수 없다.

③ 과거가 잘못됐는지 아닌지에 대한 판단은 역사가 할 일이다.

④ 모든 일은 반드시 시시비비를 가려, 잘못된 일이 있으면 바로잡아야 한다.

⑤ 과거의 문제에 연연하기보다는 미래를 위해 최선을 다하는 것이 중요하다.

<문제 31> 다음은 '대학 기부금 입학제에 대하여'라는 제목으로 어느 학생이 작성한 개요이다. 에 들어가기에 가장 적절한 것은?

```
1. 머리말                              (2) 사교육비의 공교육비로의 전환
2. 사립 대학의 교육 여건                  (3) 기회 균등의 이상 실현
   (1) 대학 재정의 실태               4. ___________________
   (2) 교수 및 시설 확보율               (1) 기부금 예산 내역의 공개
   (3) 연구 및 교수 활동                 (2) 입학자 선발 및 학사 관리의 공정성 확보
3. 기부금 입학제의 긍정적 효과             (3) 장기적인 대학 재정 확충 계획 추진
   (1) 재원 조달                    5. 맺음말
```

① 기부금 입학제 수용의 배경   ② 기부금 입학제의 부정적 효과

③ 기부금 입학제 도입을 위한 전제   ④ 기부금 입학제의 문제점과 보완책

⑤ 기부금 입학제가 대학 교육에 미치는 영향

<문제 32> 다음 광고 표현 중, 소비자의 모방 심리에 호소하는 것은?

① ○○금고는 편리하고 간편한 전자 컴퓨터 금고입니다.
   다이얼식 금고보다 도난 방지가 잘 됩니다.

② 회원권도 이제 믿을 수 있는 큰 규모의 전문 회사가 필요합니다.
   골프, 콘도 회원권 매매는 ○○레저

③ 일본 기업의 경영을 배우자!
   국내 기업들 연수 교재로 주문 쇄도
   지금 서점에 있습니다.

④ 최첨단 설계로 반영구적 내구성
   생산 공정의 혁신으로 저렴하게 공급하는 ○○전기 순간 온수기

⑤ 생명과 재산을 어떻게 안전히 지킬 것인가?   그 걱정거리가 저희가 맡겠습니다.
   국민을 위한 ○○ 화재 보험

<문제 33> 다음 글을 고칠 때 중점을 두어야 할 것은?

울릉도는 동해의 보석이다. 해발 900여 미터의 성인봉을 중심으로 한 일대의 산악 지대는 수백 년 원시림과 고산 식물과 해안의 기암 절벽으로 경관이 수려한 일대 공원 지대를 형성하고 있다. 여름철의 수영이나 등산과 겨울철의 스키만으로도 관광객을 유인하고도 남음이 있을 만하다. 교통만 편리하고 시설만 고려되면, 風致와 경관도 중요한 자원이 됨은 말할 것도 없다. 울릉도가 오늘날처럼 방치된 것은, 우리들의 국토 애호와 국토 사랑의 정열이 부족해서이다. 울릉도는 오징어 수확에만 가

① 주어와 술어의 호응에 중점을 두어 고친다.
② 문장의 연결 관계에 중점을 둔다.
③ 글의 내용을 통일성 있게 고친다.
④ 전하고자 하는 내용을 상세화 한다.
⑤ 글쓴이의 의도가 분명히 나타나도록 고친다.

〈문제 34〉 다음은 국가별 과소비 품목의 비교를 통하여 불건전한 소비 행태를 비판하고, 건전한 삶을 위해 독서의 생활화를 강조하려는 글의 개요이다. ㉠~㉤중 〈보기〉의 글이 들어갈 가장 적합한 항목은?

기 ㉠ 일정한 기준으로 측정한 여러 나라의 가계 소비 지수는 각국의 소비 행태를 객관성 있게 비교하는 자료가 된다.
승 ㉡ 우리 나라의 술, 담배 소비 지수는 일본, 홍콩, 대만 등의 두배가 넘는다.
　 ㉢ 술, 담배의 과소비는 우리가 긴장도가 높은 사회에 살고 있다는 사실의 반증인 동시에 그 긴장을 풀 문화적 공간이 없다는 것을 입증하는 것이기도 하다.
전 ㉣ 우리 나라의 도서·신문 구입 지수는 일본, 홍콩, 대만 등의 절반 수준에도 못 미친다.
　 ㉤ 비생산적인 삶을 사는 사람들이 많을수록 도서·신문 구입은 적어지게 마련이다.
결 도서·신문의 과소비국이 되려면 왜곡된 생활 양식의 변화가 수반되어야 한다.

보기

　　스웨덴에서 스키 때문에 골절상을 입고 입원하는 환자가 급증하자 책을 읽자는 캠페인이 벌어졌다는 이야기가 생각난다. 스키와 책은 아무 연관이 없는 듯 보이지만 그들의 논리를 들어 보면 그렇지가 않다. 집안에서 독서하는 사람이 늘면 스키 인구가 그만큼 줄고 스키 인구가 줄면 그만큼 골절 환자가 준다는 것이다.

① ㉠　　　　　② ㉡　　　　　③ ㉢
④ ㉣　　　　　⑤ ㉤

〈문제 35〉 다음 〈보기〉의 ㉠~㉣을 아래 글의 뒤에 배열하여 논지를 살리려고 한다. ㉠~㉣을 적절하게 배열한 것은?

　　만일 흔히 말해 온 바와 같이, 과거의 한국 문화에서 독창적인 것을 찾아볼 수 없다면, 결국 한국인은 선천적으로 문화적인 독창력이 없는 민족성의 소유자가 아닌가 하는 의심을 갖게 된다. 사대주의를 한국사의 특징으로 규정한 사람들이 학문 연구나 문예 작품에서 독창성을 인정하지 않는 것은 있을 법한 일이다. 그러나 5천 년의 찬란한 문화를 자랑하는 것이 虛張인 것과 꼭 마찬가지로, 한국인의 선천적인 민족성을 모방적이라고 생각하는 것도 과장인 것이다. 우선, 영구 불변의 민족성이란 것이 있을 수 없기 때문에 그러하다. 혹은 불교나 유교나 미술 같은 구체적인 예를 들어서 한국 민족의 문화적인 산물 중에서 수입품이 아닌 것이 하나인들 있느냐고 물을는지도 모르겠다.

㉠ 이것은 어리석은 질문이다.
㉡ 서구 여러 나라의 종교가 기독교라고 해서, 그들은 독창력이 없는 모방적 민족성을 가진 민족들이라고 할 수 없는 것과 마찬가지이다.
㉢ 오히려 다른 민족의 문화를 받아들이는 진취적 성격이 새로운 문화 창조에 필요한 하나의 요소가 될 수 있는 것이다.
㉣ 도대체 순수하고 고유한 문화란 어느 민족에게서도 찾아보기는 힘든 것이다.

① ㉠-㉡-㉢-㉣　　　② ㉠-㉣-㉡-㉢　　　③ ㉡-㉢-㉠-㉣
④ ㉠-㉣-㉢-㉡　　　⑤ ㉣-㉡-㉢-㉠

〈문제 36〉 다음은 『'책의 해'를 맞이하여』란 제목으로 글을 쓰기 위해 작성한 개요이다. ______에 들어갈 내용으로 가장 적절한 것은?

도입 : 1993년은 책의 해이다.
　　　 책을 읽지 않는 오늘날의 풍조에 경종을 울리기 위함이다.
전개 : - 일본과 독일이 2차 대전의 패전 이후에 다시 세계의 경제 대국으로 부상한 것은 그 나라 국민들의 독서열 때문이다.
　　　 - 과학과 기술의 발달은 그것을 뒷받침하는 일반적인 학문과 지식과 교양이 있어야 한다.
　　　 - 독서는 독자에게 무한한 상상력, 추리력, 분석력, 통찰력은 물론 지식의 체계화와 조직화 능력 등을 배양해 준다.
전환 : ___________________________
결론 : 명실 상부한 책의 해가 될 수 있도록 독자도 출판사도 서점도 언론도 다함께 노력해야 한다.

① 책을 읽지 않는 국민은 선진국과 맞설 수 있는 과학과 기술을 창출하기 어렵다.
② 좋은 책이 만들어지도록 하기 위해서는 독자가 스스로 높은 식견과 안목을 길러야 한다.
③ '책의 해'를 위한 행사가 내용을 채우지 못한 채 단순히 전시 효과를 노리는 행사로 끝날 우려가 있다.
④ 어릴 때부터 폭넓은 독서를 한 국민들이야말로 국가 발전의 근본이 된다.
⑤ 현재의 출판은 온통 상업주의와 영리주의에 휩싸여 독서계를 판치고 있다.

〈문제 37〉 다음 중 〈보기〉는 어떤 글을 쓰기 위한 제재를 모아 그 특성을 조사한 것이다. 이를 바탕으로 쓸 수 있는 글의 주제는?

㉠ 원통 : 위에서 보면 원이지만 옆에서 보면 사각형이다.
㉡ 국어 시험 90점 : 최선을 다했을 수도 있지만 전력을 다하지 않았을 수도 있다.
㉢ 구세대 : 전통을 계승하기도 하지만 문화 발전에 걸림돌이 되기도 한다.
㉣ 지식 : 병이 될 수도 있고 힘이 될 수도 있다.

① 원인이 있어야 결과가 있다.　　② 관점에 따라 판단이 달라진다.
③ 삶은 기복이 있게 마련이다.　　④ 현실과 이상은 다르다.
⑤ 어떤 사물이든 양면성을 지닌다.

<문제 38> 다음 글을 도입문으로 하여 '규범의 실천에는 상대방의 처지를 충분히 감안한 다양한 적용이 필요하다'라는 내용의 글을 쓰고자 한다. 가장 효과적인 작성 방안은?

> 인간은 인간으로서 생활해 나가는 데 꼭 지켜야 할 규범이 있다.
> 우리들의 언행은 주위의 사람들을 불쾌하게 하거나 불리하게 하지 않는 것이 근본이며, 더 나아가 기쁨과 공감을 가지게 하는 것이 이상이다. 그러나 많은 사람들은 자신만을 생각하고 타인의 처지는 염두에도 없는 것처럼 행동하는 것이 사실이다. 입으로는 민주주의를 강조하나 행동과 사고는 오히려 시대에 역행하는 사례가 많은 것은 참으로 유감스런 일이다.

① 윗글 제시
   구체적 실례를 통한 규범 적용의 융통성 강조
   종합을 통한 주제 제시
② 윗글 제시
   규범의 절대적 준수에 대한 실제 사례 제시
   규범의 중요성 강조로 주제 부각
③ 윗글 제시
   규범의 무의미함에 대한 실례 제시
   모순의 통일을 통한 주제 부각
④ 윗글 제시
   관습의 상대적 중요성에 대한 언급
   규범보다 관습의 우위성에 대한 강조로 주제 제시
⑤ 윗글 제시
   규범과 법, 관습의 관계에 대한 구체적 고찰
   이 세 가지의 융통성 있는 적용에 대한 강조로 주제 부각

<문제 39> 다음은 '어머니의 사랑'이라는 주제로 글을 쓰기 위해 모아 놓은 제재들이다. 주제를 뒷받침하기에 적절하지 않은 것끼리 묶인 것은?

> ㉠ 어머니께서는 나의 일이라면 모두 관심을 가지신다
> ㉡ 어머니께서는 작년에 맹장 수술을 받으셨다.
> ㉢ 내가 당신의 성격을 닮았다고 강조하신다.
> ㉣ 틈만 나면 나에게 정직하게 살아야 한다고 말씀하신다.
> ㉤ 지난 겨울에는 생일 선물로 털장갑을 손수 떠 주셨다.
> ㉥ 내가 좋아하는 된장찌개를 어머니도 좋아하신다.
> ㉦ 내가 잠든 것을 확인하신 다음에야 잠자리에 드신다.
> ㉧ 어머니께서는 내가 아프면 내 곁을 떠나지 않고 간호해 주신다.

① ㉠, ㉡, ㉢   ② ㉠, ㉡, ㉣   ③ ㉡, ㉣, ㉥
④ ㉡, ㉢, ㉥   ⑤ ㉢, ㉤, ㉦

<문제 40> 다음은 '한국 영화의 나아갈 길'을 제재로 하여 개요를 작성한 것이다. 빈칸에 들어가기에 가장 적절한 것은?
① 한국 영화의 역할   ② 한국 영화 퇴보의 원인

③ 한국 근대 영화 발달사　　　　　　④ 한국 영화의 향토성과 세계성
⑤ 한국 영화와 외국 영화의 관계

〈문제 41〉 다음은 '시민들의 의견을 모아 남산 복원 계획을 재수립하라.'는 주장을 담고 있는 문장들이다. ㉠~㉣의 문장들을 선택적으로 이용하여 3단 구성의 글로 다듬을 때, 가장 적절한 것은?

㉠ 남산이 제 모습을 되찾게 되었다.
㉡ 남산의 옛모습을 찾기 위해서는 복원 계획이 잘 수립되어야 한다.
㉢ 남산을 잘 가꾸고 보호하면 쾌적하고 아름다운 서울을 만들 수 있을 것이다.
㉣ 복원 계획은 독단적으로 서둘러 수립되었다.
㉤ 남산 복원을 위한 좋은 기회라면, 각계의 의견을 구하고 충분히 논의해야 한다.
㉥ 서둘러 계획을 세운 것을 보면 담당자들이 업적 주의에 급급했다는 느낌이 든다.
㉦ 그런 서울시가 남산 복원을 제대로 해낼 지 의심이 간다.
㉧ 보존과 복원이 필요한 것은 비단 남산뿐이 아니다.
㉨ 서울 인근의 모든 산들이 원래의 모습을 되찾을 수 있게 종합적인 계획을 수립하라.
㉩ 남산 제 모습 찾기 사업을 위해 널리 의견을 구해 완벽한 계획을 수립하라.

① ㉣-㉤㉧-㉩　　　　　　② ㉠㉡㉣-㉤㉥㉦-㉩
③ ㉠㉡-㉣㉤㉧-㉨㉩　　　　④ ㉠㉡㉢-㉣㉤㉥㉦-㉩
⑤ ㉠㉡㉢-㉣㉤㉥㉦-㉧㉨㉩

〈문제 42〉 다음을 서론으로 하여, '역사 발전의 원동력으로서의 청년의 역할'이라는 제목으로 설득력 있는 글을 쓰려고 한다. 구상 단계의 글쓰기 계획으로 가장 적절한 것은?
　　① 청년은 의사 결정의 준비 단계에 있음을 설명하고, 이들이 장차 역사를 움직이는 내일의 주역이 됨을 밝힌다.
　　② 선진국의 역사 발전의 과정을 살펴 청년들의 역할이 컸음을 보이고, 이것이 앞으로 우리 나라에서도 그대로 적용될 것임을 말한다.
　　③ 청년들이 서로 상반된 특성을 들고, 그 중에서 경험 부족의 성급함보다는 진취적인 기상과 의욕이 역사 발전에 더욱 가치가 있는 것임을 보인다.
　　④ 청년층이 주도적 역할을 함으로써 역사를 발전적으로 움직이게 한 사례를 들고, 청년들이 올바른 역사 의식을 갖고 주체적으로 행사해야 함을 강조한다
　　⑤ 우리 역사에서 청년층의 진보 세력과 기성층의 보수 세력간의 갈등의 예를 들고, 이런 갈등에서 항상 청년층의 생각이 무시되었음을 밝힌다.

〈문제 43〉 다음 글의 _____에 공통으로 들어갈 가장 알맞은 단어는?

　바다의 _____은 육지보다 훨씬 높아서 플랑크톤은 하루에 한 번씩 수확할 수 있고, 미국 캘리포니아 연안에서 자라는 자이언트 켈프라는 해조는 하루에 60cm씩 자라며, 고래는 3~4년이면 다 자라 그 큰고래가 된다고 하니, 바다에서 자라는 동식물의 성장이 얼마나 빠른가 알 수 있다. 게다가, 바다 생물이 사는 생활 공간이 육지 생물의 그것보다 3백 배나 넓으니, 바다의 _____이 얼마나 엄청난 것인가를 알 수 있다.

① 生産性　　② 自淨力　　③ 經濟性　　④ 成長率　　⑤ 復原力

〈문제 44〉 다음 〈보기〉는 어떤 글을 쓰기 위한 자료들을 모아 놓은 것이다. 이들 자료를 바탕으로 쓸 수 있는 글의 주제로 가장 알맞은 것은?

> ㉠ 소크라테스는 '악법도 법이다.'라는 말을 남기고 독이든 술을 태연히 마셨다.
> ㉡ 도덕적으로 명백하게 비난할 만한 행위일지라도, 법률에 규정되어 있지 않으면 처벌할 수 없다.
> ㉢ 개같이 벌어서 政丞같이 쓴다는 말도 있지만, 그렇다고 정당하지 않은 방법까지 써서 돈을 벌어도 좋다는 뜻은 아니다.
> ㉣ 주요섭의 '사랑 손님과 어머니'라는 작품은, 서로 사랑하면서도 관습 때문에 헤어지는 청년과 한 미망인에 대한 이야기이다.

① 신념과 행위의 일관성은 인간으로서 지켜야 할 마지막 덕목이다.
② 도덕성의 회복이야말로 현대 사회의 병리를 치유할 수 있는 최선의 방법이다.
③ 개인적 신념에 배치된다 할지라도, 사회 구성원이 합의한 규약은 지켜져야 한다.
④ 현실이 부조리하다 하더라도, 그저 안주하거나 외면하지 말고 당당히 맞서야 한다.
⑤ 부정적인 세계관은 결코 현실을 개혁하지 못하므로 긍정적인 세계관의 확립이 필요하다.

〈문제 45〉 다음 중 표현의 독창성이 두드러진 문장은?
① 유유히 흐르는 강물 위에서 기암 괴석이 금방이라도 떨어질 듯한 절벽의 모습은 한 폭의 그림이었다.
② 영희는 갑자기 쏟아지는 폭우로 온몸이 후줄근하게 젖어 마치 물에 빠진 새앙쥐 꼴이 되었다.
③ 오랜 병으로 지친 나머지 그는 바람 앞의 촛불처럼 끊어져 가는 목숨을 간신히 이어가고 있었다.
④ 컴퓨터를 처음 배우는 철호는 컴퓨터의 작은 몸체에 그렇게 산더미같이 엄청난 정보가 들어갈 수 있다는 사실을 도무지 믿을 수 없었다.
⑤ 그의 외투는 워낙 오래 되어 마치 다 닳아빠진 책의 귀퉁이처럼 소맷부리가 너덜거렸다.

〈문제 46〉 아래 〈보기〉는 시를 창작하기 위한 과정을 메모해 본 것이다. 빈칸에 들어갈 내용으로 가장 적절한 것은?

〈 보 기 〉

무엇을 소재로 하여 쓰지?	⇨ '꽃'을 소재로 하여 써 보면 어떨까?
어떤 속성을 활용하면 좋을까?	⇨ '꽃'이 떨어져야 비로소 열매를 맺을 수 있어.
어떤 의미를 부여할 수 있을까?	⇨ 그래, 아픈 만큼 성숙해지는 법!
어떻게 형상화하면 좋을까?	⇨ 겉으로는 모순되지만 그 속에 진실을 담고 있는 역설적 표현을 사용해 보자.

⇩

① 꽃이 진 후 / 내 가슴에 금이 갔습니다. / 금 간 자리 붙고 나면 / 내 마음 이전보다 견고해지겠지요.
② 온 하늘 꽃비 가득하고 / 떨어진 꽃잎 축복의 길 이루네. / 옮기는 걸음마다 / 감사의 향기로 피어오르리.
③ 언제나 화려한 조화이기보다는 / 쉽게 시들고 마는 한 송이 장미이고 싶어라. / 아아, 향기로운 죽음이여!
④ 가을을 향해 떨어지는 황홀한 작별 / 머잖아 열매 맺을 그날 기다리며 / 스러진 그 꽃잎 / 사랑으로 녹아 흐르네.
⑤ 저 꽃잎 지고 나면 / 내 사랑도 지고 말아 / 눈물로 꽃잎 붙여보지만 / 그 무게 못 이겨 / 방울방울 떨어지는 내 마음.

〈문제 47〉 다음의 예문을 퇴고한 것 중에 가장 자연스러운 것은?

> 문명은 지난 과거의 역사적인 경험과 그 문명의 자연 조건과 오래 전부터 습득된 재주나 기술을 종합해 나가는 하나의 내적인 논거로써 개발된다는 사실이다.

① 역사적인 경험과 자연 조건과 습득된 재주나 기술을 종합하는 내적인 논리는 문명에 따라 개발된다.
② 문명은 역사적인 경험과 그 문명의 자연 조건과 습득된 재주나 기술을 종합하는 내적인 논리를 개발한다.
③ 역사적인 경험과 그 문명의 자연 조건에 따라 습득된 재주나 기술은 한 문명을 개발하는 내적인 논리를 형성한다.
④ 문명은 역사적인 경험과 이미 습득한 재주나 기술과, 자연 조건을 종합하는 하나의 내적인 논리에 따라 개발된다.
⑤ 문명은 역사적인 경험과 그 문명의 자연 조건과 습득된 재주나 기술을 종합하는 하나의 내적인 논리에 따라 개발된다.

〈문제 48〉 다음은 의료계에서 한국병을 풍자한 것이다. 그 비유적 의미가 적절하지 않은 것은?

> 악성 결핵균이 오래 전부터 폐는 물론 골수까지 깊숙이 침범해 있다. 균을 공격해 잡아먹어야 하는 백혈구 수치가 정상 이하로 떨어지는 백혈구 감소증도 함께 나타나 저항력도 떨어진 상태이다. 또 혈관에는 콜레스테롤이 너무 많아 혈액이 제대로 돌 수 없다.

① 악성 결핵균 - 부정 부패　　② 백혈구 - 사정 기관
③ 혈관 - 기업, 공장　　④ 콜레스테롤 - 기업 자금
⑤ 혈액 - 경제 활동

〈문제 49〉 '현대 사회에서 상업 광고가 왜 문제인가'라는 제목으로 글을 쓰기 위해, 먼저 대상의 특성을 여러 각도에서 분석해 보았다. 분석을 거쳐 떠올린 내용으로 적절하지 않은 것은?

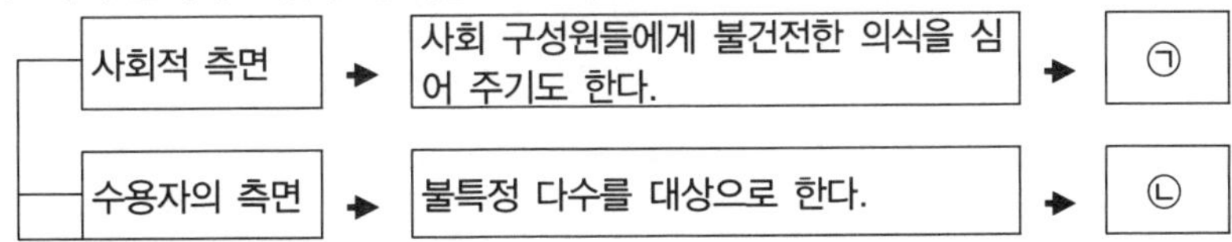

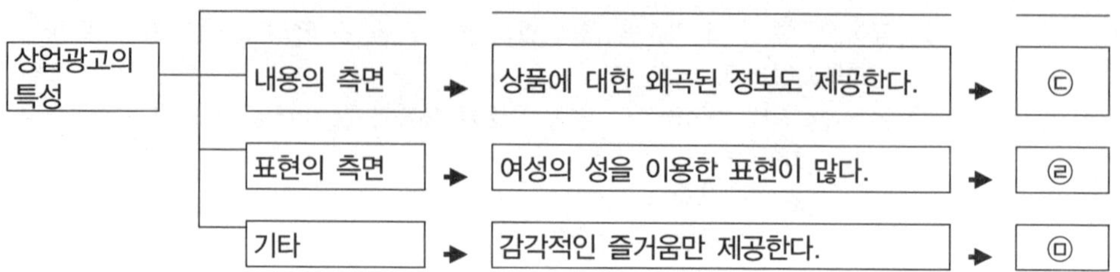

① ㉠ : 소비자들에게 과소비를 조장할 수 있다는 점을 강조해야겠어.
② ㉡ : 광고는 제품에 대한 정보를 제공하고, 소비자를 교육하는 기능도 있음을 밝혀야겠어.
③ ㉢ : 허위 과장 광고로 인한 소비자들의 피해 사례를 정리해 보는 것도 의미 있을 거야.
④ ㉣ : 선정적인 표현의 '야한' 광고가 청소년들에게 부정적인 영향을 끼칠 수 있음을 언급해야 겠어.
⑤ ㉤ : 시각과 청각 등 감각적인 면을 강조함으로써 소비자에게 제품에 대한 올바른 정보를 주 지 않는다는 점을 지적해야겠어.

〈문제 50〉 다음 글의 ㉠~㉤중, 글의 통일성을 저해하는 것은?

'한솥밥을 먹는다.'는 것은 우리 전통 사회에서 큰 뜻을 지녔었다. ㉠한솥밥을 나눠 먹는 사람끼리를 결속시키는 정신적 의미가 컸기 때문이다. ㉡한솥밥이란 한 솥에 지은 밥이란 뜻이 아니라, 그 집에 조상 대대로 전승되어 내려온 불씨로 지은 밥을 뜻한다. 그러기에 사랑방에 잠자리를 얻어 자는 行客이나 행상에게 밥을 차려 낼 때에는 다른 솥에다 따로 불을 일으켜 밥을 지어내거나, 반찬만 차려 내고 밥은 자신들이 지어먹게 하는 것이 상식이 되어 있었다. ㉢조상 전래의 신성한 불을 오염 기키지않기 위해서 였다. ㉣옛날 불은 요즈음처럼 성냥만 그으면 얻어지는, 쉽게 구할 수 있는 불이 아니었다. ㉤분가하여 이사를 갈 때면 본가의 불씨를 나누어 들고 맨 먼저 새 집에 발을 디뎌야 했다. 불씨는 혈통을 따라 전승됨으로써 혈연 공동체를 결속시키는 求心的 접착제였던 것이다.

①㉠   ②㉡   ③㉢   ④㉣   ⑤㉤

〈문제 51〉 다음 글이 설득력이 떨어지게 된 이유로 알맞은 것은?

그런데 현대의 한국 사회는 어떠한가. 우리 사회는 그 동안 급격하게 겪어 온 사회 변동 때문에 지금 매우 심한 진통을 앓고 있다. 그 중에도 전통적 가치의 약화로 인한 인간 관계의 동요, 구성원 간의 이념적 갈등, 도덕적 타락과 마비 현상은 현대 한국 사회에서의 삶의 정신적 지표를 근본적으로 흔들며, 또한 사회 통합과 질서를 유지하는 데 큰 타격을 주고 있다. 이 모든 것은 현대 한국 사회가 안고 있는 윤리적인 문제와 관련되는 것으로 볼 수 있다. 우리는 이에 대한 깊은 성찰과 이해를 절실 하게 필요로 하며, 그 해결 방법을 찾아보지 않을 수 없다. 우리는 우리 사회의 질서를 바로잡고 전통을 계승해야 한다.

① 지시어가 가리키는 내용이 불분명하다.
② 핵심 어구의 반복 사용으로 의미 혼란을 초래했다.
③ 뒷받침 문장이 충분히 제시되지 못해 구체성이 부족하다.
④ 논지와 무관한 논거를 들어 타당성을 떨어뜨렸다.
⑤ 도출된 결론이 막연하여 안이한 집필 태도를 느끼게 한다.

〈문제 52〉 '신용 교육의 필요성'이라는 제목으로 글을 쓰기 위해 내용 구조도를 작성해 보았다. 각 단계를 구체화하기 위한 방안으로 적절하지 않은 것은?

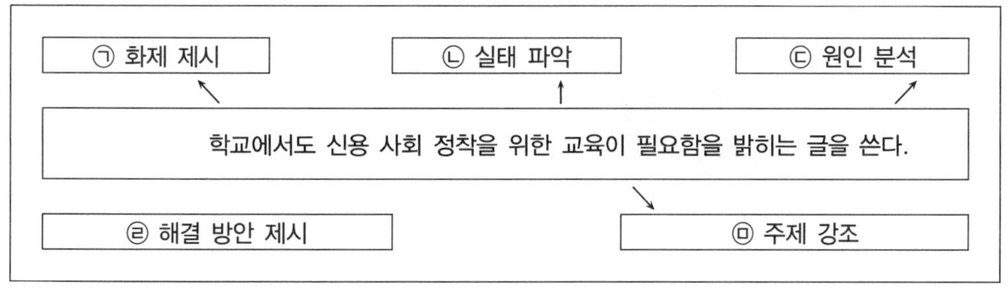

① ㉠ : 신용 사회로 접어들면서 신용의 중요성이 점점 커지고 있음을 언급한다.
② ㉡ : 학생들이 신용의 중요성을 제대로 인식하지 못하고 있음을 보여주는 통계 자료를 제시한다.
③ ㉢ : 신용 불량으로 개인 파산을 신청한 사람들의 직업을 분석해 본다.
④ ㉣ : 신용 교육을 교육 과정에 포함시켜 신용의 중요성에 대한 인식을 제고한다.
⑤ ㉤ : 청소년들을 대상으로 한 신용 교육이 신용 사회 정착의 밑거름이 된다는 점을 강조한다.

〈문제 53〉 대상에 대한 객관적 기술이 두드러진 문장은?
① 그들은 강습회가 끝나자, 몇 가지 용품을 선전용이라고 하면서 무료로 나누어주었다.
② 한 포기 풀을 그릴 때 어린 예술가는 연필을 잡고 거리낌없이 쭉쭉 풀포기를 그린다.
③ 진정으로 작가가 되고자 하는 사람은 타인의 마음을 날카롭게 꿰뚫어 볼 수 있어야 한다.
④ 어머니의 가슴에선 활활 타오르는 듯한 어떤 생각이 몸부림쳤고, 비애와 고난으로 가득 찬 기쁨의 감정이 불붙듯 치솟았다.
⑤ 그 아이는 서슴지 않고 종이와 붓을 받아 들더니 거침없이 네모 반듯한 4각 하나를 큼직하게 그려서 나에게 내밀었다.

〈문제 54〉 다음 〈보기〉의 글에서와 같은 표현 기교가 들어 있는 글은?

뵈오려 안 뵈는 님, 눈감으니 보이시네.
감아야 보이신다면 소경되어지이다.　　　　　　〈역설법〉

① 나는 아직 기다리고 있을 테요, 찬란한 슬픔의 봄을.
② 구름은 보랏빛 색지 위에 마구 칠한 한 다발 장미.
③ 인제는 돌아와 거울 앞에 선 내 누님같이 생긴 꽃이여.
④ 가야 할 때가 언제인가를 분명히 알고 가는 이의 뒷모습은 얼마나 아름다운가.
⑤ 색지를 붙인 궤짝이며 주둥이도 없는 단지, 도깨비라도 나와 멱살을 조를 듯 싶은 방이다.

〈문제 55〉 '불우 이웃 돕기'라는 주제로 신문 광고에 사용할 문안을 만들려고 한다. 〈조건〉을 충족시켜 가장 적절하게 완성한 것은?

〈 보 기 〉

- 표제의 의미를 반영할 것.
- 역설적 표현을 사용할 것.
- 그림의 분위기를 살릴 것.

① 할머니의 얼굴이 늘 환한 것은 무슨 이유일까요?
　그들에겐 나눌수록 넉넉해지는 이웃이 있기 때문입니다.
　온정을 나누는 삶은 언제나 따뜻합니다.
② 할머니는 손자가 대견스럽습니다.
　어려움 속에서도 늘 티없이 맑게 자라주니까요.
　도움은 나눌수록 풍성해지고 베풂은 적을수록 가난해집니다.
③ 할머니에겐 온 세상을 채우고도 남을 사랑이 있습니다.
　외로운 사람이라도 더 외로운 이는 늘 주변에 있기 마련입니다.
　이웃에 대한 사랑은 누구라도 할 수 있습니다.

④ 할머니는 많은 도움을 바라지 않습니다.
　　작은 정성이라도 할머니에겐 커다란 축복입니다.
　　도움을 주는 이는 도움을 받는 이보다 더 행복합니다.
⑤ 할머니는 행복해질 수 있다는 것을 믿고 있습니다.
　　사랑은 나눌수록 더 커지고 아낄수록 작아집니다.
　　이웃의 따뜻한 사랑이 있다면 할머니도 행복할 수 있습니다.

〈문제 56〉 '컴퓨터 게임'을 소재로 하여 글을 쓰기 위해, 먼저 대상을 여러 각도에서 분석해 보았다. 분석을 거쳐 떠올린 내용으로 적절하지 않은 것은?

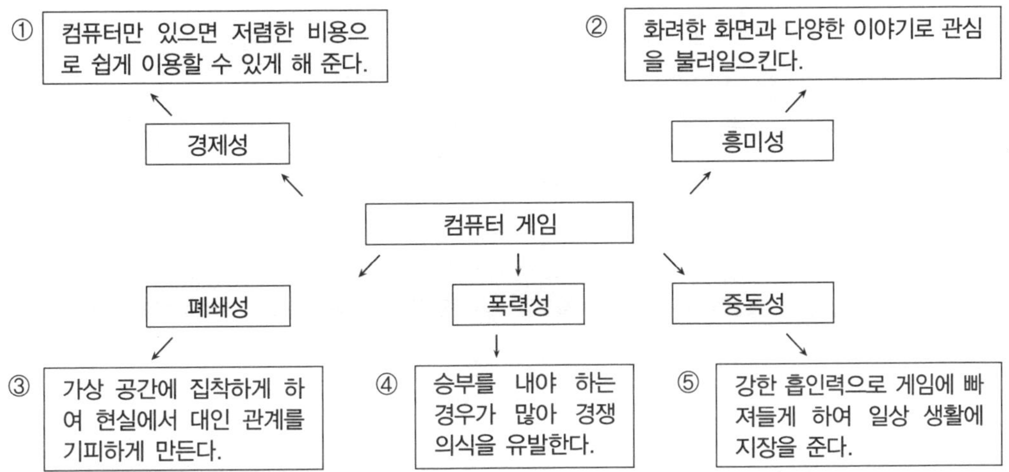

〈문제 57〉 여성의 사회 참여가 확대되어야 한다.'라는 주제로 글을 쓰기 위해 다음과 같이 사고를 전개하였다. 〔A〕에 들어갈 내용으로 적절하지 않은 것은?

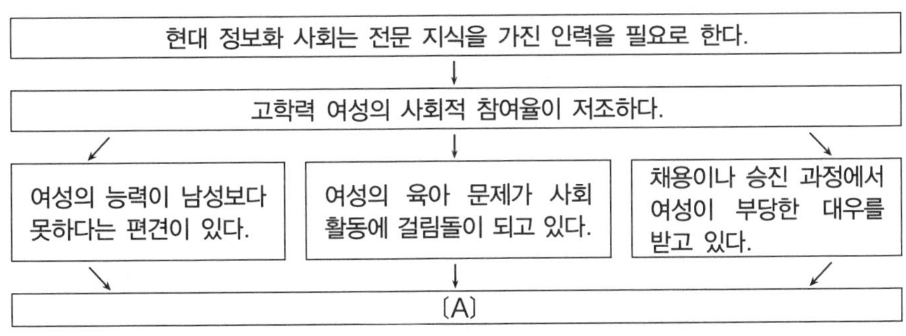

① 직장 내 보육 시설의 설치를 의무화한다.
② 능력을 중시하는 승진 문화가 조성되도록 한다.
③ 남녀 고용 평등제를 적극적으로 도입하도록 한다.
④ 여성 전용 상품 개발에 집중적인 투자를 유도한다.
⑤ 양성 평등 의식을 고취하는 교육 활동을 강화한다.

〈문제 58〉 다음은 주어진 문제를 구체화하고 해결 방안을 찾아 가는 글쓰기의 과정을 나타낸 것이다. 적절하지 않은 것은?

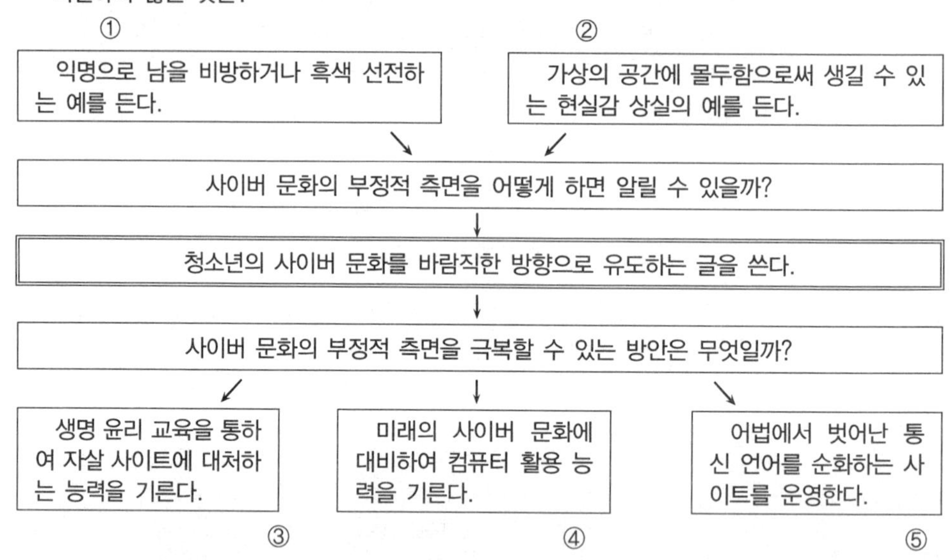

〈문제 59〉 〈보기〉의 주제에 따라 글쓰기 계획을 세워 보았다. 세부 내용으로 적절하지 않은 것은?

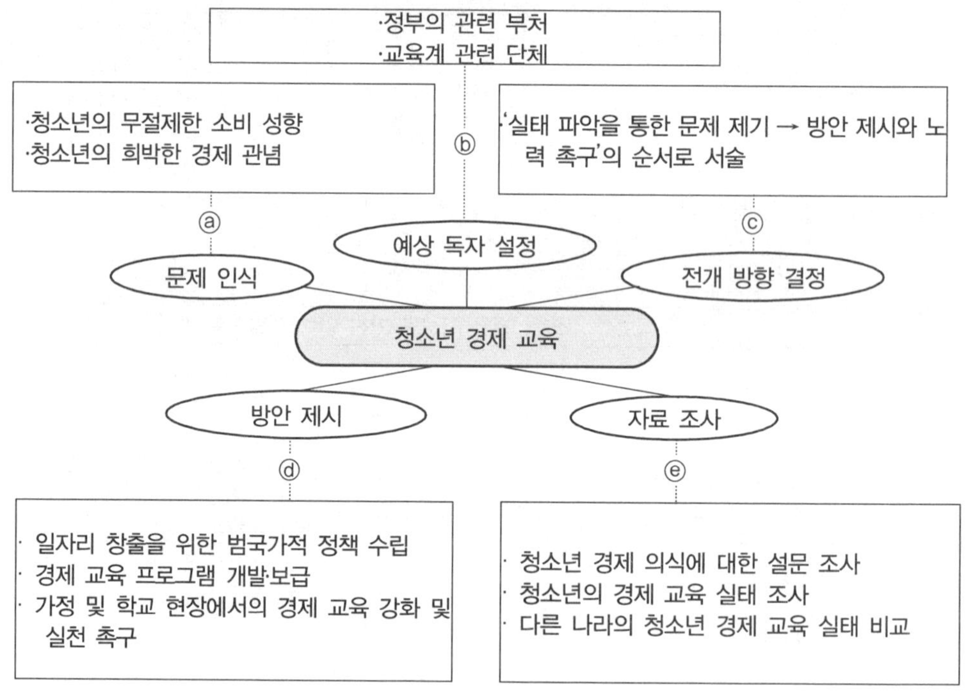

① ⓐ   ② ⓑ   ③ ⓒ   ④ ⓓ   ⑤ ⓔ

〈문제 60〉 문단의 통일성을 고려하여 〈보기〉를 완결하려고 할 때, ⓐ에 들어갈 내용으로 가장 적절한 것은?

보기

오늘날 우리의 청소년들은 독서를 등한시하고 있는 편이다. 청소년들이 어쩌다가 책을 읽고 싶은 마음이 생긴다 해도 매일 쏟아지는 엄청난 양의 책 중에서 어떤 책을 읽어야 할지 모르는 경우가 많다. 그리고 책을 읽는 방법에 대해서도 모르고 있다. 이러한 마당에 그들에게 책을 사는 기쁨이나 책을 고르는 즐거움을 기대한다는 것은 애초부터 무리일 수밖에 없다. 그러므로 이제부터는 독서의 중요성만 강조할 것이 아니라, (ⓐ   )

① 도서 목록을 참고하여 흥미로운 책을 고르게 하는 독서 교육을 해야 한다.
② 올바른 도서 선택 방법과 읽기 방법을 알려주는 독서 교육을 해야 한다.
③ 독서의 효용성을 홍보하는 체제를 구축하고 도서관 운영 방식을 선진화해야 한다.
④ 새로운 도서를 개발하여 보급함과 동시에 흥미롭게 독서할 수 있는 방법에 대한 연구를 해야 한다.
⑤ 독서의 효용을 널리 알리고, 독서의 방법을 체계적으로 가르치는 교육 기관에 대한 지원을 강화해야 한다.

〈문제 61〉 '자녀 교육의 중요성'을 홍보하는 공익 광고의 문구를 만들기 위해, 그림을 보고 단계적으로 연상한 내용으로 적절하지 않은 것은?

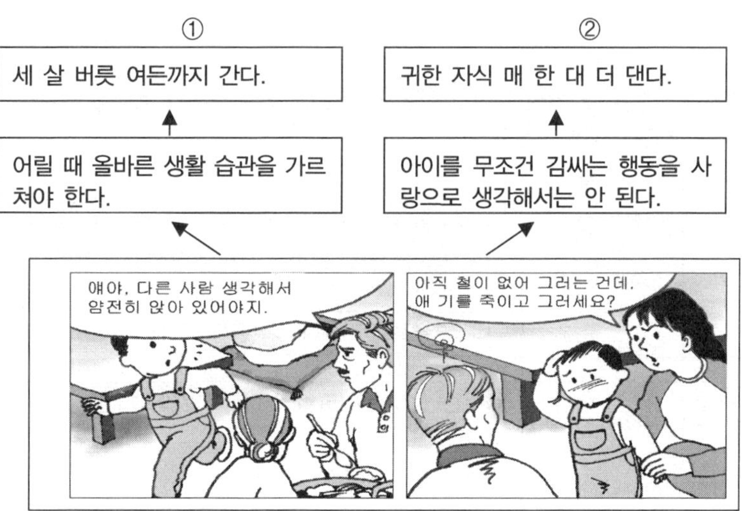

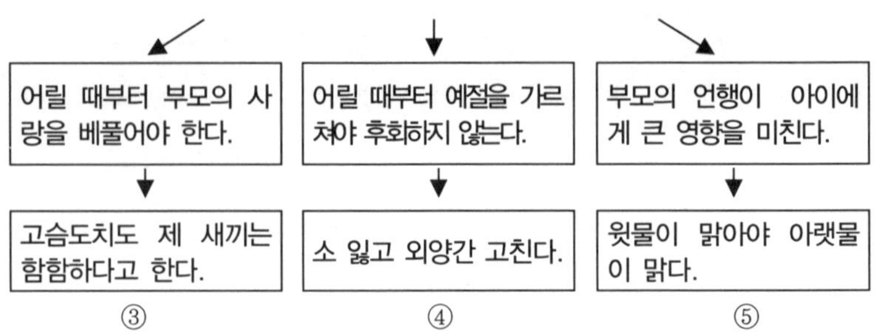

〈문제 62〉 다음과 같이 계획을 세워 글을 쓰고자 할 때, ㉠~㉤에 적절하지 않은 것은?

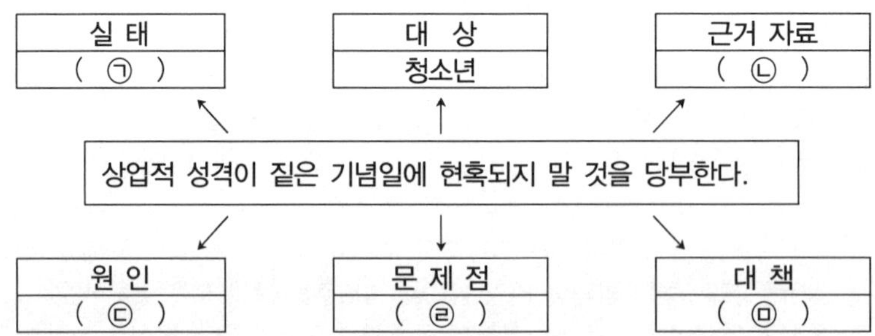

① ㉠ 각 업체들이 만들어낸 '화이트데이', '블랙데이', '로즈데이' 등 각종 기념일을 사례로 제시한다.
② ㉡ 특정 기념일 몇 달 전부터 물량 확보를 위한 상인들의 사재기 경쟁이 치열하다는 신문 기사를 인용한다.
③ ㉢ '~데이'는 이익 창출을 노린 기업의 판매 전략에서 나온 것임을 강조한다.
④ ㉣ 특정 상품을 충동적으로 구매하고 그로 인해 과소비가 일어난다는 사실을 환기시킨다.
⑤ ㉤ 우리의 전통 상품을 홍보하고 판매하기 위한 기념일 제정을 촉구한다.

〈문제 63〉 그림을 두 개씩 관련지어 '삶의 태도'에 대한 글쓰기 계획을 세워 보았다. 구상한 내용으로 적절하지 않은 것은?

		〔발 상〕	〔표 현〕
①	㉠	믿음과 출발	새로운 만남은 믿음을 바탕으로 시작했을 때 아름다운 관계로 발전한다.
②	㉡	성장과 책임	바른 성장을 위해 타인의 그릇된 행동까지 책임지려는 마음가짐으로 살아야 한다.
③	㉢	일탈과 인도	타인의 잘못을 지적하여 바른 길로 갈 수 있도록 이끌어 주려는 노력이 중요하다.
④	㉣	시련과 극복	척박한 현실에서 타인의 질책이 자아성숙을 위한 자양분으로 작용하기도 한다.
⑤	㉤	전수와 계승	앞선 세대의 업적을 계승하여 미래의 꿈을 키워 나가려는 태도가 자기 발전을 가져온다.

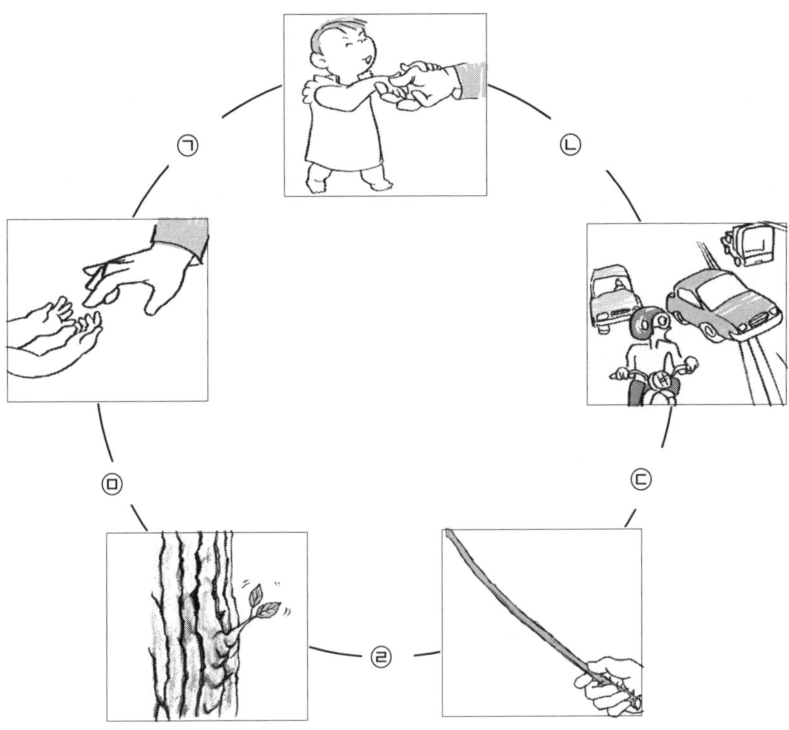

〈문제 64〉 다음은 글쓰기에서 문제를 구체화하고 해결 방안을 찾아가는 과정을 나타낸 것이다. 적절하지 않은 것은?

①
도움이 필요한 시설이나 사람들의 현황을 보여주는 통계 자료를 찾아 제시한다.

②
거리의 배식소에서 길게 줄을 서 점심을 기다리는 사람들의 사진을 제시한다.

도움을 필요로 하는 사람들이 많음을 효과적으로 드러낼 수 있는 방법은 무엇일까?

남을 도우며 사는 삶의 보람됨을 알리는 글을 쓴다.

누군가에게 도움을 주는 쉬운 방법은 어떤 것이 있는지 알려줄 수 없을까?

어떻게 하면 더불어 사는 삶의 아름다움을 효과적으로 제시할 수 있을까?

③
목발을 짚은 장애인은 비가 와도 우산을 쓸 수 없다. 그들에게 우산을 받쳐 주는 일도 쉽게 남을 돕는 방법임을 제시한다.

④
게으르거나 헛된 욕망을 좇는 사람들의 태도를 비판하여 계도하는 글을 인용한다.

⑤
힘들게 번 돈을 사회에 기부한 사람들의 인터뷰 기사를 제시하여 그들의 보람된 삶을 느끼게 한다.

<문제 65> 다음의 글을 서두로 하여 글을 전개할 때, 결론으로 가장 적합한 것은?

> 7, 8세밖에 안 된 귀여운 소녀가 죽어 나갔다. 적리(赤痢)로 하루는 집에서 앓고, 그 다음날 하루는 병원에서 앓고, 그리고 그 다음날 오후에는 시체실로 떠메어 나갔다.
> 밤낮 사흘을 지키고 앉아 있었던 어머니는 아이가 운명하는 것을 보고, 죽은 애 아버지를 부르러 집에 다녀왔다. 그 동안 죽은 애는 이미 시체실로 옮겨 가 있었다. 부모는 간호부더러 시체실을 가리켜 달라고 청하였다.
> "시체실은 쇠 다 채우고 아무도 없으니까, 가 보실 필요가 없어요."
> 하고 간호부는 톡 쏘아 말하였다. 퍽 싫증난 듯한 목소리였다.
> "아니 그 애를 혼자 두고 방에 쇠를 채워요 ?"
> 하고 묻는 어머니의 목소리는 떨리었다.
> "죽은 애 혼자 두믄 어때요 ?"
> 하고 다시 톡 쏘는 간호부의 목소리는 얼음같이 싸늘하였다.

① 과학 문명이 발달할수록 간호부들은 싸늘해진다.
② 간호부들은 과학적, 합리적으로 사고를 해야 한다.
③ 시체실은 쇠를 채울 필요가 없이 항상 개방되어야 한다.
④ 과학적, 합리적이란 명분 아래에 사회가 비정화되어 가고 있다.
⑤ 어머니들은 자식에 대한 무조건적인 사랑을 베푸는 경향이 있다.

<문제 66> '인터넷 범죄 증가의 원인'을 분석하여 글을 쓰고자 한다. 구체화한 내용으로 적절하지 않은 것은?

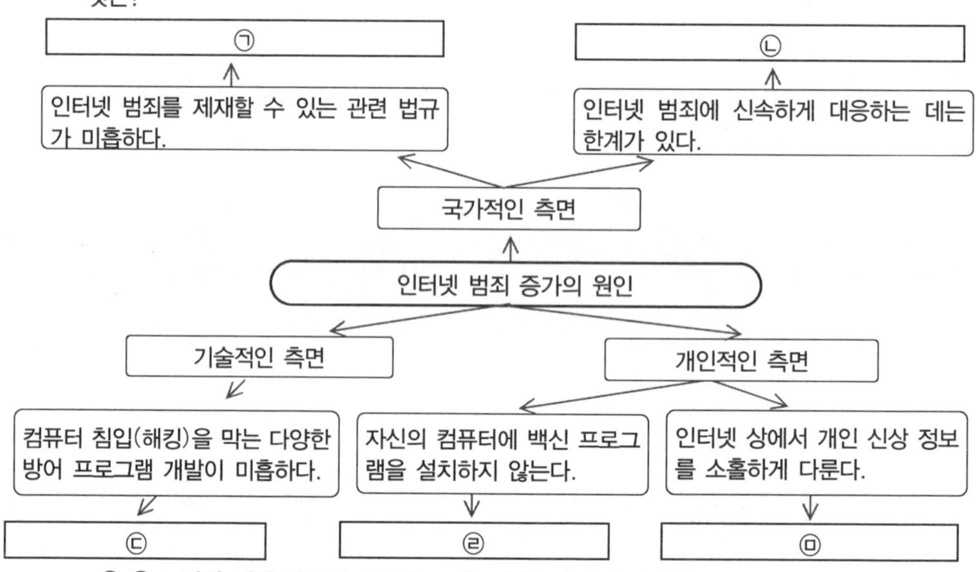

① ㉠ : 범죄 제재 법규를 제정하는 데는 오랜 시간이 걸린다.
② ㉡ : 인터넷 범죄 유형은 매우 다양하고 쉽게 노출되지 않는다.
③ ㉢ : 인터넷의 올바른 사용법에 대한 교육이나 홍보가 제대로 이루어지지 않고 있다.
④ ㉣ : 많은 사람들은 백신 프로그램이 중요하다고 생각하지 않는다.
⑤ ㉤ : 자신의 신상 정보가 범죄에 이용되지 않을 것이라는 안이한 생각으로 생활한다.

<문제 67> '청소년의 인터넷 음란물 중독 예방'에 대한 글쓰기 계획을 세워 보았다. 세부 내용으로 적절하지 않은 것은?

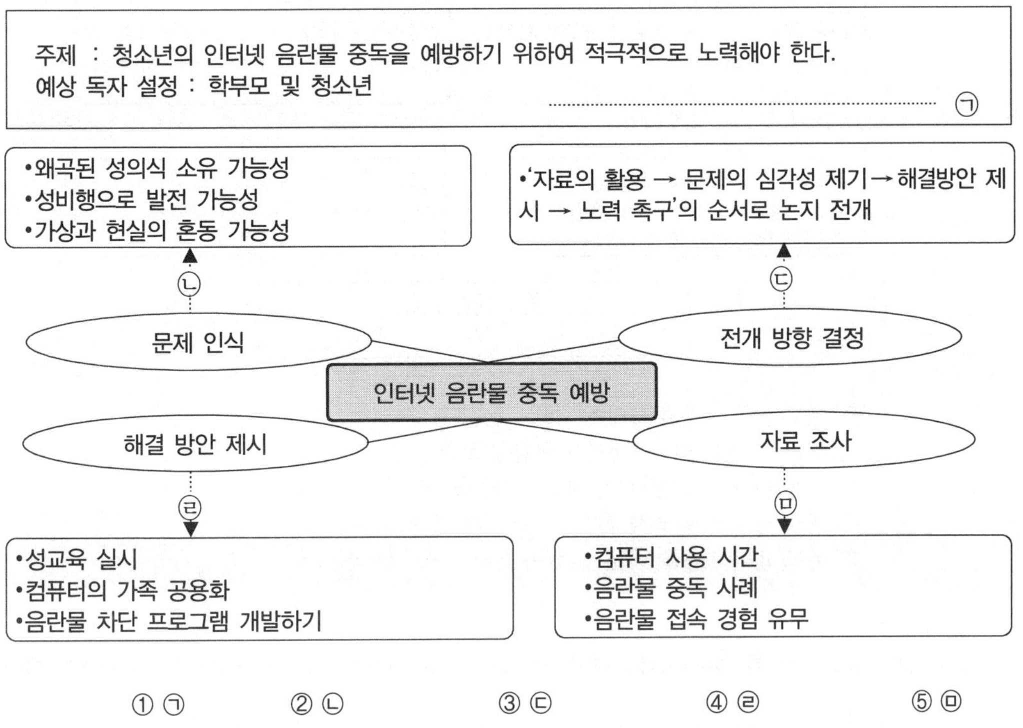

① ㉠　　② ㉡　　③ ㉢　　④ ㉣　　⑤ ㉤

<문제 68> '숲을 보전하자.'를 주제로 하여 글을 쓰기 위해 생각을 정리해 본 것이다. 적절하지 않은 것은?

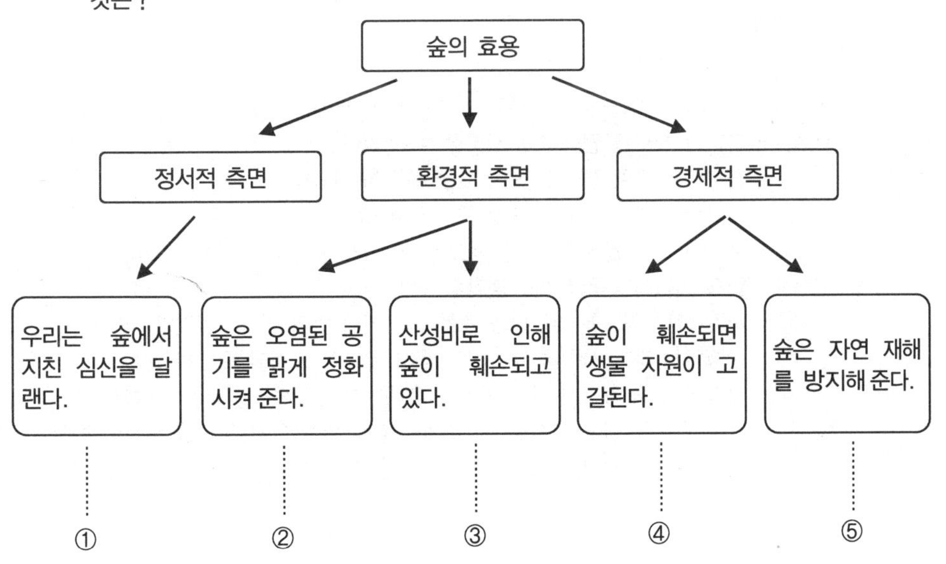

〈문제 69〉 다음은 글을 쓰기 위해 구상한 내용이다. 〔A〕에 들어갈 내용으로 적절하지 않은 것은?

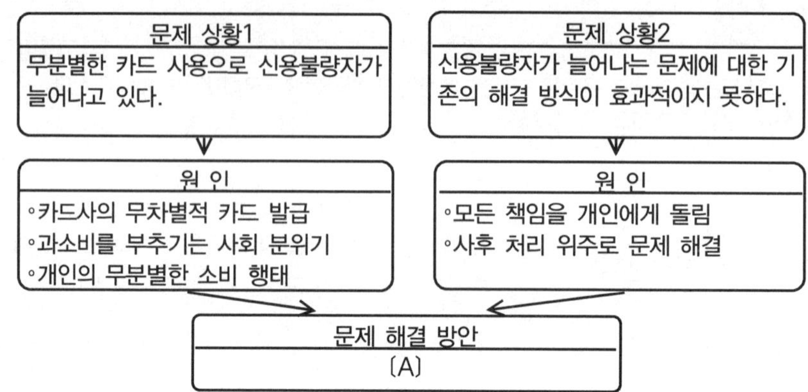

① 카드 발급 기준을 보다 엄격하게 정한다.
② 신용 사회에 맞는 소비자 교육을 강화한다.
③ 신용불량자에 대한 처벌 방법을 다양화한다.
④ 공익 광고 등을 통해 건전한 소비 문화를 조성한다.
⑤ 카드 과다 사용을 막을 수 있는 관리 시스템을 마련한다

〈문제 70〉 '휴대 전화의 영향'이라는 제목으로 글을 쓰고자 한다. ㉠과 ㉡에 들어갈 글감으로 적절한 것은?

효과＼범위	긍정적	부정적
개별적	㉠	
일반적		㉡

① ㉠ - 다양한 정보를 검색하고 저장할 수도 있다.
　 ㉡ - 친구와의 오랜 통화로 전화 요금이 많이 나왔다.
② ㉠ - 과다한 통화 요금이 가계에 큰 부담을 준다.
　 ㉡ - 운전 중 통화를 하다 교통 사고를 낸 사례가 점차 증가하고 있다.
③ ㉠ - 언제 어디서나 편리하게 통화할 수 있다.
　 ㉡ - 차가 막혀 약속에 늦는다는 것을 친구에게 알려 줄 수 있었다.
④ ㉠ - 산행에서 다친 사람을 발견하여 급히 119에 도움을 요청하였다.
　 ㉡ - 때와 장소를 가리지 않고 울리는 휴대 전화가 소음 공해를 유발한다.
⑤ ㉠ - 주식 정보를 신속하게 알 수 있어서 주식 투자에 큰 도움을 받기도 했다.
　 ㉡ - 친구에게 문자 메시지를 보내다 수업을 제대로 듣지 못한 경우가 많았다.

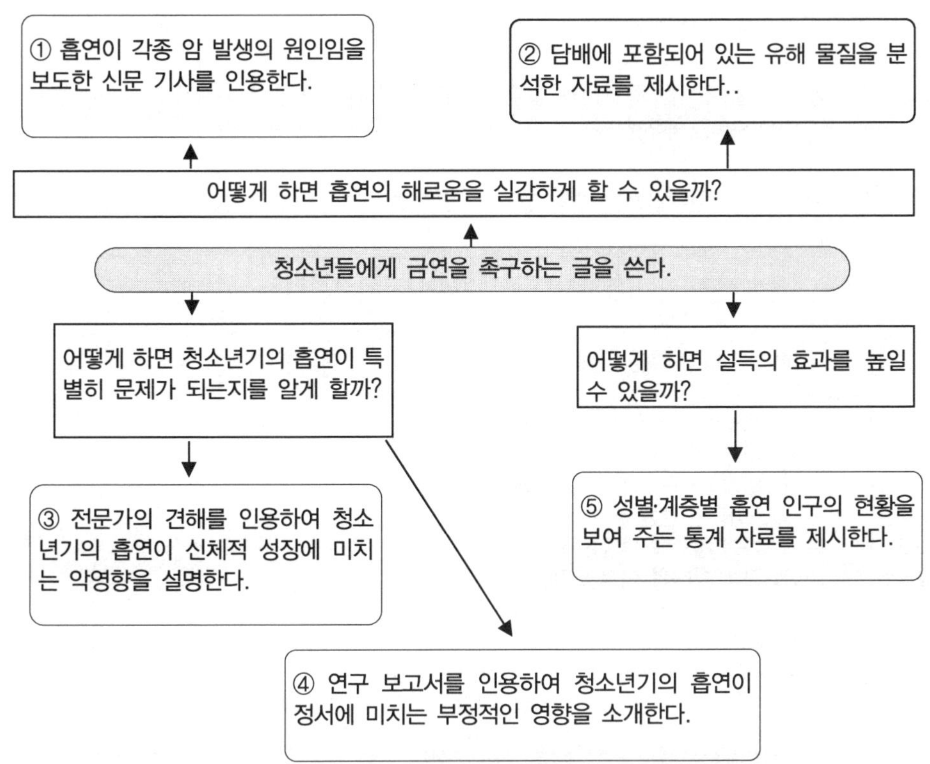

〈문제 72〉 다음 자료를 참고하여 '일하는 여성이 바라는 사회 제도의 개선 방향'이라는 주제로 글을 쓰
고자 한다. 자료의 활용 방안으로 적절하지 않은 것은?

일하는 여성이 바라는 것들	응답 비율(단위 : %)
(가) 여가 생활 즐기기	17
(나) 가족 구성원의 가사 노동 분담	16
(다) 육아에 대한 부담 줄이기	25
(라) 일에 대한 전문성 갖기	24
(마) 능력과 업무에 따른 공정한 보상	18
계	100

① (가)를 활용하여 여가를 즐길 수 있는 시설을 확충해야 한다고 주장한다.
② (나)를 활용하여 가사 노동은 남성들이 전담하게 하는 법적 장치가 필요하다고 주장

한다.
③ (다)를 활용하여 일하는 여성들을 위해 어린이집 등 육아 시설을 확충해야 한다고 주장
   한다.
④ (라)를 활용하여 여성이 전문직업교육을 받을 수 있는 교육 체계를 갖추어야 한다고 주
   장한다.
⑤ (마)를 활용하여 능력과 업무에 따른 급여 체계와 진급 기회를 보장하게 하는 제도가
   필요하다고 주장한다.

〈문제 73〉 아래의 〈보기〉는 '건전한 결혼 문화 조성'을 촉구하는 글의 개요이다. 추가할 내용으로 적절
         한 것은?

――――――――――――――― 〈 보 기 〉 ―――――――――――――――

Ⅰ. 서론 : 우리의 결혼 문화 실태
Ⅱ. 본론 :
   1. 과소비적인 결혼 문화의 원인
      가. 과소비를 추구하는 개인 심리
      나. 허례허식을 조장하는 사회적인 분위기
   2. 과소비적인 결혼 문화의 문제점
      가. 가정 경제에 부담을 줌
      나. 결혼 본래의 의미 퇴색
   3. 과소비적인 결혼 문화의 해결 방안
      가. 사회지도층 및 공직 사회의 솔선수범
      나. 사회 단체가 주도하는 건전 혼례 실천 운동 강화
Ⅲ. 결론 : 건전한 결혼 문화 조성을 위한 노력의 필요성 강조

① 서론 부분에서 건전한 결혼 문화 조성을 위한 법률 제정의 필요성을 강조한다.
② 본론 1에서 과소비적인 결혼 문화로 인해 계층간 위화감 이 조성됨을 지적한다.
③ 본론 2에서 질 높은 무료 예식장을 제공하는 방안을 제시한다.
④ 본론 3에서 언론 매체를 통한 건전 혼례 실천 운동 방안을 제시한다.
⑤ 결론에 결혼식 축하 화환에 대한 소비자 만족도 조사를 통계로 제시한다.

〈문제 74〉 개요를 작성한 뒤, 관련 자료 두 가지를 더 접하였다. 이를 함께 활용하여 개요의 내용을
         구상해 본 것으로 적절하지 않은 것은?

〈제목〉 청소년의 바람직한 인터넷 사용
Ⅰ. 서론 : 인터넷의 급속한 대중화
Ⅱ. 본론
 1. 청소년의 인터넷 이용 실태 분석
  가. 청소년의 인터넷 이용 양상   나. 청소년의 인터넷 이용 특징
 2. 인터넷 사용의 기능과 효과
  가. 인터넷 사용의 순기능   나. 인터넷 사용의 역기능
 3. 청소년의 바람직한 인터넷 사용 방안
  가. 개인적 차원   나. 사회적 차원
Ⅲ. 결론 : 청소년의 바람직한 인터넷 사용을 위한 자세 확립

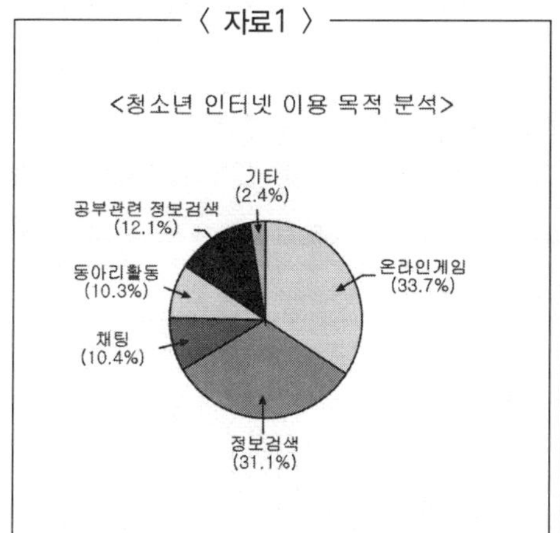

〈 자료2 〉

최근 한 유명 신작 영화가 개봉도 되기 전에 인터넷상에서 유포되어 물의를 일으키고 있다. 이전에도 대중 가요의 음악 파일들이 개인 인터넷 사용자들 간에 불법으로 공유되어 많은 문제를 야기한 적이 있었다. 수시로 발생하는 이런 문제들을 해결하기 위해서 근본적인 대책 마련이 시급하다.

         - ○○일보 -

① 서론에 '인터넷의 급속한 확산이 불러오는 부작용'에 관한 내용을 제시하여 문제를 제기한다.
② 본론1의 '가'에 '인터넷의 다양한 활용 가능성'이라는 내용을 제시한다.
③ 본론2의 '나'에 '인터넷 게임 중독의 폐해'에 대한 구체적 사례를 추가한다.
④ 본론3의 '가'에 '정보통신 윤리 의식 고취의 중요성'을 인식시킬 수 있는 내용을 추가한다.
⑤ 본론3의 '나'에 '지적 재산권 침해로 인한 개인의 경제적 손실'을 부각시킨다.

〈문제 75〉〈보기〉는 설문 조사의 결과를 정리한 것이다. 이를 활용하여 '주 5일제 수업의 확대 실시에 따른 문제 해결 방안'이란 보고서를 쓸 때, 이에 포함될 내용으로 적절하지 않은 것은?

〈보기〉

● 질문 : 주 5일제 수업을 확대 실시하고자 할 때, 예상되는 문제점은 무엇이라고 생각하십니까?
● 주요 답변
   - 학생들의 학력이 저하될 우려가 있다.
   - 평일의 수업 시간이 늘어나 학생들에게 부담이 될 수 있다.
   - 학부모의 인식 부족으로 과외 수업비의 지출이 증가될 가능성이 있다.
   - 사회의 교육 기반 시설이 부족하기 때문에 학생들이 유해 환경에 노출될 가능성이 높다.
   - 학생만 집에 남게 되는 맞벌이 가정에서 생활 지도에 공백 상태가 발생할 수 있다.

① 평일의 수업 부담이 늘지 않도록 주 5일제 수업에 맞게 법정 수업 일수 및 수업 시수를 조정할 필요성을 지적한다.
② 일본, 중국 등 주변 국가가 이미 주 5일제 수업을 실시하고 있다는 점을 밝히고, 이 제도의 도입을 더 이상 미룰 수 없음을 지적한다.
③ 토요 휴업일에 학생들이 건전하게 체험을 쌓을 수 있는 놀이, 문화, 체험 학습 공간과 교육 프로그램의 확충이 필요함을 지적한다.
④ 학생의 건전한 성장을 위해서는 지식 위주의 교과 학습뿐 아니라, 폭넓은 체험 학습이 필요하다는 사실을 인식하도록 부모들의 인식 전환을 촉구한다.
⑤ 교육 당국이 가정에서의 정상적인 휴업일 활동이 어려운 학생들을 조사하여 부모가 있

는 가정과의 결연을 유도해 주거나, 학교에서 특별 활동을 하는 보완책을 마련하도록 촉구한다.

〈문제 76〉'남녀 출생 성비의 불균형을 해소하기 위한 방안'을 주제로 글을 쓰기 위해 생각해 본 내용을 정리한 것이다. 논지 전개 과정으로 보아 〔A〕에 들어갈 내용으로 적절하지 않은 것은?

논지 전개 과정	주요 내용
무엇이 문제인가?	남녀 출생 성비의 불균형이 계속되고 있다.
문제의 원인은?	•남아(男兒)를 선호하는 전통적 의식 구조가 지배적이다. •남녀를 차별하는 사회 제도가 많다.
문제 해결을 위한 방향은?	•국민 의식을 변화시킬 홍보 교육 활동을 강화한다. •양성 평등 사회를 제도적으로 구현한다.
구체적인 방안은?	〔A〕

① 학교 교과과정에서 양성 평등의 성 역할에 대한 교육을 강화한다.
② 남성 중심의 호주제를 폐지하고, 자녀들이 어머니의 성(姓)도 따를 수 있게 한다.
③ 여성의 사회 참여를 촉진하기 위하여 유아 보육 시설을 확충하고 운영 방법을 개선한다.
④ 직장에서 성 차별을 하지 못하도록 법률을 제정하여 여성의 사회 활동을 제도적으로 지원한다.
⑤ 각종 언론 매체를 통해 성비의 불균형이 초래할 부작용을 지적하고, 남아 선호 의식을 개혁할 필요성을 강조한다.

〈문제 77〉'청년 실업, 이래도 좋은가'라는 주제로 연재 기사를 쓰기 위해 글감을 수집하고 조직하는 과정을 나타낸 것이다. 적절하지 않은 것은?

| 수집하기 | ㄱ. 상당수의 청년층이 취업 의사와 일할 능력은 있으나, 스스로 일자리 구하기를 포기하고 있다.
ㄴ. 실업 상태가 계속되면 취업하려는 의지와 근로 의욕이 약화된다.
ㄷ. 청년 실업률이 2002년 6.5%에서 2003년 8.7%로 증가했다.
ㄹ. 이공계 졸업자들의 취업난이 심화되면 이공계 기피 현상이 확산되어, 산업 인력 공급에 심각한 불균형을 초래할 우려가 있다.
ㅁ. 고용 인원수가 적은 첨단 업종 위주로 산업구조가 개편되고 있다.
ㅂ. 기업은 신규 사원보다는 경력직 사원을 선호하는 경향이 있다.
ㅅ. 최근 들어 청년들이 '가치 있는 일'보다 '편하고 쉬운 일'을 찾는 경향이 심화되었다.
ㅇ. 대졸자 수가 급증하고 있다.
ㅈ. 청년 실업이 지속되면 성장잠재력을 잠식하는 주된 원인으로 작용할 우려가 있다. |

| 조 | 〈1회〉 |

<table>
<tr><td rowspan="9">직
하
기</td><td>제목 : 청년 실업, 방관할 문제가 아니다
- ㄱ, ㄷ ⓐ</td></tr>
<tr><td>〈2회〉</td></tr>
<tr><td>　　제목 : 청년 실업률 증가, 그 원인은 무엇인가
- 개인 차원 : ㅂ, ㅅ　　　ⓑ
- 사회 차원 : ㅁ　　　　　ⓒ</td></tr>
<tr><td>〈3회〉</td></tr>
<tr><td>　　제목 : 청년 실업률 증가에 따른 부작용은 무엇인가
- 개인 차원: ㄴ　ⓓ
- 사회 차원: ㄹ, ㅈ　　　ⓔ</td></tr>
</table>

① ⓐ : 'ㄱ'과 'ㄷ'은 내용상 서로 밀접한 관련이 있으므로 연계하여 다룬다.
② ⓑ : 'ㅂ'은 사회 차원의 내용이므로 〈2회〉의 '사회 차원'으로 옮긴다.
③ ⓒ : 'ㅇ'은 사회 차원의 원인에 해당되므로 'ㅁ'에 이어 'ㅇ'을 추가한다.
④ ⓓ : 'ㄴ'은 실업 문제의 심각성을 부각시키므로 ⓐ에서도 활용한다.
⑤ ⓔ : 'ㅈ'은 '청년 실업에 따른 부작용'과는 관련이 없으므로 삭제한다.

〈문제 78〉 '학생들의 봉사활동을 내실화하자'는 주제로 글을 쓰기 위해 생각해 본 내용을 정리한 것이다. 논지 전개 과정으로 보아 〔A〕에 들어갈 내용으로 적절하지 않은 것은?

논지 전개 과정	주요 내용
무엇이 문제인가?	학생들이 봉사활동을 형식적으로 하고 있다.
문제의 원인은?	◦ 봉사활동을 평가하는 기준에 문제점이 있다. ◦ 학생들이 봉사활동의 가치를 알지 못하고 있다.
문제 해결을 위한 방향은?	◦ 기존의 봉사활동 평가가 가지고 있는 문제점을 보완한다. ◦ 학생들이 스스로 봉사활동의 가치를 깨닫도록 한다. ◦ 봉사활동의 가치를 알리는 홍보활동과 교육활동을 전개한다.
구체적인 방안은?	〔A〕

① 봉사활동을 시간 위주로 평가하던 것을 봉사활동 내용도 함께 평가하도록 한다.
② 학교와 지역 봉사활동 기관이 연합하여 학생들에 대한 봉사활동 교육을 강화한다.
③ 학생들이 봉사활동에 직접 참여하여 봉사활동의 가치를 깨달을 수 있는 체험 봉사활동 프로그램을 많이 보급한다.
④ 학생들이 봉사활동을 할 수 있는 장소를 늘려서 손쉽게 봉사활동에 참여할 수 있도록 한다.
⑤ 봉사활동의 가치를 알리는 공익 광고 캠페인을 전개하여 봉사활동에 대한 학생들의 인식을 바꾸도록 한다.

〈문제 79〉〈보기〉와 같이 개요를 구상한 뒤 관련 자료 두 가지를 더 접하였다. 자료의 활용 방안으로 적절하지 않은 것은?

〈 보 기 〉

〈제 목〉 주5일 근무제의 효율적 활용
 Ⅰ. 서론 : 실태 및 현황
 Ⅱ. 본론
　1. 주5일 근무제 시행의 의미
　2. 주5일 근무제의 장·단점
　　가. 주5일 근무제의 장점
　　나. 주5일 근무제의 단점
　3. 주5일 근무제의 활용 방안
 Ⅲ. 결론 : 요약 및 정리

〈자료1〉

·주5일 근무제에 대해 어떤 생각을 갖고 계십니까?

㉠ 주5일 근무제는 노동과 생산성을 중시하던 근로형 사회에서 개인의 삶의 질을 중시하는 여가형 사회로의 변화를 의미합니다.
- ○○○ 교수

㉡ 주5일 근무제로 여가 활동에 대한 관심이 높아질 것을 예상하여 관광·레저 사업을 새로이 구상하고 있습니다.
- ○○○ 사업가

㉢ 주5일 근무제로 주중 업무량이 증가하여 오히려 주말에 피곤함을 느낍니다.
- ○○○ 회사원

〈자료2〉

·주5일 근무제가 실시되면 주말에 무엇을 할 계획입니까?

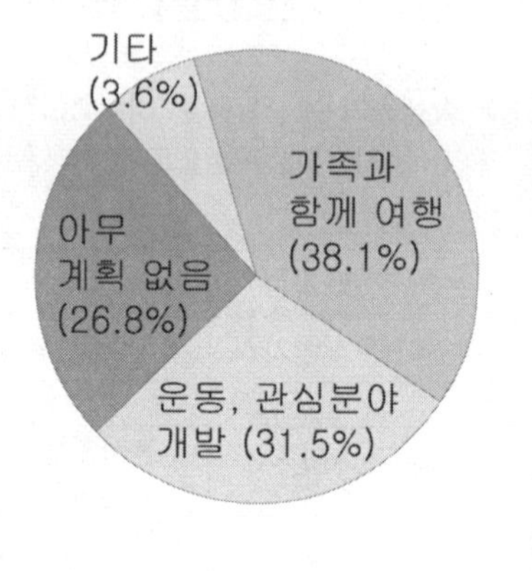

① 본론 1에 〈자료1〉의 ㉠을 참고하여 주5일 근무제 시행이 우리 사회의 변화에 미치는 영향을 부각시킨다.
② 본론 2-가에 〈자료1〉의 ㉡을 참고하여 다양한 경제 활동 참여로 계층 간의 갈등을 극복할 수 있음을 강조한다.
③ 본론 2-나에 〈자료1〉의 ㉢을 참고하여 주5일 근무제가 주중 업무량의 증가로 근로자에게 부담이 될 수도 있음을 지적한다.
④ 본론 3에 〈자료2〉를 참고하여 내실 있는 여가 생활을 이끌 수 있는 다양한 프로그램 개발의 필요성을 제안한다.
⑤ 결론에 〈자료1〉-㉠과 〈자료2〉를 참고하여 바람직한 여가 활동의 조기 정착을 강조한다.

〈문제 80〉〈보기〉는 '장례 문화의 개선'이란 제목으로 글을 쓰기 위해 작성한 개요이다. ㉠∼㉤을 구체화한 내용으로 적절하지 않은 것은?

```
───────────────── 〈보 기〉 ─────────────────

    서론 : 화장보다는 매장을 선호하는 우리 현실 …… ㉠
    본론
        가. 매장으로 인한 폐단
           ·산림 훼손
           ·국토의 비효율적 활용 …………………… ㉡
        나. 화장의 장점
           ·산림의 보존 ………………………………… ㉢
           ·국토의 효율적 활용
        다. 화장 장려 대책
           ·지도층의 솔선수범 ……………………… ㉣
           ·적극적 계몽 활동……………………………… ㉤
    결론 : 매장보다는 화장을 장려해야 한다.
```

① ㉠ : 전통적인 유교 가치관과 풍습을 원인으로 제시한다.
② ㉡ : 국토 중 묘지가 차지하는 비율이 해마다 증가하고 있다는 것을 도표로 보여 준다.
③ ㉢ : 묘지에 심을 수 있는 나무의 종류를 열거한다.
④ ㉣ : 정치인과 기업인의 화장 사례를 인용한다. 화장을 권장하는 강연회를 개최하는 등의 방안을 제시한다.
⑤ ㉤ : 화장을 권장하는 강연회를 개최하는 등의 방안을 제시한다.

〈문제 81〉 개요에 맞게 글감을 활용하는 방안으로 적절하지 않은 것은?

개요	글감
주제: 책을 멀리하는 현실에서 독서를 생활화하기 위한 방안	㉠ '하루라도 글을 읽지 않으면 입 안에 가시가 생긴다.'는 명언
1. 서론	
2. 책을 멀리하는 원인	㉡ 인터넷 보급으로 인한 전자 정보화 경향
가. 사회적 풍조	
나. 개인적 차원	㉢ 인격 형성과 교양 축적에 대한 관심 증대
3. 독서 생활화의 필요성과 방안	㉣ 직무에 필요한 지식과 정보 습득
가. 필요성	
나. 방안	㉤ 독서 시간표 작성, 독서 시간 점검, 추천 도서 목록 활용
4. 결론	

① ㉠은 '1'에서 독서 생활화를 강조하는 글감으로 활용한다.
② ㉡은 '2-가'에서 책을 멀리하게 된 사회적 원인으로 언급한다.
③ ㉢은 '2-나'에서 책을 멀리하게 된 개인적 원인으로 언급한다.
④ ㉣은 '3-가'에서 독서가 필요한 이유로 제시한다.
⑤ ㉤은 '3-나'에서 독서 생활화를 위한 구체적 방안으로 제시한다.

〈문제 82〉 아래의 채팅 장면을 글감으로 사용했을 때 주제로 가장 적절한 것은?

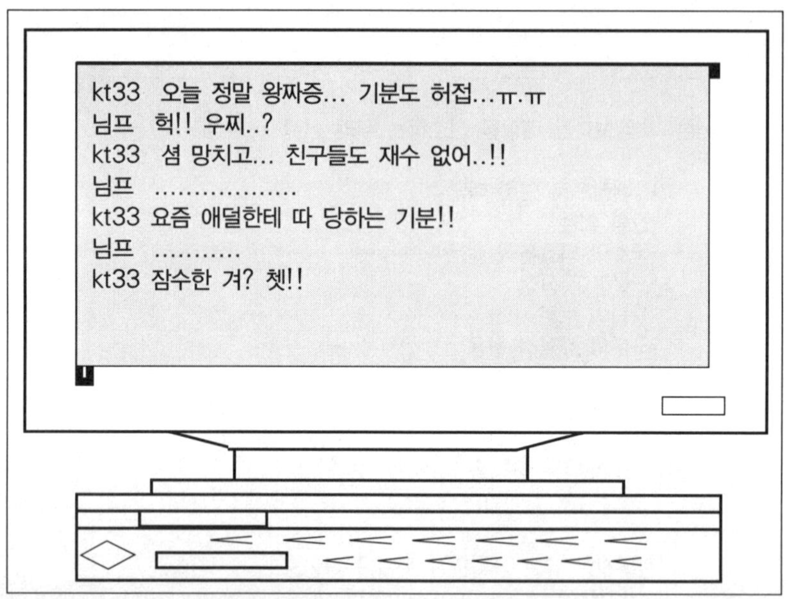

① 서로 양보하는 학교 생활의 필요성

② 친구와의 우정과 올바른 학교 생활

③ 신세대 언어의 긍정적인 효과와 보급 방안

④ 언어 순화를 통한 올바른 의사소통의 필요성

⑤ 부적응 학생에 대한 지속적인 교육 프로그램의 마련

〈문제 83〉'스크린쿼터'에 관한 글을 쓰기 위해 수집한 글감을 다음과 같은 방식으로 정리하였다. 적절하지 않은 것은?

문제 상황	스크린쿼터란 연간 일정 일수를 정해서 영화관에서 자국 영화를 의무적으로 상영하도록 한 제도이다. 현재 우리 나라는 이 제도 때문에 한미투자협정을 체결하지 못하여 수출과 투자 유치에 어려움을 겪고 있다.		
주장	① 스크린쿼터를 폐지하거나 의무 상영 일수를 현재 146일에서 절반 이하로 줄여야 한다.	반론	③ 스크린쿼터는 최소한 현행대로 유지되어야 한다.
근거	② 우리 영화는 시장점유율 면에서 해외 영화에 맞설 정도로 자생력을 갖추었다.	근거	④ 미국과의 자유무역협정 체결을 위해 스크린쿼터를 축소한 멕시코는 현재 영화 산업이 몰락지경에 있다.
종합 의견	⑤ 영화 산업은 디지털 첨단 정보 기술과 결합하여 21세기 국가 경쟁력을 결정짓는 전략 산업이 될 것이다.		

〈문제 84〉 '흡연과 건강'에 관한 글을 쓰기 위해 '개요'를 작성한 뒤, 〈보기〉에 제시된 관련 자료를 추가로 얻었다. 추가 자료를 활용하는 방안으로 적절하지 않은 것은?

〈개요〉

제목 : 흡연과 건강
·서론 : 흡연은 건강을 해치는 주된 요인임
·본론 1. 우리 나라의 흡연 실태
　　　　가. 15세 이상 인구의 흡연율에서 우리 나라가 세계 1위임
　　　　나. 남성 흡연율은 감소하나 여성 흡연율은 증가 추세임
　　　2. 흡연의 폐해
　　　　가. 담배는 건강에 매우 해로움
　　　　나. 담배는 흡연자의 수명을 단축시킴
·결론 : 지속적이고 강력한 금연 운동이 중요함

〈보기〉

▶자료 1 : 청소년의 흡연율(단위:%)

조사 연도	고등학생		중학생	
	남	여	남	여
1988	23.9	2.4	2.7	-
1999	32.6	7.5	6.2	3.1

▶자료 2 : 흡연에 관한 각종 통계
　㉠ 폐암의 90%, 만성 폐질환의 75%, 심장 질환의 25%는 흡연으로 인해 발생하고 흡연자가 비흡연자보다 구강암 13배, 후두암 11.5배, 식도암 6.4배나 암 발생율이 높다.
　㉡ 전 세계에서 8초당 1명씩 흡연으로 사망한다. (연간 약 400만 명 추산)
　㉢ 부모가 흡연하면 자녀는 1년에 80개비 이상의 담배를 피우는 결과가 된다.
▶자료 3 : 흡연자들이 독성 물질을 낮춘 순한 담배를 피우면 니코틴 부족분을 보충하기 위해 담배를 자주 피우게 되고 무의식적으로 담배 연기를 더 깊이 빨아들이는 것으로 조사되었다

① '자료 1'을 활용하여 '본론1 - 나'를 '남성 흡연율은 감소하나 여성 및 청소년의 흡연율은 증가하는 추세임'으로 수정한다.
② '자료 2'의 ㉠을 활용하여 '본론2 - 가'를 '담배는 각종 질병의 원인이 됨'이라는 항목으로 수정한다.
③ '자료 2'의 ㉡을 '서론'에 추가하여 독자의 관심을 불러일으키도록 한다.
④ '자료 2'의 ㉢을 활용하여 '본론2'에 '간접 흡연의 폐해도 심각함'이라는 항목을 따로 만들어 넣는다.
⑤ '자료 3'을 활용하여 '본론2'의 다음에 '흡연의 폐해를 줄이는 대책'이라는 항목을 추가한다.

<문제 85> (가)와 같은 계획에 따라 (나)의 광고를 만들었다. ㉠에 들어갈 표제어로 적절한 것은?

① 당신만의 자랑, 사랑을 담고 있는 헌혈 카드를 만드십시오.
② 온갖 카드 다 버려도 사랑의 헌혈 카드는 꼭 간직하고 싶습니다.
③ 수많은 카드보다 당신을 더욱 돋보이게 하는 진짜 카드가 있습니다.
④ 다른 사람을 위한 카드보다 나만을 위한 카드가 많은 것은 아닙니까?
⑤ 다른 카드보다 가치 있는 헌혈 카드, 자식에게 물려주면 좋지 않을까요?

※ 위 문제는 "언어영역"(한국교육과정평가원 · 시도교육청, 2002-5)을 정리한 것임.

정답

1.⑤ 2.④ 3.③ 4.① 5.② 6.③ 7.④ 8.④ 9.② 10.② 11.④ 12.③ 13.① 14.④ 15.④
16.② 17.④ 18.③ 19.④ 20.③ 21.③ 22.⑤ 23.② 24.② 25.④ 26.① 27.① 28.④ 29.③
30.① 31.③ 32.③ 33.③ 34.⑤ 35.② 36.③ 37.② 38.① 39.④ 40.② 41.④ 42.④ 43.①
44.③ 45.⑤ 46.④ 47.③ 48.④ 49.② 50.④ 51.⑤ 52.③ 53.① 54.① 55.① 56.④ 57.④
58.④ 59.④ 60.② 61.③ 62.⑤ 63.② 64.④ 65.④ 66.③ 67.④ 68.③ 69.③ 70.④ 71.⑤
72.② 73.④ 74.⑤ 75.② 76.③ 77.⑤ 78.④ 70.② 80.③ 81.③ 82.④ 83.⑤ 84.⑤ 85.③

제3부
듣기와 말하기

제1장 듣기

올바른 듣기의 중요성

언어의 기본적인 기능은 의사소통이다. 올바른 의사소통이 이루어지기 위해서는 무엇보다, 듣는 이의 태도가 중요하다. 잘 들어야만 말하는 이의 의도를 정확히 이해할 수 있고, 따라서 적절한 화법을 구사할 수 있기 때문이다. 이처럼 '듣기'는 다른 사람의 말을 듣고 그 내용을 자신의 생각으로 정리하여 이해하는 정신의 과정이라 할 수 있다.

1. 바른 듣기를 위한 전제

(1) 주의를 집중하라

바르게 듣기 위해서는 무엇보다 주의를 집중하여 들어야 한다. 말과 글은 동일한 언어 구조로 이루어져 있으나 글이 기록으로 남고, 말은 말하는 순간 흩어진다는 결정적인 차이가 있다. 때문에 주의를 집중하여 듣지 않으면 말하는 내용이 무엇인지, 그 의도와 진위 여부에 대한 판단이 쉽게 이루어질 수 없다.

다음으로, 말하는 이를 인정하며 들어야 한다. 상대방에 대한 편견이나 선입견을 가진 상태에서는 전달되는 말이 왜곡될 수밖에 없기 때문이다. 상대방을 대화의 협력자로 생각하며 상대방의 입장을 고려하는 것이 바르게 듣기 위한 첫발이다.

또한 전달되는 내용을 흘려보내지 말고, 그 뜻을 판단하며 듣는 것도 바르게 듣기 위한 방법이다. 말하는 이의 의도를 파악해야 하고 내용 중에 사실과 의견을 구분하며 들어야 한다. 또한 핵심 내용과 뒷받침 내용이 무엇인지를 구분해야 하며, 전달되는 내용이 옳고 그른지를 판단해야 한다. 이를 위해서는 평소 메모하는 습관을 기르는 것이 좋다.

바르게 듣기의 원칙

> 1. 주의를 집중하면서 들어라.
> 2. 상대방을 인정하면서 들어라.
> 3. 내용을 판단하면서 들어라.

(2) 판단하면서 들어라

제시문의 제목이나 첫 문장을 듣고, 앞으로 듣게 될 내용을 미리 예측해 보자. 중요한 내용과 중요하지 않는 내용을 구별하기가 쉽고, 흩어진 내용들을 연관하여 이해할 수 있기 때문에 예측하며 듣기는 매우 중요하다. 평소 신문이나 책을 읽을 때, 제목이나 첫 문장을 보고 그 내용을 예측하는 습관을 길러보자.

또한 내용의 조직을 파악하면서 들으면 효과는 배가 된다. 내용을 한눈에 파악하면서 그 관계를 체계적으로 이해할 수 있기 위해, 들은 내용을 순차적으로 나열하고 그 내용을 구조적으로 재정리하는 것이 좋다.

마지막으로 내용을 종합하면서 들어야 한다. 내용을 종합하며 들으면 중요한 정보를 놓치는 것을 피할 수 있다는 장점이 있다. 이는 핵심 파악, 의도 파악, 논지 종합의 세 단계를 거친다. 다시 말해, 말하는 내용의 핵심이 무엇인지, 말하는 이의 의도가 무엇인지를 파악하며 전체 논지를 종합한다. 부언하자면, 듣는 내용을 체계적으로 이해하고 오래 기억하기 위해서는 내용을 메모하며 듣는 것이 좋다.

판단하면서 듣기 과정

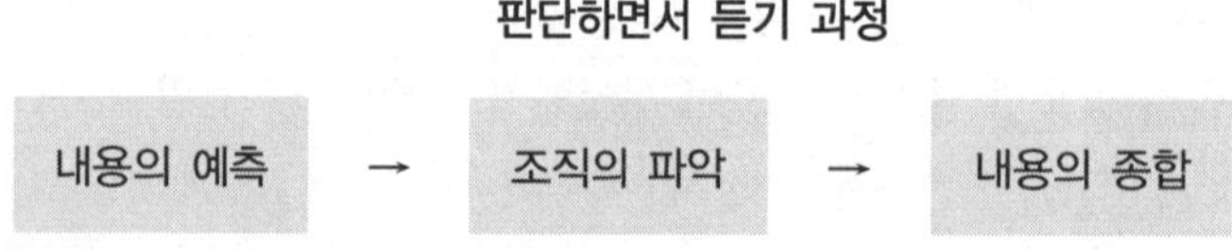

2. 듣기의 다섯 가지 유형

(1) 주제 파악

바른 듣기를 위해서는 무엇보다 주제를 파악해야 한다. 주제 파악은 말하는 이가 무엇에 대해 말하고 있는지, 그리고 핵심 주제가 무엇인지를 아는 것이다. 이를 위해서는 우선 말하는 이의 발화 내용을 사실과 의견으로 구분하면서 들어야 한다. 특히 의견을 내세우는 경우 말하는 이들이 어떠한 견해를 보이고 있는지를 정확하게 적어가면서 말하는 이가 궁극적으로 무엇을 말하고 있는 지를 생각한다.

(2) 태도와 관점의 파악

말하는 이는 자신이 말하고 있는 대상에 대해 일정한 관점을 취하게 된다. 말하는 이는 말할 때 그것에 대한 자신의 감정을 포함하여 그 사실에 대한 진위여부, 그 상황에 대한 특정한 태도를 갖게 마련이다. 전달되는 내용의 정확한 의미를 알기 위해서는 말하는 이의 태도가 무엇인지를 아는 것도 매우 중요하다. 이를 위해서는 우선, 말하는 이가 구체적으로 설명하고 있는 대상이 무엇인지를 파악해야 한다. 그리고 말하는 이가 그것에 대해 긍정적인 태도를 보이고 있는지 또는 부정적인 태도를 보이고 있는지를 알아야 하며, 이를 통해 말하는 이가 자신의 말을 통해서 드러내려는 목적이 무엇인지를 파악한다.

(3) 말의 전제와 내용 파악

말하는 내용이 무엇인지를 알기 위해서는 말하는 이가 어떠한 말을 하기에 앞서 제시하는 상황이나 사실 등을 파악하는 것이 좋다. 말하는 이가 인정하는 사실이 무엇인지를 알고, 이를 통해 강조하는 사항, 주장하는 내용 등이 무엇인지를 파악한다. 그리고 말하는 이가 강조하거나 주장하고 있는 사실에 대해 어떤 이유나 근거를 제시하는지도 곰곰이 따져보자. 그리고 말하는 이들이 서로 공통적으로 인정하는 것과 서로 차이를 보이는 것이 무엇인지를 구별하는 것도 포함된다.

(4) 제시문의 응용

제시문의 응용은 내용 파악과 그것의 응용이라는 두 가지 문제가 섞인 것이다. 말하는 이가 말하고 있는 대상이 무엇인지, 그리고 그 내용이 어떠한 상황에서 이루어진 것인지를 파악한다. 그리고 그러한 내용을 구체화할 수 있는 방안이 무엇인지, 또 다른 상황에 대응시킬 사례는 어떤 것이 있을 수 있는지를 적용한다. 이를 위해서는 말하는 대상에 대해 말하는 이의 태도가 긍정적인지, 부정적인지를 알아야 하며, 또한 말하는 이가 강조하거나 주장하는 것에 대한 이유와 근거를 파악해야 한다. 각 선택지의 내용을 파악한 다음, 말하는 이가 언급한 대상과의 유사성 여부를 판단하는 것도 중요하다.

(5) 반응의 적절성과 말하기 방식

'반응의 적절성'에 대한 것은 말하는 대상에 대한 말하는 이의 태도나 감정을 파악한 다음, 말하는 이의 태도나 감정이 옳은 것인지의 여부를 평가하고, 말하는 이가 언급한 내용을 통해서 청자나 일반인들이 얻을 수 있는 교훈적인 내용이 어떠한 것인지를 정확하게 판단을 한다. 그리고 '말하기 방식'에 대한 것은 말하는 이가 어떠한 방식을 통해서 대상에 대해 구체적으로 설명하는지, 자신의 주장을 어떠한 방식을 통해서 드러내는지, 말하는 이의 어조는 어떠한지, 그리고 말하는 이가 말을 하면서 논리적인 오류를 범하고 있지는 않은지 등을 바르게 판단한다.

〔물음〕 이제 여러분은 텔레비전 뉴스를 듣게 됩니다. 잘 듣고 물음에 답하십시오.

(시그널 음악)

앵커(남) : 못 쓰는 거실 커튼, 해진 청바지, 또 장롱 깊숙이 넣어둔 한복 등도 얼마든지 멋진 옷, 소품으로 깜짝 변신이 가능합니다. 재활용품을 활용한 의상 패션쇼 현장으로 이소영 기자가 안내합니다.

기자(여) : 이 옷들은 모두 못쓰는 천들을 재활용해 만든 것들입니다. 못쓰는 거실 커튼이 아이의 예쁜 드레스로 탈바꿈했고, 입지 않는 청바지는 가방으로 새롭게 태어났습니다. 묵혀둔 한복 치마가 남성들의 윗도리와 바지로 변신했습니다. 행사에 오신 한 분의 반응을 직접 들어 보겠습니다.

시민(남) : 보기에는 다소 어색했지만 직접 입어 보니 느낌이 다릅니다. 부담감이 없고 편해서 평소에도 입을 만한 옷이라 생각해요.

앵커 : 이소영 기자! 옷을 만드는 데 비용이 많이 들지는 않나요?

기자 : 못 쓰는 옷을 수선해 새로운 옷으로 재활용을 하는 데에 드는 비용은 새 옷의 십분의 일 정도입니다. 특히 한복과 청바지, 커튼은 재활용하기 쉬워 비용도 많이 들지 않습니다. 이번 행사에는 재활용 의상 100여 벌이 소개되었습니다.

앵커 : 옷 말고도 일상 생활에서 재활용할 수 있는 자원들이 많이 있지 않습니까?

기자 : 그렇습니다. 생활 속에서 자원 재활용을 실천하는 방법은 무궁무진합니다. 생각을 바꾸거나 실천하기에 따라 우리 주변에 있는, 안 쓰는 물건들이 훌륭한 자원으로 바뀔 수 있습니다. GBS뉴스 이소영입니다.

〈문제 1〉 이 뉴스의 의도를 살려 제작한 공익 광고로 가장 적절한 것은?

① 

먹는 데 10분, 소화시키는 데 100년

② 

정확한 문전 처리, 축구에서만 필요한 것이 아닙니다.

③ 

자랑스런 성형 수술, 모으면 돈이 되어 돌아옵니다.

④ 

돈이라면 남기시겠습니까?

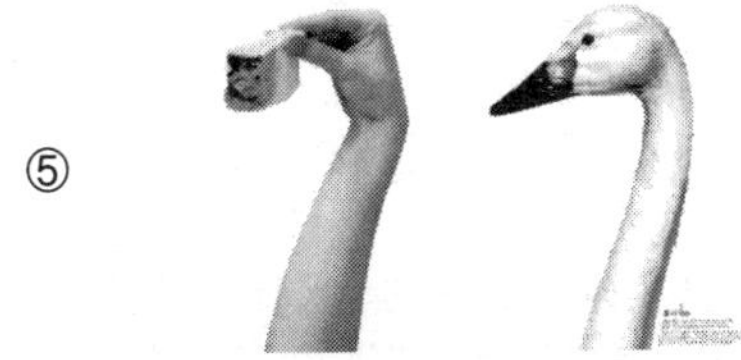

〔물음〕 이번에는 남학생과 여학생의 대화를 들려 드립니다. 잘 듣고 물음에 답하십시오.

　　남학생 : 보연아, 네가 서점엘 다 오고 웬일이니?

　　여학생 : 보면 모르냐? 책 한 권 샀지. 대학에 합격한 선배들의 고3 때 체험을 모은 책인데, 요
즘 애들 사이에서 인기 짱이야. 너, 이 책 읽어 봤니?

　　남학생 : 물론이지. 혹시나 대학 잘 가는 비법을 알 수 있을까 해서 읽어 봤는데, 별로 도움이
안 되더라고. 그리고 좋은 대학에 가기만 하면 뭘 해? 우리말도 제대로 쓸 줄 모르면서.

　　여학생 : 그게 무슨 말이야? 우리말을 쓸 줄 모른다니?

　　남학생 : 책 이리 줘 봐. (책장 넘기는 소리) 여길 좀 봐. "이 전통은 선배들에 의해 만들어졌었
던 것입니다."(책장 넘기는 소리) 또 여기, "교실 문이 잘 열려지지 않는다." 온통 우리말 어법에
맞지 않는 번역투의 표현들이야. 이래도 되는 거야?

　　여학생 : 아니, 그 문장이 뭐가 잘못 됐는데?

　　남학생 : '이 전통은 선배들에 의해 만들어졌었던 것입니다.'가 아니라 '이 전통은 선배들이 만들
었습니다.', '문이 열려지지 않는다.'가 아니라, '문이 열리지 않는다.', 이렇게 해야 우리말다운 표현
이 되는 거야.

　　여학생 : 그래? 하지만 그런 표현은 흔히 쓰고 있잖아. 뜻만 잘 통하면 되지, 뭐가 문제야?

　　남학생 : 뜻만 통한다고 되는 게 아니야. 우리말다운 표현을 써야지. 정말이지 큰일이야. 잘못된
표현을 써서 우리말을 망치고 있는 줄도 모르고 있으니.

〈문제 2〉 남학생이 지적하고 있는 것과 같은 잘못을 범하고 있는 문장은?
　　　　　① 나는 아들을 둘 가지고 있습니다.
　　　　　② 방학 기간 동안 축구를 실컷 찼다.
　　　　　③ 주례 선생님의 말씀이 계시겠습니다.
　　　　　④ 어머니께서 사과와 귤 두 개를 주셨다.
　　　　　⑤ 산과 강을 건너 그 마을에 당도하였다.

〔물음〕 이번에는 강연을 들려 드립니다. 잘 듣고 물음에 답하십시오.

　미켈란젤로가 만든 모세상에는 발등에 기다란 흠집이 하나 있는데요, 그 흠집은 한 조각가의 예
술에 대한 절망의 흔적이라고들 합니다. 미켈란젤로는 모세상이라는 작품을 완성하고 나서 조각의
발등을 끌로 긁으며 "너는 왜 말을 하지 않느냐."라고 울부짖었답니다. 차가운 돌에조차 생명을
불어넣으려 했던, 그의 예술적 열정이 이런 행동을 하게 한 것이죠. 예술을 위해 쏟은 한 예술가의

이같은 열정과 혼신의 노력이 모세상을 영원한 걸작으로 남게 한 것입니다. 예술의 창작에는 이같은 고뇌와 절망, 고통이 따르는 법이죠. 예술 창작을 산모가 아이를 낳는 산고에 비유하는 것도 이 때문입니다.

그런데 아직까지도 우리나라에서 다른 사람의 예술 작품을 도둑질하여 자기 것인 양 내세우는 표절 행위가 사라지지 않고 있어, 개탄스럽습니다. 표절 행위는 도둑질입니다. 자기가 만든 조각품의 발등을 긁으며, 작품에 생명력을 불어넣지 못한 것을 안타까워했던 미켈란젤로. 예술가들이 창작을 위해 쏟아 붓는 그같은 고뇌와 절망을 잊은 채, 작품을 도둑질하는 행위가 진정한 예술가들의 창작 의욕을 꺾고 있습니다.

〈문제 3〉 이 강연에서 연사가 주로 비판하고 있는 것은?

    ① 서양 미술에 대한 맹목적인 추종

    ② 위대한 예술가를 몰라주는 현실

    ③ 다른 사람의 작품을 표절하는 세태

    ④ 복제품을 대량으로 만드는 기술 문명

    ⑤ 훌륭한 예술 작품에 대한 이해의 부족

〔물음〕 이번에는 교양 강좌를 들려드립니다. 잘 듣고 물음에 답하십시오.

안녕하십니까? '조상의 지혜를 찾아서' 두 번째 시간입니다. 오늘은 우리 선조들이 일상 생활 속에서 다양하게 사용해 온 숯에 대해서 말씀 드리겠습니다.

우리 조상들은 아이가 태어나면 대문에 숯을 꽂은 금줄을 칩니다. 장을 담글 때에는 반드시 장독 속에 숯을 띄웠고, 집을 지을 때에는 땅 속에 숯을 묻었습니다. 이처럼 우리 조상들은 늘 숯을 가까이 했던 것이죠. 이것은 막연한 미신이나 그저 전해 내려오는 풍습 때문만은 아닙니다. 여기에는 우리 조상들의 지혜와 슬기가 담겨 있습니다.

금줄에 숯을 꽂아 두면 주위에 음이온이 증가하게 되죠. 이 음이온은 병균의 활동을 억제하여 병에 감염되기 쉬운 산모를 보호하는 역할을 했던 것이죠. 또 된장은 누구나 알고 있듯이 발효 식품입니다. 발효를 시키려면 미생물이 있어야 합니다. 그런데 숯에는 미세한 구멍이 아주 많은데, 이 구멍에서 우리에게 유익한 미생물은 살 수 있지만, 덩치가 큰 해로운 미생물은 살 수가 없죠. 발효를 돕는 유익한 미생물의 서식지를 숯이 제공하는 셈이죠.

숯의 효능은 이것만이 아닙니다. 얼마 전 세계 문화 유산으로 지정된 팔만대장경은 만들어진 지 칠백년이 넘었습니다. 그런데도 신비에 가깝다고 할 만큼 원형을 그대로 유지하고 있습니다. 그 비결도 바로 숯에 있었던 것입니다. 팔만대장경이 보관된 장경각 밑에는 많은 양의 숯을 묻어 두었습니다. 숯은 습도가 높으면 수분을 흡수하고, 너무 건조하면 수분을 방출하여 적절한 습도를 유지하게 해 줍니다. 경판이 원형대로 보존될 수 있었던 까닭이 여기에 있었습니다.

또, 우리 조상들은 우물을 만들 때도 우물 바닥에 숯을 깔았습니다. 우물에 숯을 깔면 숯에 많이 포함되어 있는 미네랄 덕분에 물맛이 좋아지는 것은 물론이고, 숯에 있는 무수한 구멍이 이물질을 흡착하여 물을 맑고 깨끗하게 만들어 주었던 것이죠.

이렇게 우리 조상들은 숯을 매우 유용하게 활용하는 지혜를 가졌던 것입니다.

다음 시간에는 한복에 담긴 우리 조상들의 지혜에 대해 말씀드리겠습니다. 안녕히 계십시오.

〈문제 4〉 강사가 제시한 숯의 효능이 아닌 것은?

    ① 나쁜 냄새를 제거한다.

    ② 주위의 습도를 조절한다.

③ 병균의 활동을 억제한다.
④ 우물물을 맑고 깨끗하게 해 준다.
⑤ 발효를 촉진하는 환경을 조성한다.

〔물음〕 이번에는 영화 평론가와의 방송 대담을 들려 드립니다. 잘 듣고 5번과 6번의 두 물음에 답하십시오.

사회자 : 김 선생님, 선생님께서는 요즘 폭력배가 주인공이 되어 코믹한 액션을 펼치는 소위 '조폭' 영화들은 흥행에 성공하고, 평론가들이 좋다고 평한 영화는 흥행에 실패하는 현상에 대해 어떻게 생각하십니까?

평론가 : 그런 현상의 근본 원인은, 사람들이 복잡하고 힘겨운 세상살이를 하고 있다는 데 있습니다. 요즘 들어 경제나 정치, 사회상이 무척 골치 아프잖아요. 그래서인지 영화를 고를 때 스트레스를 해소할 수 있는 것을 고르게 되는 것이죠. 진지하게 삶의 의미를 성찰하기보다 그저 한두 시간이라도 단순히 즐길 수 있기를 바라는 거예요. 즉 대중들이 영화를 예술로서가 아니라 오락의 일종으로 이해하고 있기 때문이라는 거죠. 그래서 '조폭' 영화의 흥행 성공이 전 바람직한 현상이 아니라고 봅니다.

사회자 : 그렇군요. 그런데 '조폭' 영화가 흥행에 성공한 것은 그만큼 우리 영화가 발전한 증거라는 견해도 있습니다. 그리고 영화는 본질적으로 예술이라기보다 오락이 아닌가요?

평론가 : 사회자도 제가 걱정하는 관객 중 한 분이시네요. 영화란 인간의 삶을 소재로 삶이란 무엇인가, 나의 삶은 가치로운가 등을 성찰하게 만드는 그런 예술입니다. 그런데 요즘 대중들은 영화를 오락으로만 즐기려 해요. 그리고 영화계 사람들이 이를 적극 이용하고 있구요. 이걸 우리 영화가 발전하는 모습이라고 하긴 곤란하죠. 전 '조폭' 영화들은 영화가 아니라고 생각합니다.

사회자 : 하지만 대중들은 심각한 영화를 보기 싫어합니다. 현실도 괴로운데 영화까지 그 괴로움을 새삼 일깨워준다면 그런 영화를 누가 보러 가겠습니까?

평론가 : 전 '조폭' 영화가 흥행에 성공하는 것을 보면서 인터넷에 음란물이 넘쳐나는 현상을 떠올립니다. 인터넷은 대중들의 삶의 질을 높일 수 있는 훌륭한 도구라고 봐요. 그런데 대중들은 인터넷을 오락의 도구로만 이해하려 해요. 영화도 마찬가지입니다. 이제는 대중들도 삶을 성찰하는, 진지한 메시지가 담긴 좋은 영화를 외면해서는 안 됩니다. 그런 메시지를 받아들일 자세를 갖추어야 합니다. 전 영화를 사랑하는 많은 사람들이 진지한 메시지를 찾아 영화관 앞에 줄을 서게 되는 날을 기대합니다.

〈문제 5〉 평론가의 생각으로 볼 수 없는 것은?
① 대중들은 영화를 오락 도구로 여기고 있다.
② 좋은 영화는 삶의 의미를 성찰하게 만든다.
③ 영화는 본질적으로 오락이 아니라 예술이다.
④ 영화와 인터넷은 삶의 질을 높일 수 있는 도구이다.
⑤ 평론가가 나쁘다고 평가한 영화는 흥행에 실패하기 쉽다.

〈문제 6〉 대담을 진행하는 사회자의 태도에 대한 설명으로 적절한 것은?
① 개인적인 경험을 들어 상대방의 입장을 옹호하고 있다.
② 자신에 대한 상대방의 비판에 감정적으로 대응하고 있다.
③ 상대방의 견해에 의문을 제기하여 답변을 유도하고 있다.
④ 빠른 진행을 위해 짧게 대답할 수 있는 질문을 하고 있다.
⑤ 상대방의 모호한 태도를 지적하며 명확한 답변을 요구하고 있다.

〔물음〕 이번에는 원효 대사의 이야기를 들려 드립니다. 잘 듣고 물음에 답하십시오.

신라의 승려였던 원효 대사는 의상 대사와 함께 부처님의 가르침을 공부하고 있었습니다. 두 스님은 불교에 대해 더 깊이 공부하기 위해 당나라로 길을 떠났는데, 고구려 국경 부근에서 그곳을 지키는 병졸들에게 잡혀 많은 괴로움을 겪고 다시 신라로 돌아오게 되었습니다. 그러나 타오르는 구도심을 잠재울 수 없었던 원효 대사는 의상 대사와 함께 다시 유학의 길에 올랐습니다. 당 나라로 길을 가던 어느 날, 날이 저물어 원효와 의상은 인적이 없는 산 속에서 노숙하게 되었습니다. 두 스님은 추위를 피하여 무덤 사이에 누워 잠을 청하였는데, 잠을 자던 원효가 몹시 심한 갈증을 느껴 눈을 떠보니 캄캄한 밤중이었습니다. 물을 찾아 주위를 살펴보니, 어둠 속에, 바가지 같은 것이 있어 다가가 보니 물이 고여 있었습니다. 물맛을 보니 굉장히 달콤하였습니다. 원효는 단숨에 그 물을 들이키고 안락한 기분으로 새벽까지 깊이 잠들었습니다. 이튿날 아침, 잠에서 깨어난 원효는 간밤에 자신이 마신 바가지를 찾으려고 주위를 살펴보았는데, 무덤 주위에는 바가지는 보이지 않고 해골만 뒹굴고 있었습니다. 원효가 바가지라고 여겼던 것은 바로 해골이었고, 달콤했던 물은 그 해골 안에 고여 썩어 있던 빗물이었던 거죠. 원효는 갑자기 뱃속이 메스꺼워져 토하기 시작했습니다. 그 순간 원효는 문득 깨달았습니다. "간밤에 아무것도 모르고 마실 때에는 그렇게도 물맛이 달콤하고 감미로웠는데, 해골에 고인 썩은 빗물이라는 것을 알고 나서는 온갖 추한 생각과 함께 구역질이 일어나는구나." 밤 사이에 원효의 곁에서 잠을 자고 일어난 의상은 다시 길 떠날 준비를 했습니다. 그러다 아무런 채비를 하지 않고 있는 원효에게 "아니 스님, 왜 길을 떠날 준비를 하지 않으십니까?"라고 물었습니다. 원효 대사는 "이미 도를 구했다면 더 이상 갈 필요가 없지요."라는 말을 남기고 의상 대사와 헤어져 신라로 되돌아왔습니다. 그 후 원효 대사는 이 여행길에서 깨달은 법으로 중생들을 위해 설법을 하였습니다.

〈문제 7〉 이 이야기에서 얻을 수 있는 교훈으로 알맞은 것은?
    ① 진리에 이르는 길은 멀고 험하다.
    ② 진리는 일상적인 삶에서는 얻을 수 없다.
    ③ 진리는 먼 곳에 있지 않고 가까운 곳에 있다.
    ④ 진리는 꾸준한 연구를 통해야만 얻을 수 있다.
    ⑤ 진리를 얻기 전에 먼저 바른 인간성을 갖춰야 한다.

〔물음〕 이번에는 '청소년 대상 성 범죄자 명단 공개'에 관한 토론입니다. 잘 듣고 물음에 답하십시오.

남 : 저는 청소년 성 매매자 같은 파렴치범을 옹호하거나 배려하자는 것은 결코 아닙니다. 그러나 세계적으로도 보기 드문 명단 공개는 문제점이 있습니다. 우리나라는 체면을 중시하는 문화를 가지고 있습니다. 이런 문화 속에서 신상이 공개되면, 범죄자는 사회적으로 완전히 매장되고, 인권을 극도로 침해당하게 됩니다. 범죄자는 형법에 따라 처벌을 받습니다. 여기에다가 신상 공개까지 한다는 것은 법의 형평에 맞지 않습니다.

여 : 혹시 당신이 남자라서 그렇게 말하는 것은 아닙니까? 피해자의 입장은 생각해 보셨나요? 물론, 신상 공개에 반대하는 의견이 있다는 것은 알고 있습니다. 범죄자 가족의 명예까지 훼손되고, 법률 해석상 인권 침해의 여지가 있다는 점도 인정합니다. 물론 개인의 인권과 명예도 분명 중요하죠. 그러나, 이것 저것 가리다 보면 청소년을 대상으로 한 성 범죄를 막을 수 없습니다. 여러분의 딸들이 성 범죄의 피해자라고 생각해 보십시오. 제게도 딸이 있지만, 생각만 해도 가슴이 떨립니다. 이렇게 극악 무도한 범죄에는 신상 공개도 그리 큰 처벌이라고는 생각하지 않습니다. 만일 이런 방법으로도 예방이 안 된다면 더 심한 방법도 강구해야 합니다. 청소년 대상 성 범죄는 어떤 방법을 동원해서라도 뿌리를 뽑아야 합니다.

남 : 신상 공개를 해도 성 범죄가 근절된다고는 볼 수 없습니다. 우리나라에 사형 제도가 있지만, 그렇다고 살인이 근절됐나요? 그리고, 청소년 대상 성 범죄보다 더 파렴치하고 더 극악 무도한 가정 파괴범은 왜 명단을 공개하지 않습니까? 또 있습니다. 청소년을 대상으로 한 사기범, 강도범, 살인범은 왜 명단을 공개하지 않습니까? 법이라는 건 균형 감각이 있어야 하는 겁니다. 감정에 따라 즉흥적으로 법을 만들고 해석하는 건 위험한 겁니다. 오죽했으면 헌법보다 상위에 '국민정서법'이 있다는 말이 나왔겠습니까?

〈문제 8〉 남성 토론자의 말하기 방식에 대한 설명으로 가장 적절한 것은?
    ① 감정에 호소하여 상대방을 설득하고 있다.
    ② 주관적인 의견을 마치 객관적 사실인 것처럼 제시하고 있다.
    ③ 법률 전문가의 견해를 인용하여 자신의 주장에 권위를 더하고 있다.
    ④ 상대방의 주장을 감정적인 것이라고 비판하면서 균형 있는 처벌을 강조하고 있다.
    ⑤ '성 범죄'의 개념을 먼저 밝히고 이를 바탕으로 자신의 주장을 이끌어내고 있다.

〔물음〕 다음은 교사와 학생 기자의 인터뷰입니다. 잘 듣고 물음에 답하십시오.

학생 : 오늘은 철학을 담당하고 계신 홍길동 선생님을 모시고 말씀을 나눠 보도록 하겠습니다. 선생님, 안녕하십니까?

교사 : 안녕하십니까?

학생 : 저희 학생들은 대개 철학을 실제 생활과 별 관계가 없다고 생각합니다. 철학 수업 내용도 어렵다고 생각하고요.

교사 : 보통, 학생들은 철학을 자신과 관계가 없고 어렵다고 생각하죠. 사실은 그렇지 않아요. 철학을 하고 있어요. 학생들은 사춘기를 맞아 많은 고민을 하고 있어요. 어른이 되기 위한 관문을 통과하는 의례라고 할 수도 있죠. 이 시기에는 삶에 대해서 진지하게 생각하는 모습을 볼 수 있습니다. 삶이란 무엇인지, 어떻게 살 것인지, 장래 무엇을 할 것인지 등에 대해 고민하고, 친구와 대화를 나누기도 하고, 책을 읽어 보기도 하죠. 소설을 읽으면서 그 속에 담긴 삶에 대해 찬양하기도 하고 비판하기도 합니다. 이런 행위들이 바로 철학을 하는 것입니다. 그런데, 나이가 들면서 생활에 매달리다 보면 이런 고민을 사치라고 생각하는 사람이 많아집니다. 그렇지만 이런 생각은 철학을 잘못 이해하기 때문에 생긴 겁니다.

학생 : 좀더 구체적으로 말씀해 주세요.

교사 : "나무는 보고 숲은 보지 못한다."라는 말은 들어 봤죠? 물론 그 뜻도 알고 있겠습니다마는, 부분만을 봐서는 안 되고 전체를 봐야 한다는 뜻이죠. 그런데 이런 교훈은 일상 생활에서 나온 겁니다. 살아가면서 얻은 교훈을 비유적으로 표현한 것이죠. 나무는 다른 나무와 관계를 가지면서 숲을 이루고 있어요. 철학은 이처럼 단편적인 사실들이 서로 어떤 관계에 있는가를 주목하는 겁니다. 우리는 살아가는 과정에서 순간 순간 선택을 하기 위해 생각을 하게 되죠? 우리는 바로 이런 장면에서 철학을 하는 겁니다. 선택의 기준은 자신의 생활 신조이고요, 이 신조는 우리의 생활 체험 속에서 스스로 얻은 것이고요.

〈문제 9〉이 인터뷰의 중심 화제로 가장 적절한 것은?
　　　　① 철학의 역할　　　　　　② 철학자의 임무
　　　　③ 철학의 연구 과제　　　　④ 철학이 어려운 이유
　　　　⑤ 철학과 일상 생활의 관계

〔물음〕이번에는 청소년들의 진로 문제를 다룬 대담 방송을 들려 드립니다. 잘 듣고 물음에 답하십시오.

여 : 과학 기술자들의 인기가 요즘 하한가를 면치 못하고 있습니다. IMF 실직 사태 이후 의사, 변호사 등 자유업을 선호하는 분위기가 강해지면서, 학생들이 이공계 대학 진학을 기피하는 경향을 보이고 있습니다. 이번 시간에는 전문가 두 분을 모시고, 말씀을 나누어 보겠습니다. 이 교수님께서 먼저 말씀해 주시죠. 이공계 대학은 정말 비전이 없는 곳일까요?

남1 : 결코 그렇지 않습니다. 이공계 대학 출신들은 좋은 대우를 받고 있습니다. 이공계 대학 기피 현상은 국가 경쟁력의 면에서나 청소년 개인의 면에서나 커다란 손실이 아닐 수 없습니다. 청소년들은 이런 현상에 휩쓸리지 않고 자신의 진로를 선택하면 됩니다. 본인의 적성이 이공 계열에 적합하면 이공계 대학에 진학하면 되고, 인문 계열에 적합하면 인문 계열 학과에 진학하면 되는 것입니다. 우리나라 우량 기업의 최고 경영자들을 보면 이공계 대학 출신들이 많이 있습니다. 국내 10대 그룹 임원 중 이공계 출신의 비율은 절반을 넘어 53%에 이르고 있습니다. 사실이 이런데도 이공계 대학을 기피한다는 건 한 치 앞도 내다보지 못하는 짧은 생각입니다.

여 : 우리나라에서는 이공계 대학 출신들이 좋은 대우를 받고 있다는 말씀이셨습니다. 정 교수님, 외국의 경우는 어떻습니까?

남2 : 세계 최고 수준의 우량 기업일수록 최고 경영자가 대부분 공대 출신입니다. 미국 제너럴모터스의 최고 경영자였던 슬로언이나 잭 웰치도 공학박사였고, 지난해 미국의 CNN과 타임지가 ‘가장 영향력 있는 최고 경영인’으로 꼽은 일본 닛산 자동차의 카를로스 곤 사장도 프랑스 최고의 이공계 대학인 에콜 드 폴리테크닉 출신의 엔지니어입니다. 미국 기업은 공대를 졸업한 뒤 경영학을 전공한 MBA를 가장 우대하고 있죠. 지금 미국에서는 ‘바이오 혁명’ 때문에 이른바 ‘골든 직종’이 새롭게 떠오르고 있습니다. ‘더 사이언티스트’ 지가 조사한 바에 따르면 바이오엔지니어링, 바이오인포매틱스, 임상 연구 등 3개 분야의 평균 연봉은 7만5000에서 7만7000달러로 의사와 맞먹는 수준이죠.

〈문제 10〉이 방송 대담의 취지를 바르게 이해한 학생의 반응으로 가장 적절한 것은?
　　　① 우리나라에서 새로 떠오르는 ‘골든 직종’이 무엇인지 신문에서 조사해야겠다.
　　　② 내 적성이 이공계에 적합하다면 시류에 신경 쓰지 않고 이공계로 진학해야겠다.
　　　③ 미국 의사들의 평균 수입과 우리나라 의사들의 평균 수입을 비교해 보아야겠다.
　　　④ 남들이 이공계 대학을 기피하고 있는 데는 뭔가 이유가 있을 테니 더 지켜보아야겠다.
　　　⑤ 이공계 대학이라도 전공에 따라 취업률이 다를 테니까 더 조사해서 진로를 결정해야겠다.

〈문제 11〉이 방송 대담을 예고하기 위한 광고 문안을 만들고자 한다. 적절하지 않은 것은?
　　　① 각광 받는 이공계 대학, 원인을 분석한다.
　　　② 이공계 대학은 살아남을 수 없는 것인가?
　　　③ 이공계 대학 기피 현상, 과연 바람직한가?
　　　④ 이공계 대학 출신도 최고 경영자가 될 수 있다.
　　　⑤ 바이오 혁명 시대, 이공계 대학 출신을 손짓한다.

〔물음〕이제 할아버지와 손자의 대화를 듣게 됩니다. 다음 이야기를 자세히 듣고 답하십시오.

　손자 : 할아버지, 재미있는 옛날 이야기 좀 해 주세요.

　할아버지 : 음, 그래, 무슨 이야기가 좋을까? 음, 그래, 내가 어릴 적에 할아버지한테 들은 얘긴데, 옛날 어느 고을에 가난한 사람이 있었단다. 그런데 돈이 필요해서 그 마을 부자한테 돈 천 냥을 꾸었어. 헌데 갚을 수가 없어서 그럭저럭 몇 해가 지나갔지. 그런데 말이다. 하루는 아, 글쎄 돈을 꾸어 준 부자가 본전 천 냥에다가 그 동안 밀린 이자까지 쳐서 이천 냥을 아무 날까지 갚으라는 거야. 만일 갚지 못하겠거든 모래로 짚신을 삼아 오라고 했지.

　손자 : 아니, 어떻게 모래로 짚신을 삼아요?

　할아버지 : 그러니 걱정이지. 이 사람은 돈 이천 냥은커녕 이십 냥도 갚을 수가 없었거든. 걱정이 태산 같아서 밥도 못 먹고 끙끙 앓아 누웠어. 그런데, 이 사람 아들이 예닐곱 살쯤 됐는데 너처럼 똑똑했었나 봐. 아버지가 밥도 안 먹고 드러누워 있는 것을 보고, “아버지 왜 그러세요?”하고 물었지. 아버진 “니가 알 바가 아니다.” 하면서 말하지 않았어. 아들은 다시 졸랐지. “아버지께서 걱정하시는 것을 아들인 제가 몰라서야 되겠습니까? 어서 말씀해 주십시오.” 하고 말이야. 하는 수 없이 아버지는 그 동안의 일을 얘기해 주었지. 그랬더니 아들은 아버지 말을 다 듣고 나서 이렇게 말했단다. “아버지, 걱정하지 마시고 진지나 잡수십시오. 제가 가서 잘해 보겠습니다.”

　손자 : 그래서요?

　할아버지 : 그리고 나서는 두 손에 모래를 쥐고 그 부자한　테 찾아갔지.

　손자 : 뿌렸나요?

　할아버지 : 아니지. 이렇게 말했던 게야. “어르신네께서 저희 아버지보고 모래로 짚신을 삼아 오라고 하셨다면서요. 그런데 모래로 짚힌을 삼으려면 새끼가 있어야 하지 않겠습니까? 어르신네께서 이 모래로 새끼를 꼬아 주시면 모래로 짚신을 삼아 오겠습니다.” 그러자 부자가 어떻게 했을까?

　손자 : 글쎄요.

　할아버지 : 돈도 신도 그만두라고 했다는 게야. 왠지 알겠냐?

　손자 : 아….

　　〈문제 12〉 이 이야기가 주는 교훈으로 가장 적절한 것은?
　　　　① 부자일수록 겸손해야 한다.
　　　　② 지혜보다 더 큰 재산은 없다.
　　　　③ 정직한 사람은 하늘이 돕는다.
　　　　④ 인간 관계에서는 신용이 중요하다.
　　　　⑤ 어려울수록 용기를 잃지 말아야 한다.

〔물음〕이번에는 대화의 일부를 듣게 됩니다. 잘 듣고 물음에 답하십시오.

　남 : 에휴…, 힘든 하루였군. 오늘은 우체국 들락거리느라 한나절을 보냈어요.

　여 : 컴퓨터로 작성한 서류를 일일이 우편으로 보내다니 그건 너무 구식이네요. 컴퓨터 통신을 배워 두시지 그러세요. 그럼 오늘 한나절 일을 단 몇 분 만에 끝냈을 텐데요.

　남 : 난 그 컴퓨터란 물건을 믿을 수가 없어요. 역시 손으로 쓴 서류 봉투에 우표를 착 붙여야 마음이 놓이거든요.

여 : 호호, 김 선생님은 정보화 시대를 사는 분이 아니시군요.
남 : 정보화 시대라고 말들은 많이 하지만 전 그런 건 먼 장래 일이라고 생각해요. 사실 우리 삶이 달라진 게 별로 없잖아요. 컴퓨터 두드린다고 정보화 시대를 산다고 말할 순 없지요.
여 : 그건 김 선생님 같은 컴맹께서나 그렇게 생각하시는 거죠. 오늘 일만 해도 그래요. 컴퓨터 통신은 요즘 일반화되어 있다구요. 김 선생님 같은 분이나 우표에 침 바르고 있는 거라구요.
남 : 컴퓨터 통신이라…. 뭐 통신 수단 한 가지 늘었다고 시대가 달라진 걸까요.
여 : 인터넷을 통하면 지구의 반대편에 있는 사람과 자료를 바로 교환할 수도 있어요. 인터넷 통신망이 전세계를 하나로 연결하고 있으니까요. 이제 바야흐로 정보화의 시대라는 걸 부정할 사람은 아마 아무도 없을걸요. 또 도서관에 한번 가 보세요. 이미 상당한 자료가 CD-ROM으로 저장되어 있고 컴퓨터로 처리되 고 있어요. 아마 얼마 있지 않아서 김 선생님 같은 컴맹은 도서
    관에서 자료 하나 제대로 찾아볼 수 없을걸요.
남 : 정보화 시대라….
여 : 이제 기업의 생사도 관련되 정보에 접근하고 정보를 처리하는 능력에 달려 있다고 하더라구요. 정보화에 대처할 줄 모르는 기업은 도태하고 마는 거죠.

〈문제 13〉 여자가 예시한 사례들 중에서, 주장을 뒷받침하는 논거로 적절하지 않은 것은?
　　　　① 컴퓨터 통신이 일반화되어 있다.
　　　　② 정보 산업에 대한 투자가 늘고 있다.
　　　　③ 도서관에서 자료들이 컴퓨터로 처리되고 있다.
　　　　④ 인터넷 통신망이 세계를 하나로 연결하고 있다.
　　　　⑤ 기업의 존망은 정보에 접근하고 정보를 처리하는 능력에 달려 있다.

〔물음〕 이번에는 토론식 수업에서 한 학생의 발표를 듣게 됩니다. 잘 듣고 물음에 답하십시오.

　　흔히 우리 나라는 땅덩어리가 작다고 합니다. 심하게는 '손바닥만하다'고 말하기도 하지요. 하지만, 국토의 크기로 볼 때, 한반도는 결코 작은 것이 아닙니다. 22만 ㎢의 면적은 전세계 200개를 넘는 나라 중에 75위쯤이니 무조건 작다고만은 할 수 없죠.
　　물론 '작다'는 게 '좁다'는 뜻이라면 그건 그렇습니다. 인구 밀도로 치면 우리 나라는 세계에서 몇 손가락 안에 드는 인구 조밀 국가지요. 게다가 경지 면적당 인구 밀도는 일부 도시 국가들을 빼고는 세계에서 가장 높은 편입니다.
　　문제는 국토를 어떻게 하면 넓게 쓸 수 있느냐 하는 것입니다. 가정집만 해도 그렇습니다. 식구는 많은데 집은 좁고, 넓은 집으로 이사갈 형편도 못 된다면 어떻게 해야 좋겠습니까? 필요한 가구만 적재 적소에 배치해 공간 활용도를 높이는 것이 우선일 것입니다. 이런 지혜도 없이 집이 게딱지만해서 불편하다고 푸념만 한다면 집안이 화목할 수가 없겠지요.
　　지금 우리는 국토를 어떻게 쓰고 있습니까? 국토 전체를 골고루 쓰기보다는 어느 한쪽으로만 인구가 몰리고 있습니다. 산업이 도시에 집중되어 농어촌 지역은 인구가 급격히 줄어든 반면, 도시는 인구가 급증하고 있습니다. 가정집으로 말하면 다른 방들은 다 비워 두고 안방에만 온 가족이 몰려 북적대면서 집이 좁다고 아우성치는 것과 무엇이 다릅니까? 요컨대, 국토의 넓고 좁음이 잘 살고 못 사는 것을 결정하지는 않습니다. 국토의 효율적 이용이 중요하다고 생각합니다.

〈문제 14〉이 발표에 대한 질문으로 적절하지 않은 것은?
   ① "국토가 좁다거나 넓다고 하는 기준은 면적입니까. 인구 밀도입니까?"
   ② "국토를 효율적으로 이용하기 위한 구체적 방안은 무엇이라고 생각하십니까?"
   ③ "국토의 효율적 이용이란 것이 인구를 골고루 분산시키는 것을 뜻하는 것입니까?"
   ④ "인구 밀도가 높다고 하셨는데, 그렇다면 한 가구당 평균 가족 수는 얼마나 됩니까?"
   ⑤ "산업화로 인한 도시의 인구 집중은 피할 수 없는데, 어떤 분야가 인구 집중을 유발합니까?"

〔물음〕이번에는 노래와 함께 대담을 듣게 됩니다. 잘 듣고 물음에 답하십시오.

배경음악 : <u>정지용의 '향수' (박인수/이동원)</u>
우— 하늘에는 성근 별
알 수도 없는 모래성으로 발을 옮기고,
서리까마귀 우지짖고 지나가는 초라한 지붕,
흐릿한 불빛에……

여 : 이 노래는 정지용의 시에 곡을 붙인 '향수'라는 노랜데요. 성악가와 대중 가수가 듀엣으로 불렀다고 해서 유명해졌고 또 반응도 꽤 좋았다고들 합니다. 선생님, 우리 나라에서 이런 시도는 처음이 아닌가 하는데 어떻습니까?

남 : 그렇죠. 우리 나라에서는 그렇습니다만 외국에서는 이런 시도가 이미 있었습니다. 그렇지만 관현악단이 팝을 연주한다든지 보컬 그룹이 클래식을 연주하는 경우는 우리 나라에도 있었죠.

여 : 네, 그렇군요. 그렇다면 어떨까요? 이런 시도가 앞으로도 계속될 것인지. 또 앞으로 어떤 평가를 할 수 있을는지, 선생님의 의견을 듣고 싶은데요.

남 : 이런 시도는 앞으로도 계속되리라고 봅니다. 고전 음악과 대중 음악이 함께 공연되는 음악회가 자주 열리는 걸 보아도 그렇게 예상할 수 있습니다. 하지만 이게 꼭 긍정적이라고 할 수는 없을 거 같습니다. 관현악단이 팝을 연주한다거나 보컬 그룹이 클래식을 연주하는 것은 한 번씩 그렇게 해 보는 것이지 각자의 본령은 아니지 않습니까? 고전 음악과 대중 음악이 만나는 것도 좋지만 각자의 본령에 충실한 것이 더 중요하지요.

여 : 그렇지만 선생님, 고전 음악과 대중 음악이 함께 공연되는 것을 청중들이 상당히 좋아한다는 점은 고려해야 하지 않을까요?

남 : 인기 있다는 것이 반드시 좋은 것은 아니죠. 대중 음악은 물론 대중적 인기가 생명이라 할 수 있죠. 반면에 고전 음악은 예술성을 생명으로 합니다. 물론 대중을 도외시해야 한다는 것은 아닙니다만, 그것만 추구한다면 고전 음악의 진지한 예술성은 잃게 되죠. 예컨대 보컬 그룹이 연주하는 베토벤의 교향곡은 특이하긴 하지만 그게 정통 관현악단이 연주하는 것과 같을 수는 없죠. 또 대중 음악 공연장에 고전 음악이 약간 참여해서 인기를 얻었다는 게 그리 높이 평가알 것도 아니구요. 가끔씩 고전 음악과 대중 음악의 벽을 허무는 시도는 좋지만, 그것이 음악 발전의 올바른 방향이라고 하기는 어렵다고 봅니다.

〈문제 15〉이 대담에서 남자가 전제하고 있는 것은?
       ① 고전 음악에도 대중성이 존재한다.
       ② 고전 음악에도 예술성이 존재한다.
       ③ 고전 음악과 대중 음악은 그 본령이 다르다.
       ④ 고전 음악은 고전 음악을 바탕으로 발전한다.
       ⑤ 고전 음악과 대중 음악의 교류는 시대적 추세다.

〔물음〕이번에는 어느 강의의 일부를 들려 드립니다. 강의를 잘 듣고, 5번과 6번의 두 물음에 답하십시오.

> 　소크라테스는 좋은 삶이란 것을 참된 지식과 동일시했습니다. 지행 합일이라고 하지요. 소크라테스는 이런 사상을 죽음으로 실천했습니다. 그가 신을 모독하고 아테네의 청년들을 타락시킨다는 억울한 죄명으로 사형을 선고받았을 때, 많은 사람들은 그에게 탈옥을 권유합니다. 하지만 그는 감옥에서 독배를 기다리면서도 어떻게 하면 살 것인가를 생각하지 않고 자신을 설득하려는 친구들에게 무엇이 옳은가를 따집니다. 그리고 자신이 아테네 시민으로서 권리를 누려온 이상 아테네 법을 지키는 것은 자신의 의무라는 결론에 도달하죠. 지행 합일이란 옳다고 판단하는 것과 그것을 실천하는 것이 일치해야 한다는 말이지 않습니까? 그래서 소크라테스는 독배를 마시고 맙니다. 법의 결정을 받아들이는 것이 옳다는 생각을 가졌으면서도 소크라테스가 탈옥해서 살아남으려 했다면 어떻겠어요? 그러면 그는 자신이 주장했던 명제를 스스로 어기는 셈이 되고 그가 말한 진리는 무효가 되는 거겠지요. 자신이 설파했던 진리를 죽음으로써 입증했던 셈입니다. 한편 알베르 카뮈는 자신의 죽음보다 중요한 문제는 없다라고 선언하죠. 또 갈릴레이는 종교 재판이 열리자 지구가 돈다는 자신의 주장을 철회했습니다. 지구가 돈다고 하는 역사를 바꾼 진리조차도 자신의 죽음보다 중요한 문제일 수는 없었던 것입니다. 갈릴레이나 뉴턴이 주장했던 진리는 죽음으로 입증해야 한다는 조건이 강요되지 않습니다. 갈릴레이가 지구는 돈다고 말하건 돌지 않는다고 말하건 지구는 여전히 도니까요. 이러한 진리는 그들이 목숨을 거는 행위로 뒷받침할 필요가 없지요.
> 　에, 여기서 우리는 진리에 적어도 두 가지 종류가 있음을 알 수 있습니다. 하나는 그 진리를 믿는 사람이 실천을 통해서 그것을 입증해야만 하는 것인데, 이것을 실천적 진리라고 할 수 있겠죠. 다른 하나는 누가 믿건 안 믿건 변함이 없는 진리일 텐데, 그렇다면 이것을 어떤 진리라고 부를 수 있을까요?

〈문제 16〉소크라테스와 갈릴레이의 행위가 모두 정당화될 수 있다면 그 이유는?
       ① 시대가 다르기 때문
       ② 종교가 다르기 때문
       ③ 인생관이 다르기 때문
       ④ 진리에 대한 열의가 다르기 때문
       ⑤ 추구하는 진리의 성격이 다르기 때문

<문제 17> 이 강의의 마지막 질문에 대한 대답으로 옳은 것은?

그렇다면 이것을 어떤 진리라고 부를 수 있을까요?

① 객관적 진리　　② 상대적 진리
③ 선험적 진리　　④ 종교적 진리
⑤ 초월적 진리

※ 위 문제는 "언어영역"(한국교육과정평가원, 1997)을 정리한 것임.

제2장 말하기

바르게 말하기

　바르게 말하기는 상대방의 인격을 서로 존중하며 능력과 장점을 인정하는 자세에서 비롯된다. 상대방의 가치를 발견하고 마음으로 느낀 것을 인정할 때 이상적인 인간관계가 형성될 수 있다. 가령, 꾸짖을 일이 생길 때도 남 앞에서보다 은밀하게 꾸짖어야 하고, 빈정대거나 빗대어서 욕하는 일은 삼가야 하고, 대화할 때 서로 신뢰관계를 확립하도록 한다. 그래야 상대방의 마음과 자기 마음이 결합된다.

1. 바르게 말하기

(1) 바르기 말하기 위한 몇 가지 사항

가) 명료하게 말한다

　말할 때는 상대방이 이해할 수 있도록 쉽고 분명하게 해야 한다. 특히, 현학적인 전문 용어나 외국어 단어를 자주 사용한다면, 말하기 효과가 감소할 수밖에 없다. 그리고 짧고 단순하면서도 의미가 드러나는 말을 해야 한다.

나) 구체적으로 말한다

　여러 가지 뜻으로 해석될 수 있는 모호한 낱말보다는 정밀하고 구체적인 낱말을 사용하는 것이 좋다. 가령 "그는 봉사적인 사람이다."라는 문장에서 '봉사적'이라는 낱말이 가리키는 것이 포괄적이다. 때문에 "그는 어려운 중에도 가난한 벗을 매달 도와온 사람이다."로 고쳐서 말하는 것이 훨씬 효과적이다. "매달 얼마씩 도와온" 이라고 구체적으로 설명하고 있어 실감나는 의미 전달이 가능해진다.

다) 다채롭고, 신선하며 독창적인 낱말을 사용한다

진부하고 상투적인 단어를 피하고, 다채롭고, 신선하며 독창적인 낱말을 사용하면 말하기의 효과가 증가한다. "이 자리에 선 것을 무한한 영광으로 생각합니다."와 같은 인사말보다는 "좀 자신이 없지만 평소에 말씀드리고 싶은 것이 있기 때문에 이 자리에 섰습니다."와 같은 인사말이 듣는 사람의 주의를 끌 수 있다. 또한 가끔 은유나 직유와 같은 비유적인 언어 사용해도 좋다. 이는 잘 알려지지 않은 것을 잘 아는 친숙한 것으로 설명할 때 효과적이다. 예를 들어, 친구에게 화가 났을 때 "나는 무척 화가 났어."라고 말하기보다는 "너 때문에 내 마음의 문이 닫혔어."라고 말해 보라. 아울러 '너, 나'와 같은 인칭대명사를 '우리'로 고쳐서 말할 때도, 말하는 이와 듣는 이 사이의 공감대 형성에 도움이 된다.

라) 비속어와 은어를 사용하기 마라

우리 일상에서 비어를 사용하는 사람을 흔히 볼 수 있다. "너, 제발 주둥이 다물어라, 야 대갈통좀 치워봐."와 같은 문장은 말하는 사람의 수준을 의심하게 하는 매우 천하고 비속한 말이다. 어느 상황에서도 이런 말들을 사용하여 품위를 잃는 일이 없도록 해야 한다. 한편, "호박(못 생긴 얼굴), 골때린다(어처구니없다), 뽕 가다(기막히다), 끝내주다(최고다),호박씨 까다(겉과 달리 몰래 다른 짓을 하다), 캡(최고)" 등의 속어는 장난기 어린 표현이나 사람의 눈길을 끌기 위한 수단 등을 써서 대화에 신선한 느낌을 주려는 일종의 말놀이라고 할 수 있다. 비교적 속어는 비어만큼 천하지는 않지만, 대체로 속된 말이 많기 때문에 쓰지 않는 것이 좋다.

한편, "깜방(감방, 유치장), 동양화(화투), 왕초(두목, 아버지), 꼰대(선생, 아버지),바지(남자), 쪼가리(입맞춤), 세숫대야(얼굴)" 등의 은어는 특정 집단이 자기네 이외의 사람은 모르게 뜻을 감추어 쓰는 말로, 가령 직장 등 단체에서 자기들끼리만 통하고 다른 사람들에게는 통하지 않는 말이 발달하는 경우가 많다. 은어는 구성원끼리 친근감을 느끼게 하고, 비밀을 유지할 수 있는 장점이 있기는 하지만, 이 역시 속된 느낌을 주는 경우가 많으며, 표준어 규정을 지키지 않는 표현들이 많아 주의해야 한다. 공식적인 자리나 웃어른께는 절대로 은어를 사용해서는 안 된다.

(2) 바르게 말하기 준비

가) 목적을 분명히 하라

말하기의 목적을 정보 전달, 설득, 친교, 정서 표현 중에서 어느 것에 두느냐에 따라 말하는 사람의 태도와 방법 등이 달라진다. 때문에 말하기의 목적을 분명히 해라.

나) 청중을 분석하라

"적을 알고 나를 알면 백전백승"이라는 옛말이 있다. 청중의 나이, 성별, 교육 정도, 직업이나 종교 등의 정보를 미리 알면, 청중의 관심과 기대감을 높일 수 있으며 아울러 말하기도 쉬워진다.

다) 자료를 충분히 모아라

말할 내용이 풍부하다면 듣는 사람의 귀도 더욱 즐거울 것이다. 실제로 말하기 전에 말할 내용이 충분한지 살펴볼 필요가 있다. 특히 객관적이고 논리적으로 말할 경우에는 주제를 뒷받침할 자료를 체계적으로 모아야 한다. 이때 주의할 점은 자료의 출처를 분명히 밝혀야 한다는 것이다. 그리고 모은 자료는 말하기의 목적이나 주제에 맞게 가려내고, 부족한 자료는 더 보충하는 것은 물론이다.

라) 내용 조직하기

❶ 화제에 따른 내용 조직 : 상위 화제를 하위 화제들로 나누어 그에 따른 내용으로 조직한다.
❷ 시·공간에 따른 내용 조직 : 시간이 중시되는 화제는 그 내용을 시간의 순서대로 조직하며, 공간을 중시해야 할 경우는 일정한 방향과 순서에 따라 조직한다.
❸ 비교나 대조에 따른 내용 조직 : 비교나 대조는 말하고 싶은 내용을 분명히 전달하기 위해 흔히 사용하는 방법인데, 비교와 대조 대상이 되는 것은 서로 비슷하거나 같은 종류여야 바람직하다. 듣는 사람이 이미 알고 있거나 친숙한 것이면 더욱 효과적이다.
❹ 열거 관계에 따른 내용 조직 : 듣는 사람의 관심과 흥미를 고려하여 말할 내용을 알맞게 열거하면서 말하면 바람직하다.
❺ 원인과 결과에 따른 내용 조직 : 사건이나 사실, 행동 상태 등에 대한 앞뒤의 이야기를 논리적으로 연관지어 말한다.
❻ 문제와 해결에 따른 내용 조직 : 먼저 문제 상황을 설명한 다음, 그에 대한 합리적인 해결 방안을 제시한다. 이때 해결 방안에 대해 예상되는 결과를 덧붙이면 더욱 효과적이다.

2. 언어 예절

사회생활을 하려면 의사소통을 해야 하고, 말은 의사소통의 수단이다. 말이란 의미가 담긴 소리로서 말에 담긴 의미와 밖으로 나타내려는 의사가 일치해야 비로소 가치가 있다. 말은 일정한 생활문화권에서 약속한 어휘와 말씨로 해야 의사소통이 바르게 되는데, 말에 대한 사회적 약속을 언어예절이라 한다.

(1) 우리말의 높임법

높임법의 발달은 우리말의 중요한 특성이다. 일상생활에서 높임법을 바르게 사용하지 않을 때, 교양이 없는 사람으로 여기는 경우가 많다. 가령 우리는 주변에서 어느 집에 전화를 걸었더니 자녀들이 전화를 예의 바르게 잘 받더라고 칭찬하는 소리를 듣는다. 또 어느 사무실에 전화를 걸었더니 전화 받는 직원이 불친절하더라는 이야기를 하게 되는데 이런 이야기들은 바꿔 말해 전화 건 이가 남의 집 자녀들이나 회사원들로부터 높임을 받아 기분이 좋았다거나 아니면 높임을 받지 못해 기분이 나쁘다는 이야기다. 이런 예로 보아 높임법은 인간이나 어떤 조직 전체 평가에도 크게 영향을 미친다. 따라서 언어 교양은 상하간의 대우를 잘 분별하여 말하는 능력이 전부라 해도 과언이 아니다.

현대국어의 높임법은 ①어미 변화 방식이나 ②어휘 방식에 의해 실현된다. ①에는 선어말어미 '-시-'를 첨가하는 주체높임법과 종결어미들을 변화시켜 실현하는 상대높임법이 있다. ②는 체언과 용언과 같은 어휘를 통해 주체높임법과 객체높임법을 실현하는 것이다. 이제 이 유형별로 오용 사례를 살펴본다.

가) 어미 변화에 의한 높임법

❶ 주체높임법

주체높임법은 문장에서 주어를 높이는 방법으로 서술용언에 선어말어미 '-시-'를 첨가한다. 가령 "교장 선생님께서 오신다."는 주체인 '교장 선생님'을 직접 높이는 직접 주체높임의 경우이며 "선생님은 철학 서적이 많으시다"는 주체 관련 소유물인 '철학 서적'을 높여 주체인 '선생님'을 간접적으로 높이는 간접 주체높임의 경우다.

> ㄱ) 할아버지께서 책을 읽으시고 계시다. → 할아버지께서 책을 읽고 계시다.
> ㄴ) 민수야, 선생님이 오래. → 민수야, 선생님께서 오라셔.

그런데 주체높임에서 틀리기 쉬운 것이 간접 주체높임법이다. "할아버지는 귀가 참 밝으셔."와 같은 문장을 보자. 여기서 '귀' 같은 명사만으로는 높일 가치가 없지만 이들과 관련한 문장 전체의 주어가 높일 대상이라 서술어에 '-시-'를 써서 간접적으로 이들 주체들을 높인다.

> ㄷ) 선생님, 손이 아주 〔고우시네요(○), 고우네요(×)〕.
> ㄹ) 선생님, 넥타이가 아주 〔예쁘시네요(×), 예쁘네요(○)〕.

ㄷ)의 '선생님 손'은 '고우시네요'처럼 높이는 것이 바르며 '고우네요'는 무례해 보인다. 반면, ㄹ)에서 '넥타이'를 높이는 것은 말하는 사람마다 다르게 표현하고 있다. 일반적으로 주체의 소유물이나 부착물에 대한 것은 굳이 높이지 않아도 무례하지는 않다. 그러나 '선생님은 넥타이가 아주 잘 〔어울리십니다(○), 어울립니다(×)〕'의 경우일 때는 반드시 '-시-'가 붙어야 높임법에 맞는 표현이다.

위 표현 중에서 어느 것이 바른 표현일까. 문제는 단순하다. 한 문장에 용언이 여러 개 나타날 때 용언마다 '-시-'를 넣어야 하느냐 그렇지 않느냐 하는 것이다. 이럴 경우에 일률적으로 규칙을 세우기는 쉽지 않지만, 대체로 문장의 마지막 용언에만 '-시-'를 넣어야 한다. 마지막 용언에만 '-시-'를 넣는 것만으로도 충분히 높이는 것이 되기 때문에, 마지막 용언에만 '-시-'를 넣은 '읽고 계시다'가 더 자연스러운 형태가 된다. 그러나 높임의 용언이 따로 있는 경우에는 반드시 높임의 용언으로 바꾸어야 한다. "할머니가 자고 가다"의 경우에는 '자다'에 대해서 '주무시다'라는 높임말이 있기 때문에 "할머니가 자고 가셨다"라고 해서는 안 되고 반드시 "할머니가 주무시고 가셨다"라고 해야 한다. '먹다'의 높임말로 '잡수시다'가 있는 "할아버지께서 진지를 잡수시고 계신다"와 같은 예도 마찬가지이다.

❷ 압존법(壓尊法)

전통 화법에서는 특수한 경우에 주체높임을 억제하는 압존법이 있다. 가령 손자가 할아버지께 아버지에 대해 말할 때는 아버지를 높이지 않고 말했다. "할아버지, 아버지가 아직 안 들어왔습니다."와 같은 문장이 그것이다. 그러나 현대에 와서 언어의 간편함을 추구하다 보니 압존법이 번거로워 표준화법(1992)에서는 압존법을 무시한 표현도 인정되고 있다. "할아버지, 아버지께서 아직 안 들어오셨습니다."와 같은 표현도 허용된다.

또한 할아버지가 손자에게 자기 아들에 대해 말할 때도 아들을 낮추어 말하는 압존법이 있다. "민수야, 아버지 좀 오라고 해라."와 같은 문장이 그 예이다. 그러나 이 경우도 다음과 같이 청자인 손자 기준으로 아들을 높여 말하는 것도 잘 쓰여 역시 허용되고 있다. 즉, "민수야, 아버지 좀 오시라고 해라."도 인정된다. 여기서 주의할 것은 자기 부모를 남에게 말할 때는 누구에게 반드시 높여야 한다.

회사 내의 경우는 가정과는 다른 경향이 있다. 윗사람에 대해서는 듣는 사람이 누구든지 '-시-'를 넣는 것을 원칙으로 하고 전통 압존법을 불허한다.

(평사원이) 사장님, 김 부장님이 어제 출장 가셨습니다. 〈O〉
(평사원이) 사장님, 김 부장이 어제 출장 갔습니다. 〈×〉

❸ 상대높임법

상대높임법은 어말어미의 변화를 통해 상대의 연령, 지위, 친소관계에 따라 상대를 높이거나 낮추어 대우하는 높임법이다.

ㄱ) 격식

민수는 공부하고 있습니다.	아주높임 →	하십시오(합쇼)체
민수는 공부하고 있오.	예사높임 →	하오체
민수는 공부하고 있네.	예사낮춤 →	하게체
민수는 공부하고 있다.	아주낮춤 →	해라체

ㄴ) 비격식

| 민수는 공부하고 있어요 | 두루높임 → | 해요체 |
| 민수는 공부하고 있어. | 두루낮춤 → | 해체 |

특히 합쇼체에서는 선어말어미 '-옵/으오-', '-삽/사옵/사오-', '-잡/자옵/자오-'를 넣으면 더욱 공손하게 된다. "아버님, 이번 방학에는 내려가겠사옵니다. 잠시 후에 예식이 거행되겠사오니 내빈 여러분께서는 입장하여 주시기 바랍니다."와 같은 편지글이나 정중한 의식에서 사용된다.

나) 어휘에 의한 높임법

체언이나 용언, 조사를 통해 높임법을 실현하는 것을 어휘에 의한 높임법이라 한다.

❶ 체언에 의한 높임법

우리말의 일부 체언에서는 명사나 대명사의 높임말이나 낮춤말을 구별해서 관련 대상을 높이거나 낮추는 경우가 있다. 우리나라 사람들도 남을 부르거나 가리켜 말할 때는 대명사 선택에 조심스럽다. 특히 2인칭에서 '너, 당신, 댁, 형씨, 그대, 어르신' 등의 호칭어 체계는 까다롭다. 1인칭의 '나-저', '우리-저희'는 높임말은 없고 낮춤말만 있는 경우다. 이 중에 대명사 오용에서 두드러진 것이 같은 한국인끼리 말할 때 '우리 나라'를 '저희 나라'라고 하는 경우인데 이는 잘못이다.

ㄱ) 대명사

낮춤말	평대말	높임말
저, 소생	나, 본인	
저희	우리 너	자네, 당신, 댁, 그대, 어른 귀하
그놈, 그자	그이	그분

ㄴ) 명사

낮춤말	평대말	높임말
애비, 아범	아버지	가친(家親), 선친(先親), 선고(先考)
에미, 어멈	어머니	자친(慈親), 선비(先妣), 현비(顯妣)
	맏형	자친(慈親), 선비(先妣), 현비(顯妣)
	둘째형	중씨(仲氏), 중형(仲兄)
	아우	계씨(季氏), 제씨(弟氏)
	(남의) 아들/ 딸	아드님, 영식(令息)/ 따님, 영애(令愛)

	조카	함씨(咸氏)
이빨	이	치아
	밥, 식사	진지
	집	댁
말씀	말	말씀

'선생, 회장, 사장' 과 같은 일부 명사는 '-님' 을 붙여 높인다. 이들 어휘는 '-님' 을 안 붙이면 무례하게 보이기 때문이다. '-님' 자 없이 윗사람을 지칭해 버릇하면 그 대화 분위기에서는 윗사람을 험담하는 분위기가 연출된다. 따라서 윗사람에게 서로 '-님' 자를 붙이는 말버릇이 윗사람에 대한 험담을 막아주는 효과는 물론 직장 인화에 크게 기여한다. 그리고 흔히 '아빠(아버님), 식사하세요.' 라는 표현을 많이 쓰는데, 이것은 틀린 표현이다. '아버님, 진지 잡수세요.' 로 해야 한다. '식사' 는 일본식 한자어이기도 하거니와 아랫사람에게라면 몰라도 윗사람에게는 천박한 표현이다. 직장에서 도 흔히 '점심 식사 하셨습니까?' 라고 묻는데 '점심 드셨습니까?' 처럼 말하는 것이 좋다.

알아두기 **'말씀'은 낮춤말이며 동시에 높임말이다**

우리가 일상에서 많이 쓰는 '말씀'은 낮춤말이기도 하며, 높임말이기도 하다. 즉, '말'은 '말씀'이 높임말도 되고 낮춤말도 된다. '제 말씀을 드리니 선생님께서는 이렇게 말씀하시었습니다.'에서 앞에 쓰인 '말씀'은 자기의 '말'을 낮추는 낮춤말이며 뒤에 쓰인 '말씀'은 선생님의 '말'을 높이는 높임말이다.

알아두기 **'사장실'과 '사장님 방'**

요즘 "사장님실에 들어가야 해.", "국장님께서 국장님실에서 회의한다고 하네."와 같은 표현을 쓰는 사람을 종종 만나게 된다. 이 표현에서 문제가 되는 것은 무엇일까. 바로 '사장실과 사장님 방'의 구별이다. '사장실, 국장실' 등은 명사에 접미사 '-실'이 붙은 파생어인데, 여기에 접미사 '-님' 을 명사와 접미사 '-실' 사이에 넣어 '사장님실, 국장님실'과 같이 사용하는 것이다. 이를 그냥 '사장실, 원장실, 국장실, 부장실'로 하면 예의에 어긋나는 것으로 생각하는 경향이 많은데, 이것은 예의에 어긋난 것이 아니다. 다만 뒤에 오는 말이 '-실'과 같은 접미사가 아닌 명사가 올 경우에 자기보다 윗사람이면 '사장 방, 국장 아들'과 같이 하면 예의에 어긋나게 된다. 이 경우에는 '사장님 방, 국장님 아들'과 같이 '-님'을 넣어 말해야 한다.

❷ 용언, 조사에 의한 높임법

우리말 높임법의 특징 가운데 하나는 주체나 객체 높임법이 발달해 있다는 사실이다. 일부의 용언과 조사가 문장의 주체나 객체를 높이기 위해 따로 발달해 있다. 이중 객체높임법은 중세국어에 서 '-숩, 줍, 숩-'과 같은 선어말어미를 첨가하여 쓰였으나 '-숩, 줍, 숩-'이 근대국어 이래로 '-사오, 자오, 사옵, 자옵, 옵' 등으로 변하면서 상대높임법의 기능으로 변모했다. 그래서 오늘날은 단지 '드리다, 모시다, 여쭈다'처럼 일부 용언을 통해서만 객체높임법이 실현되고 있다.

ㄱ) 주체높임

낮춤말	평대말	높임말
처먹다	먹다	자시다, 잡숫다, 잡수시다, 드시다
	아프다	편찮으시다
	자다	주무시다
뒈지다	죽다	돌아가시다
	있다	
	이/가	께서

ㄴ) 객체높임

낮춤말	평대말	높임말
지껄이다	말하다, 묻다	여쭈다, 여쭙다, 여쭈옵다
	보다, 만나다	뵙다, 뵈옵다
	주다	드리다
	데리다	모시다, 뫼시다
	에게	께

알아두기 **"가수 김종국 씨를 모시겠습니다!"**

우리나라 가요방송을 보면, 흔히 "가수 ○○○ 씨를 모시겠습니다."라는 표현을 자주 들을 수 있다. 이 표현은 방송에서 젊은 가수를 청하면서 쓰는 것인데, 다양한 연령의 시청자 앞에서 젊은 가수를 높이는 것은 과례이다. "가수 김종국 씨가 나오시겠습니다."도 과례의 인상을 주므로 "가수 김종국 씨가 나오겠습니다." 혹은 "가수 김종국 씨를 맞이하겠습니다."가 무난하다. 이와 비슷한 표현으로 "회장님의 말씀이 계시겠습니다."가 있다. 굳이 '말씀'을 높일 필요가 없으므로, 이 표현은 "회장님께서 말씀하시겠습니다."로 고쳐 쓰는 것이 좋다.

(3) 우리말의 인사법

인사말을 잘못 쓰면, 상대방의 빈축을 사게 된다. 경우와 예의를 중시하는 우리 생활 습관에서 잘못 쓰는 인사말은 자칫 말하는 사람의 교양이나 태도를 의심받을 수 있다. 인사말이 차지하는 비중이 크기 때문이다. 윗사람에게 하는 인사말에는 해도 될 말이 있고 해서는 안 될 말이 있다는 것을 반드시 기억해야 한다.

가) 아침인사

대 상	가정	이웃 사람	직장
사람에게	안녕히 주무셨습니까?	안녕하십니까?	안녕하셨습니까?

	진지 잡수셨습니까?	안녕히 주무셨습니까? 진지 잡수셨습니까?	안녕하십니까?
동년배, 손아래인 성인, 동료(직장)에게		안녕하십니까? 안녕하세요? 안녕히 주무셨습니까? 안녕히 주무셨어요?	안녕하세요?
아랫사람에게	잘 잤어요? 잘 잤니?	안녕? 잘 잤니?	안녕하세요? 나왔군. 나오나?

나) 저녁(잠자기 전)인사

대 상	가정, 직장
윗사람에게	안녕히 주무십시오.
아랫사람에게	잘 자. 편히 쉬게.

다) 만나고 헤어질 때

대상		인사말
가정에서	나가는 사람이	다녀오겠습니다.
	보내는 사람이	안녕히 다녀오십시오.
	들어오는 사람이	다녀왔습니다.
	마중하는 사람이	다녀오셨습니까?
오랜만에 만나는 어른에게		그 동안 안녕하셨습니까?
오래 헤어져 있을 사람에게		안녕히 다녀오십시오.
거리에서 이웃 사람에게		안녕하십니까?, 어디 가십니까?, 어디 다녀오십니까?
직장에서	만날 때	안녕하십니까?
	나가는 사람이	먼저 나가겠습니다. 내일 뵙겠습니다.(먼저 실례하겠습니다.)
	남아있는 사람이	안녕히 가십시오.
식사시간 전후에 만났을 때		(점심) 잡수셨습니까?, (점심) 드셨습니까?
버스, 승강기, 지하철 등 탈것에서	탈 때	안녕하십니까?
	먼저 내리면서	먼저 실례하겠습니다.　먼저 내리겠습니다.
	내리는 사람에게	안녕히 가십시오.

알아두기　"좋은 아침!"

　　요즘 신세대들은 영어식 표현 인사말 "좋은 아침!"을 많이 사용하고 있다. 신세대 식의 톡톡 튀는 인사법이다. 그런데 이런 영어식 표현 말고, 우리말의 아침 인사말 "안녕히 주무셨습니까?" 또는 "진지 잡수셨습니까?"를 쓰는 것은 어떨까. 직장에서 상위자에게 "좋은 아침!"이라는 표현은 좀 무례하게 보일 수 있기 때문이다. 또 작별 인사로 "수고하세요!"를 많이 쓰고 있는데, 윗사람에게 이런 인사말을 하면 무례하다. '수고'라는 말이 '수고(受苦)'라는 불교적 표현에서 유래한 것으로 고생을 받는다는 뜻으로 보는 어원 해석이 있으므로 "수고하세요."는 "고생하세요."는 뜻으로 해석되기 때문이다. 윗사람에게는 "수고하세요."보다 "안녕히 계십시오."로 인사하는 것이 좋다.

> **알아두기** '당부'는 윗사람에게 쓰는 말이 아니다
>
> '당부'의 사전 뜻풀이는 '말로 단단히 부탁함. 또는 그런 부탁'이다. 좀 더 면밀히 살펴보면 '당부'는 부탁의 정도가 강한 경우에 쓰는 말이다. 부탁이라면 어떤 일을 해 달라고 청하는 것이기 때문에 상대방에게는 그만큼 부담이 되는 일이 된다. 전통적 사고방식으로는 부담이 되는 일을 윗사람에게 강력히 요구하는 것은 예의에 어긋나는 태도이다. 때문에 '당부'라는 말은 윗사람에게 써서는 안 될 말이다.

(4) 전화 예절

언어예절을 지켜야 하는 때가 전화 걸 때와 받을 때이다. 전화는 이제 일상생활의 필수품이 되었으며, 전화를 수단으로 해서 먼 곳에 있는 사람들도 가깝게 대화할 수 있게 되었다. 그런데 전화는 그 특성상 상대를 볼 수 없고 말로만 통하기 때문에 말하기가 중요할 수밖에 없다. 전화를 걸었을 때, 상대방이 무례하게 말하는 것을 들어본 경험이 있을 것이다. 상대방의 말에 따라 전화를 건 사람의 기분까지 좌우되기도 한다. 이처럼 전화를 어떻게 걸고 받느냐에 따라 그 사람의 인품과 교양이 드러나기 때문에 전화예절은 반드시 지켜야 한다. 전화 예절은 어느 경우에도 간결하고 친절하게 답해야 하는 것이 최선이다.

가) 전화 받을 때

우리나라에서는 전화벨이 울리면 전화 받는 쪽이 먼저 말하는 편이다. 가정에서는 "네, 여보세요, ○○동입니다." 정도로 말하고, 직장에서는 "네, ○○ 부서 ○○○입니다." 정도로 말한다. 그리고 전화를 바꿔줄 때 만약 상대방이 자기 신분을 밝히지 않을 경우, "누구시라고 전해드릴까요?"라고 물어야 하는 것이 예의다. 또한 잘못 걸려온 전화일 경우, "아닙니다. 전화 잘못 거셨습니다."로 말하는 것이 좋다. 상대방이 찾는 사람이 없을 때는 상황에 따라 "지금 자리에 안 계신데, ○분 후에 다시 걸어주시기 바랍니다." 등이 예의에 어긋나지 않는다.

받을 때	벨이 울리면 수화기를 들고	집	여보세요. 〔모범답〕
			여보세요, (지역이름)입니다. 〔허용〕
			네, (지역명)입니다. 〔후보〕
		직장	네, ○○○○입니다.

	집	(네), 잠시/잠깐/조금 기다려 주십시오. 바꾸어드리겠습니다.
전화를 바꾸어 줄 때		
	직장	(네,) 잠시/잠깐/조금 기다려 주십시오. 바꾸어 드리겠습니다.
상대방이 찾는 사람이 없을 때	집	지금 안 계십니다. 들어오시면 뭐라고 전해 드릴까요?
	직장	지금 안계십니다. 들어오시면 뭐라고 전해 드릴까요?
잘못 걸려 온 전화일 때	집	아닌데요(아닙니다), 전화 잘못 걸렸습니다.
	직장	아닌데요(아닙니다), 전화 잘못 걸렸습니다.

나) 전화 걸 때

전화 걸 때는 먼저 자신의 신분을 밝히는 것이 예의다. 만일 상대방을 먼저 확인해야 할 상황에는 "안녕하십니까? ○○댁입니까?"라고 묻고 상대방의 대답을 기다린다. 통화하고 싶은 사람이 자리에 없을 경우에는 "죄송합니다. 말씀 좀 전해주시겠습니까?" 혹은 "죄송합니다. ○○에게서 전화 왔다고 전해주시겠습니까?"로 말하는 것이 좋다. 마지막으로 전화가 잘못 걸렸을 때, 귀찮은 듯이 전화기를 탁 놓지 말고 해야 한다.

	상대방이 응답을 할 때	집	안녕하십니까? (저는, 여기는) ○○○입니다. ○○○씨 계십니까?
		직장	안녕하십니까? (저는, 여기는) ○○○인데요. ○○○씨 좀 바꿔 주시겠습니까? 〔교환일 때〕 안녕하십니까? ○○번 부탁합니다.
걸 때	통화하고 싶은 사람이 없을 때	집	죄송합니다, ○○한테서 전화 왔었다고 전해 주시겠습니까? 말씀 좀 전해 주시겠습니까?
		직장	죄송합니다, ○○한테서 전화 왔었다고 전해 주시겠습니까? 말씀 좀 전해 주시겠습니까?
	대신 걸 때	직장	안녕하십니까? ○○○님의 전화인데요, ○○○씨를 부탁합니다. 〔부탁한 전화가 연결되었을 때〕 안녕하십니까? 저는 ○○회사 ○○○입니다. ○○○님의 전화인데요, 바꿔 드리겠습니다.
	전화가 잘못 걸렸을 때		죄송합니다(미안합니다), 전화가 잘못 걸렸습니다.

다) 전화 끊을 때

| 끊을 때 | 집/ 직장 | 안녕히 계십시오/고맙습니다.안녕히 계십시오/그만 끊겠습니다. 안녕히 계십시오. |

(5) 소개할 때

가) 자신을 남에게 소개할 때

자신을 처음 보는 남에게 소개할 때는 "처음 뵙겠습니다(혹은, 인사드리겠습니다). (저는) ○○○입니다." 로 말한다. 되도록, 처음 만나는 사람에게 먼저 직접 자신을 소개할 때 "안녕하십니까?"는 쓰지 않는 것이 좋다. 반면에 여러 사람 앞에서 자기를 소개할 때는 "처음 뵙겠습니다. ○○○입니다." 혹은 "안녕하십니까? ○○○입니다." 로 말한다. 아울러 자신의 직장을 말할 때는 "○○○에 근무하는" 보다는 "○○○의" 또는 "○○○에 있는" 이 바람직하다. 이외에 자신을 소개할 때 주의해야 할 경우는 아래와 같다.

❶ 아버지에 기대어 자신을 소개하는 경우 : "저의 아버지는 ○자 ○자이십니다."
❷ 자신의 성이나 본관을 남에게 소개할 때 : "○가입니다". 혹은 "○○(본) ○가입니다."
❸ 남의 성을 말할 때 : ○씨(氏), ○○(본관) ○씨(氏).

나) 중간에서 다른 사람을 소개할 때

중간에서 다른 사람을 소개할 상황에는 평소 친소 관계를 따져 자기와 가까운 사람을 먼저 소개하며, 다음으로 손아랫사람을 손윗사람에게 먼저 소개하고, 마지막으로 남성을 여성에게 먼저 소개한다.

(6) 편지 쓰는 법

요즘 인터넷 메일이 발달해서 편지를 쓰는 일은 많지 않을 것이다. 그러나 손에 익지 않기 때문에 편지 쓰는 예절 또한 잊기 쉽다.

구분		윗사람에게	동료에게	아랫사람에게	회사나 단체에
서두		아버님 보(시)옵소서, (○○○)선생님께(올립니다), (○○○)부장님께(드립니다), ○○○님께 〔공적인 편지〕	○○○ 선생께, ○○○ 과장에게, ○ 형 보오	○○에게, ○○ 보아라, ○○○ 군에게, 아우님(제자) 보시게	○○주식회사 귀중
서명란		○○○ 올림, ○○○ 드림	○○ 드림	○○○ 씀, ○○○가〔허용〕	○○주식회사 사장 ○ ○○올림(드림)
받는	윗사람	○○○＋직함＋님(께), ○○○ 귀하, ○○○ 좌하	○○○ 귀하, ○○○ 님(에게)	○○○ 앞	○○주식회사 귀중, ○○주식회사 ○○○ 사장님

| 사람 | 께
부
모
님
께 | ○○○(본인이름)의 집,
○○○ 좌하, ○○○ 귀하 | | | ○○주식회사 ○○○
귀하 |

(7) 여러 가지 상황에 따른 말하기

가) 송년, 신년

감사의 뜻을 말할 때, "보살펴 주셔서 고마웠습니다(혹은 감사했습니다)." 식의 과거형 표현은 사용해서는 안 된다. 감사한 마음은 과거 어느 때에 생겼던 것이 아니고 지금까지 이어져 오는 감정이기 때문이다. 그래서 "보살펴 주셔서 감사합니다." 라는 표현이 맞다.

	인사말	표 현
송년 인사		상대방에 대한 감사의 뜻과 한 해 동안의 수고에 대한 치하의 뜻을 포함. 예) 한 해 동안 보살펴 주셔서 고맙습니다.
신년 인사 덕담	새해 복 많이 받으십시오. 새해 복 많이 받게. 소원 성취하게.	
연하장의 말	새해 복 많이 받으시기 바랍니다. 새해 복 많이 받으십시오.	개인적인 인사는 편지를 쓰듯이 정감이 담겨 있고 정중하게 한다.

알아두기 "절 받으세요!"

설날에 가족끼리 모여 세배를 한다. 그런 흐뭇한 풍경에서 종종 웃어른에게 "절 받으세요"나 "앉으세요"라고 말하는 아랫사람을 본다. 그런데 이런 말은 명령조의 말이기 때문에 웃어른에게 강요하는 듯한 인상을 준다. 세배를 하고자 하는 사람은 웃어른이 자리를 잡고 앉을 때까지 조용히 기다리는 것이 예의이다.

나) 축하와 위로

결혼식에 갔을 때, 축의금 봉투에 어떤 말을 써야 하는 지 고민하는 사람이 많다. 이때는 "축 혼인, 축 결혼, 축 화혼, 축의" 등의 말을 쓰면 무난하다. 그리고 결혼 당사자에게는 "결혼을 축하합니다."라고 말하며, 당사자의 부모에게는 "얼마나 기쁘십니까?" 혹은 "축하합니다."로 말하는 것이 예의에 어긋나지 않는다.

	대 상		인 사 말	봉 투
출산	산모, 남편, 부모에게		축하합니다. 순산하셨다니 반갑습니다.	
정년 퇴임			축하합니다. 그 동안 애 많이 쓰셨습니다. 축하합니다. 벌써 정년이시라니 아쉽습니다.	근축, 송공, (그 동안의) 공적을 기립니다.
문 병	본인에게	들어가서	좀 어떠십니까(어떻습니까)? 얼마나 고생이 되십니까? 〔불의의 사고일 때〕 불행 중 다행입니다.	기쾌유, (조속한)쾌유를 바랍니다.
		나올 때	조리(조섭) 잘 하십시오. 속히 나오시기 바랍니다.	
	보호자에게	들어가서	좀 어떠십니까(어떻습니까)? 얼마나 걱정이 되십니까? 고생이 많으십니다.	
		나갈 때	속히 나오시기 바랍니다.	

> **알아두기**　**60세의 생일 이름은 육순(六旬)이다**
>
> 　우리나라에서 60세를 맞이하신 선생님께 "환갑을 축하드립니다."라고 쓰는 것은 크게 잘못된 경우이다. 왜냐하면 '환갑'은 61세 생일을 맞이한 사람에게 쓰는 특별한 이름이기 때문이다. 참고로 60세는 육순(六旬), 62세는 진갑(進甲), 70세는 칠순(七旬)이나 고희(古稀), 77세는 희수(喜壽), 80세는 팔순(八旬), 88세는 미수(米壽), 90세는 구순(口脣), 99세는 백수(白壽)라고 쓴다.

다) 문상

　많은 사람들이 문상을 가서 어떤 위로의 말을 해야 하는지를 몰라 망설이는 경우가 종종 있다. 실제 문상 가서 하는 말은 문상객과 상주의 나이, 평소의 관계 등 상황에 따라 다양하다. 그러나 일반적으로 문상을 가서 고인에게 절을 두 번 하고, 상주에게 절을 한 번 한 후에 아무 말도 하지 않고 물러나오는 것이 가장 무난하다. 문상이란 상을 당한 사람을 가장 극진히 위로해야 할 자리이지만, 그 어떤 말도 상을 당한 사람에게는 위로가 될 수 없기 때문에 오히려 아무 말도 하지 않는 것이 더욱 더 깊은 조의를 표하는 것이 된다.

　그러나 굳이 말을 해야 할 상황이라면, "삼가 조의를 표합니다.", "얼마나 슬프십니까?", "뭐라 드릴 말씀이 없습니다." 등으로 인사를 하면 된다. 그런데 이런 인사말을 할 때에는 또박또박 분명하게 말하지 말고 뒤를 흐리는 것이 예의라고 한다. 상을 당하여서는 문상하는 사람도 슬퍼서 말을 제대로 할 수 없다는 것을 표시하기 위해서이다.

　문상을 하는 사람이 말로써 문상하지 않는 것이 가장 모범적인 것과 마찬가지로, 문상을 받는 상주 역시 문상객에게 아무 말도 하지 않는 것이 좋다. 상주는 죄인이므로 말을 해서는 안 된다는 것이다. 굳이 말을 한다면 "고맙습니다" 또는 "드릴(올릴) 말씀이 없습니다" 하고 문상을 와 준 사람에게 고마움을 표하면 된다.

참고로 조위금 봉투에는 일반적으로 '부의(賻儀)'가 가장 일반적이며 '근조(謹弔)'라고 쓰기도 한다. 참고로 망인의 호칭은 다음과 같다.

<table>
<tr><td>상주의 아버지 : 대인(大人)</td><td>상주의 어머니 : 대부인(大夫人)</td></tr>
<tr><td>상주의 할아버지 : 왕대인(王大人)</td><td>상주의 할머니 : 왕대부인(王大夫人)</td></tr>
<tr><td>상주의 처 : 내실(內室), 합부인(閤夫人)</td><td>상주의 형 : 백씨(伯氏), 중씨(仲氏)</td></tr>
<tr><td>상주의 동생 : 계씨(季氏)</td><td></td></tr>
</table>

라) 손님맞이

손님을 맞을 때 두루 쓰이는 표현은 "어서 오십시오." 이다. 다만, 상황이나 공간에 따라서 그 표현이 조금씩 다르다. 관공서나 회사에서는 "어서 오십시오."와 "어떻게 오셨습니까?" 등을 많이 쓰고, 택시에서는 "어디로 모실까요?"가 일반적으로 잘 쓰는 표현이다. 다만, 백화점이나 가게, 음식점과 찻집 등에서는 손님이 물건을 사거나 음식을 먹기 때문에, "어서 오십시오.", "무엇을 드시겠습니까?" 혹은 "무엇을 드릴까요?", "맛있게 드십시오."의 순서로 손님을 맞이하는 것이 좋겠다.

한편, 손님을 보낼 때는, "안녕히 가십시오."를 많이 쓰고 있다. 가정에서는 손위 사람에게는 "살펴 가십시오."라는 표현도 쓰고 있으며, 관공서나 회사, 백화점, 음식점 등에서는 "고맙습니다." 혹은 "또 찾아 주십시오." 등을 쓴다.

> **알아두기** "건배!"
>
> 술잔을 부딪칠 때, 어떤 사람은 "개나발!"이라는 표현을 쓰기도 한다. 물론, "개나발"은 축어로 "개인과 나라의 발전을 위하여"의 준말이라고 한다. 이외에도 여러 가지 표현이 있지만, 일반적으로는 "건배!"가 많이 쓰인다. 그런데 우리말에서는 "건배!"보다는 "○○를 위하여!"라든지, "위하여!"를 표준안으로 하고 있다. 그리고 표준안 외에도 "건배, 축배, 집배, 지화자—좋다, 드십시다, 듭시다." 등의 표현을 허용하고 있다.

3. 호칭어와 지칭어

언어 예절에서 남을 부르는 말(호칭어)과 남을 가리키는 말(지칭어)의 바른 사용도 중요하다. 이들 호칭어와 지칭어의 사용과 높임법이 관계없다고 보기 쉽지만 바른 지칭어와 호칭어를 사용하는 일은 근본적으로 윗사람에 대한 높임법의 사용을 의식해서 출발하는 것이기 때문에, 언어 예절에서 중요하게 다루어지는 것이다. 특히 까다로운 지칭어와 호칭어의 문제가 대개는 상위자에 대한 지칭어와 호칭어의 경우에 발생하기 때문에 더욱 주의해야 한다.

(1) 부모와 자식 간의 호칭·지칭어

가) 부모에 대한 호칭 · 지칭어

		살아 계신 부모님	돌아가신 부모님
호칭어	어릴 때	어머니(엄마) 아버지(아빠)	
지칭어	성장 후	어머니, 아버지	
	부모, 조부모에게	어머니(엄마) 아버지(아빠)	어머니 아버지
	친척에게	어머니(엄마) 아버지(아빠)	어머니(님) 아버지(님)
	남편에게	친정(지역 이름) 어머니 친정(지역 이름) 아버지	친정 어머니(님) 친정 아버지(님)
	아내, 형제, 자매, 처가 쪽 사람에게	어머니 아버지	어머니(님) 아버지(님)
	시댁 쪽 사람에게	친정(지역 이름) 어머니, ○○ 외할머니, 친정(지역 이름) 아 버지, ○○ 외할아버지	친정 어머니(님), ○○외할머니(님), 친정 아버지(님), ○○외할아버지(님)
	타인에게 — 아들, 미혼인 딸이	어머니 아버지	어머니(님) 아버지(님)
	타인에게 — 기혼의 딸이	(친정)어머니, ○○ 외할머니, (친정)아버지, ○○ 외할머니	친정 어머니(님), ○○외할머니(님), 친정 아버지(님), ○○ 외할아버지(님)

나) 자녀에 대한 호칭 · 지칭어

		혼인하지 않은 자녀	혼인한 자녀
	호 칭 어	○○〔이름〕	(○○)아비(아범), (○○)어미(어멈), ○○〔이름〕
지칭어	가족, 친척에게	○○○〔이름〕 〔그들이 부르는 대로〕	(○○)아비(아범), (○○)어미(어멈), ○○〔이름〕, 〔그들이 부른 대로〕
	자녀의 직장사람들에게	○○○씨, ○(○○) 직함(님)	

	타인에게	(우리) ○○〔이름〕, (우리)아들, (우리)딸	
	손자, 손녀(해당 자녀의 자녀)에게		아버지(아빠, 아비, 아범), 어머니(엄마, 어미, 어멈)
	사돈 쪽 사람에게		○○아비(아범), ○○어미(어멈),〔그들이 부르는 대로〕, ○○〔이름〕

(2) 시아버지 시어머니, 며느리에 대한 호칭·지칭어

가) 시아버지, 시어머니에 대한 호칭 · 지칭어

호 칭 어		아버님	어머님, 어머니
지 칭 어	시조부모에게	아버님(아버지)	어머니(님)
	시아버지에게	아버님	어머님, 어머니
	시어머니에게	아버님	어머님, 어머니
	남편에게	아버님	어머님
	자녀에게	할아버지(님)	할머니(님)
	남편의 동기에게	아버님	어머님
	동서에게	아버님	어머님
	시댁 친척에게	아버님, 어린 친척에게〔그들이 부르는대로〕	어머님 어린 친척에게〔그들이 부르는 대로〕
	친정 쪽 사람에게	시아버님, 시아버지 돌이 할아버지(님)	시어머님, 시어머니 돌이 할머니(님)
	타인에게	(시)아버님	(시)어머님
	친구나 이웃에게	돌이 할아버지(님)	돌이 할머니(님)

나) 며느리에 대한 호칭·지칭어

호칭어		아가, 새아기, (○○)어미(어멈), 얘야
지 칭 어	며느리에게	아가, 새아기, (○○)어미(어멈), 너
	부모에게	며늘애, ○○○어미(어멈), ○○댁, ○○처
	배우자에게	며늘애, 새아기, ○○○어미(어멈), ○○댁, ○○처
	아들에게	○○○어미, 네 댁, 네 처
	손자, 손녀에게	어머니, 엄마, (어미)

큰아들에게 작은며느리를	○○어미, ○○댁, 제수, 계수
작은 아들에게 큰며느리를	○○어미, (네)형수
큰딸에게 작은며느리를	○○어미, 올케, ○○댁
작은딸에게 큰며느리를	○○어미, 올케, 새언니
다른 며느리에게	○○어미, 동서, 네(형)
사위에게	처남의 댁, ○○어미, ○○댁
친척에게	며느리, 매늘애, ○○댁, ○○어미, ○○처,〔그들이 부르는 대로〕
사돈에게	며늘애, ○○어미,〔그들이 부르는 대로〕
타인에게	며느리, 새아기

(3) 처부모와 사위 사이

가) 장인·장모에 대한 호칭·지칭어

호 칭 어		장인어른, 아버님	장모님, 어머님
지 칭 어	장인에게	장인어른, 아버님	장모님, 어머님
	장모에게	장인어른, 아버님	장모, 장모님, 어머님
	아내에게	장인, 장인어른, 아버님	장모, 장모님, 어머님
	부모와 동기에게	장인(어른), 돌이 외할아버지	장모(님), 돌이 외할머니
	친척에게	장인(어른), 돌이 외할아버지	장모(님), 돌이 외할머니
	아내의 동기와 그 배우자에게	장인 어른, 아버님	장모님, 어머님
	자녀에게	외할아버지(님)	외할머니(님)
	타인에게	장인(어른), 돌이 외할아버지(님)	장모, 장모님, 돌이 외할머니(님)

☞ 다른 사람 처부모를 '빙장어른', '빙모님'이라고 한다.
　 친가 식구에게 처부모를 '아버님' '어머님'이라고 해서는 안 된다.

나) 사위에 대한 호칭·지칭어

호 칭 어		김서방, 여보게
지 칭	사위에게	김서방, 자네
	딸, 사돈, 며느리, 다른 사위에게	김서방
	장인, 장모가 대화하면서	김서방, 돌이아비(아범)

어	아들, 다른 딸에게	김서방, 매부, 형부
	외손자, 외손녀에게	아버지, 아빠
	타인에게	(우리)사위, 김서방

(4) 남편과 아내에 대하여

가) 남편에 대한 호칭·지칭어

		표 준 안
호칭어	신혼 초	여보, ○○씨(여봐요)
	자녀가 있을 때	여보, ○○아버지, ○○아빠
	장노년	여보, 영감, ○○할아버지, ○○아버지
지칭어	남편에게	당신, ○○씨(신혼 초), 영감
	시부모에게	아비, 아범, 그이
	친정 부모에게	○서방, 그 사람
	남편 동기에게	형(님), 동생, 오빠
	남편 동기의 배우자에게	그이, ○○아버지, ○○아빠
	친정 동기에게	매부, 매형, 형부, ○서방, 그이, ○○아버지, ○○아빠
	자녀에게	아버지, 아빠
	며느리에게	어버님
	사위에게	장인, 장인 어른, 아버님
	친구에게	그이, 우리 남편, 애 아버지, 애 아빠
	남편 친구에게	그이, 애 아버지, 애 아빠, 바깥 양반, 바깥 사람
	남편 회사에 전화를 걸 때	○○○씨, 〔직함 또는 성이나 성명과 직함을 부른다〕
	아는 타인에게	○○아버지, ○○아빠, 바깥 양반, 바깥 사람
	모르는 타인에게	우리 남편, 저희 남편
	남편의 회사 사람에게	그이

나) 아내에 대한 호칭·지칭어

		표 준 안
지칭어	신혼 초	여보, ○○씨(여봐요)
	자녀가 있을 때	여보, ○○엄마, ○○어머니
	장노년	여보, 임자, ○○어머니, ○○엄마, ○○할머니
지칭	아내에게	당신, ○○씨〔신혼 초〕, 임자
	친부모에게	(○○)어미(어멈), 그 사람
	장인·장모에게	○○어미(어멈), 집사람, 그 사람, 안사람

	형에게	○○엄마, 집사람, 안사람, 처
	동생에게	○○엄마, 형수
	누나에게	○○엄마, 집사람, 안사람, 처
	여동생에게	○○엄마, (새)언니
	형수, 매부, 제수에게	○○엄마, 집사람, 안사람, 처
	손위 처남에게	○○엄마, 집사람, 안사람, 처
	손아래 처남에게	○○엄마, 누나
	처남의 댁에게	○○엄마, 집사람, 안사람, 처
	처형에게	○○엄마, 집사람, 안사람, 처
	처제에게	○○엄마, 언니
어	동서에게	○○엄마, 집사람, 안사람, 처
	자녀에게	어머니, 엄마
	며느리에게	어머니
	사위에게	장모
	아내 친구에게	그 사람, 집사람, 안사람, 애 어머니, 애 엄마
	아내 회사에 전화를 걸 때	○○○씨, 〔성이나 성명과 직함을 부른다〕
	아내 회사 사람에게	그 사람
	친구에게	그 사람, 집사람, 안사람, 아내
	아는 사람에게	○○엄마, 집사람, 아내, 안사람, 처
	모르는 사람에게	집사람, 아내, 안사람, 처

알아두기 '마누라'라는 표현은 쓰지 말자

　　다른 사람에게 아내를 가리킬 때 '마누라'라고 하는 것은 틀린 표현이다. '마누라'가 원래는 높이는 말이었지만, 1938년에 간행된 문세영의 『조선어사전』에는 '늙은 노파'를 가리키거나 '안해(아내)의 속어'로 나와 있다. 이미 '마누라'는 아내를 가리키는 말로서의 품위를 잃어버린 것이다. 다른 사람에게 아내를 가리켜 '마누라'라고 하는 것은 아내를 비하하는 느낌을 준다.

(5) 동기와 그 배우자에 대하여

가) 동기와 그 배우자의 호칭·지칭어

❶ 남자의 경우

		형	형의 아내
호 칭 어		형, 형님	아주머님, 형수님
지칭어	당사자에게	형, 형님	아주머님, 아주머니, 형수님
	부모에게	형	아주머니, 형수
	동기 처가 쪽 사람에게	형, 형님	아주머니(님), 형수(님)

	자녀에게	큰아버지(큰아버님)	큰어머니(님)
	타인에게	형, 형님	형수(님)

		남 동 생	남동생의 아내
	호 칭 어	○○〔이름〕, 아우, 동생	제수씨, 계수씨
지 칭 어	부모, 동기, 타인에게	○○〔이름〕, 아우, 동생	제수(씨), 계수(씨)
	처가 쪽 사람에게	아우, 동생	제수(씨), 계수(씨)
	자녀에게	삼촌, 작은아버지(작은아버님)	작은어머니(님), 숙모(님)

		누 나	누나의 남편
	호 칭 어	누나, 누님	매부, 매형, 자형
지 칭 어	부모에게	누나	매부, 매형, 자형
	동기 및 처가 쪽 사람, 타 인에게	누나, 누님	매부, 매형, 자형
	자녀에게	고모(님)	고모부(님)

		여 동 생	여동생의 남편
	호 칭 어	○○〔이름〕, 동생	매부, ○서방
지 칭 어	부모에게	○○〔이름〕, 동생	매부, ○서방
	동기에게	○○〔이름〕, 동생	매부, ○서방, 형부
	처가 쪽 사람에게	누이동생	매부
	자녀에게	고모(님)	고모부(님)
	타인에게	누이동생	매부, ○서방

❷ 여자의 경우

		오 빠	오빠의 아내
	호 칭 어	오빠, 오라버니(님)	(새)언니
지 칭 어	당사자에게	오빠, 오라버니(님)	(새)언니
	부모에게	오빠, 오라버니	(새)언니, 올케
	동기에게	오빠, 오라버니(님), 형(님)	(새)언니, 올케, 형수님
	시댁 쪽 사람 및 타인에게	(친정)오빠, (친정)오라버니, ○○외	새언니, 올케, ○○외숙모

		삼촌	
	자녀에게	외삼촌, 외숙부(님)	외숙모(님)

		남 동 생	남동생의 아내
	호 칭 어	○○〔이름〕, 동생	올케
지 칭 어	부모에게	○○〔이름〕, 동생	올케
	동기에게	○○〔이름〕, 동생, 형(님), 오빠	올케, 형수님, (새)언니
	시댁 쪽 사람에게	친정 동생, ○○외삼촌	올케, ○○외숙모
	자녀에게	외삼촌, 외숙부(님)	외숙모(님)
	타인에게	○○〔이름〕, ○○외삼촌, (친정)동생	올케, ○○외숙모

		언 니	언니의 남편
	호 칭 어	언니	형부
지 칭 어	친정 쪽 사람에게	언니	형부, 매부
	시댁 쪽 사람 및 타인에게	언니, ○○이모	형부, ○○이모부
	자녀에게	이모(님)	이모부(님)

		여 동 생	여동생의 남편
	호 칭 어	○○〔이름〕, 동생	○서방(님)
지 칭 어	당사자에게	○○〔이름〕, 동생	○서방(님)
	부모에게	○○〔이름〕, 동생	○서방
	동기에게	○○〔이름〕, 동생, 누나, 언니	○서방, 매부, 형부
	시댁 쪽 사람 및 타인에게	친정 여동생, ○○이모	○○이모부, 동생의 남편
	자녀에게	이모님	이모부(님)

(6) 남편의 동기와 그 배우자에 대하여

가) 남편의 형, 아우, 누나에게

	남편의 형	남편의 아우		남편의 누나
호 칭 어	아주버님	미혼	도련님(○째 도련님)	형님
		기혼	서방님(○째 서방님)	

지칭어	시댁 쪽 사람에게	아주버님	미혼	도련님	형님
			기혼	서방님	
	친정 쪽 사람에게	시아주버니, 돌이 큰아버지	시동생 돌이 작은아버지, 돌이 삼촌		시누이, 돌이 고모
	자녀에게	큰아버지(님), (첫째 큰아버지), (지역이름)큰아버지	미혼	삼촌	고모(님)
			기혼	작은아버지(님)	
	타인에게	시아주버니, 돌이 큰아버지	시동생, 도련님, 서방님, 돌이 작은아버지, 돌이 삼촌		시누이, 돌이고모

나) 남편의 누이에게

지칭어		남편의 누이동생	남편형의 아내		남편 아우의 아내
호 칭 어		아가씨, 아기씨	형님		동서
	시댁 쪽 사람에게	아가씨, 아기씨	시부모	형님, 큰(맏)동서	동서
			시부모이외	형님	
	친정 쪽 사람에게	시누이, 돌이고모	큰동서(맏동서), 돌이 큰어머니		동서, 돌이 작은어머니
	자녀에게	고모(님)	큰어머니(님)		작은어머니(님)
	타인에게	시누이, 돌이고모, 아가씨, 아기씨	큰동서(맏동서), 돌이 큰어머니		동서, 돌이 작은어머니

다) 남편 누나·누이동생의 남편

지칭어		남편 누나의 남편	남편 누이동생의 남편
호 칭 어		아주버님, 서방님	서방님
	자녀에게	고모부(님)	고모부(님)
	자녀 이외의 사람들에게	(지역 이름)아주버님, (지역 이름, 성) 서방님, ○○고모부(님)	(지역 이름, 성)서방님, ○○고모부(님)

(7) 아내의 동기와 그 배우자에 대하여

가) 아내의 오빠, 남동생, 언니, 여동생

	아내의 오빠	아내의 남동생	아내의 언니	아내의 여동생

	호 칭 어		형님, 처남〔연하〕	처남, ○○〔이름〕	처형	제제
지칭어	당사자에게		형님, 처남〔연하〕	처남, 자네	처형	처제
	아내에게		형님, 처남〔연하〕	처남, ○○〔이름〕	처형	처제
	부모, 동기, 타인에게		처남, ○○외삼촌	처남, ○○외삼촌	처형, ○○이모	처제, ○○이모
	장인, 장모에게		형님, 처남〔연하〕	처남, ○○〔이름〕	처형	처제
	당사자의	손위 동기와 배우자에게	형님, 처남〔연하〕	처남, ○○〔이름〕	처형	처제
		손아랫 동기에게	〔그들이 부르는 대로〕	〔그들이 부르는 대로〕	〔그들이 부르는 대로〕	〔그들이 부르는 대로〕
	자녀에게		외삼촌, 외숙부(님)	외삼촌, 외숙부(님)	이모(님)	이모(님)

나) 그 외의 경우

			아내의 오빠의 부인	아내의 남동생의 부인	아내의 언니의 남편	아내의 여동생의 남편
	호 칭 어		아주머니	처남의 댁	형님, 동서〔연하〕	동서, ○서방
지칭어	당사자에게		아주머니	처남의 댁	형님, 동서〔연하〕	동서, ○서방
	아내에게		처남의 댁	처남의 댁	형님, 동서〔연하〕	동서, ○서방
	부모, 동기, 타인에게		처남의 댁, ○○외숙모	처남의 댁, ○○외숙모	형님, ○○이모부	동서, ○○이모부
	장인, 장모에게		처남의 댁	처남의 댁	형님, 동서〔연하〕	동서, ○서방
	당사자의 시댁 및 처가의	손위 동기와 배우자에게	처남의 댁	처남의 댁	형님, 동서〔연하〕	동서, ○서방
		손아랫 사람에게	〔그들이 부르는 대로〕	〔그들이 부르는 대로〕	〔그들이 부르는 대로〕	〔그들이 부르는 대로〕
	자녀에게		외숙모(님)	외숙모(님)	이모부(님)	이모부(님)

(8) 숙질 사이

숙질 사이일 경우, 지칭 대상이 되는 당사자에 대한 지칭어는 호칭어와 같다. 그리고 처가 쪽 숙질간의 호칭어는 말하는 사람의 아내가 부르는 대로 하고 지칭어는 그 앞에 '처'를 붙인다.

가) 숙질 간의 호칭·지칭어

	호칭어	지칭어		
		말하는 사람을 자녀에게	당사자의 자녀에게	그 밖의 사람들에게
아버지의 형	큰아버지	○○큰할아버지(큰할아버님, 종조할아버지(종조할아버님), 종조부(님), ○○할아버지(할아버님)	큰아버지, 아버지, 아빠	큰아버지, 백부〔아버지의 맏형만〕
아버지의 형의 아내	큰어머니	○○큰할머니(님), 종조할머니(님), 종조모(님), ○○할머니(님)	큰어머니, 어머니, 엄마	큰어머니 백모〔아버지의 맏형의 아내만〕
아버지의 남동생	미혼 – 삼촌, 아저씨 기혼 – 작은아버지	○○작은할아버지(작은할아버님), 작은종조할아버지(종조할아버님), (작은)종조부(님), ○○할아버지(할아버님)	작은아버지, 아버지, 아빠	미혼 – 삼촌, 아저씨 기혼 – 작은아버지, 숙부
아버지의 동생의 아내	작은어머니	○○작은할머니(님), (작은)종조할머니(님), (작은)종조모(님), ○○할머니	작은어머니, 어머니, 엄마	작은어머니, 숙모
아버지의 누이	고모, 아주머니	대고모(님), 왕고모(님), (고모할머니(님)), (○○할머니(님))	고모, 어머니, 엄마	고모
아버지 누이의 배우자	고모부, 아저씨	대고모부(님), 왕고모부(님), (고모할아버지(고모할아버님)), (○○할아버지(할아버님))	고모부, 아버지, 아빠	고모부, 고숙
어머니의 남자형제	외삼촌, 아저씨	진외할아버지(진외할아버님), 진외종조부(님), ○○할아버지(할아버님)	외삼촌, 외숙부, 아버지, 아빠	외삼촌, 외숙
어머니 남자형제의 배우자	외숙모, 아주머니	진외할머니(님), ○○할머니(님)	외숙모, 어머니, 엄마	외숙모
어머니의 자매	이모, 아주머니	이모할머니(님), ○○할머니(님)	이모, 어머니, 엄마	이모
어머니 자매의 배우자	이모부, 아저씨	이모할아버지(이모할아버님), ○○할아버지(할아버님)	이모부, 아버지, 아빠	이모부, 이숙

☞ ○○은 '(지역 이름)'임

			남자 조카	조카의 아내	여자 조카	조카 사위
호 칭 어			미성년 – ○○〔이름〕, 성년 – 조카, ○○아비, ○○아범, 조카님〔시가 쪽의 나이 많은 조카〕	아가, 새아가, ○○어미, ○○어멈, 질부(姪婦), 생질부(甥姪婦)	미성년 – ○○〔이름〕, 성년 – 조카, ○○어미, ○○어미, 조카님 〔시가 쪽의 나이 많은 조카〕	○서방, ○○아비, ○○어멈
지 칭 어	타 인 에 게	친조카	조카	조카며느리, 질부(姪婦)	조카딸, 질녀(姪女)	조카사위, 질서(姪壻)
		누이의 자녀	생질(甥姪)	생질부(甥姪婦)	생질녀(甥姪女)	생질서(甥姪壻)

(9) 사돈 사이

가) 같은 항렬

	자녀 배우자(며느리, 사위)의 부모 및 삼촌 항렬	
	남 : 남	남 : 여
	사돈어른, 사돈	사부인
자기 쪽 사람에게	부모 : 사돈, ○○(외)할아버지	사부인, ○○(외)할머니
	삼촌 사돈,〔관계말〕	사부인,〔관계말〕
사돈 쪽 사람에게	부모 : 사돈어른, 사돈, ○○(외)할아버지	사부인, ○○(외)할머니
	삼촌 : 사돈어른, 사돈,〔관계말〕	사부인,〔관계말〕
	자녀 배우자(며느리, 사위)의 부모 및 삼촌 항렬	
	여 : 여	여 : 남
호칭어 및 당사자에게	사부인, 사돈	사돈어른(밭사돈)
자기 쪽 사람에게	부모 : 사부인, ○○(외)할머니	사돈어른(밭사돈), ○○(외)할아버지
	삼촌 : 사부인,〔관계말〕	사돈어른,〔관계말〕
사돈 쪽 사람에게	부모 : 사부인, ○○(외)할머니	사돈어른, ○○(외)할아버지
	삼촌 : 사부인,〔관계말〕	사돈어른,〔관계말〕
	동기 배우자(형수, 올케 등)의 동기 및 그 배우자	
호칭어 및 당사자에게 지칭	사돈, 사돈도령, 사돈총각	사돈, 사돈처녀, 사돈아가씨
당사자 이외의 사람에게	사돈, 사돈도령, 사돈총각,〔관계말〕	사돈, 사돈처녀, 사돈아가씨,〔관계말〕

나) 위 항렬

	자녀 배우자(며느리, 사위)의 조부모, 동기 배우자(형수, 올케 등)의 부모
호칭어 및 당사자에게 지칭	사장어른
당사자 이외의 사람에게	사장어른,〔관계말〕

다) 아래 항렬

	자녀 배우자(며느리, 사위)의 동기 및 조카, 동기 배우자(형수, 올케 등)의 조카	
호칭어 및 당사자에게 지칭	사돈, 사돈도령, 사돈총각	사돈, 사돈처녀, 사돈아가씨
당사자 이외의 사람에게	사돈, 사돈도령, 사돈총각,〔관계말〕	사돈, 사돈처녀, 사돈아가씨,〔관계말〕

(10) 직장 사람들에 대하여

직장 내에서 아무리 친한 사이라도 '○○야' 처럼 이름만을 호칭하는 것은 바람직하지 않다. 남자 직원이 동료 직원을 '○형'으로 부를 수도 있으나, 그냥 '형' 하거나 '○○형' 또는 ○○○형 하는 것은 지나치게 사적인 인상을 주므로 쓰지 말아야 한다.

또한 여직원이 남자 직원을 '○○형'이라고 부를 수는 없다. 여직원이 '언니'나 '○○언니'라고 할 수도 있으나, '○○언니' '미스 ○○언니'는 좋지 않다. 직함이 없는 나이 지긋한 기혼의 여자 직원은 '○여사' 또는 '○○○여사'라고 부를 수 있다.

지칭 대상이 말하는 사람과 동급이거나 아래이면 존칭의 조사 '께서'와 주체를 높이는 '-시-'는 쓰지 않으며, '해라'체도 쓰지 않는다. 그러나 윗사람을 그보다 윗사람에게 지칭하는 경우 "사장님, 김 부장님이 어제 출장을 가셨습니다."처럼 높여 말한다.

구 분	직 함	호칭어·지칭어
동료들	직함 없음	○○○(○○)씨, 선생님, ○선생(님), ○○○선생(님), ○선배, ○형, (○○)언니, ○(○○)여사
	직함 있음	○과장, ○○○(○○)씨, 선생님, ○선생(님), ○○○선생(님), ○선배(님), ○형, ○(○○)여사
상사들	직함 없음	선생님, ○(○○○)선생님, ○(○○○)선배님, ○(○○○)여사
	직함 있음	부장님, ○(○○○)부장님, (총무)부장님
아래	직함 없음	○○○씨, ○형, ○선생(님), ○○○선생(님), ○(○○)여사, ○군, ○양

직원을	직함 있음	○과장, 총무과장, ○○○씨, ○형, ○선생(님), ○○○선생(님)

알아두기 **스승의 남편에 대한 호칭은 무엇일까?**

　여자 선생님의 남편을 부르는 말은 '사부(師夫)님', '선생님', '○ 선생님', '○○○ 선생님'이다. 예전에는 여자 스승이 없었기 때문에 여자 선생님의 남편을 부르는 전통적인 말은 없다. 현실적으로 많은 사람들이 여자 선생님의 남편을 '사부님'으로 부르고 있지만, 아직 사전에는 올라 있지 않다. 그러나 점점 많이 쓰이기 때문에 자리를 잡아가는 말이라 할 수 있다. 스승을 높여 이르는 말인 '사부(師父)님'과 한자가 다르다는 점을 주의해야 한다.

5. 인터넷 언어 예절

　요즘 인터넷을 사용하는 사람들이 급속히 늘어나고 있다. 이에 따라 온라인 공간의 잘못된 언어 쓰임이 심해지고 있다. 인터넷 대화창에서 종종 '뚜껑 열린다'(엄청 화난다), '꿀꿀하다'(기분이 안 좋다), '작살이다'(파격적이다)와 같이 특정 계층만 해석할 수 있는 말이 넘쳐나며, '짱이다, 끝장이다, 캡이다, 울트라캡숑나이스짱이다'(매우 좋다) 등 국적불명의 언어가 만들어지고 있다. 그리고 '짱나다'(짜증나다), '재섭다'(재수 없다), '냉무'(내용이 없다) 등과 같이 기존과는 전혀 다른 방식에 의해 수많은 줄임말이 만들어지면서 'ㄱㅅ'(감사합니다)처럼 자음 하나만으로 의사소통이 가능하다고 보는 것이 인터넷 언어의 현주소이다.

　그런데 이런 언어들이 일상생활에서 버젓이 자리잡아가고 있다. 언어 일탈 현상이 가속화하다 보니, 우리말의 고유한 언어예절을 지키려는 의식이 사라진 지 오래다. 게다가 다른 집단이나 세대와는 너무나 다른 언어를 사용함으로써 세대와 집단만 소통하려는 이상한 경향이 생겨나고 있다. 여기서 파생되는 가장 큰 문제는 '급격한 언어의 단절'이다. 많은 사람들이 동의하듯, 언어는 의사소통의 중요한 수단이다. 언어를 매개로 인간은 개인과 개인, 세대와 세대, 그리고 사회와 사회를 연결할 수 있으며, 과거의 기억을 미래로 넘겨줄 수 있다. 명백히 언어는 소통의 수단인 동시에 인간의 무의식을 형성한다. 하이데거의 말을 빌리면, "언어는 존재의 집"이 아닌가.

　이러한 언어의 일탈이 건전한 언어생활을 병들게 하고 인터넷 통신 공간을 어지럽히는 단순 일탈에 그치지 않고 더 큰 정보 윤리 문제로 확대될 수 있다. 현실세계의 언어생활에까지 큰 영향을 미쳐 언어 규범의 혼란을 초래할 수 있으며, 인터넷 대화 방식을 모르는 부모와 자녀, 교사와 학생 등 세대 간의 문화적 단절 현상도 무시할 수 없다.

　우리 사회에 만연한 언어 일탈 문제를 해결하기 위해서는 무엇보다, 가정과 학교, 사회 전체가 각성해야 한다. 가정에서는 부모들이 지속적인 관심을 갖고 아이들의 바른 언어사용을 유도해야 하고 학교에서 교사들은 체계적인 방식으로 올바른 온라인 언어 사용을 포함한 정보 윤리 교육을 해야 한다. 더불어, 기성세대가 솔선수범하는 자세를 보여야 한다. 이외에도 기술적인 노력도 해야 하는데, 대화방, 게시판의 글을 다듬어 잘못 쓰이는 용어를 막아야 한다.

 언어 일탈 현상의 두 요인

　많은 학자들이 우리 사회에 만연한 언어 일탈 현상을 두 가지로 설명하고 있다. 바로 '기능적 요인'과 '사회문화적 요인'이다. 먼저 기능적 요인은 컴퓨터 자판의 문자 입력 방식의 특성에서 비롯된다. 음성언어에 비해 문자언어는 전달력 및 지속력이 길다. 이러한 문자언어가 입력이 쉬운 자판을 통해 표현되다 보니 문법적 구속을 덜 받게 되는 것이다. 그리고 사회문화적 요인은 신세대의 자아 표출 방식의 일환으로, 정해진 것을 의식적으로 거부하는 신세대적 문화 풍토를 들 수 있다. 젊은 세대란 본래 기존의 진부한 사회질서에 따르기보다는 뭔가 새로운 세계의 변혁을 꿈꾸는 세대라는 점에서 이전 시기의 언어와 다른 언어를 추구한다.

연습문제

〈문제 1〉 가족을 부르는 말로 적절하지 않은 것은?
    ① (남성이) 여동생의 남편에게: ○ 서방 (○ 안에는 성이 들어감)
    ② (남성이) 누나의 시어머니에게: 사부인
    ③ (여성이) 나이 어린 손위 동서에게: 형님
    ④ (여성이) 나이 어린 손위 올케에게: 새언니
    ⑤ (여성이) 나이 어린 손아래 시누이에게: 아가씨

〈문제 2〉 다음은 아래의 대화를 바탕으로 언어 예절에 대하여 지적하고 서로 토론한 내용이다. 잘못 지적한 것은?

> 남자: 이봐, 오늘 저녁에 같이 외식하러 나가자.
> 여자: 정말요? 오빠가 어쩐 일이에요? 외식을 다 하자고 하게.
> 남자: 봄이라 그런지 통 입맛이 없어서 그래. 뭐 입맛을 확 돋울 만한 것 없을까?
> 여자: 작년 봄에 갔었던 그 장어구이집으로 갈래요? 오빠가 입맛 돋우는 데는 장어 구이가 최고라고 했잖아.
> 남자: 장어구이집! 좋긴 한데 거긴 너무 멀어. 고속도로로 달려도 한참 가야 되잖아. 더군다나 현재 고속도로가 밀린다고 아까 방송에 나왔거든요.
> 여자: 음……. 그럼 풋풋한 봄나물이 많이 나오는 쌈밥집 어때? 싱싱한 야채로 입맛을 돋우어 보는 것도 좋잖아요.
> 남자: 그런 곳이 있어? 어디쯤인데?
> 여자: 자동차로 가면 여기서 멀지 않아요.
> 남자: 아버님도 모시고 갈까?
> 여자: 어머니가 그러시는데 아버지 오늘 시골 가셨대. 아마 어머니 혼자는 오시지 않 으려고 하실 거야. 그나저나 아기를 어떡하지?
> 남자: 뭘 어떡해. 차에다 아기를 태우고 가면 되지.
> 여자: 그런 말이 아니라 아기 데리고 그런 데를 처음 가 보니까 하는 얘기지. 참, 우 리 엄마 데리고 가자.
> 남자: 장모님이 좋아하실까?

    ① 승원: 남편에 대한 호칭어 '오빠'는 '당신'이나 '여보'로 바꾸는 것이 언어 예절에 맞아.
    ② 영하: 살아 계신 자기 아버지에 대해서는 '아버님'이 아니라 '아버지'라고 지칭해야 해.
    ③ 광현: 며느리는 시아버지를 '아버지'라고 지칭해서는 안 돼. '아버님'이라고 지칭해야 해.
    ④ 지영: 아내에 대한 호칭 '이봐'는 '여보'나 '여봐요'로 바꾸는 것이 부부 사이에 예의를 지키는 것이고 듣기에도 좋아.
    ⑤ 진숙: 친정어머니는 나이가 들어서도 '엄마'라고 하는 게 친근한 것 같아. '친정어머니'는 너무 격식을 차린 것 같아 어색해.

〈문제 3〉 다음 중 경어법의 사용이 적절하지 않은 것은?
    ① 그분께서 주시는 걸 받아 오너라.
    ② 아버지, 제 말씀 좀 들어 보세요.

③ 형님, 형님 친구분께서 오셨습니다.
④ 선생님은 오후에 약속이 있으셨어요.
⑤ 할아버지, 아버지께서 지금 오셨습니다.

〈문제 4〉 김희연과 오주민 사이의 호칭으로 적당한 것은?

◎ 삼가 알립니다

길동의 아버님 이상수 씨께서 급환으로 1995년 5월 1일(음력 4월 12일)
오전 9시 38분, 대흥동 자택에서 별세하셨음을 삼가 알립니다.

발인 일시: 1995년 5월 3일 오전 9시
발인 장소: 대전시 중구 대흥동 15-139번지 자택
장   지: 충남 논산군 양촌면 부곡리 선영하
미 망 인: 박인숙
　　　자: 길동　　　　　　여:　승경
　　　　　길상　　　　자 부: 김희연
　　　　　길석　　　　　서: 오연필
　　　손: 남진　　　　외 손: 오주민

1999년 5월 1일
호상　　　정 일 영 드림
(연락처)　빈 소: 253-0153

	김희연 → 오주민	오주민 → 김희연
①	도련님	자부님
②	주민아	외삼촌
③	주민아	외숙모
④	도련님	형수님
⑤	주민아	고모

〈문제 5〉 다음 대화의 괄호 안에 알맞은 호칭은?

㉮: (㉠)이 계신다니까 저희랑 같이 가세요, 어머님. 여보, 당신도 좀 말씀드려 봐요.
㉯: 그래요, 어머니, 가세요. 민수 엄마 말대로 하세요. 형이 있겠다고 하잖아요.
㉰: 싫어, 그냥 가.
㉯: 그러시지 말고 저희랑 함께 들어가세요.
㉰: 그러다가 큰 일이라도 생기면 어떡해?
㉱: 아무 일 없어요. 걱정 마시고 들어가세요. 제가 있을게요. 가세요. 너도 (㉡)하고 같이 가.

	㉠	㉡
①	삼촌	계수씨
②	서방님	제수씨
③	도련님	형수님
④	도련님	제수씨
⑤	아주버님	계수씨

〈문제 6〉 다음 중 경어법의 사용이 어색하거나 잘못된 것은?

    ① (원내 방송) 이어서 원장님의 훈시 말씀이 계시겠습니다.

    ② (평사원이 사장에게) 사장님, 김 과장님 거래처에 가셨습니다.

    ③ (공무원이 민원인에게) 시간이 있으시면 잠시만 기다려 주시겠습니까?

    ④ (평사원이 과장에게) 오늘 오후에 국장실에서 긴급 회의가 있다고 합니다.

    ⑤ (평사원이 과장에게) 국장님은 지금 결재 서류를 검토하고 계시는 중입니다.

〈문제 7〉 밑줄 친 '남진'은 누구의 아들인가?

◎ 삼가 알립니다

길동의 아버님 이상수 씨께서 급환으로 1995년 5월 1일(음력 4월 12일)
오전 9시 38분, 대흥동 자택에서 별세하셨음을 삼가 알립니다.

발인 일시: 1995년 5월 3일 오전 9시
발인 장소: 대전시 중구 대흥동 15-139번지 자택
장   지: 충남 논산군 양촌면 부곡리 선영하
미 망 인: 박인숙
    자: 길동   여: 승경
       길상   자 부: 김희연
       길석   서: 오연필
   손: 남진   외 손: 오주민

1999년 5월 1일
호상   정 일 영 드림
(연락처)   빈 소: 253-0153

    ① 이상수   ② 박인숙   ③ 이승경

    ④ 김희연   ⑤ 정일영

〈문제 8〉 다음 중 경어법이 바르게 사용된 문장은?

    ① 선생님, 외투가 무겁죠?

    ② 선생님, 제 아우와 함께 찾아뵙겠습니다.

    ③ 어머니께 물어 보고 나서 대답하겠습니다.

    ④ 아버지, 큰형님께서 오늘 서울에 도착한대요.

    ⑤ 할머니, 제 친구가 온다고 하니 만나뵙도록 하셔요.

〈문제 9〉 다음 중 호칭과 경어법이 언어 예절에 어긋나는 대화는?

    ① 할아버지: 철수야, 어머니 어디 가셨냐?

     철수: 예, 어머니는 잠시 장 보러 나갔어요.

    ② 민원인: 여기에 전입 신고서 내면 되죠?

     직원: 예, 아줌마. 여기로 주세요.

    ③ 부장: 김 과장 자리에 없나?

     사원: 과장님은 어제부터 지방으로 출장 가셨습니다.

④ 영희: 민수야, 담임 선생님께서 교무실로 오라셔.
　　민수: 선생님께서 날 부르신다고? 무슨 일일까?
⑤ 교수: 자네 혼자 이 작업을 했던가?
　　학생: 아닙니다. 이준호 선배가 많이 도와주었습니다.

〈문제 10〉 다음 중 높임말이 적절하게 사용된 것은?
　　① (학교에서 선생님께) "저희 아버지가 이렇게 말씀하셨습니다."
　　② 이번 중간고사 성적이 많이 떨어져서 나는 어제 아버지께 야단을 맞았다.
　　③ (아침 조회 시간에 사회자가) "다음은 교장 선생님 말씀이 계시겠습니다."
　　④ (퇴근하면서, 나이 지긋한 경비원 아저씨께) "아저씨, 수고하세요. 내일 뵐게요."
　　⑤ (구청의 위치를 묻는 시아버지께 며느리가) "그런데 아버님, 구청에 무슨 일이라도 계
　　　세요?"

〈문제 11〉 다음 중 경어법의 사용이 적절하지 않은 것은?
　　① 직장에서 하급자나 동급자 간에 자기의 호칭은 '나'를 사용한다.
　　② 문서에는 상사의 존칭을 생략하는 것이므로 '사장 지시'라고 하면 된다.
　　③ (과장이 사장 옆에서 부장의 지시를 보고할 때) "김 부장님이 지시한 일이 있습니다."
　　④ 상사에 대한 존칭은 호칭에만 쓰기 때문에 '사장님실'이 아니라 '사장실'이 옳은 말이다.
　　⑤ 사장이 참석한 상황에서 사장의 지시를 전달할 때는, 공적인 업무 사항이므로 '사장의
　　　지시 사항을 전달하겠습니다'라고 하면 된다.

〈문제 12〉 ㉠~㉣ 중 경어법에 맞지 않는 것을 모두 나열한 것은?

> 경희: ㉠어제는 우리 아버지께 야단을 맞았지 뭐야.
> 수정: 무슨 일이 있었는데?
> 경희: ㉡저녁 8시에 집에 들어가서 아버지께 식사하셨냐고 물어보았는데 꾸중하시더라고.
> 수정: ㉢아버지께서 왜 그러셨는데?
> 경희: ㉣어른한테는 "저녁 잡수셨어요?"라고 하셔야 된대.
> 수정: 그렇구나. 몰랐는데, 앞으로는 그렇게 말해야지.

　　① ㉡㉣　　　　　　　　　② ㉠㉡㉣　　　　　　　　③ ㉠㉢㉣
　　④ ㉡㉢㉣　　　　　　　　⑤ ㉠㉡㉢㉣

〈문제 13〉 다음 대화에 쓰인 문장 중 경어법이 바르지 않은 것은?

> 최부장: ㉠회장님 전화 언제 있었나요?
> 비　서: 5분 전에요. ㉡부장님 출근하시면 바로 전화 달라고 하셨습니다.
> 최부장: ㉢지금 바로 연결해 줘요.
> 비　서: ㉣회장님실 연결됐습니다, 부장님.
> 최부장: ㉤영업부 최 부장입니다, 회장님.

　　① ㉠　　　　　　　　　　② ㉡　　　　　　　　　③ ㉢
　　④ ㉣　　　　　　　　　　⑤ ㉤

〈문제 14〉 축의금이나 부의금의 단자에 적는 말로 적절하지 않은 것은?

    ① 후배의 결혼식에: 祝 華婚

    ② 장인의 환갑 잔치에: 祝 壽宴

    ③ 직장 동료의 병문안에: 祈 快癒

    ④ 직장 상사의 정년 퇴임식에: 頌功

    ⑤ 선생님의 칠순 잔치에: 祝 喜壽宴

〈문제 15〉 상황에 따른 인사말로 가장 적절하지 않은 것은?

    ① 웃어른께 세배할 때: 과세 안녕하십니까?

    ② 출산한 산모의 남편에게: 순산하셨다니 축하합니다.

    ③ 환갑을 맞은 웃어른에게: 여생을 건강하게 사십시오.

    ④ 병문안 갔다가 나올 때 보호자에게: 속히 나으시기 바랍니다.

    ⑤ 정년퇴임하는 상사에게: 축하합니다. 벌써 정년이시라니 아쉽습니다.

〈문제 16〉 ㉠~㉤ 중 높임말이 바르게 쓰인 것은?

김영수: 수진아, ㉠남진수 선생님께서 연구실로 오시래.

이수진: 응, 알았어. 고마워.

(남진수의 연구실)

이수진: 안녕하세요, 선생님.

남진수: 그래, 자네도 잘 있었나.

이수진: 네, 선생님. ㉡저를 찾았다고 들었어요.

남진수: ㉢백제문화연구소에 자료를 좀 부탁하려고 하는데,
      자네 고향이 그쪽이라 혹시 아는 사람이 있는가 물어보려고 했네.

이수진: ㉣마침 제가 아시는 분이 거기에 계셔요.

남진수: 그러면 부탁을 좀 해도 될까?

이수진: 예, 그러세요.

남진수: 그래 고맙네.

이수진: ㉤예. 그럼, 선생님, 수고하세요.

    ① ㉠   ② ㉡   ③ ㉢

    ④ ㉣   ⑤ ㉤

〈문제 17〉 아래 대화 중 적당하지 않은 것은?

(12월 31일 저녁 김영수의 회사)

김영수: ㉠과장님, 한 해 동안 보살펴 주셔서 고맙습니다.

이민호: ㉡자네도 한 해 동안 수고했네.

(1월 1일 아침 김영수의 집)

김영수: ㉢절 받으세요. 아버지, 어머니.

김형진: ㉣그래. 새해에는 모두 건강해라.
김영수: ㉤두 분 두루두루 여행도 다니셨으면 좋겠어요.

① ㉠　　　　　　② ㉡　　　　　　③ ㉢
④ ㉣　　　　　　⑤ ㉤

〈문제 18〉 경희가 친구 수정이를 아버지가 계신 집으로 데려 갔다. 서로를 소개하는 방법으로 바른 것은?
　① 수정은 경희에게 아버지를 소개받기 전까지는 인사를 하지 않는다.
　② 경희가 수정에게 연장자인 아버지를 소개한 다음 아버지께 수정을 소개한다.
　③ 박사 학위가 있는 경희 아버지는 "경희 친구구나, 정 박사라고 한다."라고 말한다.
　④ 경희의 아버지가 자기 아버지의 직장 상사인 걸 알고 있는 경희는 "김철민 씨의 딸입니다."라고 말한다.
　⑤ 수정은 자기 아버지와 경희 아버지가 만난 적이 있다는 걸 알고 "저희 아버지 함자가 김자 철자 민자이십니다"라고 말한다.

〈문제 19〉 다음 대화를 잘 읽고 물음에 답하시오.

（오전 9시 10분 사무실）
김영수: (　　　　　㉠　　　　　)
이형진: 우리 사무실 막내 왔구먼.
김영수: 부장님, 죄송합니다. 제가 좀 늦었습니다.
이형진: 회의 시작하지.

（오후 6시 05분 사무실）
이형진: 다들 퇴근 안 하나?
김영수: 좀 더 마무리하고 가겠습니다. 먼저 퇴근하십시오.
이형진: (　　　　　㉡　　　　　)

(1) (　㉠　)에 가장 알맞은 인사말은?
　① 안녕하세요?　　　　　② 안녕하셨어요?
　③ 진지 잡수셨어요?　　　④ 좋은 아침입니다.
　⑤ 안녕히 주무셨어요?

(2) (　㉡　)에 적당하지 않은 인사말은?
　① 애쓰게.　　　　　　　② 실례하네.
　③ 수고하게.　　　　　　④ 내일 봅시다.
　⑤ 먼저 나가네.

<문제 20> 다음 중 괄호 안에 들어갈 인사말로 적당한 것은?

<정현숙 여사 고희 기념 모임>

김영수: (　　㉠　　), 이 과장님. 어머님께서 정정하시네요.
이형진: 고맙네, 김 대리.
김영수: (정현숙에게) 이 과장님과 함께 일하는 김영수라고 합니다.
　　　　(　　㉡　　).
정현숙: 고맙네.

이선기: 질부, 나 왔네.
손영숙: 작은아버님, 안녕하세요.
이선기: 질부도 잘 있었나. 하객이 많네, (　　㉢　　)
　　　　(정현숙에게) 형수님, (　　㉣　　)
정현숙: 고마워요. 바빠서 못 오실 줄 알았는데, 고마워요.
이선기: (　　㉤　　)

① ㉠ 축하드립니다.
② ㉡ 건강하세요.
③ ㉢ 자네 복도 많구먼.
④ ㉣ 더욱 건강하시길 빕니다.
⑤ ㉤ 준비하시느라고 수고하셨습니다.

<문제 21> 다음 대화를 잘 읽고 물음에 답하시오.

◎ 삼가 알립니다

길동의 아버님 이상수 씨께서 급환으로 1995년 5월 1일(음력 4월 12일)
오전 9시 38분, 대흥동 자택에서 별세하셨음을 삼가 알립니다.

발인 일시: 1995년 5월 3일 오전 9시
발인 장소: 대전시 중구 대흥동 15-139번지 자택
장　　지: 충남 논산군 양촌면 부곡리 선영하
미 망 인: 박인숙
　　자: 길동　　　　　　　여:　승경
　　　　길상　　　　　자 부: 김희연
　　　　길석　　　　　　서: 오연필
　　손: 남진　　　　　외 손: 오주민

1999년 5월 11일
호상　　　정 일 영 드림
(연락처)　빈 소: 253-0153

（1） 길동에게 할 수 있는 인사가 아닌 것은?
　　① 상사에 얼마나 애통하십니까?
　　② 무슨 말씀을 드려야 좋을지 모르겠습니다.
　　③ 참경(慘景)을 당하시어 얼마나 비통하십니까?
　　④ 환중이시라는 소식을 듣고도 찾아 뵙지 못하여 죄송하기 짝이 없습니다.
　　⑤ 친환(親患)으로 그토록 초민(焦悶)하시더니 이렇게 상을 당하시어 얼마나 망극하십니까?

（2） 박인숙에게 할 수 있는 인사로 적당한 것은?
　　① 할반지통(割半之痛)이 오죽하시겠습니까?
　　② 천붕지통(天崩之痛)에 슬픔이 오죽하십니까?
　　③ 백씨(伯氏) 상을 당하셔서 얼마나 비감하십니까?
　　④ 옛말에 고분지통(叩盆之痛)이라 했는데 얼마나 섭섭하십니까?
　　⑤ 망극한 일을 당하셔서 어떻게 말씀드려야 좋을지 모르겠습니다.

〈문제 22〉 다음의 상황에서 다른 사람을 소개할 때, 그 순서나 소개하는 말이 언어 예절에 어긋나는 것은?
　　① 어머니와 함께 길을 걷다가 선생님을 만났을 때
　　　먼저　어머니에게: 어머니, 저의 선생님이세요.
　　　　　선생님에게: 선생님, 저의 어머니이십니다.
　　② 친구가 집에 놀러왔을 때
　　　먼저　아버지에게: 아버지, 제 친구 영희예요.
　　　　　영희에게: 영희야, 인사 드려. 우리 아버지셔.
　　③ 식당에서 직장 동료(여성)와 식사하는 도중 우연히 친구(남성)를 만났을 때
　　　먼저　동료에게: 여기는 학교 때부터 쭉 친했던 친구 진영이에요.
　　　　　친구에게: 이쪽은 같은 부서에서 근무하는 미선씨야.
　　④ 주차 우선권 문제로 찾아온 민원인을 상사에게 안내할 때
　　　먼저　민원인에게: 그럼 저희 과장님과 이야기해 보시겠습니까? 이쪽으로 오세요.
　　　　　과장에게: 과장님, 이 분은 주차 우선권 관계로 찾아오셨습니다.
　　⑤ 사회자로서 청중보다 젊은 연사를 소개할 때
　　　　　청중에게: 그럼 이번에 새로 등단한 김희수 씨를 소개하겠습니다.

〈문제 23〉 ㉠~㉤ 중 높임말이 바르게 쓰인 것은?

김영수: 수진아, ㉠남진수 선생님께서 연구실로 오시래.
이수진: 응, 알았어. 고마워.

（남진수의 연구실）
이수진: 안녕하세요, 선생님.
남진수: 그래, 자네도 잘 있었나.
이수진: 네, 선생님. ㉡저를 찾았다고 들었어요.

남진수: ⓒ백제문화연구소에 자료를 좀 부탁하려고 하는데, 자네 고향이 그쪽이라 혹시 아는 사람이 있는가 물어보려고 했네.

이수진: ⓔ마침 제가 아시는 분이 거기에 계셔요.

남진수: 그러면 부탁을 좀 해도 될까?

이수진: 예, 그러세요.

남진수: 그래 고맙네.

이수진: ⓜ예. 그럼, 선생님, 수고하세요.

① ㉠   ② ㉡   ③ ㉢

④ ㉣   ⑤ ㉤

〈문제 24〉 다음과 같은 상황에서 언어 예절에 맞는 소개법으로 적절한 것은?

(영희는 어머니와 함께 길을 걷고 있었다. 그때 저쪽에서 담임 선생님께서 걸어오시는 것을 영희가 발견했다.)

영희: (혼잣말로) 어쩌지? 어머니보다 선생님의 나이가 훨씬 아래인데 선생님을 먼저 소개하는 것은 틀린 것 같고, 그렇다고 어머니를 먼저 소개하자니까 선생님에 대한 예의가 아닌 것 같고….

① 자연스럽게 누구든 먼저 소개하고 영희가 옆에서 설명을 덧붙여 드리면 된다.
② 손아랫사람을 손윗사람에게 먼저 소개해야 하므로 선생님을 어머니께 먼저 소개한다.
③ 친소 관계를 따져 자기와 가까운 사람을 먼저 소개한다는 원칙에 따라 어머니를 선생님께 먼저 소개한다.
④ 선생님과 학부모의 만남일 경우, 자식이 소개하기를 기다리지 않고 부모가 먼저 자신을 선생님께 소개하고 인사드려야 한다.
⑤ 선생님과 학부모의 만남일 경우, 학생이 소개하기를 기다리지 않고 선생님이 먼저 자신을 학부모에게 소개하고 인사드려야 한다.

〈문제 25〉 직장인의 전화 예절 중에서 바르지 않은 것은?
① 자기의 소속과 이름을 먼저 밝힌다.
② 업무 전화를 건 쪽에서 먼저 끊는다.
③ 용건의 명제를 먼저 상대방에게 알린다.
④ 전화가 잘 안 들릴 때 '전화가 잘 안 들립니다만,……' 하고 상대방에게 먼저 말하는 것은 예의에 어긋난다.
⑤ 전화를 걸었을 때, 상대방이 아주 윗사람이거나 경의를 표해야 할 사람일 때에는 상대방이 끊은 것을 확인하고 수화기를 놓아야 한다.

〈문제 26〉 다음은 전화 예절을 제대로 지키지 않아서 문제가 발생한 경우이다. 이와 같은 상황에서 전화를 받는 쪽과 전화를 거는 쪽에서 지켜야 할 전화 예절에 어긋난 것은?

오늘 아침 홍 대리는 평소보다 일찍 출근했다. 사무실은 공동 묘지처럼 휑뎅그렁하다.

일등 도착이다. 막 양복을 벗어 의자에 걸치는데, 기다렸다는 듯이 전화벨이 찌르릉 울린다.

"여보세요."

"난데, 말이야. 부장 바꿔."

아주 다급한 목소리다. 저쪽에서는 재차 강조한다.

"부장 바꾸라니까!"

상대가 누구인가 생각하기 전에 은근히 부아부터 치민다. 이 사람은 예의 범절도 모르나?

"실례지만, 어디시죠?"

"어디냐구?"

"네. 어디냐구 물었습니다."

"넌 누구야?"

다짜고짜 반말이다. 홍 대리도 만만찮다. "그쪽부터 밝히시죠."

"이런 빌어먹을!"

"뭐라구요?"

"야, 임마! 너 총무부 직원이야 뭐야?"

바로 그때다. 박 부장이 급하게 수화기를 뺏어 든다.

"예, 박달삼입니다. 아 네, 사장님."

아뿔싸, 사장이라니! 그러고 보니 기억이 난다. 모 부처 장관과 조찬 모임을 갖는다는 새벽 일정이 바로 그것이다.

① 전화 건 쪽에서는 "난데"라고 하기보다는 자신의 직급을 정확히 밝혀야 한다.
② 전화 받는 사람과 전화 건 사람 모두 자신의 신분을 구체적으로 밝히는 것이 좋다.
③ 전화 건 상대가 자신을 먼저 밝히든 안 밝히든 상관없이 전화 받는 사람은 자신을 항상 밝혀야 한다.
④ 직급의 고하에 상관없이 직장에서 전화 통화를 할 경우, 전화 건 쪽에서 먼저 자신의 신분을 구체적으로 밝히는 것이 예의에 맞다.
⑤ 직급이 낮을 경우에는 언제나 자신의 신분을 먼저 밝혀야 하고, 상관일 경우에는 굳이 자신의 신분을 구체적으로 밝힐 필요는 없다.

〈문제 27〉 편지를 쓸 때 수신인의 성명 뒤에 사용하는 호칭으로 적절하지 않은 것은?
① 아랫사람의 경우: 앞
② 보통의 경우: 귀하(貴下)
③ 친우(親友)의 경우: 군(君)
④ 윗사람을 높일 때: 대형(大兄)
⑤ 관청, 회사의 경우: 귀중(貴中)

〈문제 28〉 다음 중 편지를 쓸 때 받는 사람과 보내는 사람을 적은 것으로 가장 적절하지 않은 것은?
    ① 선생님께:〔봉투-받는 사람〕김○○ 좌하
    ② 부모님께:〔봉투-보내는 사람〕○○ 올림
    ③ 거래처에:〔봉투-받는 사람〕김○○ 전무이사 귀하
    ④ 거래처에:〔봉투-받는 사람〕주식회사 △△ 귀중
    ⑤ 고객에게:〔봉투-보내는 사람〕김○○ 사장 드림

〈문제 29〉 □□ 주식회사 ××× 부장이 ○○ 주식회사 △△△ 사장에게 회사일로 편지를 보낼 일이 생겼다. 다음 중 가장 적절한 편지 봉투 쓰기는?

①
    보내는 사람
     □□ 주식회사 ××× 부장 드림
    (우) 111-234

        받는 사람
         ○○ 주식회사 △△△ 사장님께
        (우) 222-345

②
    보내는 사람
     □□ 주식회사 ××× 부장 드림
    (우) 111-234

        받는 사람
         ○○ 주식회사 △△△ 사장님 귀하
        (우) 222-345

③
    보내는 사람
     □□ 주식회사 부장 ××× 드림
    (우) 111-234

        받는 사람
         ○○ 주식회사 △△△ 사장님
        (우) 222-345

④
    보내는 사람
     □□ 주식회사 부장 ××× 드림
    (우) 111-234

        받는 사람
         ○○ 주식회사 사장 △△△ 귀하
        (우) 222-345

⑤

<table>
<tr><td>

보내는 사람
　□□ 주식회사 ××× 부장 드림
（우） 111-234

　　　　　　　　받는 사람
　　　　　　　　　○○ 주식회사 사장님 △△△ 귀하
（우） 222-345

</td></tr>
</table>

〈문제 30〉 다음 지문을 잘 읽고 물음에 답하시오.

<table>
<tr><td>

◎ 삼가 알립니다

길동의 아버님 이상수 씨께서 급환으로 1995년 5월 1일(음력 4월 12일)
오전 9시 38분, 대흥동 자택에서 별세하셨음을 삼가 알립니다.

발인 일시: 1995년 5월 3일 오전 9시
발인 장소: 대전시 중구 대흥동 15-139번지 자택
장　　　지: 충남 논산군 양촌면 부곡리 선영하
미 망 인: 박인숙
　　자: 길동　　　　　　여:　승경
　　　　길상　　　　자 부: 김희연
　　　　길석　　　　　서: 오연필
　　손: 남진　　　　외 손: 오주민

　　　　　　　　　　　　　　　1999년 5월 11일
　　　　　　　　　　⑦호상　　정 일 영 드림
（연락처）　빈 소: 253-0153

</td></tr>
</table>

（1） 전화번호 253-0153에 대한 설명 중 옳은 것은?

　① 병원 영안실 전화번호이다.

　② 정일영의 자택 전화번호이다.

　③ 1999년 5월 3일 이후에는 연결되지 않는 번호이다.

　④ 전화번호에 해당하는 주소는 충남 논산군 양촌면 부곡리이다.

　⑤ 전화번호에 해당하는 주소는 대전시 중구 대흥동 15-139번지이다.

（2） 밑줄 친 ⑦에 대한 설명으로 알맞은 것은?

　① 친인척 중 가장 연장자를 의미한다.

② 상주의 친척 외에 가장 가까운 이를 가리킨다.
③ 이상수의 초상에 문상을 온 방문객의 대표이다.
④ 초상에 관련된 일을 맡아서 하는 사람을 가리킨다.
⑤ 초상을 다른 사람에게 알려 주는 역할을 하는 사람을 가리킨다.

〈문제 31〉 ㉣가 ㉠의 어머니를 지칭해서 말할 때 적당한 것은?

> ㉠: 아주버님이 계신다니까 저희랑 같이 가세요, 어머님. 여보, 당신도 좀 말씀드려 봐요.
>
> ㉡: 그래요, 어머니, 가세요. 민수 엄마 말대로 하세요. 형이 있겠다고 하잖아요.
>
> ㉢: 싫어, 그냥 가.
>
> ㉡: 그러시지 말고 저희랑 함께 들어가세요.
>
> ㉢: 그러다가 큰 일이라도 생기면 어떡해?
>
> ㉣: 아무 일 없어요. 걱정 마시고 들어가세요. 제가 있을게요. 가세요. 너도 계수씨하고 같이 가.

① 장모님　　　　　　② 어머님　　　　　　③ 사부인
④ 안사돈　　　　　　⑤ 민수 외할머니

※ 위 문제는 "공무원 국어시험을 위한 제안"(국립국어원, 2002)을 정리한 것임.

정답

1.② 2.⑤ 3.⑤ 4.③ 5.⑤ 6.① 7.④ 8.② 9.② 10.① 11.⑤ 12.⑤ 13.④ 14.⑤ 15.③
16.③ 17.③ 18.④ 19.①,② 20.④ 21.③,② 22.① 23.③ 24.③ 25.④ 26.⑤ 27.④ 28.⑤
29.③ 30.⑤,④ 31.⑤

제4부

국 어 생 활

제1장 우리말의 역사

1. 우리말의 특징

(1) 국어의 변화

말은 시간의 흐름과 함께 변한다. 국어도 언어이므로 역사적으로 변화를 겪는다. 언어의 변화는 서서히 일어나지만, 그것이 누적되면 매우 커다란 차이를 보이게 된다.

(2) 변화의 범위와 시대 구분

국어의 변화는 음운, 어휘, 문법, 의미면에서 골고루 일어난다. 시대 구분은 크게 고대 국어, 중세 국어, 근대 국어, 현대 국어 등으로 할 수 있다.

(3) 국어의 계통

몽골 어군, 만주·퉁구스 어군, 튀르크 어군 등과 함께 국어는 알타이 어족에 속한다고 추정하고 있다.

- ◆ 원시 한국어 → 북방계 부여어　■ 고구려어　　　■ 고대 국어(경주)　■ 전기 중세 국어
- 　　　　　　　→ 남방계 한어　　■ 백제어, 신라어 （중부 지역）

- ■ 후기 중세 국어　　■ 근대 국어　　■ 현대 언어

신라의 삼국 통일, 고려의 건국, 훈민정음 창제, 임진왜란, 갑오경장 등의 역사적 사건이 언어의 시대 구분에 영향을 끼쳤다.

2. 한글의 우수성

(1) 한글의 독창성

한글은 우리 겨레의 중요한 문화 유산이다. 한글은 세계의 문자사(文字史)에 서도 보기 드물게 독창적으로 창제된 문자 체계이다. 한글처럼 문자를 만든 시기와 창제 주체를 정확히 알 수 있는 예는 세계적으로도 아주 드물다.

(2) 한글의 과학성

한글의 자음(子音)은 그 소리를 발음하는 기관의 모양을 본떠 기본 자음을 만든 뒤, 같은 위치에서 발음되는 다른 자음들의 모양도 이를 바탕으로 하여 획을 보태는 방법으로 만들었다. 모음(母音)은 동양 철학의 원리를 바탕으로 만들었다. 또, 초성(初聲)을 다시 종성(終聲)으로 사용함으로써 그 운용법이 매우 간편하다.

훈민정음은 비록 중국의 음운학 이론에 바탕을 둔 것이지만, 결과적으로 상형의 원리를 바탕으로 새로운 문자 체계를 만드는 데 성공한 것이다. 뿐만 아니라 상형의 원리가 과학적 방법에 의한 음운 분석과 일치한다.

(가) 초성(자음)

기본 글자는 발음 기관의 모양을 상형하였고, 발음의 강도에 따라 같은 위치에서 발음되는 기본 자음에 가획을 하였다.

> ■ 기본자 : ㄱ(혀뿌리가 목구멍을 막은 모양)
>   ㄴ(혀끝이 윗잇몸에 닿은 모양)
>   ㅁ(입의 모양)
>   ㅅ(이의 모양)
>   ㅇ(목구멍의 모양)
> ■ 가획자 : ㅋ / ㄷ, ㅌ / ㅂ, ㅍ / ㅈ, ㅊ / ㆆ, ㅎ
> ■ 이체자 : 상형이나 가획이 아닌 예외적인 글자 ; ㆁ, ㄹ, ㅿ

(나) 중성(모음)

동양 철학의 원리를 적용함. 즉 우주의 기본 요소인 三才(天, 地, 人)를 상형하여 기본자로 삼고, 이들을 합성하여 다른 모음을 만듦.

> ■ 기본자 : ·(하늘의 모양)
>   ㅡ(땅의 모양)

ㅣ(사람의 모양)
- 초출자 : ㅏ, ㅓ, ㅗ, ㅜ
- 재출자 : ㅑ, ㅕ, ㅛ, ㅠ

(다) 종성

종성은 따로 만들지 않고, 초성 글자를 다시 종성으로 사용함으로써 그 운용법을 매우 간편하게 하였다.

3. 우리말의 옛 모습

(1) 옛말의 기록

한글이 창제된 이후 한글로 기록된 문헌이 그 전과는 비교가 되지 않을 정도로 많아졌다. 이 자료들을 통해서 우리는 우리말의 옛 모습과 그것이 시대적으로 변화해 온 모습을 매우 구체적으로 알 수 있다.

〔한글 창제 이전의 우리말 표기 방식〕
ㄱ) 구결(口訣) : 한문의 이해를 돕기 위한 수단으로 한문 구절 중간 중간에 토를 달아 우리말로 읽는 차자 표기이다.
　　예) 朋友隱 同類之人是羅
ㄴ) 향찰(鄕札) : 한문과는 관계 없이 한자를 빌려 우리말을 전면적으로 표기하는 문자 체계.
　　예) 夜入伊遊行如可
ㄷ) 이두(吏讀) : 한문을 국어의 어순에 맞추어 재배열하고 일부 형식 형태소나 부사 등에 한자를 차용하는 표기 체계
　　예) 必于 罪明亦 明白爲去乃

(2) 한글의 변화

시간의 흐름과 함께 한글의 자모나 표기법에도 변화가 일어나기 시작하였다. 창제 당시 'ㆁ, ㅿ, ㆆ, ㆍ' 등의 문자는 오늘날 사용되지 않는다. 방점이 사라졌고, 초성 자리 'ᄢ, ᄣ, ㅳ, ㅄ, ᄩ, ㅺ, ㅼ, ㅽ' 등과 같은 표기를 사용하지 않게 되었다.

(가) 훈민정음의 자모 체계

❶ 초성 체계(17자 체계 + 6)

소리성질 발음위치	전청(全淸) 예사소리	차청(次淸) 거센소리	불청불탁 울림소리	전탁(全濁) 된소리
어금닛소리(牙音)	ㄱ	ㅋ	ㆁ	ㄲ
혓소리(舌音)	ㄷ	ㅌ	ㄴ	ㄸ
입술소리(脣音)	ㅂ	ㅍ	ㅁ	ㅃ
잇소리(齒音)	ㅈ, ㅅ	ㅊ		ㅉ, ㅆ
목구멍소리(喉音)	ㆆ	ㅎ	ㅇ	ㆅ
반혓소리(半舌音)			ㄹ	
반잇소리(半齒音)			ㅿ	

❷ 중성 체계(11자 체계)

	단모음		이중 모음	음상(音相)
양성 모음	ㆍ(天)	ㅗ, ㅏ	ㅛ, ㅑ	淸明小輕
음성 모음	ㅡ(地)	ㅜ, ㅓ	ㅠ, ㅕ	濁暗·大·重
중성 모음	ㅣ(人)			

❸ 종성 : 종성은 다시 초성을 사용한다. – 종성부용초성(終聲復用初聲)

(나) 소실 문자

❶ 'ㅸ'('ㅂ'에 'ㅇ'을 이어선 복합 글자)
　· 명칭 : 'ㅂ'순경음
　· 음가 : 〔β〕, 양순 마찰 유성음
　· 소멸 : 15세기 중엽(세조 때 '능엄경언해'〈1442년〉부터)
　· 변천 : ① ㅸ + 양성모음 → 오(오늘날 '우'로 바뀜)
　　　　　 ② ㅸ + 음성모음 → 우
　　　　　 ③ ㅸ + '이'접미사 → ㅇ〔zero〕
　· 사용 조건 및 보기
　　① 고유어 : 제2음절 이하의 울림소리 사이
　　　㉠ 'ㅂ'이 변천 과정에서 탈락될 수 있는 낱말에 쓰임.
　　　　〈보기〉 (ᄀᆞ볼)→ᄀᆞ볼〉ᄀᆞ올〉골→(고을), (글발)→글발〉글왈〉글월
　　　㉡ 'ㅂ'불규칙 용언이 모음 어미와 활용할 때나, 접미사 '이'를 취하여 파생어가 될 때에 쓰임.
　　　　〈보기〉 가비얍+은→가비야ᄫᆞᆫ〉가비야온(가벼운), 쉽+이→수비〉수이〉쉬이〉쉬
　　② 한자어 : 동국정운식 한자음을 표기하는 'ㅱ' 아래의 사잇소리로 쓰임.
　　　〈보기〉 ᄡᅱᇢ字ᄍᆞᆼ, 漂픃ᄫᅠ字ᄍᆞᆼ

❷ 'ㆆ'
　· 명칭 : 여린 히읗

· 음가 : 고유어에서 쓰일 때 특별한 소리값이 없음.
· 소멸 : 15세기 중엽(문헌상 세조 때 '원각경언해'〈1465년〉부터)
· 변천 : ㆆ〉ㅇ[zero]
· 사용 조건 및 보기
　① 고유어 : 독립된 음운으로 사용되지 못하고 'ㄹ'종성에 병서하는 조건으로 사용되었다.
　　㉠ 명사 다음의 사잇소리로 쓰임.
　　　ⓐ 조건 : 'ㄹ'받침과 'ㆀ'사이
　　　ⓑ 구실 : 관형격 조사(~의)
　　　ⓒ 보기 : 하ᄂᆞᇙ ᄠᅳᆮ(하늘의 뜻)
　　㉡ 동사 다음의 중간 부호로 쓰임.
　　　ⓐ 조건 : 관형사형 어미 'ㄹ'에 병서
　　　ⓑ 구실 : 관형사형 어미 일부로 (ㄱ)ㄹ음이 다음 음절 첫소리에 미치는 영향을 막고(절
　　　　　　　음부호), (ㄴ)다음 음절 첫소리를 된소리로 만든다.(된소리 부호)
　　　ⓒ 보기 : (ㄱ)몯ᄒᆞᇙ 노미, (ㄴ)혀ᇙ 배
　② 한자어 : 동국정운식 한자음의 초성 표음으로 사용됨.
　　㉠ 초성 표음 : 音ᅙᅳᆷ, 安ᅙᅡᆫ, 挹ᅙᅳᆸ, 影ᅙᅧᆼ
　　㉡ 사잇소리로 사용됨.
　　　ⓐ 조건 : 'ㅇ'받침과 안울림소리 사이
　　　ⓑ 구실 : 관형격 조사(~의)
　　　ⓒ 보기 : 那낭ᅙ 字ᄍᆞᆼ, 虛헝ᅙ 字ᄍᆞᆼ
　　㉢ 이영보래(以影補來) : 'ㆆ'으로써 'ㄹ'의 흐름을 막아줌.
　　　ⓐ 조건 : 'ㄹ'받침에 병서
　　　ⓑ 구실 : 입성 표시
　　　ⓒ 보기 : 戌ᄉᆯ, 佛ᄈᆞᇙ, 日ᅀᅵᇙ

❸ 'ㆅ'
· 명칭 : 쌍히읗
· 음가 : 'ㅎ'의 된소리, 'ㅎ'과 'ㅋ'의 중간음
· 소멸 : 15세기 중엽(세조 때)
· 변천 : ㆅ〉ㅎ〉ㅋ, ㆅ〉ㅎ〉ㅆ
· 사용 조건 및 보기
　① 고유어 : 'ㅕ' 앞에서만 쓰임.
　　〈보기〉 혀다〔引, 點火, 彈, 鋸〕〉켜다, 혈믈〉(썰물), 쌔혀다〔拔〕〉빼다
　② 한자어 : 동국정운식 한자음의 초성 표음으로 쓰임.
　　〈보기〉 洪ᅘᄫᅩᆼ, 後ᅘᅮᇢ, 슴ᅘᅡᆸ

❹ 'ㅿ'
· 명칭 : 반치음(半齒音)
· 음가 : 〔z〕, 치조 유성 마찰음
· 소멸 : 16세기 후반(선조 때, 임진왜란 직전)
· 변천 : ㅅ〉ㅿ〉ㅇ[zero]
· 사용 조건 및 보기

① 고유어 : 울림소리 사이에 사용됨.
　　㉠ 'ㅅ'이 변천 과정에서 탈락되는 낱말에 쓰임.
　　　〈보기〉〈ᄀᆞ술〉ᄀᆞ슬〉ᄀᆞᅀᆞᆯ〉가을
　　㉡ 'ㅅ'불규칙 용언이 모음 어미와 활용할 때에 쓰임.
　　　〈보기〉닛+어→니ᅀᅥ〉니어〉이어, 짓+으니→지ᅀᅳ니〉지으니
　　㉢ 사잇소리('용비어천가'에서만 쓰임)
　　　〈보기〉ᄂᆞᆶ 믈, 님긊 말ᄊᆞᆷ
　　㉣ 'ㅅ'받침이 유성 후두 마찰음과 만날 때 쓰임.
　　　〈보기〉ᄌᆞᆺ+없다→ᄌᆞᅀᆞᆸ없다
　　㉤ '-ᅀᆞ/-ᅀᅳ'로 끝나는 명사에 모음 조사가 붙을 때 쓰임.
　　　〈보기〉아ᅀᆞ〔弟〕+이→앗이(아우가), 여ᅀᅳ〔狐〕+이→엿이(여우가)
② 한자어
　　㉠ 동국정운식 한자음의 초성 표음에 쓰임.
　　　〈보기〉穰ᅀᅣᆼ, 入ᅀᅵᆸ
　　㉡ 울림소리 사이의 사잇소리로 쓰임('용비어천가'에서만 쓰임).
　　　〈보기〉世子ㅿ 位, 天子ㅿ ᄆᆞᅀᆞᆷ믈

❺ 'ㆁ'
　　명칭 : 이응(옛이응)
　　음가 : 〔ŋ〕
　·소멸 : ① 초성은 16세기 초(중종 때), ② 종성은 16세기 말(선조 때, 임진 왜란 직후)
　· 변천 : ① 초성은 'ㆁ〉ㅇ〔zero〕', ② 종성은 'ㆁ〉ㅇ〔ŋ〕'(자형은 바뀌었으나 음가는 유지함)
　· 사용 조건 및 보기
　　① 고유어
　　　㉠ 첫음절〔語頭〕 이외의 초성에 쓰임.
　　　　〈보기〉스ᅌᅵ, 숣ᄫᅡ올, 쇼아지
　　　㉡ 종성에 쓰임. 〈보기〉밍ᄀᆞᆯ다, 당다ᅌᅵ, 올창이
　　② 한자어 : 동국정운식 한자음의 초성과 종성 표음에 쓰임.
　　　〈보기〉御ᅌᅥ, 業ᅌᅥᆸ, 洪ᅘᅩᆼ, 終즁

❻ 'ㆍ'
　· 명칭 : 아래 아
　· 음가 : 'ㅏ'와 'ㅗ'의 중간음. 〔ʌ〕, 후설 저모음
　· 소멸
　　① 음가는 16세기부터 18세기 중엽까지 단계적으로 소멸됨.
　　② 글자는 16세기부터 없어지면서 1933년 '한글 맞춤법 통일안'에서 완전히 사라짐
　· 변천 조건 및 보기
　　① 첫음절에서는 주로 'ㆍ'가 'ㅏ'로 바뀜.
　　　〈보기〉ᄂᆞᆯ다〔飛〕〉날다, ᄆᆞᆯ〔馬〕〉말
　　② 둘째 음절에서는 주로 'ㆍ'가 'ㅡ'로 바뀜.
　　　〈보기〉가ᄉᆞᆷ〉가슴, 다ᄅᆞ다〉다르다
　　③ 기타 'ㆍ'가 'ㅓ, ㅗ, ㅜ, ㅣ'로 바뀜.

〈보기〉 불셔〉벌써, ᄉ매〉소매, 노ᄅ〉노루, ᄆᄃ다〉마디다
④ 한자음의 “ᆞ”는 모두 'ㅏ'로 바뀜.
〈보기〉 字ᄍ〉자, 좀ᄐ〉탄

❼ 'ㆀ'
· 명칭 : 쌍이응, 쌍이(雙伊)
· 음가 : 'ㅇ'의 센소리라 하지만 실질적인 소리는 없고, 형태론적 이유에서 사용된 글자이다.
· 소멸과 변천 : 15세기 중엽(세조 때), 'ㆀ〉ㅇ'
· 사동(使動), 피동(被動)에 쓰임.
① 사동태 : ᄒ＋이＋어→ᄒ이어〉히이어〉히이여〉히여〉히여(하여금)
② 피동태 : 괴＋이＋어→괴이어〉괴이여〉괴여
③ 사동, 피동의 '이'가 '-어(여), -오(요), -우(유)'와 축약된 형태(여, 요, 유)에만 쓰였다.

❽ 'ㅇ'
· 명칭 : 이응
· 음가
① 글자의 모습을 갖추기 위한 것은 소리값이 없음.
〈보기〉 아ᅀ(아우), 욕(欲), ᄎ(此)
② 유성 후두 마찰음〔ɦ〕
〈보기〉 달아(달라), 앗이(아우가), 뭇 노ᄑ 소리오(가장 높은 소리이고)
· 유성 후두 마찰음의 소멸 시기 : 15세기와 16세기의 교체 시기.

(다) 음운의 변화

❶ 소리의 계열(系列)
예사소리(ㅂ, ㄷ, ㅈ, ㄱ), 된소리(ㅃ, ㄸ, ㅉ, ㄲ), 거센소리(ㅍ, ㅌ, ㅊ, ㅋ)

❷ 마찰음 존재
ㅸ〔β〕는 15세기 말에 반모음 'ㅗ/ㅜ〔w〕'로 바뀜, ㅿ〔z〕는 15세기 말에서 16세기 초에 걸쳐 소멸하였다.

❸ 중세 국어에는 현대 국어와 달리 음절 첫머리에 둘 이상의 자음이 올 수 있었다. 이러한 소리는 나중에는 된소리로 바뀜.

❹ 중세 국어의 단모음 : /ㅣ, ㅡ, ㅓ, ㅏ, ㅜ, ㅗ, ㆍ/의 7모음 체계를 이룸. 16세기에는 "ㆍ" 음가가 둘째 음절 위치에서는 /ㅡ/나, /ㅏ/ 등으로 변화.

❺ 근대 국어에서의 모음 체계 변화
- 'ㆍ' 음가의 소멸 현상이 지속적으로 진행됨. (첫째 음절에서도 /ㆍ/가 /ㅏ/로 바뀜
- 18세기 말에는 국어의 단모음이 /ㅣ, ㅔ, ㅐ, ㅡ, ㅓ, ㅏ, ㅜ, ㅗ/의 8모음으로 됨.
- 현대 국어로 접어들면서 이중모음 /ㅚ, ㅟ/도 단모음화 하여 10모음 체계로 바뀜.

❻ 성조 : 단어의 뜻을 분별해 주는 기능을 하는 소리의 높낮이를 말한다.
  - 방점의 존재 : 평성(점 없음), 상성(점 둘), 거성(점 하나), 입성(촉급한 소리)
  - 15세기까지는 일관성 있게 표시되나 16세기 중엽부터 흔들리다가 16세기 말엽에 이르러서
    는 사용되지 않음.
  - 현대어에서 평성, 거성은 짧은 소리로, 상성은 긴 소리로 발음하게 되었다.
  - 현대 국어의 경상도, 함경도 방언 일부에는 남아 있다.

(라) 어휘의 변화

우리말 어휘의 변화 양상을 살펴보면 우리나라에서 이루어진 사회적, 정치적, 문화적인 변화
양상까지도 읽을 수가 있다.

❶ 국어의 어휘 변화
  - 삼국 시대 : 고유어와 한자어로 된 이중적 체계를 이루게 됨.
  - 신라 경덕왕 16년(서기 757년)에 고유어 땅 이름, 사람 이름, 관직 이름 등이 한자로 바뀜.
  - 고려 말기에는 관직, 군사에 관한 어휘를 비롯하여, 말과 매, 그리고 음식에 관한 단어들이
    몽골어에서 들어오게 되었다.
  - 갑오경장 이후에는 중국이나 일본에서 한자를 사용하여 번역된 서구의 신문명어들이 대량으
    로 도입되었다.
  - 광복 이후 미국을 비롯한 서구 문명과 직접 관계를 맺는 일이 잦아지면서 서구 외래어들이
    쏟아져 들어오는 것은 현대 국어의 특징이다.

❷ 단어 의미의 변화
  ① 의미의 확장 : '다리(脚)', '영감(令監)'
  ② 의미의 축소 : '짐승', 놈, 계집
  ③ 의미의 변화 : 어리석다, 싁싁ᄒ다, 어엿브다

❸ 문법의 변화
  ① 객체 높임법의 변화
    - 중세 국어에서 객체 높임법은 주로 선어말 어미 '-ᅀᆸ-/-ᄌᆞᆸ-/-ᅀᆸ' 등에 의해 실현되었다.
    - 객체 높임법은 현대 국어로 오면서 거의 사라지게 되었다.(제한적으로 나타남)
  ② 사동법의 예
    - 중세 국어에서는 현대 국어보다 파생 접미사를 훨씬 더 많이 사용하였음을 알 수 있다.
      즉 중세 국어에서는 '-오-, -이-' 등을 결합하여 사동을 표현하였으나, 현대 국어에서는 '-
      게 하'와 같은 구성에 의해 표현한다.
  ③ 고문법에 있는 종결 어미
    - 중세 국어에서는 의문문은 물음말의 존재 여부에 따라 '-ㄴ가, -ㄹ가'와 같은 '아' 형 어미
      와 '-ㄴ고', '-ㄹ고'와 같은 '오' 형 어미를 구별하였음.
    - 현대 국어에 이르러서는 의문문에 물음말이 있든 없든, 주어의 인칭이 어떠하든 의문형
      어미를 구분하지 않게 되었다.

제2장 우리말 속담과 한자성어

1. 생활 속의 한자성어

(1) 말이 가진 힘

舌芒於劍(설망어검) 혀는 칼보다 날카로움
言中有骨(언중유골) 예사로운 말 속에 깊은 뜻이 있는 것을 말함
寸鐵殺人(촌철살인) 간단한 말로 사물이 가장 요긴한 데는 찔러 뜯는 사람을 감동하게 하는 것
病從口入 禍從口出(병종구입화종구출) 병은 입으로 들어가고 화는 입으로부터 나온다는 뜻
三人成虎(삼인성호) 거짓말이라도 여럿이 말하면 참말로 듣는다는 뜻

(2) 소문

街談巷說(가담항설) 길거리나 항간에 떠도는 소문
道聽塗說(도청도설) ① 거리에서 들은 것을 남에게 아는 체하며 말함
　　　　　　　　　　② 깊이 생각 않고 예사로 듣고 말함
流言蜚語(유언비어) 근거 없는 좋지 못한 말

(3) 남을 꼬이는 말

甘言利說(감언이설) 남의 비유에 맞도록 꾸민 달콤한 말과 이로운 조건을 붙여 꾀는 말
巧言令色(교언영색) 교묘한 말과 얼굴빛으로 남의 환심을 사려함
口蜜腹劍(구밀복검) 말은 정답게 하나 속으로는 해칠 생각이 있음
胥動浮言(서동부언) 거짓말을 퍼뜨려 민심을 선동함
針小棒大(침소봉대) 바늘을 몽둥이라고 말하듯 과장해서 말하는 것

(4) 신중한 말

緘口無言(함구무언) 입을 다물고 아무런 말이 없음

吐盡肝膽(토진간담) 솔직한 심정을 속임 없이 모두 말함
千慮一失(천려일실) 여러 번 생각하여 신중하고 조심스럽게 한 일에도 때로는 실수가 있음

(5) 자신의 생각을 내세움

甲論乙駁(갑론을박) 자기의 주장을 세우고 남의 주장을 반박함.
去頭截尾(거두절미) 앞뒤의 잔사설을 빼놓고 요점만을 말함
大書特筆(대서특필) 특히 드러나게 큰 글자로 적어 표시함
以實直告(이실직고) 참으로써 바로 고함.
一言之下(일언지하) 말 한마디로 끊음. 한마디로 딱 잘라 말함
自畵自讚(자화자찬) 자기가 그린 그림을 칭찬한다는 말로 자기의 행위를 칭찬함
單刀直入(단도직입) ① 홀몸으로 칼을 휘두르며 적진으로 쳐들어 감 ② 요점을 바로 풀이하여 들
　　　　　　　　　　어감
百家爭鳴(백가쟁명) 여러 사람이 서로 자기 주장을 내세우는 일

(6) 이치에 맞는 말

言則是也(언즉시야) 말이 사리에 맞음
愚問賢答(우문현답) 어리석은 질문에 현명한 대답
千衣無縫(천의무봉) 천사의 옷은 기울 데가 없다는 말로 곧 문장이 훌륭하여 손댈 곳이 없을 만큼
　　　　　　　　　　잘 되었음을 가리키는 말
忠言逆耳(충언역이) 충고하는 말은 귀에 거슬린다는 뜻

(7) 이치에 어긋난 말

牽强附會(견강부회) 이치에 맞지 않는 말을 억지로 끌어 붙여 자기 주장의 조건에 맞도록 함
大言壯語(대언장어) 제 주제에 당치 아니한 말을 희떱게 지껄임. 또는 그러한 말
語不成說(어불성설) 말이 이치에 맞지 않음
言語道斷(언어도단) 어처구니가 없어 할 말이 없음
有口無言(유구무언) 입은 있으나 말이 없다는 뜻으로 변명을 못함을 이름
橫說竪說(횡설수설) 조리가 없는 말을 함부로 지껄임

(8) 어리석은 말

口尙乳臭(구상유취) 입에서 아직 젖내가 난다는 뜻으로, 언어와 행동이 매우 유치함을 일컬음
東問西答(동문서답) 묻는 말에 대하여 전혀 엉뚱한 대답을 하는 것
重言復言(중언부언) 한 말을 자꾸 되풀이 함
荒唐無稽(황당무계) 말이나 행동이 허황되어 믿을 수가 없음

(9) 여러 사람의 말

爛商公論(난상공론) 여러 사람들이 잘 의논 함
爛商討議(난상토의) 낱낱이 들어 잘 토의함
說往說來(설왕설래) 서로 변론(辯論)을 주고받으며 옥신각신 함
是是非非(시시비비) 옳고 그름을 가리어 밝힘
以心傳心(이심전심) 말을 하지 않더라도 서로 마음이 통하여 앎
衆口難防(중구난방) 뭇사람의 말을 이루 다 막기는 어렵다는 뜻
膾炙人口(회자인구) 널리 사람들에게 알려져 입에 오르내리고 찬양을 받음

(10) 풍족하고 평화로움

家給人足(가급인족) 집집마다 살림이 넉넉하고, 사람마다 의식에 부족함이 없음
飽食暖衣(포식난의) 배불리 먹고 따뜻하게 입음
門前沃畓(문전옥답) 집 앞 가까이에 있는 좋은 논, 곧 많은 재산을 일컫는 말
壽福康寧(수복강녕) 오래 살고 복되며, 몸이 건강하고 편안함
酒池肉林(주지육림) 호화를 극한 굉장한 술잔치로 호화로운 생활을 뜻함
太平烟月(태평연월) 세상이 평화롭고 안락한 때
含哺鼓腹(함포고복) 배불리 먹고 즐겁게 지냄
康衢煙月(강구연월) 태평한 시대의 평화로운 풍경
膏粱珍味(고량진미) 살찐 고기와 좋은 곡식으로 만든 맛있는 음식
鼓腹擊壤(고복경양) 태평세월임을 표현한 말. 배를 두들기면서 땅을 침

(11) 가난하고 어려움

家無擔石(가무담석) 석(石)은 한 항아리, 담(擔)은 두 항아리의 뜻으로 집에 저축이 조금도 없음
糊口之策(호구지책) ① 살아갈 방법 ② 그저 먹고 살아가는 방책
口腹之累(구복지루) 먹고 사는데 대한 걱정
三旬九食(삼순구식) 한 달에 아홉 끼를 먹을 정도로 매우 빈궁한 생활
食少事煩(식소사번) 먹을 것은 적고 할 일은 많음
赤手空拳(적수공권) 맨손과 맨주먹, 즉 아무것도 가진 것이 없다라는 뜻
田園將蕪(전원장무) 논밭과 동산이 황무지가 됨
強近之親(강근지친) 도와줄 만한 가까운 친척
四顧無親(사고무친) 친척이 없어 의지할 곳 없이 외로움→四顧無人(사고무인)
骨肉相殘(골육상잔) 같은 혈족끼리 서로 다투고 해하는 것→骨肉相爭(골육상쟁)
七去之惡(칠거지악) 아내를 내쫓을 7가지 조건, 불순, 자식 못나움, 행실, 질투, 병, 말썽, 도둑질
弊袍破笠(폐포파립) 해진 옷과 부러진 갓, 곧 너절하고 구차한 차림새를 말함
男負女戴(남부여대) 남자는 지고 여자는 인다는 뜻으로 가난에 시달린 사람들이 살 곳을 찾아 떠
　　　　　　　　　　 돌아다니며 사는 것을 말함

(12) 부부 사이의 관계

琴瑟之樂(금슬지락) 부부 사이가 좋은 것
夫唱婦隨(부창부수) 남편이 창을 하면 아내도 따라 하는 것이 부부 화합의 도리라는 것
孑孑單身(혈혈단신) 의지할 곳 없는 외로운 홀몸
糟糠之妻(조강지처) 가난을 참고 고생을 같이하며 남편을 섬긴 아내
賢母良妻(현모양처) 어진 어머니이면서 또한 착한 아내
百年偕老(백년해로) 부부가 화합하여 함께 늙도록 살아감
偕老同穴(해로동혈) 부부가 함께 늙고, 죽어서는 한 곳에 묻힘. 곧 생사를 같이하는 부부의 사랑
　　　　　　　　　　　맹세
戀慕之情(연모지정) 사랑하여 그리워하는 정

(13) 부모와 자식의 관계

風樹之嘆(풍수지탄) 부모가 돌아가신 뒤에 효도 못한 것을 후회함
昏定晨省(혼정신성) 자식이 부모님께 아침저녁으로 잠자리를 보살펴 드리는 것
金枝玉葉(금지옥엽) 임금의 자손이나 집안 또는 귀여운 자손을 소중히 일컫는 말
反哺之孝(반포지효) 자식이 자라서 부모를 봉양함
望雲之情(망운지정) 자식이 타향에서 부모를 그리는 정
孟母三遷(맹모삼천) 자식 교육에 적당한 장소를 찾아 세 번 옮김.
三遷之敎(삼천지교) 맹자의 어머니가 아들의 교육을 위하여 세 번 거처를 옮겼다는 고사로 생활
　　　　　　　　　　　환경이 교육에 있어 큰 구실을 함을 말함
弄瓦之慶(농와지경) 딸을 낳은 기쁨
弄璋之慶(농장지경) 아들을 낳은 기쁨 -〉 弄璋之喜(농장지희)
斑衣之戲(반의지희) 지극한 효성

(14) 아름다운 여자

傾國之色(경국지색) 뛰어나게 아름다운 미인을 일컫는 말.
佳人薄命(가인박명) 여자의 용모가 아름다우면 운명이 기박하다는 뜻
綠衣紅裳(녹의홍상) 연두 저고리에 다홍치마라는 뜻으로 곱게 차려 입은 젊은 아가씨의 복색
丹脣皓齒(단순호치) 붉은 입술과 하얀 이란 뜻에서 여자의 아름다운 얼굴을 이르는 말.
美人薄命(미인박명) 미인은 흔히 불행하거나 병약하여 요절하는 일이 많다는 말
雪膚花容(설부화용) ① 흰 살결에 고운 얼굴 ② 미인의 얼굴
纖纖玉手(섬섬옥수) 가냘프고 고운 여자의 손
窈窕淑女(요조숙녀) 마음씨가 얌전하고 자태가 아름다운 여자
月態花容(월태화용) 달 같은 태도와 꽃 같은 얼굴
花容月態(화용월태) 아름다운 여자의 고운 용태(容態)를 이르는 말.

(15) 아름다운 남자

仙風道骨(선풍도골) 뛰어난 풍채와 골격
玉骨仙風(옥골선풍) 뛰어난 풍채와 골격

(16) 훌륭한 사람

間世之材(간세지재) 썩 뛰어난 인물
蓋世之才(개세지재) 세상을 덮을 만한 재주
股肱之臣(고굉지신) 임금이 가장 믿고 중히 여기는 신하
公卿大夫(공경대부) 삼공과 구경 등 벼슬이 높은 사람들
白眉(백미) 여럿 가운데 가장 뛰어남.
仙姿玉質(선자옥질) 용모가 아름답고 재질도 뛰어남
雲上氣稟(운상기품) 속됨을 벗어난 고상한 기질과 성품
才子佳人(재자가인) 재주가 있는 남자와 아름다운 여자
救國干城(구국간성) 나라를 구하여 지키는 믿음직한 군인이나 인물
群鷄一鶴(군계일학) 닭 무리 속에 있는 한 마리의 학의 뜻으로 평범한 사람 가운데서 뛰어난 사람
囊中之錐(낭중지추) 주머니 속에 든 송곳처럼 재주가 뛰어난 사람은 숨어도 절로 사람들이 알게 됨
棟樑之材(동량지재) 기둥이나 들보가 될 인재, 즉 한 집이나 한 나라의 큰일을 맡을 만한 사람
博學多識(박학다식) 학문이 넓고 식견이 많음.
泰山北斗(태산북두) 태산과 북두칠성을 여러 사람이 우러러보듯이 남에게 존경받는 뛰어난 존재
仁者無敵(인자무적) 어진 사람에게는 적이 없음
伯樂一顧(백락일고) 남이 자기 재능을 알고 잘 대우함
不伐不德(불벌부덕) 자기의 공적을 뽐내지 않음.
樂山樂水(요산요수) 어진 자는 의리에 밝고 산과 같이 중후하여 변하지 않아 산을 좋아한다는 뜻
八方美人(팔방미인) 어느 모로 보아도 아름다운 미인이라는 뜻으로 여러 방면의 일에 능통한 사람

(17) 보통 사람

甲男乙女(갑남을녀) 보통의 평범한 사람들
善男善女(선남선녀) 보통 사람
張三李四(장삼이사) 장씨(張氏)의 삼남(三男)과 이씨(李氏)의 사남(四男)이란 뜻으로 평범한 사람을 가리킴
樵童汲婦(초동급부) 보통 사람
匹夫匹婦(필부필부) 평범한 남자와 평범한 여자

(18) 못난 사람

傍若無人(방약무인) 언행이 방자하고 제멋대로 행동하는 사람
白面書生(백면서생) 한갓 글만 읽고 세상일에 어두운 사람
不肖之父(불초지부) 어리석은 아버지

東家食西家宿(동가식서가숙) 먹을 곳 잘 곳이 없이 떠도는 사람 또는 그런 짓
目不忍見(목불인견) 차마 눈뜨고 볼 수 없는 참상이나 꼴불견
附和雷同(부화뇌동) 제 주견이 없이 남이 하는 대로 그저 무턱대고 따라 함
烏合之衆(오합지중) 까마귀 떼와 같이 조직도 훈련도 없이 모인 무리
唯我獨尊(유아독존) 이 세상에는 나보다 더 높은 사람이 없다고 뽐냄

(19) 행실이 나쁜 사람

梁上君子(양상군자) 들보 위에 있는 군자라는 뜻으로 도둑을 미화(美化)한 말
鷄鳴狗盜(계명구도) 행세하는 사람이 배워서는 아니 될 천한 기능을 가진 사람
一魚濁水(일어탁수) 물고기 한 마리가 큰물을 흐리게 하듯 한 사람의 악행으로 인하여 여러 사람
　　　　　　　　이 그 해를 받게 되는 것을 뜻함

(20) 어린 아이

黃口小兒(황구소아) 어린아이라는 뜻. 참새 새끼의 황색 주둥이에서 연유
三尺童子(삼척동자) 키가 석자에 불과한 자그만 어린애. 곧 어린아이

(21) 좋은 상태

錦上添花(금상첨화) 좋고 아름다운 것 위에 더 좋은 것을 더함
金子塔(금자탑) ‘길이 후세에 전하여질 만한 가치 있는 불멸의 업적’을 비유하여 이르는 말.
多多益善(다다익선) 많으면 많을수록 좋음
多聞博識(다문박식) 견문이 넓고 학식이 많음
得意滿面(득의만면) 뜻한 바를 이루어 기쁜 표정이 얼굴에 가득함
金科玉條(금과옥조) 금이나 옥같이 귀중한 법칙이나 규정
美風良俗(미풍양속) 아름답고 좋은 풍속
轉禍爲福(전화위복) 화를 바꾸어 복으로 한다는 뜻이니 궂은 일을 당하였을 때 그것을 잘 처리하
　　　　　　　　여서 좋은 일이 되게 하는 것

(22) 위태롭거나 고생스런 상황

萬古風霜(만고풍상) 사는 동안에 겪은 많은 고생
竿頭之勢(간두지세) 댓가지 꼭대기에 서게 된 현상으로 어려움이 극에 달해 아주 위태로운 형세
窮餘之策(궁여지책) 막다른 골목에서 그 국면을 타개하려고 생각다 못해 짜낸 꾀
落膽喪魂(낙담상혼) 몹시 놀라 정신이 없음
勞心焦思(노심초사) 몹시 마음을 졸이는 것
累卵之危(누란지위) 달걀을 쌓아 놓은 것과 같이 매우 위태함 -> 累卵之勢(누란지세)
塗炭之苦(도탄지고) 진구렁이나 숯불에 빠졌다는 뜻으로 몹시 고생스러움을 말함
命在頃刻(명재경각) 거의 죽게 되어서 목숨이 곧 넘어갈 지경에 이름

百尺竿頭(백척간두) 위태롭고 어려운 지경에 이름
釜中生魚(부중생어) 솥 안에서 헤엄치는 물고기란 뜻으로 오래 계속되지 못할 일을 비유함
四面楚歌(사면초가) 한 사람도 도우려는 자가 없이 고립되어 곤경에 처해 있음
四分五裂(사분오열) 여러 쪽으로 찢어짐 어지럽게 분열됨
雪上加霜(설상가상) 눈 위에 또 서리가 덮인다는 뜻으로 불행이 엎친 데 덮친 격으로 거듭 생김
束手無策(속수무책) 어찌 할 도리 없이 꼼짝 못 함
阿鼻叫喚(아비규환) 지옥 같은 고통 속에서 구원을 부르짖는 소리라는 뜻으로 심한 참상을 말함
如履薄氷(여리박빙) 엷은 얼음을 밟는 듯 매우 위험한 것을 뜻함
危機一髮(위기일발) 거의 여유가 없는 위급한 순간
進退兩難(진퇴양난) 나아갈 수도 물러설 수도 없는 궁지에 빠짐
進退幽谷(진퇴유곡) 앞으로 나아갈 수도 뒤로 물러 설 수도 없이 꼼짝할 수 없는 궁지에 빠짐.
孤立無援(고립무원) 고립되어 구원을 받을 데가 없음
孤城落日(고성낙일) 남의 도움이 없이 고립된 상태
無依無托(무의무탁) 의지하고 의탁할 곳이 없음
騎虎之勢(기호지세) 범을 타고 달리는 사람이 도중에서 내릴 수 없는 것처럼 도중에서 그만두거나
　　　　　　　　　　물러설 수 없는 내친 형세를 이르는 말
內憂外患(내우외환) 나라 안팎의 근심 걱정
養虎遺患(양호유환) 호랑이를 길러 근심을 남김. 스스로 화를 자초했다는 뜻
五里霧中(오리무중) 멀리 긴 안개 속에서 길을 찾기가 어려운 것 같이 일의 갈피를 잡기 어려움
一觸卽發(일촉즉발) 조금만 닿아도 곧 폭발할 것 같은 모양. 막 일이 일어날 듯한 위험한 지경.
自中之亂(자중지란) 같은 패 안에서 일어나는 싸움
戰戰兢兢(전전긍긍) 매우 두려워하여 겁내는 모양
輾轉反側(전전반측) 이리저리 뒤척이며 잠을 이루지 못함
坐不安席(좌불안석) 마음에 불안이나 근심 등이 있어 한자리에 오래 앉아 있지 못함
衆寡不敵(중과부적) 적은 수효로는 많은 수효를 대적하지 못한다는 뜻
支離滅裂(지리멸렬) 갈갈이 흩어지고 찢기어 갈피를 잡을 수 없음
靑天霹靂(청천벽력) 맑게 갠 하늘에서 치는 벼락, 곧 뜻밖에 생긴 변을 일컫는 말
焦眉之急(초미지급) 눈썹에 불이 붙음과 같이 매우 다급한 지경
七顚八倒(칠전팔도) 어려운 고비를 많이 겪음
波瀾萬丈(파란만장) 일의 진행에 변화가 심함
波瀾重疊(파란중첩) 일의 진행에 있어서 온갖 변화나 난관이 많음
弊風惡習(폐풍악습) 폐해가 되는 나쁜 풍습
風前燈火(풍전등화) 바람 앞에 켠 등불처럼 매우 위급한 경우에 놓여 있음을 가리키는 말
風餐露宿(풍찬노숙) 바람과 이슬을 무릅쓰고 한데서 먹고 잠, 큰일을 이루려는 사람의 고초를 겪
　　　　　　　　　　는 모양
落穽下石(낙정하석) 남의 환난(患亂)에 다시 위해(危害)를 준다는 말.
九死一生(구사일생) 꼭 죽을 고비에서 살아남

(23) 자신의 의지와 행동

氣高萬丈(기고만장) 씩씩한 기운이 크게 떨침

大器晩成(대기만성) 큰 그릇은 이루어짐이 더디다는 뜻으로 크게 될 사람은 성공이 늦다는 말
無所不爲(무소불위) 못할 것이 없음
百折不屈(백절불굴) 아무리 꺾으려고 해도 굽히지 않음
百折不撓(백절불요) 백 번 꺾어도 굽히지 않음 -〉百折不屈(백절불굴)
不撓不屈(불요불굴) 한번 결심한 마음이 흔들거리거나 굽힘이 없이 억셈.
東奔西走(동분서주) 사방으로 이리저리 부산하게 돌아다님
驚天動地(경천동지) 세상을 몹시 놀라게 함
杜門不出(두문불출) 세상과 인연을 끊고 출입을 하지 않음
登高自卑(등고자비) ① 높은 곳에 이르기 위해서는 낮은 곳부터 밟아야 한다는 뜻으로 일을 하는
　　　　　　　　　데는 반드시 차례를 밟아야 한다는 말 ② 지위가 높아질수록 스스로를 낮춘
　　　　　　　　　다는 말
磨斧爲針(마부위침) 아무리 이루기 힘든 일도 끊임없는 노력과 끈기 있는 인내로 성공하고야 만다
　　　　　　　　　는 뜻
背水之陣(배수지진) 필승을 기하여 목숨을 걸고 싸움
不撤晝夜(불철주야) 밤낮을 가리지 않음
三顧草廬(삼고초려) 유비가 제갈 공명을 세 번이나 찾아가 군사로 초빙한 데서 유래한 말로 임금
　　　　　　　　　의 두터운 사랑을 입다라는 뜻
袖手傍觀(수수방관) 팔짱을 끼고 보고만 있다는 뜻으로 어떤 일을 당하여 옆에서 보고만 있는 것
　　　　　　　　　을 말함
誰怨誰咎(수원수구) 남을 원망하거나 책망할 것이 없음
始終如一(시종여일) 처음이나 나중이 한결같아서 변함없음
始終一貫(시종일관) 처음과 끝이 같음 = 始終如一(시종여일)
身言書判(신언서판) 사람됨을 판단하는 네 가지 기준으로 곧 신수(身手)와 말씨와 문필과 판단력
　　　　　　　　　을 일컬음
心機一轉(심기일전) 어떤 계기로 그 전까지의 생각을 뒤집듯이 바꿈
深思熟考(심사숙고) 깊이 생각하고 곧 신중을 기하여 곰곰이 생각함
暗中摸索(암중모색) 물건을 어둠 속에서 더듬어 찾음, 즉 어림으로 추측함
暗中飛躍(암중비약) 비밀한 가운데 맹렬히 활동함
兩手兼將(양수겸장) 하나의 표적에 대하여 두 방향에서 공격해 들어감
如世推移(여세추이) 세상이 변하는 대로 따라 변함
易地思之(역지사지) 처지를 바꾸어 생각함
連戰連勝(연전연승) 싸울 때마다 빈번히 이김
寤寐不忘(오매불망) 밤낮으로 자나깨나 잊지 못함
吾不關焉(오불관언) 나는 상관하지 아니함
傲霜孤節(오상고절) 서릿발 날리는 추위에도 굴하지 않고 외로이 지키는 절개라는 뜻으로 국화를
　　　　　　　　　말함
外柔內剛(외유내강) 겉으로 보기에는 부드러우나 속은 꿋꿋하고 강함
搖之不動(요지부동) 흔들어도 꼼짝 않음
優柔不斷(우유부단) 어물어물하기만 하고 딱 잘라 결단을 하지 못함
悠悠自適(유유자적) 속세를 떠나 아무 속박 없이 조용하고 편안하게 삶
一刀兩斷(일도양단) 한칼로 쳐서 둘에 냄. 머뭇거리지 않고 일이나 행동을 선뜻 결정함의 비유.
一步不讓(일보불양) 남에게 한 걸음도 양보하지 않음

一視同仁(일시동인) 모두를 평등하게 보아 똑같이 사랑함
臨機應變(임기응변) 그때 그때의 일의 형편에 따라서 변통성 있게 처리함
臨戰無退(임전무퇴) 싸움에 임하여 물러섬이 없음
自强不息(자강불식) 스스로 힘쓰고 쉬지 아니함
自愧之心(자괴지심) 스스로 부끄럽게 여기는 마음
自我省察(자아성찰) 자기의 마음을 반성하여 살핌
前程萬里(전정만리) 나이가 젊어 장래가 유망함
中原逐鹿(중원축록) 중원은 중국 또는 천하를 말하며 축록은 서로 경쟁한다는 말로 영웅들이 다투
　　　　　　　　　어 천하는 얻고자 함을 뜻함
徹頭徹尾(철두철미) 머리에서 꼬리까지 투철함, 즉 처음부터 끝까지 투철함
初志一貫(초지일관) 처음 품은 뜻을 한결같이 꿰뚫음
七顚八起(칠전팔기) 여러 번 실패해도 굽히지 않고 분투함을 일컫는 말
他山之石(타산지석) 다른 산에서 난 나쁜 돌도 자기의 구슬을 가는 데에 소용이 된다는 뜻으로 다
　　　　　　　　　른 사람의 하찮은 언행일지라도 자기의 지덕을 연마하는 데에 도움이 된다는
　　　　　　　　　말이다.
泰然自若(태연자약) 태연하고 천연스러움
南船北馬(남선북마) 바쁘게 여기저기를 돌아다님
換骨奪胎(환골탈태) ① 얼굴이 이전 보다 더 아름다워짐 ② 남의 문장을 본떴으나 형식을 바꿈
居安思危(거안사위) 편안히 살 때 닥쳐올 위태로움을 생각함
堅如金石(견여금석) 굳기가 금이나 돌 같음
堅忍不拔(견인불발) 굳게 참고 견딤

(24) 새롭거나 지혜로운 생각

無不通知(무불통지) 무슨 일이든 모르는 것이 없음
無所不知(무소부지) 모르는 바가 없음.
百年大計(백년대계) 먼 뒷날까지 걸친 큰 계획
不恥下問(불치하문) 아래 사람에게 배우는 것을 부끄러이 여기지 않음
奇想天外(기상천외) 보통 사람이 쉽게 짐작할 수 없을 정도로 엉뚱하고 기발한 생각
溫故而知新(온고이지신) 옛 것을 익히어 새것을 앎
一葉知秋(일엽지추) 사물의 일단을 앎으로써 대세를 미루어 안다는 말
前代未聞(전대미문) 지금까지 들어본 일이 없는 새로운 일을 이르는 말.
畵龍點睛(화룡점정) 용을 그려 놓고 마지막으로 눈을 그려 넣음. 즉 가장 긴요한 부분을 완성함
破天荒(파천황)　　 선인(先人)이 못 이룬 일을 해냄.

(25) 올바른 관리

犬馬之勞(견마지로) ① 자기의 노력을 낮추어 하는 말 ② 임금이나 나라에 충성을 다하는 노력
犬馬之誠(견마지성) 임금이나 나라에 정성으로 바치는 정성. 자기의 정성을 낮추어 일컫는 말
見危授命(견위수명) 나라가 위급할 때 목숨을 바침 -〉見危致命(견위치명)
滅私奉公(멸사봉공) 사를 버리고 공을 위하여 힘써 일함

粉骨碎身(분골쇄신) 뼈는 가루가 되고 몸은 산산조각이 됨. 곧 목숨을 걸고 최선을 다함
殺身成人(살신성인) 절개를 지켜 목숨을 버림
先公後私(선공후사) 공적인 일을 먼저하고 사적인 일을 뒤로 미룸

(26) 바르지 못한 관리

苛斂誅求(가렴주구) ① 가혹하게 착취하고 징수함 ② 조세를 가혹하게 징수함
苛政猛於虎(가정맹어호) 가혹한 정치는 호랑이보다 무섭다
地鹿爲馬(지록위마) 중국 진나라의 조고(趙高)가 이세 황제(二世皇帝)에게 사슴을 말이라고 속여
바친 일에서 유래하는 고사로 윗사람을 농락하여 권세를 마음대로 함을 뜻함
貪官汚吏(탐관오리) 탐욕이 많고 마음이 깨끗하지 못한 관리
覇道(패도) 인의를 무시하고 무력이나 꾀써 나라를 다스리는 일. 공리만을 탐내는 일
惑世誣民(혹세무민) 세상을 어지럽히고 백성을 속이는 것

(27) 은혜

刻骨難忘(각골난망) 은덕을 입은 고마움이 마음깊이 새겨져 잊혀지지 아니함
感之德之(감지덕지) 몹시 고맙게 여김
結草報恩(결초보은) 풀을 엮어서 은혜를 갚는다는 의미로 죽어서도 잊지 않고 은혜를 갚는다는 말
罔極之恩(망극지은) 다함이 없는 임금이나 부모의 큰 은혜
陰德陽報(음덕양보) 남 모르게 덕을 쌓은 사람은 뒤에 그 보답을 절로 받음
因果應報(인과응보) 좋은 일에는 좋은 결과가, 나쁜 일에는 나쁜 결과가 따름
追遠報本(추원보본) 조상의 덕을 추모하여 제사를 지내고, 자기의 태어난 근본을 잊지 않고 은혜
를 갚음
甘呑苦吐(감탄고토) 달면 삼키고 쓰면 뱉는다는 뜻으로 신의를 돌보지 않고 사리를 꾀한다는 말
背恩忘德(배은망덕) 은혜를 잊고 도리어 배반함
白骨難忘(백골난망) 죽어도 잊지 못할 큰 은혜를 입음

(28) 바람직한 삶

見利思義(견리사의) 눈 앞에 이익이 보일 때 의리를 생각함
謙讓之德(겸양지덕) 겸손하고 사양하는 미덕
兼人之勇(겸인지용) 몇 사람을 능히 당해낼 만한 용기
刮目相對(괄목상대) 다른 사람의 학문이나 덕행이 크게 진보한 것을 말함
僅僅孜孜(근근자자) 매우 부지런하고 정성스러움
錦衣還鄕(금의환향) 비단 옷을 입고 고향으로 돌아옴. 즉 타향에서 크게 성공하여 자기 집으로 돌
아감
不眠不休(불면불휴) 자지도 않고 쉬지도 않는다는 뜻으로, 조금도 쉬지 않고 애써 일함의 뜻
四面春風(사면춘풍) 항상 좋은 얼굴로 남을 대하여 누구에게나 호감을 삼
先見之明(선견지명) 앞일을 미리 보아서 판단하는 총명
先憂後樂(선우후락) 세상의 근심할 일은 남보다 먼저 근심하고, 즐거워할 일은 남보다 나중에 즐

거워함. 곧 지사(志士)나 어진 사람의 마음씨
有備無患(유비무환) 미리 준비가 있으면 뒷걱정이 없다는 뜻
愚公移山(우공이산) 어리석게 보이는 일도 꾸준히 끝까지 하면 아무리 큰일이라도 할 수 있다
中庸(중용) 치우침이나 과부족이 없이 떳떳하며 알맞은 상태나 정도
至誠感天(지성감천) 지극한 정성에 하늘이 감동함
知彼知己(지피지기) 상대를 알고 나를 앎

(29) 잘못된 태도(일처리)

見利忘義(견리망의) 이익을 보면 의리를 잊음
見物生心(견물생심) 물건을 보고 욕심이 생김
輕躁浮薄(경조부박) 마음이 침착하지 못하고 행동이 신중하지 못함
叩頭謝罪(고두사죄) 머리를 조아려 사죄함
曲學阿世(곡학아세) 학문을 왜곡하여 세속에 아부함
權謀術數(권모술수) 목적 달성을 위해서는 인정이나 도덕을 가리지 않고 권세와 모략 중상 등 갖
　　　　　　　　은 방법과 수단을 쓰는 술책
面從腹背(면종복배) 앞에서는 순종하는 체하고 돌아서는 딴 마음을 먹음
無爲徒食(무위도식) 아무 하는 일없이 먹기만 함
百年河淸(백년하청) 아무리 기다려도 가망 없는 사태가 바로 잡히기 어려움
砂上樓閣(사상누각) 모래 위에 지은 집, 곧 헛된 것을 비유하는 말
我田引水(아전인수) 제 논에 물대기. 자기에게 유리하도록 행동하는 것
眼下無人(안하무인) 눈 아래 사람이 없음. 곧 교만하여 사람을 업신여김
右往左往(우왕좌왕) 사방으로 왔다 갔다 함
羊頭狗肉(양두구육) 양의 머리를 내걸고 개고기를 판다, 겉모양은 훌륭하나 속은 변변치 않음
炎凉世態(염량세태) 권세가 있을 때는 붙좇고, 권세가 없어지면 푸대접하는 세속의 인심
之東之西(지동지서) 동으로 갔다 서로 갔다 함. 곧, 어떤 일에 주견이 없이 갈팡질팡함을 말함
本末顚倒(본말전도) 일의 원줄기를 잊고 사소한 부분에만 사로잡힘
不問曲直(불문곡직) 옳고 그름을 가리지 않고 함부로 일을 처리함
自家撞着(자가당착) 자기의 언행이 전후 모순되어 들어맞지 않음
自繩自縛(자승자박) 자기의 줄로 자기를 묶는다는 말로 자기가 자기를 망치게 한다는 뜻
自業自得(자업자득) 자기가 저지른 일의 과보를 자기 자신이 받음
自暴自棄(자포자기) 절망 상태에 빠져서, 스스로 자신을 포기하여 돌아보지 아니함
作心三日(작심삼일) 한번 결심한 것이 사흘을 가지 않음. 곧 결심이 굳지 못함
賊反荷杖(적반하장) 도둑이 도리어 매를 든다는 뜻으로 잘못한 사람이 도리어 잘한 사람을 나무라
　　　　　　　　는 상황
朝令暮改(조령모개) 법령을 자꾸 바꿔서 종잡을 수 없음을 비유하는 말
朝變夕改(조변석개) 일을 자주 뜯어고침
朝三募四(조삼모사) ① 간사한 꾀로 사람을 속여 희롱함 ② 눈 앞에 당장 나타나는 차별만을 알고
　　　　　　　　그 결과가 같음을 모름
左顧右眄(좌고우면) 좌우를 자주 둘러본다는 뜻으로 무슨 일에 얼른 결정을 짓지 못함을 비유함
左衝右突(좌충우돌) 이리저리 마구 치고 받음

主客顚倒(주객전도) 주인은 손님처럼 손님은 주인처럼 행동을 바꾸어 한다는 것으로 입장이 뒤바
        뀐 것
走馬看山(주마간산) 말을 달리면서 산을 본다는 말로 바빠서 자세히 보지 못하고 지나침을 뜻함
嫉逐排斥(질축배척) 시기하고 미워하여 물리침
天方地軸(천방지축) ① 너무 바빠서 두서를 잡지 못하고 허둥대는 모습 ② 어리석은 사람이 갈 바
        를 몰라 두리번거리는 모습
卓上空論(탁상공론) 실현성이 없는 허황된 이론
表裏不同(표리부동) 겉과 속이 다름
夏爐冬扇(하로동선) 여름의 화로와 겨울의 부채라는 뜻으로 쓸모 없는 재능을 말함
虛無孟浪(허무맹랑) 터무니없이 허황되고 실상이 없음
狐假虎威(호가호위) 남의 세력을 빌어 위세를 부림

(30) 잘못을 바로 잡음

改過遷善(개과천선) 지나간 허물을 고치고 착하게 됨
改善匡正(개선광정) 좋도록 고치고 바로잡음
事必歸正(사필귀정) 무슨 일이든지 결국은 옳은 대로 돌아간다는 뜻
拔本塞源(발본색원) 폐단의 근원을 아주 뽑아서 없애 버림
切齒腐心(절치부심) 몹시 분하여 이를 갈면서 속을 썩임.
頂門一鍼(정문일침) 정수리에 침을 준다는 말로 잘못의 급소를 찔러 충고하는 것
破邪顯正(파사현정) 사한 것을 버리고 정도를 드러냄

(31) 어리석은 일

刻舟求劍(각주구검) 판단력이 둔하여 세상일에 어둡고 어리석다는 뜻
見蚊拔劍(견문발검) 모기를 보고 칼을 뺌. 조그만 일에도 성을 내는 소견 좁은 행동
姑息之計(고식지계) 당장의 편안함만을 꾀하는 일시적인 방편
誇大妄想(과대망상) 자신을 너무 과대하게 믿는 망상
矯角殺牛(교각살우) 뿔을 고치려다 소를 죽인다는 말로 작을 일에 힘쓰다 큰 일을 망친다는 말
膠柱鼓瑟(교주고슬) 고지식하여 융통성이 없음
口耳之學(구이지학) 들은 풍월 격으로 아무런 연구성이 없는 천박한 학문
錦衣夜行(금의야행) 비단 옷을 입고 밤에 다닌다는 뜻으로 성공은 했지만 아무런 효과를 내지 못
        하는 것
燈下不明(등하불명) 등잔 밑이 어둡다는 뜻으로 가까이 있는 것이 오히려 알아내기가 어려움을 이
        르는 말
馬耳東風(마이동풍) 남의 말을 귀담아 듣지 아니하고 지나쳐 흘려 버림
亡羊補牢(망양보뢰) 소잃고 외양간 고친다
罔知所措(망지소조) 어찌할 바를 모르고 허둥지둥함
目不識丁(목불식정) 낫 놓고 기역자도 모를 만큼 아주 무식함
猫頭縣鈴(묘두현령) 고양이 목에 방울 달기라는 뜻으로 실행할 수 없는 헛된 이론
小貪大失(소탐대실) 작은 것을 탐내어 큰 것을 잃음.

守株待兎(수주대토) 달리 변통할 줄 모르고 어리석게 한 가지만 기다리는 융통성 없는 일
緣木求魚(연목구어) 나무에 올라가 고기를 구하듯 불가능한 일을 하고자 할 때를 비유하는 말
龍頭蛇尾(용두사미) 처음엔 그럴 듯하다가 끝이 흐지부지되는 것
以管窺天(이관규천) 대롱을 통해 하늘을 봄. 우물안 개구리
井底之蛙(정저지와) ① 우물안 개구리 ② 견문이 좁고 세상 형편을 모름
坐井觀天(좌정관천) 우물안 개구리. 세상 물정을 너무 모름
蛇足(사족) 안 해도 될 쓸데없는 일을 덧붙여 하다가 도리어 일을 그르침
下石上臺(하석상대) 아랫돌 빼서 윗돌 괴고 윗돌 빼서 아랫돌 괴기, 즉 임시 변통으로 이리저리
　　　　　　　　　둘러맞춤

(32) 분수를 모름

輕擧妄動(경거망동) 경솔하고 망령된 행동
螳螂拒轍(당랑거철) 제 분수도 모르고 강적에게 반항함
無不干涉(무불간섭) 함부로 남의 일에 간섭함
得隴望蜀(득롱망촉) 중국 한나라 때 광무제가 농을 정복한 뒤 촉을 쳤다는 데서 나온 말로 끝없는
　　　　　　　　　욕심

(33) 분수를 앎

敢不生心(감불생심) 힘이 부치어 감히 마음을 먹지 못함
過如不及(과여불급) 지나친 것은 미치지 못함과 같음
過猶不及(과유불급) 정도를 지나침은 미치지 못한 것과 같음
安分知足(안분지족) 편한 마음으로 제 분수를 지키며 만족을 앎
安貧樂道(안빈낙도) 구차한 중에도 편한 마음으로 도를 즐김 -> 安分知足(안분지족)
知足知富(지족지부) 족한 것을 알고 현재에 만족하는 사람은 부자라는 뜻

(34) 자신이 해야 할 일

渴而穿井(갈이천정) 목이 말라야 우물을 팜.
結者解之(결자해지) 자기가 저지른 일은 자기가 해결해야 함
孤軍奮鬪(고군분투) 남의 도움을 받지 아니하고 힘에 벅찬 일을 잘 해냄
苦肉之計(고육지계) 적을 속이기 위해, 자신의 희생을 무릅쓰고 꾸미는 계책
隱忍自重(은인자중) 괴로움을 참고 몸가짐을 조심함
墨守(묵수) 묵자가 끝까지 성을 지킨다는 말로 자기의 의견 또는 소신을 굽힘이 없이 끝까지 지키는 것

(35) 사람과의 관계

近墨者黑(근묵자흑) 먹을 가까이 하는 사람은 검어진다. 즉 나쁜 사람과 사귀면 그 버릇에 물들기
　　　　　　　　　쉽다

金石盟約(금석맹약) 쇠와 돌같이 굳게 맹세해 맺은 약속
堂狗風月(당구풍월) 무식한 자도 유식한 자와 같이 있으면 다소 유식해진다는 뜻
氷炭不相容(빙탄불상용) ① 얼음과 숯이 서로 용납 못함 ② 군자와 소인이 같이 있지 못함
氷炭之間(빙탄지간) 서로 화합할 수 없는 사이
類類相從(유유상종) 같은 패끼리 왕래하여 사귐
草綠同色(초록동색) 서로 같은 처지나 같은 부류의 사람들끼리 함께 함을 이름
難兄難弟(난형난제) 누구를 형이라 하고 누구를 동생이라 할지 분간하기 어렵다는 뜻으로 사물의
　　　　　　　　　우열이 없다는 말로 곧 비슷하다는 말
孤掌難鳴(고장난명) ① 손바닥 하나로는 소리가 나지 않는다는 뜻으로 혼자 힘으로 일하기 어렵다
　　　　　　　　　는 말　　② 서로 같으니까 싸움이 난다는 말
同苦同樂(동고동락) 괴로움과 즐거움을 함께 함
同病相憐(동병상련) 처지가 서로 비슷한 사람끼리 서로 동정하고 도움
同床異夢(동상이몽) 같은 잠자리에서 다른 꿈을 꿈. 겉으로는 같이 행동하면서 속으로는 딴 생각
　　　　　　　　　을 가짐
莫上莫下(막상막하) 실력에 있어 낫고 못함이 없이 비슷함
伯仲之勢(백중지세) 우열(優劣)의 차이가 없이 엇비슷함을 이르는 말→伯仲之間(백중지간)
脣亡齒寒(순망치한) 입술이 없으면 이가 시린 것처럼 서로 돕던 이가 망하면 다른 한쪽도 위험하
　　　　　　　　　다는 뜻
漁父之利(어부지리) 도요새가 조개를 쪼아먹으려다가 둘다 물리어 서로 다투고 있을 때 어부가 와
　　　　　　　　　서 둘을 잡아갔다는 고사에서 나온 말로 둘이 다투는 사이에 제삼자가 이득
　　　　　　　　　을 보는 것
吳越同舟(오월동주) 사이가 좋지 못한 사람끼리도 자기의 이익을 위해서는 행동을 같이 함

(36) 고생을 견딤

苦盡甘來(고진감래) 고생 끝에 낙이 온다는 말
臥薪嘗膽(와신상담) 섶에 누워 쓸개를 씹는다는 뜻으로 원수를 갚고자 고생을 참고 견딤
捲土重來(권토중래) ①한 번 실패에 굴하지 않고 몇 번이고 다시 일어남 ②세력을 되찾아 다시 쳐
　　　　　　　　　들어옴

(37) 인생의 허무함

空手來工手去(공수래공수거) 세상에 빈 손으로 왔다가 빈 손으로 간다는 뜻
南柯一夢(남가일몽) 꿈과 같이 헛된 한때의 헛된 부귀영화
盧生之夢(노생지몽) 한때의 헛된 부귀 영화
萬事休矣(만사휴의) 모든 방법이 헛되게 됨
晚時之嘆(만시지탄) 시기가 늦었음을 안타까워하는 탄식
人生無常(인생무상) 인생이 덧없음을 이르는 말
一場春夢(일장춘몽) 인생의 영화(榮華)는 한바탕의 봄꿈과 같이 헛됨

(38) 친구 사이

呼兄呼弟(호형호제) 서로 형, 아우라 부를 정도로 가까운 친구 사이
肝膽相照(간담상조) 서로의 마음을 터놓고 사귐
管鮑之交(관포지교) 옛날 중국의 관중(管仲)과 포숙(鮑叔)처럼 친구 사이가 다정함을 이르는 말
金蘭之契(금란지계) 친구 사이의 우의가 두터움
其利斷金(기리단금) 절친한 친구 사이
其臭如蘭(기취여란) 절친한 친구 사이
斷金之交(단금지교) 쇠를 자를 정도로 절친한 친구 사이를 말함
莫逆之友(막역지우) 참된 마음으로 서로 거역할 수 없이 매우 친한 벗을 말함
刎頸之交(문경지교) 목이 잘리는 한이 있어도 마음을 변치 않고 사귀는 친한 사이
二人同心(이인동심) 절친한 친구 사이
益者三友(익자삼우) 사귀어 보탬이 되는 세 벗으로 정직한 사람, 신의 있는 사람, 학식 있는 사람 등
水魚之交(수어지교) 교분이 매우 깊은 것을 말함→君臣水魚(군신수어)
知己之友(지기지우) 서로 뜻이 통하는 친한 벗
竹馬故友(죽마고우) 죽마를 타고 놀던 벗, 곧 어릴 때 같이 놀던 친한 친구
同心之言(동심지언) 절친한 친구 사이

(39) 학문 또는 독서

讀書三到(독서삼도) 독서하는 데는 눈으로 보고, 입으로 읽고, 마음으로 깨우쳐야 한다는 뜻
燈火可親(등화가친) 가을이 되어 서늘하면 밤에 불을 가까이 하여 글 읽기에 좋다는 말
亡羊之歎(망양지탄) 잃은 양을 여러 갈래 길에서 못 찾는듯, 학문의 길이 여러 갈래여서 못 미침
을 탄식.
文房四友(문방사우) 서재에 꼭 있어야 할 네 벗, 즉 종이, 붓, 벼루, 먹을 말함
韋編三絶(위편삼절) 공자가 읽던 책 끈이 세 번이나 끊어졌다는 것에서 유래한 것으로 열심히 공
부한다.
日就月將(일취월장) 나날이 다달이 진보함
一筆揮之(일필휘지) 단숨에 글씨나 그림을 줄기차게 쓰거나 그림
切磋琢磨(절차탁마) 학문과 덕행을 닦음을 가리키는 말
晝耕夜讀(주경야독) 낮에는 일하고 밤에는 공부함
走馬加鞭(주마가편) 달리는 말에 채찍을 더한다는 뜻으로 잘하는 사람에게 더 잘하도록 함
靑雲之志(청운지지) 출세하고자 하는 뜻
靑出於藍(청출어람) 쪽에서 우러난 푸른빛이 쪽보다 낫다는 말로 제자가 스승보다 낫다는 뜻
斷機之交(단기지교) 학문을 중도에 그만 둠은 짜던 베를 끊는 것이라는 맹자 어머니의 교훈
汗牛充棟(한우충동) 책을 실은 수레를 끄는 소가 흘리는 땀이 많다는 뜻으로, 책이 많다는 뜻
後生可畏(후생가외) 후진들이 젊고 기력이 있어 두렵게 여겨짐
敎學相長(교학상장) 가르쳐 주거나 배우거나 다 나의 학업을 증진시킨다는 뜻

(40) 기타 한자성어

九牛一毛(구우일모) 많은 것 가운데서 극히 적은 것을 말함
今昔之感(금석지감) 지금을 옛적과 비교함에 변함이 심하여 저절로 일어나는 느낌
籠鳥戀雲(농조연운) 속박을 당한 몸이 자유를 그리워하는 마음
多岐亡羊(다기망양) '길이 여러 갈래여서 양을 잃다'서 온 말로 너무 방침이 많아 갈 바를 모름
萬頃蒼波(만경창파) 한없이 넓고 푸른 바다
萬彙群象(만휘군상) 우주의 수많은 현상
麥秀之嘆(맥수지탄) 나라를 잃음에 대한 탄식
明鏡止水(명경지수) ① 거울과 같이 맑고 잔잔한 물 ② 마음이 고요하고 잡념이 없이 아주 맑고
　　　　　　　　　　깨끗함
名實相符(명실상부) 이름과 실상이 서로 들어맞음
明若觀火(명약관화) 불을 보는 듯이 환하게 분명히 알 수 있음
門前成市(문전성시) 권세가 크거나 부자가 되어 집문 앞이 찾아오는 손님들로 마치 시장을 이룬
　　　　　　　　　　것 같음
未曾有(미증유)　 지금까지 아직 한 번도 있어 본 일이 없음.
物心一如(물심일여) 마음과 형체가 구분됨이 없이 하나로 일치한 상태
物外閒人(물외한인) 세상의 시끄러움에서 벗어나 한가하게 지내는 사람
未然之前(미연지전) 아직 그렇게 되지 아니함
拍掌大笑(박장대소) 손바닥을 치면서 크게 웃음
百八煩惱(백팔번뇌) 불교 용어로 인간이 과거·현재·미래에 걸친 108가지의 번뇌를 말함
百花爛漫(백화난만) 온갖 꽃이 활짝 피어 아름답게 흐드러짐
北窓三友(북창삼우) 거문고와 시와 술을 일컬음
不共戴天之讐(불공대천지수) 세상을 같이 살수 없는 원수, 즉 어버이의 원수
不立文字(불립문자) 마음에서 마음으로 전함. ->> 以心傳心(이심전심)
不問可知(불문가지) 묻지 않아도 가히 알 수 있음
悲憤慷慨(비분강개) 슬프고 분한 느낌이 마음 속에 가득 차 있음
比比有之(비비유지) 드물지 않음
非一非再(비일비재) 한두 번이 아님
鼻祖(비조)　　　　시조(始祖)
四通五達(사통오달) 길이나 교통망 통신망 등이 사방으로 막힘 없이 통함
山紫水明(산자수명) 산수의 경치가 좋음을 일컫는 말
山戰水戰(산전수전) 산에서의 전투와 물에서의 전투를 다 겪음. 세상일에 경험이 많음
山海珍味(산해진미) 산과 바다의 산물(産物)을 다 갖추어 썩 잘 차린 귀한 음식
三益友(삼익우)　　 매화, 대나무, 돌
三日遊街(삼일유가) 과거에 급제한 사람이 사흘 동안 온 거리로 돌아다님
桑田碧海(상전벽해) 뽕나무밭이 변하여 바다가 된다는 말로 세상일의 변천이 심하여 사물이 바뀜
　　　　　　　　　　을 비유
塞翁之馬(새옹지마) 세상일은 복이 될지 화가 될지 예측할 수 없다는 비유
生口不網(생구불망) 산 사람의 목구멍에 거미줄 치지 않는다는 말
送舊迎新(송구영신) 묵은 해를 보내고 새해를 맞음
首邱初心(수구초심) 여우가 죽을 때 고향 쪽으로 머리를 둔다는 고향을 생각하는 마음을 말함.

壽命長壽(수명장수) 수명이 길어 오래도록 삶

水深可知 人心難知(수심가지 인심난지) 물의 깊이는 알 수 있으나 사람의 속마음은 헤아리기가 어렵다.

乘勝長驅(승승장구) 싸움에서 이긴 기세를 타고 계속 적을 몰아침.

食不二味(식불이미) 음식을 잘 차려 먹지 아니함

識字憂患(식자우환) 아는 것이 탈이라는 말로 학식이 있는 것이 도리어 근심을 사게 됨을 말함

信賞必罰(신상필벌) 공이 있는 사람에게 반드시 상을 주고, 죄가 있는 사람에게는 반드시 벌을 줌

新出鬼沒(신출귀몰) ① 귀신과 같이 홀연히 나타났다가 홀연히 사라짐 ② 자유자재로 출몰하여 그 변화를 헤아릴 수 없는 일

心心相印(심심상인) 마음에서 마음으로 전함. -〉以心傳心(이심전심)

十伐之木(십벌지목) 열 번 찍어 안 넘어가는 나무가 없다라는 뜻

十常八九(십상팔구) 열이면 여덟이나 아홉은 그러함

十匙一飯(십시일반) 열 사람이 한 술씩 보태면 한사람 먹을 분량이 된다는 뜻으로 여러 사람이 힘을 합하면 한 사람을 돕기는 쉽다는 말

十日之菊(십일지국) 국화는 9월 9일이 절정이므로 이미 때가 늦었다는 말

十中八九(십중팔구) 거의 예외 없이 그러할 것이라는 추측을 나타내는 말.

曖昧模糊(애매모호) 사물의 이치가 희미하고 분명치 않음

哀而不悲(애이불비) 속으로는 슬퍼하지만 겉으로는 슬픔을 나타내지 아니함

藥房甘草(약방감초) 무슨 일이나 빠짐없이 끼임. 반드시 끼어야 할 사물

弱肉强食(약육강식) 약한 놈이 강한 놈에게 먹힘

如反掌(여반장) 손바닥을 뒤집는 것과 같이 매우 쉬움

拈華微笑(염화미소) 마음에서 마음으로 전함 -〉拈華示衆(염화시중)

烏飛梨落(오비이락) '까마귀 날짜 배 떨어진다'라는 말로 우연의 일치로 남의 의심을 받는 것

五十步百步(오십보백보) 양자간에 차이는 있으나 본질적으로 같다는 뜻

五臟六腑(오장육부) 내장의 총칭

要領不得(요령부득) 요령을 잡을 수가 없음

龍尾鳳湯(용미봉탕) 맛이 썩 좋은 음식을 가리키는 말

龍蛇飛騰(용사비등) 용과 뱀이 나는 것과 같이 글씨가 힘참

迂餘曲折(우여곡절) 여러 가지로 뒤얽힌 복잡한 사정이나 변화.

牛搜馬勃(우수마발) 쇠 오줌과 말 똥, 곧 별반 대수롭지 않은 물건을 뜻함

牛耳讀經(우이독경) 쇠 귀에 경 읽기→牛耳誦經(우이송경)

雨後竹筍(우후죽순) 비 온 뒤에 죽순이 나듯 어떤 일을 한 때 많이 일어나는 것

遠禍召福(원화소복) 화를 멀리하고 복을 불러들임

類萬不同(유만부동) 모든 것이 서로 같지 아니함

有名無實(유명무실) 이름뿐이고 실상은 없음

有耶無耶(유야무야) 있는지 없는지 모르게 희미함

乙丑甲子(을축갑자) 갑자을축이 바른 차례인데 그 차례가 바뀜과 같이 일이 제대로 안되고 순서가 바뀜

陰地轉陽地變(음지전양지변) 음지도 양지로 될 때가 있음

吟風弄月(음풍농월) 맑은 바람과 밝은 달을 노래함. 풍류를 즐긴다는 뜻

易如反掌(이여반장) 쉽기가 손바닥 뒤집는 것과 같음

以熱治熱(이열치열) 열로서 열을 다스림

李下不正冠(이하부정관) 자두나무 아래서는 갓을 고쳐 쓰지 말라는 뜻으로 남에게 의심받을 일을 하지 않도록 주의하라는 말
耳懸令 鼻懸令(이현령 비현령) 귀에 걸면 귀걸이, 코에 걸면 코걸이. 즉 이렇게도 저렇게도 될 수 있음
因人成事(인인성사) 남의 힘으로 일을 이룸
人之常情(인지상정) 사람이 누구나 가지는 보통의 인정
一擧兩得(일거양득) 한 가지 일을 하여 두 가지의 이득을 봄. -〉一石二鳥(일석이조)
一望無際(일망무제) 아득하게 멀고 넓어서 끝이 없음
一網打盡(일망타진) 한꺼번에 모조리 다 잡음
一瀉千里(일사천리) 조금도 거침없이 빨리 진행됨
日新又日新(일신우일신) 날로 새로워짐
一葉片舟(일엽편주) 한 조각 작은 배
一日三秋(일일삼추) 하루가 3년처럼 길게 느껴짐, 즉 몹시 애태우며 기다림
一波萬波(일파만파) 한 사건이 그 사건에 그치지 않고 잇달아 많은 사건으로 번짐의 비유.
一片丹心(일편단심) 오로지 한 곳으로 향한, 한 조각의 붉은 마음.
一攫千金(일확천금) 힘 안 들이고 한꺼번에 많은 재물을 얻음
臨時方便(임시방편) 필요에 따라 그 때 그 때 정해 일을 쉽고 편리하게 치를 수 있는 수단
自激之心(자격지심) 제가 한 일에 대하여 스스로 미흡한 생각을 가짐
莊周之夢(장주지몽) 사물과 자신이 한 몸이 된 경지 -〉胡蝶之夢(호접지몽)
積塵成山(적진성산) 티끌 모아 태산
前途洋洋(전도양양) 장래가 매우 밝음
前道遼遠(전도요원) 앞으로 갈 길이 아득히 멂. 목적한 바에 이르기에는 아직도 멂.
前無後無(전무후무) 전에도 앞으로도 없음
漸入佳境(점입가경) 점점 더 재미있는 경지로 들어감
鳥足之血(조족지혈) 새발의 피라는 뜻으로 물건의 적음을 나타내는 말
左之右之(좌지우지) ① 제 마음대로 자유롭게 처리함 ② 남을 마음대로 지휘함
晝夜長川(주여장천) 밤낮으로 쉬지 않고 늘 잇달아서
竹杖芒鞋(죽장망혜) ① 대지팡이와 짚신 ② 가장 간단한 보행이나 여행의 차림
衆人環視(중인환시) 많은 사람들이 둘러서서 봄
知足不辱(지족불욕) 모든 일에 분수를 알고 만족하게 생각하면 모욕을 받지 않는다
指呼之間(지호지간) 부르면 곧 대답할 만한 가까운 거리
盡善盡美(진선진미) 완전 무결함
珍羞盛饌(진수성찬) 맛이 좋은 음식으로 많이 잘 차린 것을 뜻함
盡人事待天命(진인사대천명) 노력을 다한 후에 천명을 기다림
塵積爲山(진적위산) 티끌이 모여 태산
創業易守成難(창업이수성난) 이루기는 쉽고 지키기는 어려움
滄海桑田(창해상전) 푸른 바다가 뽕밭으로 변한다. 곧 덧없는 세상 또는 세상이 변함. 桑田碧海(상전벽해)
滄海一粟(창해일속) 넓은 바다에 떠 있는 한 알의 좁쌀, 아주 큰 물건 속의 아주 작은 물건
天高馬肥(천고마비) 하늘이 높고 말이 살찐다는 뜻으로 가을철을 일컫는 말
千慮一得(천려일득) 바보도 한 가지쯤은 좋은 생각이 있다라는 뜻
泉石膏황(천석고황) 고질병이 되다시피 산수 풍경을 좋아함

天人共怒(천인공노) 하늘과 땅이 함께 분노한다는 뜻. 도저히 용서 못함을 비유
千仞斷崖(천인단애) 천 길이나 되는 깎아지른 듯한 벼랑
千紫萬紅(천자만홍) 가지가지 빛깔로 만발한 꽃
千載一遇(천재일우) 천 년에나 한번 만날 수 있는 기회, 곧 좀처럼 얻기 어려운 기회
千篇一律(천편일률) 변함없이 모든 사물이 똑같음
徹天之冤(철천지원) 하늘에서 사무치도록 크나큰 원한
春雉自鳴(춘치자명) 봄철의 꿩이 스스로 운다, 시키거나 요구하지 아니하여도 제풀에 하는 것
醉生夢死(취생몽사) 아무 뜻과 이룬 일도 없이 한평생을 흐리멍텅하게 살아감
惻隱之心(측은지심) 불쌍히 여기는 마음.
置之度外(치지도외) 내버려두고 상대하지 않음
七縱七擒(칠종칠금) 제갈공명의 전술로 일곱 번 놓아주고 일곱 번 잡는다, 자유자재로운 전술
他尙何說(타상하설) 한가지 일을 보면 다른 일도 알 수 있다는 말
太剛則折(태강즉절) 너무 강하면 부러지기 쉽다는 말
兎死狐悲(토사호비) 토끼의 죽음을 여우가 슬퍼한다는 말로, 같은 무리의 불행을 슬퍼한다는 말.
兎營三窟(토영삼굴) 자신의 안전을 위하여 미리 몇 가지 술책을 마련함
破竹之勢(파죽지세) 걷잡을 수 없이 나아가는 세력
烹頭耳熟(팽두이숙) 머리를 삶으면 귀까지 삶아진다. 중요한 것만 해결하면 나머지는 절로 해결
됨.
抱腹絶倒(포복절도) 배를 안고 몸을 가누지 못할 정도로 몹시 웃음
必有曲折(필유곡절) 반드시 어떠한 까닭이 있음
鶴首苦待(학수고대) 학의 목처럼 목을 길게 늘여 몹시 기다린다는 뜻
學如不及(학여불급) 학업을 언제나 모자란 듯이 여김
漢江投石(한강투석) 한강에 돌 던지기라는 뜻으로 지나치게 미미하여 전혀 효과가 없음을 비유
邯鄲之夢(한단지몽) 사람의 일생에 '부귀란 덧없다'는 뜻. 한단에서 여옹이 낮잠을 자면서 꾼 꿈에
유래
邯鄲之步(한단지보) 자기 것을 잃음을 비유.
含憤蓄怨(함분축원) 분하고 원통한 마음을 품음
咸興差使(함흥차사) 심부름을 시킨 뒤 아무 소식이 없거나 회답이 더디 올 때 쓰는 말
虛禮虛飾(허례허식) 예절, 법식 등을 겉으로만 꾸며 번드레하게 하는 일
虛心坦懷(허심탄회) 마음속에 아무런 사념없이 품은 생각을 터놓고 말함
虛張聲勢(허장성세) 허세를 부림
螢雪之功(형설지공) 중국 진나라의 차윤(車胤)이 반딧불로 글을 읽고 손강(孫康)은 눈(雪)의 빛으
로 글을 읽었다는 고사에서 온 말로 고생해서 공부한 공이 드러남을 비유
好事多魔(호사다마) 좋은 일에는 방해가 되는 일이 많다는 뜻
虎死留皮(호사유피) 범이 죽으면 가죽을 남김과 같이 사람도 죽은 뒤 이름을 남겨야 한다는 말
浩然之氣(호연지기) ① 사물에서 해방된 자유로운 마음 ② 하늘과 땅 사이에 가득한 넓고 큰 원기
胡蝶之夢(호접지몽) 사물과 자신이 한 몸이 된 경지 -〉 莊周之夢(장주지몽)
魂飛魄散(혼비백산) 몹시 놀라 정신이 없음
渾然一致(혼연일치) 차별 없이 서로 합치함
紅爐點雪(홍로점설) 紅爐上點雪의 준말로 ① 뜨거운 불길 위에 한 점 눈을 뿌리면 순식간에 녹듯
이 사욕이나 의혹이 일시에 꺼져 없어지고 마음이 탁 트여 맑음을 일컫는 말
② 크나큰 일에 작은 힘이 조금도 보람이 없음을 가리키는 말

畵蛇添足(화사첨족) 쓸데없는 일을 함
畵中之餠(화중지병) 그림 속의 떡이란 뜻으로 바라만 보았지 소용이 닿지 않음을 비유한 말
換腐作新(환부작신) 낡은 것을 바꾸어 새 것으로 만듦
歡呼雀躍(환호작약) 기뻐서 소리치며 날뜀
會者定離(회자정리) 만나면 반드시 헤어지게 마련임
嚆矢(효시)   開戰의 신호로 우는 살(효시)을 먼저 쏘았다는 데서, 사물의 '맨 처음'을 비유
                하여 일컫는 말.
興盡悲來(흥진비래) 즐거운 일이 다하면 슬픔이 옴. 곧 흥망과 성쇠가 엇바뀜을 일컫는 말
可東可西(가동가서) 동쪽이라도 좋고 서쪽이라도 좋다. 이러나 저러나 상관없다.
刻鵠類鶩(각곡유목) 따오기를 그리려다 이루지 못하여도 집오리와 비슷하게는 된다는 뜻
江湖煙波(강호연파) 강이나 호수 위에 안개처럼 보얗게 이는 잔물결
乾木水生(건목수생) 마른 나무에서 물을 짜내려 한다는 것으로, 사리에 맞지 않는다는 뜻
車載斗量(거재두량) 차에 싣고 말에 실을 만큼 많음
乾坤一擲(건곤일척) 흥망. 승패를 걸고 단판 승부를 겨룸
格物致知(격물치지) 사물의 이치를 구명하여 자기의 지식을 확고하게 함
隔世之感(격세지감) 딴 세대와 같이 많은 변화가 있었음을 비유하는 말
隔靴搔痒(격화소양) 신을 신은 채 가려운 발바닥을 긁음과 같이 일의 효과를 나타내지 못함
犬兎之爭(견토지쟁) 개와 토끼가 쫓고 쫓기다가 둘이 다 지쳐 죽어 제삼자가 이익을 본다는 뜻
敬而遠之(경이원지) 겉으로는 공경하는 체 하면서 속으로는 멀리함
鏡花水月(경화수월) ① 거울에 비친 꽃과 물에 비친 달 ② 볼 수만 있고 가질 수 없는 것
鷄卵有骨(계란유골) 달걀 속에도 뼈가 있다는 뜻으로 뜻밖에 장애물이 생김을 이르는 말
鷄肋(계륵)   닭의 갈비. 취하지도 버리지도 못함을 이르는 말
敎外別傳(교외별전) 마음에서 마음으로 전함. 以心傳心(이심전심)
(狡)兎死 (走)狗烹(교토사 주구팽) ① 토끼가 죽으면 사냥개를 삶는다 ② 일이 있을 때는 실컷 부
                려먹다가 일이 끝나면 돌보지 않고 학대한다.
九曲肝腸(구곡간장) 굽이굽이 사무친 마음 속
狗尾續貂(구미속초) 담비의 꼬리가 모자라 개의 꼬리로 잇는다. 훌륭한 것 뒤에 보잘것없는 것이
                잇따름.
九十春光(구십춘광) ① 노인의 마음이 청년같이 젊음을 이름 ② 봄의 석달 구십일 동안
九折羊腸(구절양장) ① 양의 창자처럼 험하고 꼬불꼬불한 산길 ② 길이 매우 험함
群盲撫象(군맹무상) 여러 맹인이 코끼리를 더듬는다. 즉 자기의 좁은 소견과 주관으로 사물을 그
                릇 판단함
今古一般(금고일반) 지금이나 옛날이나 같다
落花流水(낙화유수) ① 떨어지는 꽃과 흐르는 물 ② 남녀간의 그리운 심정
囊中取物(낭중취물) 주머니 속의 물건을 꺼내는 것같이 매우 용이한 일
論功行賞(논공행상) 세운 공을 논정하여 상을 줌
簞食瓢飮(단사표음) 도시락 밥과 표주박 물, 즉 변변치 못한 살림을 가리키는 뜻으로 청빈한 생활
                을 말함
大義名分(대의명분) 인류의 큰 의를 밝히고 분수를 지키어 정도에 어긋나지 않도록 하는 것
徒勞無益(도로무익) 애만 쓰고 이로움이 없음
同價紅裳(동가홍상) 같은 값이면 다홍치마
矛盾(모순)   말이나 행동의 앞뒤가 서로 맞지 않음

盤溪曲徑(반계곡경) 정당하고 평탄한 방법으로 하지 않고 그릇되고 억지스럽게 함을 이르는 말.
非夢似夢間(비몽사몽간) 꿈인지 생시인지 알 수 없는 어렴풋함

2. 생활 속의 우리말 속담

[ㄱ]

가까운 제 눈썹 못 본다.
　　멀리 보이는 것은 용케 잘 보면서도 자기 눈 앞에 가깝게 보이는 것은 잘못 본다는 뜻

가꿀 나무는 밑동을 높이 자른다.
　　어떠한 일이나 장래의 안목을 생각해서 미리부터 준비를 철저하게 해 두어야 한다는 뜻

가난한 놈은 성도 없나.
　　가난한 사람이 괄시 당할 때 하는 말

가난한 집 제사 돌아오듯 한다.
　　힘드는 일이 자주 닥쳐옴을 일컫는 말

가난한 놈이 기와집만 짓는다.
　　가난하고 구차하게 사는 사람일수록 공상만 많이 하여 허풍을 떤다는 뜻

가난한 집 족보 자랑하기다.
　　가난뱅이 양반은 자신을 자랑할 만한 것이 없기 때문에 자기의 조상 자랑만 늘어 놓는다는 뜻

가는 년이 물길어다 놓고 갈까?
　　일을 그만두고 가는 사람이 뒷일을 생각하지 않고 일한다는 말

가는 님은 밉상이요, 오는 님은 곱상이다.
　　말려도 뿌리치고 야속하게 가는 님은 미워도 기다리던 끝에 오는 님은 반갑다는 뜻

가는 방망이, 오는 홍두깨.
　　섣불리 남을 해치려다 도리어 큰 화를 입는 것을 두고 하는 말

가던 날이 장날이다.
　　뜻하지 않은 일을 공교롭게 만난 경우를 일컫는 말

가랑비에 옷 젖는 줄 모른다.
　　조금씩 젖는 줄도 모르게 가랑비에 젖듯 재산이 없어지는 줄 모르게 조금씩 줄어든다는 말

가랑잎에 불붙기.
성질이 급하고 마음이 좁은 사람을 가리키는 말

가랑잎이 솔잎더러 바스락거린다고 한다.
자기 허물이 더 크고 많은 사람이 도리어 허물이 작은 사람을 나무라거나 흉을 본다는 뜻

가루는 칠수록 고와지고 말은 할수록 거칠어진다.
말을 삼가야 한다는 뜻

가마 속의 콩도 삶아야 먹는다.
아무리 쉬운 일이라도 움직여서 손대지 않으면 제게 이익이 돌아오지 않는다는 뜻

가뭄 끝은 있어도 장마 끝은 없다.
큰 가뭄이라도 다소의 곡식은 거둘 수 있지만 큰 수해에는 농작물 뿐 아니라 농토까지 유실되
기 때문에 피해가 더 크다는 뜻

가을에는 부지깽이도 덤빈다.
바쁠 때는 모양이 비슷하기만 해도 사용된다는 뜻

가을에 못 지낸 제사를 봄에는 지낼까?
형편이 넉넉할 때 못한 일을 궁할 때 어떻게 할 수 있겠느냐는 말

가을 바람에 새털 날 듯 한다.
가을 바람에 새털이 잘 날듯이 사람의 처신머리가 몹시 가볍다는 뜻

가자니 태산이요 돌아서자니 숭산이라.
앞으로 가지도 못하고 뒤로 돌아갈 수도 없어 난처한 지경에 빠졌다는 뜻

가재는 게 편이요 초록은 한빛이라.
모양이 비슷한 같은 족속끼리 한편이 된다는 말

가죽 없는 털은 없다.
동물은 가죽이 있어야 털이 나듯이 세상 만사는 모두 그 근원을 갖는다는 뜻

간다 간다 하면서 아이 셋 낳고 간다.
하던 일을 말로만 그만 둔다고 하고서 실제로는 그만두지 못하고 질질끈다는 말

갈치가 갈치 꼬리 문다.
친근한 사이에 서로 모함한다

고뿔도 남을 안 준다.
>
> 감기까지도 안 줄 정도로 인색하다

감나무 밑에서 입만 벌리고 있다.
>
> 불로소득이나 요행수를 바란다는 뜻

감투가 크면 어깨를 누른다.
>
> 실력이나 능력도 없이 과분한 지위에서 일을 하게 되면 감당할 수 없게 된다는 뜻.

갓 사러 갔다가 망건 산다.
>
> 본래의 의미를 잊어 버리고 다른 일에 정신이 팔려 있다는 뜻

강물도 쓰면 준다.
>
> 아무리 많아도 헤프게 쓰다 보면 없어지는 법이니 아껴서 쓰라는 뜻

강아지 메주 먹듯 한다.
>
> 강아지가 좋아하는 메주를 먹듯이 음식을 매우 맛있게 먹는다는 말

강원도 간 포수(砲手)다.
>
> 일 보러 밖에 간 사람이 오래오래 오지 않을 때 하는 말

같은 말이라도 '아' 다르고 '어' 다르다.
>
> 비슷한 말이라도 듣기 좋은 말이 있고 듣기 싫은 말이 있듯이 말을 가려 하라는 의미

개가 제 방귀에 놀란다.
>
> 대단치도 않은 일에 깜짝깜짝 잘 놀라는 경솔한 사람을 두고 하는 말

개꼬리 3년 두어도 황모(노란털) 못 된다.
>
> 본디부터 나쁘게 태어난 사람은 아무리 하여도 그 본디 성질을 바꾸지 못한다는 뜻

개똥도 약에 쓰려면 없다.
>
> 흔한 것이라도 정작 소용이 있어 찾으면 없다.

개 못된 것은 들에 나가 짖는다.
>
> 자기의 할 일은 하지 않고 쓸데없는 짓의 하는 사람을 가리키는 말

개미가 절구통을 물어 간다.
>
> 개미들도 서로 힘을 합치면 절구통을 운반할 수 있듯이 사람들도 협동하여 일을 하면 불가능한 일이 없다는 뜻

개미 나는 곳에 범 난다.
처음에는 개미만큼 작고 대수롭지 않던 것이 점점 커져서 범같이 크고 무서운 것이 된다는 말

거미도 줄을 쳐야 벌레를 잡는다.
무슨 일을 하거나 거기에 필요한 준비나 도구가 있어야 그 목적에 달성할 수 있다는 말

거지도 부지런하면 더운 밥을 얻어 먹는다.
사람은 부지런해야 복 받고 살 수 있다는 말

건드리지 않은 벌이 쏠까.
내가 남에게 특별히 해를 끼치지 않는 한 상대방도 나를 못살게 굴지 않는다는 뜻

검둥개 멱 감긴 격이다.
검정개를 목욕시킨다고 하얗게 될 리가 없듯이 본바탕이 나쁘고 고약한 사람은 고칠 수가 없다
는 뜻

검은 고양이 눈감듯 한다.
검은 고양이가 눈을 뜨나 감으나 잘 알아보지 못하듯이 어떠한 일에 사리를 분별하기가 매우
어렵다는 뜻

겨 묻은 개가 똥 묻은 개 나무란다.
자신의 결함은 생각지도 않고 남의 약점만 캔다

계집 때린 날 장모 온다.
자기 아내를 때린 날 장모가 오듯이 일이 공교롭게 잘 안되며 낭패를 본다는 뜻

고름이 살 되랴.
이왕 그르친 일은 돌이킬 수 없으니 깨끗이 단념하라는 뜻

고사리도 꺾을 때 꺾어야 한다.
무슨 일이든 그에 알맞은 시기가 있으니 그 때를 놓치지 말고 하라는 뜻

고양이가 발톱을 감춘다.
재주 있는 사람은 그 능력을 깊이 감추고 드러내지 않는다는 뜻

고양이 목에 방울 단다.
실행하기 어려운 공론을 함에 비유한 말

고운 사람 미운데 없고, 미운 사람 고운데 없다.
한 번 좋게 보면 그 사람이 하는 일은 다 좋게만 보이고 한 번 나쁘게 보면 무엇이나 다 궂게
만 보인다는 뜻

고추장 단지가 열 둘이라도 서방님 비위를 못 맞춘다.
　　성미가 몹시 까다로워서 비위 맞추기가 힘들다는 말

곤장을 메고 매맞으러 간다.
　　스스로 화를 자초한다는 말

곧은 나무 먼저 찍힌다.
　　똑똑한 사람 또는 정직한 사람이 오히려 남의 모함을 받기 쉽다는 말

꽁지 빠진 장닭 같다.
　　겉으로 보기에 매우 추하고 초라한 모습을 이르는 말

곶감 꼬치에서 곶감 빼먹 듯한다.
　　애써 모아 둔 것을 힘들이지 않고 하나하나 갖다 먹어 없앤다는 뜻

구더기 무서워 장 못 담글까.
　　다소 방해물이 있더라도 마땅히 일을 해야 한다

구렁이 담 넘어가듯 한다.
　　슬그머니 남모르게 얼버무려 넘기는 모양

궁지에 몰린 쥐가 고양이를 문다.
　　아무리 약한 놈이라도 죽을 지경에 이르면 강적에게 용기를 내어 달려 든다는 말

궁하면 통한다.
　　매우 어려운 처지에 놓이면 헤어날 도리가 생긴다는 말

귀신 씨나락 까먹는 소리.
　　보이지 않는 곳에서 몇 사람이 무엇이라 수근거리는 소리

귀신이 곡할 일이다.
　　일이 하도 신기하게 되어 도무지 이상하다는 뜻

귀에 걸면 귀걸이 코에 걸면 코걸이.
　　정해 놓은 것이 아니고 둘러 댈 탓이라는 뜻

그물에 든 고기.
　　이미 잡힌 몸이 되어 벗어날 수 없는 신세를 말함

그물이 열 자라도 벼리가 으뜸이다.
　　아무리 수가 많더라도 주장되는 것이 없으면 소용이 없다는 뜻

급히 먹는 밥이 목에 멘다.
>일을 급히 하면 실패하기 쉽다는 뜻

기둥을 치면 대들보가 울린다.
>직접 말하지 않고 간접으로 넌지시 말해도 알아 들을 수가 있다는 뜻

기름 엎지르고 깨 줍는다.
>많은 손해를 보고 조그만 이익을 추구한다는 말

기름에 물 탄 것 같다.
>언뜻 보기에는 비슷한 것 같아 보이지만 자세히 살펴보면 서로 화합이 되지 않는다는 말

기와 한 장 아끼다가 대들보 썩힌다.
>조그마한 것을 아끼다가 큰 손해를 손다

긴 병(우환)에 효자 없다.
>아무리 효심이 두터워도 오랜 병구완을 하노라면 자연히 정성이 한결 같지 않게 된다는 말

길이 아니면 가지 말고, 말이 아니면 탓하지 마라.
>사리에 어긋난 말이면 아예 참견하지도 말라는 뜻

깊은 물이라야 큰 고기가 논다.
>깊은 물에 큰 고기가 놀 듯이 포부가 큰 사람이라야 큰 일도 하게 되고 성공을 하게 된다는 뜻

까마귀 날자 배 떨어진다.
>엉뚱한 일로 말미암아 억울한 누명을 썼을 때를 두고 이르는 말

깨진 그릇 이 맞추기.
>이미 그릇된 일은 후회해야 소용없음을 비유하여 쓴 말

꼬리가 길면 밟힌다.
>아무리 비밀리에 한다 해도 옳지 못한 일을 오래 계속하면 결국 들키게 된다는 뜻

꽁지 빠진 새 같다.
>차림새가 볼품 없고 어색함을 가리키는 말

꽃샘 잎샘에 반 늙은이 얼어 죽는다.
>꽃피고 잎이 나는 삼 사월에는 날씨가 춥고 일기가 고르지 못하다하여 하는 말

꿀 먹은 벙어리.
>마음속에 지닌 말을 발표하지 못하는 사람을 조롱하는 말

꿈보다 해몽이 좋다.
　　좋고 나쁨을 풀이하기에 달렸다는 말

꿔다 놓은 보릿자루.
　　아무 말도 없이 우두커니 앉아 있는 사람을 일컫는 말

꿩 대신 닭도 쓴다.
　　꼭 그것이 아니라도 비슷한 것이면 대신으로 쓸 수 있다는 뜻

꿩 잡는 것이 매다.
　　꿩을 잡지 않으면 매라고 할 수가 없으니 실지로 제 구실을 해야 명실상부(名實相符)하다는 말

끓는 국에 맛 모른다.
　　급한 일을 당하면 사리 판단을 옳게 할 수 없다는 말

[ㄴ]

나간 놈의 집구석 같다.
　　한참 살다가 그대로 두고 나간 집 같이 집안이 어수선하고 무질서하게 흐트러져 있다는 말

나간 사람 몫은 있어도 자는 사람 몫은 없다.
　　게으른 사람에게는 무엇을 남겼다 줄 필요도 없다는 뜻

나귀는 제 귀 큰 줄을 모른다.
　　누구나 남의 허물은 잘 알아도 자기 자신의 결함은 알기 어렵다는 의미

나는 새도 떨어뜨리고 닫는 짐승도 못 가게 한다.
　　권세가 등등하여 모든 일을 마음대로 한다는 뜻.

나라 하나에 임금이 셋이다.
　　한 집안에 어른이 여럿 있으면 일이 안되고 분란만 생긴다는 뜻.

나루 건너 배 타기.
　　일의 순서가 뒤바뀌었다는 말.

나무는 큰 나무 덕을 못 보아도 사람은 큰 사람의 덕을 본다.
　　큰 사람한테서는 역시 음으로 덕을 입게 된다는 뜻.

나무에 오르라 하고 흔드는 격.
　　남을 불행한 구렁으로 끌어 넣는다는 뜻.

나중 난 뿔이 우뚝하다.
　　후배가 선배보다 나을 때 하는 말.

낙숫물이 댓돌을 뚫는다.
　　처마에서 떨어지는 낙숫물에도 댓돌이 뚫리듯이 비록 약한 힘이라도 끈질기게 오랫동안 계속
노력하면 무슨 일이든지 안 되는 것이 없다는 뜻.

남의 눈에 눈물내면 제 눈에는 피눈물난다.
　　남에게 악한 일을 하면 반드시 저는 그 보다 더 큰 죄를 받게 된다는 뜻.

남의 다리 긁는다.
　　나를 위해 한 일이 남 좋은 결과가 되었다는 말.

남의 떡에 설쇤다.
　　남의 덕에 일이 이루어졌을 때 하는 말.

남의 말이라면 쌍지팡이 짚고 나선다.
　　남에게 시비 잘 걸고, 나서는 사람을 말한다.

남의 염병이 내 고뿔만 못하다.
　　남의 큰 걱정이나 위험도 자기와 관계없는 일이면 대단찮게 여긴다는 말.

남의 친 장단에 궁둥이 춤춘다.
　　줏대없이 굴거나 관계없는 남의 일에 덩달아 나서는 것.

낫으로 눈가리는 격이다.
　　폭이 좁고 가는 낫으로 눈을 가리고 제 몸이 다 숨겨진 줄 안다 함이니 곧 숨기려 해도 숨기지
못한다는 뜻.

낯바닥이 땅두께 같다.
　　아무리 자기가 잘못을 했어도 부끄러워할 줄 모르는 뻔뻔한 사람을 욕하는 말.

내 것 주고 뺨 맞는다.
　　이중의 손해를 볼 때 하는 말.

내 돈 서 푼은 알고 남의 돈 칠 푼은 모른다.
　　제 것은 작은 것도 소중히 여기고 남의 것은 많은 것도 대수롭지 않게 여긴다는 뜻.

내 발등의 불을 꺼야 아비 발등의 불을 끈다.
> 급할 때는 남의 일보다 자기 일을 먼저 하기 마련이라는 뜻.

내 손톱에 장을 지져라.
> 무엇을 장담할 때 쓰는 말.

내 칼도 남의 칼집에 들면 찾기 어렵다.
> 자기의 물건이라도 남의 손에 들어가면 다시 찾기가 어렵다는 뜻.

내 코가 석자다.
> 자신이 궁지에 몰렸기 때문에 남을 도와 줄 여유를 가지고 있지 않다는 의미.

냉수 먹고 된똥 눈다.
> 아무 쓸모도 없는 재료를 가지고 실속 있는 결과를 만들어 낸다.

냉수 먹고 이 쑤시기.
> 실속은 없으면서 있는 체함.

너무 고르다가 눈 먼 사위 얻는다.
> 무엇을 너무 지나치게 고르면 도리어 나쁜 것을 고르게 된다는 뜻.

노루 꼬리 길면 얼마나 길까.
> 실력이 있는 체 해도 실상은 보잘 것 없음을 비유한 말.

노루 잠자듯 한다.
> 잠을 깊이 자지 않고 자주 깬다는 노루처럼 잠을 조금밖에 못 잤다는 말.

노루 잡는 사람에 토끼가 보이나.
> 큰 것을 바라는 사람은 작은 일이 눈에 띄지 않는다는 뜻.

노름에 미치면 신주도 팔아 먹는다.
> 노름에 깊이 빠져든 사람은 노름돈 마련을 위해 수단과 방법을 가리지 않고 나쁜 짓까지 해 가면서 노름하게 된다는 뜻.

노적가리에 불지르고 싸라기 주워 먹는다.
> 큰 것을 잃고 적은 것을 아끼는 사람을 말함.

노처녀가 시집을 가려니 등창이 난다.
> 오랫동안 벼르던 일이 막상 되려고 하니 뜻하지 않는 일이 생겨 방해가 된다는 뜻.

노처녀더러 시집 가라 한다.
　　물어 보나마나 좋아할 일을 쓸데없이 물어본다는 뜻.

논 끝은 없어도 일한 끝은 있다.
　　일을 하지 않으면 아무 성과가 없지만 일을 꾸준히 하게되면 끝은 반드시 그 성과가 있다는 뜻.

놀부 제사 지내듯 한다.
　　놀부가 제사를 지낼 때 재물대신 돈을 놓고 제사를 지냈듯이 몹시 인색하고 고약한 짓을 한다는 뜻.

농담이 진담 된다.
　　농담에도 평소 스스로 생각한 것이 섞여 들 수 있기 때문에 진담으로 될 수 있다는 뜻.

높은 가지가 부러지기 쉽다.
　　높은 가지가 바람을 더 타기 때문에 부러지기가 쉽듯이 높은 지위에 있으면 몰락하기가 쉽다는 뜻.

놓친 고기가 더 크다.
　　먼저 것이 더 좋았다고 생각한다는 뜻.

누울 자리 봐 가며 발 뻗는다.
　　다가올 일의 경과를 미리 생각해 가면서 시작한다는 뜻.

누이 믿고 장가 안 간다.
　　도저히 불가능한 일만 하려 하고 다른 방책을 세우지 않는 어리석음을 말함.

눈 가리고 아옹한다.
　　얕은 꾀를 써서 속이려고 한다.

눈 감으면 코 베어 먹을 인심.
　　세상 인심이 험악하고 믿음성이 없다.

눈 뜬 장님이다.
　　눈으로 보고도 알지 못한 사함을 일컬음.

눈으로 우물 메우기.
　　눈으로 우물을 메우면 눈이 녹아서 허사가 되듯이 헛되이 애만 쓴다는 뜻.

눈은 있어도 망울이 없다.
　　세상일의 옳고 그름을 판단할 줄 모른다는 뜻.

눈이 눈을 못 본다.
자기 눈으로 자기 눈을 못 보듯이 자기 결함은 자기의 주관적인 안목에서는 찾아내기 어렵다
는 뜻.

눈치가 빠르면 절에 가도 젓국을 얻어 먹는다.
눈치가 있으면 어디로 가든지 군색을 당하지 않는다는 뜻.

눈허리가 시어 못 보겠다.
차마 볼 수 없을 정도로 하는 짓거리가 거만스럽고 도도하여 보기에 매우 아니꼽다는 말.

뉘 집에 죽이 끓는지 밥이 끓는지 아나.
여러 사람의 사정은 다 살피기 어렵다는 말.

늙은이 아이 된다.
늙으면 행동이 아이들 같아진다는 뜻.

늦게 배운 도둑질 날 새는 줄 모른다.
늦게 배운 일에 매우 열중한다는 뜻.

[ㄷ]

다 가서 문지방을 못 넘어 간다.
힘들여서 일은 하였으나 완전히 끝을 맺지 못하고 헛수고만 하였다는 의미.

다리가 위에 붙었다.
몸체의 아래에 붙어야 할 다리가 위에 가 붙어서 쓸모 없듯이 일이 반대로 되어 아무짝에도 소
용이 없다는 뜻.

다리 아래서 원을 꾸짖는다.
직접 말을 못하고 안 들리는 곳에서 불평이나 욕을 하는 것.

다 먹은 죽에 코 빠졌다.
처음에는 아쉬워하던 것을 배가 부르니까 불평을 한다는 뜻.

달걀로 바위 치기.
맞서서 도저히 이기지 못한다는 뜻.

달걀에도 뼈가 있다.
부드러운 달걀 속에도 뼈가 있을 수 있듯이 안심했던 일에서 오히려 실수하기 쉬우니 항상 신

중을 기하라는 뜻.

달리는 말에 채찍질한다.
　　　형편이나 힘이 한창 좋은 때 더욱 힘을 가한다는 뜻. (힘껏 하는데도 자꾸 더 하라는 데 쓰는 말)

달면 삼키고 쓰면 뱉는다.
　　　신의나 지조를 돌보지 않고 자기에게 이로우면 잘 사귀어 쓰나 필요치 않게 되면 배척한다는 말.

달밤에 삿갓 쓰고 나온다.
　　　미운 사람이 더 미운 짓만 한다는 뜻.

달보고 짖는 개.
　　　어리석은 사람의 말이나 행동을 비유해서 하는 말.

달은 차면 기운다.
　　　모든 것이 한 번 번성하고 가득 차면 다시 쇠퇴한다는 말.

닭벼슬이 될 망정 쇠꼬리는 되지 마라.
　　　크고 훌륭한 자의 뒤꽁무니가 되는 것보다는 차라리 잘고 보잘 것 없는데서 우두머리가 되는 것이 좋다는 말.

닭 소 보듯 소 닭 보듯.
　　　서로 보기만 하고 아무 말을 않는 것.

닭쌈에도 텃세한다.
　　　어디에나 텃세는 있다는 말.

닭의 새끼 봉이 되랴.
　　　아무리 하여도 본디 타고 난 성품은 고칠 수 없다는 말.

닭이 천이면 봉이 한 마리.
　　　여럿이 모인 데는 반드시 뛰어난 사람도 있다는 말.

닭 잡아 먹고 오리발 내어 놓는다.
　　　어색하게 자기 행동을 숨기려 하되 그 솜씨가 드러난다는 말.

닭 쫓던 개 지붕 쳐다보듯.
　　　일이 실패가 되어 어찌할 수가 없음을 비유하는 말.

담벼락하고 말하는 셈이다.
　　알아 듣지 못하는 사람에게는 아무리 말해도 소용이 없다는 뜻.

닷새 굶어 도둑질 않는 놈 없다.
　　사람이 극도로 굶주리게 되면 도둑질도 불사하게 된다는 뜻.

당기는 불에 검불 집어 넣는다.
　　불이 한창 타는데 검불을 넣으면 바로 타 없어지듯이 어떤 것을 아무리 주어도 제대로 지탱하
　지 못하는 것을 두고 하는 말.

당나귀 귀치레하듯 한다.
　　쓸데 없는 데에 어울리지 않도록 장식하고 꾸미는 것.

당장 먹기엔 곶감이 달다.
　　당장에 좋은 것은 한 순간 뿐이고 참으로 좋고 이로운 것이 못 된다.

대가리 삶으면 귀까지 익는다.
　　제일 중요한 것만 처리하면 다른 것은 자연히 해결된다는 뜻.

대문은 넓어야 하고 귓문은 좁아야 한다.
　　남의 말은 듣되 유익한 것과 해로운 것을 구별할 줄 알아야 한다는 뜻.

대천 바다도 건너 봐야 안다.
　　일이고 사람이고 실제로 겪어 봐야 그 참모습을 알 수 있다는 말.

대추나무에 연 걸리듯 하다.
　　여러 곳에 빚을 많이 걸머졌음을 비유하는 말.

대추 씨 같다.
　　키는 작지만 성질이 야무지고 단단하여 빈틈이 없는 사람이라는 뜻.

더운 밥 먹고 식은 말 한다.
　　하루 세끼 더운밥 먹고 살면서 실없는 소리만 한다는 뜻.

덕은 닦은 데로 가고 죄는 지은 데로 간다.
　　덕을 베푼 사람에게는 보답이 돌아가고 죄를 지은 사람에게는 벌이 돌아가게 된다는 뜻.

도깨비 대동강 건너듯 하다.
　　일의 진행이 눈에는 잘 띄지는 않지만, 그 결과가 빨리 나타나는 것.

도깨비도 수풀이 있어야 모인다.
　　의지할 곳이 있어야 무슨 일이나 이루어진다.

도끼가 제 자루 못 찍는다.
　　자기 허물을 자기가 알아서 고치기 어렵다는 말.

도끼자루 썩는 줄 모른다.
　　시간 가는 줄을 모른다는 뜻.

도둑놈 개 꾸짖듯 한다.
　　남에게 들리지 않게 입 속으로 중얼거림을 말함.

도둑을 맞으려면 개도 안 짖는다.
　　뜻밖에 손재를 당하려면 악운이 겹친다는 말.

도둑의 때는 벗어도 자식의 때는 못 벗는다.
　　도둑의 누명은 범인이 잡히면 벗을 수 있으나 자식의 잘못을 그 부모가 지지 않을 수 없다는 뜻.

도둑질을 해도 손발이 맞아야 한다.
　　무슨 일을 하든지 자기에게 알맞은 도움이 있어야 이룩할 수 있다는 것.

도둑집 개는 짖지 않는다.
　　윗사람이 나쁜 짓을 하면 아랫사람도 자기 할 일을 잊어 버리고 태만하게 있다는 뜻.

도랑 치고 가재 잡는다.
　　한 가지 일에 두 가지의 이득이 생겼다.

도마에 오른 고기.
　　어찌할 수 없는 운명을 일컫는 말.

독 안에 든 쥐다.
　　무리 애써도 벗어나지 못하고 꼼짝할 수 없는 처지에 이르렀음을 말함.

독을 보아 쥐를 못 잡는다.
　　독 사이에 숨은 쥐를 독 깰까봐 못 잡듯이 감정나는 일이 있어도 곁에 있는 사람 체면을 생각해서 자신이 참는다는 뜻.

돈 떨어지자 입맛 난다.
　　무엇이나 뒤가 달리면 아쉬워지고 생각이 더 간절해진다는 말.

돈만 있으면 귀신도 사귈 수 있다.
>	돈만 가지면 세상에 못할 일이 없다.

돈에 침 뱉는 놈 없다.
>	어느 사람이나 돈은 중하게 여긴다는 뜻.

돋우고 뛰어야 복사뼈라.
>	날뛰어 보아야 별것이 아니라는 뜻.

돌다리도 두들겨 보고 건너라.
>	모든 일에 안전한 길을 택하여 후환이 없도록 한다는 말.

돌부리를 차면 발부리만 아프다.
>	쓸데 없이 성을 내면 자기만 해롭다.

돌절구도 밑 빠질 날이 있다.
>	아무리 단단한 것도 결딴이 날 때가 있다는 말.

동냥은 안 주고 쪽박만 깬다.
>	요구하는 것은 주지 않고 나무라기만 한다.

동네 색시 믿고 장가 못 간다.
>	터무니 없는 것을 믿다가 일을 그르치게 된다.

동네 송아지는 커도 송아지란다.
>	항상 눈앞에 두고 보면 자라나고 변하는 것을 알아보기 어렵다는 말.

동무따라 강남간다.
>	하고 싶지도 않은 일을 친구에게 끌려 같이 간다.

동헌에서 원님 칭찬하듯 하다.
>	사실은 칭찬할 것도 없는데 공연히 꾸며서 칭찬하는 것.

되 글을 가지고 말 글로 써 먹는다.
>	글을 조금 배워 가지고 가장 효과 있게 써 먹는다.

되로 주고 말로 받는다.
>	남을 조금 건드렸다가 크게 앙갚음을 당함.

될성 부른 나무는 떡잎부터 알아 본다.
>	장래성이 있는 사람은 어릴 때부터 다른 데가 있다.

두꺼비 씨름하듯 한다.
　　서로 힘이 비슷하여 아무리 싸우더라도 승부가 나지 않는 것처럼 피차 매일반이라는 뜻.

두꺼비 파리 잡아 먹듯 한다.
　　무엇이고 닥치는 대로 사양하지 않고 받아 마시는 것을 이름.

두레박은 우물 안에서 깨진다.
　　정든 고장은 떠나기 어렵듯이 한 번 몸에 밴 직업은 죽을 때까지 종사하게 된다는 뜻.

두부 먹다 이 빠진다.
　　방심하는 데서 뜻밖의 실수를 한다는 말.

뒤웅박차고 바람 잡는다.
　　맹랑하고 허황된 짓을 하는 사람을 이름.

드는 정은 몰라도 나는 정은 안다.
　　대인 관계에서 정이 드는 것은 의식하지 못해도 싫어질 때는 바로 느낄 수 있다는 뜻.

드문드문 걸어도 황소 걸음이다.
　　속도는 느리지만 일은 착실히 해 나간다는 말.

듣기 좋은 꽃노래도 한 두 번이다.
　　좋은 말이라도 되풀이 하면 듣기 싫다.

등잔 불에 콩 볶아 먹는 놈.
　　어리석고 옹졸하며 하는 짓마다 보기에 답답할 일만 하는 사람을 두고 이름.

등치고 간 내 먹는다.
　　겉으로는 제법 위하는 척하면서 실상으로는 해를 끼친다는 말.

딸이 셋이면 문 열어 놓고 잔다.
　　딸이 여럿이면 재산이 다 없어진다는 말.

때리는 시어머니 보다 말리는 시누이가 더 밉다.
　　가장 자기를 위해 주는 듯이 하면서도 속으로는 해 하려는 사람이 가장 밉다는 비유.

떡도 먹어본 사람이 먹는다.
　　무슨 일이나 경험이 풍부한 사람이라야 그 일을 능숙하게 한다는 의미.

떡 본 김에 제사 지낸다.
　　본 김에 처리해 버린다는 뜻.

떡 줄 사람은 생각하지도 않는데 김칫국부터 마신다.
  상대편은 생각하지도 않는데 자기가 지레 짐작으로 된 일로 생각하고 행동한다는 말.

똥 묻은 개가 겨 묻은 개 나무란다.
  제게는 큰 흉이 있는 사람이 도리어 작은 흉 가진 이를 조롱한다는 말.

뚝배기 보다 장맛이 좋다.
  겉 모양보다 내용이 훨씬 낫다.

[ㅁ]

마누라가 귀여우면 처갓집 쇠말뚝 보고도 절한다.
  아내가 사랑스럽고 소중한 마음이 생기면 처갓집의 것은 무엇이나 다 사랑스러워진다는 뜻.

마파람에 게 눈 감추듯.
  음식을 어느 결에 먹었는지 모를 만큼 빨리 먹어 버림을 이름.

말똥에 굴러도 이승이 좋다.
  아무리 고생을 하고 천하게 살더라도 죽는 것보다는 낫다는 말

말로 주고 되로 받는다.
  많이 주고 적게 받아 항상 손해만 보게 된다는 말.

말 많은 집이 장맛도 쓰다.
  말 많은 집안은 살림이 잘 안된다.

말은 할수록 늘고, 되질은 할수록 준다.
  말은 보태고 떡은 뗀다.

말은 해야 맛이고, 고기는 씹어야 맛이다.
  말은 하는데 묘미가 있고 음식은 씹는데 참 맛이 있다는 뜻.(할 말은 해야 된다는 뜻)

말 한마디로 천냥 빚도 갚는다.
  말을 잘 하면 어려운 일이나 불가능한 일도 해결할 수 있다.

말〔馬〕 타면 경마 잡히고 싶다.
  사람의 욕심이란 한이 없다.

맑은 물에 고기 안 논다.

　너무 청렴하면 뇌물이 없다는 뜻.(사람이 너무 깔끔하면 재물이 따르지 않는다는 말.)

망건 쓰고 세수한다.

　일의 순서가 뒤바뀌었다는 뜻.

망둥이가 뛰니까 꼴뚜기도 뛴다.

　남이 하니까 멋도 모르고 따라서 함.

매 앞에 장사 없다.

　아무리 힘센 사람이라도 때리는 데는 꼼짝 없이 굴복하게 된다는 뜻.

맥도 모르고 침통 흔든다.

　사리나 내용도 모르고 무턱대고 덤빈다는 말.

먹을 가까이 하면 검어진다.

　못된 사람과 같이 어울려 다니면 그와 같은 좋지 못한 행실에 물든다는 말.

메뚜기도 오뉴월이 한철이다.

　제 때를 만난 듯이 날뛰는 자를 풍자하는 말.

모기 다리의 피 뺀다.

　교묘한 수단으로 없는 데서도 긁어 내거나 빈약한 사람을 착취한다는 말.

모난 돌이 정 맞는다.

　말과 행동에 모가 나면 미움을 받는다.

모래 위에 물 쏟는 격.

　소용없는 일을 함을 말함.

모로 가도 서울만 가면 된다.

　수단과 방법을 가리지 않고 목적만 이루면 된다.

모르는 게 약이요, 아는 게 병이다.

　아무것도 아는 것이 없으면 도리어 마음이 편하여 좋으나, 무얼 좀 알고 있으면 걱정거리가 되어 해롭다는 말.

목구멍이 포도청이다.

　먹는 일 때문에 해서는 안 될 일까지 한다.

목 마른 놈이 우물판다.
> 제가 급해야 서둘러 일을 시작한다.

못된 송아지 엉덩이에 뿔이 난다.
> 사람답지 못한 사람이 교만한 행동을 한다.

못 먹는 감 찔러나 본다.
> 일이 제게 불리할 때에 심술을 부려 훼방한다.

못생긴 며느리 제삿날에 병난다.
> 미운 사람이 더욱 미운 짓만 한다는 뜻.

무른 땅에 말뚝박기.
> 일하기 쉽다는 뜻.

무쇠도 갈면 바늘 된다.
> 꾸준히 노력하면 아무리 어려운 일도 이룰 수 있다는 말.

물동이 이고 하늘 보기이다.
> 동이를 머리에 이고 하늘을 보면 동이에 가려서 하늘이 보일 리 없듯이 어리석은 행동을 한다는 뜻.

물에 빠지면 지푸라기도 잡는다.
> 사람이 위급한 일을 당하면 보잘 것 없는 이에게라도 의지하려 한다는 말.

물에 빠진 놈 건져 놓으니까 봇짐 내라 한다.
> 남에게 신세를 지고 그것을 갚기는커녕 도리어 그 은인을 원망한다는 말.

물은 건너보아야 알고 사람은 지내보아야 한다.
> 사람은 겉으로만 보아서 그 속을 잘 알 수 없으므로 실제로 겪어 봐야 바로 안다는 말.

물이 깊을수록 소리가 없다.
> 덕망이 높고 생각이 깊은 사람일 수록 잘난 체 하거나 아는 체 떠벌리지 않는다는 말.

미꾸라지 한 마리가 온 물을 흐린다.
> 나쁜 사람 하나가 온 집안이나 온 세상을 더럽히고 어지럽게 한다는 말.

미친 년이 달밤에 널뛰듯 한다.
> 무슨 일이든 행동이 몹시 경솔하고 침착하지 못한 사람을 가리키는 말.

밀가루 장사하면 바람불고 소금 장사하면 비가 온다.
운수가 사나우면 당하는 일마다 공교롭게 안 된다는 말.

[ㅂ]

비늘 구멍으로 하늘 보기.
견문이 좁은 사람을 말한다.

비늘 구멍으로 황소 바람 들어 온다.
추울 때는 아무리 작은 문구멍으로 새어 들어오는 바람도 몹시 차다는 뜻.

비늘 도둑이 소 도둑 된다.
아주 작은 도둑이 자라서 큰 도둑이 된다는 뜻.

뱁새가 황새를 따라가면 다리가 찢어진다.
분수에 넘치는 짓을 하면 도리어 해만 입는다는 뜻.

뱁새는 작아도 알 만 잘 낳는다.
작아도 제 구실 못하는 법이 없다.

버선이라면 뒤집어나 보이지.
버선이 아니라 뒤집어 보일 수도 없기 때문에 상대방의 의심을 풀어주지 못하여 매우 답답하고
속상하다는 의미.

번개가 잦으면 천둥을 친다.
자주 말이 나는 일은 마침내는 그대로 되고야 만다.

번갯불에 콩 볶아 먹겠다.
행동이 매우 민첩하고 빠르다.

벌거벗고 환도 찬다.
그것이 그 격에 어울리지 않음을 두고 이르는 말.

벌집을 건드렸다.
섣불리 건드려서 큰 골칫거리를 만났을 때의 말.

범에게 물려가도 정신만 차리면 산다.
아무리 위험한 경우에 이르러도 정신만 차리면 살 수 있다.

범 없는 골에 토끼가 선생.
>잘난 사람이 없는 곳에서 못난 사람이 잘난 체 한다.

법은 멀고 주먹은 가깝다.
>이치를 따져서 해결하는 것보다 앞뒤를 헤아림 없이 폭력을 먼저 쓰게 되다는 뜻.

벙어리 냉가슴 앓는다.
>남에게 말하지 못하고 혼자만 걱정한다는 뜻.

벙어리 속은 그 어미도 모른다.
>설명을 듣지 않고는 그 내용을 알 수 없다는 뜻.

벼이삭은 잘 펼수록 고개를 숙인다.
>이삭이 잘 익으면 고개를 숙이듯이 훌륭한 사람일수록 교만하지 않고 겸손하다는 뜻.

변죽을 치면 복판이 울린다.
>슬며시 귀띔만 해 주어도 눈치가 빠른 사람은 곧 알아 듣는다는 의미.

병 주고 약 준다.
>해를 입힌 뒤에 어루만진다는 뜻.

봉사가 개천 나무란다.
>제 잘못은 모르고 남을 탓한다는 말.

봉사 문고리 잡기.
>소경이 문고리 잡기 어렵듯 아주 어려운 일을 두고 하는 말.

부뚜막의 소금도 집어 넣어야 짜다.
>쉽고 좋은 기회나 형편도 이용하지 않으면 소용이 없다.

부지런한 물레방아는 얼 새도 없다.
>무슨 일이고 부지런히 하면 실수가 없고 성사가 된다는 뜻.

부처님 가운데 토막.
>마음이 어질고 조용한 사람.

북은 칠수록 소리가 난다.
>하면 할수록 그 만큼 손해만 커진다는 말.

불에 놀란 놈은 부지깽이만 보아도 놀란다.
>무엇에 몹시 혼이 난 사람은 그에 관련 있는 물건만 보아도 겁을 낸다.

비단 옷을 입으면 어깨가 올라간다.
> 가난하게 살던 사람이 갑자기 돈을 벌게 되면 제 분수도 모르고 우쭐대게 된다는 뜻.

비단 옷 입고 밤 길 걷기.
> 애써도 보람이 없음을 비유하는 말.

비 온 뒤에 땅이 굳어진다.
> 풍파를 겪고 나서야 일이 더욱 단단해 진다는 뜻.

빈 수레가 더 요란하다.
> 지식이 없고 교양이 부족한 사람이 더 아는 체 하고 떠든다는 말.

빛 좋은 개살구다.
> 겉만 좋고 실속은 없음을 일컫는 말.

뺨맞을 놈이 여기 때려라 저기 때려라 한다.
> 벌을 받을 놈이 도리어 큰 소리 한다는 뜻.

뺨을 맞아도 은가락지 낀 손에 맞는 것이 좋다.
> 이왕 욕을 당하거나 복종할 바에야 지위가 높고 덕망이 있는 사람에게 당하는 것이 낫다는 말.

[ㅅ]

사공이 많으면 배가 산으로 올라간다.
> 무슨 일을 할 때 간섭하는 사람이 많으면 일이 잘 안 된다는 뜻.

사나운 개 콧등 아물 때가 없다.
> 남과 싸우기를 좋아하는 사람은 언제나 자기에게도 손해가 따름을 비유한 말.

사람은 헌 사람이 좋고 옷은 새 옷이 좋다.
> 사람은 사귄지 오래일수록 좋고 옷은 새 것일수록 좋다는 말.

사주 팔자에 없는 관을 쓰면 이마가 벗어진다.
> 제 분수에 넘치는 일을 하게 되면 도리어 괴롭다는 뜻.

사촌이 땅을 사면 배가 아프다.
> 남이 잘 됨을 매우 시기함을 일컫는 말.

사흘 굶어 도둑질 아니할 놈 없다.

　　착한 사람이라도 몹시 궁핍하게 되면 옳지 못한 짓도 저지르게 된다는 말.

산 개가 죽은 정승보다 낫다.

　　아무리 구차하고 천한 신세라도 죽는 것보다는 사는 것이 낫다는 말.

산은 오를수록 높고 물은 건널수록 깊다.

　　어려운 고비를 당하여 갈수록 점점 더 어렵고 곤란한 일만 생긴다는 말.

산 호랑이 눈썹.

　　도저히 얻을 수 없는 것을 얻으려 하는 것.

삼 년 먹여 기른 개가 주인 발등 문다.

　　오랫동안 은혜를 입은 사람이 도리어 그 은인은 해치며 비웃는다는 뜻.

상전 배부르면 종 배고픈 줄 모른다.

　　남의 사정은 조금도 알아주지 않고 저만 위할 줄 알고 제 욕심만 채우려는 사람을 일컫는 말.

새도 가지를 가려서 앉는다.

　　친구를 사귀거나 사업을 함에 있어 잘 가리고 골라야만 한다는 뜻.

새도 날려면 옴츠린다.

　　어떤 일이든지 사전에 만반의 준비가 있어야 한다는 뜻에서 나온 말.

새 발의 피.

　　분량이 아주 작음을 비유한 말.

새벽달 보자고 초저녁부터 기다린다.

　　일을 너무 서두른다는 뜻.

새 옷도 두드리면 먼지 난다.

　　아무리 청백한 사람이라도 속속들이 파헤쳐 보면 부정이 드러난다는 뜻.

새우 싸움에 고래 등 터진다.

　　아무 관련도 없는 사람이 해를 입는다는 뜻.

새침데기 골로 빠진다.

　　얌전한 사람일수록 한 번 길을 잘못 들면 걷잡을 수 없다는 뜻.

생나무에 좀이 날까.

　　생나무에는 좀이 나지 않듯이 건실하고 튼튼하면 내부가 부패되지 않는다는 뜻.

생초목에 불이 붙는다.
> 뜻하지 않은 변을 당한다는 뜻.

서리 맞은 구렁이.
> 행동이 몹시 느리고 하는 일에 힘이 없는 사람.

서울이 무섭다니까 과천서부터 긴다.
> 어떤 일을 당하기도 전에 말로만 듣고 미리부터 겁낸다는 말.

성인도 시속을 따른다.
> 사람은 누구나 세상 일에 임기 응변을 하여야 산다는 뜻.

섶을 지고 불로 들어 가려 한다.
> 재가 짐짓 그릇된 짓을 하여 화를 더 당하려 한다.

세 살 버릇 여든까지 간다.
> 어린 시절에 몸에 밴 나쁜 버릇은 좀처럼 고치기가 어렵다는 뜻.

소경이 개천 탓한다.
> 자기 잘못은 조금도 생각지 못하고 남의 잘못을 원망한다는 뜻

소도 언덕이 있어야 비빈다.
> 사람도 의지할 데가 있어야 발판으로 살아 성공할 수 있다는 말.

속곳 벗고 은가락지 낀다.
> 격에 맞지 않는 겉치레를 하여 도리어 보기 흉하다는 뜻.

속 빈 강정이다.
> 속이 텅 비어 아무 실속이 없다는 말. 수중에 돈이 한푼도 없다는 뜻.

손도 안 대고 코풀려고 한다.
> 수고는 조금도 하지 않고 큰 소득만 얻으려고 한다는 뜻.

손자를 귀여워하면 할아비 뺨을 친다.
> 철없는 사람들과 친하게 지내다가는 큰 망신만 당한다는 뜻.

손톱 밑에 가시 드는 줄은 알아도 염통 밑에 쉬 스는 줄은 모른다.
> 눈 앞에 보이는 작은 일에는 영리한듯하나 당장 나타나 보이지 않는 큰 일이나 큰 손해는 깨닫지 못함을 이르는 말.

쇠뿔도 단김에 빼랬다.
　　무슨 일이든지 기회가 있을 때 바로 해치워야 한다는 말.

수염이 열 자라도 먹어야 양반이다.
　　먹은 후에라야 체면도 차릴 수 있다는 말.

숭어가 뛰니까 망둥이도 뛴다.
　　제 처지는 생각하지 않고 저보다 나은 사람을 모방하려고 애쓴다는 말.

시루에 물 퍼 붓기
　　아무리 비용을 들이고 애를 써도 효과가 나타나지 않음.

시집 갈 때 등창난다.
　　공교롭게도 가장 중요한 때에 탈이 난다는 뜻.

신 신고 발바닥 긁기다.
　　일하기는 해도 시원치 않다는 말.

십 년 과부도 시집갈 마음은 못 버린다.
　　뼈에 사무치게 아픈 마음은 잊어 버리기가 어렵다는 뜻.

싸움은 말리고 흥정은 붙이랬다.
　　좋지 않은 일은 중지 시키고 좋은 일은 권장하라는 뜻.

싼 것이 비지떡
　　값싼 물건이 항상 품질이 좋지 않다는 말.

썩어도 준치
　　값있는 물건은 아무리 낡거나 헐어도 제대로의 가치를 지닌다는 뜻.

썩은 새끼도 잡아 당겨야 끊어진다.
　　아무리 쉬운 일이라도 하지 않고 기다리고 있으면 이루어지지 않는다는 의미.

[ㅇ]

아닌 밤중에 홍두깨
　　갑자기 불쑥 내 놓는 것을 비유한 말.

아랫돌 빼어 웃돌 괴기
　　임시변통으로 한 곳에서 빼어 다른 곳을 막는다는 말.

아무리 바빠도 바늘 허리 매어 못 쓴다.
　　아무리 바쁜 일이라도 일정한 순서를 밟아서 하여야 한다.

안 되려면 뒤로 넘어져도 코가 깨진다.
　　운수가 사나운 사람은 온갖 일에 마가 끼어 엉뚱한 손해를 본다는 말.

안방에 가면 시어머니 말이 옳고 부엌에 가면 며느리 말이 옳다.
　　각각 일리가 있어 그 시비를 가리기 어렵다는 말.

앉아 주고 서서 받는다.
　　돈을 꾸어 주고 그것을 다시 받기가 매우 어렵다는 말.

애호박에 말뚝 박기
　　심술궂은 짓을 한다는 뜻.

얌전한 고양이가 부뚜막에 먼저 올라간다.
　　겉으로는 얌전한 척하는 사람이 뒤로는 오히려 더 나쁜 짓만 일삼는다는 뜻.

양반은 물에 빠져도 개헤엄은 안 한다.
　　아무리 위급한 때라도 점잖은 사람은 체면 깎이는 일을 하지 않는다는 말.

양반은 얼어 죽어도 짚불은 안 쬔다.
　　아무리 궁해도 체면에 어울리지 않는 일은 안 한다는 뜻.

얕은 내도 깊게 건너라.
　　모든 일을 언제나 조심성 있게 해야 함을 일컫는 말.(돌다리도 두드려 보고 건너라.)

어물전 망신은 꼴뚜기가 시킨다.
　　변변치 않은 것이 격에 맞지 않게 망신스러운 행동을 함으로서 전체적인 품위를 떨어뜨림을 비유.

언 발에 오줌 누기
　　눈 앞에 급한 일을 피하기 위해서 하는 임시 변통이 결과적으로 더 나쁘게 되었을 때 하는 말.

업은 아이 삼 년 찾는다.
　　가까운 데 있는 것을 모르고 먼데 가서 여기저기 찾아 다닌다는 뜻.

엉덩이에 뿔이 났다.
　　아직 자립할 처지에 이르지 못한 사람이 옳은 가르침을 받지 못하고 빗나갈 때 쓰는 말.

열 길 물 속은 알아도 한 길 사람의 속은 모른다.
　　사람의 마음은 헤아릴 수 없다.

열 번 찍어 안 넘어가는 나무 없다.

　아무리 강철같은 심지를 가진 사람이라도 여러 차례 꾀고 달래면 결국 그 유혹에 넘어가고 만다.

열 사람이 지켜도 한 도둑을 못 막는다.

　여러 사람이 애써도 한 사람의 나쁜 짓을 막지 못한다는 말.

열 손가락을 깨물어 안 아픈 손가락 없다.

　자식이 아무리 많아도 부모에게는 다같이 중하다는 뜻.

열흘 굶어 군자 없다.

　아무리 착한 사람일지라도 빈곤하게 되면 마음이 변하여 옳지 못한 짓을 하게 된다.

염불에는 마음이 없고 잿밥에만 마음이 있다.

　마땅히 할 일에는 정성을 들이지 않고 딴 곳에 마음을 둔다.

영리한 고양이가 밤 눈 못 본다.

　똑똑한 체하는 사람이 흔히 못난 짓을 함을 이르는 말.

오랜 가뭄 끝에 단비 온다.

　오랜 가뭄 끝에 비가 와서 농민들이 매우 좋아하듯이 오래도록 기다렸던 일이 성사되어 기쁘다는 뜻.

옥도 닦아야 제 빛을 낸다.

　사람도 정상적으로 교육을 받지 않으면 자기의 뜻을 이루지 못한다는 뜻.

옥에도 티가 있다.

　아무리 훌륭한 물건이나 사람에게도 조그만 흠은 있다.

욕심 많은 놈이 참외 버리고 호박 고른다.

　무슨 일에는 욕심을 너무 부리다가 도리어 자신이 손해를 보게 된다는 뜻.

우물가에 어린애 보낸 것 같다.

　익숙하지 못한 사람에게 모든 일을 시켜놓고 마음이 불안하다는 뜻.

우물에서 숭늉 찾는다.

　성미가 아주 급하다는 뜻.

우선 먹기는 곶감이 달다.

　나중에는 어떻게 되든지 우선은 좋은 편을 취한다.

울며 겨자 먹기

싫은 일을 억지로 함의 비유.

원님 덕에 나팔 분다.

훌륭하고 덕이 높은 사람을 따르다가 그 덕으로 분에 넘치는 대접을 받음의 비유.

윷짝 가르듯 한다.

윷짝의 앞뒤가 분명하듯이 무슨 일에 대한 판단을 분명히 한다는 말.

음식은 들수록 줄고 말은 할수록 는다.

음식은 전할수록 줄고 말은 전할수록 늘어난다는 뜻.

의뭉하기는 구렁이다.

속으로는 다 알고 있으면서 겉으로는 모르는 척 하기를 잘하는 사람을 이르는 말.

이불 안에서 활개 친다.

남이 안 보는 곳에서 큰 소리 치는 사람을 두고 이르는 말.

이사 가는 놈이 계집 버리고 간다.

자신이 하는 일 중에서 가장 중요한 것을 잊어버렸거나 잃었다는 말.

이 없으면 잇몸으로 산다.

없으면 없는 그대로 살아갈 수 있다는 말.

익은 밥 먹고 선 소리한다.

실없는 말을 한다는 뜻.

입이 여럿이면 무쇠도 녹인다.

여러 사람이 의견의 일치를 보면 무슨 일이라도 할 수 있다는 뜻.

[ㅈ]

자다가 봉창 두드린다.

얼토당토 않은 딴 소리를 불쑥 내민다는 뜻.

자라 보고 놀란 가슴 솥뚜껑 보고 놀란다.

한번 혼이 난 뒤로는 매사에 필요 이상으로 조심을 한다는 뜻.

자루 속 송곳은 빠져나오게 마련이다.
> 남들이 알지 못하도록 아무리 은폐하려 해도 탄로날 것은 저절로 탄로가 난다는 뜻.

자식 겉 낳지 속은 못 낳는다.
> 자식이 좋지 못한 생각을 품어도 그것을 부모가 알지 못한다는 뜻.

잔고기가 가시는 세다.
> 몸집이 자그마한 사람이 속은 꽉 차고 야무지며 단단할 때 이르는 말.

잔칫날 잘 먹으려고 시뻘 굶을까?
> 훗날에 있을 일만 믿고 막연히 기다리겠느냐는 뜻.

잘 집 많은 나그네가 저녁 굶는다.
> 일을 너무 어지럽게 여러 가지로 벌여 놓기만 하면 결국에는 일의 결실을 보지 못하고 실패하게 된다는 뜻.

장님 코끼리 말하듯 한다.
> 어느 부분만 가지고 전체인 것처럼 여기고 말한다는 뜻.

장대로 하늘 재기
> 가능성이 없는 짓.

장마에 논둑 터지듯 한다.
> 장마 때 세차게 내리는 비에 의해서 논둑이 무너지듯이 일거리가 계속 생긴다는 뜻.

재주는 곰이 넘고 돈은 왕서방이 받는다
> 정작 수고한 사람은 응당 보수를 받지 못 하고 엉뚱한 사람이 그 이익을 차지한다는 말.

접시 밥도 담을 탓이다
> 수단이나 성의를 다하면 어려운 일이라도 좋은 성과를 이룰 수 있다는 말.

제 눈의 안경이다
> 보잘 것 없는 것도 마음에 들면 좋아 보인다는 말.

제 돈 서 푼만 알고 남의 돈 칠 푼은 모른다.
> 자기가 가지고 있는 것만 소중히 여기고 남의 것은 대수롭지 않게 여긴다는 말.

제 방귀에 제가 놀란다
> 자기의 무의식 중에 한 일을 도리어 뜻밖으로 안다.

죄는 지은 대로 가고 덕은 닦은 데로 간다
    죄지은 사람은 마땅히 벌을 받고, 덕을 베푼 사람은 결국에는 복을 받는다는 뜻.

죽은 자식 나이 세기
    이왕 그릇된 일을 생각하여도 쓸데 없다는 말.

중이 제 머리를 못 깎는다
    아무리 중요한 일이라도 자기 문제를 스스로 해결할 수 없다.

쥐 구멍에도 볕들 날이 있다
    몹시 고생을 하는 사람도 좋은 운수를 만날 적이 있다.

지키는 사람 열이 도둑 하나를 못 당한다
    계획적인 도둑을 막기는 힘 든다는 뜻.

집에서 새는 바가지는 들에 가도 샌다
    타고난 천성이 나쁜 사람은 어디를 가나 그 성품을 고치기 어렵다는 말.

쪽박 빌려 주니 쌀 꿔 달란다
    편의를 봐 부면 봐 줄수록 더 요구한다는 뜻.

[ㅊ]

참새가 허수아비 무서워 나락 못 먹을까
    반드시 큰 일을 하려면 다소의 위험정도는 감수해야 한다는 뜻.

참외 장수는 사촌이 지나가도 못 본 척 한다
    장사하는 사람은 인색하다는 뜻.

처갓집에 송곳 차고 간다
    처갓집 밥은 꼭꼭 눌러 담았기 때문에 송곳으로 파야 먹을 수 있다는 말이니, 즉 처갓집에서는
    사위대접을 극진히 한다는 뜻.

처녀가 아이를 낳아도 할말이 있다
    아무리 못된 짓을 했어도 구실과 변명의 여지는 있다.

처삼촌 묘 벌초하듯 하다
    일에 정성을 드리지 않고 건성건성 해치워 버리는 것.

초가 삼간 다 타도 빈대 죽는 것만 시원하다
비록 큰 손해를 보더라도 마음에 들지 않는 것이 없어진 것만 흐뭇하게 여긴다.

초사흘 달은 부지런한 며느리만 본다
부지런한 사람이 아니고서는 사소한 일까지 모두 헤아려서 살필 수 없다는 뜻.

초상집 개 같다
의지할 데가 없이 이리 저리 헤매어 초라하다.

친 사람은 다리를 오그리고 자도 맞은 사람은 다리를 펴고 잔다.
남을 괴롭힌 가해자는 뒷일이 걱정되어 불안하나 피해자는 그 보다 마음이 편하다는 뜻.

침 뱉은 우물을 다시 먹는다
다시는 안 볼 듯이 야박하게 행동하더니 어쩌다가 자신의 처지가 아쉬우니까 다시 찾아 온다는 뜻.

[ㅍ]

평양감사도 저 싫으면 그만이다
아무리 좋은 일이라도 저 하기 싫다면 억지로 시킬 수 없다는 뜻.

포도청 문고리도 빼겠다
겁이 없고 대담한 사람을 두고 하는 말.

[ㅎ]

하늘을 보아야 별도 딴다
노력과 준비가 있어야 보람을 얻는다는 말.

한날 한시에 난 손가락도 길고 짧다
한 형제 간에도 슬기로운 사람과 어리석은 사람이 생기며 같은 등속이라도 고르지 못하다는 말.

한 잔 술에 눈물난다
대단찮은 일에 원한이 생기므로 차별대우를 하지 말라는 말.

항우도 댕댕이 덩굴에 넘어진다
항우와 같은 장사라도 보잘 것 없는 덩굴에 걸려 낙상할 때가 있다는 말. 아무리 작은 일도 무시하면 실패하기 쉽다는 뜻.

호미로 막을 것을 가래로 막는다

적은 힘으로 될 일을 기회를 놓쳐 큰 힘을 들이게 된다.

호박씨 까서 한 입에 넣는다

조금씩 저축하였다가 그것을 한꺼번에 소비해 버림을 말함.

홀아비 사정은 과부가 알아준다

남이 어려운 사정은 서로 비슷한 환경에 있는 사람이라야 헤아릴 수 있다는 의미.

홧김에 화냥질 한다

격분을 이기지 못하여 될대로 되라고 탈선까지 하여 결국 제 신세를 망치게 된다는 뜻.

황소 뒷걸음치다가 쥐 잡는다

어리석은 사람이 미련한 행동을 하다가 뜻밖에 좋은 성과를 얻었을 때 하는 말.

흘러가는 물도 떠 주면 공이 된다

쉬운 일이라도 도와주면 은혜가 된다는 뜻.

흥정은 붙이고 싸움은 말리랬다

좋은 일은 될 수 있는 대로 권장하고, 나쁜 일은 뜯어 말려야 한다는 뜻.

제3장 우리말 순화 용어

1. 일본어 투 우리말 순화

[ㄱ]

가건물[假建物, かりたてもの]　　　임시 건물
예) 옛 도청 뒷편 조립식 주차장도 최근 철거됐으며, 각종 <u>가건물</u>들도 곧 철거될 예정이다.

가교[假橋, かりばし]　　　임시 다리
예) 차와 선의 문화는 그런 점에서 인류 미래 문화의 진보를 앞당기는 <u>가교</u> 역할을 할 수 있을
　　것이다.

가라[空, から]　　　가짜, 헛-
예) <u>가라</u> 명품 범람과 이에 따른 단속 여파로 급속히 내리막길을 걷고 있는 이태원.

가봉[假縫, かりぬい]　　　시침질
예) 완성된 옷을 미리 입어 봄으로써 <u>가봉</u> 단계를 생략했기 때문이다.

가필[加筆, かひつ]　　　고쳐 씀
예) 이 대위가 진료 기록지에 <u>가필</u>한 장면을 동료 군의관인 최 아무개 대위가 목격했고, 또
　　다른 군의관 김 아무개 대위에게 이 사실을 알렸다.

각반[脚絆, きゃはん]　　　행전
예) 발목으로 들어오는 눈을 막을 <u>각반</u>과 소매로 들어오는 눈을 막을 긴 장갑이 필요하다.

간식[間食, かんしょく]　　　　　　　　샛밥, 새참, 군음식

예) 밥을 먹은 지 얼마 지나지 않아 우린 또 <u>간식</u>을 먹었다.

감안[勘案, かんあん]　　　　　　　　생각, 고려, 참작

예) 치열한 소매 환경을 <u>감안</u>할 때 태평양 같은 선두 업체들의 시장 점유율이 더 넓어질 것으로
　　기대되는 점도 투자 포인트로 제시했다.

개간[開墾, かいこん]　　　　　　　　일굼

예) 30ha를 <u>개간</u>해 수수·면화·강낭콩 등을 재배했으나 작물의 결실 상태가 나빠 영농 부적격
　　결론이 나온 것이다.

개찰구[改札口, かいさつぐち]　　　　표 보이는 곳

예) 한 정거장 거슬러 올라가려 반대편 승강장으로 가려고 보니 <u>개찰구</u>를 다시 빠져나와야 했다.

게양[揭揚, けいよう]　　　　　　　　닮, 올림

예) 국경일에는 태극기를 <u>게양</u>한다.

격무[激務, げきむ]　　　　　　　　　힘든 일, 고된 일

예) 계속된 <u>격무</u>로 건강이 급격히 안 좋아졌다.

견습[見習, みならい]　　　　　　　　수습

예) 성적이 우수한 사람을 학교장의 추천과 심사를 거쳐 인턴으로 선발하고, 3년간의 <u>견습</u> 기간을
　　성공적으로 마치면 정식 직원들로 채용한다.

견습기자[見習記者, みならいきしゃ]　수습기자

예) 제18기 <u>견습기자</u>로 최종 합격하였습니다.

견적[見積, みつもり]　　　　　　　　추산(推算), 어림셈

예) 자동차 수리 <u>견적</u>이 200만원이 나왔다.

견적서[見積書, みつもりしょ]　　　　추산서(推算書)

예) 이사를 하려고 여러 군데 이삿짐 센터의 견적을 의뢰해 <u>견적서</u>를 받아 보았다.

견학[見學, けんがく]　　　　　　　　보고 배우기

예) 오늘 삼성전자 구미 공장에 <u>견학</u>을 다녀왔다.

결손[缺損, けっそん]   모자람
예) 집에서 김장을 할 때 몇 포기씩 더 해서 <u>결손</u> 가정이나 홀로 사는 어르신을 도와드렸다.

결식아동[缺食兒童, けっしょく－]   굶는 아이
예) 학교에서 <u>결식아동</u>들에게 급식비를 지원해 무료 급식이 가능하게 되었다.

결재[決裁, けっさい]   재가(裁可)
예) 이번 달 예산 집행을 아직 <u>결재</u>하지 않으셨습니다.

경관[景觀, けいかん]   (아름다운) 경치
예) 서울시가 추진하는 야간 <u>경관</u> 조명 계획의 밑그림이 드러나고 있다.

경시[輕視, けいし]   얕봄, 깔봄
예) 강한 사람들은 힘없는 사람을 <u>경시</u>한다.

경어[敬語, けいご]   높임말, 존댓말
예) 언론들은 일왕의 동정을 보도할 때 평어가 아닌 <u>경어</u>를 쓴다.

경직[硬直, こうちょく]   굳음
예) 안 좋은 말들이 오갔고 나의 얼굴은 <u>경직</u>될 수밖에 없었다.

경합[競合, せりあい]   겨룸, 견줌, 경쟁, 다툼
예) 3차 투표에서 마지막까지 <u>경합</u>을 벌였으나 압도적인 표차로 이겼다.

계주[繼走, けいそう]   이어달리기
예) 운동회 때 우리 반 달리기 <u>계주</u> 선수로 선발되었다.

고객[顧客, こかく/こきゃく]   (단골)손님
예) 보다 나은 서비스를 위해 항상 <u>고객</u>의 입장에서 생각하겠습니다.

고수부지[高水敷地, －しきち]   둔치 (마당), 강턱
예) 한강 <u>고수부지</u>의 개발로 시민들은 여러 가지 체육 시설을 이용할 수 있게 되었다.

고시[腰, こし]　　　　　　　　　　　① 굽도리 ② 허리
예) <u>고시</u>를 굽혀서 공손이 인사를 했다.

고지[告知, こくち]　　　　　　　　　알림
예) 시간이 변경되었음을 <u>고지</u>합니다.

고참[古參, こさん]　　　　　　　　　선임(자), 선참(자)
예) 코트에서 신참 선수와 <u>고참</u> 선수와의 커뮤니케이션이 잘 안되고 있는 편이다.

곤색[紺色, こんいろ]　　　　　　　　감색(紺色), 검남색, 진남색
예) 옛날에는 <u>곤색</u> 점퍼가 유행이었을 때가 있었다.

곤조[根性, こんじょう]　　　　　　　본성(本性), 심지, 근성
예) 저 사람의 다른 것은 모르겠지만 <u>곤조</u> 하나만큼은 다들 인정한다.

공구리[←コンクリト, concrete]　　　양회 반죽, 콘크리트
예) 우리나라는 <u>공구리</u> 건축물들이 거의 대부분이다.

공란[空欄, くうらん]　　　　　　　　빈칸
예) 예문을 읽고 아래 <u>공란</u>을 채우시오.

공람[供覽, きょうらん]　　　　　　　돌려 봄
예) 같은 책을 여러 권 사지 말고 한 사람 한 사람 <u>공람</u>합시다.

공석[空席, くうせき]　　　　　　　　빈 자리
예) 회장의 사퇴로 한동안 회장 자리가 <u>공석</u>이 되었다.

공시[公示, こうじ]　　　　　　　　　알림
예) 다음 달 중으로 제품을 발매할 예정이라고 <u>공시</u>했다.

공제[控除, こうじょ]　　　　　　　　뗌, 뺌
예) 돈을 지불했더니 수수료를 <u>공제</u>한 잔액을 돌려주었다.

공중[公衆, こうしゅう]　　　　　　　(일반) 사람들, 일반인

예) <u>공중</u> 화장실 변기를 청결하게 이용해야 한다.

공지[空地, あきち]　　　　　　　　빈 땅, 빈터
예) 공장을 지을 만한 <u>공지</u>가 하나도 없다.

과세[課稅, かぜい]　　　　　　　　세금 매김
예) 고소득 자영업자들에 대한 공정한 <u>과세</u>가 이뤄지지 않아 10조원 가까운 조세 포탈이 여전히
　　성행하고 있다.

과소비[過消費, かしょうひ]　　　　　지나친 씀씀이
예) 필요 이상의 소비는 미덕이 아니며, <u>과소비</u>할 돈을 아끼면 어려운 이웃을 도울 수 있다.

과잉[過剩, かじょう]　　　　　　　지나침, 초과
예) 적발된 수험생들이 내년 수능 응시 자격까지 박탈당해 과잉 처벌 논란이 일고 있다.

괘도[掛圖, かけず]　　　　　　　걸그림
예) 우선 <u>괘도</u>를 그려 오세요.

구가타[←舊型, ーがた]　　　　　낡은 모양, 구형
예) <u>구가타</u> 화폐는 오래 시간이 지날수록 그 가치가 올라간다.

구독[購讀, こうどく]　　　　　　사(서) 읽음
예) 매일 아침 출근 시간에 신문을 <u>구독</u>한다.

구루마[車, くるま]　　　　　　　수레, 달구지
예) 우리 아버지는 <u>구루마</u>를 끌고 다니신다.

구보[驅步, ←驅け足(かけあし)]　　　달리기
예) 요즘도 군에서는 아침 점호를 <u>구보</u>로 시작한다.

구사리[腐リ, くさリ]　　　　　　면박, 핀잔
예) 저 녀석은 상급자한데 <u>구사리</u> 먹는 걸 즐기는 것 같아.

구좌[口座, こうざ]　　　　　　　계좌

예) 우리 어머니의 <u>구좌</u>에서 예금을 이체하여 토익 응시료를 지불했다.

굴삭기[掘削機, くっさくき]　　　　　　　굴착기
예) 이 제품은 <u>굴삭기</u> 가운데 팔 부위에 해당하는 길쭉한 암(Arm)과 손에 해당하는 버킷 사이
　　연결부에 장착되는 핵심 부품이다.

금명(간)[←今明日, こんみょうにち]　　오늘 내일 사이, 곧
예) 올 수능 시험 결과는 <u>금명간</u>에 발표날 것이다.

금반[今般, こんぱん]　　　　　　　　이번
예) 저번에는 기차를 타고 고향에 갔으니 <u>금반</u>에는 버스를 한번 타야겠다.

금주[今週, こんしゅう]　　　　　　　이번 주
예) <u>금주</u>의 가요 순위 1위는 하모하모의 <u>빠삐용</u>이란 곡이다.

금회[今回, こんかい]　　　　　　　이번
예) 지난 주말 연속극의 마지막이 너무 아쉽게 끝났는데 금회는 어떨지 궁금해 견딜 수 없을
　　지경이다.

기라성[綺羅星, きらぼし]　　　　　　빛나는 별
예) 오늘 열리는 한국 미인 선발 대회에는 <u>기라성</u> 같은 여자 탤런트가 총출동한다.

기상[起床, きしょう]　　　　　　　일어남
예) 우리 군은 군내 기강 해이를 바로잡고자 <u>기상</u> 시간을 30분 앞당겼다.

기입[記入, きにゅう]　　　　　　　써 넣음
예) 회계 장부를 <u>기입</u>할 때는 신중을 기하고 모르는 것은 전년 회계원에게 보이는 게 좋을 것
　　같다.

기스[←傷, きず]　　　　　　　　흠(집)
예) 오랫동안 쓰다 보니 시계 이곳저곳에 <u>기스</u>가 많이 났다.

기증[寄贈, きぞう]　　　　　　　드림
예) 수많은 기독교 신자들이 한꺼번에 장기 <u>기증</u> 서약을 했다.

꼬붕[←子分, こぶん]   부하
예) 공연히 주눅이 들어 주인집 아들의 '<u>꼬붕</u>' 노릇을 하는 자식들이 괜스레 더 불쌍해 보였다.

낑깡[←金柑, きんかん]   금귤, 동귤
예) <u>낑깡</u> 중의 <u>낑깡</u>은 제주에서 나는 것이다.

[ㄴ]

나가리[←流れ, ながれ]   ① 유찰 ② 깨짐
예) 방송인만큼 고스톱 게임의 용어인 '고도리, 쇼당, <u>나가리</u>' 등을 '새 다섯 마리, 담판, 무효'
   등 우리말로 바꿔서 진행할 예정이다.

나대지[裸垈地, はだか-]   빈 집터
예) 오래된 <u>나대지</u>에서는 종종 유물이 발굴되었다.

나염[←捺染, なっせん]   무늬찍기
예) 미술 시간에 <u>나염</u> 숙제를 하지 않아서 집에 가서 따로 해야 했다.

난조[亂調, らんちょう]   엉망, 흐트러짐
예) 국가대표의 컨디션이 후반전 들어서 <u>난조</u>를 보이고 있다.

남발[濫發, らんぱつ]   마구 냄
예) 적절한 상황에서 꼭 필요할 때 써야지 <u>남발</u>하면 오히려 시청자들에게서 외면받을 수 있다.

납득[納得, なっとく]   이해
예) 저명한 박사의 창조론에 관한 반박은 <u>납득</u>이 가지 않는다.

내역[內譯, うちわけ]   명세
예) 자녀의 인터넷 사용 <u>내역</u>을 궁금해하는 부모와 자신의 인터넷 '흔적'을 지우려는 자녀.

내주[來周, らいしゅう]   다음주
예) 오늘 교수님께서 내어준 구조역학 리포트는 <u>내주</u> 목요일까지이다.

노가다[←土方, どかた]　　　　　　　　　(공사판) 노동자
예) 토목 현장에 가면 <u>노가다</u> 아저씨를 흔히 볼 수 있다.

노견[路肩, ろかた]　　　　　　　　　갓길
예) 추석 귀경길에 <u>노견</u>에서 쓰레기를 버리는 양심이 썩어 버린 자들을 흔히 볼 수 있다.

노임[勞賃, ろうちん]　　　　　　　　　품삯
예) 최근 5년간 노동자 하루의 <u>노임</u>은 5만원 정도이다.

노점[露店, ろてん]　　　　　　　　　길 가게, 거리 가게
예) 최근 시내의 <u>노점</u>은 공무원의 단속 때문에 크게 줄어들었다.

[ㄷ]

다반사[茶飯事, さはんじ]　　　　　　　예삿일, 흔한 일
예) 학교에 가까이 사는 녀석이 지각을 <u>다반사</u>로 하는구나.

다스[ダス, ←dozen]　　　　　　　　　열두 개, 타(打)
예) 연필 한 <u>다스</u>에는 12자루가 들어 있다.

단도리[段取リ, だんどり]　　　　　　　채비, 단속
예) 상대팀의 전략에 말려들지 말아야 하기 때문에 <u>단도리</u>에 들어갔다.

단말기[端末機, たんまつき]　　　　　　끝 장치
예) <u>단말기</u> 고장으로 업무에 차질이 생겼다.

단합[團合, ←團結(だんけつ)]　　　　　　뭉침
예) 이번 3학년의 <u>단합</u> 상태는 4학년에 훨씬 못 미친다.

닭도리탕[-鳥湯-, -とリ-]　　　　　　　닭볶음탕
예) 우리 어머니가 만든 <u>닭도리탕</u>은 우리나라 어느 유명한 곳보다 맛있다.

답신[答申, とうしん]　　　　　　　　　대답

예) 민우야, 너 지난번에 영숙이에게 보낸 편지의 **답신**이 도착했니?

당분간[當分間, とうぶんかん]   얼마 동안
예) 부상을 당하는 바람에 **당분간** 축구를 못하고 병원 신세를 지게 되었다.

당혹[當惑, とうわく]   당황
예) 갑작스러운 질문을 받고 교수님은 **당혹**스런 표정을 지었다.

대결[對決, たいけつ]   겨루기, 맞서기
예) 철권 게임에서 동생과 나는 **대결**을 펼쳤으나 내가 지고 말았다.

대다수[大多數, だいたすう]   대부분
예) 요즘 **대다수**의 초등학생들은 휴대전화를 가지고 다닌다.

대미[大尾, たいび]   맨 끝
예) 그 연재소설은 오늘로 **대미**를 장식하게 된다.

대절[貸切, かしきり]   전세
예) 어릴 때 우리 아버지는 추석이 되면 버스를 **대절**해서 고향 분들과 함께 귀경길에 올랐다.

대폭[大幅, おおはば]   많이, 크게, 넓게
예) 요즘에 백화점은 **대폭** 세일 중이다.

대하[大蝦, おおえび]   큰새우, 왕새우
예) 지난 졸업생 페스티벌에서 정섭이는 내게 **대하**를 쉽게 까먹는 방법을 가르쳐주었다.

대합실[待合室, まちあいしつ]   기다림방
예) 역 **대합실**에는 오갈 데 없는 노숙자가 즐비했다.

덴푸라[天婦羅, ←テンプラ(tempero)]   튀김
예) 학교 앞 뚱땡이하우스의 **덴푸라** 맛은 일품이다.

뎃빵[←鐵板, てっぱん]   우두머리, 두목
예) 슈퍼마리오 게임에서 **뎃빵**을 깨는 것은 쉬운 일이 아니다.

도난[盜難, とうなん]　　　　　　　　도둑맞음
예) 학교 도서관에서 심심치 않게 <u>도난</u> 사건이 일어나곤 했다.

도라이바[ドライバ, driver]　　　　　나사돌리개, 드라이버
예) 우리 집에는 <u>도라이바</u>가 없는데 어쩌니?

도란스[トランス, ←transformer]　　변압기
예) <u>도란스</u>는 전자 유도 작용을 이용하여 교류 전압이나 전류의 값을 바꾸는 장치다.

도료[塗料, とりょう]　　　　　　　　칠(감)
예) <u>도료</u>는 물건 겉에 칠하여 썩지 않게 하거나 채색에 쓰는 물질이다.

도합[都合, つごう]　　　　　　　　　모두, 합계
예) 출석 인원은 남녀 <u>도합</u> 30명이다.

돈가스[←豚カツ, とんカツ(←─cutlet)]　돼지고기(너비) 튀김(밥)
예) 초등학교 때 박재성이란 친구가 있었는데, 그 아이 어머니의 <u>돈까쓰</u>는 정말 맛있었다.

돈부리[, どんぶり]　　　　　　　　　덮밥
예) 어제 나온 고기 <u>돈부리</u>는 최악이었다.

두개골[頭蓋骨, ずがいこう]　　　　　머리뼈
예) 나의 절친한 후배 민우는 사고로 <u>두개골</u>이 골절되었다.

따불[←ダブル, double]　　　　　　　곱, 겹, 갑절
예) 터미널 근처에 가면 택시를 타지 못해 <u>따불</u>을 외치는 사람들이 많이 있다.

뗑깡[←癲癇, てんかん]　　　　　　　생떼
예) 옆집 아이는 6살인데 어찌나 <u>뗑깡</u>을 잘 부리는지 밉상이다.

뗑뗑이[←點點─, てんてん─]　　　　물방울 (무늬) <의복>
예) 지금으로부터 한 10년 전에 <u>뗑뗑이</u> 무늬가 유행했던 적이 있다.

레미콘[レミコン, ←ready-mixed concrete] 회 반죽 (차)
예) 며칠 전 울산시 성남동 일대에서는 <u>레미콘</u> 기사들이 데모를 했다.

레지[レジ, ←register]　　　　　　　　　(다방) 종업원
예) 학교 앞 다방 <u>레지</u>는 내 맘에 꼭 드는 외모를 가지고 있다.

리모콘[リモコン, ←remote control]　　원격 조정기
예) <u>리모콘</u>에 건전지가 떨어져서 작동이 안 된다.

리야카[リヤカ, ←rear car]　　　　　　손수레
예) 6학년 주번 할 때 <u>리야카</u>를 한동안 끌었는데 참 힘들었다.

[ㅁ]

마대[麻袋, あさぶくろ]　　　　　　　포대, 자루
예) 농촌에서 일을 많이 해 봐서 <u>마대</u> 묶는 건 정말 자신 있다.

마호병[魔法瓶, まほうびん]　　　　　보온병
예) 중고등학교 때 <u>마호병</u>에 유자차나 매실차를 어머니께서 준비해 주시곤 했는데 대학생이
　　되어 자취를 하다 보니 가끔 떠오른다.

마후라[マフラ, muffler]　　　　　　① 목도리 ② 소음기, 머플러
예) 내 오토바이는 <u>마후라</u> 소리가 너무나 커서 타는 사람마다 시끄럽다고 말한다.

만개[滿開, まんかい]　　　　　　　　활짝 핌, 만발
예) 5월이 되면 경주에는 벚꽃이 <u>만개</u>하여서 관광객으로 발 디딜 틈이 없다.

만땅[←滿タン, ←tank]　　　　　　　가득 (채움/참)
예) 차에 기름을 가득 채울 때 흔히 '<u>만땅</u>이요!'라고 말한다.

말소[抹消, まっしょう]　　　　　　　지움, 지워 없앰
예) 할아버지께서 지난 주 소천하셔서 주민등록이 <u>말소</u>되었다.

망년회[忘年會, ぼうねんかい]　　　　　　　송년 모임, 송년회
예) 연말이 되면 <u>망년회</u> 때문에 거리에서 만취하여 자다가 돌연사하는 사람이 늘고 있다.

매립[埋立, うめたて]　　　　　　　메움
예) 쓰레기를 <u>매립</u>해야 함에도 불구하고 님비 현상으로 인해 장소를 구하지 못하고 있다.

멜로(극/물)[メロ, ←melodrama]　　　　　　통속극
예) 나는 눈물을 자극하는 <u>멜로물</u>을 극도로 싫어한다.

면식[面識, めんしき]　　　　　　　안면
예) 전혀 <u>면식</u>도 없는 사람이 찾아와 난감한 부탁을 하는 바람에 당황했다.

면적[面積, めんせき]　　　　　　　넓이
예) 내가 사는 아파트의 <u>면적</u>은 13평이다.

멸실[滅失, めっしつ]　　　　　　　없어짐
예) 범행 후 오랜 시일이 경과해 증거가 <u>멸실</u>되어 진실 발견이 어렵다.

명년[明年, あくるとし]　　　　　　내년, 다음 해
예) <u>명년</u>에는 아무쪼록 하시는 일에 축복이 있길 바랍니다.

명소[名所, めいしょ]　　　　　　　이름난 곳
예) 부산에 가 볼 만한 관광 <u>명소</u>는 해운대, 태종대 등이 있다.

명찰[名札, なふだ]　　　　　　　이름표
예) 교복에 <u>명찰</u>을 달지 않으면 선생님께 꾸중을 들었다.

모치떡[餠-, もち-]　　　　　　　찹쌀떡
예) 수능을 잘 치르라는 의미로 동생에게 <u>모찌떡</u>을 선물했다.

모포[毛布, もうふ]　　　　　　　담요
예) 잠을 자기 위해 바닥에 <u>모포</u>를 깔았다.

몸뻬[←もんぺ]　　　　　　　일 바지, 왜 바지

예) 어머니는 편하게 일하시기 위해 **몸빼**를 입으셨다.

무뎃뽀[←無鐵砲, むてっぽう]　　　　　무모(無謀), 막무가내
예) 실패할 수밖에 없는 일인 걸 알면서도 **무뎃뽀**로 계속 도전한다.

미숀[←ミッション, ←transmission]　　　변속기, 트랜스미션
예) 미숀 오일을 넣어 주지 않아서 **미숀**이 고장 나 버렸다.

미싱[←ミシン, machine]　　　　　재봉틀
예) 옷 만드는 기술을 배우기 위해 **미싱** 한 대를 구입했다.

밀담[密談, みつだん]　　　　　비밀 이야기
예) 나는 친구와 **밀담**을 나누었다.

[ㅂ]

바리캉[←バリカン, bariquant]　　　　　이발기
예) 미용실에서 미용사가 '**바리캉**을 사용할까요?' 하고 물었다.

바케쓰[バケツ, bucket]　　　　　들통, 양동이
예) 시골에 갔더니 아직 우물이 있었고 우물 안에는 **바케쓰** 하나가 매달려 있었다.

반입[搬入, はんにゅう]　　　　　실어 옴, 실어 들임
예) 아직 허가가 나지 않은 약품을 몰래 국내로 **반입**시켰다.

밤바[←バンパ, bumper]　　　　　완충기, 범퍼
예) 접촉 사고가 나서 앞 **밤바**를 교환하였다.

밧테리[バッテリ, battery]　　　　　건전지, 전지, 축전지
예) **밧테리**가 방전이 되어 자동차 시동이 걸리지 않았다 .

방화[邦畵, ほうか]　　　　　국산 영화
예) 내 친구는 자막 보는 게 싫어서 **방화**밖에 보지 않는다.

백묵[白墨, はくぼく]   분필
예) 수업 시간에 백묵이 떨어져 교무실로 <u>백묵</u>을 가지러 갔다.

베니야[ベニヤ, veneer]   합판, 베니어
예) 옆집과 사이의 벽이 <u>베니야</u>판이라서 방음이 안 된다.

벤또[←辯當, べんとう]   도시락
예) 점심시간이 되기도 전에 <u>벤또</u>를 까 먹는 건 당연한 일이 되었다.

보로터지다[襤褸-, ぼろ-]   드러나다, 들통 나다
예) 이번 사건으로 그 녀석이 범인임이 <u>보로터졌다.</u>

보합세[保合勢, もちあい-]   주춤세, 멈춤세
예) 코스피 지수가 28일 <u>보합세</u>를 기록했다.

복지리[←鰒じる, ←河豚汁(ふぐじる)]   복국, 복싱건탕
예) 어디 <u>복지리</u> 잘하는 집 없나요?

부레키[ブレキ, brake]   제동기, 브레이크
예) 우리 교회 봉고차는 <u>부레키</u>가 말을 잘 안 듣는다.

부로카[ブロカ, broker]   중개인, 거간, 브로커
예) 요즘 내가 아는 사람 중 부동산 <u>부로카</u>가 있다.

부지[敷地, しきち]   터, 대지
예) 이 <u>부지</u>에다 별장을 지으면 좋겠다.

분빠이[←分配, ぶんぱい]   분배, 노늠, 노느매기
예) 우리가 오늘 훔친 것을 한곳에 모아 <u>분빠이</u>하자.

불소[弗素, ふっそ]   플루오르
예) <u>불소</u>는 16세기경부터 그 존재가 추정되었으나 발견된 것은 비교적 늦다.

불입[拂入, ←納入(のうにゅう)]   납부, 치름, 냄

예) 우린 아직 이번 달 세금을 <u>불입</u>하지 않았다.

불하[拂下, はらいさげ]　　　　　　　　매각, 팔아 버림
예) 주식이 계속 떨어져서 더 떨어지기 전에 <u>불하</u>했다.

비까번쩍하다[←ぴか-, ←ぴかぴか-]　번쩍번쩍하다
예) 새 옷을 입은 내 모습이 <u>비까번쩍하다.</u>

비까비까하다[←ぴかぴか-]　　　　　　번쩍번쩍하다
예) 오래간만에 집안 청소를 했더니 집안이 <u>비까비까하다.</u>

비상식[非常識, ひじょうしき]　　　　　몰상식
예) 그 사람은 <u>비상식</u>적이다.

빙점[氷點, ひょうてん]　　　　　　　　어는점
예) 물의 <u>빙점</u>은 0 °c 다.

빠꾸[←バック, back]　　　　　　　　① 뒤로, 후진 ② 퇴짜
예) 그는 입학시험에서 <u>빠꾸</u>당했다.

빠찌[←バッジ, badge]　　　　　　　　휘장, 표장(標章), 배지
예) 교복에 학교 <u>빠찌</u>를 달았다.

빤쓰[←パンツ, pants/←pantaloons]　속잠방이, 팬티
예) 나는 잘 때에는 <u>빤쓰</u>만 입고 잔다.

빵꾸[←パンク, ←puncture]　　　　　구멍 (내기/나기), 펑크
예) 아버지 차의 타이어에 <u>빵꾸</u>가 났다.

뻬빠[←ペパ, ←sandpaper]　　　　　사포, 속새
예) 거친 나무를 <u>뻬빠</u>질로 부드럽게 만들었다.

뻰찌[←ペンチ, ←pinchers]　　　　　(자름) 집게, 펜치
예) 철사를 <u>뻰지</u>로 잘랐다.

뻥끼[←ペンキ, pek]　　　　　　　　　　페인트
예) 주말에 집에 **뻥끼**칠을 했다.

뽀록나다[←襤褸−, ぼろ−]　　　　　　드러나다, 들통 나다
예) 아버지께 거짓말을 했다가 **뽀록났다.**

삐끼[←引き, ひき]　　　　　　　　　　(손님) 끌기, 여리꾼
예) 유흥가에 가면 손님들을 자기 가게로 끌어들이기 위해 **삐끼**들이 거리마다 즐비하다.

[ㅅ]

사라[皿, さら]　　　　　　　　　　　　접시
예) 맛있는 음식이 **사라**에 담겨 있다.

사라다[サラダ, salad]　　　　　　　　샐러드
예) 신선한 **사라다**는 건강에 좋다.

사료[飼料, しりょう]　　　　　　　　　먹이
예) 애완동물은 **사료**를 먹여 키운다.

사물함[私物函, しぶつ−]　　　　　　개인 (물건) 보관함
예) 교실에는 **사물함**이 있다.

사양[仕樣, しよう]　　　　　　　　　　① 설명(서) ② 품목
예) 제품을 살 땐 **사양**을 잘 따져 봐야 한다.

상신[上申, じょうしん]　　　　　　　　여쭘, 알림
예) 선생님께 **상신**한 문서에 대한 답변이 오늘에야 도착했다.

선착장[船着場, ふなつきば]　　　　나루(터)
예) **선착장**에 나룻배가 몇 척 있다.

세공[細工, さいく]　　　　　　　　　　공예

예) 보석을 <u>세공</u>하여 팔면 값을 더 받을 수 있다.

세대[世帶, せたい]   가구, 집
예) 그 동네에는 5<u>세대</u>가 산다.

세대주[世帶主, せたいぬし]   가구주
예) 나의 <u>세대주</u>는 아버지다.

세라복[セラ服, ←sailor suit] 세일러복, 해군복
예) <u>세라복</u>을 입은 남자 친구가 참 멋있게 보였다.

세무가죽[セム-, chamois-] 새미 가죽
예) 내 구두는 <u>세무가죽</u>으로 만들었다.

소데나시[袖無し, そでなし] 맨팔(옷), 민소매, 소매 없는 옷
예) 여름엔 <u>소데나시</u>를 즐겨 입는다.

소바[蕎麥, そば]   메밀(국수)
예) 겨울엔 뜨끈한 <u>소바</u>가 생각난다.

소하물[小荷物, こにもつ]   잔짐
예) 기차편에 <u>소하물</u>을 보냈다.

송달[送達, そうたつ]   보냄, 띄움
예) 편지 <u>송달</u> 과정에서 사고가 많이 생긴다.

쇼바[←ショックアブソバ, shock absorber] 완충기
예) <u>쇼바</u>는 충격을 줄여준다.

쇼부[勝負, しょうぶ]   흥정, 결판
예) 가격을 <u>쇼부</u>를 봐서 많이 깎을 수 있었다.

수갑[手匣, てじょう]   (쇠)고랑
예) 경찰이 도둑에게 <u>수갑</u>을 채웠다.

수리[受理, じゅり]   = 받음, 받아들임
예) 사장은 직원이 낸 사표를 <u>수리</u>하지 않고 반려했다.

수반[首班, しゅはん]   = 우두머리
예) 정부의 <u>수반</u>은 국민의 신망을 얻어야 한다.

수속[手續, ←手續き(てつづき)]   절차, 순서
예) 퇴원 <u>수속</u>을 밟으려면 병원비를 모두 내야 합니다.

수순[手順, てじゅん]   차례, 순서
예) 차곡차곡 <u>수순</u>을 밟아 가면서 일을 진행해야 합니다.

수타국수[手打-, ←手打ち(てうち)-]   손국수
예) 기계로 뽑은 것보다는 역시 <u>수타국수</u>가 맛있다.

수하물[手荷物, てにもつ]   손짐
예) 트럭에 <u>수하물</u>을 규정량 이상 실으면 사고의 원인이 된다.

수확고[收穫高, しゅうかくだか]   수확량, 소출
예) 올해는 홍수 피해로 <u>수확고</u>가 작년에 비해 많이 줄어들었다.

순번[順番, じゅんばん]   차례
예) <u>순번</u>을 정해서 한 명씩 들어와라.

승강장[昇降場, ←昇リリ降場(のりおりば)]   타는 곳
예) <u>승강장</u>에서 버스를 기다리다가 옛 애인을 만났다.

승차권[乘車券, じょうしゃけん]   차표
예) 기차를 탈 때 <u>승차권</u>을 구입하지 않으면 처벌을 받는다.

시다바리[←下張リ, したばリ]   밑일꾼, 곁꾼, 보조원
예) 그는 <u>시다바리</u>부터 시작해서 지금은 공장장을 맡고 있다.

시마이[仕舞/終い, しまい]   끝냄, 끝남, 마감, 끝(마침)

예) 하루 일과를 <u>시마이</u>하고 나니 홀가분하다.

시사[示唆, しさ/じさ]   귀띔, 암시, 일러 줌
예) 야당 대변인의 논평은 정계 개편과 관련하여 <u>시사</u>하는 바가 크다.

시합[試合, しあい]   겨루기
예) 오늘은 태권도 <u>시합</u>이 있다.

식비[食費, しょくひ]   밥값
예) 식구가 늘어나니 <u>식비</u> 부담도 만만치 않다.

식상[食傷, しょくしょう]   싫증 남
예) 드라마 내용이 너무 <u>식상</u>해서 시청률이 낮다.

신삥[←新品, しんぴん]   새것, 신품
예) 이 구두는 <u>신삥</u>이어서 윤이 반짝반짝한다.

신쮸[←眞鍮, しんちゅう]   놋쇠
예) 제사에 쓰이는 그릇은 주로 <u>신쮸</u>로 만든다.

십팔번[十八番, じゅうはちばん]   단골 장기, 단골 노래
예) 그녀의 <u>십팔번</u>은 노사연의 '만남'이다.

쓰레빠[←スリッパ, slipper]   실내화, 슬리퍼
예) <u>쓰레빠</u>를 질질 끌고 다니면 보기가 안 좋다.

쓰메키리[爪切リ, つめきリ]   손톱깎이, 손톱깎개
예) 손톱을 <u>쓰메키리</u>로 깎다가 살까지 베고 말았다.

쓰봉[←スボン, jupon]   양복바지
예) 키가 훌쩍 커서 지금 가지고 있는 <u>쓰봉</u>은 모두 짧아서 못 입을 것 같아요.

[ㅇ]

아나고[穴子, あなご]   붕장어
예) 소주 안주로 <u>아나고</u> 회만 한 것도 없다.

악세사리[←アクセサリ, accessory]   장식물, 노리개, 치렛감, 액세서리
예) 여자 친구에게 백일 기념으로 <u>악세사리</u>를 선물했다.

압수[押收, おうしゅう]   거둬 감
예) 수업 시간에 문자를 보내다가 휴대전화를 선생님에게 <u>압수</u>당했다.

압정[押釘, ←押ピン(おしpin)]   누름 못, 누름 핀
예) 게시판에 <u>압정</u>으로 공문을 걸어뒀다.

앙꼬[←子, あんこ]   팥소
예) <u>앙꼬</u> 없는 찐빵은 맛이 없다.

야맹증[夜盲症, やもうしょう]   밤소경(병)
예) 내 친구는 <u>야맹증</u>이 심해서 밤에는 아예 외출할 엄두를 못 낸다.

야미[闇, やみ]   뒷거래
예) 야구장 입장권을 <u>야미</u>로 샀는데 값이 두 배나 비쌌다.

야키만두[燒き饅頭, やきまんじゅう]   군만두
예) 중국 음식은 서비스로 <u>야키만두</u>가 흔히 나온다.

양생[養生, ようじょう]   굳히기 <건설>
예) 시멘트로 바닥을 <u>양생</u> 중이오니 밟지 마십시오.

양식[樣式, ようしき]   서식
예) <u>양식</u>에 따라 정확하게 기입해 주시기 바랍니다.

어획고[漁獲高, ぎょかくだか]   어획량
예) 올 가을에는 예년에 비해 전어 <u>어획고</u>가 많이 늘었다.

언도[言渡, いいわたし]　　　　　　　　선고
예) 그 죄수는 존속 살해죄로 사형을 <u>언도</u>받았다.

에로[エロ, ←erotic]　　　　　　　　　선정(적)
예) 나는 <u>에로</u> 영화를 좋아한다.

에리[襟, えり]　　　　　　　　　　　　깃
예) 외투 <u>에리</u>가 헤져서 더 이상 입기가 어려울 것 같다.

엑키스[←エキス, ←extract]　　　　　　진액
예) 홍삼 <u>엑키스</u>는 맛은 좀 씁쓸하지만 건강에는 그만이다.

여비[旅費, りょひ]　　　　　　　　　　노자
예) 전국일주를 하는데 <u>여비</u>가 생각보다 많이 들어서 때때로 노숙을 하기도 했다.

역할[役割, やくわり]　　　　　　　　　소임, 구실, 할 일
예) 이 곳에서 내 <u>역할</u>이 무엇인고?

연면적[延面積, のべめんせき]　　　　　총면적
예) 도서관 <u>연면적</u>은 꽤 넓다.

연와[煉瓦, れんが]　　　　　　　　　　벽돌
예) 공사용 <u>연와</u>가 모자라서 새로 더 사오기로 했다.

연인원[延人員, のべじんいん]　　　　　총인원
예) <u>연인원</u> 5만 명이 넘는 대규모 공사가 진행 중이다.

연착[延着, えんちゃく]　　　　　　　　늦도착
예) 버스가 <u>연착</u>하는 바람에 결국 약속 시간보다 2시간이나 늦게 도착하게 됐다.

염료[染料, せんりょう]　　　　　　　　물감
예) 옷에 <u>염료</u>가 묻어 지워지지 않는다.

엽기적[獵奇的, りょうきてき]　　　　　괴기적

예) 그녀의 행동은 너무나 <u>엽기적</u>이어서 오히려 웃음이 날 지경이었다.

오뎅[←おでん]   꼬치(안주)
예) 역시 정종엔 <u>오뎅</u>이 최고야.

오바[オバ, ←overcoat]   외투, 겉옷, 오버코트
예) 날이 추우니 <u>오바</u>를 입고 나가거라.

오방떡[大判-, おおばん-]   왕풀빵
예) 예전엔 <u>오방떡</u>으로 한 끼 식사를 때운 적도 많았다.

오봉[御盆, おぼん]   쟁반
예) 그릇들은 <u>오봉</u>에 담아서 나르는 것이 안전하다.

오야[親, おや]   ① 우두머리, 두목 ② 계주
예) 이 학교 <u>오야</u>가 누구냐?

오야붕[←親分, おやぶん]   우두머리, 두목, 책임자
예) 김두한은 한국 건달들의 대표적인 <u>오야붕</u>이다.

오야지[親父, おやじ]   우두머리, 책임자, 공두(工頭)
예) 이번 프로젝트의 <u>오야지</u>를 맡은 사람으로서 책임을 통감합니다.

옥도정기[沃度丁幾, ヨドチンキ(Jodtinktur)] 요오드팅크
예) 할머니는 상처 난 손에 <u>옥도정기</u>를 바르면서 후 불어 주셨다.

올드미스[←オルドミス, ←old miss]   노처녀
예) 우리 이모는 40살이 넘은 <u>올드미스</u>다.

와리깡[←割リ勘, わりかん]   나눠 내기, 추렴
예) 이번 식대는 <u>와리깡</u>을 하자.

와리바시[割リ箸, わりばし]   나무젓가락
예) <u>와리바시</u>가 부러져서 라면을 제대로 먹을 수가 없었다.

와사비[山葵, わさび]　　　　　　　　고추냉이
예) <u>와사비</u>를 너무 많이 넣는 바람에 매워서 눈물이 날 지경이다.

와이로[賄賂, わいろ]　　　　　　　　뇌물
예) 구청 공무원이 <u>와이로</u>를 받은 혐의로 구속됐다.

왔다리 갔다리[←いったりきたり]　　　　왔다 갔다
예) 저 고양이가 <u>왔다리갔다리</u> 해서 정신없다.

요지[楊枝, ようじ]　　　　　　　　이쑤시개
예) 이에 낀 음식을 빼내려고 <u>요지</u>를 찾았으나 찾을 수가 없었다.

우나기[鰻, うなぎ]　　　　　　　　(뱀)장어
예) 정력에 좋다며 <u>우나기</u> 구이를 시켜 먹었다.

우동[←, うどん]　　　　　　　　가락국수
예) 눈 내리는 저녁에 먹곤 하던 뜨끈한 <u>우동</u>이 그립다.

우라[裏, うら]　　　　　　　　안(감)
예) 아이 옷은 <u>우라</u>가 부드러운 것을 써야 피부 손상을 막을 수 있다.

우와기[上衣, うわぎ]　　　　　　　윗도리, 상의, (양복)저고리
예) <u>우와기</u>를 벗고 앉으세요.

운임[運賃, うんちん]　　　　　　　찻삯, 짐삯
예) 고속열차 <u>운임</u>은 비행기보다는 싸다.

운전수[運轉手, うんてんしゅ]　　　　운전기사, 운전사
예) 택시 <u>운전수</u>는 친절하다.

운짱[運-, うんちゃん]　　　　　　　운전기사, 운전사
예) <u>운짱</u>은 운전을 잘해야 한다.

워카[ウォカ, walker]　　　　　　　군화

예) 군인은 <u>워카</u>를 신는다.

원금[元金, がんきん/もときん]   본전, 본밑
예) 사업을 하다가 <u>원금</u>마저 날리고 지금은 거리로 쫓겨날 판이다.

원망[願望, がんぼう]   소원, 바람
예) 철장의 새들은 자유를 <u>원망</u>한다.

위촉[委囑, いしょく]   맡김
예) 홍길동 교수에게 위원장직을 <u>위촉</u>하였다.

유도리[←ゆとり]   융통, 여유
예) 그는 <u>유도리</u>가 없어서 일을 원칙대로만 처리하려고 한다.

유착[癒着, ゆちゃく]   엉겨 붙기
예) 정경 <u>유착</u>은 한국 사회의 주요한 병폐이다.

유휴지[遊休地, ゆうきゅうち]   노는 땅
예) 요즘 시골에는 인력이 부족하여 <u>유휴지</u>가 많다.

융통[融通, ゆうずう]   변통
예) 자금을 <u>융통</u>하려면 신용이 있어야 한다.

음용수[飲用水, いんようすい]   먹는 물, 마시는 물
예) <u>음용수</u>는 아무 때나 마실 수 있게끔 위생상 안전해야 한다.

이자[利子, リし]   길미, 변(리)
예) 예금 <u>이자</u>가 대출 <u>이자</u>보다 낮다.

익년[翌年, よくねん]   다음해, 이듬해
예) <u>익년</u>부터는 다른 일을 해 볼 생각이다.

익월[翌月, よくげつ]   다음달
예) <u>익월</u>에는 새로운 사장이 취임할 것이다.

익일[翌日, よくじつ]   다음 날, 이튿날
예) <u>익일</u>부터 5시까지 근무하기로 했습니다.

인계[引繼, ←引き繼ぎ(ひきつぎ)]   넘겨줌
예) 새로 입사한 사람에게 업무를 <u>인계</u>하도록 하십시오.

인도[引渡, ←引き渡し(ひきわたし)]   건네줌
예) 주문한 상품을 <u>인도</u>해 주십시오.

인상[引上, ←引き上げ(ひきあげ)]   (값) 올림
예) 집값이 <u>인상</u>되어 내 집 마련을 몇 년 늦춰야 할 것 같다.

인수[引受, ←引き受け(ひきうけ)]   넘겨 받음
예) 가게를 <u>인수</u>하고 나서 새로 단장을 했다.

인출[引出, ←引き出し(ひきだし)]   (돈) 찾음
예) 현금을 <u>인출</u>해서 일단 빚부터 갚았다.

인하[引下, ←引き下げ(ひきさげ)]   (값) 내림
예) 불황에 시달리다 못해 옷 가격을 <u>인하</u>하기로 결정했다.

일수[一手, ひとて/いって]   독점
예) 특정 상품을 <u>일수</u>하는 행위는 부도덕한 짓이다.

일조[日照, にっしょう]   볕 쬠
예) <u>일조</u> 시간이 충분하지 않으면 건강에도 해롭다.

일조권[日照權, にっしょうけん]   볕 쬠 권리
예) 아파트는 <u>일조권</u>이 보장되어야 한다.

임금[賃金, ちんぎん]   (품)삯
예) 노동자들이 <u>임금</u> 인상을 요구하며 파업을 벌였다.

임차[賃借, ←賃借り(ちんがり)]   세냄

예) 살던 집을 <u>임차</u>해서 마련한 돈으로 아들을 유학 보내기로 했다.

입간판[立看板, たてかんばん]　　　　　세움 간판
예) 인도에 <u>입간판</u>을 세우면 안 된다.

입구[入口, ←入リ口(いりぐち)]　　　　들어오는 곳, 어귀, 들목
예) 주창장 <u>입구</u>가 좁아서 사고가 잦다.

입장[立場, たちば]　　　　　처지
예) 어느 편을 들어야 할지 <u>입장</u>이 난처하다.

입하[入荷, にゅうか]　　　　　들어옴, 들여옴
예) 신상품 <u>입하</u> 기념 20% 세일!

입회[立會, ←立ち會い(たちあい)]　　　참여, 참관
예) 클럽에 <u>입회</u>하려면 회비를 내야 합니다.

잇파이[一杯, いっぱい]　　　　　가득, 한껏, 많이, 가득들이
예) 차에 기름을 <u>잇파이</u> 넣었어도 하루가 채 가지 않아 바닥이 났다.

잉꼬부부[鸚哥夫婦, いんこ-]　　　　원앙 부부
예) 그들은 워낙 사이가 좋아서 동네에 <u>잉꼬부부</u>로 소문이 났다.

잉여[剩餘, じょうよ]　　　　　나머지
예) <u>잉여</u> 자본은 많으나 투자할 곳이 마땅치 않아 돈이 부동산으로 몰리고 있다.

[ㅈ]

자꾸[←チャック, zipper]　　　　지퍼
예) 가방 <u>자꾸</u>가 고장 나서 열리는 바람에 책이 모두 쏟아졌다.

자바라[蛇腹, じゃばら]　　　　주름상자, 주름 대롱
예) 이 바지에는 <u>자바라</u>를 잡아 주면 훨씬 맵시가 살아날 것 같은데요.

자부동[←座布團, ざぶとん]   방석
예) 의자가 너무 딱딱해서 <u>자부동</u>을 깔고 앉았다.

잔고[殘高, ざんだか]   잔액, 나머지
예) 예금 <u>잔고</u>가 바닥나서 빚을 내야 할 판이다.

잔반[殘飯, ざんばん]   남은 밥, 음식 찌꺼기
예) <u>잔반</u>이 생기지 않도록 깨끗이 먹은 다음에 식판을 반납해야 한다.

잔반통[殘飯筒, ざんばん-]   음식 찌꺼기 통
예) <u>잔반통</u>에 모인 음식 찌꺼기는 나중에 가축 사료로 쓰이기도 한다.

잔업[殘業, ざんぎょう]   시간 외 일
예) 휴일까지 <u>잔업</u> 근무를 하느라 피곤하지만 돈이 많이 생겨 기분은 좋다.

장마 전선[-前線, -ぜんせん]   장마 선 <기상>
예) 장마 <u>전선</u>이 발달하여 비가 많이 올 것으로 예상됩니다.

저리[低利, ていリ]   싼 변
예) 정부는 서민들을 위해서 <u>저리</u>로 은행 대출을 받을 수 있게 하겠다고 발표했다.

적립[積立, ←積み立て(つみたて)]   모음, 모아 쌓음
예) 포인트가 일정액 이상 <u>적립</u>되면 현금처럼 쓸 수도 있습니다.

적자[赤字, あかじ]   결손
예) 대규모 <u>적자</u>가 나는 바람에 회사를 넘길 수밖에 없었다.

적조[赤潮, あかしお]   붉은 조류
예) 바닷물의 온도가 높아지면서 <u>적조</u> 현상이 발생하여 양식 어민들의 피해가 잇따르고 있다.

전기다마[電氣球, でんきだま]   전구
예) <u>전기다마</u>를 새로 갈아 끼워서 방이 훨씬 환해졌다.

전향적[前向的, ←前向き(まえむき)]   적극적, 진취적, 앞서감

예) 그는 다 잘될 것이라는 <u>전향적</u>인 생각으로 사업에 임했다.

절상[切上, ←切り上げ(きりあげ)]   올림
예) 원화 가치가 <u>절상</u>되는 바람에 수출에 타격이 크다.

절수[節水, せっすい]   물 아낌
예) 우리나라는 물 부족 국가이므로 <u>절수</u>가 곧 애국하는 길이다.

절취[切取, ←切り取り(きりとり)]   자름, 자르기
예) 관심 있는 신문기사를 <u>절취</u>해서 따로 모아 놓았다.

절취선[切取線, ←切り取り線(きりとりせん)]   자름 선
예) <u>절취선</u>을 따라 자르면 꽃 모양이 됩니다.

절하[切下, ←切り下げ(きりさげ)]   내림
예) 달러화가 평가 <u>절하</u>되면서 우리나라의 대미 수출 환경이 어려워지고 있다.

정찰제[正札制, ←正札制き(しょうふだつき)]   제값 받기
예) <u>정찰제</u>를 실시하게 되면서 가격을 흥정하는 일이 없어졌다.

제전[祭典, さいてん]   축전, 잔치
예) 혼사를 치르게 된 친척에게 <u>제전</u>을 보냈다.

조끼[←ジョッキ, jug]   잔
예) 맥주 한 <u>조끼</u>에 2,000원을 받는다.

조립[組立, ←組立て(くみたて)]   짜기, 짜 맞추기
예) <u>조립</u> 장난감은 아이들 지능 발달에도 도움이 된다.

종지부[終止符, しゅうしふ]   마침표
예) 이젠 어떻게든 일의 <u>종지부</u>를 찍을 때가 됐다.

중매인[仲買人, なかがいにん]   거간, 거간꾼
예) 부동산 가격이 급등한 원인 중에는 부동산 <u>중매인</u>들의 농간도 한 자리를 차지한다.

지라시[散らし, ちらし]　　　　　　　　선전지, 낱장 광고
예) 하루 종일 직접 만든 <u>지라시</u>를 돌리면서 가게를 선전했다.

지분[持分, ←持ち分(もちぶん)]　　　　몫
예) 이 회사 <u>지분</u>의 반을 인수해서 경영권을 가질 생각이다.

지불[支拂, ←支拂い(しはらい)]　　　지급, 치름
예) 음식값을 <u>지불</u>하려고 지갑을 꺼냈다.

지양[止揚, しよう]　　　　　　　　　삼감, 벗어남 <철학>
예) 우리는 상호 비방을 <u>지양</u>하고 대화와 타협으로 문제를 해결해 나가기로 합의했다.

지입[持, ←持ちみ(もちこみ)]　　　　가지고/갖고 들기
예) <u>지입</u> 차로 택시 영업을 하는 것은 불법이다.

지참[持參, じさん]　　　　　　　　　지니고 옴
예) 필기도구를 <u>지참</u>해야 제대로 견학할 수 있다.

집중 호우[集中豪雨, しゅうちゅうごうう] 작달비, 장대비
예) 전남 지역에 <u>집중 호우</u> 주의보가 내려졌으니 비 피해가 없도록 주의하시기 바랍니다.

짬뽕[←ちゃんぽん]　　　　　　　　① 초마면 ② 뒤섞기
예) 점심식사로 <u>짬뽕</u>과 자장면을 시켜 먹었다.

[ㅊ]

차압[差押, ←差し押え(さしおさえ)]　　압류
예) 집에 있는 물건을 몽땅 <u>차압</u>당하는 바람에 빈손으로 쫓겨나올 수밖에 없었다.

차입[差入, ←差し入れ(さしいれ)]　　　넣어 줌, 옥바라지
예) 교도소에 있는 남편이 읽을 책들을 <u>차입</u>하려 했으나 일부는 거절당했다.

차장[車掌, しゃしょう]　　　　　　　승무원

예) <u>차장</u>의 안내에 따라 천천히 하차해 주시기 바랍니다.

차출[差出, ←差し出し(さしだし)]   뽑아냄
예) 각 단위별로 봉사대원을 <u>차출</u>하여 본부로 보내주시기 바랍니다.

천연두[天然痘, てんねんとう]   마마
예) <u>천연두</u>는 예방 주사만 제때 맞으면 걸리지 않는다.

청부[請負, うけおい]   도급
예) 하청업자에게 <u>청부</u>를 주는 과정에서 비리가 자주 발생한다.

체적[體積, たいせき]   부피
예) 이 물통은 <u>체적</u>이 커서 물이 엄청 많이 들어간다.

추리닝[←トレニング, training]   연습복, 운동복
예) <u>추리닝</u>을 입고 운동을 하였다.

추월[追越, ←追い越し(おいこし)]   앞지르기
예) 앞차를 추월하려다가 결국 사고를 내고 말았다.

축제[祝祭, しゅくさい]   축전, 잔치
예) 마을 <u>축제</u>를 알리는 풍물 소리가 온 마을을 뒤덮었다.

출구[出口, でぐち]   나가는 곳, 날 목
예) 애인과 함께 <u>출구</u>를 통해 극장을 빠져나가다가 옛 애인을 만났다.

출산[出産, しゅっさん]   해산
예) 누나가 예쁜 딸아이를 <u>출산</u>했다.

출산율[出産率, しゅっさんりつ]   출생률
예) <u>출산율</u>이 너무 낮아서 사회적인 문제가 되고 있다.

출찰구[出札口, しゅっさつぐち]   표 사는 곳
예) <u>출찰구</u>에서 표를 사서 각자에게 나눠주었다.

출해[出荷, しゅっか]　　　　　　　실어 내기
예) 물품을 <u>출하</u>하는 즉시 서울로 날라 와야 한다.

취급[取扱, ←取り扱い(とりおつかい)]　다룸
예) 화약을 <u>취급</u>하려면 정부의 허가를 받아야 한다.

취소[取消, ←取り消し(とりけし)]　　무름, 말소
예) 정부가 보관하는 개인 기록을 <u>취소</u>하려면 일정한 절차를 밟아야 한다.

취입[吹, ←吹きみ(ふきこみ)]　　　녹음
예) 새 음반을 <u>취입</u>하느라 3개월 동안 녹음실에서 살다시피 했다.

취조[取調, ←取り調べ(とりしらべ)]　　문초
예) 엄중히 <u>취조</u>해서 진위를 반드시 가려야 한다.

취체[取締, ←取り締まり(とりしまり)]　　단속
예) 경찰은 연말연시를 맞아 음주 운전에 대한 대대적인 <u>취체</u>를 하기로 했다.

취하[取下, ←取り下げ(とりさげ)]　　무름, 철회
예) 파업을 <u>취하</u>하는 대신에 임금 인상률을 10%로 합의했다.

침목[枕木, まくらぎ]　　　　　　　굄목
예) 선로 밑에 <u>침목</u>을 갈아 끼우는 일을 하다 사고가 많이 발생한다.

[ㅋ]

카라[カラ, collar]　　　　　　　　(옷)깃, 칼라
예) 찬바람에 <u>카라</u>를 세우고 총총걸음으로 걷다.

카렌다[カレンダ, calendar]　　　달력, 캘린더
예) 연말이면 은행에서 새해 <u>카렌다</u>를 돌리는 것은 서양에서는 없는 풍습이다.

크락숀[←クラクション, klaxon]　　경적, 클랙슨
예) 버스가 <u>크락숀</u>을 울리며 지나가는 바람에 잠자던 아이가 깨고 말았다.

[ㅌ]

타부[タブ, taboo]   금기, 터부
예) 우리 문화에는 성이나 죽음과 관련된 많은 <u>타부</u>가 있다.

타이루[タイル, tile]   타일
예) 욕실에 <u>타이루</u>를 붙였다.

타이야[タイヤ, tire]   바퀴, 타이어
예) 민석이의 차는 <u>타이야</u>가 너무 닳아서 중고 <u>타이야</u>로 교체했다.

택배[宅配, たくはい]   집 배달, 문 앞 배달
예) 김치 10 킬로그램을 <u>택배</u>로 보내려면 얼마나 드나요?

투망[投網, とあみ]   던짐 그물, 쟁이
예) <u>투망</u>으로 물고기를 잡아 올렸다.

[ㅍ]

퍼스컴[←パソコン, ←personal computer] 개인(용) 컴퓨터
예) 요즘은 <u>퍼스컴</u>이 많이 보급되어 집에서도 쉽게 인터넷을 할 수 있다.

품절[品切, ←品切れ(しなぎれ)]   (물건) 없음
예) 인기가 많아 상품이 모두 <u>품절</u>되었다.

픽사리[←下がり, さがり]   헛치기 <당구>
예) 당구를 치다 보면 <u>픽사리</u>가 나는 경우가 흔하다.

[ㅎ]

하구언[河口堰, かこうぜき]   강어귀 둑
예) 낙동강 <u>하구언</u>에 금이 가서 수리 공사를 하고 있다.

하락세[下落勢, げらく-]   내림세

예) 주가가 계속 <u>하락세</u>를 면치 못하고 있다.

하명[下命, かめい]   명령, 지시
예) 부하에게 내린 <u>하명</u>이 제대로 전달되지 않은 듯하다.

하물[荷物, にもつ]   짐
예) <u>하물</u>을 실어 나르는 고된 일을 하다 허리를 다치고 말았다.

하중[荷重, かじゅう]   짐무게
예) <u>하중</u>이 많이 나가는 짐은 운임을 더 내야 합니다.

하청[下請, ←下請け(したうけ)]   아래 도급, 밑 도급
예) <u>하청</u>을 맡아서 공사를 하려다 보면 접대할 곳이 많다.

하코방[箱房, はこ−]   판잣집
예) 비가 세는 <u>하코방</u>에서 삼 년을 살았다.

할당[割當, ←割り當て(わりあて)]   몫 나누기, 벼름, 배정
예) 일거리를 <u>할당</u>받기 위해 사람들이 모여들었다.

할인[割引, わりびき]   덜이
예) 옷을 <u>할인</u>할 때 사면 때로 반도 안 되는 가격에 사는 경우도 있다.

할증료[割增料, ←割り增し料(わりましりょう)]   웃돈, 추가금
예) 저녁 12시가 넘어 택시를 탈 때는 <u>할증료</u>를 내야 한다.

함마[←ハンマ, hammer]   (큰) 망치, 해머
예) 큰 못은 <u>함마</u>로 박는 게 편하다.

함바[←飯場, はんば]   현장 식당
예) 공사장 인부들이 밥을 먹기 위해 <u>함바</u>로 모여들었다.

행선지[行先地, ←行き先(ゆきさき)−]   가는 곳
예) 이번 여행의 <u>행선지</u>는 제주도다.

호로[幌, ほろ]   덮개, 포장
예) 길을 닦은 다음에 <u>호로</u> 작업을 하느라 교통 통제를 실시하고 있습니다.

호열자[虎列刺, ←コレラ(cholera)]   괴질, 콜레라
예) 이번 여름엔 <u>호열자</u>가 유행이니 특별히 주의하시기 바랍니다.

호조[好調, こうちょう]   순조
예) 석윳값이 내림세를 보이면서 우리나라 경기가 <u>호조</u>를 띠기 시작했습니다.

호출[呼出, ←呼び出し(よびだし)]   부름
예) 부관에게 알아보았더니 사령부의 <u>호출</u>을 받고 나갔다는 것이었다.

혹성[惑星, わくせい]   행성
예) 태양계에는 지구를 비롯해 9개의 <u>혹성</u>이 있다.

홈[←ホム, ←platform]   플랫폼
예) 5분도 지나지 않아 기차가 검은 연기를 내뿜으며 홈으로 미끄러져 들어왔다.

화이바[ファイバ, fiber]   안전모
예) 오토바이를 탈 때에는 반드시 <u>화이바</u>를 착용해야 합니다.

회람[回覽, かいらん]   돌려 보기
예) 두 시부터 편집 회의가 열린다는 <u>회람</u>이 돌았다.

후라이[フライ, fry]   ① 튀김, 부침 ② 거짓말
예) 특별히 먹을 만한 반찬이 없을 때는 계란 <u>후라이</u>가 제격이다.

후롯쿠[フロック, fluke]   엉터리, 어중치기
예) 빗맞혔는데도 <u>후롯쿠</u>로 득점을 얻었다.

후카시[吹かし, ふかし]   부풀이, 부풀머리, 품재기
예) 머리에 <u>후카시</u>를 넣었더니 얼굴이 너무 크게 보인다.

흑판[黑板, こくばん]   칠판

예) 지금부터 선생님이 <u>흑판</u>에 쓴 내용은 전부 필기해라.

히마리[←締, しまり]   맥
예) 그는 지쳐 <u>히마리</u>가 하나도 없이 귀가했다.

히야시[冷やし, ひやし]   차게 함, 채움
예) 아이들이 집에 들어오면 시원하게 마실 수 있도록 과일 주스를 <u>히야시</u>해 놓아라.

2. 외래어 순화 용어

⟨순화 대상⟩   ⟨순화한 용어⟩   ⟨순화 대상⟩   ⟨순화⟩

[ㄱ]

⟨순화 대상⟩	⟨순화한 용어⟩	⟨순화 대상⟩	⟨순화⟩
가든 파티(garden party)	마당잔치/뜰잔치	가라오케(カラオケ)	녹음 반주
가십(gossip)	촌평	가운(gown)	덧옷
가이드북(guidebook)	안내서/안내책자	개그(gag)	재담
개런티(guarantee)	출연료	갤러리(gallery)	화랑/그림방
갭(gap)	틈/차이/간격	게스트(guest)	손님/특별출연자
게임(game)	경기/놀이/내기	게임 메이커(game maker)	주도 선수
골인(goal in)	득점	그라운드(ground)	경기장/운동장
그랑프리(프 grand prix)	대상(大賞)/최우수상	그래프(graph)	그림표/도표
그레이드업하다(upgrade)	상승시키다/개선하다	그로테스크하다(grotesque)	기괴하다
그린벨트(greenbelt)	개발제한지역/ 녹지대	글라스(glass)	유리잔
글로벌리즘(globalism)	지구주의		

[ㄴ]

⟨순화 대상⟩	⟨순화한 용어⟩	⟨순화 대상⟩	⟨순화⟩
난센스(nonsense)	당찮은 말/일	내레이션(narration)	해설
내추럴 컬러(natural colour)	자연색	내추럴하다(natural)	자연스럽다
네거티브하다(negative)	부정적이다	네온 사인(neon sign)	네온등/네온광고
네임 밸류(name value)	명성/이름(값)	네크라인(neckline)	목둘레선
네트워크(network)	그물/망/방송망/통신망	노하우(know-how)	비결/기술/비법
녹아웃시키다(knockout)	맥 못쓰게 하다	논스톱(nonstop)	안 멈춤
논스톱으로(nonstop)	실화 멈추지않고, 곧바로	논픽션(non-fiction)	실화
누드(nude)	알몸/나체/맨몸	뉘앙스(프 nuance)	어감/말맛
뉴 미디어(new media)	새매체/신매체	니트(knit)	뜨개(옷)
닉네임(nickname)	별명/애칭	노 코멘트(no comment)	논평보류
노크하다(knock)	두드리다		

[ㄷ]

다운타운(downtown)	도심(지)	다이내믹하다(dynamic)	역동적이다
다이어리(diary)	일기장	다이어트(diet)	식이요법/덜먹기
다이얼(dial)	글자판/번호판	다이제스트하다(digest)	간추리다
다크 호스(dark horse)	(뜻밖의)변수/복병	댄서(dancer)	무용가/무용수
더빙(dubbing)	재녹음/재녹화	덤핑(dumping)	헐값팔기/막팔기
데드라인(deadline)	한계선/최종 한계/마감	데모(demonstration)	시위
데뷔(프 début)	등단/(첫)등장	데이터(data)	자료
데이트(date)	교제/만남	데코레이션(decoration)	장식(품)
데탕트(프 détente)	긴장 완화	델리킷하다(delicate)	섬세하다
도미노(domino)	(연쇄)파급	도어(door)	문
도어맨(doorman)	(현관)안내인	도킹하다(docking)	만나다
드라마(drama)	극/연극	드라마틱하다(dramatic)	극적이다
드라이브 정책(drive 政策)	주도 정책	드라이브 코스(drive)	차산책길
드라이어(drier)	(머리)말리개/건조기	드라이 플라워(dry flower)	말린꽃
드레시하다(dressy)	멋있다/ 우아하다	디스카운트(discount)	에누리/할인
디스크 자키(disk jockey)	음반사/음반지기	디스플레이(display)	진열/전시
디저트(dessert)	후식	디지털(digital)	숫자식
디테일하다(detail)	섬세하다/세밀하다	딜러(dealer)	분배상/판매원
딜럭스하다(deluxe)	화려하다/크다	딜레마(dilemma)	궁지

[ㄹ]

라벨/레이블(label)	상표/꼬리표	라운지(lounge)	휴게실
라이벌(rival)	맞수	라이선스(license)	면허장
라이트(light)	조명(등)	라이프 사이클(life cycle)	수명/생애 주기
라이프 스타일(life style)	생활 양식	라인(line)	선/줄/금
라커 룸(locker room)	(선수)대기실/갱의실	래디컬하다(radical)	과격하다
랜덤하게(random)	임의로/무작위로	램프(lamp)	(표시)등
랭크되다(rank)	(순위가)매겨지다	랭킹(ranking)	순위/서열
러닝 메이트(running mate)	동반자	러닝 타임(running time)	상영 시간
러시(rush)	붐빔	러시 아워(rush hour)	몰릴 때/붐빌 때
러프하다(rough)	거칠다	런치 파티(lunch party)	점심 모임/자리
레벨(level)	수준	레스토랑(프 restaurant)	(양)식당
레슨(lesson)	개인 지도	레이스(race)	경주/달리기
레인지(range)	화덕/조리기	레임덕 현상(lame duck)	누수 현상
레저(leisure)	여가 (활동)	레저 타운(leisure town)	휴양지
레크리에이션(recreation)	오락/놀이	레퍼토리(repertory)	곡목, 상연 목록
렌터카(rent-a-car)	임대차/빌림차	로고(logo)	보람/상징
로비(lobby)	휴게실/복도, 막후 교섭	로비스트(lobbyist)	막후 교섭자
로열 박스(royal box)	귀빈석	로열티(royalty)	사용료, 인세

로케(location)	현지 촬영	로테이션(rotation)	순환
롱런하다(long run)	기 흥행하다	롱 헤어(long hair)	긴 머리
루머(rumour)	소문/풍문/뜬소문	루트(route)	통로
룰(rule)	규칙	룸메이트(roommate)	방짝/방친구
르포(프 reportage)	보고 기사, 현장 보고(서)	리더(leader)	지도자
리더십(leadership)	통솔력/지도력	리드미컬하다(rhythmical)	율동적이다
리드하다(lead)	앞서다/이끌다	리듬(rhythm)	흐름(새)/박자감
리딩 브랜드(leading brand)	으뜸/주도 상표	리모컨(remote control)	원격조정기
리믹스하다(remix)	재합성/재혼합하다	리바이벌(revival)	복고/재생/부흥
리뷰(review)	비평/편람	리빙 룸(living room)	거실
리사이클링(recycling)	재활용	리사이틀(recital)	연주회/발표회
리셉션(reception)	접수처, 초대/축하(연회)	리스트(list)	목록/명단
리얼리티(reality)	현실감/사실성	리얼하다(real)	사실적이다
리조트(resort)	휴양지	리조트 웨어(resort wear)	여가복
리치하다(rich)	넉넉하다/풍부하다	리코딩(recording)	녹음/기록
리포터(reporter)	보고자/보도자	리포트(report)	보고서
리허설(rehearsal)	예행 연습	린스(rinse)	헹굼 비누
린치(lynch)	폭력	링(ring)	고리

[ㅁ]

마네킹(mannequin)	매무새 인형	마마 보이(mamma boy)	응석받이
마스터(master)	숙달/통달	마스터 플랜(master plan)	종합 계획
마스터피스(masterpiece)	걸작	마이너스 1(minus)	부정적
마이너스 2(minus)	적자	마이 카(my car)	자가용
마인드(mind)	심리	마일드하다(mild)	부드럽다/순하다
마진(margin)	중간 이윤	마케팅(marketing)	시장거래
매너(manner)	태도/버릇/몸가짐	매너리즘(mannerism)	타성
매뉴얼(manual)	설명서/편람/안내서	매니저(manager)	지배인/관리인
매머드(mammoth)	큰/대규모의/대형	매스컴(mass communication)	언론(기관)
매트(mat)	요/깔개/침대(용)요	맨투맨(man-to-man)	일대일
머니 게임(money game)	돈놀이	멀티미디어(multimedia)	다중 매체
메가폰(megaphone)	손확성기	메뉴(menu)	차림(표)/식단
메달리스트(medalist)	메달수령자/메달받을이	메들리(medley)	접속곡
메리트 시스템(merit system)	성과급 제도	메모(memo)	비망록/기록
메모리(memory)	기억/추억	메스(네 mes)	손질/수정/칼
메시지(message)	성명서/교서/ 전갈	메신저(messenger)	전달자
메이커(maker)	제작자/제조업체	메이크업(makeup)	화장/마무리
메인프레임(mainframe)	핵심/기본 구조	메커니즘(mechanism)	체제
메타포(metaphor)	은유	메탈릭(metallic)	금속성
멜랑콜리하다(프 mélancholie)	우울하다	멜로(melodrama)	통속(극)
멜로디(melody)	가락	멤버(member)	회원/구성원

모노톤(monotone)	단색조	모니터 1(monitor)	화면(기)
모니터 2(monitor)	협찬 위원, 정보제공자	모던하다(morden)	현대적이다
모델(model)	모형	모델 하우스(model house)	본보기집
모드(mode)	양식	모럴(moral)	도덕/도의
모멘트(moment)	계기/동기	모빌(mobile)	흔들개비
모자이크(하다)(mosaic)	짜맞추기/짜맞추다	모티브(motive)	동기
무드(mood)	멋/분위기	무비 스타(movie star)	영화 배우
무크(mook)	부정기 간행물	미네랄 워터(mineral water)	생수
미니 스커트(mini skirt)	깡동치마/짧은치마	미디어(media)	(대중) 매체
미스 1(miss)	실수	미스 2(miss)	아가씨, ~씨/양
미스터(Mr.)	O군/선생님, ~씨/선생님	미스터리(mystery)	추리
미시즈(Mrs.)	부인	미팅(meeting)	모임/모꼬지
믹스하다(mix)	(뒤)섞다		

[ㅂ]

바겐 세일(bargain sale)	싸게팔기	바로미터(barometer)	지표/척도
바리케이드(barricade)	방어벽/방책	바비큐(barbecue)	통구이/뜰구이
바이어(buyer)	구매자/구매상/수입상	바이탤리티(vitality)	활력소
바자(회)(bazar)	자선장(터), (자선)특매장	바캉스(프 vacance)	(여름) 휴가
바 코드(bar code)	막대표시/줄표시	박스 1(box)	상자/갑/곽
박스 2(box)	칸(기사)	발코니(balcony)	난간
배터리(battery)	(축)전지/(건)전지	백그라운드(background)	배경
백 미러(back mirror)	뒷거울, 뒤살핌 거울	밴드(band)	악단/악대
밸런스(balance)	균형	버라이어티 쇼(variety show)	호화쇼
버전(version)	판	버튼(button)	단추/누름쇠
벙커(bunker)	진지	베란다(veranda)	쪽마루
베스트(best)	최상/일류	베스트 드레서(best dresser)	(옷)멋쟁이
베스트 셀러(best seller)	인기 상품	베일(veil)	장막
베테랑(프 vétéran)	숙련가	보너스(bonus)	상여금
보디가드(bodyguard)	경호원	보디라인(body-line)	체형/몸꼴
보이콧(boycott)	거절/거부/배척	보컬 그룹(vocal group)	중창단
보틀넥(bottleneck)	병목 현상	볼륨(volume)	부피감/음량
부츠(boots)	목긴구두	부킹(booking)	예약
북 디자인(book design)	책 도안/자인	붐(boom)	대유행/(대)성황
브랜드(brand)	상표	브러싱(brushing)	빗질/솔질
브레인 풀제(brain pool制)	두뇌은행제	브로커(broker)	중개인/거간
브리핑(briefing)	요약 보고, 간추린 설명	브이아이피(VIP)	귀빈/요인
블라인드(blind)	가리개	블랙리스트(blacklist)	감시 대상 명단
블록(block)	집단/구역	비닐 하우스(vinyl house)	비닐 온실
비디오(vedio)	녹화(기)	비전(vision)	이상(理想)/전망
비즈니스(business)	사업	비즈니스맨(businessman)	사업가/직장인
비토(veto)	거부(권)		

[ㅅ]

외래어	순화 용어	외래어	순화 용어
사이즈(size)	크기/치수	사이클 1(cycle)	자전거
사이클 2(cycle)	주파수/주기	사이키(psychedelic)	깜빡이(조명)
사인(sign)	서명/수결/신호/암호	샐러리맨(salaried man)	봉급 생활자
샘플(sample)	(본)보기/표본/견본	샘플링(sampling)	표본뽑기
서머 스쿨(summer school)	여름 학교	서비스(service)	봉사/접대
서빙하다(serving)	봉사하다/접대하다/내다	서스펜스(suspense)	긴장감/진감
서클(circle)	동아리/모임	선글라스(sunglass)	색안경
세미나(seminar)	연구회/발표회/토론회	세일즈맨(salesman)	외판원/판매원
세트 1〈의복〉(set)	(한) 벌	세트 2〈체육〉(set)	(한) 판
세팅(setting)	설치	섹시하다(sexy)	관능적이다
센서(sensor)	감지기	센서스(census)	통계 조사
센서티브하다(sensitive)	예민하다	센세이셔널하다(sensational)	충격적이다
센스(sense)	눈치/분별(력)/감각	센티멘털리즘(sentimentalism)	감상주의
셀프서비스(self-service)	손수하기	셔틀 버스(shuttle bus)	순환 버스
소프트하다(soft)	부드럽다	쇼맨십(showmanship)	허세/제자랑
쇼 윈도(show window)	진열장	쇼크(shock)	충격
쇼킹하다(shocking)	충격적이다	쇼트 헤어(short hair)	짧은 머리
쇼핑(shopping)	(시)장보기/물건사기	쇼핑 백(shopping bag)	장바구니
쇼핑 센터(shopping center)	종합 상가, 시장, 상점가	스낵(snack)	간편식
스냅 사진(snap)	순간 사진	스릴(thrill)	전율/긴장감
스매싱(smashing)	강타	스카우트(scout)	고르기/골라오기
스캔들(scandal)	추문, 좋지 못한 소문	스커트(skirt)	치마
스케일(scale)	규모/축척/크기/통	스케줄(schedule)	일정(표)
스크랩(scrap)	자료 모음, 오려모으기	스크린(screen)	화면/막/영화
스킨십(skinship)	살갗닿기, 피부 접촉	스킨 케어(skin care)	피부 관리/치료
스타덤(stardom)	인기 대열	스타디움 (라 stadium)	주경기장
스타일(style)	맵시/품/형	스타트(start)	출발/시작
스타팅 멤버(starting member)	선발(先發) 선수	스타 플레이어(star player)	인기 선수
스태미나(stamina)	힘/정력/원기	스태프(staff)	제작진/참모진
스탠드 1(stand)	세움대/관중석	스탠드 2(stand)	책상등
스터디 그룹(study group)	연구회	스테이지(stage)	무대
스테인리스(stainless)	녹안슬(쇠)	스토리(story)	이야기/줄거리
스톱 모션(stop motion)	정지 동작	스튜디오(studio)	방송실/제작실
스트라이크(strike)	파업	스트레스(stress)	긴장/불안/짜증
스트레이트(straight)	곧바로/곧바른	스티커(sticker)	붙임 딱지
스팀(steam)	(수)증기/김	스팀 타월(steam towel)	찜질/김 수건
스퍼트(spurt)	(막판/끝판)힘내기	스페셜리스트(specialist)	전문가
스펙터클하다(spectacle)	웅장하다/거대하다	스포츠(sports)	운동
스포트라이트(spotlight)	각광/주시	스폰서(sponsor)	후원자
스푼(spoon)	(양)숟가락/술	스프레이(spray)	분무(기)

스피디하다(speedy)　　빠르다　　　　　　슬럼프(slump)　　침체/부진
슬로건(slogan)　　　표어/강령/구호　　슬림형(slim形)　　좁은형/납작형
시니컬하다(cynical)　냉소적이다　　　　시드(seed)　　　우선권
시리즈(series)　　　연속(물)/총서　　시즌(season)　　철/계절
시트(seat)　　　　　깔개/덮개/자리　　신(scene)　　　장면
신드롬(syndrome)　　증후군　　　　　　실루엣(프 silhouette)　음영
심벌 마크(symbol mark)　상징표(시)　　심포지엄(symposium)　학술/토론 회의
심플하다(simple)　　단순하다　　　　　싱글이다(single)　독신이다
싱크대(sink臺)　　　개수대/설거지대　싱크 탱크(think tank)　두뇌 집단

[ㅇ]

아르바이트(독 Arbeit)　부업　　　　　아마추어(amateur)　비전문가
아베크족(프 avec族)　연인/(남녀)동반　아웃사이더(outsider)　문외한/국외자
아이덴티티(identity)　일체감/정체성　아이디어(idea)　착안/착상/고안
아이러니(irony)　　　이율배반/역설/모순　아이러니컬하다(ironical)　역설적이다
아이 쇼핑(eye shopping)　눈요기　　아이스 링크(ice rink)　빙상 경기장
아이큐(IQ)　　　　　지능 지수　　　　아이템(item)　항목/종목
아지트(러 agitpunkt)　소굴/거점　　아카데믹하다(academic)　학술적이다
아트(art)　　　　　예술/기술　　　　아티스트(artist)　예술가
안전 벨트(安全 belt)　안전띠　　　　알레르기(독Allergie)　과민/거부 반응
알리바이(alibi)　　　현장 부재 (증명)　앙상블(프 ensemble)　조화
앙케트(프 enquête)　설문/설문 조사　앙코르(프 encore)　재청
앙코르 송(encore song)　재청곡　　애드 리브(ad lib)　즉흥성
애드 벌룬(ad balloon)　(광고)풍선/기구(氣球)　애프터 서비스(after service)　사후관리
액세서리(accessory)　장신물/노리개/장식품　액션(action)　동작
액션 드라마(action drama)　활극　　앰뷸런스(ambulance)　구급차
앵커anchor man)　　뉴스 진행자　　어드바이스(advice)　조언/충고
어드벤처(adventure)　모험　　　　　어시스트(assist)　도움
어필하다(appeal)　　호소/항의/이의 제기하다　언더그라운드(underground)　장외/지하
언밸런스(unbalance)　불균형/부조화　업그레이드(upgrade)　상승/개선/향상
에러(error)　　　　　잘못/실책실수　에로틱하다(erotic)　선정적이다
에세이(essay)　　　수필/논문　　　에스컬레이터(escalator)　자동 계단
에이스 1(ace)　　　최고의　　　　　에이스 2〈야구〉(ace)　기둥 투수
에이프런(apron)　　앞치마　　　　　에코(echo)　메아리/반향
에티켓(프 étiquette)　예절/예의/품위　에피소드(episode)　일화
엑스터시(ecstasy)　황홀감　　　　　엑스트라(extra)　조역/곁다리
엔트리(entry)　　　참가자(명단)　　엘리베이터(elevator)　(자동)승강기
엘리트(elite)　　　우수-/선량/ 정예　엠티(MT)　수련 모임
오너(owner)　　　소유주　　　　　오너 드라이버(owner driver)　손수 운전자
오디션(audition)　　(실연) 심사/검사　오리엔테이션(orientation)　예비 교육
오리지널(original)　　본/원본/독창적　오픈하다(open)　개업하다

오피스 레이디(office lady) 직장 여성
오피스 빌딩(office building) 사무용 건물
오피스텔(office hotel) (주거)겸용사무실
온라인(on-line) (공동) 전산망
옴니버스(omnibus) 엮음/복합-
옵서버(observer) 참관인
와이프(wife) 처/아내/부인
와일드하다(wild) 거칠다
워밍업(warming-up) 준비(운동)/몸풀기
워크숍(workshop) 공동 연수/수련
웨딩 드레스(wedding dress) 혼례복/신부예복
웨이브(wave) (물결)주름
위트(wit) 재치/기지
유니섹스(unisex) 남녀 겸용
유머(humour) 익살/해학/우스개
이니셔티브(initiative) 주도권
이니셜(initial) 머리글자
이데올로기(독 Ideology) 이념
이미지(image) 인상/심상
이미테이션(imitation) 모조/흉내/모방
이벤트(event) 사건/행사
이슈(issue) 논쟁거리/쟁점
인덱스(index) 찾아보기/색인
인센티브(incentive) 유인책/조성책
인스턴트(instant) 즉석(식품)
인콰이어리(inquiry) 문의
인터내셔널(international) 국제(적)
인터뷰(interview) 회견/면접
인터체인지(interchange) 입체교차로
인턴 사원(intern 社員) 실습 사원
인테리어(interior) 실내 장식
인텔리전트하다(intelligent) 지적이다
임팩트하다impact) 충격적이다

[ㅈ/ ㅊ]

장르(프 genre) 분야/갈래
저널(journal) 언론
저널리스트(journalist) 언론인
저널리즘(journalism) 언론
점프하다(jump) 뛰다/도약하다/뛰어오르다
제스처(gesture) 몸짓
조깅(jogging) 건강달리기
조인트(joint) 합동/이음매
조크(joke) 농담/우스개
주니어(junior) 청소년/중급자
징크스(jinx) 액(厄),불길한/재수없는 일
차트(chart) (순위) 도표
찬스(chance) 기회
챔피언(champion) 으뜸선수
체인점(chain店) 연쇄점
체크(check) 점검/대조

[ㅋ]

카드(card) 표/방안
카리스마(charisma) 권위
카운터(counter) 계산대/계산기
카운트다운(countdown) 초읽기
카탈로그(catalogue) 목록,일람표,상품 안내서
카테고리(category) 범주/부류
카페(프 café) 찻집/술집
카펫(carpet) 양탄자
카폰(car phone) 차전화
카풀(car pool) 함께 타기
카피라이터(copywriter) 광고문안가
칵테일(cocktail) 섞음술
칼라(collar) (옷)깃
칼럼(column) 시사평론,시평
칼럼니스트(columnist) 특별 기고가,시사 평론가
칼로리(calorie) 열량
캐리어 우먼(carrier woman) 전문 여성
캐릭터(character) 개성
캐비아(caviar) 철갑상어알
캐스터(caster) (현장)진행자
캐스트(cast) 배역
캐스팅 보트(casting vote) 결정권

캐주얼(casual)	평상(복)	캐치프레이즈(catchphrase)	구호
캘린더(calendar)	달력/일력	캠퍼스(campus)	교정/교사(校舍)
캠페인(campaign)	(계몽)운동/홍보	캠프(camp)	야영(지)/기지
캡(cap)	모자/뚜껑/마개	커닝(cunning)	부정 행위
커리큘럼(curriculum)	교과 과정	커뮤니케이션(communication)	의사 전달/소통
커미션(commission)	수수료/구전/구문/중개료	커버(cover)	씌우개/덮개
커버 스토리(cover story)	표지 기사	커버하다(cover)	감추다/망라하다
커트되다(cut)	중지되다/단절되다	커트라인(cut line)	한계선/합격선
커플(couple)	쌍/짝/부부	컨디션(condition)	상태/조건
컨트롤하다(control)	통제하다/조절하다	컨트리풍(country風)	시골풍/전원풍
컬러(color)	색상/색깔/빛깔	컬러 매치(color match)	색 배합
컬러 센스(color sense)	색채 반응	컬러 악센트(color accent)	색채 효과
컬러패스트(colorfast)	바래지 않는	컬러플하다(colorful)	다채롭다
컬렉션(collection)	수집	컴백하다(comeback)	되돌아오다
컷(cut)	장면〈영화〉/삽화〈인쇄〉	케이스 1(case)	갑/상자
케이스 2(case) 경우	코너(corner)	모퉁이/구석/쪽	
코디네이션(coordination)	조합	코디네이트(coordinate)	조화
코멘트(comment)	한 말씀/의견/논평/해설	코뮈니케(프 communiqué)	성명(서)
코미디(comedy)	희극	코미디언(comedian)	희극인
코믹 터치(comic touch)	익살풍, 희극적 기법	코스(course)	과정/(..)길
코스트(cost)	비용/든값	코즈메틱(cosmetic)	화장품
코즈모폴리턴(cosmopolitan)	세계주의자	코트(coat)	외투
코트(court)	운동장/경기장	코튼(cotton)	솜/면(綿)
코팅(coating)	투명씌움	콘서트(concert)	연주회
콘테스트(contest)	경연/대회/경기	콤비(combination)	짝/단짝
콤팩트(compact)	압축/간편	콤플렉스(complex)	열등감, 강박 관념
쿠션(cushion)	허리받이, 완충 작용	쿠키(cookie)	과자
쿠킹 센스(cooking sense)	요리 감각	쿠폰(coupon)	교환권/물표
쿼터(quarter)	한도량/배당량	크레디트 카드(credit card)	신용 카드
크리스털 컵(crystal cup)	수정잔	클래식(classic)	고전적인/고풍의
클레임(claim)	배상 청구	클로즈업(close-up)	부각/확대
클리닉(clinic)	진료실/진료소	클리닝(cleaning)	(마른)빨래/세탁

[ㅌ]

타깃(target)	중심/목표/표적	타운(town)	구역
타운 웨어(town wear)	외출복/나들이옷	타월(towel)	수건
타이머(timer)	시간 기록(기)/조절(기)	타이밍(timing)	때맞춤/적기
타이트하다(tight)	빠듯하다/팽팽하다/밀도있다	타이틀(title)	제목/표제
타이틀곡(title曲)	주제곡	타임 머신(time machine)	초시간 여행선
타입(type)	유형/모양/생김새	터널(tunnel)	굴
터미널(terminal)	종점	터치(touch)	기법/솜씨

터치감(touch感)	촉감/감촉	테러(terror)	폭력/폭행
테마(독 Thema)	주제	테스트(test)	검사/시험
테이블(table)	탁자/식탁/책상/상	테이블 세팅(table setting)	상차림
테이블 클로스(table cloth)	식탁보	테이프(tape)	띠
테크너크랫(technocrat)	기술 관료	테크놀로지(technology)	과학 기술
테크닉(technic)	기법/기교/수법	텍스트(text)	원전
텐트(tent)	천막	텔레마케팅(telemarketing)	원거리 판매
텔레파시(telepathy)	정신 감응, 영감	템포(이 tempo)	빠르기/박자
토너먼트(tournament)	승자진출전	토들러(toddler)	아장이, 어린아이
토스트(toast)	구운빵	토큰(token)	버스표/승차표
토털 솔루션(total solution)	종합 해결책	토털 패션(total fashion)	모듬 맵시
톨게이트(tollgate)	표사는곳, 통관문	톱 스타(top stsr)	인기 연예인
톱 클래스(top class)	정상급	투어 콘서트(tour concert)	순회 공연
투웨이(two-way)	이원적	튜닝(tuning)	조율/조절
트러디셔널하다(traditional)	전통적이다	트러블(trouble)	말썽/불화
트렁크 1(trunk)	짐/큰/여행용 가방	트렁크 2(trunk)	화물칸
트레이너(trainer)	훈련사/조교사	트레이닝복(training服)	운동복/훈련복
트레킹(trekking)	모험 여행	트로이카(러 troika)	삼두 마차
트릭(trick)	속임수	티슈(tissue)	화장지
티켓(ticket)	표, 권, 참가, 출전 자격	티타임(teatime)	휴식 시간
티 테이블(tea table)	차 탁자	팀(team)	편/조
팀워크(teamwork)	협동	팁(tip)	봉사료/행하(돈)

[ㅍ]

파스텔 컬러(pastel color)	파스텔/은은한 색조	파워(power)	힘/권력
파워 게임(power game)	세력/권력다툼/힘겨루기	파워플하다(powerful)	힘있다
파이팅!(fighting)	힘내자!	파이프(pipe)	대롱/관/담뱃대
파트너(partner)	협조자/짝/동료	파트 타임(part time)	시간제 근무
파티(party)	잔치/연회/모임	파티 웨어(party wear)	연회복
파티장(party場)	연회장	팡파르(프 fanfare)	환영 음악, 축하곡
패러다임(paradigm)	틀	패셔너블하다(fashionable)	감각적이다
패션(fashion)	(최신) 유행, 옷맵시	패션 스타일(fashion style)	맵시/옷차림
패스트 푸드(fast food)	즉석식	패스하다 1(pass)	전하다/건네다
패스하다 2(pass)	지나다/합격하다/통과하다	패키지(package)	짐/포장/묶음
패키지 여행(package)	한묶음(여행)	패턴(pattern)	본새/틀/유형
팬(fan)	애호가	팬 레터(fan letter)	애호가 편지
팬시점(fancy店)	선물 가게	팸플릿(pamphlet)	작은 책자
퍼레이드(parade)	행진	퍼블리시티(publicity)	광고/대중성
퍼스낼리티(personality)	개성	퍼즐(puzzle)	짜맞추기
퍼포먼스(performance)	연기/실연예술	펀드(fund)	기금
펑크나다(puncture)	어기다/무산되다	페스티벌(festival)	축전/축제

페어(fair)	정당한/깨끗한	페이지(page)	면/쪽
페치카(러 pechka)	벽난로	포럼(forum)	공개 토론회
포르노(pornograph)	외설	포맷(format)	양식/체제/구성
포멀 웨어(formal wear)	정장	포스터(poster)	광고지,알림 그림
포스트(post)	부서/자리/위치	포인트(point)	효과/강조(점)
포즈(pose)	자세	포지션(position)	자리/지위
포커스(focus)	초점	포켓(pocket)	호주머니
포터블(portable)	휴대용	풀 서비스(full service)	완전 봉사
풀 스토리(full story)	(온)내력	프라이드(pride)	긍지/자부심
프라이버시(privacy)	사삿일,사생활,자기 생활	프라이팬(frypan)	튀김판/지짐판
프라임 시간대(prime 時間帶)	황금 시간대	프락치(러 fraktsiya)	끄나불/첩자
프랜차이즈형(franchise形)	지역 할당형	프레시하다(fresh)	싱싱하다
프로(professional)	전문가/직업-	프로그램(program)	계획/차례
프로덕션(production)	제작소	프로모션(promotion)	흥행사
프로젝트(project)	일감, 연구 과제	프로포즈(propose)	제안/청혼
프로필(profile)	인물 소개약평,인물평	프리랜서(free-lancer)	자유계약자
프리미엄(premium)	웃돈/덤/기득권	프리뷰(preview)	시사회
플래시(flash)	주시/주목	플래카드(placard)	현수막
플랜(plan)	계획	피날레(이 finale)	마지막/마무리
피켓(picket)	손팻말	피크(peak)	절정(기)/한창
피크닉(picnic)	소풍	픽션(fiction)	허구
핀트(⇐네 brandpunt)	초점	필터(filter)	여과기/여과지

[ㅎ]

하이라이트(highlight)	강조,주요 부분	하이 레벨(high-level)	고급 수준
하이테크(high-tech)	고급 기술,첨단(기술)	하이틴(high teen)	청소년/십대
하이 패션(high fashion)	고급풍의	핫 이슈(hot issue)	주논점/주관심사
해프닝(happening)	웃음거리,우발 사건	핸디캡(handicap)	불리한 조건/결점
핸섬하다(handsome)	말쑥하다/멋있다	허니문(honeymoon)	신혼
허스키(husky)	쉰 목소리	헤게모니(독 Hegemonie)	주도권
헤드라인(headline)	표제(기사)/머리기사	헤어 드라이어(hair drier)	머리 말리개
헤어 밴드(hair band)	머리띠	헤어 스타일(hair style)	머리 모양
헬스 클럽(health club)	건강방	호스(hose)	(고무)관
홈 뱅킹(home banking)	안방 거래	홈커밍데이(home-comingday)	모교 방문일
홈 패션(home fashion)	집치레/집가꾸기/집치장	후드(hood)	덮개/걸치개
후크(hook)	(갈)고리	휘핑하다(whipping)	젓다
TS휴머니즘(humanism)	인본주의	휴머니티(humanity)	인성/인간성
히든 카드(hidden card)	숨긴 패/비책	힌트(hint)	귀띔/도움말

※ 위 자료는 "국어 순화 자료집 합본"(국립국어원, 2003)을 정리한 것임

다음을 읽고 물음에 답하시오.

커뮤니케이션 기술을 비롯한 첨단 과학의 발달은 <u>하루가 다르게 발전을 거듭하는데,</u> 인간의 삶은 이러한 기술의 속도를 제대로 뒤쫓지 못해 괴리와 불균형, 모순적 현상을 야기시킨다. 기술이나 산업 물질 문명에 있어서의 변화는 토끼 걸음으로 일어나고 있는데, 아이디어, 가치, 교육, 규범 등 비물질 문명은 거북이 걸음인 것이다. 이렇듯 정보화 사회의 함정은 인간의 근본적인 가치관을 위협하는 데 있다는 것은 의식할 필요가 있다.

〈문제 1〉 윗글의 밑줄 친 부분과 의미가 통하는 한자 성어는?
    ① 前途洋洋   ② 如世推移   ③ 日就月將
    ④ 乘勝長驅   ⑤ 漸入佳境

우리는 고교생이 2백50만이 넘으며 대학생이 1백만 명이 넘는다는 것을 자랑한다. 그러나 우리가 지금까지 키워 온 것은 책을 읽을 줄 아는 능력뿐이지 무슨 책을 읽어야 하는지를 가려내는 능력이 아니었다. 우리네 학교에서 지금까지 키워 왔고, 또 계속 키우고 있는 것은 지적 기술자뿐이다. 그것은 우리네 학교들이 교육이 아니라 훈련을, 지혜가 아니라 기술에 치중하고 있기 때문이다.

〈문제 2〉 위 글에서 우리의 교육 현실에 대한 필자의 생각과 뜻이 통하는 속담은?
    ① 아름다운 구슬에도 티가 있다.
    ② 될성부른 나무는 떡잎부터 알아본다.
    ③ 말 타면 경마 잡히고 싶다.
    ④ 사공이 많으면 배가 산으로 올라간다.
    ⑤ 속 빈 강정의 잉어등 같다.

오랫동안 우리 나라 농업 정책의 기본 원칙은 <u>農者天下之大本</u>이었다. 농사를 짓는 사람만이 농지를 소유해야 한다는 것이다. 정부가 최근 내놓은 농지 법안은 이러한 원칙을 기본으로 하여 농지의 소유와 이용에 관한 규제를 대폭 완화하고 있다.

〈문제 3〉 윗글의 밑줄 친 부분을 고쳐 쓸 때 알맞은 한자어는?
    ① 重農主義   ② 耕者有田   ③ 田園將蕪
    ④ 追遠報本   ⑤ 農地優先

1990년대 환경 운동은 달라져야 한다. 지금까지의 환경 운동은 어찌 보면 아주 쉬웠다. 정부가 숨기려는 공해 실태를 폭로하고 환경을 무시하는 갖가지 정책을 질타하기만 하면 되었다. 그러나 정부는 최근 적어도 표면적으로는 자료를 공개하고 시민 참여를 보장하며 환경 보전을 의욕적으로 추진하겠다고 공언했다. 이제 환경 운동은 대중이 희망을 가질 수 있는 비전을 제시해야 한다. 정부의 환경 정책이 약속대로 진행되는가를 주도 면밀하게 감시하는 한편, 바람직한 정책 방향까지도 제시할 수 있어야 한다.

〈문제 4〉 윗글의 필자가 환경 운동에 대해 취하고 있는 관점을 가장 잘 나타낸 것은?
       ① 捲土重來   ② 過猶不及   ③ 溫故之新
       ④ 脣亡齒寒   ⑤ 換腐作新

   학자들은 산대희(山臺戱) 또는 나례희(儺禮戱)에 관한 기록을 광범위하게 이용하여 탈춤에 접근하고자 했다. 그러나 이런 자료가 탈춤의 역사를 위해 기여할 수 있는 가능성에 명백한 한계가 있다는 점을 인식할 필요가 잇다. 이러한 인식이 불분명해지면 산대희가 바로 탈춤이었다든가 소학지희와 규식지희의 결합에서 탈춤이 시작되었다든가 하는 등의 적지 않게 무리한 결론에 이르게 되고, 그 결과 탈춤위 역사는 오히려 <u>미궁(迷宮)</u>에 빠지고 만다.

〈문제 5〉 윗글의 밑줄 친 부분과 의미상 통하는 한자 성어는?
       ① 五里霧中   ② 自家撞着   ③ 自中之亂
       ④ 我田引水   ⑤ 事必歸正

   <u>유교를 기반으로 한 지배층의 이데올로기는 본질적으로 불평등한 신분 체제를 정당화하는 것이었기</u> 때문에, 평민들은 그들의 생활권 밖에서 형성된 이데올로기에 반응하지도 못하고 관심을 가질 수도 없었다. 양반들은 수대에 걸친 대가족을 이상으로 하고 혈통과 가계 계승을 중요시하는 조상 숭배 의례를 행했지만, 평민들의 가족은 부부 중심의 소가족이었고 그것이 그들의 농업 생산의 단위였다. 그래서 평민들은 양반의 조상 숭배 의례의 흉내만 내었을 뿐 권력을 행사하기 위한 동족의 결합에는 무관심하였다.
   평민들은 항상 불리한 생활의 처지에서 살아왔기 때문에 무엇이든지 노력하면 이룰 수 있다는 성취적인 인생관을 형성하기 어려웠다. 대신 일이 되어가는 대로 자깅게 주어진 운명에 맡긴다는 일종의 숙명적인 태도를 널리 갖게 되었다.

〈문제 6〉 윗글의 밑줄 친 부분이 뜻하는 바와 가장 거리가 먼 것은?
       ① 父子有親   ② 君臣有義   ③ 夫婦有別
       ④ 長幼有序   ⑤ 朋友有信

   우리는 기계로 생산하고 기계로 소비하고 있다고 말할 수 있을 정도로 생활이 기계화되어 있다. 그러나 기계는 기계대로의 세계를 가지고 있어서, 계속해서 새로운 기술이 고안되고 첨가됨으로써 양적으로 누적적인 고도의 발전을 되풀이하고 있다. 거기엔 정지도 후퇴도 없는 것이다. <u>그리하여 인간이 기계에 예속되어 버리고 기계에 의해 존재를 규정받게 되며 기계를 위해 봉사하게 된다.</u>

〈문제 7〉 윗글의 밑줄 친 부분의 상황에 적용될 수 있는 말은?
       ① 自業自得   ② 桑田碧海   ③ 事必歸正
       ④ 主客顚倒   ⑤ 牽强附會

지난 20년 동안 선진 각국에서는 인간의 장기 이식이 크게 성행하고 있다. 콩팥과 심장에서부터 눈알이나 피부에 이르기까지 온갖 장기가 옮겨지는 것이다. 대개의 경우 교통 사고 등으로 이미 사망했거나 죽어 가는 사람의 장기가 이식되지만, 이제 이런 장기 이식이 버젓이 소개업자에 의해 돈으로 거래되어 이루어지게 된 것이다. <u>머지 않아 각종 장기 은행이 '콩팥 1,000만 원', '안구 500만원' 식으로 정가를 매겨 놓고 장사를 하게 될지도 모른다.</u>

〈문제 8〉 위 글의 밑줄 친 부분에서 필자가 우려하는 바와 상통하는 의미를 지닌 속담은?
    ① 법보다 주먹이 가깝다.
    ② 못된 소나무에 솔방울만 많다.
    ③ 재주는 곰이 넘고 돈은 되놈이 번다.
    ④ 염불에는 맘이 없고 잿밥에만 맘이 있다.
    ⑤ 쌀 먹은 개는 안 들키고 등겨 먹은 개가 잡힌다.

과학 기술은 인간의 풍요로운 물질 생활을 가져왔으면서, 동시에 인간을 삶과 죽음의 절벽 위로 밀어 올려놓고 있다. 그러기에 오늘날 외국에서는 적지 않게 반(反)과학 또는 반(反)기술 운동이 번져가는 것이다. 한국의 지식인 또한 누구를 붙잡고 물어 보아도 과학 기술의 두 얼굴을 모르는 사람은 없다. 그러면서도 이 나라의 지성인들에겐 반과학, 반기술의 태도란 보기 힘들다.

〈문제 9〉 위 글에서 '한국의 지식인'을 꼬집는 말로 알맞은 것은?
    ① 우물 안 개구리 격이로군.
    ② 우선 먹기는 곶감이 달지.
    ③ 두 손뼉이 맞아야 소리가 나지.
    ④ 입은 비뚤어졌어도 말은 바로 하랬지.
    ⑤ 사당 치레하다가 신주 개 물려 보내는 법이지.

옛날, 거짓말을 아주 좋아하는 대감이 있었다. 이 대감은 한 번 마음에 드는 거짓말을 듣고 싶은 것이 큰 소원이었다. 그래서 온 나라에 알렸다. 자기 마음에 드는 거짓말을 하는 사람은 자기 외동딸의 남편으로 삼겠다고 했다. 그랬더니 많은 사람들이 몰려와서 거짓말을 늘어놓았다. 그러나 대감은 실컷 재미있게 듣고 나서 "그것도 정말이야." 하고 말했다. 한 번은 시골에서 어리숙한 젊은이가 와서 거짓말을 했다. "저는 여름이 오기 전에 굴을 파서 그 속에 찬 바람을 넣어 두었습니다. 그것을 여름에 팔아서 팔도에서 으뜸가는 부자가 되었습니다." 젊은이가 이렇게 어처구니가 없는 거짓말을 했는데도 대감은 "거짓말은 아니지, 그래서 어떻게 되었어!" 하고 물었다. 젊은이는 빙긋 웃으면서 그 다음 말을 이었다. "그런데 바람을 판 내 돈을 돌아가신 대감님의 아버지께서 십만 냥을 빌렸습니다. 그 돈을 지금 저한테 돌려줘야 하겠습니다."

〈문제 10〉 윗글에서 젊은이의 거짓말을 듣고 대감이 맞이하게 될 상황에 적절한 표현은?
    ① 漸入佳境   ② 四面楚歌   ③ 雪上加霜
    ④ 焦眉之急   ⑤ 進退兩難

표준이 서지 않으면 사람들이 제각기 좋아하는 사이 미워하는 사이로서 서로 찬성하고 반대하여, 자기와 같은 무리면 비록 그른 것이라도 옳다 하고, 자기와 다른 무리면 비록 옳은 것이라도 그르다 한다. 이에 온 나라 안이 둘로 나뉘어서 각기 자기가 옳게 여기는 것을 옳다 주장하매 참으로 옳은 것을 가리지 못하고, 각기 자기가 그르게 여기는 것을 그르다 하매 참으로 그른 자도 할 말이 있을 수 있다.

〈문제 11〉 윗글에서 비판하고 있는 사회상은?
      ① 覇道   ② 朋黨   ③ 苛斂誅求
      ④ 炎凉世態   ⑤ 卓上空論

어른 : 쓰레기는 썩기도 하고 우리가 그것을 재활용하기도 하고 소각시키기도 하지.
아이 : 되도록 재활용하면 좋잖아요?
어른 : 그럼. 종이는 7번이나 재생해서 다시 쓸 수 있고, 유리병은 10번이나 다시 쓸 수 있단다. 게다가 재활용하면 에너지도 그만큼 절약할 수 있고, 자원을 거의 낭비하지 않는 셈이지.

〈문제 12〉 위 글에서 마지막 말에 대한 상대방의 반응으로 적절한 말은?
      ① 도랑 치고 가재 잡는 격이네요.
      ② 같은 값이면 다홍치마라고 하잖아요.
      ③ 되로 주고 말로 받는다더니.
      ④ 달도 차면 기운다더니.
      ⑤ 설상가상이군요.

겸재의 인왕산 그림 가운데서 으뜸이며, 그가 그린 진경 산수화(珍景山水畵)의 백미(白眉)가 되는 그림은 1751년의 작품인 인왕제색도(仁王霽色圖)이다.

〈문제 13〉 윗글의 밑줄 친 白眉의 의미와 거리가 먼 것은?
      ① 出衆   ② 卓然   ③ 鼻祖
      ④ 群鷄一鶴   ⑤ 特出

능률을 으뜸의 가치 기준으로 내세우고 있는 오늘날, 컴퓨터만큼 능률적인 장비는 없을 것이다. 그래서 이런 가치관이 지배하는 한, 컴퓨터의 미래는 더욱 양양하다고 할 수밖에 없다. 그러나 (   ) 공업화 사회가 절정에 이르면서 선진국들은 일찍이 상상조차 할 수 없었던 풍요를 누렸으나, 그와 함께 생존을 위협할 정도로 심각한 산업 공해에 시달리기 시작했다. 요컨대, 능률은 반드시 효율과 통하는 것은 아니다.

〈문제 14〉 위 글에서 내용상 (   )에 들어갈 알맞은 관용 어구는?
      ① 양지가 음지되고, 음지가 양지된다.
      ② 양지가 있으면, 음지가 있기 마련이다.
      ③ 물어도 준치, 썩어도 생치다.
      ④ 어느 장단에 춤을 춰야 옳을지 모르겠다.
      ⑤ 삼천 갑자 동방삭이도 저 죽을 날 몰랐다.

아무리 고사(故事) 취미적이고 고증주의적인 역사가라 하더라도, 단순한 사실적 지식으로 만족하지 않고 조금은 사실 관련을 추구한다고 생각할 때, 사실적 지식만을 추구하는 연구와 관련적 지식을 추구하는 연구로 구분하는 것은 <u>무의미한 현학(衒學)</u>이 될지도 모른다. 결국 역사란 여러 가지 사실들이 복잡하게 얽혀 하나의 상황을 이루는 것이기 때문이다.

〈문제 15〉 윗글에서 밑줄 친 부분의 의미를 나타낼 때 적절한 속담은?

　　　　　① 빈 수레가 더 요란하다.
　　　　　② 낫 놓고 기역자도 모른다.
　　　　　③ 가랑잎으로 눈 가리고 아웅한다.
　　　　　④ 귀신 씨나락 까먹는 소리를 한다.
　　　　　⑤ 먹지도 못할 제사에 절만 죽도록 한다.

현재의 정치적 지위를 합리화하기 위하여 자신의 역사적이고 도덕적인 정당성을 내세우면서, 자신의 목적을 위한 무기 사용은 그다지 큰 위험을 내포하지 않을 것이라고 장담한다. 반면 그들의 정치적 상대방은 이념적 정당성이 없기 때문에 혹은 잘못된 역사와 도덕성에 의존되어 있기 때문에 그들의 핵무기 사용은 불법이라고 생각하게 된다.

〈문제 16〉 윗글의 내용에 해당하는 한자 성어는?

　　　　　① 捲土重來　　② 我田引水　　③ 傍若無人
　　　　　④ 吳越同舟　　⑤ 他山之石

우리가 과학에 대해 요구하는 것과 철학에 대해 기대하는 바는 같을 수 없다. 여러 사회 과학과 자연 과학을 배움으로써 우리는 많은 지식과 정보를 입수하게 되고, 보다 유식하고 박학하게 될 것이다. 그러나 철학을 배운다고 해서 우리가 보다 박학하고 유식하게 되는 것이 아니다. <u>철학에 대해 이러한 것들을 기대하게 된다면</u> 그것은 철학에 대한 오해에 기인한다. 철학은 우리를 유식하게 하지 않고 지혜롭게 만든다고 한다. 그래서 고인들은 철학을 지혜에 대한 사랑, 즉 애지학(愛知學)이라 불렀던 것이다. 철학은 우리를 전문인이나 지식인으로 만들지 않고 양식있는 지성인이 되게 하는 것이다.

〈문제 17〉 윗글의 밑줄 친 부분의 태도를 비판할 수 있는 어구로 가장 적절한 것은?
　　　　　① 坐井觀天　　② 守株待兎　　③ 刻舟求劍
　　　　　④ 緣木求魚　　⑤ 馬耳東風

뉴기니아 원주민 얄리는 전쟁에서 오스트레일리아인에게 충성을 바쳐 특무 상사 계급을 받았고, 오스트레일리아로 보내져 여러 가지를 견학하게 되었다. 그런데 얄리에게 가장 감명을 준 것은 도로, 불빛, 빌딩들이 아니라 퀸스랜드 박물관이었다. 놀랍게도 이 박물관에는 뉴기니아 원주민의 유물로 가득 차 있었다. 백인 선교사들이 '사탄의 작품'이라고 했던 자기 부족의 가면도 전시되어 많은 사람들이 경탄하고 있었다. 얄리는 선교사들이 많은 거짓말을 해왔다는 것을 깨닫게 된 것이다. 얄리는 다시 뉴기니아로 돌아 가면 선교사들이 전한 기독교를 배척하고 자기들의 의식을 부활시켜야만 해야겠다고 생각했다.

<문제 18> 위 글을 통해서 볼 때, 얄리에게 해줄 수 있는 말로 가장 적당한 것은?
    ① 올라가지 못할 나무는 쳐다보지도 말라.
    ② 하늘이 무너져도 솟아날 구멍은 있다.
    ③ 인간지사 새옹지마다.
    ④ 열 번 찍어 안 넘어가는 나무 없다.
    ⑤ 하늘은 스스로 돕는 자를 돕는다.

우리는 현대인이며 고대인이 아니다. 결코 회상에 사로잡혀 현대를 고대로 돌리려고 해서는 안 된다. 옛날이 지금보다 낫다고 하는 것은 기력 빠지고 희망없는 노인들의 생각이다. 전통이란 그 위에 서서 미래로 발전해 나아가는 데 의의가 있는 것이다. 또 그러한 전통의 발판 없이 민족 문화의 발전이란 있을 수도 없다. 그리고 전통이란 몸으로 느끼고 이해하는 데서 보존되고 계승되어 간다.

<문제 19> 윗글의 내용과 관련이 깊은 한자 성어는?
    ① 溫故之新   ② 隔世之感   ③ 今古一般
    ④ 姑息之計   ⑤ 改善匡正

비판적 사고는 지엽적이고 시시콜콜한 문제를 트집잡고 물고 늘어지는 것이 아니라 문제의 핵심을 중요한 대상으로 삼는다. 비판적 사고는 제기된 주장에 어떤 오류나 잘못이 있는가를 찾아내기 위해 지엽적인 문제를 확대하여 문제로 삼는 태도나 사고 방식과는 거리가 멀다. 오히려 보다 중심적인 요소의 정당성을 분석하고 평가하는 데에 관심의 초점을 둔다. 이처럼 복잡한 문제에 주목한다는 것은 쉬운 일이 아니다.

<문제 20> 윗글에서 경계하고자 하는 것은?
    ① 牽强附會   ② 本末顚倒   ③ 砂上樓閣
    ④ 我田引水   ⑤ 針小棒大

사람들은 흔히 나의 연구 대상이 중세 유럽이라고 생각하고 있습니다. 하지만, 내 자신의 의도는 20세기 후반이라는 현 시대가 지니고 있는 세계사적인 의미를 헤아려, 유럽 중세라는 소재를 가지고 문제를 제기하려는 데 있습니다. 그렇게 함으로써 현대라는 이 커다란 전환기를 이해하고, 나아가 이 격동의 시대에 어떻게 대처해야 하는가를 학문적으로 생각해 보고자 하는 것입니다.

<문제 21> 윗글에서 필자가 중세 유럽을 연구 대상으로 삼은 의도와 관계 깊은 말은?
    ① 溫故之新   ② 他山之石   ③ 曲學阿世
    ④ 登高自卑   ⑤ 韋編三絶

오늘날의 시대적인 상황과 사회적인 조건은 <u>사회 윤리 교육을 절실하게 요청하고 있으면서, 또한 사회 윤리 교육을 매우 어렵게 만들고 있다.</u> 흔히 윤리학자들은 우리가 살고 있는 시대를 도덕적인 암흑 시대라고 한다. 초대 기독교의 시대에 있어서의 금욕주의 윤리도 소비에의 욕망에 의해서 무시되어 버리게 되었고, 중세기의 기사도의 윤리도 상품의 가치에 의해서 짓눌려 버렸고, 근세 계몽주의 시대의 합리주의 윤리도 기술의 폭력에 의해서 그 허점이 드러났고, 낭만주의 시대의 휴머니즘의 윤리도 기능의 숭상에 의해서 무색해졌다는 것이다. 한 시대를 비쳐주는 도덕적 등불이 빛을 발하고 있는 날까지는 사회 윤리 교육은 문제가 없다는 것이다. 그런데 오늘날 과학 기술 문명의 시대에 있어서 목적의 가치보다도 수단의 효율이 더 우위성을 차지하고, 인격보다도 기능이 더 중요시되는 이러한 도덕적인 암흑 시대에서는 사회 윤리 교육은 심한 어려움에 부딪치지 않을 수 없다는 것이다.

〈문제 22〉 윗글에서 밑줄 친 부분과 같은 상태를 나타낼 수 있는 표현은?
     ① 二律背反   ② 進退兩難   ③ 表裏不同
     ④ 兩手兼將   ⑤ 自繩自縛

동양의 무(無)의 사고는 주(主)와 객(客) 사이의 인위적 구분을 거부하고 주, 객 구분이 없는 상태에서 실체, 진리를 경험하는 데 초점을 두었다. 따라서, 실체를 관념화하고 말로 논리를 전개하는 것에 대해 회의적으로 본다. 즉, 말로 표현할 수 있는 것은 참다운 도(道)가 아니라, 무언(無言)의 경지, 말로 표현할 수 없는 진리를 석가의 제자는 단지 '미소'로만 전달, 표현할 수 있었던 것이다.

〈문제 23〉 윗글의 밑줄 친 내용과 거리가 먼 것은?
     ① 捻華微笑   ② 不立文字   ③ 以心傳心
     ④ 敎外別傳   ⑤ 天衣無縫

니덤은 서구 중세에는 폐쇄 우주론이 지배했던 데 반하여 중국에서는 우주의 무한 공간론이 지배했다는 것과, 그리고 그리스 및 중세의 천문학에서보다 중국의 천문학에서 더 정확한 관찰이 이루어졌다는 것 등의 사실을 근거로 하여 전통 중국에서의 과학이 근대 과학이 발전하기 전의 유럽 과학보다 더 우위에 있었다고 주장한다.

〈문제 24〉 윗글에 나타난 '니덤'의 행태와 가장 가까운 것은?
     ① 苛斂誅求   ② 附和雷同   ③ 牽强附會
     ④ 因果應報   ⑤ 自中之亂

지난 50년간 매스 커뮤니케이션 연구의 주류를 이룬 효과 연구자들, 즉 설득 방법 및 기법의 연구자들을 폴 라자스펠드는 ㉠'행정적 접근'에 의해 연구를 하는 사람들이라 했다. 행정적 접근에 의한 연구란, 정치가, 행정가, 기업인 등 매스 미디어를 활용할 수 있는 위치에 있는 사람들을 위해 그들이 알고자 하는 바를 과학적 방법으로 연구함을 뜻한다. 이런 연구 경향에 반기를 들고 나온 것이 비판적 접근이다. ㉡'비판적 접근'을 택하는 학자들은 기존 매스 커뮤니케이션 제도는 모순 덩어리이기 때문에 이를 대폭 개선하든가 기존 제도를 파괴해야 한다고 주장하고 있다. 매스컴은 국민을 위해 존립하는 것이 아니고 정치적, 경제적, 사회적 기득권을 가진 소수의 지배 계층을 위해 기능하고 있다는 것이 비판적 접근을 취하는 학자들의 입장이다.

〈문제 25〉 윗글에서 ⓛ의 입장에서 ⓘ을 비판하는 말로 알맞은 것은?
　① 我田引水격이로구먼.　　　　　　② 緣木求魚격이로구먼.
　③ 走馬看山격이로구먼.　　　　　　④ 曲學阿世하는 작자들 같으니.
　⑤ 脣亡齒寒이라는 말도 못 들었나?

　기원 전 3세기 프톨레마이오스 왕조에 의해 건립된 알렉산드리아 도서관의 장서 70만 권이 신앙을 빙자한 광기로 무참하게 잿더미로 변했다. 기원 후 7세기 이집트를 점령한 칼리프 우마르 1세의 호기로운 문서 명령은 이랬다. "<u>이 책들은 코란과 부합하거나 혹은 부합하지 않을 것이다. 만약 부합한다면 그것들은 달리 필요가 없고, 혹시 부합하지 않는다면 그것들은 매우 유해하다. 그러니 즉시 태워버리도록 하라.</u>"

〈문제 26〉 윗글의 밑줄 친 부분을 비판하는 말로 적절한 것은?
　① 賊反荷杖　　② 耳懸鈴鼻懸鈴
　③ 附和雷同　　④ 目不識丁　　⑤ 巧言令色

　민족주의가 민족의 영광을 추구하는 열광적 애국주의와 국수주의로 변질될 때 이것이 독재자의 통치 이념으로 쉽사리 이용되었음을 보여 준 것이다. 즉, 민족주의는 민족의 자유와 독립과 권익보다는 민족주의라는 보호색을 입고 나타나는 독재자의 이데올로기에 순응하도록 만들어 줌으로써 결국 민족 전체의 자유와 권익을 박탈하는 반민족주의적인 길로 타락하게 된 것이다.

〈문제 27〉 민족주의의 가치를 인정하는 사람이 윗글을 읽고 생각할 수 있는 한자 성어는?
　① 附和雷同　　② 事必歸正　　③ 過猶不及
　④ 針小棒大　　⑤ 龍頭蛇尾

　1936년 영국 국왕 에드워드 8세는 심각한 고민에 빠지고 말았다. 이혼 경력이 두 번씩이나 되는 아름다운 심프슨 부인과의 결혼이 난관에 부딪쳤기 때문이었다. 황실의 전통은 이혼 경력이 있는 여성을 왕비로 맞아들일 수 없게 되어 있었다. 뿐만 아니라, 내각과 국민들의 반대도 만만치 않았다. 왕관과 심프슨 부인 둘 중에서 하나를 택해야 할 판이었다. 에드워드 8세는 결국 심프슨 부인을 택했다. 왕관을 벗고 윈저 공이라는 평범한 귀족으로 내려앉아 지난 72년 죽을 때까지 그는 행복한 생애를 보냈다.

〈문제 28〉 위 글의 내용으로 보아 다음 중 가장 적절한 속담은?
　① 서투른 목수 연장 탓만 한다.　　　　② 우물을 파도 한 우물을 파라.
　③ 될성 부른 나무는 떡잎부터 알아본다.　④ 평양 감사도 저 싫으면 그만이다.
　⑤ 쏘아 놓은 살이요, 엎질러진 물이다.

　학문의 시작은 그 '이치'를 찾고자 하는 목적에서 철학과 과학이 통합된 형태-기실 철학이니 과학이니 하는 구분조차가 있을 수 없었지만-였으나, 그 후 학문은 철학과 과학, 그것도 수많은 철학의 분야로, 과학은 말할 것도 없이 자연 과학이라는 영역 안에서도 물리학은 물리학, 화학은 화학, 생물학은 생물학대로 그 분야의 독자성을 확보하였다. 그리고 근대 이후의 눈부신 과학의 발전은 통합적인 철학 속에서

각 부분 과학의 지류들을 최종적으로 독립시켜 내어, 철학이라는 것도 '이치'와 닿아 있기보다는 또 하나의 독자적 학문의 '부분'으로, 또 그 철학 또한 '무슨 무슨 철학'이라는 이름을 붙여야 하는 것으로 그 상대성과 다원성을 강조함으로써 '전체'라는 상은 어느 학문에서도 탐지하지 못하는 것이 상식화되었다. 결국 그 상대성이라는 상식 속에서 과학을 연구하는 어느 누구도 자신과 다른 분야의 과학의 언어 체계조차도 이해하지 못하는 정도로 전문화된 나머지 '생물학에서 탐구하는 세계와 물리학에서의 세계와, 더군다나 경제학이나 철학이 논하는 세계와는 어떤 연관이 있는지'를 묻는 것은 무의미한 일이 되어 버렸다.

〈문제 29〉 윗글의 지은이의 심리 상태에 어울리는 한자 성어는?
　　　① 晚時之嘆　　② 九折羊腸　　③ 一望無際
　　　④ 多岐亡羊　　⑤ 暗中飛躍

앞으로 원자력계는 더욱 더 좋은 안전 실적을 쌓아 올려 국민으로부터 원자력 이용에 대한 전권 신임을 받아 내도록 노력해야 한다. 그리고 원자력의 두 얼굴을 올바르게 보기 위해 찬반 진영 모두는 <u>반대쪽 입장에도 설 줄 알아야 한다</u>. 원자력 종사자들이 사실을 있는 그대로 말하고 정직과 성실을 으뜸으로 삼고 있는 것처럼, 원자력을 반대하는 분들도 이제는 감정의 늪에서 헤어 나와 이성의 바탕 위에 서서 사물을 관찰하고 평가하는 데 인색치 말 것을 호소한다.

〈문제 30〉 윗글의 밑줄 친 부분의 문맥적 의미와 가장 잘 어울리는 것은?
　　　① 賊反荷杖　　② 易之思之　　③ 興盡悲來
　　　④ 類類相從　　⑤ 燈火可親

　전통은 역사적으로 생성된 살아 있는 과거이지만 그것은 과거를 위해서가 아니라 도리어 현실의 가치관과 미래의 전망을 위해서만 의의가 있는 것이다. 만일 전통을 버려야 할 인습의 뜻으로 보거나 그렇지는 않는다고 해도 <u>전통을 찾다가 보면 인습은 버릴 수가 없으니까 전통은 아깝더라도 인습을 깨뜨리기 위해서 버려야 한다고 주장하는 이</u>가 있다면, 그는 나쁜 인습을 타파하려다가 좋은 전통마저 깨뜨리게 되는 논리적 귀결에 직면하게 된다.

〈문제 31〉 윗글에서 밑줄 친 부분의 문제 해결 방식을 가장 잘 반영하고 있는 것은?
　　　① 모로 가도 서울만 가면 되는 격이지.
　　　② 밑 빠진 가마에 물 붓는 격이지.
　　　③ 미운 풀 죽으면 고운 풀도 죽는 격이지.
　　　④ 멧돌 잡으러 갔다가 집돌 잃는 격이지.
　　　⑤ 때리는 시어머니보다 말리는 시누이가 더 미운 격이지.

　다시 뛰자고 아우성이지만 (　　　　) 제값을 받을 수 있는 기술, 정보 상품이 있어야지 덮어놓고 뛰어들 수는 없다. 가난할 때 열심히 한 공부와 연구에서 창조된 지적 재산이 가치가 있고 오래 간다. 연구비가 부족하다고 하지만, 과연 우리는 아껴서 잘 쓰고 있는가? 주변의 무지를 틈타 되지도 않는 일을 고집하거나, 또는 되지도 않을 일을 된 것처럼 눈가림을 하지는 않았는가? 과학 기술자들은 겸허히

〈문제 32〉 윗글의 (   )에 들어갈 말로 가장 알맞은 것은?
　　　① 밑 빠진 독에 물을 채울 수는 없다.
　　　② 천리마한테 쥐를 잡으라고 할 수는 없다.
　　　③ 똥 묻은 개가 겨 묻은 개를 나무랄 수는 없다.
　　　④ 남의 제사에 감 놓아라 대추 놓아라 할 수 없다.
　　　⑤ 남이 장에 간다고 씨나락 오생이 꿰차고 나설 수는 없다.

　　그 선비의 사랑에서 본 연상(硯床)은 길이가 두 뼘 남짓 너비가 뼘 반이 못 되는, 그리고 높이가 뼘 반에 가까운 오똑하고 갈쭉한 조그마한 오동나무 연상이었다. 그런데 오동나무에 제 길이 들어 닳고 닳은 그 아름다움 그것은 어디까지나 보는 사람으로 하여금 정이 스며들게 하는 것이었다. 한 백 년 됐다는 말이 그대로 믿어지는 것은, 두고두고 매일매일 손때가 묻고 깨끗이 길이 들어 여러 해 내려오지 않고는 저렇게 곱게 길이 들 수는 없었을 것이기 때문이다. 이것이 이른바 수백 년 사람의 손길에서 자라 온 물건이란 것이다.

〈문제 33〉 위 글 다음에 이어질 수 있는 내용과 관련이 깊은 것은?
　　　① 溫故之新　　② 破邪顯正　　③ 他山之石
　　　④ 換骨奪胎　　⑤ 金科玉條

　　에페소스는 로마가 거대한 제국을 건설했던 시기에 번성했던 유명한 해양 도시였다. 그러나 <u>지금은 거대한 원형 경기장을 비롯해서 대리석 기둥, 훌륭한 조각품의 잔재들만이 폐허로 변해 버린 도시 전체에 흩어져 있을 뿐이다.</u> 이렇게 에페소스의 문명이 갑자기 몰락하게 된 원인은 무엇일까? 그 이유는 아직도 정확히 밝혀져 있지 않지만 아마도 생태계의 변화 때문이었을 것으로 추측된다. 생태계의 변화상은 그 당시 번성했던 식물상을 조사해 보면 알 수 있다. 식물의 꽃가루는 잘 썩지 않기 때문에 지층 속에서 아주 오랫동안 보존된다.

〈문제 34〉 윗글의 밑줄 친 부분과 가장 잘 어울리는 것은?
　　　① 事必歸正　　② 桑田碧海　　③ 塞翁之馬
　　　④ 緣木求魚　　⑤ 轉禍爲福

　　베르그송 철학에서 '연속성'이 가장 중요한 개념이라고 할 수 있다. 바슐라르는 '연속성만 빼면 베르그송 철학의 거의 모든 것을 받아들이겠다.'고 선언함으로써, 베르그송을 벗어나 뭔가 새로운 것을 기대하는 사람들에게 힘을 내게 하였다. 바슐라르는 열심히 연구하고 연구하여, 이제는 베르그송과 다르겠지 하고 위의 선언을 한 것이다. 사람들은 박수를 쳤다. 그러나 (　　　　　　　　　)

<문제 35> 위 글의 (   )에 알맞은 말은?
　　　① 그것은 누워서 침뱉기였다.
　　　② 그것은 땅 짚고 헤엄치기였다.
　　　③ 그것은 부처님의 손바닥 안이었다.
　　　④ 그것은 아전인수격의 행동이었다.
　　　⑤ 그것은 동에서 뺨 맞고 서쪽에서 화풀이하는 격이었다.

　　핵융합은 오염이 없고, 원료 걱정이 없는 현대의 영구 기관에 버금가는 신발명이라고 할 수 있다. 그러나 그 실용화까지는 기술적으로 상당한 난관이 가로막고 있다. 핵융합 발전 시설은 고도의 첨단 신소재를 필요로 할 것이며, 엄청난 건설비가 소요될 것으로 추측된다. 이런 이유로 생태주의 입장에서는 핵분열이건, 핵융합이건 간에 원자력 산업 기술을 가리켜 마치 '(   ) 것과 같다.'라는 혹평도 서슴지 않는다.

<문제 36> 윗글의 내용으로 보아 (   )에 가장 적절한 것은?(답 2개)
　　　① 거적문에 돌쩌귀 다는　　　　　　　② 밑 빠진 독에 물 붓는
　　　③ 소경 문고리 잡는　　　　　　　　　④ 닭을 잡는 데 도끼를 쓰는
　　　⑤ 갓 쓰고 자전거를 타는

　　요행히 장미의 한 시간의 미를 참으로 옳게 바라보고 찾아 내고 감상할 수 있는 사람은 장미 재배에 수십 년의 조예를 닦은 전문가들뿐이다. 그 밖의 사람들은 그 한 시간을 오산하고, 피어 있는 동안의 장미는 어느 때나 일반으로 아름답거니 하고 바라본다. 그러나 이것은 다행한 일이다. 그 누구나 모두가 단 한 시간만을 본다면 나머지 시간은 얼마나 삭막한 것이 되랴? 나도 어쩌다 전문가가 안 되고, 그 밖의 족속의 한 사람이 된 것을 그지없이 행복스럽게 여긴다.

<문제 37> 위 글에 나타난 필자의 태도에 가장 부합하는 말은?
　　　① 용의 꼬리보다는 닭의 머리가 낫다.
　　　② 아침에 도를 들으면 저녁에 죽어도 좋다.
　　　③ 가늘고 길게 살기보다는 굵고 짧게 살겠다.
　　　④ 고독한 천재보다는 행복한 범인(凡人)이 되겠다.
　　　⑤ 배 부른 돼지보다는 배 고픈 소크라테스가 되겠다.

　　오늘날 (   )식의 견강부회(牽强附會)나 어느 정도의 염설(艶說)은 가능하다고 믿어 비학문적인 주장으로써 ㉠우리의 역사를 과장하는 것이 애국적인 것으로 착각하고 이에 반대하는 학문적인 태도를 매도하는 것은 진시황의 폭거보다 더 어리석은 일이고, 국내 학계나 외국 학계를 그러한 것으로써 속일 수 있다고 믿는 것은 무식함의 극치라 할 것이다. 이 같은 의식을 가진 역사관을 주장한다고 하면, 그것은 우리보다 앞서서 ㉡왜곡과 날조로써 한국 침략을 합리화한 일본 사학을 비판할 수 없을 뿐 아니라 오늘날까지도 남아 있는 식민지 문화 체질의 극복을 더욱 어렵게 만드는 것이다.

<문제 38> 위 글의 (   )에 들어갈 가장 적절한 우리말 속담은?
      ① 가게 기둥에 입춘   ② 개 밥에 도토리
      ③ 귀에 걸면 귀걸이 코에 걸면 코걸이   ④ 서투른 무당이 장구만 나무라기
      ⑤ 사나운 개 콧등 아물 날이 없다.

<문제 39> 위 글의 ㉠과 ㉡의 성격을 동시에 가진 사람을 비판할 수 있는 말로 가장 적절한 것은?
      ① 개구리가 올챙이적 생각 못하는 격이군.
      ② 내 밥 먹은 개가 발뒤축 무는 격이군.
      ③ 똥 묻은 개가 겨 묻은 개를 나무라는 격이군.
      ④ 닭 쫓던 개 지붕 쳐다보는 격이군.
      ⑤ 절에 가서 젓국 찾는 격이군.

서울 보신각종이 이제 수명을 다하여 더 이상 타종을 할 수 없게 됨에 따라 이것을 국립 중앙 박물관 후원으로 옮기고 그 자리에 새 종을 만들면서 에밀레종을 복제하였다. 해마다 12월 31일 자정이 되면 제야의 종이 울린다. 보신각종도 울리고 에밀레종도 울린다. 텔레비전은 이것을 생중계하는데 항시 보신각종—에밀레종 복제품—을 먼저 보여 주고 뒤이어 에밀레종 타종을 중계한다. 아무리 음치이고, 아무리 소리에 둔한 사람이라도 진짜와 가짜의 차이가 무엇인가를 단박 알아차릴 수 있을 것이다.

<문제 40> 위 글의 논지에 동의한다고 할 때, 밑줄 친 부분의 결과에 대한 독자의 반응으로 가장 적절한 것은?
      ① 호랑이를 그리려다가 고양이를 그린 셈이군.
      ② 악화(惡貨)가 양화(良貨)를 내쫓은 셈이야.
      ③ 토끼 둘을 잡으려다가 하나도 못 잡았어.
      ④ 쏘아 놓은 살이요, 엎질러진 물이로군.
      ⑤ 돌다리도 두들겨 보고 건너야지.

시계 아줌마는 한 일 년 전부터 우리 집 파출부로 일하고 있는데, 어김없는 시간에 우리 집에 들어선다. 출근 시간을 어김없이 지키는 시계 아줌마는 하늘이 보내 준 어떤 계절인지도 모른다. 그렇게 보면 시계 아줌마는 사과나무 같기도 하고 상수리나무 같기도 하다.

<문제 41> 윗글의 시계 아줌마와 관련시킬 때 적절치 못한 것은?
      ① 정성이 지극하면 돌 위에 풀이 난다.
      ② 절에 가서 젓국을 찾는다.
      ③ 드나드는 개가 꿩을 문다.
      ④ 공든 탑이 무너지랴.
      ⑤ 돌도 십 년을 보고 있으면 구멍이 뚫린다.

민족 문화의 고유성을 강조하는 것은 문화적 우월주의를 의미하게 된다. 그리고 그 같은 문화적 우월주의는 민족을 통합하는 긍정적 기능을 갖고 있다. 그러나 민족 문화의 고유성을 다른 문화와의 상대적인

개념으로 파악하지 않고 절대적인 개념으로 수용할 때, 심각한 문제가 발생하게 된다는 점에 대해 우리는 경계하지 않을 수 없다. 민족 문화의 절대적인 고유성을 되찾고자 하는 시도는 하나의 상징 조작에 지나지 않으며, 민족 문화의 올바른 이해와 그것의 재창조에도 아무런 도움을 줄 수 없다.

〈문제 42〉 위 글의 밑줄 친 부분에 대한 글쓴이의 관점으로 타당한 것은?
      ① 過猶不及   ② 溫故之新   ③ 多多益善
      ④ 一擧兩得   ⑤ 金科玉條

  횃불싸움이나 돌싸움 같은 것은, 청년들이 용기와 협동 정신을 길러 국가가 위기에 처했을 때 보탬이 되도록 체력을 단련하는 놀이었다. 일제 시대 때 총독부가 '부상자가 날 우려가 많다.' 고 하면서 전투적 놀이를 방관할 수 없다는 이유를 들어 이 놀이를 중단시킨 이래 전승의 맥이 끊기고 말았다.

〈문제 43〉 위 글에서 우리 민족의 입장에서 밑줄 친 부분을 비판하는 말로 알맞은 것은?
      ① 계란으로 바위를 치다니....
      ② 배 주고 속 빌어 먹는다.
      ③ 개 싸움에 물 끼얹는다.
      ④ 고양이가 쥐 생각해 주는군.
      ⑤ 잉어가 뛰니까 망둥이도 뛰는군.

  판결을 구하면 번거로워 하면서 "왜 이렇게 시끄러우냐?" 하고, 굶어 죽는 사람이 있으면 "제 스스로 죽은 것일 뿐이다." 라고 한다. 곡식과 피륙을 바쳐서 섬기지 않으면 곤장을 치고 몽둥이질을 하여 피가 흘러서야 그친다. 날마다 거둬들인 돈꾸러미를 헤아려 낱낱이 기록하고, 돈과 피륙을 부과하여 전답과 주택을 장만하여, 권세있는 제상가에 뇌물을 보내 뒷날의 이익을 기다린다. 이러고서야 백성이 목을 위하여 태어난 것이어니와, 어찌 이것이 타당한 이치이겠는가?

〈문제 44〉 윗글에 나타난 수령의 행태와 가장 가까운 것은?
      ① 苛斂誅求   ② 換骨奪胎   ③ 自中之亂
      ④ 附和雷同   ⑤ 自繩自縛

  북한은 국제 환경의 변화 자체를 부정하고 있다. 물론, 북한도 동유럽 공산 체제가 붕괴되고 독일이 통일되었으며 소련이 해체되었다는 현상 자체는 부인하지 않지만 이러한 혁명적 변화의 의미, 즉 세계가 변화하고 있다는 역사적 교훈은 인정하기를 거절하고 있다. 변화하는 체계에 대한 북한의 저항은 외교적 고립뿐 아니라 심각한 경제적 타격을 주고 있다.

〈문제 45〉 위 글에서 필자가 북한 당국자를 바라보는 관점을 적절히 나타낸 말은?
      ① 언 발에 오줌 누기   ② 천릿길도 한 걸음부터
      ③ 장님 코끼리 말하듯 한다.   ④ 마른나무에 물 내기
      ⑤ 우물에 가 숭늉 찾는다.

　　지도는 현실 그 자체를 제시하는 것은 아니다. 현실의 의미 있는 특성을 추려 보여 주는, 점과 선으로 엮어진 2차원의 얼개가 바로 지도이다. 지도가 현실 그 자체가 아니라는 것은, 서울 지도를 소유하는 것이 서울을 소유한 것이 아니라는 점 속에서 잘 드러난다. 그리고 서울 지도는 나의 가방 속에 집어넣고 다닐 수 있으나, 서울은 나의 가방 속에 집어넣고 다닐 수 없다는 사실도 지도와 현실은 동일한 것이 아님을 보여 준다.

〈문제 46〉 윗글에서 논지의 흐름으로 볼 때, 두 번째 단락을 비판하는 말로 가장 적절한 것은?
　　　　　① 論點逸脫　　② 矛盾　　　③ 言語道斷
　　　　　④ 蛇足　　　　⑤ 橫說竪說

　　일본 정부는 이란 산 원유 도입을 둘러싼 이란과의 원유가 분쟁에서 후퇴, 지난 4월 1일부터 소급하여 이란 측 요구대로 배럴당 35달러를 지불하기로 하고, 이를 석유 수입상들에게 비밀리에 통고했다고 일본 석유 업계 소식통들이 9일 전했다. 이 소식통들은 이란 인질 사태에 따른 미국의 대 이란 경제 제재 조치에 호응하여 이란 측의 원유가 인상을 거부해 온 일본이 결국 이란의 요구대로 원유 고가 도입을 결정했다는 것이다.

〈문제 47〉 위 글에 나타난 일본의 입장을 나타내는 표현은?
　　　　　① 소경 제 닭 잡아 먹기　　　　　　② 가랑비에 옷 젖는 줄 모른다.
　　　　　③ 정승 날 때 강아지 난다.　　　　　④ 가던 날이 장날이다.
　　　　　⑤ 울며 겨자 먹기

　　황소를 본 개구리는 그 황소의 덩치에 그만 기가 죽었다. 그러나 시기심이 생겨 기지개를 켜기도 하고, 숨을 들이켜 몸을 부풀게도 해보는 등 눈물겨운 노력을 하면서 소와 같은 큰 몸집을 갖고 싶어했다. 그러다가 마침내 불쌍하게도 개구리는 너무 지나치게 뱃속을 부풀게 했기 때문에 그만 배가 펑하고 터지고 말았다.

〈문제 48〉 위 글의 우화에 등장하는 개구리의 행위를 비판하는데 가장 적절한 것은?
　　　　　① 숭어가 뛰니까 망둥이도 뛴다.
　　　　　② 안 되는 놈은 뒤로 자빠져도 코가 깨진다.
　　　　　③ 용 못된 이무기 방천만 무너뜨린다.
　　　　　④ 북어 뜯고 손가락 빤다.
　　　　　⑤ 값도 모르고 싸다 한다.

　　문예 부흥의 정신에 힘입어 자연 과학 분야는 소재와 방법에 제한없이 연구되고 발표되는 '바로크' 시대가 전개되었다. 이제 근대 과학의 몇 가지 특성을 생각해 보자. 첫째, 대담한 과학적 가설의 제창이다. 과거에는 종교적 교리에 제약을 받아가설의 자유로운 제기와 그의 추궁이 불가능했다. 천문학 분야의 지동설, 물리 화학의 원자설, 생명 과학의 유전 인자설 등은 종교적 독단에 대치되는 작업 가설이었다. 둘째로, 이들 과학적 가설을 실증하기 위한 치밀한 실험이다.

실험은 일반에서 특수로 가는 중세기적인 연역의 방법에서가 아니고 특수에서 일반으로 가는 귀납의 방법을 이용했다. 귀납에 의한 일반화는 무수한 자연 과학의 법칙을 발견했다. 케플러의 천체 운행의 법칙, 뉴턴의 만유 인력의 법칙이나 에너지 보존의 법칙, 멘델의 유전의 법칙 등 헤아릴 수가 없을 정도이다. 세째로, 근대 과학은 고정에서 변천으로 옮아가는 메커니즘에 유의했다. 중세기에 있어서 지배적인 사상은 변천을 양적 변화나 그 속에 도사린 어떤 불변의 근원을 보려 했다. 근대 과학은 양과 질의 변천과 대립과 통일을 추궁했다. 우주 진화, 지구 진화 생물 진화 등의 원리, 양자 역학의 기반이 되는 불확정성 원리 등이 그것이다.

〈문제 49〉 윗글의 밑줄 친 부분의 상황과 내용이 통하는 말은?
　　　① 輕擧妄動　　② 群雄割據　　③ 識字憂患
　　　④ 百花爛漫　　⑤ 百家爭鳴

새로운 지식과 학문을 수용하는 것도 좋다. 이렇게 해서 힘을 기르게 하는 것도 대학이니까 먹거리가 안 될 수는 없다. 장차 이 나라를 이끌어 갈 동량지재(棟梁之材)들에게 새 것을 먹이고 새 옷을 입힌다 해서 나쁠 것은 조금도 없다. 세상이 어떻게 돌아가는지, 세계가 무엇을 하고 있는지를 알고 그들과 말이 통해야 하니까 새 것은 좋은 것이다. 새 것을 들여온 지식 상품의 전달자도 그 행위가 좋고 타당하다.
그러나 문제는 다른 한편에서 불끈 솟는다. 새 것만을 찾다 보니 옛 것을 소홀히 하거나 심지어 가볍게 여기게 되는 상태가 문제이다. 국자돌림의 옛 것이 이 풍토에서 우리에게 알맞게 자라온, 아주 유용한 먹거리인데, 이것을 소홀히 하고 있다는 데에 문제가 있다고 말하는 것이다.

〈문제 50〉 위 글에 이어질 내용과 관계 깊은 한자 성어는?
　　　① 墨守　　② 靑出於藍　　③ 溫故之新
　　　④ 曲學阿世　　⑤ 日新又日新

여 : 네가 어제 시험에서 종현이에게 답안지를 보여 주었지?
남 : 넌 어떻게 내가 종현이에게 답안지를 보여 주었다고 단정짓니?
여 : 그건 종현이가 선물한 만년필을 보면 알 수 있지. 너에게 선물을 한 뒤 종현이 성적이 껑충 뛰어올랐 잖아?

〈문제 51〉 위 글에서 제3자의 입장에서 남학생이 처한 상황을 표현하는 말로 알맞은 것은?
　　　① 제 논에 물 대기군.　　　　　② 도둑이 제 발 저리는 격이군.
　　　③ 까마귀 날자 배 떨어지는 격이군.　　④ 소 잃고 외양간 고치는 격이군.
　　　⑤ 등잔 밑이 어둡군.

우루과이 라운드 체제가 21세기를 책임질 세계 질서라면 인류의 보편적 이익을 증진하고 선진국만이 아니라 후진국도 함께 발전하며, 환경, 도덕, 고유 문화도 더욱 높은 수준에서 배려하는 질서여야 할 텐데, 우루과이 라운드로 본격화된 세계 경제 전쟁 시대는 힘 없는 나라들에 불공평하고, 비경제적인 가치 기준들에 소홀했다는 평을 면하기 힘들다.

〈문제 52〉위 글에서 필자가 우루과이 라운드의 문제점을 비판하는 관점과 가장 가까운 것은?
　　　　　① 목적이 좋다고 수단이 나빠서야 되겠는가?
　　　　　② 빈대가 밉다고 집에 불을 놓아서야 되겠는가?
　　　　　③ 급하다고 우물에 가서 숭늉을 찾아서야 되겠는가?
　　　　　④ 뱁새가 황새를 쫓아가려면 가랑이가 찢어지는 법이다.
　　　　　⑤ 일부보다는 전체를 위한 방법을 모색해야 하지 않겠는가?

　　　（　　　　）는 우리 말이 있다. 과정이야 어떻건 결과만 빨리 얻으면 된다는 우리 국민성을 단적으로 나타내는 속담이다. 과정을 소홀히 하고 결과를 빨리 얻으려는 결과주의는 우리 과학 기술 분야에서도 예외는 아니다.

〈문제 53〉위 글의 문맥으로 보아 （　　　） 안에 들어갈 가장 적당한 말은?
　　　　　① 모로 가도 서울로만 가면 된다.　　　　② 우물에 가서 숭늉 찾는다.
　　　　　③ 쇠뿔은 단김에 빼라.　　　　　　　　④ 나는 바담풍 해도 너는 바람풍 해라.
　　　　　⑤ 남이 장 간다고 하니 거름 지고 나선다.

　　　자연 과학이 발흥하기 전에는 자연 철학이 자연을 형이상학적으로 해석하고 신비적 존재로 인정하였으나, 문예 부흥기 이후 자연 과학이 확립됨에 따라 각종 기계가 발명되고, 산업이 발달되고, 교통이 편리하게 되어 기계 문명 전성 시대가 도래하자, 자연을 겁내고 신을 두려워하던 인간들은 만심이 생겨서 자연을 멸시하고, 급기야는 □□□□□도 분수가 있지 외람히도 자연을 정복하고 지배하려고까지 대언 장어(大言壯語)를 하게 되었다.

〈문제 54〉윗글의 문맥상 □□□□에 들어갈 가장 타당한 한자 성어는?
　　　　　① 賊反荷杖　　② 牽強附會　　③ 曲學阿世
　　　　　④ 附和雷同　　⑤ 過猶不及

　　　가치의 붕괴라고 하지만 인간인 한 가치에서부터 완전하게 단절될 수는 없는 것이다. 가치관의 시각에서 오늘의 우리 나라의 위기적 상황을 진단하면 문제는 물질적 가치에만 사로잡혀서 정신적 가치는 망각하고 있다는 사실에 있는 것이다. 이러한 경향이 심해지면 <u>정신적 가치를 망각할 뿐만 아니라 정신적 가치가 물질적 가치 앞에 굴복하고 정신적 가치가 물질적 가치에 예속되게 된다.</u> 이렇게 되면 인격도 정신도 돈 앞에 절하고, 심지어 종교까지 돈 앞에 절하고 굴복하게 된다. 이것이 흔히 말하는 배금주의(拜金主義)인 것이다. 배금주의가 지배하는 사회 속에서는 바로 돈이 우상이 되는 것이다.

〈문제 55〉윗글의 밑줄 친 부분의 내용을 적절히 표현한 것은?
　　　　　① 本末顚倒　　② 附和雷同　　③ 曲學阿世
　　　　　④ 晩時之嘆　　⑤ 甘呑苦吐

　　기술 낙관주의적 견해가 극단적인 주장이듯이, 과학 기술의 긍정적인 측면을 무시하고 그 부정적 측면만을 지나치게 부각시키는 생태주의적 견해 또한 극단적인 주장이라 할 수 있다. 생태주의적 환경론의 지적을 받아들여 비록 과학 기술이 환경 파괴의 주요인이라는 점을 인정하더라도, □□□□의 관점에서 과학 기술이 문제 해결에 긍정적으로 작용할 수 있는 현실적 가능성을 발견해서 개발하는 것은 중요한 일이라 아니할 수 없다.

〈문제 56〉 윗글의 □□□□ 안에 들어갈 말로 가장 적당한 것은?
　　　　① 結者解之　　② 易之思之　　③ 安分知足
　　　　④ 以心傳心　　⑤ 伯仲之間

　　시장 지향형의 발전과 더불어 인간과 인간의 관계도 변화되지 않을 수 없다. 개개인의 자아가 무시되는 곳에서는 인간과 인간의 관계가 피상적으로 되기 마련이다. 이리하여 시장 지향형의 인간들 사이에서는 전인격적인 접촉이 없어지게 된다. 인간과 인간이 서로 마음의 문을 열어 놓고 전인격적으로 접촉을 하지 못하게 되는 결과, 각자는 더욱 고독감을 느끼게 된다. 이러한 고독감으로부터 벗어나려고 사람들은 더 많은 사람들과의 교제와 접촉을 희구한다.

〈문제 57〉 윗글에 나타난 현대인의 모습을 비판하는데 쓰일 수 있는 한자 성어는?
　　　　① 曲學阿世　　② 矯角殺牛　　③ 近墨者黑
　　　　④ 本末顚倒　　⑤ 我田引水

　　그들은 모두 현재 우리가 가지고 있는 정보를 완벽하게, 그리고 충분히 이용한다면 적어도 100~200년 후의 미래에 대한 상상적 시나리오를 작성할 수 있다고 믿고 있다. 만약 이 같은 믿음이 없다면, 그리고 이러한 예견을 할만한 지혜조차 없다면 인류는 미래를 캄캄한 칠흑의 세계로 맞이할 수밖에 없을 것이다. 사실 인간의 모든 영역의 지혜는 언제나 미래 지향적이며 미래 예견적이라고 해도 무방하다. 심지어 과거를 되새겨 보는 전형적 지혜의 한 가지 형태인 역사학도 <u>과거를 위해서보다는 미래를 위해서 씌어진다고 말해야 옳을 것이다.</u>

〈문제 58〉 윗글의 밑줄 친 부분과 뜻이 서로 통할 수 있는 한자 성어는?
　　　　① 敎學相長　　② 敎外別傳　　③ 溫故之新
　　　　④ 靑出於藍　　⑤ 登高自卑

　　제3물결 문명 사회에서는 컴퓨터 기술과 산업이 고도로 발달함으로써 생산 공장이 반드시 대규모로 건설되고 많은 노동력이 한 곳에 집중해서 표준화된 상품을 대량으로 생산하지 않아도 되게 된다. 생산과정에서 컴퓨터가 도입됨으로써 제품이 더욱 다양해질 수 있으며, 소비자는 자신이 직접 컴퓨터를 이용해서 원하는 제품을 고안하는 일을 할 수가 있다. 이와 같은 변화는 미래사회(未來社會)의 조직 원리(組織原理)가 다원화(多元化), 분산화(分散化), 소규모화(小規模化) 등으로 바뀌어 표준화(標準化), 집중화(集中化), 대형화(大型化) 등을 원리로 하던 공업 사회와는 근본적으로 다른 문명을 만들어 낼 것이라고 내다보고 있는 것이다. 궁극적으로 다원화되고 분산화되며 소규모화되는 미래 사회는 현재 공업 사회가 당면하고 있는 비인간화 현상과 자원 위기, 그리고 환경 오염의 문제 등을 해결하는 데 크게 도움이 될 것이며, 인간의 회복을 실현하려는 이념에 의해 이끌어지는 사회가 될 것이라고 보고 있는 것이다.

〈문제 59〉 윗글의 탈공업 사회로 전환되는 양상을 나타내는 표현으로 적절한 것은?
  ① 自繩自縛   ② 轉禍爲福   ③ 興盡悲來
  ④ 以熱治熱   ⑤ 緣木求魚

　　최근 전통의 철학적 복권이 시도되고 있다. 그러한 운동은 모든 차원에서 다원적 상대주의를 전제하는 포스트모더니즘이 이러한 사실을 말해 준다. 그러나 전통의 중요성을 단순히 주장하는 것으로 만족치 않는다. 그는 무력해진 이른바 보편적 이성을, 지금까지 밀려나 있던 개별적일 수밖에 없는 전통 속에서 찾으려는 것이다. 프로이드에 의하면, 이성이라는 특수한 의식의 실체는 하나의 환상에 지나지 않는다.

〈문제 60〉 윗글의 밑줄 친 부분과 같은 태도의 일면을 드러내고 있는 것은?
  ① 물은 낮은 곳으로 흐른다.　　　　　　② 산이 높으면 그늘도 멀다.
  ③ 높이 나는 새가 멀리 본다.　　　　　　④ 한 송이 꽃이 바로 우주의 얼굴이다.
  ⑤ 추락하는 것에는 날개가 있다.

　　"아버지, 우리가 대신 환곡을 갚아 주고 양반을 사버리면 재물도 많겠다, 한번 거들먹거리고 살게 되잖겠어요?" 큰아들의 맞장구였다. 부자는 부랴부랴 양반의 집으로 달려갔다. 그리하여 환곡을 갚아 줄 터이니 그 양반의 신분을 넘겨 달라고 흥정을 걸어 보았다. 양반은 □□□□이라 잡혀 갈 날만 기다리던 참이니, '이게 웬 떡이냐?' 싶어 얼른 승낙하였다.　　　　　　　　　　　〈박지원, 양반전〉

〈문제 61〉 윗글의 문맥 흐름으로 보아 □□□□ 속에 들어갈 가장 적절한 말은?
  ① 四通八達   ② 束手無策   ③ 愚公移山
  ④ 舊態依然   ⑤ 袖手傍觀

　　지귀는 잠도 자지 않고 밥도 먹지 않으며 정신이 나간 사람처럼 선덕 여왕을 부르다가 그만 미쳐 버리고 말았다. "아름다운 여왕이여, 나의 사랑하는 선덕 여왕이여!" 지귀는 거리로 뛰어다니며 이렇게 외쳐 댔다. 이를 본 관리들은 지귀가 지껄이는 소리를 여왕이 들을까봐 걱정이었다. 그래서 관리들은 지귀를 붙잡아다가 매질을 하며 야단을 쳤지만 아무 소용이 없었다.　　　　삼국유사, 〈지귀설화〉

〈문제 62〉 윗글의 밑줄 친 부분에 보이는 관리들의 행동과 가장 관련이 있는 것은?
  ① 悲憤慷慨   ② 亡羊之歎   ③ 束手無策
  ④ 晩時之嘆   ⑤ 緣木求魚

〈문제 63〉 윗글의 '동종 요법'의 원리와 가장 잘 어울리는 것은?
    ① 同病相憐   ② 雪上加霜   ③ 類類相從
    ④ 以熱治熱   ⑤ 草綠同色

〈문제 64〉 위 시조에 나타난 서정적 자아의 심정을 표현하기에 알맞은 한자 성어는?
    ① 麥秀之歎   ② 莊周之夢   ③ 百尺竿頭
    ④ 昏定晨省   ⑤ 先憂後樂

〈문제 65〉 위 시의 중심 이미지를 '배'로 볼 때, 이와 가장 가까운 것은?
    ① 人生無常   ② 孤掌難鳴   ③ 騎虎之勢
    ④ 明若觀火   ⑤ 五里霧中

살구꽃 핀 마을은 어디나 고향 같다.

만나는 사람마다 등이라도 치고지고,

뉘 집을 들어서면은 반겨 아니 맞으리.

이호우, 〈살구꽃 핀 마을〉

〈문제 66〉 위 시조의 주제와 가장 가까운 뜻을 지닌 것은?
    ① 結草報恩   ② 轉轉反側   ③ 首邱初心
    ④ 麥秀之歎   ⑤ 望雲之情

언제부턴가 갈대는 속으로

조용히 울고 있었다.

그런 어느 조용한 밤이었을 것이다.

갈대는 바람도 달빛도 아닌 것.

그의 온몸이 흔들리고 있는 것을 알았다.

갈대는 저를 흔드는 것이 제 조용한 울음인 것을 까맣게 몰랐다.

−산다는 것은 속으로 이렇게

조용히 울고 있는 것이란 것을

그는 몰랐다.

신경림, 〈갈대〉

〈문제 67〉 위 시에 나타난 서정적 자아의 자세와 가까운 것은?
    ① 易之思之   ② 安貧樂道   ③ 安分知足
    ④ 浩然之氣   ⑤ 自我省察

    오늘도 간호원을 도와 실내 청소를 마치고 난 익준은 대합실에 자리잡고 신문을 펴 들었다. 아마도 세상에 그처럼 충실한 신문 독자가 없을 것이다. 이 병원에서 구독하고 있는 두 종류의 신 문을 그는 한 시간 이상이나 시간을 소비해 가며 첫줄 처음부터 끝줄 끝자까지 기사고 광고고 할 것 없이 하나도 빼지 않고 죄다 읽어 버리는 것이다. 익준은 또한 그저 신문을 읽는 데만 그치지 않는다. 거기 보도된 기사 내용에 대해서 자기류의 엄격한 비판을 가할 것을 잊지 않는 것이다. 지금도 익준은 신문을 보다 말고 앞에 놓여 있는 소형 탁자를 주먹으로 내리치며 격분하여 고함을 질렀다.

    "천하에 이런 죽일 놈들이 있어!"

    참지 못해 신문을 든 채 벌떡 일어섰다. 익준은 진찰실로 달려들어가서 그 신문지를 간호원의 턱 밑에 들이대며,

    "미스 홍, 이걸 좀 봐요. 아니 이런 주리를 틀 놈들이 있어 글쎄!"

    눈을 부라리고 치를 부르르 떨었다.

손창섭, 〈잉여 인간〉

〈문제 68〉 위 소설에서 익준의 행동을 평가시 가장 적절한 말은?
    ① 眼下無人   ② 實利追求   ③ 優柔不斷
    ④ 吾不關焉   ⑤ 悲憤慷慨

〈문제 69〉 윗글의 평론을 고려할 때, 홍길동의 행동을 비판하는데 적절한 말은?
　　　　① 我田引水　　② 傍若無人　　③ 自家撞着
　　　　④ 無爲徒食　　⑤ 附和雷同

정씨 옆에 앉았던 노인이 두 사람의 행색과 무릎의 배낭을 눈여겨 살피더니 말을 걸어 왔다.

"어디 일들 가슈?"

"아뇨. 고향에 갑니다."

"고향이 어딘데....."

"삼포라구 아십니까?"

"어 알지, 우리 아들놈이 거기서 도자를 끄는데...."

"삼포에서요? 거 어디 공사 벌릴 데나 됩니까 고작해야 고기잡이나 하구 감자나 매는데요."

"어허! 몇 년 만에 가는 거요?"

"십 년."

노인은 그렇겠다며 고개를 끄덕였다.

"말두 말우, 거긴 지금 육지야. 바다에 방둑을 쌓아 놓구, 추럭이 수십 대씩 돌을 실어 나른다 구." ....

작정하고 벼르다가 찾아가는 고향이었으나, 정씨에게는 풍문마저 낯설었다. 옆에서 잠자코 듣고 있던 영달이가 말했다.

"잘 됐군. 우리 거기서 공사판 일이나 잡읍시다."

그 때에 기차가 도착했다. 정씨는 발걸음이 내키질 않았다. 그는 마음의 정처를 잃어버렸던 때문이었다.

　　　　　　　　　　　　　　　　　　　　　　　　　황석영, 〈삼포 가는 길〉

〈문제 70〉 윗글에서 나타난 주인공의 심리를 적절히 표현한 것은?
　　　　① 首邱初心　　② 麥秀之歎　　③ 望雲之情
　　　　④ 風樹之嘆　　⑤ 含憤蓄怨

창귀중 이올이 말했다.

"저 동문에 먹을 것이 있사오니 그 이름은 의원입니다. 그는 입에 온갖 풀을 머금어서 살과 고기가 향기롭고, 서문에도 먹을 것이 있사오니 그 이름은 무당입니다. 그는 온갖 귀신에게 아양부려 날마다 목욕 재계하여 고기가 깨끗하온 즉 이 두 가지 것 중에서 하나를 마음대로 골라 잡수시죠."

그제야 범이 수염을 거스리고 낯빛을 붉히며 말했다.

"의원이란 의심스러운 자다. 저도 의심나는 바로써 모든 사람들에게 시험해서 해마다 남의 목숨을 끊는 것이 수만 명이고, 또 무당이란 속이는 자다. 귀신을 속이고 사람을 유혹하여 해마다 남의 목숨을 끊는 것이 수만 명일세. 그래서 뭇사람의 노여움이 뼛속까지 스며들어 화하여 금잠(金蠶)이 되었으니 독이 있어 먹을 수가 없는 거야."

　　　　　　　　　　　　　　　　　　　　　　　　　박지원, 〈호질〉

<문제 71> 윗글에서 문맥으로 보아 범은 창귀의 어떠한 태도를 비판하고 있는가?
      ① 坐井觀天   ② 曲學阿世   ③ 表裏不同
      ④ 巧言令色   ⑤ 口蜜腹劍

<문제 72> 윗글에 나타난 '어머니'의 상황을 잘 나타내 주고 있는 말은?
      ① 左衝右突   ② 坐不安席   ③ 勞心焦思
      ④ 虛張聲勢   ⑤ 自繩自縛

<문제 73> 윗글의 밑줄 친 부분과 가장 관계 깊은 말은?
      ① 窮餘之策   ② 坐不安席   ③ 勞心焦思
      ④ 以心傳心   ⑤ 臨時方便

<문제 74> 위 시조에서 도사공이 처한 상황을 나타내는 말로 적합하지 못한 것은?
      ① 雪上加霜   ② 風前燈火   ③ 四面楚歌
      ④ 進退兩難   ⑤ 五里霧中

〈문제 75〉 윗글의 밑줄 친 부분의 의미를 가장 적절히 나타낼 수 있는 말은?

   ① 鶴首苦待   ② 寤寐不忘   ③ 坐不安席

   ④ 勞心焦思   ⑤ 臥薪嘗膽

〈문제 76〉 윗글에 나타난 수령들의 행동과 가장 가까운 것은?

   ① 漸入佳境   ② 進退維谷   ③ 魂飛魄散

   ④ 換骨奪胎   ⑤ 孤立無援

〈문제 77〉 윗글에서 밑줄 친 부분에 드러난 부인의 반응을 나타내는 말로 적절한 것은?

   ① 搖之不動   ② 馬耳東風   ③ 東問西答

   ④ 同床異夢   ⑤ 賊反荷杖

〈문제 78〉 윗글의 ▢▢▢▢ 안에 알맞은 한자 성어는?

   ① 四面楚歌   ② 五里霧中   ③ 刻舟求劍

   ④ 說往說來   ⑤ 罔知所措

산후(産後) 삼칠 일 후에 집으로 들어왔을 때 증조모 이씨께서 나를 보시고 매우 기대를 거시면서,
"이 아이가 다른 아이와 다르니 잘 길러라." 하시며 유모를 친히 선택까지 하셔서 보내 주셨다. 내가
점점 자라면서 조부께서 매우 사랑하시어 무릎에서 내려놓지 않으시고 항상 희롱하듯 말씀하시길,
"이 아이가 작은 어른이니 일찍 어른이 되리라." 하셨다. 그런데 내가 어려서 듣던 일들이 궁중에
들어온 후 생각하니 내 평생 당할 일의 무슨 예감이 있었던 게 아닌가 한다.   혜경궁 홍씨, 〈한중록〉

〈문제 79〉 윗글의 내용에 부합하는 것은?

      ① 弄瓦之慶   ② 籠鳥戀雲   ③ 弄璋之喜

      ④ 壽命長壽   ⑤ 金科玉條

지실 마을을 거닐면서 어렸을 때 송강, 이른바 성산삼귀(星山三歸)라 해서 정치적으로 불우할 때면
아늑한 고향에 돌아와 시대의 명작을 산출한 송강의 위업과 공을 기리면서도 그의 일부분은(　　　)이(가)
되어 행여 지금 내 처신과 글 속엔 그런 '원숭이 정서'는 없는가 스스로 되물으며 섬뜩해 하곤 한다.

〈문제 80〉 윗글에서 송강에 대한 필자의 견해로 보아, 다음　 (　　　　) 안에 알맞은 한자 성어는?

      ① 釜中生魚   ② 千載一遇   ③ 他山之石

      ④ 望雲之情   ⑤ 事必歸正

과학의 발달은 모든 문제를 해결할 수 있다는 소위 과학주의의 팽배는 문제가 심각하다. 과학주의는
과학과 과학자의 능력을 실제보다 과대 선전함으로써 과학의 건전한 발전을 저해할 수 있으며 과학적
지식과 과학자의 사회적 책임을 왜곡시킬 수 있다. 신기술에 대한 소개와 광고는 대부분 과장되어 있거나
한 부분을 강조하고 있어서 처음에는 상당히 일반인에게 희망을 주고 관심을 끈다. <u>그러나 대부분의 경우
'늑대와 소년' 이야기가 되어 버리고, 그 대가로 나중에 얻는 것은 과학에 대한 일반인의 불신뿐이다.</u>

〈문제 81〉 윗글의 밑줄 친 부분과 같은 경우에 비판할 수 있는 속담은?

      ① 제 낯에 침 뱉기.   ② 말 많은 집에 장맛이 쓰다.

      ③ 숭어가 뛰니까 망둥이도 뛴다.   ④ 보채는 아이 밥 한 술 더 준다.

      ⑤ 염불에는 마음 없고 잿밥에만 마음이 있다.

우리는 복도에서 헤어져 사환이 지적해 준, 나란히 붙은 방 세 개에 각각 한 사람씩 들어갔다.
"화투라도 사다가 놉시다."
헤어지기 전에 내가 말했지만,
"난 아주 피곤합니다. 하시고 싶으면 두 분이나 하세요." 라고 안은 말하고 나서 자기의 방으로 들어가
버렸다.
"나도 피곤해 죽겠습니다. 안녕히 주무세요." 라고 나는 아저씨에게 말하고 내 방으로 들어갔다.

      김승옥, 〈서울, 1964년 겨울〉

〈문제 82〉 윗글에서 '나'의 행위를 비판하는 말로 적절한 것은?
　　　　① 은진은 강경으로 꾸려간다.　　　② 눈먼 말 방울 소리 따라간다.
　　　　③ 굿 뒤에 날장구 친다.　　　　　④ 불 난 집에 부채질한다.
　　　　⑤ 눈치 빠르기는 도갓집 강아지다.

　　아들은 무엇보다도 아버지의 흙투성이가 되어 사는 꼴이 싫었다. 흙에서 나서 흙을 먹고 사는 아버지—
옷에까지 흙투성이가 되어 사는, 흙인지 사람인지 모를 한낱 평범한 농부에게 털끝만한 존경도 갖지
못했다. 당당한 문화인인 아들은 흙투성이 김 영감을 내 아버지라고 내세우기조차 꺼려했다. 이러한
아버지를 가졌다는 것은 자기의 큰 치욕이라고까지 생각해 온 터다.　　　　　　　　이무영, 〈제1과 제1장〉

〈문제 83〉 윗글에서 밑줄 친 부분의 태도를 비판하기에 적절한 속담은?
　　　　① 병 주고 약 준다.　　　　　　　② 눈 감고 아웅한다.
　　　　③ 냉수 마시고 이 쑤신다.　　　　④ 같은 값이면 다홍치마다.
　　　　⑤ 보기 좋은 떡이 먹기도 좋다.

　　"아니 어째 관계가 없어? 이번에도 동네 사람들이 모인답데이. 그래서 작년보다도 밭곡식까지 못돼
버린 더 큰 흉년이니께 곡수 못 주는 것은 물론이고 어떻게 세전이라도 살아갈 도리를 사정해 본다고
지주댁에 몰려간다고들 합디다. 그래도 당신을 쏙 빼놓는 것 보시오. 작년에도 그런 짓을 했으니께 으레
그런 사람이려니하고……그래서 내가 가마고 했소. 지주댁 아니라 상감 앞에라도 당장 가겠소, 아니
염라국에라도 갈랴면 가겠소."　　　　　　　　　　　　　　　박화성, 〈한귀(旱鬼)〉

〈문제 84〉 윗글의 밑줄 친 부분에 나타난 아내의 심정을 가장 잘 드러내고 있는 말은?
　　　　① 남의 염병이 내 고뿔만 못하다.　　② 물에 빠지면 지푸라기라도 잡는다.
　　　　③ 수염이 대자라도 먹어야 양반이다.　④ 굶어 죽기는 정승하기보다 어렵다.
　　　　⑤ 하늘이 무너져도 솟아날 구멍이 있다.

　　남1 : 아무리 구식이라도 아버지 말을 들어야지. 요즘 애들은 모두 자기 중심적이라니까?
　　남2 : 어허. 그건 그렇지 않아. 입장을 바꾸어 놓고 생각해 보게. 그 애들은 그 애들대로의 세계가
　　　　　있는 걸세. 그러니 그걸 존중해 주어야지.
　　남1 : 무슨 소린가? 그렇다면 거꾸로 그 애들이 부모입장을 좀 생각해 주면 안 되나? 우린 뭐 우리
　　　　　세계가 없느냐 말이야.
　　남2 : 나아, 거 참.

〈문제 85〉 위의 대화에서 마지막 말, '거 참'에 담긴 뜻으로 가장 알맞은 것은?
　　　　① 도둑이 제 발 저린다더니.　　　② 등잔 밑이 어둡다더니.
　　　　③ 고양이 쥐 생각하기지.　　　　④ 적반하장도 유분수지.
　　　　⑤ 쇠귀에 경 읽기군.

숨을 헐레벌떡이며 이야기하는 혜숙이의 말에 이인국 박사는 아무 대꾸도 없이 눈만 껌벅이며 도로 앉았다......무엇을 생각했던지 그는 움찔 자리에서 일어났다. 그리고는 벽장문을 열었다. 안쪽에 손을 뻗쳐 액자를 끄집어 내었다.

'國語常用의 家'

그는 액자를 뒤로 열어 모조지를 빼내어 글자 한 자도 제대로 남지 않게 손끝에 힘을 주어 꼼꼼히 찢었다. 이 종잇장 하나만 해도 일본인과의 교제에 있어서 얼마나 떳떳한 구실을 할 수 있었던 것인가. 야릇한 미련 같은 것이 머릿속을 스쳐갔다.

전광용, 〈꺼삐딴 리〉

〈문제 86〉 위 글의 이인국 박사의 삶의 태도에 알맞은 말은?
    ① 개구리 올챙이 적 생각 못한다.   ② 사또 덕분에 나발 분다.
    ③ 토끼 둘을 잡으려다 하나도 못 잡는다.   ④ 간에 가 붙고 쓸개에 가 붙는다.
    ⑤ 벼는 익을수록 고개를 숙인다.

굽실굽실 하직한 후 위선 노자 닷냥 둘러치고 자기 집으로 돌아오며 노래를 부르는데 돈 타령을 한다. 멀찍이서부터 마누라를 부르며, "여보 마누라, 들어보아라. 옛날 이선이는 금돈 쓰되, 이러한 소장부는 읍내 한 번 끔쩍하면 돈 삼십 냥이 우수수 쏟아진다. 마누라야, 거적문을 열어라."

작자미상, 〈흥부가〉

〈문제 87〉 윗글에 나타난 흥부의 언행을 비판하는 말로 가장 적절한 것은?
    ① 냉수 먹고 이 쑤시기.   ② 이불 속에서 활개 친다.
    ③ 미꾸라지가 모래 쑤신다.   ④ 개 못된 것은 들에 가 짓는다.
    ⑤ 혀는 짧아도 침은 길게 뱉는다.

아무도 기다리는 사람이 없는 고향에 여섯 살 난 딸 아이를 업고 불쑥 바람처럼 나타난 그는, 물에 잠겨 버린 지 삼 년째가 되는 방울재 뒷동산 각시바위에 댕돌같이 앉아서는 목이 터져라고 마을 사람들의 이름을 하나하나 불러 대는가 하면, 혼자서 고개를 끄덕거려가며 오순도순 (   )를 중얼거리다가도, 불컥 고개를 쳐들어 하늘을 찔러보고, 창자가 등뼈에 달라붙도록 큰 소리로 웃어대고, 느닷없이 징을 두들기며 겅중겅중 도깨비춤을 추었다.

문순태, 〈징소리〉

〈문제 88〉 위 글의 (   )에 들어갈 말로 가장 적절한 것은?
    ① 자다가 봉창 두드리는 소리   ② 귀신 씨나락 까먹는 소리
    ③ 기차 화통 삶아 먹는 소리   ④ 벙어리 발등 앓는 소리
    ⑤ 솜방망이로 가슴 찔는 소리

〈문제 89〉 윗글에서 ㉡을 근거로 해서, ㉠을 비판하고자 할 때 가장 적절한 말은?
    ① 업은 아이 삼 년 찾는다.   ② 하나만 알고 둘은 모른다.
    ③ 가랑잎으로 눈 가리고 아옹한다.   ④ 관 속에 들어가도 막말은 말라.
    ⑤ 떡 줄 놈은 생각도 않는데 김칫국부터 마신다.

〈문제 90〉 위 글에서 달 첨지에 대해 독자의 입장에서 보일 수 있는 반응으로 가장 적절한 것은?
    ① 벼는 익을수록 고개를 숙인다는 말이군.
    ② 얕은 내도 깊게 건너라는 말이군.
    ③ 하늘이 무너져도 솟아날 구멍이 있다는 말이군.
    ④ 가는 말이 고와야 오는 말이 곱다는 말이군.
    ⑤ 개구리가 올챙이 적 생각을 못 한다는 말이군.

정답

1.③ 2.⑤ 3.② 4.③ 5.① 6.⑤ 7.④ 8.② 9.② 10.⑤ 11.② 12.① 13.③ 14.② 15.⑤ 16.② 17.④ 18.⑤ 19.① 20.② 21.① 22.① 23.⑤ 24.③ 25.④ 26.② 27.③ 28.④ 29.④ 30.② 31.③ 32.⑤ 33.① 34.② 35.③ 36.①, ④ 37.④ 38.③ 39.⑤ 40.① 41.② 42.① 43.④ 44.① 45.④ 46.④ 47.⑤ 48.① 49.⑤ 50.③ 51.③ 52.⑤ 53.① 54.① 55.① 56.① 57.④ 58.③ 59.④ 60.④ 61.② 62.③ 63.④ 64.① 65.① 66.③ 67.⑤ 68.⑤ 69.③ 70.① 71.① 72.② 73.① 74.⑤ 75.② 76.③ 77.① 78.② 70.① 80.③ 81.① 82.② 83.② 84.② 85.⑤ 86.④ 87.② 88.② 89.③ 90.②

제5부

국어와 문학

제1장 한국 시문학의 이해

1. 시문학의 일반적 이해

(1) 시적 표현의 특징

(가) 반어(irony)

표현된 말과 속뜻(의도)이 상반되는 말하기의 방식. 필자의 생각이나 주장과는 반대로 표현하기 때문에 상대방에게 오해를 줄 수도 있으나, 잘만 사용하면 재치와 풍자, 해학적인 효과도 얻을 수 있는 말하기의 방식이다(언어와 상황간의 모순).

> 죽어도 아니 눈물 흘리오리다. (김소월, 〔진달래꽃〕)

(나) 역설(paradox)

겉으로 보기에는 명백히 모순되고 이치에 맞지 않아 '사오정'의 썰렁한 소리 같지만 나중에 곰곰 생각해 보면 그 속에 인생의 깊은 진실을 담고 있는 표현을 가리킨다(언어 상호간의 모순).

> 아아, 님은 갔지마는 나는 님을 보내지 아니하얐습니다. (한용운 「님의 침묵」)

> |알아두기| 모순 형용
> 모순 형용은 크게 역설에 포함되지만, 수식어와 피수식어가 서로 모순된 진술을 가리킨다는 점에서 역설과는 조금 다르다. '이것은 소리없는 아우성', '찬란한 슬픔의 봄'이 그 예이다.

(다) 언어 유희

다른 의미를 암시하기 위한 말이나, 동음이의어를 해학적으로 사용하는 것이다. 주로 한자어의 동음이의어를 사용하여 이러한 표현효과를 낸다.

> 예에. 양반을 찾으려고 찬밥 국 말어 일조식(日早食)하고, 마굿간에 들어가 노새 원님을 끌어다가 등에 솔질을 솰솰하여 말뚝이님 내가 타고 서양(西洋) 영미(英美), 법덕(法德), 동양 3국 무른 메주 밟듯 하고, 동은 여울이요, 서는 구월이라, 동여울 서구월 남드리 북향산 방방곡곡(坊坊曲曲) 면면촌촌(面面村村)이, 바위 틈틈이 모래 쨈쨈이, 참나무 결결이 다 찾아다녀도 샌님 비뚝한 놈도 없습디다.
>
> ☞ 주인마님인 노생원님을 까딱 잘못 발음하면 '노새원님'이 된다. 말뚝이는 일부러 그렇게 발음함으로써 주인마님을 노새로 비하하고 자신을 높였으며, 샌님이 있을 만한 곳을 언급하는 곳에서 웃음을 유발한다.

(라) 애매성

한 단어 속에 겉으로 드러난 뜻 외에 은근히 다른 뜻·태도·감정들을 표현하는 방법이다. 시에는 이러한 기법이 흔히 등장하기 때문에 일상생활의 언어에 익숙한 우리들이 해석하고 뜻을 음미하기에 어려움을 많이 느낀다.

> 강냉이가 익걸랑/ 함께 와 자셔도 좋소./ 왜 사냐건/ 웃지요.(김상용 「남으로 창을 내겠소」)

(마) 완고법과 의고체

완고법은 불쾌하거나 비위에 거슬리는 것을 표현하는데, 직설적 언어 대신 모호하거나 우회적인 언어를 사용하여 완곡하게 누그러뜨리는 것이고, 의고체는 일상 언어에서 쓰이지 않는 옛 단어와 어구를 일부러 사용하는 것이다.

> 이젠 미더운 깃발 아래 발을 맞추려거니
> 어이 역사가 역류하고 습속(習俗)이 부패하는 지점에서
> 지주의 맏아들로 죄스럽게 늙어야 옳다 하시는고   (김상훈 「아버지의 문 앞에서」)
>
> 나는 이 밤에 옛날에 살아
> 눈감고 거문고 줄 골라 보리니
> 가는 버들인 양 가락에 맞추어
> 흰 손을 흔들어지이다.   (조지훈「고풍의상」)

(바) 사이비 진술과 시적 자유

시적 상황(진실)을 효과적으로 표현하기 위해 일상적인 진술 방식을 벗어나는 진술을 말한다. 시적 자유는 시적 허용으로 일컬어지기도 한다. 일반적인 산문에서 우리는 지켜야 할 문법 또는 어법이 있다. 그런데 시인은 이것을 잘 지키려고 하지 않는다. 시인만의 특권이다. 이것을 '시적

자유' 또는 '시적 허용'이라고 부른다.

> 이 마을 전설이 주절이 주절이 열리고
> 먼 데 하늘이 꿈꾸며 알알이 들어와 박혀 (이육사,「청포도」)

> 어머니, 당신은 그 먼 나라를 알으십니까?(←아십니까?) (신석정,「그 먼 나라를 알으십니까」)

(사) 감정 이입

시적 대상에 시적 자아의 정서(느낌)를 옮겨 그러하다고 느끼는 시적 감정. 대체로 의인법과 관련된다. 이때 시적 화자의 정서나 사상을 나타내 주는 대상물을 객관적 상관물이라고 한다.

> 조국은 언제 떠났노.
> 파초의 꿈은 가련하다.
> 남국을 향한 불타는 향수.
> 너의 넋은 수녀보다도 더욱 외롭구나! (김동명,「파초」)

(아) 비유와 상징

비유란 표현하려는 사물(원관념)을 다른 사물(보조관념)에 빗대어 표현함으로써 구체적인 연상 작용을 일으키는 표현 기법이다. 그 방법에는 직유·은유·의인 등이 있다. 상징은 어느 감각적 대상이 다른 대상을 표시하거나, 본래의 고유한 의미에서 다른 의미를 제시할 때 쓰는 표현 기법인데, 상징에서는 원관념을 파악하기 상당히 어렵다.

❶ 직유

> 바람이 파도를 밀어 올리듯이
> 그렇게 나를 밀어 올려 다오.
> 향단아 (서정주「추천사」) ⇒ 직유

❷ 상징

> 언제 한번은 불고야 말 독사의 혀같이 징그러운 바람이여. 너도 이미 아는 모진 겨우살이를 또 한번 겪으라는가. 아무런 죄도 없이 피어난 꽃은 시방의 자리에서 얼마를 더 살아야 하는가 아름다운 길은 이뿐인가. (박봉우「휴전선」)

(2) 시적 자아와 어조, 주제

(가) 시적 자아(시적 화자, 서정적 자아)

시적 자아는 시작품에서 시인을 대신하여 말하는 목소리의 주인공이다. 특히 서정시의 시적 자아를 서정적 자아라고 한다. 대부분의 시적 자아는 시인 자신이 아니다. 시인이 시적 자아를 대리인으로 내세워 자신의 정감과 뜻을 드러내는 것이다. 예를 들어 김소월의 시에 등장하는 시적 자아는 거의 여성이다. 그러나 김소월 시인은 분명 남자이다. 물론 자기 고백적 시에서의 시적 자아는 시인 자신일 경우도 있다. 시적 자아(시적 화자)를 어떤 인물로 설정하느냐에 따라 시인의 생각과 느낌을 효과적으로 나타낼 수 있다.

> 소년·소녀: 동심의 세계, 순수성이 돋보이는 효과
> 여자: 운명에의 순응, 가냘픔, 섬세함 등의 효과
> 남자: 강인함, 도전적, 진취적인 기상 등의 효과

(나) 시적 화자의 기능

❶ 시적 화자는 시인의 대리인이다. 그러므로 시적 화자의 적절한 선택은 상황이나, 구체적인 장면에서 시인의 관념이나 정서를 가장 극대화해 표현할 수 있게 해 준다.

❷ 시적 화자는 작품 안에서 일관된 모습과 목소리로 작품의 통일성에 기여한다. 다시 말해서 시적 화자의 모습이나 가치관, 인생관 등이 일관성 있게 드러난다는 뜻이다.

❸ 시적 화자는 작품 안에서 배경묘사를 하기도 한다. 이때의 배경은 시간적, 공간적 배경을 모두 포함하며 시적 화자가 처해 있는 배경의 묘사를 통하여 시의 현실성과 구체성을 돋보이게 만들어 주기도 한다.

❹ 시적 화자는 작품 속에서 청자나 인물, 대상에 대한 정보를 제공해 주기도 한다. 그런데 이들 정보는 객관적인 것이 아닌, 주관적인 것이다.

(다) 화자의 유형

❶ 화자가 시인 자신인 경우 : 자기 고백적, 반성적인 성격을 띤다.

❷ 화자로 특정한 인물을 내세우는 경우 : 시인의 정서나 주제를 가장 효과적으로 전달할 수 있는 인물을 선택해야 효과적이다.

❸ 화자가 드러나지 않은 경우 : 객관적인 태도로 시를 쓴 경우로, 시의 소재에 대하여 관조적인 성격을 띤다.

(라) 시의 어조

어조란 시에 드러난 목소리이다. 즉, 시적 대상에 대해 시적 자아가 드러내는 태도를 말한다. 어조는 시적 분위기나 정서와 밀접한 관계가 있으며, 주로 시어와 어미에서 나타난다. 어조의 종류는 우리의 감정 변화만큼이나 많다. 예를 들어 예찬적, 관조적, 독백적, 낭만적, 비판적, 사색적, 고백적, 해학적, 회화적, 격정적 어조 등이 있다. 그런데 이러한 어조가 한 작품에서 일관되게 나타나는 수도 있고, 시상 전개 도중 변화하기도 한다. 이것은 시를 시작했을 때와 진행된 후의 정서가 서로 달라졌음을 나타낸다.

(마) 시의 주제

시의 주제란 한 편의 시 속에 형상화된 중심 생각이나 사상(思想), 정서(情緒) 등을 말한다. 그런데 소설과는 달리 시의 주제에서 가장 중요한 것은 정서(情緒)이다. 정서는 시적 상황 속에서 드러나는 시적 자아의 내적 반응 혹은 심적 상태를 말한다. 실제의 현실이든 관념적 현실이든 간에 현실의 어떤 상황 속에서 생각하고 느끼는 모든 것들이 시적 자아의 정서적 여과장치를 거쳐 독특한 정서로 드러난다. 그러므로 우리는 한편의 시에서 시적 자아가 어떤 정서적 상태(심적 상태)를 보이는가를 유심히 관찰해봄으로써 시의 주제를 찾아낼 수 있다.

(바) 주제의 구성요소

❶ 정서(감정) : 정서는 시어에서 느낄 수 있는 시적 자아의 감정이다. 즉, 기쁨이나 슬픔, 노여움, 쓸쓸함, 사랑스러움, 두려움 등의 모든 감정이 어떤 시적 상황에 부딪혀 더욱 분화되어 나타나는 섬세한 느낌을 말한다. 시에서 나타내려는 주제는 이런 정서(감정)에 의해 흔히 드러난다.

❷ 사상(뜻) : 시는 시인(혹은 시적 자아)의 주관적 감정만으로 이루어지는 것은 아니다. 거기에는 개인의 사상이 담겨 있다. 그래서 시를 읽고 시인(시적 자아)의 고귀한 뜻과 사상에 감동을 받을 수 있다. 고대 시가에서는 시 작품의 사상성을 중요하게 생각했지만 현대시로 넘어오면서 차츰 시의 사상성(뜻)이 부차적인 요소로 취급되고, 정서가 주된 요소로 자리잡게 되었다.

2. 고려 가요의 이해

(1) 가시리[작자 미상]

가시리 가시리잇고 나는
ᄇ리고 가시리잇고 나는
   위 증즐가 大平盛代(대평셩ᄃᆡ)

날러는 엇디 살라 ᄒ고
ᄇ리고 가시리잇고 나는
   위 증즐가 大平盛代(대평셩ᄃᆡ)

잡스와 두어리마ᄂᆞᄂᆞᆫ

· 가시리잇고 : 가시겠습니까
· 나는 : 의미가 없이 율을 맞추기 위한 여음. 조음구
· ᄇ리고 : 버리고
· 잡스와 : 잡아. 붙잡아
· 두어리마ᄂᆞᄂᆞᆫ : 두겠습니까마는
· 션ᄒᆞ면 : 서운하면 마음이 토라지면
· 셜온 님 : 서러운 님
· 닷 : 하자마자 곧

선ᄒᆞ면 아니 올셰라
　　위 증즐가 大平盛代(대평셩ᄃᆡ)

셜온 님 보내ᄋᆞᆸ노니 나ᄂᆞᆫ
가시ᄂᆞᆫ 듯 도셔 오쇼셔 나ᄂᆞᆫ
　　위 증즐가 大平盛代(대평셩ᄃᆡ)
　　　　　　　　　〈악장가사〉

〔시구 풀이〕

- 가시리 가시리잇고 나ᄂᆞᆫ/ᄇᆞ리고 가시리잇고 나ᄂᆞᆫ : 임이 떠나는 것을 차마 믿지 못하겠다는 듯이 이별의 사실을 거듭 확인하고 있다. 떠나지 말라는 애원을 담고 있는 표현이다.
- 위 증즐가 大平盛代(대평셩ᄃᆡ) : 의미 없는 여음구로 '위'는 감탄사, '증즐가'는 악기의 의성어로 악률에 맞추기 위해 넣은 것이다.
- 날러는 엇디 살라 ᄒᆞ고/ᄇᆞ리고 가시리잇고 나ᄂᆞᆫ : 이별에 대한 옛날 우리 여인의 전형인 수동적 자세가 드러나 있다.
- 잡ᄉᆞ와 두어리마ᄂᆞᄂᆞᆫ/선ᄒᆞ면 아니 올셰라 : 떠나는 임을 붙잡고 싶지만 그러면 임이 영원히 나를 떠나 버리지 않을까 하는 염려를 담고 있다. 임을 보내는 서러움이 절제된 가운데 드러나 있다.
- 셜온 님 보내ᄋᆞᆸ노니 나ᄂᆞᆫ : 서러운 임을 보내 드리오. '셜온'의 주체는 임이 아니고 임과 서러운 이별을 하는 서정적 자아이다.
- 가시ᄂᆞᆫ 듯 도셔 오쇼셔 나ᄂᆞᆫ : '가시자마자' 돌아오기를 기원하는 은근히 역설적 표현으로, 언제까지나 떠난 임을 기다리겠다는 간절한 기다림의 정서를 드러내고 있다. 함축적으로 주제가 드러나 있는 부분이다.

〔핵심 정리〕

- 갈래 : 고려 속요. 고려 가요
- 형식 : 4연 각 2구의 분연체(分聯體)
- 운율 : 외형률. 3·3·2조 3음보
- 짜임 : 한시의 기승전결
- 표현 : 반복법의 사용. 간결하고 소박한 함축적 시어로 이별의 감정을 절묘하게 표현되었으며, 자기 희생적이고 미래지향적이다.
- 주제 : 이별의 정한(情恨)
- 출전 : 〈악장가사〉, 〈시용향악보〉에 귀호곡(歸乎曲)

(2) 청산별곡[작자 미상]

살어리 살어리랏다. 靑山(청산)애 살어리랏다.
멀위랑 ᄃᆞ래랑 먹고, 靑山(청산)애 살어리랏다.
　　　얄리얄리 얄랑셩, 얄라리 얄라.　　　　〈제1연〉

우러라 우러라 새여, 자고 니러 우러라 새여.
널라와 시름 한 나도 자고 니러 우니노라.
　　　얄리얄리 얄라셩, 얄라리 얄라.　　　　〈제2연〉

가던 새 가던 새 본다. 믈 아래 가던 새 본다.
잉무든 장글란 가지고, 믈 아래 가던 새 본다.

- 살어리 : '살어리랏다'의 생략형. 율조를 맞추기 위한 표현
- 멀위랑 : 머루며. 머루와. 머루랑
- 우러라 : ① 우는구나(감탄형). ② 울어라(명령형). ③ 노래하라(명령형)
- 니러 : 일어나
- 시름 한 : 시름(걱정)이 많은
- 가던 새 : ① 날아가던 새. ② 갈던 밭

얄리얄리 얄라셩, 얄라리 얄라.　　　　〈제3연〉

이링공 뎌링공 ᄒᆞ야 나즈란 디내와손뎌.
오리도 가리도 업슨 바므란 또 엇디 호리라.
　　　　얄리얄리 얄라셩, 얄라리 얄라.　　〈제4연〉

어듸라 더디던 돌코, 누리라 마치던 돌코.
믜리도 괴리도 업시 마자셔 우니노라.
　　　　얄리얄리 얄라셩, 얄라리 얄라.　　〈제5연〉
살어리 살어리랏다. 바ᄅᆞ래 살어리랏다.
ᄂᆞ믜자기 구조개랑 먹고 바ᄅᆞ래 살어리랏다.
　　　　얄리얄리 얄라셩, 얄라리 얄라.　　〈제6연〉

가다가 가다가 드로라, 에졍지 가다가 드로라.
사ᄉᆞ미 짒대예 올아셔 奚琴(히금)을 혀거를 드로라.
　　　　얄리얄리 얄라셩, 얄라리 얄라.　　〈제7연〉

가다니 ᄇᆡ 브른 도긔 설진 강수를 비조라.
조롱곳 누로기 ᄆᆡ와 잡ᄉᆞ와니, 내 엇디 ᄒᆞ리잇고.
　　　　얄리얄리 얄라셩, 얄라리 얄라.　　〈제8연〉
　　　　　　　　　　　〈악장가사(樂章歌詞)〉

〔시구 풀이〕
- 살어리 살어리랏다. 청산에 살어리랏다. : 여기에 나오는 청산은 머루와 다래(쌀과 보리 등의 세속적인 것과 반대되는 개념)가 있는 청산이다. 청산에 대한 작중 화자의 소망은 '현실'에서 부딪치는 삶의 괴로움을 청산에 떨쳐 버리려는 희망에서 비롯된 것이다.
- 얄리얄리 얄랑셩 얄라리 얄라 : ① 악률에 맞추기 위한 후렴구. ② 악기의 의성어로 흥을 돕고[조흥구(助興句)]. 노래의 절주(節奏)에 맞추기 위한 것. ③ 'ㄹ'과 'ㅇ'의 연속음으로 매끄러운 음악적 효과(두드러진 활음조 현상)를 나타내며 낙천적이고 명랑한 느낌을 준다. ④ 제2연부터는 '얄랑셩'이 '얄라셩'으로 되어 있다.
- 우러라 우러라 새여, 자고 니러 우러라 새여. : 새는 비탄 속에서 통곡하는 서정적 자아의 감정이 들어간 분신이자 그를 위로해 주는 새가 된다.
- 널라와 시름 하 나도 자고 니러 우니로라. : 적막한 산중에 홀로 지내는 고독한 새와 자신의 처지를 비교하여 '동병상련(同病相憐)'의 감정을 나타낸 구절이다.
- 잉무든 장글란 가지고, : 여기서의 '이끼 묻은 쟁기'란 속세에서 살아가기 위해 필요한 도구를 의미한다. 이 구절에는 속세에 대한 미련이 나타나 있다.
- 이링공 뎌링공 ᄒᆞ야 나즈란 디내와손뎌, : '이링공 뎌링공'의 'ㅇ'음의 반복은 절망과 체념 속에 엄습하는 고독을 낙천적으로 승화시킨 묘미를 보여주고 있다.

〔핵심 정리〕
- 갈래 : 고려 속요, 고려 가요, 장가(長歌)
- 형식 : 전 8연의 분장체. 매 연 4구

- 짜임 : 기승전결의 4단 구성. 혹은 '산-바다'의 대칭적 2단 구성
- 운율 : 3·3·2조. 3음보   • 성격 : 현실 도피적. 애상적. 평민 문학
- 표현 : 'ㄹ' 음의 반복과 'ㅇ' 음의 어울림에서 빚어내는 음악성이 대비되었고, 반복법과 상징성이 두
  드러진다.
- 의의 : 고려 속요 중 '서경별곡'과 함께 비유성이 뛰어나며, 문학성이 빼어나다. 고려인들의 삶의 애
  환을 반영한 작품
- 배경 : 척신(戚臣)의 전횡(專橫), 무신(武臣)의 횡포, 몽고군의 침입 등 내우외환(內憂外患)이 계속되
  어 양심적인 지성인들은 언제나 현실에서 안심입명(安心立命)할 수가 없었다.
- 주제 : 삶의 고뇌와 비애. 실연의 애상(哀傷). 삶의 터전을 잃은 유랑인의 슬픔. 임을 잃은 여인의 처
  절한 삶과 임을 향한 그리움
- 출전 : 〈악장가사〉, 〈악학편고〉, 〈시용향악보〉(여기서는 1연만 전함)

(3) 서경별곡(西京別曲)[작자 미상]

서경(西京)이 아즐가 서경(西京)이 셔울히 마르는
　위 두어렁셩 두어렁셩 다링디리
닷곤듸 아즐가 닷곤듸 쇼셩경 고외마른
　위 두어렁셩 두어렁셩 다링디리
여히므론 아즐가 여히므론 질삼뵈 브리시고
　위 두어렁셩 두어렁셩 다링디리
괴시란듸 아즐가 괴시란듸 우러곰 좃니노이다.
　위 두어렁셩 두어렁셩 다링디리

구스리 아즐가 구스리 바회예 디신들
　위 두어렁셩 두어렁셩 다링디리
긴히쭌 아즐가 긴힛쭌 그츠리잇가 나는
　위 두어렁셩 두어렁셩 다링디리
즈믄히를 아즐가 즈믄히를 외오곰 녀신들
　위 두어렁셩 두어렁셩 다링디리
신(信)잇든 아즐가 신(信)잇든 그츠리잇가 나는
　위 두어렁셩 두어렁셩 다링디리

대동강(大同江) 아즐가 대동강(大同江) 너븐디 몰라셔
　위 두어렁셩 두어렁셩 다링디리
빈내여 아즐가 빈내여 노혼다 샤공아
　위 두어렁셩 두어렁셩 다링디리
네가시 아즐가 네가시 럼난디 몰라셔
　위 두어렁셩 두어렁셩 다링디리
녈빅예 아즐가 녈빅예 연즌다 샤공아
　위 두어렁셩 두어렁셩 다링디리
대동강(大同江) 아즐가 대동강(大同江) 건넌편 고즐여

- 아즐가 : 감탄사. 악률(樂律)에 맞추기 위한 여음
- 셔울히 마르는 : 서울이지마는
- 닷곤듸 : 닦은 데. 닦은 곳
- 쇼셩경 : 수도(首都)인 송도(松都)에 대하여 서경(西京)을 이름
- 고외마른 : 사랑하지마는
- 여히므론 : 여의기보다는(차라리)
- 우러곰 : 울면서. 곰 은 강세접미사
- 좃니노이다 : 따릅니다. 따르겠습니다
- 바회예 : 바위에
- 녀신들 : 살아간들. 살아가더라도
- 너븐디 : 넓은지. 넓은 줄을
- 네가시 : 너의 아내
- 럼난디 : 과욕한 지. 음란한 마음이 난 지
- 녈빅예 : 떠나는 배에. 다니는 배에
- 연즌다 : 얹었느냐. 태웠느냐
- 고즐여 : 꽃을. 여 는 감탄의 뜻을 지니는 호격조사. 여기서는 다른 여인

　　　위 두어렁셩 두어렁셩 다링디리
빈타들면 아즐가 빈타들면 것고리이다 나는
　　　위 두어렁셩 두어렁셩 다링디리
〈악장가사(樂章歌詞)〉

〔시구 풀이〕
- 西京이 아즐가 西京이 셔울히 마르는 : 서경은 오늘날의 평양(平壤)을 가리키며, ‘아즐가’는 감탄사이다. 이 노래 각 구절의 첫구는 그 사설의 첫구를 취한다. 즉 ‘西京이 아즐가’의 사설 다음에 ‘西京이 셔울히 마르는’으로 노래한다. 노래 전편에 이와 같은 구성을 취하고 있어 정형적인 율격을 느끼게 한다.
- 위 두어렁셩 두어렁셩 다링디리 : 이 작품에서 ‘나는’과 ‘아즐가’ 외에 반복적으로 표현되고 있는 후렴구이다. ‘위 두어렁셩 두어렁셩 다링디리’는 북소리의 의성어로서 작품 전체에 경쾌한 리듬 감각을 더해 주는 요소이다.
- 구스리 바회예 디신들 – 긴히똔 그츠리잇가 나는 : 변함 없는 사랑을 다짐하는 이 구절은 ‘정석가’의 6연에도 나오고 있는데, ‘서경별곡’의 내용 전개상 관계가 없는 이 구절이 첨가된 것으로 보아, 당시 이와 같은 구절이 널리 유행했으리라 추측할 수 있다. 혹은, 구전되었으므로 작품 간의 첨삭, 중복이 있을 가능성도 있다.
- 네가시 럼난디 몰라셔 : 의미 해석이 난해한 부분으로 ‘네가시 럼난디 몰라셔’로 읽어서 ‘네가 시름이 큰 줄을 몰라서’로 보는 견해가 있다. 또 ‘네 가시 럼난디 몰라셔’로 읽어서 ‘네 각시가 음란한지 몰라서’ 또는 ‘네 각시가 과욕한지 몰라서’로 읽기도 한다. 이밖에도 ‘네까짓 것이 주제 넘은 줄 몰라서’로 해석하기로 한다.
- 빈타들면 아즐가 빈타들면 것고리이다 나는 : 배를 타고 강 건너편에 들어가면 그곳 여인과 사랑을 맺을 것입니다.

〔핵심 정리〕
- 갈래 : 고려 속요. 고려 가요. 장가(長歌)
- 성격 : 이별의 노래. 남녀상열지사(男女相悅之詞)
- 주제 : 이별의 정한(情恨)
- 의의 : ‘청산별곡’과 함께 창작성과 문학성이 뛰어나다.
- 형식 : 전 3연. 3·3·3조의 정형률
- 표현 : 반복법. 설의법

(4) 동 동(動動)[작자 미상]

德(덕)으란 곰빈예 받줍고, 福(복)으란 림빈예 받줍고,
德이여 福이라 호늘 나수라 오소이다.
　　아으 動動(동동)다리.

正月(정월)ㅅ 나릿므른 아으 어져 녹져 호논듸.
누릿 가온듸 나곤 몸하 호올로 녈셔.
　　아으 動動다리.

二月(이월)ㅅ 보로매, 아으 노피 현 燈(등)ㅅ블 다호라.
萬人(만인) 비취실 즈싀샷다.
　　아으 動動다리.

三月(삼월) 나며 開(개)한 아으 滿春(만춘) 들욋고지여.
ㄴ미 브롤 즈슬 디녀 나샷다.
　　아으 動動다리.

四月(사월) 아니 니저 아으 오실셔 곳고리새여.
므슴다 錄事(녹사)니믄 녯 나를 닛고신뎌.
　　아으 動動다리.

五月(오월) 五日(오일)애, 아으 수릿날 아춤 藥(약)은
즈믄 힐 長存(장존)하샬 藥이라 받줍노이다.
　　아으 動動다리.

六月(유월)ㅅ 보로매 아으 별해 부룐 빗 다호라.
도라보실 니믈 젹곰 좃니노이다.
　　아으 動動다리.

七月(칠월)ㅅ 보로매 아으 百種(백종) 排(배)하야 두고,
니믈 한 딕 녀가져 願(원)을 비숩노이다.
　　아으 動動다리.

八月(팔월)ㅅ 보로몬 아으 嘉排(가배) 나라마룬,
니믈 뫼셔 녀곤 오늘날 嘉俳샷다.
　　아으 動動다리.

九月(구월) 九日(구일)애 아으 藥이라 먹논 黃花(황화)
고지 안해 드니 새셔 가만하얘라.
　　아으 動動다리.

十月(시월)애 아으 져미연 브룻 다호라.
것거 브리신 後(후)에 디니실 한 부니 업스샷다.
　　아으 動動다리.

十一月(십일월)ㅅ 봉당 자리예 아으 汗衫(한삼) 두퍼 누워
슬흘ᄉ라온뎌 고우닐 스싀옴 녈셔.
　　아으 動動다리.
十二月(십이월)ㅅ 분디남ᄀ로 갓곤 아으 나슬 盤(반)잇 져 다호라.
니믜 알픠 드러 얼이노니 소니 가재다 므릇숩노이다.

아으 動動다리.

<악학궤범(樂學軌範)>

〔시구 풀이〕
- 덕이여 복이라 호놀 나으라 오소이다. : '고려사 악지'에서 '多有頌禱之詞(다유송도지사―경사스러움을 찬양하고 축복하는 송도의 노래 가사가 많다.)라고 말한 대목에 해당하며, '오소이다'는 문맥상 '오십 시오'의 뜻이다.
- 노피 현 등ㅅ불 다호라 : '등ㅅ불'은 '연등'을 가리키며, 이는 '훌륭한 인격의 소유자인 임'을 비유하고 있다. 또 2월 보름에 행해지는 연등놀이이므로, 이 작품의 연대는 고려 현종 이전으로 볼 수가 없다.
- 滿春 둘 윗고지여 : 이 구절의 해석은 설이 많아, ① '만춘둘 윗고지여'로 보아 '3월의 오얏꽃[梨花(이화)]이여'로 보는 견해, ② '만춘 둘윗고지여'로 보아 '3월의 달래꽃이여'로 보는 견해, ③②의 '달래꽃' 을 진달래꽃으로 보는 견해, ④ '만춘 둘 윗고지여'로 보아 '3월의 달 아래 핀 오얏꽃이여'로 보는 견 해 등 다양하다. 어쨌든 '임의 아름다운 모습'을 꽃에 비유한 것이다.
- 곳고리새 : 임의 이미지(부정적 자아에 대한 객체로서 긍정적 이미지)
- 넷 나룰 닛고신뎌 : (아름다운 추억을 간직한) 옛날을 잊고 계시는구나, 또는 옛날의 (정다웠던)나를 잊고 계시는구나
- 수릿날 아춤 藥은 : 민속적으로 당시 수릿날 아침에 장수를 위해 약을 복용한 듯하나 그 약이 무엇인 지는 확실하게 알 수 없고 '동국세시기'를 통해 '익모초'라는 추측이 가능하다.
- 百種(백종) 排(배)ㅎ야 두고, : 칠월 보름 백중날은 온갖 음식을 차려 놓고 죽은 사람들을 위해 제사 지내는 날이다. 죽은 영혼들조차 옛집을 찾아온다는 백중날, 임이 오지 않음을 탄식하고 있다. 오직 한마음으로 모든 슬픔을 참고 견디며, 임에 대한 변치 않는 사랑을 지키는 서정적 자아의 모습이 나 타나 있다.
- 오늘낤 嘉俳샷다. : 임이 없는 상태에서 맞이하는 한가위는 아무 의미가 없고, 임을 기다려 함께 명 절다운 명절을 지내고 싶은 염원이 들어 있다.
- 새셔 가만ㅎ얘라. : 초가집 안이 고요하구나. '세서(歲序)가 늦었구나.'로 보는 학설도 있다.
- 져미연 ㅂ룻 다호라. :버림받은 서정적 자아 자신의 신세 한탄이며, 이를 보리수에 비유하고 있다.
- 슬홀ㅅ라온뎌 고우닐 스싀옴 녈셔. : 고운 임(사랑하는 임)을 생각하면서 살아가는 내 신세는 너무나 도 슬프구나.
- 니믜 알픠 드러 얼이노니 : 임의 앞에 들어 가지런히 놓았더니. 임과 함께 정답게 지내려고 하였더니
- 소니 가재다 므르ᅀᆞᆸ노이다. : 생각지도 않은 다른 사람에게 시집가게 된 기구한 운명을 한탄하는 것.

〔핵심 정리〕
- 갈래 : 고려 속요. 고려 가요. 장가(長歌)
- 성격 : 이별의 노래. 민요풍. 송도가(頌禱歌)
- 짜임 : 서사와 본사인 1월에서 12월까지의 달거리로 구성
- 표현 : 영탄법. 직유법. 은유법. 여음구 '동동'은 북소리를 '다리'는 악기 소리 흉내
- 주제 : 임에 대한 송도(頌禱)와 연모(戀慕)
- 의의 : 고려속요 중에서 유일한, 우리 문학 최초의 월령체(달거리) 노래
- 형식 : 전 13연의 달거리 노래
- 출전 : <악학궤범>

(5) 정석가(鄭石歌) [작자 미상]

딩아 돌하 당금(當今)에 계샹이다.
딩아 돌하 당금(當今)에 계샹이다.
션왕셩딕(先王聖代)예 노니ᄋᆞ와지이다.

삭삭기 셰몰애 별헤 나ᄂᆞᆫ
삭삭기 셰몰애 별헤 나ᄂᆞᆫ
구은 밤 닷 되를 심고이다.
그 바미 우미 도다 삭나거시아
그 바미 우미 도다 삭나거시아
유덕(有德)ᄒᆞ신 님믈 여히ᄋᆞ와지이다.

옥(玉)으로 련(蓮)ㅅ고즐 사교이다.
옥(玉)으로 련(蓮)ㅅ고즐 사교이다.
바희 우희 접듀(接柱)ᄒᆞ요이다.
그 고지 삼동(三同)이 퓌거시아
그 고지 삼동(三同)이 퓌거시아
유덕(有德)ᄒᆞ신 님 여히ᄋᆞ와지이다.

므쇠로 텰릭을 몰아 나ᄂᆞᆫ
므쇠로 텰릭을 몰아 나ᄂᆞᆫ
텰스(鐵絲)로 주롬 바고이다.
그 오시 다 헐어시아
그 오시 다 헐어시아
유덕(有德)ᄒᆞ신 님 여히ᄋᆞ와지이다.

므쇠로 한쇼를 디여다가
므쇠로 한쇼를 디여다가
텰슈산(鐵樹山)애 노호이다.
그 쇼가 텰초(鐵草)를 머거아
그 쇼가 텰초(鐵草)를 머거아
유덕(有德)ᄒᆞ신 님 여히ᄋᆞ와지이다.

구스리 바회예 디신ᄃᆞᆯ
구스리 바회예 디신ᄃᆞᆯ
긴힛ᄃᆞᆫ 그츠리잇가
즈믄 ᄒᆡ를 외오곰 녀신ᄃᆞᆯ
즈믄 ᄒᆡ를 외오곰 녀신ᄃᆞᆯ
신(信)잇ᄃᆞᆫ 그츠리잇가.

〈악장가사(樂章歌詞)〉

· 딩아 돌하 : 딩돌아. 정석(鄭石)아. ① 딩 은 정(鉦). 돌 은 石. 즉 경(磬)이므로 금석 악기인 '鉦磬[징과 경쇠라는 악기]'에 은유하여 연정의 대상 인물인 '鄭石'을 나타낸 것. ② '딩'이 鄭을 비유함은 음이 비슷함이고 '돌'이 磬으로 된 것은 돌로 된 악기이므로 그 뜻을 딴 것이다.
· 계샹이다 : 계십니다. 시용향악보에는 '겨샤이다'로 되어 있음
· 노니ᄋᆞ와지이다 : 놀고 싶습니다
· 삭삭기 : 바삭바삭한 모양
· 셰몰애 : 가는[細] 모래
· 별헤 : 벼랑에
· 나ᄂᆞᆫ : 악률에 맞추기 위한 무의미한 조흥구(助興句)
· 심고이다 : 심습니다
· 삭나거시아 : 싹이 나시어야
· 여히ᄋᆞ와지이다 : 여의고(이별하고) 싶다
· 련(蓮)ㅅ고즐 : 연꽃을
· 사교이다 : 새깁니다
· 접듀(接柱)ᄒᆞ요이다 : 접합니다. 붙입니다
· 퓌거시아 : 피시어야. 피어야
· 텰릭을 : 융복(戎服)을. 텰릭 은 옛 무관의 공복(公服)을 이름
· 몰아 : 재단하여
· 텰사(鐵絲) : 철사
· 바고이다 : 박습니다
· 헐어시아 : 헐어야(만)]
· 한쇼 : 큰 소. 황소
· 디여다가 : 지어다가. 주조(鑄造)하다가
· 텰슈산(鐵樹山)애 : 쇠로 된 나무가 있는 산에
· 노호이다 : 놓습니다
· 쇼 : 소[牛]가

〔시구 풀이〕

• 딩아 돌하 당금(當今)에 계샹이다. : 징이여 돌이여[鄭石아] (임금님이) 지금에 (우리 앞에) 계십니다. '징', '돌'은 악기를 의인화한 것 같기도 하고, 연모의 대상 인물인 것 같기도 하다.

• 구은 밤 닷 되를 심고이다. : '구은 밤'은 제 2연의 소재로, '불가능'의 전제 조건이다. 이와 같이 불가능한 사실을 가능한 사실로 가정하여 전제하는 표현 기법은 일종의 역설 논리라 할 수 있다.

• 유덕(有德)ᄒ신 님 : 연정만이 아닌 임의 덕성에 대한 숭앙(崇仰)까지 곁들인, 보다 관념화된 임이다.

〔핵심 정리〕

• 갈래 : 고려 가요. 고려 속요. 장가(長歌)

• 형식 : 전 6연. 1연은 3구, 2-6연은 6구, 3음보

• 표현 : 과장법. 역설법. 반어법. ① 불가능한 것을 가능으로 설정해 놓고 영원한 사랑을 노래함. ② '딩아 돌하'의 '딩, 돌'은 '鄭石'의 차자(借字)로 볼 수 있음.

• 내용 : 태평성대를 구가하고, 남녀 간의 사랑이 무한함을 표현한 노래

• 주제 : ① 임에 대한 영원한 연모의 정. ② 영원한 해로를 축원하는 사랑의 충정. ③ 임금의 만수무강을 축원

• 의의 : ① 영원 무궁한 사랑을 노래한 작품으로 가장 뛰어나다. ② 불가능한 사실을 전제로 한 완곡(婉曲)한 표현법을 살린 작품이다.

• 출전 : 〈악장가사〉 〈악학편고〉 〈시용향악보〉

(6) 정과정(鄭瓜亭)[작자 정서(鄭敍)]

前腔	내 님믈 그리ᅀᆞ와 우니다니
中腔	山(산) 졉동새 난 이슷ᄒ요이다.
後腔	아니시며 거츠르신 둘 아으
附葉	殘月曉星(잔월 효성)이 아ᄅ시리이다.
大葉	넉시라도 님은 ᄒᆞᆫ듸 녀져라 아으
附葉	벼기더시니 뉘러시니잇가.
二葉	過(과)도 허믈도 千萬(천만) 업소이다.
三葉	믈힛마리신뎌
四葉	술읏븐뎌 아으
附葉	니미 나ᄅᆞᆯ ᄒ마 니ᄌᆞ시니잇가.
五葉	아소 님하, 도람 드르샤 괴오쇼셔.

〈악학궤범(樂學軌範)〉

〔시구 풀이〕
- 내 님믈 그리ᄉ와 – 난 이슷ᄒᆞ요이다. : 임을 그리워하며 울고 지내는 서러운 모습을 두견새와 같다고 여기는 작자의 심정을 엿볼 수 있다.
- 殘月曉星(잔월효성)이 아ᄅᆞ시리이다. : 새벽달과 새벽별은 알 것이라는 뜻으로, 자신의 결백을 믿어 달라는 심정을 자연물에 빗대어서 표현하고 있다.
- 넉시라도 님은 ᄒᆞᆫ듸 녀겨라 아으 : 몸은 떨어져 있지만 영혼만이라도 임과 함께 가고 싶다는 의미로 충정이 잘 드러나 있다.
- 벼기더시니 뉘러시니잇가. : 나를 힐뜯고 우기던 사람에 대한 원망의 어조로 노래하고 있다.
- 믈힛 마리신뎌 : ‘뭇사람들 보고 참소하지 말아 달라’ 는 청으로 볼 수도 있고, ‘말씀이 마르다, 즉 할 말이 없다’ 는 평서문이 의미로 볼 수도 있다.
- 아소 님하, : 그렇게 하지 말라는 금지어로서, 원망과 기원의 의미를 동시에 내포하고 있는 구절이다.
- 도람 드르샤 괴오쇼셔. : 임에 대한 간절한 소망을 기원하는 구절로서, 임금이 돌려 들으시어 사랑해 주기를 바란다는 의미이다.

〔핵심 정리〕
- 작자 : 정서(鄭敍, 생존 연대 미상) 호는 과정(瓜亭), 인종의 매제로 벼슬은 내시낭중에 이르렀으나 참소로 귀양, 의종으로부터 곧 소명을 내리겠다는 약속을 받고 20년을 기다렸으나 소식이 없었음, 정중부의 난으로 의종이 쫓겨난 후 명종 1년(1170)에야 기용되었고, 문장이 뛰어나며 묵죽화(墨竹畵)에도 능했다.
- 갈래 : 향가계 여요
- 형식 : 3단 구성
- 구성 : 기 – 자연물에 빗댄 자신의 처지와 결백
  서 – 결백의 직접적 진술
  결 – 임에 대한 간절한 애원
- 주제 : 충절. 연군지정(戀君之情)
- 출전 : 〈악학궤범〉
- 의의 : ① 10구체 향가의 전통을 잇고 있는 3단 구성의 가요
  ② 충신연주지사의 원류
  ③ 유배문학의 원류

> ■ 참고 : 작품의 창작 배경
>
> 정서(鄭敍)가 역모(逆謀)에 가담하였다는 죄명(罪名)으로 귀양을 가게 되자 의종(毅宗)은 “오늘은 어쩔 수 없으나, 가 있으면 다시 부르겠다.” 고 하였다. 그러나 아무리 기다려도 소식이 없었으므로 정서는 의종에게 자신의 결백을 밝히고 약속을 상기시키고자 이 작품을 지었다고 한다. 이 노래는 가사가 극히 처완(悽捥-슬프면서도 아름다움)하다 하여 당시 널리 애송되었다고 한다. 작자는 처음 두 구에서 임(임금)을 그리워하며 울고 다니는 자신의 신세를 망제혼(望帝魂)이 변하여 되었다는 두견새의 모습에 비유하고 있다. 자신의 의도를 자연물에 빗대어 표현함으로써 결백 주장의 객관성을 획득하고자 하였다. 정서가 스스로 호를 과정(瓜亭)이라고 했기 때문에 후세 사람들이 이 노래를 ‘정과정’ 이라고 이름했다. 또한 곡조의 이름을 따서 ‘삼진작(三眞勺)’ 이라고도 한다.

3. 시조 문학의 이해

(1) 인생과 자연을 노래한 시조

- 江山(강산) 죠흔 景(경)을
- 노래 삼긴 사룸
- 대쵸 볼 불근 골에
- 盤中(반중) 早紅(조홍)감이
- 산은 녯 산이로되
- 어부사시사(漁父四時詞)
- 장진주사(將進酒辭)
- 田園(전원)에 나믄 興(흥)을
- 추강에 밤이 드니
- 흔 손에 막되 잡고

- 강호사시가(江湖四時歌)
- 논 밭 갈아 기음 매고
- 말 업슨 청산이요
- 백구(白鷗)야 말 물어 보자
- 십년을 경영ㅎ야
- 梨花(이화)에 月白(월백)ㅎ고
- 잔 들고 혼자 안자[만흥(漫興)]
- 草庵(초암)이 寂寥(적료)흔듸
- 春山(춘산)에 눈 녹인 바룸

■ 江山(강산) 죠흔 景(경)을[김천택(金天澤)]

江山(강산) 죠흔 景(경)을 힘센이 닷톨 양이면,
닉 힘과 닉 分(분)으로 어이ㅎ여 엇들쏜이.
眞實(진실)로 禁(금)ㅎ리 업쓸씩 나도 두고 논이노라.
〈해동가요(海東歌謠)〉

강산의 아름다운 경치를 차지하기 위해 다툴 것이라면
나처럼 힘이 없고 가난한 처지(분수로는)에 어떻게 얻을 수
있겠는가?
진실로 자연을 사랑하고 즐기는 것을 금할 사람이 없으므로
나 같은 사람도 두고 즐기노라.

> · 엇들쏜이 : 얻겠느냐? 얻을 수 있
> 겠는가?
> · 禁(금)ㅎ리 : 금할 사람이
> · 논이노라 : 계속 놀고 있노라

〔핵심 정리〕
- 갈래 - 평시조
- 표현 - 설의법
- 주제 - 자연애, 은둔하며 사는 자의 삶
- 성격 - 한정가
- 제재 - 자연의 아름다움

■ 강호사시가(江湖四時歌)[맹사성(孟思誠)]

江湖(강호)에 봄이 드니 미친 興(흥)이 절로 난다.
濁醪溪邊(탁료계변)에 錦鱗魚(금린어)ㅣ 안주로라.
이 몸이 閒暇(한가)히옴도 亦君恩(역군은)이샷다.

江湖(강호)에 녀름이 드니 草堂(초당)에 일이 업다.

> · 江湖(강호) : 벼슬을 물러난 한객
> (閑客)이 거처하는 시골. 자연
> · 미친 興(흥) : 솟구쳐 오르는 흥취
> · 濁醪溪邊(탁료계변) : 막걸리를 마
> 시며 노는 시냇가

有信(유신)훈 江波(강파)는 보내느니 부람이다.
이 몸이 서늘히음도 亦君恩(역군은)이샷다.

江湖(강호)에 구올이 드니 고기마다 술져 잇다.
小艇(소정)에 그물 시러 흘리 띄여 더뎌 두고,
이 몸이 消日(소일)히음도 亦君恩(역군은)이샷다.

江湖(강호)에 겨월이 드니 눈 기픠 자히 남다.
삿갓 빗기 쓰고 누역으로 오슬 삼아
이 몸이 칩지 아니히음도 亦君恩(역군은)이샷다.
〈청구영언(靑丘永言)〉

강호(자연)에 봄이 찾아오니 깊은 흥이 절로 일어난다.
막걸리를 마시며 노는 시냇가에 싱싱한 물고기가 안주로다.
이 몸이 이렇듯 한가하게 노니는 것도 역시 임금님의 은덕이시
도다.
(춘사 - 흥겹고 풍류스런 강호 생활)

강호에 여름이 찾아오니 초당에 있는 이 몸은 할 일이 없다.
신의가 있는 강물결은 보내는 것이 시원한 바람이로다.
이 몸이 이렇듯 시원하게 지내는 것도 역시 임금님의 은덕
이시도다.
(하사 - 한가한 초당 생활)

강호에 가을이 찾아오니 물고기마다 살이 올라 있다.
작은배에 그물을 싣고 가 물결 따라 흐르게 던져 놓고
이 몸이 이렇듯 소일하며 지내는 것도 임금님의 은덕이시
도다.
(추사 - 고기 잡으며 즐기는 생활)

강호에 겨울이 찾아오니 쌓인 눈의 깊이가 한 자가 넘는다.
삿갓을 비스듬히 쓰고 도롱이를 둘러 덧옷을 삼으니
이 몸이 이렇듯 춥지 않게 지내는 것도 임금님의 은덕이시
도다.
(동사 - 안빈낙도하는 생활)

· 錦鱗魚(금린어) ㅣ : 싱싱한 물고기
가
· 亦君恩(역군은)이샷다 : 역시 임금
의 은혜이시도다
· 녀름 : 여름
· 草堂(초당) : 은사들이 즐겨 지내던
별채
· 江波(강파) : 강의 물결
· 술져 잇다 : 살이 쩌 있다.
· 小艇(소정) : 작은 배
· 흘니 : 흐르게
· 더뎌 두고 : 내버려 두고
· 消日(소일)히옴도 : 소일하게 됨도.
  '消日'은 어떤 일에 재미를 붙여 세
월을 보냄
· 자히 : 한 자가
· 남다 : 넘는다. 더 된다
· 누역 : 도롱이

〔핵심 정리〕
● 갈래 - 연시조
● 표현 - 열거법. 반복법. 의인법
● 제재 - 춘사 〈천렵(川獵)〉, 하사 〈초당의 한거〉, 추사 〈고기잡이〉, 동사 〈소박한 강촌 생활〉
● 성격 - 강호가. 강호한정가. 강호연군가

- 주제 - 강호 한정(江湖閑情)
- 의의 - 최초의 연시조로서 이황의 '도산십이곡' 과 이이의 '구산구곡가' 에 영향. 유가(儒家)의 강호가도의 선구가 됨

■ 노래 삼긴 사름[신흠(申欽)]

노래 삼긴 사름 시름도 하도할샤
닐러 다 못닐러 불러나 푸돗든가
眞實(진실)로 플릴거시면은 나도 불러 보리라.
〈진본 청구영언(珍本靑丘永言)〉

노래를 처음으로 만든 사람, 근심과 걱정이 많기도 많구나.
말로 하려 하나 다 못 하여 (노래로) 풀었단 말인가?
진실로 풀린 것이면 나도 불러 보고 싶구나.

·삼긴 : 만든
·하도할샤 : 많기도 많구나
·닐러 다 못닐러 : 말로 하려 하나 다 못하여. 자신의 생각이나 마음의 병을 겉으로 완전히 드러낼 수 없는 심정을 의미한다
·푸돗든가 : 풀었던가

〔핵심 정리〕
- 갈래 - 평시조
- 성격 - 영물가(詠物歌)
- 표현 - 연쇄법
- 제재 - 노래
- 주제 - 노래를 통해 시름을 풀어 보고자 하는 마음

■ 논 밭 갈아 기음 매고[작자 미상]

논 밭 갈아 기음 매고 뵈잠방이 다임 쳐 신들메고
낫 갈아 허리에 차고 도끼 버려 두러매고 무림 산중(茂林山中) 들어가서 삭다리 마른 섶을 뷔거니 버히거니 지게에 질머 지팡이 바쳐 놓고 새암을 찾아가서 점심(點心) 도슭 부시고 곰방대를 톡톡 떨어 닢담배 퓌여 물고 코노래 조오다가
석양이 재 넘어갈 제 어깨를 추이르며 긴 소래 저른 소래 하며 어이 갈고 하더라.
〈 '청구영언' 에서〉

논 밭 갈아 김매고 베잠방이 대님 쳐 신들메고(신을 벗어지지 않게 하고)
낫 갈아 허리에 차고 도끼를 버려 들러 메고, 울창한 산 속에 들어가서, 삭정이 마른 섶을 베거니 자르거니 지게에 짊어져 지팡이 받쳐 놓고, 샘을 찾아가서 점심도 다 비우고 곰방대를 톡톡 털어 잎담배 피워 물고 콧노래 졸다가,
석양이 재 넘어갈 때 어깨를 추스르며, 긴 소리 짧은 소리 하며 어이 갈꼬 하더라.

·기음 : 김. 논밭에 난 잡풀
·다임 : 대님. 바짓가랑이의 발회목 부분을 매는 끈
·신들메고 : 신들메하고. 신이 벗어지지 않도록 발에 잡아 맨다는 뜻
·버려 : 날카롭게 갈아
·삭다리 : 삭정이. 산 나무에 붙은 죽은 가지
·도슭 : 도시락
·부시고 : 다 비우고
·저른 소래 : 짧은 소리

〔핵심 정리〕
- 갈래 – 사설시조
- 표현 – 열거법
- 주제 – 자연 속에서 누리는 한가로운 삶
- 성격 – 한정가(閑情歌)
- 제재 – 농사일

■ 대쵸 볼 불근 골에[황희(黃喜)]

대쵸 볼 불근 골에 밤은 어이 뜻드르며,
벼 뷘 그르헤 게는 어이 느리는고.
술 닉쟈 체쟝수 도라가니 아니 먹고 어이리.
〈청구영언(青丘永言)〉

대추가 발갛게 익은 골짜기에 밤이 어찌 (익어) 뚝뚝 떨어
지며
벼를 벤 그루에 게까지 어찌 나와 다니는가?
(마침 햅쌀로 빚어 넣은) 술이 익었는데 체 장수가 (체를 팔
고) 돌아가니 (새 체로 술을 걸러서) 먹지 않고 어찌하리.

> · 대쵸 볼 : 대추의 볼. 붉게 익은 통
> 통한 대추
> · 뜻드르며 : 떨어지며
> · 뷘 : 벤
> · 그르헤 : 그루에

〔핵심 정리〕
- 갈래 – 평시조
- 표현 – 점층법
- 주제 – 농촌 생활의 풍요로움과 흥겨움
- 성격 – 풍류적, 낭만적, 목가적, 한정가(閑情歌)
- 제재 – 늦가을 농촌 생활

■ 말 업슨 청산이요[성혼(成渾)]

말 업슨 青山(청산)이요, 態(태) 업슨 流水(유수) ㅣ 로다.
갑 업슨 淸風(청풍)이요, 님즈 업슨 明月(명월)이라.
이 中(중)에 病(병) 업슨 이 몸이 分別(분별) 업시 늙으리라.
〈화원악보〉

말이 없는 것은 청산이요, 모양이 없는 것은 흐르는 물이로다.
값 없는 것은 바람이요, 주인 없는 것은 밝은 달이로다.
이 아름다운 자연에 묻혀, 병 없는 이 몸은 걱정 없이 늙으리라.

> · 태(態) 업슨 : 모양이 없는
> · 갑 업는 : 값을 지불하지 않아도
> 되는
> · 님즈 업슨 : 임자가 없는. 주인이
> 없는
> · 분별(分別) 업시 : 아무 걱정 없이

〔핵심 정리〕
- 갈래 – 평시조
- 표현 – 대구법, 의인법
- 주제 – 자연을 벗삼는 즐거움
- 성격 – 풍류적, 전원적, 달관적(達觀的), 한정가(閑情歌)
- 제재 – 청산, 유수, 청풍, 명월

■ 盤中(반중) 早紅(조홍)감이[박인로(朴仁老)]

盤中(반중) 早紅(조홍)감이 고아도 보이ᄂ다.
柚子(유자)ㅣ 안이라도 품엄즉도 ᄒ다마ᄂ
품어 가 반기리 없슬ᄉ 글노 설워 ᄒᄂ다.
〈노계집〉

소반에 놓인 붉은 감이 곱게도 보이는구나.
비록 유자가 아니라도 품어 갈 마음이 있지마는
품어 가도 반가워해 주실 부모님이 안 계시니 그를 서러워
합니다.

〔핵심 정리〕
- 갈래 – 평시조
- 표현 – 인용법
- 주제 – 효심(孝心)
- 성격 – 사친가(思親歌)
- 제재 – 조홍감

■ 백구(白鷗)야 말 물어 보자[김천택(金天澤)]

백구(白鷗)야 말 물어 보자 놀라지 말아스라.
명구 승지(名區勝地)를 어디 어디 보았는다.
날다려 자세히 일러든 너와 게 가 놀리라.
〈해동가요〉

갈매기야, 말 물어 보자. (너를 해치지 않으니) 놀라지 마라.
경치가 좋기로 이름난 곳을 어디어디 보았느냐?
나에게 자세히 말해 주면 너와 거기에 가서 함께 놀리라.

〔핵심 정리〕
- 갈래 – 평시조
- 표현 – 의인법
- 주제 – 자연애(自然愛). 갈매기와 함께 승지를 보고자 함
- 성격 – 한정가
- 제재 – 갈매기

■ 산은 녯 산이로되[황진이(黃眞伊)]

山(산)은 녯 山(산)이로되 물은 녯 물이 안이로다.
晝夜(주야)에 흘은이 녯 물이 이실쏜야.
人傑(인걸)도 물과 ᄀᆞᆺᄋ야 가고 안이 오노믜라.
〈해동가요(海東歌謠)〉

산은 옛 산 그대로인데 물은 옛 물이 아니구나.
종일토록 흐르니 옛날의 물이 그대로 있겠는가?
사람도 물과 같아서 가고 아니 오는구나.

· 반중(盤中) : 소반 가운데. 상 위의
· 조홍(早紅)감 : 일찍 빨갛게 익은 감. 조홍시(早紅柿)
· 반기리 : 반길 사람이. '어버이'를 말함

· 백구(白鷗) : 갈매기
· 명구 승지(名區勝地) : 경치가 뛰어나기로 유명한 곳
· 게 : 거기에

· 이실쏜야 : 있을 수 있겠느냐.
· 인걸(人傑) : 걸출한 인물. 여기서는 사람들
· ᄀᆞᆺᄋ야 : 같아서
· 오노믜라 : 오는구나.

〔핵심 정리〕
● 갈래 – 평시조
● 성격 – 관조적(인걸이 일반인이라면), 애상적(인걸이 화담 서경덕이라면)
● 제재 – 산. 물. 인걸
● 주제 – 인생무상

■ 십년을 경영ᄒ애[송순(宋純)]

十年(십 년)을 經營(경영)ᄒ야 草廬三間(초려 삼간) 지어
닉니,
나 ᄒ 간 둘 ᄒ 간에 淸風(청풍) ᄒ 간 맛져 두고,
江山(강산)은 드릴 듸 업스니 둘너 두고 보리라.
〈병와가곡집(甁窩歌曲集)〉

십 년을 살면서 초가삼간 지어 냈으니
(그 초가삼간에) 나 한 간, 달 한 간, 맑은 바람 한 간을 맡겨
두고
강산은 들일 곳이 없으니 이대로 둘러 두고 보리라.

·경영(經營)하여 : 계획하여. 마음 속으로 꿈꾸어
·초려삼간(草廬三間) : 세 칸밖에 안 되는 작은 초가. 초가삼간
·맛져 : 맡기어

〔핵심 정리〕
● 갈래 – 평시조 　　　　● 성격 – 전원적, 관조적, 풍류적, 낭만적, 한정가
● 표현 – 과장법 　　　　● 제재 – 전원 생활
● 주제 – 자연 귀의(自然歸依), 안빈낙도(安貧樂道)

■ 어부사시사(漁父四時詞)[윤선도(尹善道)]

춘사(春詞). 1압개예 안개 것고 뒫뫼희 히 비췬다.
빈 떠라 빈 떠라
밤믈은 거의 디고 낟믈이 미러 온다.
至匊恩(지국총) 至匊恩(지국총) 於思臥(어사와)
江강村촌 온갓 고지 먼 빗치 더욱 됴타.

춘사(春詞). 4
우는 거시 벅구기가, 프른 거시 버들숩가,
이어라, 이어라
漁村(어촌) 두어 집이 닛속의 나락들락.
至匊恩(지국총) 至匊恩(지국총) 於思臥(어사와)
말가흔 기픈 소희 온갇 고기 쮜노ᄂ다.

하사(夏詞). 1
구즌비 머저 가고 시냇믈이 몱아 온다.
빈 떠라 빈 떠라
낫대를 두러메니 기픈 興(흥)을 禁(금) 못홀다.

·이어라 : (노를) 저어라
·닛 속의 : 안개 속에. 옅게 깔린 구름 속에
·소희 : 못에
·청약립(靑蒻笠) : 푸른 갈대로 만든 갓
·녹사의(綠蓑衣) : 짚이나 띠 따위로 엮어 어깨에 걸쳐 두르던 재래식 우장의 한 가지. 도롱이
·뗏ᄂ 밧긔 : 떠 있는 밖에. 떠 있는 저 멀리
·빈이니 : 비치니. 눈부시니
·금수(錦繡) : 수를 놓은 비단
·여튼 갯 : 옅은 개[浦]의
·겨근덛 : 잠깐. 잠시 동안
·바탕의 : 일터[어장(漁場)]에
·밋기 : 미끼

至匊恩(지국총) 至匊恩(지국총) 於思臥(어사와)
煙江(연강) 疊嶂(첩쟝)은 뉘라셔 그려 낸고.

하사(夏詞). 2
년닙희 밥싸 두고 반찬으란 쟝만마라.
닫 드러라 닫 드러라
靑청蒻약笠립은 써 잇노라, 綠녹蓑사衣의 가져오냐.
至匊恩(지국총) 至匊恩(지국총) 於思臥(어사와)
無무心심흔 白빅鷗구는 내 좃는가, 제 좃는가.

추사(秋詞). 1
物外(물외)예 조흔 일이 漁父生涯(어부생애) 아니러냐.
빈 떠라 빈 떠라
漁翁(어옹) 욷디마라, 그림마다 그렷더라.
至匊恩(지국총) 至匊恩(지국총) 於思臥(어사와)
四時興(사시 흥)이 흔가지나 秋江(추강)이 은듬이라.

추사(秋詞). 2
水슈國국의 フ올히 드니 고기마다 슬져 읻다.
닫 드러라 닫 드러라
萬만頃경 澄딩波파의 슬ㅋ지 容용與여ᄒ쟈.
至匊恩(지국총) 至匊恩(지국총) 於思臥(어사와)
人인間간을 도라보니 머도록 더옥 됴타.
추사(秋詞). 4
그려기 떳는 밧긔 못 보던 뫼 뵈ᄂ고야.
이어라 이어라
낙시질도 ᄒ려니와 取취흔 거시 이 興흥이라.
至匊恩(지국총) 至匊恩(지국총) 於思臥(어사와)
夕석陽양 브이니 天쳔山산이 錦금繡슈ㅣ로다.

동사(冬詞). 3
여튼 갣 고기들히 먼 소히 다 갇ᄂ니
돋 ᄃ라라, 돋 ᄃ라라
져근덛 날 됴흔제 바탕의 나가보쟈.
至匊恩(지국총) 至匊恩(지국총) 於思臥(어사와)
밋기곧 다오면 굴근 고기 믄다 흔다.

동사(冬詞). 4
간밤의 눈 갠 後후에 景경物물이 달랃고야.
이어라 이어라

압희는 萬만頃경 琉류璃리 뒤희는 千쳔疊텹 玉옥山산.
至지匊국恩총(지국총) 至지匊국恩총(지국총) 於어思사臥와(어사와)
仙션界계ㄴ가 佛불界계ㄴ가, 人인間간이 아니로다.
〈고산유고(孤山遺稿)〉

(춘사1 - 강 마을의 봄 풍경)
앞 포구에 안개가 걷히고 뒷산에 해가 비친다. / 배 띄워라 배
띄워라.
썰물은 거의 빠지고 밀물이 밀려 온다. / 찌그덩 찌그덩 어
여차
강 마을의 온갖 꽃들이 먼 빛으로 바라보니 더욱 좋구나.

(춘사4 - 배에서 바라본 어촌의 풍경)
우는 것이 뻐꾸기인가, 푸른 것이 버드나무 숲인가. / 노 저어
라 노 저어라.
어촌의 두어 집이 안개 속에 들락날락하는구나. / -후렴구-
맑고 깊은 못에 온갖 고기 뛰논다.(생동감)

(하사1 - 비 갠 뒤의 아름다운 경치)
궂은비가 점차 멎어 가고 시냇물도 맑아 온다. / 낚싯대를 둘
러메니 솟구치는 흥겨움을 참을 길이 없구나. / -후렴구-
안개가 자욱한 강과 겹겹이 싸인 산봉우리는 누가 그려 낸 그
림인가?

(하사2 - 배 위에서의 흥취)
연잎에 밥을 싸고 반찬은 준비하지 마라. / 닻 올려라 닻 올
려라.
삿갓은 이미 쓰고 있노라, 도롱이를 가져 오느냐/-후렴구-
무심한 갈매기는 내가 저를 좇아가는가, 제가 나를 좇아오는
가?
(추사1 - 추강에 배 띄우는 흥취)
세속을 떠난 곳에서 좋은 일이 어부와 생활이 아니더냐. / 배
띄워라 배 띄워라. / 고기 잡는 늙은이를 비웃지 마라, 그림마
다 그렸더라/ -후렴구-
사계절의 흥취가 다 좋지만 그 중에도 가을 강이 제일이라.

(추사2 - 속세를 떠난 즐거움)
보길도(유배된 작자가 거처하는 섬)에 가을이 되니 고기마다
살쪄 있다. / 닻 올려라 닻 올려라. / 넓고 맑은 물에서 마음껏
놀아 보자. / -후렴구-/
인간 세상을 돌아보니 멀수록 더욱 좋구나.

(추사4 - 새로운 자연을 대하는 즐거움)
기러기는 날아가는 밖에 못 보던 산이 보이는구나./ 노 저어
라 노 저어라.
낚시질도 하겠지마는 내가 취하려는 것이 바로 새로운 자연
을 즐기는 흥취라./ -후렴구-
석양이 비치니 온 산이 수 놓은 비단이로구나.

(동사3 - 겨울 바다에서의 낚시질)
날씨가 추워지니 물이 얕은 포구의 고기들이 깊은 못으로 다
갔구나./ 돛 달아라 돛 달아라./ 잠시 날씨가 좋은 때에 일터
에 나가 보자./ -후렴구-
미끼가 아름다우면 굵은 고기가 문다고 한다.

(동사4 - 눈 덮인 강촌의 아름다움)
지난 밤 눈이 갠 후에 경치가 달라졌구나./ 노 저어라 노 저
어라.
앞에는 넓고 맑은 바다, 뒤에는 겹겹이 둘러 있는 흰 산/ -후
렴구-
선계(신선의 세계)인지 불계(부처의 세계)인지 속세는 아니
로다.

〔핵심 정리〕
● 갈래 - 평시조. 연시조
● 성격 - 한정가(閑情歌). 어부가(漁父歌)
● 표현 - 대구법. 반복법. 의성법.
● 주제 - 자연 속에서 한가롭게 살아가는 여유와 즐거움

■ 梨花(이화)에 月白(월백)ᄒ고[이조년(李兆年)]

梨花(이화)에 月白(월백)ᄒ고 銀漢(은한)이 三更(삼경)인 제,
一枝春心(일지춘심)을 子規(자규)야 알냐마는,
多情(다정)도 병인 양ᄒ여 좀 못 드러 ᄒ노라.
〈병와가곡집(瓶窩歌曲集)〉

하얗게 핀 배꽃에 달은 환히 비치고 은하수는 (돌아서) 자정
을 알리는 때에
배꽃 한 가지에 어린 봄날의 정서를 자규가 알고서 저리 우는
것일까마는
다정다감한 나는 그것이 병인 양, 잠을 이루지 못하노라.

· 이화(梨花) : 배나무꽃. '애상, 결
백, 청초, 냉담
· 은한(銀漢) : 은하수
· 삼경(三更) : 한밤중. 밤 11시에서
새벽 1시. 자시(子時), 병야(丙夜)
라고도 함
· 일지춘심(一枝春心) : 나뭇가지에
깃들어 있는 봄날의 마음
· 자규(子規) : 소쩍새, 접동새, 불여
귀, 귀촉도, 두견

〔핵심 정리〕
● 연대 - 고려 말
● 갈래 - 평시조
● 성격 - 다정가(多情歌)

- 표현 – 상징법, 의인법. 시각적 심상과 청각적 심상이 잘 어우러져 봄 밤의 애상적 정조를 심화시키고 있다.
- 내용 – 초장(봄 밤의 배경) 중장(봄 밤의 애틋한 감정) 종장(봄 밤의 애상)
- 주제 – 봄 밤의 애상적(哀傷的) 정서

■ 잔 들고 혼자 안자[만흥(漫興)][윤선도(尹善道)]

잔 들고 혼자 안자 먼 뫼흘 ᄇ라보니
그리던 님이 오다 반가옴이 이러ᄒ랴
말ᄉ도 우움도 아녀도 몯내 됴하 ᄒ노라.

〈고산유고(孤山遺稿)〉

술잔을 들고 혼자 앉아 먼 산을 바라보니
그리던 님이 온다 해도 반가움이 이보다 더하랴.
산은 말씀도 웃음도 짓지 아니하지만, 어떤 말 어떤 웃음보다도 나의 마음을 흐뭇하게 하는구나.

·뫼흘 : 산을
·오다 : 온가고
·우움도 : 웃음도
·아녀도 : 아니하여도
·몯내 됴하 : 못내 좋아. 됴다[좋아하다–好]

〔핵심 정리〕
- 갈래 – 평시조. 연시조 ‘만흥(漫興)’ 6수 중 셋째 수임
- 성격 – 한정가(閑情歌)
- 제재 – 자연을 벗하는 생활
- 표현 – 설의법
- 주제 – 자연에 묻혀 사는 은사의 한정

■ 장진주사(將進酒辭)[정철(鄭澈)]

흔 盞(잔) 먹새 그려. ᄯ 흔 盞(잔) 먹새 그려. 곳 것거 算(산) 노코 無盡無盡(무진무진) 먹새 그려
이 몸 주근 後(후)면 지게 우희 거적 더퍼 주리혀 미여 가나 流蘇寶帳(유소 보장)의 만인이 우레 너나 어욱새 속새 덥가나무 白楊(ᄇ양) 수페 가기곳 가면 누른 히 흰 ᄃ ᄀᄂ 비 굴근 눈 쇼쇼리 ᄇ람 불 제 뉘 흔 잔 먹쟈 홀고.
ᄒ믈며 무덤 우희 진나비 ᄑ람 불 제 뉘우친ᄃᆞᆯ 엇더리.

한 잔 먹세 그려 또 한 잔 먹세 그려. 꽃을 꺾어 술잔 수를 세면서 한없이 먹세 그려.
이 몸이 죽은 후에는 지게 위에 거적을 덮어 꽁꽁 졸라 묶여 (무덤으로) 실려 가거나, 곱게 꾸민 상여를 타고 수많은 사람들이 울며 따라가거나, 억새풀, 속새풀, 떡갈나무, 버드나무가 우거진 숲에 한 번 가기만 하면 누런 해와 흰 달이 뜨고, 가랑비와 함박눈이 내리며, 회오리바람이 불 때 그 누가 한 잔 먹자고 하겠는가?
 하물며 무덤 위에 원숭이가 놀러 와 휘파람을 불 때 (아무리 지난날을) 뉘우친들 무슨 소용이 있겠는가?

·算(산) 노코 : 산가지를 놓고. 수를 세고
·無盡無盡(무진무진) : 한없이. 끝없이
·주리혀 미여 : 졸라 묶여
·流蘇寶帳(유소 보장) : 곱게 꾸민 상여(喪輿)
·우러 네어 : 울며 따라가거나
·어욱새 : 억새풀
·속새 : 속새과에 딸린 여러해살이풀
·덥가나무 : 떡갈나무
·白楊(ᄇ양) : 버드나무
·가기곳 것거 : 가기만 하면
·굴근 눈 : 굵은 눈
·쇼쇼리 ᄇ람 : 회오리바람
·ᄑ람 불 제 : 휘파람 불 때
·뉘우친ᄃᆞᆯ 엇디리 : 뉘우친들 어찌하겠는가

〔핵심 정리〕
- 갈래 – 사설시조
- 성격 – 취락 사상
- 제재 – 술
- 주제 – 음주 취락. 인생 무상
- 의의 – 이 시조는 국문학사상 최초의 사설시조라고 불리는 '장진주사(將進酒辭)'라는 작품이다. 〈순오지〉, (홍만종의 시화)에 이백(李白), 이하(李賀), 두보(杜甫)의 명시인 〈장진주〉와 시상이 같다고 평
- 출전 – 〈송강가사 이선본〉

■ 田園(전원)에 나믄 興(흥)을[김천택(金天澤)]

田園(전원)에 나믄 興(흥)을 전나귀에 모도 싯고
溪山(계산) 니근 길로 흥치며 도라와셔
아히 琴書(금서)를 다스려라 나믄 히를 보내리라.
　　　　　　　　　〈진본 청구영언(珍本靑丘永言)〉

전원을 즐기다가 남은 흥을, 발을 저는 나귀의 등에 모두 싣고
계곡이 있는 산의 익숙한 길로 흥겨워하며 돌아와서
아이야, 거문고와 책을 다스려라 남은 세월을 보내리라.

> ・전나귀 : 발을 저는 나귀
> ・계산(溪山) : 계곡을 낀 산
> ・흥치며 : 흥겨워하며
> ・금서(琴書) : 거문고와 서책
> ・다스려라 : 준비하여라

〔핵심 정리〕
- 갈래 – 평시조
- 성격 – 한정가(閑情歌)
- 표현 – 중의법(重意法)
- 제재 – 전원의 흥취
- 주제 – 전원에서 느끼는 흥취. 자연 속에서 누리는 풍류

● 草庵(초암)이 寂寥(적료)흔딕[김수장(金壽長)]

草庵(초암)이 寂寥(적료)흔딕 벗 업시 흔즈 안즈
平調(평조) 한 닙히 白雲(백운)이 절로 존다.
언의 뉘 이 죠흔 뜻을 알 리 잇다 흐리오.
　　　　　　　　　〈해동가요(海東歌謠)〉

초암이 적적하고 고요한데 친구 하나 없이 앉아서
나직한 곡조로 대엽(곡조 이름) 가락을 읊으니 흰 구름이 절로 조는 것 같구나.
어느 누가 혼자 즐기는 이 멋을 아는 사람이 있다 하겠는가?

> ・초암(草庵) : 초가 암자
> ・평조(平調) : 음계의 명칭. 시조 창법의 하나로서 심한 높낮이가 없이 평화스럽고 낮은 곡조임
> ・한닙이 : 대엽(大葉)에. '한닙'은 곡조 이름인 대엽을 뜻함
> ・언의 뉘 : 어느 누가

〔핵심 정리〕
- 갈래 – 평시조
- 성격 – 한정가(閑情歌)
- 표현 – 의인법, 설의법
- 제재 – 평조 한 닙
- 주제 – 풍류를 즐기는 그윽한 경지. 자연 속에서의 유유자적한 삶

■ 추강에 밤이 드니[월산 대군(月山大君)]

秋江(추강)에 밤이 드니 물결이 ᄎ노ᄆᆡ라.
낙시 드리치니 고기 아니 무노ᄆᆡ라.
無心(무심)ᄒᆞᆫ ᄃᆞᆯ빗만 싯고 뷘 빅 저어 오노ᄆᆡ라.
<청구영언(靑丘永言)>

가을 강에 밤이 드니 물결이 차갑구나.
낚시 들이니 고기가 아니 무는구나.
무심한(욕심이 없는) 달빛만 싣고 빈 배 저어 오노라.

[핵심 정리]
- 갈래 – 평시조
- 성격 – 낭만적, 풍류적, 전원적, 한정가(閑情歌), 탈속적(脫俗的)
- 표현 – 영탄법
- 제재 – 가을 달밤, 낚시질
- 주제 – 가을 달밤의 풍류와 정취

> ·秋江(추강) : 가을철의 강
> ·드니 : 으슥하여지니
> ·ᄎ노ᄆᆡ라 : 차구나.
> ·드리치니 : 드리우니
> ·무심(無心)한 : 욕심이 없는. ·사심(邪心)이 없는
> ·저어 : 노를 저어

■ 春山(춘산)에 눈 녹인 바름[우탁(禹倬)]

春山(춘산)에 눈 녹인 바름 건듯 불고 간 ᄃᆡ 업다.
져근 덧 비러다가 마리 우희 블니고져,
귀 밋ᄐᆡ 히묵은 서리를 녹여 볼가 ᄒᆞ노라.
<청구영언(靑丘永言)>

봄 산에 쌓인 눈을 녹인 바람이 잠깐 불고 어디론지 간 곳 없다.
잠시 동안 (그 바람을) 빌려다가 머리 위에 불게 하고 싶구나.
귀 밑에 여러 해 묵은 서리[백발(白髮)]를 (다시 검은 머리가 되게) 녹여 볼까 하노라.

[핵심 정리]
- 연대 – 고려 말
- 성격 – 탄로가(嘆老歌)
- 표현 – 은유법. 도치법(판본에 따라 '마리 우희 블니고져' 가 '블리고쟈 마리 우희', '샠리과져 ᄆᆞ리 우희' 로 된 경우)
- 주제 – 늙음을 탄식함
- 갈래 – 평시조. 단시조
- 제재 – 백발

> ·춘산(春山) : 봄 동산. '청춘' 을 뜻함
> ·건듯 : 문득. 잠깐
> ·간 ᄃᆡ : 간 곳
> ·져근 덧 : 잠깐. 잠시 동안
> ·블니고져 : 불게 하고 싶구나
> ·밋ᄐᆡ : 밑에
> ·히묵은 : 여러 해 묵은
> ·서리 : 백발(白髮)을 비유

■ 흔 손에 막ᄃᆡ 잡고[우탁(禹倬)]

흔 손에 막ᄃᆡ 잡고 또 흔 손에 가싀 쥐고,

> ·막ᄃᆡ : 막대

늙는 길 가싀로 막고, 오는 白髮(백발) 막뒤로 치려터니,
白髮(백발)이 제 몬져 알고 즈럼길노 오더라.
〈청구영언〉

한 손에 막대를 쥐고 또 한 손에는 가시를 쥐고
늙는 길을 가시로 막고 오는 백발을 막대로 치려 했더니
백발이 제가 먼저 알고서 지름길로 오는구나.

〔핵심 정리〕
- 연대 – 고려 말
- 성격 – 탄로가(嘆老歌)
- 내용 – 초장(막대와 가시를 잡음) 중장(백발을 막으려 함) 종장(백발을 막지 못함)
- 주제 – 늙음을 탄식함
- 갈래 – 평시조. 단시조
- 표현 – 대구법, 대조법

(2) 연정(戀情)을 노래한 시조

- 갓나희들이 여러 層(층)이오레
- 귀쏘리 져 귀쏘리
- 나모도 바히돌도 업슨
- 동지ㅅ돌 기나긴 밤을
- 무음이 어린 후ㅣ니
- 묏버들 굴히 것거

- 書房(서방)님 病(병) 들여 두고
- 어져 내 일이야
- 이화우 훗뿌릴 제
- 窓(창) 내고쟈 窓(창)을 내고쟈
- 청산리 벽계수야

■ 갓나희들이 여러 層(층)이오레 [김수장(金壽長)]

갓나희들이 여러 層(층)이오레.
松鶻(송골)미도 갓고 줄에 안즌 져비도 갓고 百花園裡(백화원
리)에 두루미도 갓고 綠水波瀾(녹수파란)에 비오리도 갓고 짜
히 퍽 안즌 쇼로기도 갓고 석은 등걸에 부헝이도 갓데.
그려도 다 각각 남의 스랑인이 皆一色(개일색)인가 ㅎ노라.
〈해동가요〉

계집들이 여러 층이더라.
송골매 같기도 하고, 줄에 앉은 제비 같기도 하고, 온갖 꽃들
이 핀 뜰에 두루미 같기도 하고, 크고 작은 푸른 물결 위에
비오리 같기도 하고, 땅에 앉은 소리개 같기도 하고, 썩은 등
걸에 부엉이 같기도 하네.
그래도 다 각각 님의 사랑이니 각자가 다 뛰어난 미인인가 하
노라.

· 가싀 : 가시
· 치려터니 : 치려고 하였더니
· 몬져 : 먼저
· 즈럼길 : 지름길.

· 갓나희 : 여인들
· 百花園裡(백화원리) : 온갖 꽃들이 만발한 뜰 안
· 綠水波瀾(녹수파란) : 푸른 물결. 푸른 파도
· 비오리 : 오리과에 속하는 물새
· 쇼로기 : 솔개
· 석은 등걸 : 썩은 등걸
· 스랑인이 : 사랑받으니
· 皆一色(개일색) : 다 뛰어난 미인

〔핵심 정리〕
* 갈래 – 사설시조
* 표현 – 직유법, 열거법, 반복법
* 주제 – 각기 임의 사랑을 받고 살아가는 여러 여인들
* 성격 – 세태가, 풍자가, 해학가
* 제재 – 여인들

■ 귀쓰리 져 귀쓰리 [작자 미상]

귀쓰리 져 귀쓰리 어엿부다 져 귀쓰리
어인 귀쓰리 지는 둘 새는 밤의 긴 소리 쟈른 소리 節節(절절)
이 슬픈소리 제 혼자 우러 녜어 紗窓(사창) 여왼 줌을 슬쓰리
도 쎄오는고야.
두어라, 제 비록 微物(미물)이나 無人洞房(무인동방)에 내 뜻
알리는 너섇인가 ᄒ노라.

〈병와가곡집(瓶窩歌曲集)〉

귀뚜라미, 저 귀뚜라미, 불쌍하다 저 귀뚜라미,
어찌된 귀뚜라미가, 지는 달, 새는 밤에 긴 소리 짧은 소리,
마디마디 슬픈 소리로 저 혼자 계속 울어, 비단 창문 안에 열
은 잠을 잘도 깨우는구나.
두어라, 제가 비록 미물이지만 독수공방하는 나의 뜻을 아는
이는 저 귀뚜라미뿐인가 하노라.

〔핵심 정리〕
* 갈래 – 사설시조
* 표현 – 의인법, 반복법, 감정이입
* 주제 – 가을 밤 임 그리는 외로운 여심(女心)
* 성격 – 연모가(戀慕歌)
* 제재 – 귀뚜라미

· 우러 녜어 : 계속해서 울어
· 사창(紗窓) : 비단으로 장막을 친
방. 여자의 거처. 규방(閨房)
· 여왼 잠 : 살풋 든 잠
· 슬쓰리도 : 알뜰히도. 잘도
· 무인동방(無人洞房) : 임이 없는 외
로운 여인의 방

■ 나모도 바히돌도 업슨 [작자 미상]

나모도 바히돌도 업슨 뫼헤 매게 쪼친 가토리 안과,
大川(대천) 바다 한가온듸 一千石(일천 석) 시른 비에, 노도
일코 닷도 일코 농총도 근코 돗대도 것고 치도 싸지고, 브람
부러 물결치고 안개 뒤셧계 즈자진 날에, 갈 길은 千里萬里
(천리 만리) 나믄듸 四面(사면)이 거머어득 져믓 天地寂寞(천
지 적막) 가치노을 쩟는듸, 水賊(수적) 만난 都沙工(도사공)의
안과,
엇그제 님 여흰 내 안히야 엇다가 ᄀ을ᄒ리오.

〈병와가곡집(瓶窩歌曲集)〉

나무도 돌도 전혀 없는 산에 매한테 쫓기는 까투리의 마음과
대천 바다 한가운데 일 천 석 실은 배에 노도 잃고, 닻도 잃
고, 용총(돛대의 줄)도 끊어지고, 돛대도 꺾이고, 키도 빠지

·바히돌 : 바윗돌. 바히 만따로 '전
혀' 의 뜻으로 해석하는 사람도 있
음
·쪼친 : 쫓긴
·농총 : 용총(龍驄). 돛대에 맨 굵은
줄
·치 : 키. 배의 뒤에 달려서 방향을
조절하는 기구
·나믄듸 : 넘는데. 더 되는데
·거머어득 : 검고 어둑한 곳
·가치노을 : 까치놀. 사나운 물결.
사나운 파도 위의 떠도는 흰 거품
·도사공(都沙工) : 사공의 우두머리

고, 바람 불어 물결 치고, 안개 뒤섞여 잦아진 날에 갈 길은
천 리 만 리 남았는데 사면은 검어 어둑하고, 천지 적막 사나
운 파도 치는데 해적 만난 도사공의 마음과
엊그제 임 여읜 내 마음이야 어디에다 비교하리요?

〔핵심 정리〕
- 갈래 – 사설시조　　　　　　　　· 성격 – 수심가. 이별가
- 어조 – 절망적이고 절박한 여인의 목소리
- 표현 – 상징적 암유(暗喩), 열거, 비교, 과장, 점층법
- 제재 – 임과의 이별　　　　　　· 주제 – 임을 여읜 절망적인 슬픔

■ 동지ㅅ달 기나긴 밤을 [황진이(黃眞伊)]

　冬至(동지)ㅅ달 기나진 밤을 한 허리를 버혀 내여,
　春風(춘풍) 니불 아릭 서리서리 너헛다가,
　어론님 오신 날 밤이여든 구뷔구뷔 펴리라.
　　　　　　　　　　　　　〈청구영언(靑丘永言)〉

동짓달 기나긴 밤의 한가운데를 베어 내어
봄바람처럼 따뜻한 이불 속에다 서리서리 넣어 두었다가
정든 임이 오신 밤이면 굽이굽이 펼쳐 내어 그 밤이 오래오래
새도록 이으리라.

〔핵심 정리〕
- 갈래 – 평시조　　　　　　　　· 성격 – 감상적, 낭만적, 연정가
- 표현 – 은유법, 의태법　　　　· 제재 – 동짓달 밤
- 주제 – 임을 기다리는 절실한 그리움

■ ㅁ음이 어린 후ㅣ니 [서경덕(徐敬德)]

　ㅁ음이 어린 後(후)ㅣ니 ㅎ는 일이 다 어리다.
　萬重雲山(만중 운산)에 어니 님 오리마는
　지는 닙 부는 ㅂ람에 힝여 귄가 ㅎ노라.
　　　　　　　　　　　　　〈청구영언(靑丘永言)〉

마음이 어리석으니 하는 일마다 모두 어리석다.
겹겹이 구름 낀 산중이니 임이 올 리 없건만
떨어지는 잎과 부는 바람 소리에도 행여나 임인가 하고 생각
한다.

〔핵심 정리〕
- 갈래 – 평시조　　　　　　　　· 성격 – 감상적, 낭만적

- 표현 – 도치법, 과장법 　　　　• 제재 – 기다림
- 주제 – 임을 기다리는 마음. 물과 같이 옅은 듯 깊은 인생의 지혜와 은은히 내비치는 낭만성이 잘 조화되어 있다.

■ 묏버들 굴히 것거 [홍랑(洪娘)]

묏버들 굴히 것거 보내노라 님의손딕,
자시는 窓(창) 밧긔 심거 두고 보쇼셔.
밤비예 새닙곳 나거든 날인가도 너기쇼셔.

〈청구영언(靑丘永言)〉

산에 있는 버들가지 중 아름다운 것을 골라 꺾어 임에게 보내오니
주무시는 방의 창문가에 심어 두고 살펴 주십시오.
행여 밤비에 새 잎이라도 나면 마치 나를 본 것처럼 여겨 주십시오.

> · 묏버들 : 산버들. 순정(純情)의 상징
> · 갈히 : 가리어. 골라
> · 님의손딕 : 임에게
> · 새닙곳 : 새 잎만
> · 너기쇼셔 : 여기소서. 여기십시오

〔핵심 정리〕
- 갈래 – 평시조 　　　　• 성격 – 감상적, 애상적, 여성적 편향
- 표현 – 상징법, 도치법 　　　• 제재 – 묏버들
- 주제 – 임에게 보내는 사랑

■ 書房(서방)님 病(병) 들여 두고 [김수장(金壽長)]

書房(서방)님 病(병) 들여 두고 쓸 것 업셔
鐘樓(종루) 져진 달린 파라 빅 ᄉ고 감 ᄉ고 榴子(유자) ᄉ고
石榴(석류) 솟다 아ᄎᄎᄎ 이저고 五花糖(오화당)을 니저발여고ᄂ
水朴(수박)에 술 ᄭᅩᆽ 노코 한숨계워 ᄒ노라.

〈해동가요〉

서방님 병들어 두고 먹일 것이 없어
종루 시장에 다리(여자들이 머리 숱이 많아 보이기 위해 덧넣었던 딴 머리, 여기서는 그것을 만들 때 쓰이는 머리카락)를 팔아, 배 사고, 감 사고, 유자 사고, 석류를 샀다. 아차차 잊었구나, 오색사탕을 잊었구나.
수박에 숟가락 꽂아 놓고 한숨 지어 하노라.

> · 쓸 것 : 돈이나 물건값이 될 만한 것
> · 종루(鐘樓) : 종을 달아 두는 누각
> · 져진 : 시장에
> · 달리 : 다리. 여자들이 머리 숱이 많아 보이기 위해 덧넣었던 딴 머리. 여기서는 그것을 만들 때 쓰이던 머리카락
> · 이저고 : 잊어버렸구나
> · 술 : 숟가락

〔핵심 정리〕
- 갈래 – 사설시조 　　　　• 성격 – 사랑가, 애정가
- 표현 – 열거법 　　　　　• 제재 – 화채 재료
- 주제 – 남편에 대한 애틋한 사랑

■ 어져 내 일이야 [황진이(黃眞伊)]

어져 내 일이야 그릴 줄을 모로ᄃ냐.
이시라 ᄒ더면 가랴마는 제 구틱여
보닉고 그리는 情(정)은 나도 몰라 ᄒ노라.
〈진본 청구영언(珍本靑丘永言)〉

아! 내가 한 일이 후회스럽구나. 이렇게도 사무치게 그리울
줄을 미처 몰랐더냐?
있으라 했더라면 임이 굳이 떠나시려 했겠느냐마는 (내가)
굳이
보내 놓고는 이제 와서 새삼 그리워하는 마음을 나 자신도 모
르겠구나.

〔핵심 정리〕
- 갈래 – 평시조
- 표현 – 도치법. 영탄법
- 주제 – 임을 그리워하는 마음
- 성격 – 감상적. 애상적. 여성적 편향. 연정가. 이별가
- 제재 – 보내고 그리워하는 정

■ 이화우 훗뿌릴 제 [계랑(桂娘)]

梨花雨(이화우) 훗쑤릴 제 울며 잡고 離別(이별)ᄒ 님,
秋風落葉(추풍 낙엽)에 저도 날 싱각는가.
千里(천 리)에 외로온 쑴만 오락가락ᄒ노매.
〈청구영언(靑丘永言)〉

배꽃이 흩날리던 때에 손 잡고 울며 불며 헤어진 임
가을 바람에 낙엽 지는 것을 보며 나를 생각학여 주실까?
천 리 길 머나먼 곳에 외로운 꿈만 오락가락 하는구나.

〔핵심 정리〕
- 갈래 – 평시조
- 표현 – 은유법
- 주제 – 임을 그리는 마음
- 성격 – 감상적, 애상적, 여성적 편향, 연정가, 이별가
- 제재 – 이별과 그리움

■ 窓(창) 내고쟈 窓(창)을 내고쟈 [작자 미상]

窓(창) 내고쟈 窓(창)을 내고쟈 이 내 가슴에 窓(창) 내고쟈
고모장지 셰살장지 들장지 열장지 암돌져귀 수돌져귀 빗목걸
새 크나큰 쟝도리로 둑닥 바가 이 내 가슴에 窓(창) 내고쟈.
잇다감 하 답답홀 제면 여다져 볼가 ᄒ노라.
〈청구영언(靑丘永言)〉

창 내고자 창을 내고자 이 내 가슴에 창을 내고자.
고모장지 세살장지 들장지 열장지(문의 종류) 암돌쩌귀 수돌
쩌귀(문 다는 데 쓰이는 도구) 배목걸새(문고리에 꿰는 쇠) 크
나큰 장두리로 뚝딱 박아 이 내 가슴에 창을 내고자.
이따금 하 답답할 때면 여닫아 볼까 하노라.

〔핵심 정리〕
● 갈래 - 사설시조
● 표현 - 열거법, 반복법
● 성격 - 해학가
● 주제 - 마음 속에 쌓인 비애와 고통

■ 청산리 벽계수야 [황진이(黃眞伊)]

青山裏(청산리) 碧溪水(벽계수)ㅣ야 수이 감을 자랑마라.
一到滄海(일도창해)ㅎ면 도라오기 어려오니,
明月(명월)이 滿空山(만공산)ㅎ니 수여 간들 엇더리.
〈청구영언(青丘永言)〉

청산 속에 흐르는 푸른 시냇물아, 빨리 흘러간다고 자랑
마라.
한 번 넓은 바다에 다다르면 다시 청산으로 돌아오기 어려
우니
밝은 달이 산에 가득 차 있는, 이 좋은 밤에 나와 같이 쉬어
감이 어떠냐?

〔핵심 정리〕
● 갈래 - 평시조
● 표현 - 의인법, 중의법, 설의법, 대조법
● 성격 - 감상적, 낭만적
● 주제 - 인생의 덧없음과 향락의 권유

(3) 절개와 우국을 노래한 시조

■ 가노라 三角山(삼각산)아
■ 간 밤의 부던 보람에
■ 간 밤의 우면 여흘
■ 견회요(遣懷謠)
■ 구룸이 無心(무심)튼 말이
■ 녹초 청강산에
■ 눈 마즌 휘여진 디를
■ 방 안에 혓는 촉불
■ 白雪(백설)이 즈자진 골에

■ 삭풍은 나모 긋티 불고
■ 삼동에 뵈옷 닙고
■ 수양산 바라보며
■ 십년 ᄀ온 칼이
■ 오백년 도읍지를
■ 이 몸이 주거 주거
■ 이시렴 브디 갈짜
■ 천만 리 머ᄂ먼 길에
■ 흥망이 유수ㅎ니

■ 가노라 三角山(삼각산)아 [김상헌(金尙憲)]

가노라 三角山(삼각산)아, 다시 보쟈 漢江水(한강수)야.
古國山川(고국 산천)을 써나고쟈 ᄒ랴마ᄂᆞᆫ,
時節(시절)이 하 殊常(수상)ᄒ니 올동말동ᄒ여라.
〈청구영언(靑丘永言)〉

가노라 삼각산아, 다시 보자 한강수야,
고국의 산천을 떠나고자 하랴마는
시절이 하도 수상하니 돌아올 동 말 동하여라.

하 : 하도, 매우

〔핵심 정리〕
- 갈래 – 평시조
- 표현 – 영탄법
- 배경 – 병자호란의 주전론자(主戰論者)로 청나라에 끌려가는 치욕적인 상황
- 제재 – 고국을 떠나가는 비장감(悲壯感)
- 성격 – 우국가, 비장감이 나타남
- 주제 – 우국충절(憂國忠節)

■ 간 밤의 부던 ᄇ람에 [유응부(俞應孚)]

간 밤의 부던 ᄇ람에 눈서리 치단말가.
落落長松(낙락장송)이 다 기우러 가노미라.
ᄒ믈며 못 다 퓐 곳이야 닐러 므슴 ᄒ리오.
〈청구영언(靑丘永言)〉

지난 밤에 불며 모진 바람에 눈과 서리까지 몰아쳤단 말인가?
낙락장송(落落長松)이 다 쓰러져 가고 있구나.(저와 같이 큰
소나무가 쓰러질진대)
하물며 피지도 못한 꽃이야 말해서 무엇하리요.

· 눈서리 : 눈과 서리. '수양대군(세
조)의 숙청'을 비유한 말
· 치단말가 : 쳤다는 말인가
· 落落長松(낙락장송) : 가지가 길게
늘어진 키가 큰 소나무. 지조가 굳
고 고결한 인품의 인재를 가리킴
· 닐러 : 일러. 말하여
· 므슴 ᄒ리오 : 무엇 하리오

〔핵심 정리〕
- 갈래 – 평시조
- 표현 – 풍자적. 은유법. 영탄법
- 주제 – 인재 희생에 대한 개탄. 우국 충정
- 구성 – 초장(기) : 간밤에 있었던 세조의 포악(과거)
        중장(서) : 아침에 들은 비통한 소식(현재)
        종장(결) : 닥쳐 올 비극의 예언(미래)
- 성격 – 우국가(憂國歌)
- 제재 – 중신(重臣)의 희생

■ 간 밤의 우던 여흘 [원호(元昊)]

간 밤의 우던 여흘 슬피 우러 지내여다.
이제야 ᄉᆡᆼ각ᄒ니 님이 우러 보내도다.
져 물이 거스리 흐르고져 나도 우러 녜리라.

· 여흘 : 여울. 물살이 세게 흐르는
곳
· 거스리 : 거슬러

〈청구영언(靑丘永言)〉

지난 밤에 울며 흐르던 여울, 슬프게도 울면서 흘러가도다.
이제야 생각하니 (그 슬픈 여울물 소리는) 임이 울어 보내는
소리로다.
저 물이 거슬러 흐르게 하고 싶구나. 나도 울면서 가리라.

〔핵심 정리〕

• 갈래 – 평시조
• 표현 – 의인법, 영탄법, 중의법
• 주제 – 임금을 그리워하는 애절한 마음
• 성격 – 감상적, 연군가. 절의가
• 제재 – 여울 물소리

■ 견회요(遣懷謠) [윤선도(尹善道)]

슬프나 즐거오나 옳다 하나 외다 하나
내 몸의 해올 일만 닦고 닦을 뿐이언정
그 밧긔 여남은 일이야 분별(分別)할 줄 이시랴

내 일 망녕된 줄 내라 하여 모랄 손가
이 마음 어리기도 님 위한 탓이로세
아뫼 아무리 일러도 임이 혜여 보소서

추성(秋城) 진호루(鎭胡樓) 밧긔 울어 예는 저 시내야
무음 호리라 주야(晝夜)에 흐르는다
님 향한 내 뜻을 조차 그칠 뉘를 모르나다

뫼흔 길고 길고 물은 멀고 멀고
어버이 그린 뜻은 많고 많고 하고 하고
어디서 외기러기는 울고 울고 가느니

어버이 그릴 줄을 처엄부터 알아마는
님군 향한 뜻도 하날이 삼겨시니
진실로 님군을 잊으면 긔 불효(不孝)인가 여기노라.
〈고산 유고(孤山遺稿)에서〉

(1수)슬프나, 즐거우나, 옳다 하나, 그르다 하나 / 내 몸의 할
일만 닦고 닦을 뿐이로다./ 그 밖의 다른 일이야 생각하거나
근심할 필요가 있겠는가?//(2수) 나의 일이 잘못된 것인 줄
나라고 하여 모르겠는가?/ 이 마음 어리석은 것도 모두가 임
(임금)을 위한 탓이로구나./ 아무개도 아무리 헐뜯더라도 임
께서 헤아려 주십시오.//(3수) 경원성 진호루 밖에 울며 흐르

• 녜리라 : 가겠도다

• 외다 하나 : 그르다고 하나
• 여남은 : 다른. 남은
• 내라 하여 : 나라고 해서
• 어리기도 : 어리석은 것도
• 추성(秋城) : 함경북도 경원(慶源)
의 별칭
• 예는 : 흘러가는
• 무음 호리라 : 무엇을 하려고
• 뉘 : 때
• 삼겨시니 : 만드셨으니

는 저 시냇물아!/ 무엇하러 밤낮으로 그칠 줄 모르고 흐르는가?/ 임 향한 내 뜻을 따라 그칠 줄을 모르는가?//(4수) 산은 끝없이 길게길게 이어져 있고, 물은 멀리 굽이굽이 이어져 있구나./ 부모님 그리운 뜻은 많기도 많다./ 어디서 처량한 외기러기는 울어울어 나의 마음을 구슬프게 하는가?//(5수) 어버이 그리워할 줄을 처음부터 알았지마는/ 임금 향한 뜻은 하늘이 만드셨으니/진실로 임금을 잊으면 그것이 불효인가 하노라.

〔핵심 정리〕
- 갈래 – 연시조
- 성격 – 우국가, (견회 – 마음을 달램)
- 표현 – 반복법
- 배경 – 작자가 30세 때 권신 이이첨(李爾瞻)의 횡포를 상서하였다가 함경도 경원으로 유배되었을 때 지은 것
- 제재 – 유배지에서의 정회(情懷)
- 주제 – 연군(戀君)

■ 구룸이 無心(무심)툰 말이 [이존오(李存吾)]

구룸이 無心(무심)툰 말이 아마도 虛浪(허랑)ᄒ다.
中天(중천)에 쩌 이셔 任意(임의)로 둔니면셔
구틱야 光明(광명)ᄒ 날빗츨 짜라가며 덥ᄂ니.
〈청구영언〉

구름이 사심(邪心)이 없다는 것은 허무맹랑한 거짓말이다.
하늘 높이 떠 있어(떠서) 마음대로 다니면서
구태여 밝은 햇빛을 따라 가며 덮는구나.

· 구룸 : 간신(奸臣), 신돈(辛旽)을 가리킴
· 무심(無心)툰 : 사심(邪心)이 없다는
· 허랑(虛浪)ᄒ다 : 믿기 어렵다.
· 중천(中天) : '조정 또는 임금의 총애를 한몸에 지닌 높은 권세'를 뜻함
· 쩌 이셔 : 누리고 있어서
· 임의(任意)로 : 마음대로
· 둔니면서 : 다니면서
· 날빗 : 햇볕
· 덥ᄂ니 : 덮느냐. 가리느냐

〔핵심 정리〕
- 연대 – 고려 공민왕 때
- 갈래 – 평시조, 단시조
- 제재 – 구름
- 성격 – 풍자시
- 표현 – 풍유법
- 내용 – 초장(간신의 사악한 말) 중장(충정을 어지럽힘) 종장(임금의 총명을 어둡게 함)
- 주제 – 간신 신돈의 횡포 풍자

■ 녹초 청강산에 [서익(徐益)]

綠草(녹초) 晴江上(청강상)에 굴레 버슨 물이 되여
째째로 멀이 들어 北向(북향)ᄒ야 우는 뜻은
夕陽(석양)이 재 넘어 감애 님자 글여 우노라.
〈해동가요(海東歌謠)〉

벼슬을 그만 두고 녹초 청강상에 내려와 살고 있지만
때로 고개를 들어 북쪽을 향해 우는 뜻은
석양에 해 넘어갔다(임금께서 승하하셨다)는 소식을 듣고 임
금을 그리워하여 우는 것이다.

〔핵심 정리〕
- 갈래 – 평시조
- 표현 – 은유법
- 주제 – 임금 승하의 애도
- 성격 – 유교적, 군신유의
- 제재 – 임금(조선 중종)의 승하

> ·녹초(綠草) : 푸른 풀. 자연에 묻혀 있는 처지임을 뜻함
> ·굴레 : 마소의 고삐를 걸쳐 얽어 매는 줄. 벼슬을 뜻함

■ 눈 마ᄌ 휘여진 딕를 [원천석(元天錫)]

눈 마ᄌ 휘여진 딕를 뉘라셔 굽다턴고.
구블 節(절)이면 눈 속에 프를소냐.
아마도 歲寒孤節(세한 고절)은 너샨인가 ᄒ노라.
〈병와가곡집(瓶窩歌曲集)〉

눈을 맞아 휘어진 대나무를 누가 굽었다고 하던가?
굽힐 절개라면 눈 속에 어찌 푸르겠는가?
아마도 한겨울의 추위를 이겨내는 절개를 가진 것은 너(대나
무)뿐일 것이다.

〔핵심 정리〕
- 갈래 – 평시조
- 표현 – 상징법, 설의법, 의인법
- 주제 – 고려 왕조에 대한 충절 다짐
- 성격 – 회고적, 절의적
- 제재 – 눈 속의 대나무

> ·굽다턴고 : 굽었다고 하던가
> ·구블 절(節) : 굽힐 절개
> ·세한고절(歲寒孤節) : 한겨울 추위도 이겨내는 높은 절개

■ 방 안에 혓는 촉불 [이개(李塏)]

房(방) 안에 혓는 燭(촉)불 눌과 離別(이별)ᄒ엿관딕,
것으로 눈물 디고 속타는 줄 모로는고.
우리도 뎌 燭(촉)불 갓ᄒ야 속타는 줄 모르노라.
〈병와가곡집(瓶窩歌曲集)〉

방 안에 켜 있는 촛불은 누구의 이별을 하였기에

> ·혓는 : 켠. 켜 있는.
> ·촉(燭)불 : 촛불
> ·눌과 : 누구와
> ·이별(離別)ᄒ엿관딕 : 이별하였기에
> ·디고 : 흘리고. 원뜻은 떨어지고. 임

겉으로 눈물을 흘리면서 속이 타 들어가는 줄을 모르는가?
저 촛불도 나와 같아서 (슬퍼 눈물만 흘릴 뿐) 속이 타는 줄을
모르는구나.

〔핵심 정리〕
● 갈래 – 평시조
● 표현 – 의인법, 감정이입
● 성격 – 여성적, 감상적, 절의적
● 주제 – 단종과의 이별의 슬픔

■ 白雪(백설)이 ᄌ자진 골에 [이색(李穡)]

白雪(백설)이 ᄌ자진 골에 구루미 머흐레라.
반가온 梅花(매화)는 어늬 곳에 픠엿는고.
夕陽(석양)에 홀로 셔 이셔 갈 곳 몰라 ᄒ노라.
〈청구영언(青丘永言)〉

흰 눈이 잦아진 골짜기에 구름이 험하구나.
(나를) 반겨 줄 매화는 어느 곳에 피어 있는가?
날이 저물어 가는 석양에 홀로 서서 갈 곳을 모르겠구나.

· 백설(白雪) : 흰 눈. 고려 유신의
비유
· ᄌ자진 : 녹아 없어진
· 구루미 : 구름이. 당시의 정치 상황
을 대표하는 조선의 '신흥 세력'을
의미
· 머흐레라 : 험하구나.

〔핵심 정리〕
● 연대 – 고려 말
● 성격 – 우국가(憂國歌)
● 내용 – 초장(신흥 세력의 대두) 중장(우국지사에 대한 염원) 종장(우국 충정)
● 주제 – 우국충절, 봄을 기다리는 마음
● 갈래 – 평시조. 단시조
● 표현 – 은유법, 풍유법

■ 삭풍은 나모 굿틱 불고 [김종서(金宗瑞)]

朔風(삭풍)은 나모 굿틱 불고 明月(명월)은 눈 속에 ᄎ듸,
萬里(만리) 邊城(변성)에 一長劍(일장검) 집고 셔셔,
긴 ᄑ람 큰 흔 소릐에 거칠 거시 업세라.
〈병와가곡집〉

몰아치는 북풍은 앙상한 나뭇가지를 스치고, 밝은 달은 눈으
로 덮인 산과 들을 비춰 싸늘하기 이를 데 없는데
멀리 떨어져 있는 변방 성루에서 긴 칼을 힘있게 짚고 서서
길게 휘파람 불며 큰 소리로 호통을 치니, (천지가 진동하는
듯한 소리에 감히) 대적하는 것이 없구나.

· 삭풍(朔風) : 북풍
· 만리(萬里) 변성(邊城) : 서울로부
터 멀리 떨어져 있는 국경의 성. 곧
육진(六鎭)
· ᄑ람 : 휘파람

〔핵심 정리〕
● 갈래 – 평시조
● 표현 – 영탄법
● 주제 – 무인의 호방(豪放)한 기상
● 성격 – 의지적, 남성적, 우국적
● 제재 – 일장검(一長劍)

■ 삼동에 뵈옷 닙고 [조식(曺植)]

三冬(삼동)에 뵈옷 닙고 巖穴(암혈)에 눈비 마자
구름 낀 볏뉘도 � 적이 업건마는,
西山(서산)에 히지다 ᄒ니 눈물겨워 ᄒ노라.

〈병와가곡집(瓶窩歌曲集)〉

한겨울에 베로 만든 옷을 입고, 바위 굴에서 눈비를 맞고 있으며(벼슬한 적이 없이 산중에 은거한 몸이며)
구름 사이에 비치는 햇볕도 � 적이 없지만(임금의 은혜를 입은 적도 없지만)
서산에 해가 졌다(임금께서 승하하셨다)는 소식을 들으니 눈물이 난다.

> ·삼동(三冬) : 겨울의 석달. 한겨울
> ·뵈옷 : 베로 지은 옷. 벼슬하지 않은 사람이 입는 옷
> ·암혈(巖穴) : 바위와 굴. 은둔자가 거처하는 곳
> ·볏뉘 : 볕 기운. 임금의 은총을 뜻함.
> ·히 : 임금(중종)을 상징함
> ·히지다 : 임금의 승하

〔핵심 정리〕
- 갈래 - 평시조
- 표현 - 은유법
- 주제 - 임금(중종) 승하의 애도
- 성격 - 유교적, 군신유의(君臣有義)
- 제재 - 임금(중종)의 승하

■ 수양산 바라보며 [성삼문(成三問)]

首陽山(수양산) 바라보며 夷齊(이제)를 恨(한)ᄒ노라.
주려 주글진들 採薇(채미)도 ᄒ는 것가.
비록애 푸새엣 거신들 긔 뉘 짜헤 낫드니.

〈청구영언〉

수양산(백이, 숙제가 은둔한 중국의 산, 여기서는 수양대군을 가리키기도 함)을 바라보면서, (남들이 다 절개가 굳은 선비라고 말하는) 백이(伯夷)와 숙제(叔齊)를 오히려 지조가 굳지 못하다고 나는 꾸짖으며 한탄한다.
차라리 굶주려 죽을지언정 고사리를 뜯어먹어서야 되겠는가?
비록 산에 자라는 풀이라 하더라도 그것이 누구의 땅에서 났는가?

> ·수양산(首陽山) : 백이, 숙제가 은둔 생활을 한 중국의 산. 수양 대군을 가리키기도 함
> ·채미(採薇) : 고사리를 캠. 고사리를 뜯는 일
> ·ᄒ는 것가 : 하는 것인가. 해서야 되겠는가
> ·푸새엣 것 : 산과 들에 절로 나는 풀 따위

〔핵심 정리〕
- 갈래 - 평시조
- 표현 - 풍유법, 중의법, 설의법
- 주제 - 굳은 절의와 지조
- 성격 - 지사적, 풍자적, 절의가, 충의가
- 제재 - 백이(伯夷)와 숙제(叔齊)의 고사

■ 십년 ᄀ온 칼이 [이순신(李舜臣)]

十年(십년) ᄀ온 칼이 匣裏(갑리)에 우노민라.

> ·갑리(匣裏) : 갑 속. 칼집 속

關山(관산)을 ᄇ라보며 째째로 ᄆ져 보니
丈夫(장부)의 爲國功勳(위국 공훈)을 어ᄂ 째에 드리올고.
〈청구영언(靑丘永言)〉

십 년이나 갈아 온 칼이 갑(칼집) 속에서 우는구나.
관문(국경이나 요새의 성문)을 바라보며 때때로 만져 보니
대장부가 나라를 위해 큰 공을 어느 때에 세워 (임금께 그 영
광을) 드릴까?

〔핵심 정리〕
- 갈래 – 평시조
- 표현 – 의인법
- 주제 – 우국 충정과 장부의 호기(豪氣)
- 성격 – 의지적, 남성적, 우국적
- 제재 – 칼

■ 오백년 도읍지를 [길재(吉再)]

오백 년(五百年) 도읍지(都邑地)를 필마(匹馬)로 도라드니,
산천(山川)은 의구(依舊)ᄒ되 인걸(人傑)은 간 듸 업다.
어즈버, 태평연월(太平烟月)이 ᄭᅮᆷ이런가 ᄒ노라.
〈청구영언(靑丘永言)〉

오백 년이나 이어 온 고려의 옛 서울(송도, 개성)에 한 필의
말을 타고 들어가니
산천의 모습은 예나 다름 없으나, 인걸은 간 데 없다.
아, (슬프다!) 고려의 태평한 시절이 한낱 꿈처럼 허무하도다.

〔핵심 정리〕
- 갈래 – 평시조
- 표현 – 대조법, 영탄법
- 주제 – 고려 왕조 회고
- 성격 – 회고적, 감상적
- 제재 – 오백 년 도읍지

■ 이 몸이 주거 주거 [정몽주(鄭夢周)]

이 몸이 주거 주거 일백 번 고쳐 주거,
白骨(백골)이 진토(塵土)되여 넉시라도 잇고 업고,
님 향한 一片丹心(일편단심)이야 가싈 줄이 이시랴.

이 몸이 죽고 또 죽어 일백 번을 다시 죽어서,
뼈가 티끌이나 흙이 되고 혼백이 있거나 없거나 간에,
임금을 향하는 충성된 마음이야 변할 줄이 있으랴.

〔핵심 정리〕

- 갈래 – 평시조. 단시조. 정형시
- 성격 – 단심가(丹心歌)
- 제재 – 변함 없는 지조
- 율격 – 3(4)·4조. 4음보
- 표현 – 반복법. 점층법. 설의법
- 주제 – 일편단심(一片丹心)

■ 이시렴 브디 갈짜 [성종(成宗)]

이시렴 브디 갈짜, 아니 가든 못홀쏜냐.
無端(무단)이 슬튼야 눔의 말을 드럿는야.
그려도 하 애도래라, 가는 쯧을 닐러라.
〈해동가요(海東歌謠)〉

있으려무나, 부디(꼭) 가겠느냐? 아니 가지는 못하겠느냐?
공연히 (내가) 싫어졌느냐? 남의 권하는 말을 들었느냐?
그래도 (오히려) 너무 애타는구나. 가는 뜻이나 분명히 말해
보려무나.

- 이시렴 : 있으려무나
- 갈짜 : 가겠느냐
- 무단(無端)이 : 아무 까닭 없이. 공연히
- 슬튼야 : 싫더냐?
- 그려도 : 그래도
- 하 : 대단히. 퍽
- 애도래라 : 애달프구나

〔핵심 정리〕

- 갈래 – 평시조
- 표현 – 문답법
- 주제 – 신하를 떠나 보내는 임금의 애닯은 마음
- 성격 – 회유적(懷柔的). 유교적. 군신유의(君臣有義)
- 제재 – 신하의 사임(辭任)

■ 천만 리 머\~먼 길에 [왕방연(王邦衍)]

천만 리(千萬里) 머\~먼 길에 고흔 님 여희압고
닉 마음 둘 듸 업셔 닉가에 안쟛시니
져 물도 닉 안과 갓틔여 우러 밤길 예놋다.
〈가곡원류(歌曲源流)〉

천 리 만 리 머나먼 곳(영월)에다 고운 임(단종)을 이별하고
(돌아와)
나의 슬픈 마음을 붙일 데가 없어 냇가에 앉았더니
(흘러가는) 저 냇물도 내 마음 같아서 울며 밤길을 흐르는
구나.

- 닉 안과 갓틔여 : 내 마음과 같아서
- 예놋다 : 가는구나

〔핵심 정리〕

- 갈래 – 평시조
- 표현 – 의인법, 감정이입
- 주제 – 임금(유배된 단종)을 이별한 애절한 마음
- 성격 – 감상적, 연군가, 절의가
- 제재 – 단종의 유배(流配)

■ 흥망이 유수ᄒ니 [원천석(元天錫)]

興亡(흥망)이 有數(유수)ᄒ니 滿月臺(만월대)도 秋草 (추초) ㅣ
로다.
五百年(오백 년) 王業(왕업)이 牧笛(목적)에 부쳐시니,
夕陽(석양)에 지나는 客(객)이 눈물계워 ᄒ노라.
〈청구영언(靑丘永言)〉

(나라가) 흥하고 망하는 것이 운수에 달려 있으니, 만월대(고
궁터)도 가을 풀이 우거져 황폐하도다.
고려 오백 년 왕조의 업적이 목동의 피리 소리에 깃들어 있
으니
해 지는 무렵에 이 곳을 지나는 객(나그네)이 눈물겨워 하
노라.

〔핵심 정리〕
• 연대 – 고려 말
• 표현 – 은유법, 영탄법, 중의법
• 내용 – 초장(쓸쓸함) 중장(무상함) 종장(고려 왕조 멸망에서 느끼는 감회)
• 주제 – 고려 왕조 회고. 고려 멸망을 슬퍼함

• 성격 – 회고적, 감상적

(3) 사회에서의 삶에 대한 해학과 풍자

■ 宅(댁)들에 동난지이 사오
■ 두터비 ᄑ리를 물고
■ 모시를 이리져리 삼아
■ 붉가버슨 兒孩(아해) ㅣ 들리

■ 싀어마님 며ᄂ라기 낫바
■ 흔 눈 멀고 흔 다리 져는
■ 한숨아 세한숨아 1. 江山(강산) 죠흔 景(경)을

■ 宅(댁)들에 동난지이 사오 [작자 미상]

宅(댁)들에 동난지이 사오. 져 쟝수야, 네 황화 긔 무서시라
웨는다. 사쟈.
外骨內肉(외골내육), 兩目(양목)이 上天(상천), 前行後行(전행
후행), 小(소)아리 八足(팔족) 大(대)아리 二足(이족), 淸醬(청
장) 으스슥ᄒ는 동난지이 사오.
쟝수야, 하 거복이 웨지 말고 게젓이라 ᄒ렴은.
〈병와가곡집(甁窩歌曲集)〉

여러 사람들이여, 동난젓 사오. 저 쟝수야, 네 물건 그 무엇
이라 외치느냐? 사자.

밖은 단단하고 안은 물렁하며 두 눈은 위로 솟아 하늘을 향하고 앞뒤로 기는 작은 발 여덟 개 큰 발 두 개 푸른 장이 아스슥하는 동난젓 사오.
장수야, 그렇게 장황하게(거북하게) 말하지 말고 게젓이라 하려무나.

[핵심 정리]
- 갈래 - 사설시조
- 표현 - 대화체, 돈호법
- 주제 - 서민들의 상거래(商去來) 장면
- 성격 - 해학적
- 제재 - 동난지이(게젓)

■ 두터비 프리를 물고 [작자 미상]

두터비 프리를 물고 두험 우희 치드라 안자
것넌 山(산) 브라보니 白松骨(백송골)이 써잇거늘 가슴이 금즉ᄒ여 풀덕 쒸여 내도다가 두험 아래 쟛바지거고
모쳐라 늘낸 낼싀만졍 에헐질 번ᄒ괘라.
〈진본 청구영언〉

두꺼비가 파리를 물고 두엄 위에 뛰어 올라가 앉아
건너편 산을 바라보니 흰 송골매가 떠 있기에 가슴이 섬뜩하여 펄쩍 뛰어 내닫다가 두엄 아래 자빠졌구나.
마침 날랜 나였기에 망정이지 하마터면 다쳐서 멍들 뻔했구나.

[핵심 정리]
- 갈래 - 사설시조
- 표현 - 상징적 암유. 의인법. 풍자적, 희화적(戱畫的)
- 성격 - 풍자시(諷刺詩)
- 주제 - 양반들의 허장성세(虛張聲勢) 풍자

■ 모시를 이리져리 삼아 [작자 미상]

모시를 이리져리 삼아 두로 삼아 감삼다가,
가다가 한가온대 뚝 근쳐지거늘 晧齒丹脣(호치단순)으로 홈샐며 감샐며 纖纖玉手(섬섬옥수)를 두 긋 마조 자바 뱌븨여 니으리라 져 모시를.
엇더타, 이 人生(인생) 긋처갈 제 져 모시쳐로 니으리라.
〈가곡원류〉

모시를 이리저리 손바닥으로 비비어 꼬아서 잇다가,
한가운데 뚝 끊어지거늘 흰 이와 붉은 입술로 흠뻑 빨며 이로

감아 빨며 가늘고 흰 손으로 두 끝을 마주 잡아서 바비적거리
어 이으리라 저 모시를.
어떻다, 나의 삶이 끝나갈 때 나도 저 모시처럼 이으리라.

〔핵심 정리〕
• 연대 – 미상
• 표현 – 열거법. 도치법
• 주제 – 오래 살고 싶은 소망
• 갈래 – 사설시조
• 제재 – 길쌈

■ 붉가버슨 兒孩(아해) | 들리 [이정신(李廷藎)]

붉가버슨 兒孩(아해) | 들리 거믜쥴 테를 들고 기川(천)으로
往來(왕래)ㅎ며,
붉가숭아 붉가숭아, 져리 가면 죽ᄂ니라. 이리 오면 스ᄂ니
라. 부로나니 붉가숭이 로다.
아마도 世上(세상) 일이 다 이러흔가 ᄒ노라.
〈청구영언(靑丘永言)〉

발가벗은 아이들이 거미줄 테를 들고 개천을 왔다갔다하며
"벌거숭아, 벌거숭아, 저리 가면 죽고 이리 오면 산다." 부르
는 것이 발가숭이로다.
아마도 세상 일이 다 이런 것인가 하노라.

· 거믜쥴 테 : 거미줄을 붙인 잠자리
채
· 붉가숭아 : 잠자리를 부르는 말
· 부로나니 : 부르는 이가, 부르는 것
이

〔핵심 정리〕
• 갈래 – 사설시조
• 표현 – 풍자적 암유. 의인법. 대화체
• 주제 – 약육강식(弱肉强食)의 험난한 세태 풍자
• 성격 – 풍자가

■ 싀어마님 며ᄂ라기 낫바 [작자 미상]

싀어마님 며ᄂ라기 낫바 벽 바당을 구르지 마오.
빗에 바든 며느린가 갑세 쳐 온 며ᄂ린가. 밤나모 셕은 등걸
에 휘초리 나니ᄀ치 앙살픠신 싀아바님, 볏 뵌 쇠똥ᄀ치 되죵
고신 싀어마님, 삼 년(三年) 겨론 망태에 새 송곳부리ᄀ치 샢
죡ᄒ신 싀누의님, 당(唐)피 가론 밧틔 돌피 나니ᄀ치 싀노란
욋곳 ᄀ튼 피똥 누는 아들 ᄒ나 두고,
건 밧틔 메곳 ᄀ튼 며ᄂ리를 어듸를 낫바 ᄒ시ᄂ고.
〈병와가곡집(瓶窩歌曲集)〉

시어머님 며늘아기 미워 부엌 바닥을 구르지 마오.
빚에 받은 며느리인가, 값에 쳐 온 며느리인가, 밤나무 썩은

· 낫바 : 나빠. 여기서는 '싫어 , 미
워서' 의 뜻
· 벽 : 부엌
· 휘초리 : 가는 나뭇가지. 회초리
· 나니ᄀ치 : 가느다란 가지가 난 것
처럼
· 앙살픠신 : 매서운
· 되죵고신 : 말라빠진
· 겨론 : 결은. 엮은
· 당(唐)피 : 좋은 곡식
· 가론 : 경작(耕作)한

등걸에 휘초리 난 것같이 매서우신 시어버님, 볕 쬔 쇠똥같이
말라빠진 시어머님, 삼 년 결은(엮은) 망태에 새 송곳부리같
이 뾰족하신 시누이님, 당피(좋은 곡식) 경작한 밭에 돌피 난
것같이 샛노란 오이꽃 같은 피똥 누는 아들 하나 두고,
기름진 밭에 메꽃 같은 며느리를 어디를 미워하시는고?

· 돌피 : 자연생 피
· 아들 : 아들은 어린 남편을 일컫는
다.
· 건 : 기름진
· 메곳 : 메꽃

〔핵심 정리〕

* 갈래 – 사설시조
* 표현 – 열거법
* 주제 – 왜곡된 가정 생활에 대한 비판

* 성격 – 원부가(怨婦歌)
* 제재 – 봉건시대 왜곡된 가정 생활

■ 흔 눈 멀고 흔 다리 져는 [작자 미상]

흔 눈 멀고 흔 다리 져는 두터비 셔리 마즈 프리 물고 두엄
우희 치다라 안자,
건넌산 브라보니 白松骨(백송골)리 쩌 잇거늘 가슴에 금죽ㅎ
여 플썩 쮜다가 그 아릭 도로 잣바지거고나.
뭇쳐로 날닌 젤싀만졍 힝혀 鈍者(둔자)ㅣ런둘 어혈질 번ㅎ괘
라.

〈병와가곡집(瓶窩歌曲集)〉

· 셔리 마즈 : 서리 맞은
· 백송골(白松骨) : 흰 송골매
· 금죽ㅎ여 : 끔찍해서
· 잣바지거고나 : 자빠졌구나
· 뭇쳐로 : 아차. 말아라. 감탄사
· 젤싀만졍 : 나이었기 때문이지
· 둔자(鈍者) : 아둔한 사람. 날래지
못한 사람

한 눈 멀고 한 다리 저는 두꺼비, 서리맞은 파리 물고 두엄
위에 치달아 앉아
건넌 산을 바라보니 백송골이 떠 있거늘 가슴이 끔찍하여 풀
떡 뛰다가 그 아래 도로 자빠지겠구나.
다행히 날랜 나였기 망정이지 행여 둔한 놈이런들 피멍들 뻔
했도다.

〔핵심 정리〕

* 갈래 – 사설시조
* 성격 – 풍자시(諷刺詩), 우의적(寓意的), 희화적(戲畵的)
* 표현 – 상징적 암유, 의인법
* 제재 – 두꺼비
* 주제 – 양반들의 허장성세(虛張聲勢) 풍자

■ 한숨아 셰한숨아 [작자 미상]

한숨아 셰한숨아 네 어닉 틈으로 드러온다.
고모 장즈 셰살 장즈 들 장즈 열 장즈에 암돌젹귀 수돌젹귀
비목걸식 쑥닥 박고 크나큰 즘을쇠로 숙이숙이 츠엿는듸 屛
風(병풍)이라 덜걱 접고 簇子(족자)ㅣ라 둭둭골 말고, 녜 어닉
틈으로 드러온다.

· 고모 장즈 : 고무래 장지. 자 모양
의 장지
· 셰살 장즈 : 가는 살로 만든 장지
· 들 장즈 : 들장지. 들어 올려서 매
달아 놓게 된 장지

어인지 너 온 날이면 줌 못 드러 ᄒ노라.
〈병와가곡집(瓶窩歌曲集)〉

한숨아 세(가느다란) 한숨아, 네 어느 틈으로 들어오느냐?
고모장지, 세살장지, 들장지, 열장지,(이상 문의 종류) 암돌
쩌귀, 숫돌쩌귀,(문 다는데 필요한 도구들) 배목걸새(문고리
거는 쇠) 뚝딱 박고, 크나큰 자물쇠로 깊이깊이 채웠는데, 병
풍이라 덜컥 접은 족자라 대대굴 마느냐? 네 어느 틈으로 들
어오느냐?
어찌된 일인지 네가 오는 날이면 잠 못 들어 하는구나.

〔핵심 정리〕
* 갈래 사설시조
* 표현 열거법
* 주제 그칠 줄 모르는 시름

* 성격 수심가(愁心歌), 해학적(諧謔的)
* 제재 시름

·암돌적귀 : 암돌쩌귀
·비목걸시 : 문고리를 거는 쇠
·낫바 : 나빠, 싫어, 미워서 의뜻
·벽 : 부엌

4. 가사(歌辭)의 이해

(1) 상춘곡(賞春曲) [정극인(丁克仁)]

紅塵(홍진)에 뭇친 분네 이내 生涯(생애) 엇더ᄒ고,
녯 사ᄅᆷ 風流(풍류)ᄅᆯ 미ᄎᆯ가 못 미ᄎᆯ가.
天地間(천지간) 男子(남자) 몸이 날만ᄒᆫ 이 하건마ᄂᆞᆫ,
山林(산림)에 뭇쳐 이셔 至樂(지락)을 ᄆᆞ롤 것가.
數間茅屋(수간 모옥)을 碧溪水(벽계수) 앒픠 두고,
松竹(송죽) 鬱鬱裏(울울리)예 風月主人(풍월 주인) 되여셔라.

엇그제 겨을 지나 새봄이 도라오니,
桃花杏花(도화 행화)ᄂᆞᆫ 夕陽裏(석양리)예 퓌여 잇고,
綠楊芳草(녹양 방초)ᄂᆞᆫ 細雨中(세우 중)에 프르도다.
칼로 몰아 낸가, 붓으로 그려 낸가,
造化神功(조화 신공)이 物物(물물)마다 헌ᄉᆞ롭다.

수풀에 우는 새ᄂᆞᆫ 春氣(춘기)ᄅᆯ ᄆᆞᆺ내 계워
소ᄅᆡ마다 嬌態(교태)로다.
物我一體(물아 일체)어니, 興(흥)이이 다ᄅᆞᆯ소냐.
柴扉(시비)예 거러 보고, 亭子(정자)애 안자 보니,
逍遙吟詠(소요 음영)ᄒᆞ야, 山日(산일)이 寂寂(적적)ᄒᆞᆫ듸,
閒中眞味(한중 진미)ᄅᆯ 알 니 업시 호재로다.

·홍진(紅塵) : 벌겋게 이는 먼지. 번
거롭게 속된 세상. 여기서는 후자
의 의미.
·생애(生涯) : 일생. 생계. 여기서는
생활
·미ᄎᆯ가 : 따를까
·날만ᄒᆫ 이 : 나만한 사람이.
·하건마ᄂᆞᆫ : 많건마는
·ᄆᆞ롤 : 모르는
·수간모옥(數間茅屋) : 초가 삼간.
모옥(茅屋)은 띳집. 띠는 풀 이름
·울울리(鬱鬱裏)예 : 빽빽하게 우거
진 속에
·풍월주인(風月主人) : 자연을 즐기
는 사람. 소동파의 '적벽부'에 나오
는 표현
·몰아 낸가 : 말아(마름질하여) 내었
는가? 재단하여 내었는가?
·조화신공(造化神功) : 조물주의 신
비스러운 능력

이바 니웃드라, 山水 구경 가쟈스라.
踏靑(답청)이란 오늘 ᄒ고, 浴沂(욕기)란 來日ᄒ새.
아츰에 採山(채산)ᄒ고, 나조ᄒ| 釣水(조수)ᄒ새.

ᄀ ᄌ 괴여 닉은 술을 葛巾(갈건)으로 밧타 노코,
곳나모 가지 것거, 수노코 먹으리라.
和風(화풍)이 건듯 부러 綠水(녹수)를 건너오니,
淸香(청향)은 잔에 지고, 落紅(낙홍)은 옷새 진다.
樽中(준중)이 뷔엿거든 날ᄃ려 알외여라.
小童(소동) 아ᄒ|ᄃ려 酒家(주가)에 술을 믈어,
얼운은 막대 집고, 아ᄒ|ᄂ 술을 메고,
微吟緩步(미음 완보)ᄒ야 시냇ᄀ의 호자 안자,
明沙(명사) 조흔 믈에 잔 시어 부어 들고,
淸流(청류)를 굽어보니, 쩌오ᄂ|니 桃花(도화) ㅣ 로다.
武陵(무릉)이 갓갑도다. 져 ᄆ|이 귄 거인고.

松間(송간) 細路(세로)에 杜鵑花(두견화)를 부치 들고,
峰頭(봉두)에 급피 올나 구름 소긔 안자 보니,
千村萬落(천촌 만락)이 곳곳이 버려 잇닉.
煙霞日輝(연하 일휘)ᄂ 錦繡(금수)를 재폇ᄂ 듯.
엇그제 검은 들이 봄빗도 有餘(유여)홀샤.

功名(공명)도 날 씌우고, 富貴(부귀)도 날 씌우니,
淸風明月(청풍 명월) 外(외)예 엇던 벗이 잇ᄉ올고.
簞瓢陋巷(단표 누항)에 훗튼 혜음 아니 ᄒ닉.
아모타, 百年行樂(백년 행락)이 이만흔들 엇지ᄒ리.
〈불우헌집(不憂軒集)〉

빛나는 햇살. 자연
· 재펏는 : 쫙 펼친. 쫙 펼쳐 놓은
· 씌우고 : 꺼리고. 싫어해 따르지 않고
· 청풍명월(淸風明月) : 맑은 바람, 밝은 달. 소동파의 적벽부에 나오는 구절로 자연을 의미하는 말. 준말로 풍월이다.
· 단표누항(簞瓢陋巷) : 소박한 시골 살림. 청빈한 선비의 살림.
· 훗튼 : 흩어진. 번잡한

〔핵심 정리〕

- 갈래 – 서정 가사. 정격 가사. 양반 가사
- 율격 – 3.4조 4음보
- 구성 – 서사, 본사[춘경(春景) · 상춘(賞春)], 결사의 3단 구성
- 성격 – 주정적, 서정적
- 주제 – 봄의 완상(玩賞)과 안빈낙도(安貧樂道)
- 형태 – 39행, 79구, 매행 4음보(단 제 12행은 6음보)의 정형 가사로, 4음보 연속체의 율문
- 표현 – 설의법, 의인법, 대구법, 직유법 등의 여러 표현 기교를 사용하고, 고사를 많이 인용하면서 작품 전체를 유려하게 이끌고 있다.
- 내용 – 봄을 완상(玩賞)하고 인생을 즐기는 지극히 낙천적인 내용이다.
- 전개 – 화자는 좁은 공간(수간모옥)에서 점점 넓은 공간(들판, 산 위)으로 나아가는 공간 확장에 의한 전개 방식을 사용하고 있다.
- 의의 – 조선 시대 사대부 가사의 첫 작품. 산림 처사로서의 생활을 은일가사의 첫 작품으로 사림파 문학의 계기를 마련한 작품이다.

- 연대 – 성종 때
- 문체 – 운문체. 가사체

(2) 면앙정가(俛仰亭歌) [송순(宋純)]

无等山(무등산) 흔 활기 뫼히 동다히로 버더 이셔
멀리 쎄쳐 와 霽月峯(제월봉)의 되여거늘
無邊大野(무변대야)의 므슴 짐쟉 ᄒ노라
일곱 구비 홈듸 움쳐 므득므득 버럿는 듯.
가온대 구비는 굼긔 든 늘근 뇽이
선줌을 ᄀᆞᆺ 씌야 머리를 언쳐시니

너ᄅᆞ바회 우히 松竹(송죽)을 헤혀고
亭子(정자)를 언쳐시니 구름 튼 靑鶴(청학)이
千里(천 리)를 가리라 두 ᄂᆞ래 버럿는 듯.

· 활기 : 줄기
· 뫼히 : 산이
· 동다히 : 동쪽으로. 다히 는 편, 쪽' 이란 뜻의 명사
· 쎄쳐 와 : 떼어 버리고 나와
· 무변대야(無邊大野) : 끝없이 넓은 들판
· 므슴 짐쟉 ᄒ노라 : 무슨 생각을 하느라고
· 홈듸 움쳐 : 한 곳에 움츠려
· 므득므득 : 무더기무더기. 우뚝우

玉泉山(옥천산) 龍泉山(용천산) 느린 믈이
亭子(정자) 압 너븐 들희 올올히 펴진 드시
넙쩌든 기노라 프르거든 희디 마나
雙龍(쌍룡)이 뒤트는 듯 긴 깁을 치 펫는 듯
어드러로 가노라 므슴 일 빈얏바
둗는 듯 뜨로는 듯 밤낫즈로 흐르는 듯

므조친 沙汀(사정)은 눈ᄀᆞ치 펴젓거든
어즈러온 기러기는 므스거슬 어르노라
안즈락 ᄂᆞ리락 모드락 흣트락
蘆花(노화)를 ᄉᆞ이 두고 우러곰 좃니는뇨.

너븐 길 밧기요 긴 하늘 아릭
두르고 ᄭᅩ즌 거슨 뫼힌가 屛風(병풍)인가 그림가 아닌가.
노픈 듯 ᄂᆞ즌 듯 근는 듯 닛는 듯
숨거니 뵈거니 가거니 머믈거니
어즈러온 가온딕 일홈ᄂᆞ 양ᄒᆞ야 하늘도 젓티 아녀
웃독이 셧는 거시 秋月山(추월산) 머리 짓고
龍龜山(용구산) 夢仙山(몽선산) 佛臺山(불대산) 魚登山(어등산)
湧珍山(용진산) 錦城山(금성산)이 虛空(허공)에 버러거든
遠近(원근) 蒼崖(창애)의 머믄 것도 하도 할샤.

흰구름 브흰 煙霞(연하) 프로니는 山嵐(산람)이라.
千巖(천암) 萬壑(만학)을 제 집으로 삼아 두고
나명셩 들명셩 일히도 구는지고.
오르거니 ᄂᆞ리거니 長空(장공)의 써나거니
廣野(광야)로 거너거니
프르락 블그락 여트락 디트락
斜陽(사양)과 섯거디어 細雨(세우)조차 쓰리는다.

藍輿(남여)를 빅야 트고 솔 아릭 구븐 길로
오며 가며 ᄒᆞ는 적의
綠楊(녹양)의 우는 黃鶯(황앵) 嬌態(교태) 겨워 ᄒᆞ는고야.
나모 새 ᄌᆞᆺ지어 綠陰(녹음)이 얼린 적의
百尺(백척) 欄干(난간)의 긴 조으름 내여 펴니
水面(수면) 凉風(양풍)야 긋칠 줄 모르는가.

즌 서리 싸딘 후의 산 빗치 錦繡(금수)로다.
黃雲(황운)은 또 엇디 萬頃(만경)에 펴겨 디오.
漁笛(어적)도 흥을 계워 둘룰 ᄯᅪ 브니는다.

뚝
· 굼긔 : 구멍에
· 선줌 : 풋잠
· ᄀᆞᆺ 끽야 : 막 깨어
· 언쳐시니 : 얹어 놓은 것 같으니
· 헤혀고 : 헤치고
· 청학(靑鶴) : 푸른 학. 면앙정 을 비유
· ᄂᆞ래 : 면앙정 지붕을 청학의 날개에 비유
· 느린 믈 : 흘러내리는 물
· 너븐 들희 : 넓은 들에
· 올올(兀兀)히 : 끊임없이
· 기노라 : 기디 마냐 곧 길지 말거냐' 의 뜻으로 해석하는 것이 문맥에 맞다.
· 쌍룡(雙龍) : 푸른 시냇물을 비유한 표현
· 깁 : 비단(원관념 - 시냇물)
· 빈얏바 : 바빠서
· 둗는 듯 뜨로는 듯 : 달리는 듯 따르는 듯
· 므조친 : 물 따라 펼쳐진. 물가로 밀린
· 사정(沙汀) : 모래밭
· 펴젓거든 : 펼쳐져 있는데
· 어르노라 : 어르느라고. 통정(通情)하려고
· 안즈락 ᄂᆞ리락 : 앉았다가 내려왔다가
· 모드락 흣트락 : 모였다가 흩어졌다가
· 노화(蘆花) : 갈대꽃
· 우러곰 : 울면서
· 좃니는뇨 : 따라다니는가. 쫓아 다니는고
· 일홈 ᄂᆞ 양ᄒᆞ야 : 이름이 난 것처럼.
· 젓티 아녀 : 두려워하지 않고
· 머리 짓고 : 머리를 이루고
· 창애(蒼崖) : 푸른 언덕. 푸른 절벽

草木(초목) 다 진 후의 江山(강산)이 미몰커늘
造物(조물)리 헌ᄉᆞᄒᆞ야 氷雪(빙설)로 ᄭᅮ며 내니
瓊宮瑤臺(경궁요대)와 玉海銀山(옥해은산)이
眼底(안저)에 버러셰라.
乾坤(건곤)도 가ᄋᆞ멸샤 간 대마다 경이로다.

人間(인간)을 써나와도 내 몸이 겨를 업다.
이것도 보려 ᄒᆞ고 져것도 드르려코
ᄇᆞ룸도 혀려 ᄒᆞ고 ᄃᆞᆯ도 마즈려코
밤으란 언제 줍고 고기란 언제 낙고
柴扉(시비)란 뉘 다드며 딘 곳츠란 뉘 쓸려뇨.
아춤이 낫브거니 나조히라 슬흘소냐.
오ᄂᆞᆯ리 不足(부족)커니 來日(내일)리라 有餘(유여) ᄒᆞ랴.
이 뫼ᄒᆡ 안자 보고 뎌 뫼ᄒᆡ 거러 보니
煩勞(번로)ᄒᆞᆫ ᄆᆞᄋᆞᆷ의 ᄇᆞ릴 일이 아조 업다.
쉴 사이 업거든 길히나 젼ᄒᆞ리야.
다만 ᄒᆞᆫ 靑藜杖(청려장)이 다 므듸여 가노미라.

술이 닉어거니 벗지라 업슬소냐.
블ᄂᆡ며 ᄐᆞ이며 혀이며 이아며
온가짓 소ᄅᆡ로 醉興(취흥)을 ᄇᆡ야거니
근심이라 이시며 시름이라 브터시랴.
누으락 안즈락 구브락 져츠락
을프락 ᄑᆞ람ᄒᆞ락 노혜로 놀거니
天地(천지)도 넙고넙고 日月(일월)도 ᄒᆞᆫ가ᄒᆞ다.
羲皇(희황)을 모롤러니 이 적이야 긔로고야
神仙(신선)이 엇더턴지 이 몸이야 긔로고야.

江山風月(강산 풍월) 거ᄂᆞ리고 내 百年(백 년)을 다 누리면
岳陽樓(악양루) 샹의 李太白(이태백)이 사라오다,
浩蕩(호탕) 情懷(정회)야 이에서 더ᄒᆞᆯ소냐.
이 몸이 이렁 굼도 亦君恩(역군은)이샷다.

〈잡가(雜歌)〉

· 하도 할샤 : 많기도 많구나
· 브흰 : 뿌연
· 연하(煙霞) : 안개와 놀
· 산람(山嵐) : 산 아지랑이
· 천산만학(千山萬壑) : 많은 바위, 골짜기
· 나명셩 들명셩 : 나오기도 하고 들어오기도 하면서
· 일희도 : 아양도
· 장공(長空) : 먼 하늘
· 거너거니 : 건너가기도 하고
· 사양(斜陽) : 석양(夕陽)
· 남여(藍輿) : 뚜껑이 없는 가마
· 비야 : 재촉하여
· 나모 새 : 나모와 억새풀.
· ᄌᆞᄌᆞ지어 : 우거져
· 얼킨 : 엉긴. 무르녹은
· 양풍(凉風) : 서늘한 바람
· 즌 서리 : 된서리
· ᄲᅢ딘 : 걷힌
· ᄯᆞ롸 : 따라
· 브ᄂᆞᆫ다 : 불고 있느냐
· 미몰커늘 : 묻혀 있거늘
· 헌ᄉᆞᄒᆞ야 : 야단스러워
· 경궁요대(瓊宮瑤臺) : 아름다운 구슬로 꾸며 놓은 궁궐과 대(臺).
· 옥해은산(玉海銀山) : 옥 같은 바다와 은 같은 산.
· 버러셰라 : 벌여 있구나. 펼쳐졌구나
· 건곤(乾坤) : 하늘과 땅
· 가ᄋᆞ멸샤 : 풍성하구나. 넉넉하구나
· 인간(人間) : 人生世間의 준말.
· 드르려코 : 들으려 하고
· 혀려 ᄒᆞ고 : 쐬려 하고. 끌어당기려 하고
· 마즈려코 : 맞으려 하고
· 시비(柴扉) : 사립문
· 다드며 : 닫으며
· 낫브거니 : 모자란데. 나쁘다고 해서

· 나조히라 : 저녁이라고. 저녁에도
· 번로(煩勞)혼 : 번거로운
· 전후리야 : 전하겠는가. 전할 수 있
겠는가
· 청려장(靑藜杖):명아주(항학초) 대
로 만든 지팡이
· 므듸여 : 무디어. 못 쓰게 되어.
· 블닉며 : (노래를) 부르게 하며
· 투이며 : (악기를) 타게 하며
· 혀이며 : (해금을) 켜게 하며
· 이아며 : (방울을) 흔들며
· 빅야거니 : 재촉하니
· 브트시라 : 붙었으랴. 붙어 있으랴
· 노혜로 : 마음놓고. 거리낌없이
· 희황(羲皇) : 중국 상고 시대의 제
왕인 복희씨. 태평성대(太平聖代)
를 뜻함
· 모롤러니 : 모르더니
· 이 적이야 : 이때야말로
· 엇더턴지 : 어떤 것인지(몰랐는데)
· 긔로고야 : 그것이로구나. 그때로
구나
· 호탕(浩蕩) 정회(情懷) : 넓고 큰
마음. 넓고 끝없는 정다운 회포
· 이에서 : 이보다
· 이렁 굼도:이렇게 지내는 것도. 이
러함도
· 역군은(亦君恩)이샷다 : 또한 임금
의 은혜이시도다.

〔핵심 정리〕
● 작자 : 송순(宋純 1493-1583) 호는 면앙정(俛仰亭), 기촌(企村). 조선 중종-선조 때의 문신. 치사(致
  仕)하고 담양(潭陽) 제월봉 아래에 석림정사(石林精舍)와 면앙정(俛仰亭)을 짓고 가곡을 지었다. 황진
  이와 함께 시가 문학의 정수를 계승하여 명작들을 남겼다. 저서로는 〈기촌집(企村集)〉과 〈면앙집(俛
  仰集)〉이 있으며, 작품으로는 '면앙정가' 가 있다.
● 갈래 : 서정 가사. 양반 가사. 은일 가사
● 연대 : 원작의 창작은 16세기. 필사본은 18세기 이후의 표기임
● 율격 : 3(4).4조 4음보
● 문체 : 운문체. 가사체
● 어조 : 풍류를 즐기는 호방한 어조
● 구성 : 146구로 되어 있으며, 기 · 승 · 전 · 결 79구의 4단 구성(서사, 본사, 결사의 3단 구성. 본사를 계

절에 따라 네 문단으로 나누어 6단 구성으로 볼 수도 있음)

- 성격 : 강호가도(江湖歌道)의 노래
- 주제 : 대자연 속의 풍류 생활
- 의의 : 강호가도를 확립한 노래. 정극인의 '상춘곡'을 이어받고, 정철의 '성산별곡'에 영향을 줌

(3) 사미인곡(思美人曲) [정철(鄭澈)]

이 몸 삼기실 제 님을 조차 삼기시니,
흔싱 緣연分분이며 하늘 모를 일이런가.
나 ᄒ나 졈어 잇고 님 ᄒ나 날 괴시니,
이 ᄆᆞᆷ 이 ᄉᆞ랑 견졸 ᄃᆡ 노여 업다.

平평生싱애 願원ᄒᆞ요ᄃᆡ 흔ᄃᆡ 녜쟈 ᄒᆞ얏더니,
늙거야 므ᄉ 일로 외오 두고 글이ᄂᆞᆫ고.
엇그제 님을 뫼셔 廣광寒한殿뎐의 올낫더니,
그 더ᄃᆡ 엇디ᄒᆞ야 下하界계예 ᄂᆞ려오니,
올 저긔 비슨 머리 헛틀언 디 三삼年년일쇠.
臙연脂지 粉분 잇ᄂᆡ마ᄂᆞᆫ 눌 위ᄒᆞ야 고이 ᄒᆞᆯ고.
ᄆᆞ음의 ᄆᆡ친 실음 疊텹疊텹이 ᄡᅡ혀 이셔,
짓ᄂᆞ니 한숨이오 디ᄂᆞ니 눈물이라.
人인生싱은 有유限혼ᄒᆞᆫᄃᆡ 시름도 그지업다.

無무心심혼 歲셰月월은 믈 흐ᄅᆞ ᄃᆞᆺ ᄒᆞᄂᆞᆫ고야.
炎염涼냥이 ᄯᆡ를 아라 가는 ᄃᆞᆺ 고텨 오니,
듯거니 보거니 늣길 일도 하도 할샤.

東동風풍이 건듯 부러 積젹雪셜을 헤텨 내니,
窓창 밧긔 심근 梅ᄆᆡ花화 두세 가지 픠여셰라.
ᄀᆞ득 冷닝淡담ᄒᆞᆫᄃᆡ 暗암香향은 므ᄉ 일고.
黃황昏혼의 둘이 조차 벼마틔 빗최니,
늣기ᄂᆞᆫ ᄃᆞᆺ 반기ᄂᆞᆫ ᄃᆞᆺ 님이신가 아니신가.
뎌 梅ᄆᆡ花화 것거 내여 님 겨신 ᄃᆡ 보내오져.
님이 너를 보고 엇더타 너기실고.

곳 디고 새 닙 나니 綠녹陰음이 ᄭᆞᆯ렷ᄂᆞᄃᆡ,
羅나幃위 寂젹寞막ᄒᆞ고 繡슈幕막이 뷔여 잇다.
芙부蓉용을 거더 노코 孔공雀쟉을 둘러 두니,
ᄀᆞ득 시름 한ᄃᆡ 날은 엇디 기돗던고.
鴛원鴦앙錦금 버혀 노코 五오色ᄉᆡᆨ線션 플텨 내여,
금자히 견화이셔 님의 옷 지어 내니,
手슈品품은 ᄏᆞ니와 制졔度도도 ᄀᆞ줄시고.

· 삼기실 : 생겨날
· 조차 : 따라. 좇아
· 흔싱 : 한평생. 일생
· 졈어 : 젊어
· 괴시시 : 사랑하시니
· ᄉᆞ랑 : 사랑. 본래는 '생각(思)'이었으나 17세기부터 '사랑(愛)'의 뜻으로 바뀜
· 노여 : 전혀. 다시
· 외오 : 외로이. 따로이
· 글이ᄂᆞᆫ고 : 그리워하는고.
· 광한뎐(廣寒殿) : 달나라에 있다는 궁전. 여기서는 대궐을 가리킴
· 그 더ᄃᆡ : 그 동안에. 그 사이에 하계(下界) : 인간 세계. 속세. 전라도 창평(昌平)
· 헛틀언 디 : 헝클어진 지.
· 염냥(炎凉) : 더위와 추위. 곧 계절.
· 늣길 : 감탄할
· 하도 할샤 : 많기도 많구나
· 동풍(東風) : 봄바람
· 건듯 : 문득. 잠깐. 갑자기
· 헤텨 내니 : 헤쳐 내니
· 닝담(冷淡)혼ᄃᆡ : ①무슨 일에 무관심함. ②동정심이 없고 쌀쌀함. 여기서는 ①의 뜻
· 암향(暗香) : 그윽한 향기. 매화의 속성을 지칭하는 말. 여기서는 임금에 대한 충정
· 므ᄉ : 무슨
· 둘이 조차 : 달이 따라와
· 벼마틔 : 베개 머리맡에.
· 늣기ᄂᆞᆫ ᄃᆞᆺ : 흐느끼는 듯.

珊산瑚호樹슈 지게 우희 白빅玉옥函함의 다마 두고,
님의게 보내오려 님 겨신 딕 브라보니,
山산인가 구룸인가 머흐도 머흘시고.
千쳔里리 萬만里리 길히 뉘라셔 츠자 갈고.
니거든 여러 두고 날인가 반기실가.

흐르밤 서리김의 기러기 우러녈 제,
危위樓루에 혼자 올나 水슈晶정簾념을 거든마리,
東동山산의 둘이 나고 北븍極극의 별이 뵈니,
님이신가 반기니 눈믈이 절로 난다.
淸쳥光광을 픠워 내여 鳳봉凰황樓누의 븟티고져.
樓누 우희 거러 두고 八팔荒황의 다 비최여,
深심山산 窮궁谷곡 졈낫フ티 밍그쇼셔.

乾건坤곤이 閉폐塞싁ᄒᆞ야 白빅雪셜이 흔 비친 제,
사룸은フ니와 눌새도 긋처 잇다.
瀟쇼湘상 南남畔반도 치오미 이러커든
玉옥樓누 高고處쳐야 더옥 닐너 므슴ᄒᆞ리.
陽양春츈을 부처 내여 님 겨신 딕 쏘이고져.
茅모簷쳠 비췬 히롤 玉옥樓누의 올리고져.
紅홍裳샹을 니믜츠고 翠취袖슈룰 반만 거더
日일暮모脩슈竹듁의 혬가림도 하도 할샤.
댜론 히 수이 디여 긴 밤을 고초 안자,
靑쳥燈등 거론 겻팃 鈿뎐篌공篌후 노하 두고,
꿈의나 님을 보려 틱 밧고 비겨시니,
鴛앙鴦衾금도 ᄎ도 출샤 이 밤은 언제 샐고.

흐르도 열두 째, 흔 둘도 셜흔 날,
져근덧 싱각 마라 이 시룸 닛쟈 ᄒᆞ니,
ᄆᆞᄋᆞᆷ의 믹쳐 이셔 骨골髓슈의 쎄텨시니,
扁편鵲쟉이 열히 오다 이병을 엇디ᄒᆞ리.
어와 내 병이야 이 님의 타시로다.
출하리 싀어디여 범나븨 되오리라.
곳나모 가지마다 간 딕 죡죡 안니다가,
향 므든 놀애로 님의 오시 올므리라.
님이야 날인 줄 모르셔도 내 님 조츠려 ᄒᆞ노라.

〈송강가사(松江歌辭) 이선본(李選本)〉

· 디고 : 떨어지고
· 나위(羅幃) : 엷은 비단으로 만든 휘장
· 슈막(繡幕) : 수놓은 장막
· 부용(芙蓉) : 연꽃을 수놓은 비단 휘장.
· 공작(孔雀) : 공작새. 공작을 수놓은 병풍
· 기돗던고 : 길던고
· 원앙금(鴛鴦錦) : 원앙새를 수놓은 비단
· 버혀 : 베어. '재단하여'
· 오ᄉᆞ션(五色線) : 다섯 가지 빛깔의 실
· 금자히 : 금으로 만든 자에
· 견화이셔 : 겨누어서. 재어서.
· ᄌᆡ도(制度) : 규격과 모양
· フ줄시고 : 갖추었구나
· 산호슈(珊瑚樹) : 나뭇가지 모양의 산호
· 머흐도 머흘시고 : 험하기도 험하구나
· 니거든 : 이르거든. 가거든. 도착하거든
· 서리김의 : 서리 내릴 무렵에
· 우러녈 제 : 울며 (날아)갈 때에
· 위루(危樓) : 높다란 누각
· 슈정념(水晶簾) : 수정알로 꿰어 만든 발
· 거든마리 : 걷으니. 걷었으니
· 븍극(北極) : 북쪽 하늘 끝. 임금을 상징
· 청광(淸光) : 맑은 빛. 달빛
· 봉황누(鳳凰樓) : 임금이 계신 곳
· 븟티고져 : 보내고 싶구나
· 팔황(八荒) : 온 세상. 팔방(八方)
· 심산 궁곡(深山窮谷) : 깊은 산의 궁벽한 골짜기. 온 나라. 방방곡곡의 뜻
· 졈낫フ티 : 한낮같이. 대낮같이
· 건곤(乾坤) : 하늘과 땅
· 폐싁(閉塞) : 닫히고 막히어. 천지

가 얼어붙어 생기가 막혀

· 흔 비친 제 : 한 가지 빛인 때. 즉
흰 눈이 온 세상을 덮고 있을 때

· 사룸은ᄏ니와 : 사람은 말할 것도
없거니와. 사람은 물론이지마는

· 늘새 : 날짐승. 나는 새

· 긋쳐 잇다 : 끊어져 있다

· 쇼상 남반(瀟湘南畔) : 중국 호남성
에 있는 소수와 상강의 남쪽 기슭
을 말하는데 따뜻하고 경치가 좋기
로 유명함. 작자가 머물고 있는 곳

· 옥누 고쳐(玉樓高處) : 옥으로 된
누각과 높은 곳. 임금이 계시는 곳

· 양춘(陽春) : 따뜻한 봄볕. 따뜻한
봄기운

· 부쳐 내여 : 부채로 부치듯이 따뜻
한 봄기운을 일으켜 내어

· 모쳠(茅簷) : 초가집 처마

· 니믜츠고 : 여미어 차고

· 취슈(翠袖) : 푸른 소매

· 일모 슈듁(日暮脩竹) : 해가 저물
무렵 긴 대나무에 의지함. 당나라
시인 두보(杜甫)의 '가인(佳人)'이
란 시의 구절에서 나온 말이다.

· 혬가림 : 요량하고 분별하는 일

· 댜른 히 : 짧은 해

· 고초 : 꼿꼿이

· 청등(靑燈) : 청사초롱

· 뎐공후(鈿公侯) : 자개로 장식을 한
공후

· 퇵 밧고 : 턱을 받치고

· 비겨시니 : 기대어 있으니

· 앙금(鴦衾) : 원앙새를 수놓은 이불

· 져근덧 : 잠깐 동안

· 쎄텨시니 : 사무쳐 있으니

· 편작(扁鵲) : BC 6세기경 중국 춘
추시대의 명의(名醫)

· 싀여디어 : 죽어 없어져서

· 범나븨 : 범나비. 호랑나비

· 죡죡 : 마다. 쪽쪽

· 조츠려 : 좇으려고. 따르려고

〔핵심 정리〕

- 작자 : 정철(鄭澈 1536-1593) 조선 선조 때의 문신. 시인. 호는 송강(松江). 서인의 영수로서 당쟁에 깊이 관여함. 고산 윤선도와 더불어 고전시가 문학의 쌍벽을 이루고 있다. 작품에는 '성산별곡', '관동별곡', '사미인곡', '속미인곡' 등의 가사와 사설시조인 '장진주사(將進酒辭)', '훈민가(訓民歌)'를 비롯한 시조 79수가 있음. 저서에는 〈송강가사〉와 문집인 〈송강집〉이 있다.
- 갈래 : 서정 가사
- 연대 : 선조18년-22년(1585-1589)
- 율격 : 3(4).4조의 4음보
- 문체 : 운문체. 가사체
- 구성 : 서사, 본사, 결사의 3단 구성. 본사는 춘원(春怨) 하원(夏怨) 추원(秋怨) 동원(冬怨)으로 구성
- 성격 : 연군지사(戀君之詞)
- 주제 : 연군지정(戀君之情)
- 의의 : '속미인곡'과 더불어 가사 문학의 극치를 이룬 작품. 고려속요 '정과정'의 맥을 잇는 연군지사임
- '사미인곡'의 문학적 우수성 : 이 작품은 임금인 선조를 사모하는 연군의 정을, 한 여인이 남편을 잃고 연모하는 마음에 비겨서 노래하였다. 다양한 기법과 절묘한 언어가 구사되어, 가사 작품 중에서도 그 문학성이 두드러진다. 표현상의 기법으로는 비유법, 변화법을 비롯하여 연정을 심화시키는 점층적 표현이 쓰였다. 시상을 급격하게 발전시키고 있으며, 자연의 변화에 맞추어 정서의 흐름을 표현하고 있다.

(4) 속미인곡(續美人曲) [정철(鄭澈)]

뎨 가는 뎌 각시 본 듯도 한뎌이고.
텬天샹上 빅白옥玉경京을 엇디한야 니離별別한고,
히 다 뎌 져믄 날의 눌을 보라 가시는고.

어와 네여이고 내 스셜 드러 보오.
내 얼굴 이 거동이 님 괴얌즉 한가마는
엇딘디 날 보시고 네로다 녀기실시
나도 님을 미더 군쁘디 전혀 업서
이릭야 교틱야 어즈러이 구돗썬디
반기시는 낯비치 녜와 엇디 다른신고.
누어 싱각한고 니러 안자 혜여한니
내 몸의 지은 죄 뫼ㄱ티 빠혀시니
하늘히라 원망한며 사름이라 허믈한랴
셜워 플텨 혜니 조造믈物의 타시로다.

글란 싱각 마오.

민친 일이 이셔이다.
님을 뫼셔 이셔 님의 일을 내 알거니

<table>
<tr><td>

· 뎨 : 저기

· 각시 : 젊은 여자. 가사 에서 나온 말

· 한뎌이고 : 하구나

· 빅옥경(白玉京) : 도가(道家)에서 이르는 옥황상제가 산다는 곳. 임금이 있는 서울이나 대궐을 가리킴

· 히 다 뎌 : 해가 다 져서

· 스셜 : 사설(辭說). 사정 이야기

· 괴얌즉 : 사랑받음직

· 녀기실시 : 생각하시기에. 생각하시므로

· 군쁘디 : 딴 생각이

· 이릭야 : 아양이야. 재롱이야. 어리광이며

· 교틱야 : 애교 부리는 태도며

· 구돗썬디 : 굴었던지

· 녜와 : 예전과

· 혜여한니 : 헤아리니.

</td></tr>
</table>

믈 マ튼 얼굴이 편ᄒ실 적 몃 날일고.
츈春한寒 고苦열熱은 엇디ᄒ야 디내시며
츄秋일日동冬쳔天은 뉘라셔 뫼셧ᄂ고.
쥭粥조무반飯 죠朝셕夕 뫼 녜와 ᄀᆺ티 셰시ᄂᆫ가.
기나긴 밤의 ᄌᆷ은 엇디 자시ᄂ고.

님 다히 쇼消식息을 아므려나 아쟈 ᄒ니
오늘도 거의로다. 닉일이나 사ᄅᆷ 올가.
내 ᄆᆞᆷ 둘 ᄃᆡ 업다. 어드러로 가쟛 말고.
잡거니 밀거니 놉픈 뫼히 올라가니
구롬은키니와 안개ᄂᆫ 므스일고.
산山쳔川이 어둡거니 일日월月을 엇디 보며
지咫쳑尺을 모ᄅᆞ거든 쳔千리里ᄅᆞᆯ ᄇᆞ라보랴.
출하리 믈ᄀᆞ의 가 ᄇᆡ 길히나 보쟈 ᄒ니
ᄇᆞ람이야 믈결이야 어둥졍 된뎌이고.
샤공은 어ᄃᆡ 가고 븬 ᄇᆡ만 걸렷느니.
강江쳔天의 혼쟈 셔서 디ᄂᆫ ᄒᆡ를 구버보니
님 다히 쇼消식息이 더옥 아득ᄒ뎌이고.

모茅쳠簷 ᄎᆞ자리의 밤듕만 도라오니
반半벽壁쳥靑등燈은 눌 위ᄒ야 ᄇᆞᆰ갓ᄂᆫ고.
오ᄅᆞ며 ᄂᆞ리며 헤ᄯᅳ며 바자니니
져근덧 녁力진盡ᄒ야 픗ᄌᆷ을 잠간 드니
졍精셩誠이 지극ᄒ야 ᄭᅮᆷ의 님을 보니
옥玉 ᄀᆞ튼 얼굴이 반半이나마 늘거셰라.
ᄆᆞ음의 머근 말ᄉᆷ 슬ᄏᆞ장 ᄉᆞᆲ쟈 ᄒ니
눈믈이 바라 나니 말인들 어이ᄒ며
졍情을 못다ᄒ야 목이조차 몌여ᄒ니
오뎌된 계鷄셩聲의 ᄌᆷ은 엇디 ᄭᅢ돗던고.

어와, 허虛ᄉ事로다. 이 님이 어ᄃᆡ 간고.
결의 니러 안자 창窓을 열고 ᄇᆞ라보니
어엿븐 그림재 날 조촐 ᄲᅮᆫ이로다.
출하리 싀여디여 낙落월月이나 되야이셔
님 겨신 창窓 안히 번드시 비최리라.

각시님 ᄃᆞᆯ이야키니와 구즌 비나 되쇼셔.
〈송강가사(松江歌辭)〉

· 하ᄂᆞᆯ히라 : 하늘이라고
· 플텨 혜니 : 풀어 헤아리니
· 조믈(造物) : 조물주
· 글란 : 그렇게는
· 믈 ᄀᆞ튼 : 물과 같이 맑고 아름다운.
· 츈한고열(春寒苦熱) : 이른 봄의 추위와 여름철의 괴로운 더위
· 츄일동텬(秋日冬天) : 가을과 겨울 날씨. 가을과 겨울의 추위
· 쥭조반(粥朝飯) : 아침 밥 전에 먹는 죽.
· 뫼 : '밥' 을 궁중에서 이르던 말
· 셰시ᄂᆫ가 : 잡수시는가. 올리시는가
· 님다히 : 임이 계시는 곳.
· 아므려나 : 어떻게든지
· 거의로다 : 거의 지났구나
· 가쟛 말고 : 가자는 말인고?
· 잡거니 밀거니 : 나무 뿌리나 바위를 잡기도 하고, 또는 몸을 밀어 올리기도 하며
· 어둥졍 : 어리둥절. 어수선하게
· 된뎌이고 : 되었도다
· 강텬(江天) : 툭 터진 강가
· 모쳠(茅簷) : 초가집 처마.
· 밤듕만 : 한밤중에. '만' 은 중간의 뜻을 지니는 접미사
· 반벽쳥등(半壁靑燈) : 벽에 달린 등불
· 헤ᄯᅳ며 : 헤매며. 산란한 마음으로 오가며
· 바니니 : 시름없이 오락가락하며
· 녁진(力盡)ᄒ야 : 기운이 지쳐서
· 늘거셰라 : 늙었구나
· 슬ᄏᆞ장 : 실컷. 싫도록
· ᄉᆞᆲ쟈 : 사뢰려. 아뢰려
· 바라 나니 : 곁따라 나니. 연달아 나니
· 몌여ᄒ니 : 메니
· 오뎌된 : 방정맞은. 경망한

〔핵심 정리〕
* 갈래 : 서정 가사. 양반 가사. 정격 가사
* 연대 : 선조 18년-22년(1585-1589)
* 율격 : 3(4).4조 4음보
* 문체 : 운문체. 가사체
* 구성 : 서사, 본사, 결사의 3단 구성
* 성격 : 연군지사(戀君之詞)
* 주제 : 연군지정(戀君之情)
* 의의 : '사미인곡' 과 더불어 가사 문학의 극치를 이룬 작품이다. 우리말의 구사가 절묘하여 문학성이 높다. 대화 형식으로 된 작품이다.

(5) 규원가(閨怨歌) [허난설헌(許蘭雪軒)]

엇그제 저멋더니 ᄒ마 어이 다 늘거니.
少年行樂(소년행락) 생각ᄒ니 일러도 속절업다.
늘거야 서른 말슴 ᄒ자니 목이 멘다.

父生母育(부생모육) 辛신苦고ᄒ야 이 내 몸 길러 낼 제,
公공候후配배匹필은 못 바라도 君子好호述구 願(원)ᄒ더니,
三生(삼생)의 怨원業업이오 月下(월하)의 緣연分분ᅌᆞ로
長장安안遊유俠협 경박자(輕薄子)를 꿈ᄀᆞ치 만나 잇서,
當時(당시)의 用心(용심)ᄒ기 살어름 디듸는 듯,

三五二八 겨오 지나 天然麗質(천연여질) 절로 이니,
이 얼골 이 態度(태도)로 百年期約(백년기약)ᄒ얏더니,
年光(연광)이 훌훌ᄒ고 造物(조물)이 多다猜시ᄒ야,
봄바람 가을 믈이 뵈오리 북 지나듯.
雪설鬂빈花화顔안 어듸 두고 面目可憎(면목가증)되거고나.
내 얼골 내 보거니 어느 임이 날 괼소냐.
스스로 慚참愧괴ᄒ니 누구를 怨원望망ᄒ리.

三三五五(삼삼오오) 冶야遊유園원의 새 사람이 나단 말가.

<table>
<tr><td>· ᄒ마 : 이미. 벌써</td></tr>
<tr><td>· 소년행락(少年行樂) : 젊은 시절 즐겁게 지냄</td></tr>
<tr><td>· 신고(辛苦)ᄒ여 : 몹시 고생하여</td></tr>
<tr><td>· 공후배필(公侯配匹) : 높은 벼슬아치의 좋은 아내</td></tr>
<tr><td>· 군자호구(君子好述) : 훌륭한 남자의 좋은 아내</td></tr>
<tr><td>· 원업(怨業) : 원망스런 업보</td></tr>
<tr><td>· 월하(月下) : 부부의 연분을 맺주는 노인</td></tr>
<tr><td>장안유협(長安遊俠) : 서울 거리에서 이름난 호탕한 풍류객</td></tr>
<tr><td>· 경박자(輕薄子) : 경거 망동하는 사람</td></tr>
<tr><td>· 용심(用心)ᄒ기 : 정성스런 마음을 쓰기</td></tr>
<tr><td>· 삼오이팔(三五二八) : 열대여섯</td></tr>
<tr><td>· 살이니 : 나타나니</td></tr>
</table>

위 난외 주석:
· 씌돗던고 : 깨었던고
· 결의 : 꿈결에 즉시. 얼결에
· 어엿븐 : 가련한.
· 번드시 : 드러나게. 뚜렷이. 가려짐 없이.
· 둘이야ᄏ니와 : 달은커녕. 달은 고사하고

곳 피고 날 저물 제 定處(정처) 업시 나가 잇어,
白馬(백마) 金금鞭편으로 어듸어듸 머무는고.
遠近(원근)을 모르거니 消息(소식)이야 더욱 알랴.
因緣(인연)을 긋쳐신들 싱각이야 업슬소냐.
얼골을 못 보거든 그립기나 마르려믄.
열두 째 김도 길샤 설흔 날 支離(지리)ᄒ다.
玉窓(옥창)에 심근 梅花(매화) 몃 번이나 픠여 진고.
겨울 밤 차고 찬 제 자최눈 섯거 치고,
여름날 길고 길 제 구즌 비는 무스 일고.
三春花柳(삼춘화류) 好時節(호시절)에 景物(경물)이 시름업
다.
가을 ᄃᆞᆯ 방에 들고 蟋실蟀솔이 床(상)에 울 제,
긴 한숨 디ᄂᆞᆫ 눈물 속절업시 혬만 만타.
아마도 모진 목숨 죽기도 어려울사.

도로혀 풀쳐 혜니 이리 ᄒᆞ여 어이 ᄒᆞ리.
靑燈(청등)을 돌라 노코 綠녹綺기琴금 빗기 안아,
碧벽蓮련花화 한 곡조를 시름 조츠 섯거 타니,
瀟소湘상夜야雨우의 댓소리 섯도는 듯,
華表(화표) 千年(천년)의 別鶴(별학)이 우니는 듯,
玉手(옥수)의 타는 手段(수단) 녯 소래 잇다마는,
芙부蓉용帳장 寂寞(적막)ᄒᆞ니 뉘 귀에 들리소니.
肝간腸장이 九曲(구곡) 되야 구비구비 ᄭᅳᆫ쳐서라.

출하리 잠을 드러 꿈의나 보려 ᄒᆞ니,
바람의 디ᄂᆞᆫ 닢과 풀 속에 우는 즘생,
무스 일 원수로서 잠조차 ᄭᅢ오는다.
天上(천상)의 牽견牛우織직女녀 銀河水(은하수) 막혀서도,
七月 七夕 一年一度(일년일도) 失期(실기)치 아니거든,
우리 님 가신 후는 무슨 弱水(약수) 가렷관듸,
오거나 가거나 消息(소식)조차 ᄭᅳᆫ쳣는고.
欄난干간의 비겨 셔서 님 가신 듸 바라보니,
草露(초로)ᄂᆞᆫ 맷쳐 잇고 暮모雲운이 디나갈 제,
竹林(죽림) 푸른 고듸 새 소리 더욱 설다.
세상의 서룬 사람 수업다 ᄒᆞ려니와,
薄박命명ᄒᆞᆫ 紅顔(홍안)이야 날 가ᄐᆞ니 ᄯᅩ 이실가.
아마도 이 님의 지위로 살동말동 ᄒᆞ여라.
〈고금가곡(古今歌曲)〉

· 즘생 : 짐승. 벌레

· 실기(失期)치 아니거든 : 만나는 기

약을 어기지 아니하는데

· 약수(弱水) : 신선이 사는 땅에 있

다고 하는 강. 즉 도저히 건널 수는

장애물

· 지위 : 까닭

〔핵심 정리〕

- 작자 : 허난설헌(許蘭雪軒 1563-1589) 명종-선조 때의 여류 시인. 본명은 초희(楚姬). 난설헌(蘭雪軒)은 호. 허균의 누이. 여성적인 섬세한 감각의 애정시를 많이 지었다. 허난설헌은 황진이(黃眞伊)와 대조되는 시인이며 시집으로 '난설헌집(蘭雪軒集)'이 전하며, '규원가' 외에 '봉선화가(鳳仙花歌)'도 그의 작품이라는 설이 있다.
- 갈래 : 내방 가사(규방 가사)
- 연대 : 선조 때로 추정
- 율격 : 3.4조 4음보
- 문체 : 운문체. 가사체
- 구성 : 기-승-전-결의 4단 구성
- 내용 : 조선조의 봉건적 남존여비 사상 속에서 눈물과 한숨으로 얼룩진 인고(忍苦)의 삶을 살았던 부녀자들의 애달픈 심정을 노래하였다.
- 성격 : '원부사(怨夫詞)', '원부사(怨婦詞)'라고도 한다.
- 주제 : 봉건 제도하에서의 부녀자의 한(恨)
- 의의 : 규방 가사의 선구자적인 작품. 현전하는 최초의 여류 가사
- 규방 가사 : 조선조 양반 부녀자들이 주로 향유하였던 장르로서 봉건 제도하의 속박된 여성 생활의 고민과 정서를 호소하는 내용으로 이루어져, 신분상 양반 문학이지만 내용적으로 평민 가사와 근접한 것이 많다. 규방 가사 중에서 남성의 작품을 여성이 옮겨 베껴서 애독하는 것도 있었으며 개화기를 거쳐 일제하에서도 활발하게 창작되었다.

※ 다음 글을 읽고 물음에 답하시오.

(가) 유월(六月) 보름에 아으 ㉠벼랑에 버려진 빗 같구나.
　　　돌아보실 임을 적곰 좇니노이다.
　　　아으 동동(動動)다리

　　　칠월(七月) 보름에 아으 백종(百種) 벌이어 두고
　　　임과 함께 지내고자 원(願)을 비옵나이다.
　　　아으 동동(動動)다리

　　　팔월(八月) 보름은 아으 한가위날이지만
　　　㉡임을 모셔 지내야만 오늘이 한가위여라.
　　　아으 동동(動動)다리
　　　　　　　　　　　　　　　　　　　- 작자 미상, 〈동동(動動)〉 -

(나) 창(窓) 밖이 어른어른커늘 임만 여겨 펄떡 뛰어 뚝 나서 보니,
　　　임은 아니 오고 ㉢으스름 달빛에 열 구름 날 속였고나.
　　　맞초아 밤일세망정 행여 낮이런들 남 우일 뻔하여라.
　　　　　　　　　　　　　　　　　　　- 작자 미상의 시조 -

(다) 임 다히 소식(消息)을 아무려나 아자 하니 오늘도 거의로다. 내일이나 사람 올까, 내 마음 둘
데 없다. 어드러로 가쟛말고. 잡거니 밀거니 높은 뫼에 올라가니 구름은커니와* 안개는 무슨 일고.
산천(山川)이 어둡거니 일월(日月)을 어찌 보며 [ⓐ] 차라리 물가에 가 뱃길이나 보자 하니 바람이
야 물결이야 어둥정 된뎌이고. 사공은 어디 가고 빈 배만 걸렸나니. 강천(江天)에 혼자 서서 지는
해를 굽어보니 임 다히 소식(消息)이 더욱 아득한뎌이고.
　　모첨(茅簷)* 찬 자리에 밤중만 돌아오니 반벽(半壁) 청등(靑燈)은 눌 위하야 밝았는고. 오르며
내리며 헤매며 바니니 저근덧 역진(力盡)하여 풋잠을 잠깐 드니 ㉣정성(情誠)이 지극하여 꿈에 임을
보니 옥(玉) 같은 얼굴이 반(半)이나마 늙었에라. 마음에 먹은 말씀 실컷 사뢰려 하니 눈물이 바라
나니 말인들 어이하며 정(情)을 못다하여 목이조차 메어하니 오뎐된* 계성(鷄聲)에 잠은 어찌 깨돗던
고. 어와, 허사(虛事)로다. 이 임이 어디 간고. 결에 일어나 앉아 창(窓)을 열고 바라보니 ㉤어엿븐
그림재 날 좇을 뿐이로다. 차라리 싀여디여 낙월(落月)이나 되야이셔 임 계신 창(窓) 안에 번드시
비치리라.　　　　　　　　　　　- 정철, 〈속미인곡〉 -
　* 구름은커니와 : 구름은 물론이거니와
　* 모첨(茅簷) : 초가집
　* 오뎐된 : 방정맞은

〈문제 1〉 (가) ～ (다)의 공통점으로 적절한 것은?
　　　　　① 임에 대한 그리움이 드러나 있다.

② 시련 극복의 의지를 노래하고 있다.
③ 떠나간 임에 대한 원망이 담겨 있다.
④ 상대방에 대한 염려의 마음을 담고 있다.
⑤ 이룰 수 없는 꿈으로 인한 절망감을 표출하고 있다.

〈문제 2〉 다음 중 ㉠ ~ ㉤에 대한 설명으로 적절하지 않은 것은?
① ㉠ : 자신의 처량한 신세를 비유적으로 표현하고 있다.
② ㉡ : 명절을 소재로 삼아 자신의 처지를 부각시키고 있다.
③ ㉢ : 해학적인 표현을 통해 자신의 마음을 달래고 있다.
④ ㉣ : 꿈이라는 상황을 설정하여 소망의 간절함을 표현하고 있다.
⑤ ㉤ : 자신의 서글픈 처지를 재확인하는 마음을 표현하고 있다.

〈문제 3〉 다음은 (다)에 대한 비평의 일부이다. 이를 활용하여 작품을 감상할 때, 적절하지 않은 것은?

〈다음〉

이 작품에서 ⓐ화자와 임 사이에는 일정한 거리가 존재한다. ⓑ임과의 거리를 좁혀 보려는 화자의 간절한 노력에도 불구하고, ⓒ여러 장애 요소로 인해 실제로 그 거리는 조금도 가까워지지 않는다는 데에 이 작품의 비장성이 있다. 거리를 좁혀 보려는 허망한 노력을 계속하던 화자는 마침내 이의 불가능함을 깨닫고 ⓓ비극적 초월을 통해 이를 극복해 보려 한다. 임을 향한 화자의 노력과 사념은 작품이 진행되면서 점차 강화되며, 이와 동시에 ⓔ화자의 실의와 고뇌 역시 점점 깊어진다.

① 임의 소식을 애타게 기다리는 모습에서 ⓐ를 알 수 있겠군. 임이 화자의 곁에 있다면 그렇듯 간절히 임의 소식을 기다릴 필요는 없을 테니까.
② 높은 뫼에 오르고 뱃길을 찾아 나서는 것이 ⓑ에 해당하겠군. 임과의 거리를 좁히고 싶기에 가만히 앉아 기다리고만 있을 수는 없었을 거야.
③ '구름, 안개, 바람, 물결'은 ⓒ에 해당하겠군. 임에게 다가가려고 노력하지만, 결국 이것들 때문에 임과의 거리를 좁히지 못하고 있어.
④ '모첨(茅簷) 찬 자리'를 찾는 것은 ⓓ를 위한 노력이겠군. 스스로 차가운 잠자리를 고집함으로써 비극적인 방향으로 문제를 해결하려 하는 거야.
⑤ '차라리 싀여디여'라는 구절은 ⓔ를 잘 보여 주고 있군. 죽기 전에는 임과의 만남이 불가능하다는 인식에서 오는 좌절감의 표현인 거야.

〈문제 4〉 글쓴이가 다음과 같은 조건을 고려하며 작품을 썼다고 할 때, ⓐ에 가장 적합한 구절은?

〈다음〉

앞의 구절과 대구를 이루도록 할 것
구절 내에서는 대조적 기법을 통해 의미를 강조할 것
임과의 거리가 드러나도록 할 것

① 여름 날 길고 길 제 궂은 비는 무슨 일고

② 구름 탄 청학(靑鶴)이 천리(千里)를 가리라
③ 열 두 때 김도 길샤 서른 날 지리(支離)하다
④ 지척(咫尺)을 모르거든 천리(千里)를 바라보랴
⑤ 오늘이 부족(不足)커니 내일이라 유여(有餘)하랴

※ 다음 글을 읽고 물음에 답하시오.

(가) 풍상(風霜)이 섞어 친 날에 갓 피온 황국화(黃菊花)를
금분(金盆)에 가득 담아 옥당(玉堂)*에 보내오니
도리(桃李)*야 꽃인 체 마라 ㉠님의 뜻을 알괘라.   — 송순의 시조 —

*옥당 : 홍문관. 조선 시대에 궁중의 경서, 문서 등을 관리하고 임금의 자문에 응하는 일을 맡은
 관아.
*도리 : 복사꽃과 자두꽃.

(나) 새로 거른 막걸리 젖빛처럼 뿌옇고
큰 사발에 보리밥, 높기가 한 자로세
밥 먹자 도리깨 잡고 마당에 나서니
검게 탄 두 어깨 햇볕 받아 번쩍이네
응헤야 소리 내며 발 맞추어 두드리니
삽시간에 보리 낟알 온 마당에 가득하네
주고받는 노랫가락 점점 높아지는데
보이느니 지붕 위에 보리 티끌뿐이로다
그 기색 살펴보니 즐겁기 짝이 없어
마음이 몸의 노예 되지 않았네
낙원이 먼 곳에 있는 게 아닌데
무엇 하러 벼슬길에 헤매고 있으리오   — 정약용, 보리타작 —

(다) 누항(陋巷)* 깊은 곳에 초막(草幕)을 지어 두고
풍조(風朝) 우석(雨夕)*에 썩은 짚이 섶[薪]이 되어
서 홉 밥 닷 홉 죽(粥)에 연기(煙氣)도 많고 많다.
얼마만큼 받은 밥에 현순(懸鶉) 치자(稚子)*들은
장기 벌여 졸 밀듯 나아오니
인정(人情) 천리(天理)에 차마 혼자 먹을런가
설데운 숙냉(熟冷)*에 빈 배 속일 뿐이로다.
생애(生涯) 이러하다 ㉡장부 뜻을 옮길런가
안빈(安貧) 일념(一念)을 적을 망정 품고 있어
수의(隨宜)*로 살려 하니 날로 좇아 서어*하다.   — 박인로, 누항사(陋巷詞) —

*누항 : 누추한 곳.
*풍조 우석 : 아침 바람과 저녁 비.
*현순 치자 : 누더기 옷을 입은 어린 자식.
*숙냉 : 숭늉.

* 수의 : 옳은 일을 좇음.
* 서어 : 서로 맞지 않고 어긋나 뜻대로 되지 않음.

〈문제 5〉 (가) ~ (다)의 공통점으로 가장 적절한 것은?
　① 자신의 삶을 되돌아보면서 반성하고 있다.
　② 화자의 일상적인 생활을 소재로 하고 있다.
　③ 사실을 제시하고 나서 주관을 드러내고 있다.
　④ 화자는 현실을 도피하고 이상을 추구하고 있다.
　⑤ 경제적으로 궁핍한 삶의 모습이 제시되어 있다.

〈문제 6〉 (가)의 시어에 대한 설명으로 적절하지 않은 것은?
　① '금분'과 '황국화'는 색채적인 효과를 살린 시어이다.
　② '섞어 친'과 '갓 피온'은 대조적인 느낌을 자아내고 있다.
　③ '황국화'와 '도리'는 상징적 의미가 대비되는 자연물이다.
　④ '금분'은 정신적 의미로, '옥당'은 물질적 의미로 해석할 수 있다.
　⑤ '풍상이 섞어 친 날'은 '황국화'를 돋보이게 하는 배경이 되고 있다.

〈문제 7〉 〈보기〉는 (나)를 영상물로 제작하기 위해 세운 계획이다. 적절하지 않은 것은?

〈보기〉
ㄱ. 보리타작하는 농민들의 밝은 표정을 클로즈업한다.
ㄴ. 벼슬길에 나아가려는 사람들의 준비 과정을 보여 준다.
ㄷ. 농민들이 함께 부르는 노래를 배경 음악으로 활용한다.
ㄹ. 해설자를 통해 농민들의 건강한 삶의 의미를 설명한다.
ㅁ. 벼슬아치의 고민과 괴로움을 인터뷰 장면으로 삽입한다.

① ㄱ　　　② ㄴ　　　③ ㄷ　　　④ ㄹ　　　⑤ ㅁ

〈문제 8〉 ㉠과 ㉡에 대한 설명으로 적절하지 않은 것은?
　① ㉠과 ㉡은 모두 화자가 존중하는 가치이다.
　② ㉠은 시류에 편승하지 말고 강직한 신하가 되라는 것이다.
　③ ㉡은 물질보다는 정신을 중시하는 삶의 태도와 관련이 있다.
　④ ㉠이 본래부터 가진 신념이라면, ㉡은 새롭게 얻은 깨달음이다.
　⑤ ㉠은 우회적으로 드러나 있으나, ㉡은 직설적으로 표현되어 있다.

〈문제 9〉 〈보기〉는 (다)의 작자가 (다)에 앞서 지은 '태평사(太平詞)'의 마지막 구절이다. (다)와 〈보기〉를 종합하여 이끌어 낼 수 있는 문제 의식으로 가장 적절한 것은?

〈보기〉
경전(耕田) 착정(鑿井)*에 격양가(擊壤歌)*를 불리소서
우리도 성주(聖主)를 뫼시고 동락 태평(同樂太平)*하오리라
* 경전 착정 : 밭을 갈고 우물을 팜.
* 격양가 : 태평 세월을 즐기는 노래.

① 타인과의 갈등을 어떻게 해소할 것인가?
② 말과 행동을 일치시키는 길은 무엇인가?
③ 인간과 자연의 조화를 어떻게 이룩할 것인가?
④ 이상과 현실의 괴리를 어떻게 극복할 것인가?
⑤ 과거와 현재를 조화시킬 수 있는 길은 무엇인가?

※ 다음 글을 읽고 물음에 답하시오.

(가)

내 님믈 그리워하여 우니다니
ⓐ山(산) 접동새 난 이슷하요이다.
아니시며 거츠르신 달 아으
ⓑ殘月曉星(잔월 효성)이 아라시리이다.
넉시라도 님은 한대 녀져라 아으
벼기더시니 뉘러시니잇가.
過(과)도 허믈도 千萬(천만) 업소이다.
말힛마리신뎌 *
살읏븐뎌 * 아으
니미 나를 하마 니자시니잇가.
아소 님하, 도람 드르샤 괴오쇼셔   — 정서, 정과정 —

*말힛마리신뎌 : 뭇사람들의 참소하는 말입니다.
*살읏븐뎌 : 슬프구나(또는 사뢰고 싶구나, 사라지고 싶구나)

(나)

ⓒ梨花雨(이화우) 흩뿌릴 제 울며 잡고 離別(이별)한 님
秋風落葉(추풍 낙엽)에 저도 ㉠날 생각난가.
千里(천 리)에 외로운 꿈만 오락가락 하노매.   — 계랑의 시조 —

(다)

 님다히 消쇼息식을 아므려나 아쟈 하니 오날도 거의로다. 내일이나 사람 올가. 내 마음 둘 대 업다 어드러로 가쟛 말고. 잡거니 밀거니 놉픈 뫼헤 올라가니 구롬은카니와 안개난 므사 일고. 山산川쳔이 어둡거니 ⓓ日일月월을 엇디 보며 咫지尺쳑을 모라거든 千쳔里리랄 바라보랴. 찰하리 믈가의 가 배길히나 보쟈 하니 바람이야 믈결이야 어둥졍 된뎌이고. 샤공은 어대 가고 빈 배만 걸렷나니. 江강川쳔의 혼쟈 셔셔 디난 해를 구버보니 (㉡   ) 茅모簷쳠 찬 자리의 밤듕만 도라오니 半반壁벽靑쳥燈등은 눌 위하야 발갓난고. 오라며 나리며 헤뜨며 바니니 져근덧 力녁盡진하야 풋잠을 잠간 드니 精정誠셩이 지극하야 꿈의 님을 보니 玉옥 가탄 얼굴이 半반이 나마 늘거셰라. 마음의 머근 말삼 슬카장 삷쟈 하니 눈물이 바라 나니 말인들 어이하며 情졍을 못다하야 목이조차 메여하니 오뎐된 ⓔ鷄계聲셩의 잠은 엇디 깨돗던고.

                                        — 정철, 속미인곡 —

〈문제 10〉 (가)~(다)에 대한 설명으로 옳은 것은?
① (가), (나)는 대조적인 이미지로 이별의 정서를 드러내고 있다.
② (가), (다)는 시간의 흐름에 따라 시상을 전개하고 있다.
③ (나), (다)에는 (가)에 비해 계절감이 두드러지게 드러나고 있다.
④ (가), (나), (다)의 화자는 모두 자신의 미래를 낙관하고 있다.
⑤ (가), (나), (다)의 화자는 모두 임과의 재회를 소망하고 있다.

〈문제 11〉 〈보기〉의 화자가 (가)의 화자에게 할 수 있는 말로 가장 적절한 것은?

① 당신의 마음을 천지신명만큼은 반드시 아실 것입니다.
② 차라리 깨끗하게 모든 것을 단념하고 새 출발을 하세요.
③ 조금만 더 참고 기다리면 곧 좋은 소식이 있을 것입니다.
④ 혹시 자신에게 잘못은 없는지 다시 한 번 생각해 보세요.
⑤ 사람은 때때로 자신의 의지와는 무관한 일을 겪기도 한답니다.

〈문제 12〉 〈보기〉는 ㉠에 대한 해설이다. 〈보기〉를 참고할 때, (가), (다)의 밑줄 친 부분 중 ㉠과 유
사한 심리가 담겨 있는 것은?

① 過(과)도 허믈도 千萬(천만) 업소이다.
② 니미 나를 하마 니자시니잇가.
③ 내 마음 둘 대 업다 어드러로 가잣 말고.
④ 咫지尺쳑을 모라거든 千쳔里리랄 바라보랴.
⑤ 半반壁벽靑쳥燈등은 눌 위하야 발갓난고.

〈문제 13〉 문맥으로 보아, ㉡에 들어갈 시구로 적절한 것은?
① 넙거든 기노라 프르거든 희디마나.
② 듯거니 보거니 늦길 일도 하도할샤.
③ 오ᄅ디 못ᄒ거니 ᄂ려가미 고이ᄒ랴.
④ 님다히 消쇼息식이 더옥 아득한뎌이고.
⑤ 무릉(武陵)이 갓갑도다, 져 매이 긘 거인고.

〈문제 14〉 (가)~(다)의 시를 모아 학교 교지에 특집으로 수록한다고 할 때, 세 작품의 주제와 분위기
에 공통적으로 어울리는 제목으로 가장 적절한 것은?

① 고향을 찾아가는 길   ② 사랑이 머무는 자리
③ 역사의 현장을 찾아   ④ 삶의 여로(旅路)에서
⑤ 우정, 그 영원한 동반자

〈문제 15〉 ⓐ~ⓔ 중, 〈보기〉의 〔개〕와 성격이 유사한 것은?

① ⓐ   ② ⓑ   ③ ⓒ   ④ ⓓ   ⑤ ⓔ

※ 다음 글을 읽고 물음에 답하시오.

(가) 천 리라 내 고향은 첩첩 **봉우리** 저쪽	千里家山萬疊峰
돌아가고 싶은 마음 언제나 **꿈** 속이네.	歸心長在夢魂間
한송정 곁에는 외로운 **달빛**이요	寒松亭畔雙輪月
경포대 앞에는 한 떼의 **바람**이리.	鏡浦坮前一陣風
모래밭의 백구는 모였다 흩어지고	沙上白鷗恒聚散
물결 위의 어선들은 왔다갔다 하였네.	波頭漁艇海西東
언제나 다시 임영(臨瀛)*의 길을 밟아	何時重踏臨瀛路
때때옷에 춤추며 슬하에서 옷 지을꼬.	綵舞斑衣膝下縫 —사임당 신씨, 사친(思親) —

*임영 : 강릉의 옛 이름.

(나) 반중(盤中) 조홍(早紅)감이 고와도 보이나다
　　유자(柚子)가 아니라도 품음 직도 하다마는,
　　품어 가 반길 이 없을새 그로 설워하나이다.   — 박인로, 조홍시가(早紅柿歌) —

(다) 님다히* 소식을 어떻게든 알자 하니
　　오늘도 거의로다 내일이나 사람 올까.
　　내 마음 둘 데 없다 어디로 가잔 말가.
　　잡거니 밀거니 **높은 뫼**에 올라가니
　　구름은 물론이고 안개는 무슨 일가.
　　산천이 어두운데 일월(日月)을 어찌 보며
　　지척(咫尺)을 모르는데 천리를 바라보랴.
　　차라리 물가에 가 **뱃길**이나 보려 하니

바람이야 물결이야 어수선히 되었구나.
사공은 어디 가고 빈 배만 걸렸는가.
강천(江天)에 혼자 서서 지는 해를 굽어보니,
님다히 소식이 더욱 아득하구나.
모첨(茅簷)** 찬 자리에 밤중쯤 돌아오니
반벽(半壁) 청등(靑燈)은 누굴 위해 밝았는가.
오르며 내리며 헤매며 바장이니,
잠시 동안 역진(力盡)하여 풋잠을 잠깐 드니
정성이 지극하여 **꿈**에 님을 보니
옥(玉) 같은 몸이 반이나마 늙으셨네.
마음에 먹은 말씀 실컷 사뢰려니,
눈물이 쏟아지니 말씀인들 어찌하며,
정(情)을 못 다 하여 목조차 메이는데
방정맞은 닭소리에 잠은 어찌 깨었던가.
아아 허사(虛事)로다 이 님이 어디 간고.
잠결에 일어 앉아 창을 열고 바라보니,
가엾은 그림자가 날 따를 뿐이로다.
차라리 죽어져서 **낙월(落月)**이나 되어서
님 계신 창 안에 번드시 비추리라.

– 정철, 속미인곡(續美人曲) –

* 님다히 : 임 계신 곳.   ** 모첨 : 초가집.

〈문제 16〉 (가)~(다)에 공통적으로 나타나는 시적 화자의 태도로 적절한 것은?
　　① 자신과 대상과의 관계에 대해 성찰하고 있다.
　　② 이별의 상황에서 재회의 희망을 표현하고 있다.
　　③ 자신이 처한 상황을 담담하게 받아들이고 있다.
　　④ 사랑하는 대상에 대한 그리움으로 안타까워하고 있다.
　　⑤ 돌이킬 수 없는 비극적 운명을 떠올리며 슬퍼하고 있다.

〈문제 17〉 (가)와 (다)의 밑줄 친 시어에 대한 다음의 설명 중 적절하지 않은 것은?
　　① (가)의 '봉우리'와 (다)의 '높은 뫼'는 탈속적 공간이다.
　　② (가)의 '꿈'과 (다)의 '꿈'은 소망의 간절함을 담고 있다.
　　③ (가)의 '달빛'과 (다)의 '낙월'은 화자의 심정이 투영된 사물이다.
　　④ (가)의 '바람'과 (다)의 '바람'은 화자의 내면과 관련이 있다.
　　⑤ (가)의 '길'과 (다)의 '뱃길'은 소망을 성취할 수 있는 통로이다.

〈문제 18〉 (가)의 시적 화자를 주인공으로 한 편의 소설을 쓰려고 한다. 이 소설에 필요한 장면으로
　　　　　 보기 어려운 것은?
　　① 고향쪽 하늘을 바라보며 눈물짓는 모습

② 마을 어귀에서 어머니와 이별하는 모습
③ 강릉 바닷가에서 백구를 바라보는 모습
④ 정답게 걷고 있는 모녀를 보며 부러워하는 모습
⑤ 밤새도록 언 손을 불어가며 바느질을 하는 모습

〈문제 19〉 〈보기〉를 (다)의 화자가 쓴 일기의 일부라고 할 때, 작품의 내용과 어긋나는 것은?

〈보기〉
①오늘도 나는 그의 소식을 기다리며 이리저리 돌아다녔다. 기진하여 밤길을 더듬어 돌아왔을 때, ②나를 기다린 건 쓸쓸한 등불뿐이었다. 홀로 빈방에 앉아 있다가 ③나도 모르게 잠깐 잠이 들었다. 꿈에 본 그이는 예전과는 다른 모습이었다. ④실컷 하소연하다가 꿈에서 깨어 보니 그저 허망할 뿐이었다. ⑤그이의 곁에 가고 싶다. 아, 그 날이 언제 올까?

〈문제 20〉 (나)에 대하여 탐구 과제를 설정하고 그것을 해결해 보는 중이다. 〈보기〉에서 과제 해결이 적절하지 않은 것은?

〈보기〉
·중심 소재인 '조홍감'의 기능은? → 외적 기능 : 창작의 계기, 내적 기능 : 정서 환기　　①
·'유자(柚子)' 관련 고사(故事)를 인용한 효과는? → 주제를 효과적으로 부각시킴　　②
·표현 기법상의 특징은? → 표면과 이면의 의미가 다른 반어(反語)　　③
·주제와 관련된 한자 성어가 있을까? → 풍수지탄(風樹之嘆)　　④
·독자에게는 어떤 교훈을 주게 될까? → 부모님 생전에 효도를 다하자는 마음을 갖게 함　　⑤

※ 다음 글을 읽고 물음에 답하시오.

(가)
언제부턴가 갈대는 속으로
조용히 울고 있었다.
그런 어느 밤이었을 것이다. 갈대는
그의 온몸이 흔들리고 있는 것을 알았다.

바람도 달빛도 아닌 것.
갈대는 저를 흔드는 것이 제 조용한 울음인 것을
까맣게 몰랐다.
[A]─산다는 것은 속으로 이렇게
조용히 울고 있는 것이란 것을
그는 몰랐다.　　　　　　　　　　　　　- 신경림, 갈대 -

(나)
오늘 저녁 이 좁다란 방의 흰 바람벽에
어쩐지 쓸쓸한 것만이 오고 간다

이 흰 바람벽에
희미한 십오 촉(十五燭) 전등이 지치운 불빛을 내어던지고
때글은* 다 낡은 무명셔츠가 어두운 그림자를 쉬이고
그리고 또 달디단 따끈한 감주나 한잔 먹고 싶다고 생각하는 내 가지가지 외로운 생각이 헤매인다
그런데 이것은 또 어인 일인가
이 흰 바람벽에
내 가난한 늙은 어머니가 있다
내 가난한 늙은 어머니가
이렇게 시퍼러둥둥하니 추운 날인데 차디찬 물에 손을 담그고 무며 배추를 씻고 있다
또 내 사랑하는 사람이 있다
내 사랑하는 어여쁜 사람이
어느 먼 앞대 조용한 개포가의 나즈막한 집에서
그의 지아비와 마주 앉아 대구국을 끓여 놓고 저녁을 먹는다
벌써 어린것도 생겨서 옆에 끼고 저녁을 먹는다
그런데 또 이즈막하여 어느 사이엔가
이 흰 바람벽엔
내 쓸쓸한 얼굴을 쳐다보며
이러한 글자들이 지나간다
— 나는 이 세상에서 가난하고 외롭고 높고 쓸쓸하니 살아가도록 태어났다
그리고 이 세상을 살아가는데
내 가슴은 너무도 많이 뜨거운 것으로 호젓한 것으로 또 사랑으로 슬픔으로 가득 찬다
그리고 이번에는 나를 위로하는 듯이 나를 울력하는 듯이
눈질을 하며 주먹질을 하며 이런 글자들이 지나간다
〔B〕 하늘이 이 세상을 내일 적에 그가 가장 귀해하고 사랑하는 것들은 모두 가난하고 외롭고 높고 쓸쓸하니 그리고 언제나 넘치는 사랑과 슬픔 속에 살도록 만드신 것이다
　㉠ 초생달과 바구지꽃과 짝새와 당나귀가 그러하듯이 그리고 또 「프랑시쓰 쨈」과 도연명(陶淵明)과 「라이넬 마리아 릴케」가 그러하듯이
– 백석, 흰 바람벽이 있어 –

* 때글은 : 때에 전.

(다)
고향에 돌아온 날 밤에
내 백골(白骨)이 따라와 한방에 누웠다.

어둔 방(房)은 우주(宇宙)로 통(通)하고
하늘에선가 소리처럼 바람이 불어온다.

어둠 속에서 곱게 풍화작용(風化作用)하는
백골을 들여다보며
눈물 짓는 것이 내가 우는 것이냐
백골이 우는 것이냐
아름다운 혼(魂)이 우는 것이냐

지조(志操) 높은 개는
밤을 새워 어둠을 짖는다.

어둠을 짖는 개는
나를 쫓는 것일 게다.

가자 가자
쫓기우는 사람처럼 가자.
백골 몰래
아름다운 또 다른 고향(故鄕)에 가자.　　　　　　　　　　－ 윤동주, 또 다른 고향(故鄕) －

〈문제 21〉 (가)~(다)에 대한 설명으로 적절한 것은?
　　　　① (가)와 (나)에는 목가적인 서정이 나타나 있다.
　　　　② (가)와 (다)는 묘사를 통해 주제를 전달하고 있다.
　　　　③ (나)와 (다)에는 현실 비판적인 태도가 나타나 있다.
　　　　④ (가)~(다)에는 시간의 흐름이 정지되어 있다.
　　　　⑤ (가)~(다)에는 내면적 갈등이 나타나 있다.

〈문제 22〉 [A]와 [B]의 의미를 중심으로 비평문을 쓰고자 한다. 그 주제로 가장 적절한 것은?
　　　　① 삶의 본질적 의미
　　　　② 삶의 고난과 좌절
　　　　③ 세속적 삶의 비판
　　　　④ 삶의 신비와 동경
　　　　⑤ 행복한 삶과 불행한 삶

〈문제 23〉 〈보기〉는 문화적 상징의 맥락에서 (다)의 시어들을 정리한 것이다. 이를 활용하여 (다)의
　　　　시어를 해석한 것으로 적절하지 않은 것은?

〈보기〉
백골 : 불안, 결핍, 순결, 금욕, 묵상의 대상
방 : 공포, 밀폐, 비밀, 몽상, 폐쇄적 환상
어둠 : 혼돈, 기원, 성숙, 휴식, 물질적·정신적 힘의 교류
바람 : 권능, 영감, 전달, 공기, 순수성과 열정
개 : 감시, 충직, 통찰력, 보이지 않는 세계의 영매(靈媒)

　　　　① '백골'은 시적 자아의 빈약하면서도 정결한 삶을 상징한다.
　　　　② '방'은 시적 자아의 내면에 깊숙이 존재하는 정신적 공간을 상징한다.
　　　　③ '어둠'은 시적 자아의 고통의 근원이자 영혼을 성숙시키는 존재이다.
　　　　④ '바람'은 시적 자아의 영혼을 소멸시키는 대기의 힘을 의미한다.
　　　　⑤ '개'는 시적 자아의 영혼을 일깨워 우주로 안내하는 존재이다.

〈문제 24〉 '흰 바람벽'을 영화 스크린으로 가정하고 (나)를 이해할 때, 적절하지 않은 것은?

① 시적 자아가 '흰 바람벽'을 마주 보고 있는 것은 영화를 보고 있는 상황과 유사한 것으로, 시적 자아의 고립적 상황을 강화한다.

② '흰 바람벽'에 비친 '무명셔츠'의 그림자는 스크린에 비친 물체의 그림자를 연상시킨다.

③ '또 어인 일인가'는 '가난한 늙은 어머니'의 영상이 스크린에 갑자기 나타나는 느낌을 효과적으로 살려낸다.

④ '어머니'가 나오는 장면과 '사랑하는 사람'이 나오는 장면은 병치의 기법으로 자연스럽게 연결된다.

⑤ '흰 바람벽' 위로 지나가는 '글자들'은 영화의 마지막 장면에 나타나는 움직이는 글자들을 연상시킨다.

〈문제 25〉 〈보기〉를 통해 (가)~(다)를 이해한 내용으로 적절하지 않은 것은?

〈보기〉

화가 렘브란트가 가장 잘 이해하고 다루기 쉬운 모델은 바로 자기 자신이었다. 그는 자화상을 통해 얼굴 표현 방식 등 다양한 예술적 기법을 시도했을 뿐 아니라, 고독한 내면과 삶의 비애, 자기 확신, 그리고 화가로서의 자부심을 드러내고자 하였다. 가난으로 고통받았던 말년에 그린 두 폭의 자화상이 있다. 하나는 황금색 옷으로 치장하고 지팡이를 쥐고 앉아 있는 당당한 모습을 그린 것이며, 다른 하나는 권태와 회한으로 가득한 얼굴을 한 초라한 노인의 모습을 그린 것이다. 이 두 자화상이 모순으로 느껴지지 않는 것은 자화상을 보는 기준이 화가가 자신의 얼굴을 얼마나 정확하게 모사(模寫)하고 있는가에 있지 않기 때문이다. 렘브란트의 자화상에는 화가의 삶의 역정과 영혼의 기록이 있다.

① (가)의 '갈대'에서 느껴지는 이미지는 렘브란트의 자화상에서 느껴지는 이미지와 유사하다.

② 두 자화상의 묘사 기법의 차이는 (가)에서 '그'와 '갈대'에 대한 시인의 태도가 차이가 나는 이유를 설명해 준다.

③ (나)에서 ㉠을 통해 시인이 말하고자 한 것은 렘브란트가 자화상을 그린 동기를 설명해 준다.

④ (나)의 시인의 생애는 한 폭의 자화상으로 응축해서 표현할 수 있다.

⑤ 자화상의 인물을 통해 렘브란트의 내면을 읽는 것은 (다)에서 '나'를 시인 윤동주와 동일한 인물로 설정하고 시를 읽는 것과 유사한 맥락이다.

※ 다음 글을 읽고 물음에 답하시오.

(가)　　　　　　　　망향(望鄕)의 노래
　　　　　　　　　　　　　　　　신석정

한 이파리
또 한 이파리
시나브로 지는
지치도록 흰 복사꽃을

꽃잎마다
지는 꽃잎마다
곱다랗게 자꾸만
감기는 서러운 서러운 연륜(年輪)을

[A] 늙으신 아버지의
기침소리랑
곤때 가신 지 오랜 아내랑
어리디어린 손주랑 사는 곳

버리고 온 '생활(生活)'이며
나의 벅차던 청춘이
아직도 되살아 있는
ⓐ고향인 성만 싶어 밤을 새운다.

(나)　　　　　　　　초혼(招魂)

　　　　　　　　　　　　김소월

산산이 부서진 이름이여!
허공 중에 헤어진 이름이여!
불러도 주인 없는 이름이여!
부르다가 내가 죽을 이름이여!

심중에 남아 있는 말 한마디는
끝끝내 마저 하지 못하였구나.
사랑하던 그 사람이여!
사랑하던 그 사람이여!

붉은 해는 서산 마루에 걸리었다.
사슴의 무리도 슬피 운다.
떨어져 나가 앉은 ⓑ산 위에서
나는 그대의 이름을 부르노라.

설움에 겹도록 부르노라.
설움에 겹도록 부르노라.
부르는 소리는 비껴 가지만
ⓒ하늘과 ⓓ땅 사이가 너무 넓구나.

선 채로 ⓔ이 자리에 돌이 되어도
부르다가 내가 죽을 이름이여!
사랑하던 그 사람이여!

사랑하던 그 사람이여!

(다)   한(恨)

                                          박재삼

감나무쯤 되랴,
서러운 노을빛으로 익어가는
내 마음 사랑의 열매가 달린 나무는!

이것이 제대로 벋을 데는 ㉠ 저승밖에 없는 것 같고
그것도 내 생각하던 사람의 등뒤로 벋어가서
그 사람의 머리 위에서나 마지막으로 휘드려질까본데,

그러나 그 사람이
그 사람의 안마당에 심고 싶던
느껴운 열매가 되는지 몰라!
새로 말하면 그 열매 빛깔이
전생(前生)의 내 전(全)설움이요 전(全)소망인 것을
알아내기는 알아 낼는지 몰라!
아니, 그 사람도 이 세상을
설움으로 살았던지 어쨌던지
그것을 몰라, 그것을 몰라!

〈문제 26〉 (가) ~ (다)에 대한 설명으로 옳은 것은?
      ① (가), (나)에는 자연 친화적인 태도가 나타나 있다.
      ② (가), (다)에는 자기 성찰과 반성이 드러나 있다.
      ③ (나), (다)의 화자는 대상과의 거리를 인식하고 있다.
      ④ (가), (나), (다) 모두 인생의 유한성에 대한 인식이 드러나 있다.
      ⑤ (가), (나), (다) 모두 대조적인 이미지로 이별의 정서를 표현하고 있다.

〈문제 27〉 (가)와 (다)에 나타난 중심 소재의 성격과 이미지를 다음과 같이 정리하였다. 이를 바탕으
로 해석한 내용으로 적절하지 않은 것은?

〈다음〉

(가)의 '복사꽃'
- 떨어짐〔落〕 : 소멸, 계절의 변화.
- 흰색 : 전통적으로 시에서 애상적 정조를 불러일으키는 색깔로 사용됨.
- 향토적인 소재.
(다)의 '감'
- 익음 : 열매, 오랜 세월의 축적.
- 노을빛 : '노을'의 붉은색이 주는 애상적 정조.
- 전통적인 소재.

① ‘복사꽃’이 떨어지는 것은 시간의 흐름을 상기시키고 있다.
② ‘복사꽃’은 화자에게 고향을 연상시키는 소재로 활용되고 있다.
③ ‘감’에는 내면의 성숙을 염원하는 화자의 마음이 담겨 있다.
④ ‘복사꽃’과 ‘감’은 모두 서러움을 불러일으키고 있다.
⑤ ‘복사꽃’과 ‘감’은 모두 색채적 이미지로 시적 분위기 조성에 이바지하고 있다.

〈문제 28〉 ⓐ ~ ⓔ 중, ㉠과 함축적 의미가 가장 가까운 것은?
　① ⓐ　　　　　② ⓑ　　　　　③ ⓒ　　　　　④ ⓓ　　　　　⑤ ⓔ

〈문제 29〉 [A]를 〈보기〉처럼 바꾸어 썼다고 가정할 때, 고려했을 사항으로 적절하지 않은 것은?

〈보기〉

질화로에 재가 식어지면
비인 밭에 밤바람 소리 말을 달리고,
밭은기침 소리에 겨운 늙으신 아버지가
짚 베개를 돋아 고이시는 초가집.
들꽃같이 수수한 아내가
따가운 햇살을 등에 지고 이삭 줍던,
나어린 손주가
송아지처럼 철없이 뛰놀던 들판.

① 유사한 시구를 반복하여 율격을 살리고 있는 원시(原詩)의 의도는 유지하는 게 좋아.
② 가족의 모습을 한 사람 한 사람 떠올려 보는 발상을 그대로 살려야겠지?
③ 비유적인 표현을 사용하면 대상의 이미지를 구체화할 수 있을 거야.
④ 공간적 배경을 제시하면 조금 더 실감 나게 표현할 수 있지 않을까?
⑤ 고향의 속성을 드러내는 사물도 몇 개 추가해 보는 것이 좋겠어.

※ 다음 글을 읽고 물음에 답하시오.

(가)　　　　　　　독(毒)을 차고

　　　　　　　　　　　김영랑

내 가슴에 독(毒)을 찬 지 오래로다.
아직 아무도 해(害)한 일 없는 새로 뽑은 독
벗은 그 무서운 독 그만 흩어 버리라 한다.
나는 그 독이 선뜻 벗도 해할지 모른다고 위협하고

독(毒) 안 차고 살아도 머지 않아 너 나 마주 가 버리면
억만 세대가 그 뒤로 잠자코 흘러가고
나중에 땅덩이 모지라져 모래알이 될 것임을
‘허무한듸!’ 독은 차서 무엇 하느냐고?

아! 내 세상에 태어났음을 원망 않고 보낸
어느 하루가 있었던가 '허무한듸!' 허나
앞뒤로 덤비는 이리 승냥이 바야흐로 내 마음을 노리매
내 산 채 짐승의 밥이 되어 찢기우고 할퀴우라 내맡긴 신세임을

나는 독을 차고 선선히 가리라
막음날 내 외로운 혼(魂) 건지기 위하여.

(나)   쉽게 씌어진 시(詩)

윤동주

창(窓) 밖에 밤비가 속살거려
육첩방(六疊房)은 남의 나라,

시인(詩人)이란 슬픈 천명(天命)인 줄 알면서도
한 줄 시(詩)를 적어 볼까,

땀내와 사랑내 포근히 품긴
보내주신 학비 봉투를 받아

대학 노트를 끼고
늙은 교수의 강의 들으러 간다.

생각해 보면 어린 때 동무들
하나, 둘, 죄다 잃어버리고

나는 무얼 바라
나는 다만, 홀로 침전(沈澱)하는 것일까?

인생(人生)은 살기 어렵다는데
시(詩)가 이렇게 쉽게 씌어지는 것은
부끄러운 일이다.

육첩방(六疊房)은 남의 나라
창(窓) 밖에 밤비가 속살거리는데,

등불을 밝혀 어둠을 조금 내몰고,
시대(時代)처럼 올 아침을 기다리는 최후(最後)의 나,

나는 나에게 작은 손을 내밀어
눈물과 위안(慰安)으로 잡는 최초(最初)의 악수(握手).

(다)　　　　　　　　일월(日月)

　　　　　　　　　　　　유치환

나의 가는 곳
어디나 백일(白日)이 없을소냐.

머언 미개(未開)ㅅ적 유풍(遺風)을 그대로
성신(星辰)과 더불어 잠자고

비와 바람을 더불어 근심하고
나의 생명과
생명에 속한 것을 열애(熱愛)하되
삼가 애련(哀憐)에 빠지지 않음은
― 그는 치욕(恥辱)임일레라.

나의 원수와
원수에게 아첨하는 자에겐
가장 옳은 증오를 예비하였나니.

㉠ 마지막 우러른 태양이
두 동공(瞳孔)에 해바라기처럼 박힌 채로
내 어느 불의(不意)에 짐승처럼 무찔리기로
오오, 나의 세상의 거룩한 일월(日月)에
또한 무슨 회한(悔恨)인들 남길소냐.

〈문제 30〉 (가) ~ (다)에 공통적으로 드러난 시적 화자의 태도는?
　　　　① 자신의 지나온 삶을 반성하고 있다.
　　　　② 주변 사람들의 삶의 태도를 비판하고 있다.
　　　　③ 장차 닥쳐올 상황을 예감하며 절망하고 있다.
　　　　④ 현실 상황에 맞서려는 의지를 드러내고 있다.
　　　　⑤ 현실을 떠나 이상 세계로 가기를 염원하고 있다.

〈문제 31〉 (가)를 작품 자체의 내적 의미만을 주목하여 감상한 것은?
　　　　① '독', '막음날', '찢기우고' 등의 시어는 강렬한 이미지를 지니고 있어서, 이 시의 어조와
　　　　　도 잘 어울리는 것 같아.
　　　　② 그 위험한 '독'을 차고 다니다니, 말이 안 되지. 그리고 이리 승냥이가 몸이 아닌 마음
　　　　　을 노린다는 게 말이 돼?
　　　　③ 이 작품을 읽으면서 나는 의롭지 못한 시대에 어떻게 살아가야 할 것인가에 대해 진지
　　　　　하게 생각해 볼 수 있었어.
　　　　④ 이 시가 일제 강점기에 쓰여진 작품이므로, 이 시에 나오는 '이리'나 '승냥이'는 일제의
　　　　　폭력이나 압박이라 볼 수 있겠는데.

⑤ 이 시의 작가가 주로 순수 서정을 노래한 시인이라는 점을 고려하면, 당시의 시대 상황이 이런 사람들마저 분노하게 할 정도로 극악했다고 볼 수 있어.

〈문제 32〉 다음은 (나)에 대한 해설의 일부이다. 밑줄 친 부분에 해당하는 연(聯)을 (나)에서 고르면?

〈다음〉

창 밖을 보던 화자의 시선이 방 안으로 향하면서 이 시는 시작된다. 시적 화자는 방 안팎의 풍경을 자신이 처한 현실로 인식하게 되는데, 그러한 시인의 인식은 자신의 내면에 대한 성찰로 이어진다. 한동안 자신의 내면을 응시하던 화자는 다시 외부 세계로 시선을 돌리게 되는데, 이 지점에서 화자의 태도는 변화를 보인다.

① 제 4연 　　② 제 5연 　　③ 제 6연
④ 제 7연 　　⑤ 제 8연

〈문제 33〉 ㉠을 (가)에 나와 있는 시어들을 활용하여 고쳐 쓸 경우 적절하지 않은 것은?

막음날까지 내 혼(魂)을 지키던 마음이 ·····························①
허무함에 휩싸여 이 세상을 원망하게 될 때면 ·····················②
내 비록 짐승의 밥이 되어 찢기우고 할퀴일지라도 ···············③
오오, 외로운 혼(魂)이라도 지키기 위해 ··························④
나는 독을 차고 선선히 가리라 ··································⑤

※ 다음 글을 읽고 물음에 답하시오.

(가) 　　　　　　광야(曠野)

　　　　　　　　　　　　　　이육사

까마득한 날에
하늘이 처음 열리고
어디 닭 우는 소리 들렸으랴.

모든 산맥들이
바다를 연모(戀慕)해 휘달릴 때에도
차마 이 곳을 범하던 못하였으리라.

끊임없는 광음(光陰)을
부지런한 계절이 피어선 지고
큰 강물이 비로소 길을 열었다.

지금 눈 내리고
매화(梅花) 향기(香氣) 홀로 아득하니

내 여기 가난한 노래의 씨를 뿌려라.

다시 천고(千古)의 뒤에
백마(白馬) 타고 오는 초인(超人)이 있어
이 광야(曠野)에서 목놓아 부르게 하리라.

(나) 알 수 없어요
한용운

바람도 없는 공중에 수직(垂直)의 파문(波紋)을 내이며, 고요히 떨어지는 오동잎은 누구의 발자취입니까.

지리한 장마 끝에 서풍에 몰려가는 무서운 검은 구름의 터진 틈으로 언뜻 언뜻 보이는 푸른 하늘은 누구의 얼굴입니까.

꽃도 없는 깊은 나무에 푸른 이끼를 거쳐서, 옛 탑(塔) 위의 고요한 하늘을 스치는 알 수 없는 향기는 누구의 입김입니까.

㉠근원을 알지도 못할 곳에서 나서, 돌부리를 울리고 가늘게 흐르는 작은 시내는 굽이굽이 누구의 노래입니까.

연꽃 같은 발꿈치로 가이 없는 바다를 밟고 옥 같은 손으로 끝없는 하늘을 만지면서, 떨어지는 해를 곱게 단장하는 저녁놀은 누구의 시(詩)입니까.

타고 남은 재가 다시 기름이 됩니다. 그칠 줄을 모르고 타는 나의 가슴은 누구의 밤을 지키는 약한 등불입니까.

(다) 남신의주유동박시봉방(南新義州柳洞朴時逢方)
백석

어느 사이에 나는 아내도 없고, 또,
아내와 같이 살던 집도 없어지고,
그리고 살뜰한 부모며 동생들과도 멀리 떨어져서,
그 어느 바람 세인 쓸쓸한 거리 끝에 헤매이었다.
바로 날도 저물어서,
바람은 더욱 세게 불고, 추위는 점점 더해 오는데,
나는 어느 목수네 집 헌 샷*을 깐,
한 방에 들어서 쥔을 붙이었다.*
이리하여 나는 이 습내나는 춥고, 누긋한 방에서,
낮이나 밤이나 나는 나 혼자도 너무 많은 것같이 생각하며,
딜옹배기*에 북덕불*이라도 담겨 오면,
이것을 안고 손을 쬐며 재 우에 뜻없이 글자를 쓰기도 하며,
또 문 밖에 나가지두 않구 자리에 누워서,
머리에 손깍지베개를 하고 굴기도 하면서,
나는 내 슬픔이며 어리석음이며를 소처럼 연하여 쌔김질하는 것이었다.
내 가슴이 꽉 메어올 적이며,
내 눈에 뜨거운 것이 핑 괴일 적이며,
또 내 스스로 화끈 낯이 붉도록 부끄러울 적이며,
나는 내 슬픔과 어리석음에 눌리어 죽을 수밖에 없는 것을 느끼는 것이었다.

그러나 잠시 뒤에 나는 고개를 들어,
허연 문창을 바라보든가 또 눈을 떠서 높은 천정을 쳐다보는 것인데,
이 때 나는 내 뜻이며 힘으로, 나를 이끌어가는 것이 힘든 일인 것을 생각하고,
이것들보다 더 크고, 높은 것이 있어서, 나를 마음대로 굴려가는 것을 생각하는 것인데,
이렇게 하여 여러 날이 지나는 동안에,
내 어지러운 마음에는 슬픔이며, 한탄이며, 가라앉을 것은 차츰 앙금이 되어 가라앉고,
외로운 생각만이 드는 때쯤 해서는,
더러 나줏손*에 쌀랑쌀랑 싸락눈이 와서 문창을 치기도 하는 때도 있는데,
나는 이런 저녁에는 화로를 더욱 다가 끼며, 무릎을 꿇어 보며,
어느 먼 산 뒷옆에 바우섶에 따로 외로이 서서,
어두워 오는데 하이야니 눈을 맞을, 그 마른 잎새에는,
쌀랑쌀랑 소리도 나며 눈을 맞을,
그 드물다는 굳고 정한 갈매나무라는 나무를 생각하는 것이었다.

* 삿: 삿자리, 갈대로 엮어서 만든 자리
* 쥔을 붙이었다: 세를 들었다.
* 딜옹배기: 둥글넓적하고 아가리가 넓게 벌어진 질그릇. 질옹배기
* 북덕불: 짚이나 풀 따위를 태워 담은 화톳불
* 나줏손: 저녁 무렵

〈문제 34〉 (가)~다)의 공통점으로 가장 적절한 것은?
　① 절대자에 대한 믿음이 드러나 있다.
　② 시간적인 배경이 겨울로 설정되어 있다.
　③ 공간의 이동에 따라 시상이 전개되어 있다.
　④ 어려운 상황에 처한 화자의 모습이 나타나 있다.
　⑤ 자신의 삶에 대한 화자의 진지한 성찰이 드러나 있다.

〈문제 35〉〈보기〉의 밑줄 친 내용에 해당되는 시어로 가장 적절한 것은?

〈보기〉
　자연은 사람들이 살아가는 구체적인 시간이나 공간을 제공한다. 또한 자연은 그 자체의 아름다움으로 사람들에게 미적 감동을 준다. 더 나아가 자연은 인간에게 삶의 지표를 제시한다. 즉 인간은 자신의 삶의 방향이나 방법을 자연을 통하여 깨닫기도 하고 배우기도 한다.

　① (가)의 '바다'　　② (가)의 '강물'
　③ (나)의 '장마'　　④ (다)의 '싸락눈'
　⑤ (다)의 '갈매나무'

〈문제 36〉 (가)의 화자가 〈보기〉와 같은 상황에 처한 '철수'에게 충고할 말로 가장 적절한 것은?

〈보기〉
　벤처 사업을 하던 철수의 아버지는 사업이 어려워져 고심하다가, 건강마저 나빠져서 병원에 입원하셨

다. 부유한 가정에서 행복하게 학교에 다니던 철수는 학교까지 그만둘 수밖에 없는 상황이 되었다.

① 사람은 살다가 시련을 겪을 수도 있어. 모든 것은 시간이 지나면 저절로 해결되기 마련이니까 조금만 기다려봐.
② 힘들고 어려울 때일수록 절대자에게 의지하는 것이 중요하지. 열심히 기도하면 마음의 평안을 회복할 수 있고, 새로운 용기도 얻을 수 있어.
③ 너보다 더 힘든 사람들이 세상에는 얼마나 많니? 현재 너의 처지도 절망적인 상태는 아니라고 생각해. 네가 건강한 것만으로도 행복한 거야.
④ 어렵다고 뜻을 굽힐 수는 없는 일이야. 비록 힘들고 어렵더라도 지금 열심히 하지 않으면 희망은 없어. 아르바이트를 해서라도 공부를 계속해야 해.
⑤ 행복과 불행은 모두 마음에서 비롯되는 것이지. 천금을 가지고도 불행하게 생각하는 사람이 있는가 하면, 가진 것이 없어도 행복한 사람이 있어. 그러니 마음을 잘 다스려야 해.

〈문제 37〉(나)의 ㉠을 다음 〈조건〉에 맞춰 새롭게 바꾸려 할 때 가장 적절한 것은?

〈조건〉
◆ 원래 시구와 동일한 감각적 이미지로 표현한다.
◆ 전체 시구의 어조나 표현 기법을 그대로 유지한다.

① 깊은 골짜기에서 송이마다 이슬을 머금고 있는 이름 없는 풀꽃들은 누구의 미소입니까.
② 양지 바른 바위 틈에서 피어난 분홍빛 진달래를 부드럽게 스치는 바람은 누구의 손길입니까.
③ 넓고 푸른 하늘을 자유롭게 떠다니며 시시각각 오묘한 표정을 짓는 저 흰구름은 누구의 그림입니까.
④ 하늘에 닿을 듯이 높이 솟은 대밭에서 바람이 불 때마다 서걱이는 대이파리 소리는 누구의 숨결입니까.
⑤ 내리쬐는 햇볕 아래 우뚝 솟아 긴 가지를 드리운 정자나무의 그늘은 누구의 영혼을 위한 오아시스입니까.

〈문제 38〉(다)의 화자가 현재 자신의 생각을 바탕으로 정한 좌우명으로 가장 적절한 것은?
① 무실역행(務實力行) ② 살신성인(殺身成仁)
③ 유비무환(有備無患) ④ 유유자적(悠悠自適)
⑤ 은인자중(隱忍自重)

※ 위 문제는 "언어영역"(한국교육과정평가원 · 시도교육청, 2002-2005)을 정리한 것임

정답

1.① 2.③ 3.④ 4.④ 5.③ 6.④ 7.② 8.④ 9.① 10.⑤ 11.④ 12.② 13.④ 14.④ 15.⑤
16.④ 17.① 18.⑤ 19.④ 20.③ 21.⑤ 22.① 23.④ 24.① 25.② 26.③ 27.③ 28.③ 29.①
30.④ 31.① 32.⑤ 33.② 34.④ 35.⑤ 36.④ 37.④ 38.⑤

제2장 한국 산문 문학의 이해

제1절 고전 산문 문학

1. 판소리 소설

(1) 춘향전(春香傳) [작자 미상]

작품 줄거리

전라도 남원 부사의 아들 이몽룡이 방자와 광한루에 놀러 나왔을 때, 퇴기 월매의 딸 춘향은 향단을 데리고 그네를 뛰고 있었다. 이 광경을 본 이 도령은 춘향의 자태에 반해 백년 가약을 맺는다. 이 부사가 서울로 영전하게 되어 몽룡과 춘향은 이별한다. 신임 부사 변학도는 춘향에게 수청을 명하고, 춘향은 죽을 각오로 거절하여 옥에 갇힌다. 서울로 올라간 몽룡은 장원 급제하여 호남 지방에 암행어사로 내려와, 부사의 생일날 어사 출도를 단행하여 부사를 파직하고 춘향을 구해 행복하게 된다.

핵심 정리

- 작자 : 미상(민중의 적층 문학)
- 갈래 : 고전 소설. 판소리계소설. 염정 소설
- 연대 : 미상(영조 때로 추정)
- 배경 : 시간(조선 후기). 공간(전라도 남원). 사상(실학 사상. 평민 의식)
- 문체 : 가사체. 운문체 및 산문체
- 시점 : 전지적 작가 시점
- 성격 : 서사적. 운문적(3.4조, 4.4조 바탕). 해학적. 풍자적
- 구성 : 추보식 구성(춘향전의 전체 구성)
  발단 - 춘향과 이몽룡의 만남
  전개 - 두 사람의 이별과 변학도의 횡포
  위기 - 월매의 이몽룡에 대한 괄시와 춘향의 절망
  절정 - 어사 출도와 춘향의 회생
  결말 - 이몽룡의 입신양명과 춘향과의 백년해로
- 사상 : 인간 평등 사상(휴머니즘을 바탕으로 계급 타파 의식). 사회 개혁 사상(탐관오리의

횡포에 대한 징계). 자유연애 사상(봉건 사회의 도덕률을 파괴한 남녀 간의 자유 의지에 의한 만남). 열녀불경이부(烈女不更二夫, 춘향의 지조와 정절)

- 제재 : 춘향과 이 도령의 사랑 이야기
- 주제 : 신분을 초월한 사랑과 정절(貞節). 계급을 초월한 사랑과 여인의 정절
- 출전 : 완판본〈열녀춘향수절가〉
- 형성 과정 : 근원 설화 → 판소리 사설(춘향가) → 고대 소설(춘향전) → 신소설(이해조의 '옥중화')

작품 해설

한마디로 신분을 초월한 사랑과 정절(貞節)을 주제로 한 작품이라 할 수 있다. 조선조 영조(英祖) 때로 추정되며 판소리계 소설이다. 작자와 연대는 미상으로 애정소설이다. 제작 동기에 대해서는 전설과 학설이 구구한데, 문헌상으로 나타난 고증과 전설은 모두가 유동(流動)하는 설화에 불과하고 학설들은 대개가 추측일 따름이다. 이는 '설화→판소리→소설'의 변이(變異) 진화 과정에서 잡다한 설화가 이도령과 춘향의 염정적 플롯〔구성〕에 곁들여 하나의 판소리로 응집되어 가는 도중 차츰 암행어사 설화와 열녀 설화의 요소가 삽입된 것으로 추정된다.

'춘향전'은 우리 나라 고전 소설 중 최고의 걸작으로 평가받고 있는 작품이다. 이 작품은 전래의 열녀(烈女) 설화·암행어사 설화·신원(伸冤) 설화 등이 결합하여 판소리 창으로 불려지다가 소설화한 것으로 보인다. '춘향전'은 향토적인 배경을 바탕으로 현실적인 데서 소재를 취했으며, 사실적인 표현으로 생동하는 인물을 창조했기 때문에 고전 소설의 위상을 한 단계 끌어올렸다는 평가를 받는다. 여기에 소개된 장면은 춘향과 이도령이 처음 만나는 장면인데, 두 인물이 매우 생동감 있게 제시되고 있어, 인물의 성격 창조에 새로운 경지를 개척했다고 할 만하다.

'춘향전' 같은 판소리계 작품은 많은 이본(異本)을 가지고 있는 것이 특징이다. 이 중 대표적인 이본 계열로는 경판본계(京板本系)와 완판본계(完板本系)를 들 수 있다. 이 이본들은 대체적인 줄거리에서는 서로 같으나 세부 묘사에서는 많은 차이를 보인다.

이 춘향전은 판본의 이본(異本)이 5 종, 사본이 약 20여 종, 활자본이 50여 종, 번역본이 6, 7종 있는데 대표적인 것은 경판(京板) '춘향전'과 완판(完板) '열녀춘향수절가'이다. 퇴기(退妓)의 딸 춘향이, 남원 부사의 아들 이몽룡과의 사랑을 위하여 변 사또로부터 갖은 고초를 겪고도 끝까지 정절을 지켜 행복하게 되는 이야기인 이 작품은 순수한 연애와 평등 사상을 고취한 반봉건적 문학으로서 조선 시대 소설의 최대 걸작으로 평가되고 있다. 이 작품에 나타난 문학성은 해학과 풍자에 있다고 본다. 조선의 망종이 울리기 시작한 말엽의 부패상을 우리에게 보여 주는 동시에, 가렴주구(苛斂誅求)의 극성으로 몰락되는 관료 봉건 제도에 대한 반항이 천녀(賤女) 성춘향의 수절을 빌어 갈채를 받게 되는 것이다. 또한 춘향의 변사또에 대한 반항은 일종의 동양적 정조 관념을 나타낸 것이라고 볼 수 있다.

한편 이 작품은 신소설 작가 이해조에 의해 "옥중화(獄中花)"로 개작되어 나오기도 했다. 위에 발췌한 부분은 춘향기 변 사또의 수청 강요에 이 도령에 대한 일편단심(一片丹心)을 내세워 항변하다가, 끝내 변 사또의 불 같은 노여움을 사 곤장 태형을 맞게 되자, 이에 십장가(十杖歌)를 부르며 이 도령에 대한 고조된 사랑의 승화(昇華)를 그린 대목이다.

(2) 홍보전(興甫傳)〔작자 미상〕

작품 줄거리

옛날 놀보라는 욕심 많은 형과, 흥보라는 마음씨 착한 아우가 있었다. 형에게서 쫓겨 어렵게 살아가던 어느 날 흥보는 다리 다친 제비를 구해 주었다. 이듬해 제비는 박씨 하나를 갖다 주었다. 흥보는 그 박씨가 자라서 얻은 박에서 금은 보화를 얻어 큰 부자가 되었다. 이에 심술이 난 놀보는 일부러 제비 다리를 부러뜨려서 날려 보내어 같은 식으로 박을 얻었다. 그러나 그 속에는 똥이니 귀신이니 하는 것이 나와서 집안을 망쳐 버렸다. (위 부분 : 놀보에게 쫓겨나는 흥보의 상황을 그린 '전개' 부분)

핵심 정리
- 시대 : 조선 후기
- 갈래 : 판소리계 소설. 국문 소설
- 배경 : 공간적(충청, 경상, 전라 경계). 시간적(조선 후기)
- 성격 : 풍자적. 해학적. 교훈적
- 사상 : 인과응보(因果應報)의 생활 윤리. 유교적 생활관
- 갈등 : 이면적으로 빈농(貧農)과 부농(富農)의 경제적 갈등을 제시함
- 근원 설화 : 방이 설화(旁㐌說話). 몽고의 "박 타는 처녀"
- 주제 : 형제 간의 우애와 권선징악(勸善懲惡)
- 의의 : '춘향전'과 '심청전'과 더불어 3대 판소리계 소설. 놀부와 흥부의 삶을 해학적으로 승화한 대표적 평민 문학. '박타령 – 흥부가 – 흥부전 – 연(燕)의 각(脚)' 등으로 끊임없이 재생산되는 민중 문학

작품 해설
조선 시대의 도덕적 소설로 널리 알려진 이 작품은 물론 작자와 연대는 미상이다. 춘향전, 심청전, 별주부전 등과 함께 판소리계통에 드는 소설이다. 몽고의 '박 타는 처녀' 또는 〈유양잡조속집(酉陽雜俎續集)〉에 나오는 '방이 이야기'에서 유래한 것이라고 하는데 일본에도 거의 같은 내용의 것이 있다.

작품의 구성은 소설적 구성보다는 희곡적 구성이라고 할 수 있는데, 그 이유는 당초에 판소리의 각본으로 사용하기 위하여 쓰인 작품이었기 때문이다. 그리고 이 작품이 감명을 준 것은 아마 대중적이며 통속적 주제가 아주 자연스럽게 해학과 풍자적인 표현으로 나타났기 때문이다. 비록 비현실적이지만 당시 비참한 생활을 하고 있던 일반 대중들의 몽상(夢想)과 염원을 문학의 세계에서나마 달성시켜 주어서 마음의 위안을 주었다는 점에서 그랬을 것이다.

그런데 이 작품이 흥보와 놀보라는 두 형제를 사이로 이야기가 설정되어 있지만, 단순히 형제 간의 우애라는 도덕적 주제를 강조한 작품이라기보다는 당대의 퇴락하는 양반가와 서민의 생활상에 대한 풍속사적인 보고라고 할 수 있다. 시대적으로 조선 후기의 신분 변동에 따라 나타난 유랑 농민과 신흥 부농(富農)과의 갈등상이 반영되어 있는 점이 그러한 특징을 말해 준다. 그러면서도 전래의 설화에서 차용한 모방담(模倣談)으로서의 소설적 구조를 계승하고 있으며, 인물이나 사건을 그려 나가는 방식은 다분히 서민적이고 해학적인 문체를 구사하고 있다. 이러한 문체상의 특징은 이 작품에 설정된 시대적 배경의 심각성이나 비극적 상황을 서민 특유의 건강한 웃음에 의해 인식, 극복하려는 의식에 바탕을 둔 것이다.

이 작품의 주제를 파악하기 위해서는 작가가 등장 인물을 바라보는 시각에 주목할 필요가 있다. 여기서 주의할 것은 작가의 시선이, 곧 그 당시 서민들의 시선이라는 점이다. 판소리는 광대를 비롯하여 다수 서민들의 공동 참여로 이루어졌기 때문이다. 그러므로 작가의 시선은 곧, 서민의 시선이다.

서민들이 흥부를 바라보는 눈길에는 무한한 동정과 공감(共感)이 어려 있고, 놀부에게는 강한 적개심을 나타내고 있다. 흥부는 양반이고 놀부는 천민이기 때문일까? 결코 그렇지 않다. 작품 상에 나타난 흥부의 신분은 양반일 수도 있고 아닐 수도 있다. 고을 이방에게는 반말을 했으니 양반이지만, 마을의 장자(長子, 부자)에게는 존대를 했으니 양반일 수 없다. 서민들은 흥부가 양반의 의식을 가지고 있는 것을 비판한다. 흥부가 놀부에게 양식을 얻으려 갈 때 다 떨어진 의복으로라고 애써 양반 차림을 하는 것을 비웃는다. 가난에 찌들어 몸뚱이조차 가릴 수 없는 주제에 그래도 양반 흉내를 내려는 것은 실로 가소로운 허세이기 때문이다.

그런데 작가와 서민들은 흥부에게 공감을 표시하고 궁극적으로 일체감을 느끼고 있다. 그것은 흥부의 가난이, 곧 자신들의 가난이기 때문이다. 그래서 흥부의 처지에 공감하고, 그 철저한 가난을 함께 이기기 위해 비극적 고난을 오히려 희극적으로 묘사하기조차 한다.

흥부에 대한 이러한 공감은, 곧 놀부에 대한 적개심으로 이어진다. 놀부의 그 유명한 심술 묘사는 놀부의 온갖 반사회적 행동의 반영이다. 흥부를 내쫓아 부모의 유산을 독차지하는 것도 같은 행위이다. 놀부는 결국 수탈적인 방법으로 부(富)를 축적한 것이다. 실제 현실에서 이러한 경험을 겪는 서민들은 이러한 놀부를 비판적으로, 나아가서는 적대적으로 보지 않을 수가 없는 것이다.

흥부의 귀속 신분이 양반이든 아니든 서민들은 관계치 않는다. 작품 속의 흥부 신분이 양반이기도 하고 아니기도 한 것도 이 때문이다. 반면, 놀부의 귀속 신분은 천민으로 서민들과 가깝지만 이들은 오히려 무한한 거리감을 느낀다. 문제는 획득 신분(獲得身分)인 것이다. 부모로부터 물려 받은 귀속 신분보다 사회에서 스스로 확보한 획득 신분이 이 작품에서는 중시되고 있는 것이다. 시대 자체가 사람의 지위가 귀천에서가 아니라 빈부에 의해 좌우되는 시대로 변한 것이다. 그러므로 수탈당한 흥부는 서민들과 같이 하층민에 속한다. 반면, 부를 축적하여 얻은 놀부의 획득 지위는 특권층에 속하는 것이다. 곧, 서민들과는 대립된다. 이제 부자는 상류 계층이고 가난한 천민층이다.

서민들은, 불의한 방법으로 수탈을 하고, 돈을 번 놀부가 박을 통하여 패가 망신하자 쾌자를 부른다. 이것은, 흥부와 처지가 같은 서민층의, 놀부류의 특권층에 대한 적대 의식에서 나왔다. 이제 "흥부전"의 주제는 분명해졌다. 공동 사회에서 이익 사회로 전환된 상황에서의 빈부의 갈등이 그것이다.

〈이 글은 흥부전의 주제를 작품 속에 반영된 시대상을 바탕으로 하여 파악하고 있다. 조선 후기는 실학의 영향으로 농업이 퇴조하고 상업이 발달해 가는 과정이었기 때문에 '부(富)'의 분배 문제가 심각하게 대두되던 시기였다. 바로 이 점에 착안하여 흥부전의 주제를 빈부의 갈등으로 해석하고 있다.〉

(3) 토끼전[작자 미상]

작품 줄거리

동해 용왕이 병이 들었지만, 어떤 약도 소용이 없었다. 세 명의 도사가 왕의 병은 주색(酒色)이 원인이라고 하며, 토끼의 생간을 먹어야 병이 나을 것이라고 말했다. 문어와 자라가 서로 토끼를 잡아오겠다고 강한 의지를 보이고 결국 자라가 토끼를 잡아오기로 한다. 자라는 토끼의 그림을 가지고 육지로 나와 토끼를 찾던 중, 토끼를 만나서 육지 생활이 매우 위험함을 강조하고 용궁에 가서 함께 행복하게 살자고 유혹한다. 토끼는 자라의 유혹에 넘어가 자라의 등에 업혀서 수궁(水宮)으로 들어간다. 그러나 용왕이 토끼를 잡아서 간을 내오라고 하는 말에 놀라 간을 육지에 두고 왔다고 거짓말을 한다. 용왕은 토끼의 말을 믿고는 자라에게 토끼를 육지에 데려다 주라고 한다. 육지에 도달하자 토끼는 간을 빼어놓고 다니는 짐승이 어디 있느냐며 자라를 놀리고는 달아난다. 자라는 허탈한 마음으로 돌아간다. 수궁에서 겨우 살아온 토끼는 경망스럽게 행동하다가 독수리에게 잡혔으나 또다시 꾀를 내어 위기를 모면한다.

핵심 정리

- 지은이 : 미상
- 시대 : 조선 후기
- 갈래 : 고대 소설. 판소리계 소설. 우화 소설.
- 성격 : 풍자적. 우화적. 해학적. 교훈적
- 시점 : 전지적 작가 시점
- 배경 : 시간적(옛날 옛적). 공간적(용궁, 바닷가, 산 속)
- 표현 : 동물을 의인화하여 인간 사회를 풍자하는 우회적 수법으로 표현. 고사성어와 속담, 한자어가 많이 쓰였다.
- 구성 : 4단 구성

    발단 – 용왕에게 잡혀 온 토끼   전개 – 용왕을 속이는 토끼
    절정 – 용궁에서 벗어나는 토끼   결말 – 토끼의 꾀와 자라의 충성심

- 제재 : 용왕의 병과 토끼의 간
- 주제 : 어려움을 극복하는 지혜. 허욕에 대한 경계와 왕에 대한 충성심
- 교훈 : 욕심을 버리고 위기를 당했을 때는 지혜롭게 처신할 것이며, 나라에 충성해야 한다.

작품 해설

'토끼전'은 조선 후기 판소리계의 동물 우화소설이다. 따라서 그 이본(異本) 역시 판소리계 이본과 소설계 이본으로 양분되며, 그 이본의 명칭 또한 다양하다. 대체로 '별토가'나 '수궁가' 등으로 불리는 작품들이 판소리계에 속하고, '별주부전'이나 '토끼전' 등으로 불리는 작품들이 소설본계에 속한다. 그러나 이본 가운데는 판소리본이나 소설본의 중간적 성경을 지닌 것도 많고, 그 명칭도 다양하여 그 구분이 단순한 것은 아니다. 이와 같은 내용을 담은 설화는 다른 나라에 널리 퍼져 있다. 인도에서는 〈자타카 본생경(本生經)〉의 원숭이와 용왕 사이의 이야기가 실려 있고, 〈별미후경〉에서는 자라와 원숭이의 이야기가 나온다. 그리고 중국이나 일본 등지에서도 비슷한 얘기가 전해진다. '구토지설(龜兎之說)'이 우리 나라에 기록으로 처음 등장하는 것은 〈삼국사기(三國史記)〉의 '김유신전(金庾信傳)'에서이다. 김춘추(金春秋)가 고구려에 잡혔을 때에 이 고지(故智)를 이용하였다는 것은 유명한 이야기이다.

'토끼전'은 원래 인도의 본생 설화에 그 뿌리를 두고 있으며, 중국의 한역경전(漢譯經典)을 거쳐 전래된 불전설화에 그 근원을 두고 성립된 설화계 소설이다. 우리 나라의 문헌설화로는 〈삼국사기〉 소재의 구토설화(龜兎說話)가 해당된다. 이들이 조선 후기의 '토끼전'에 이르기까지의 과정을 순서대로 보면 다음과 같다.

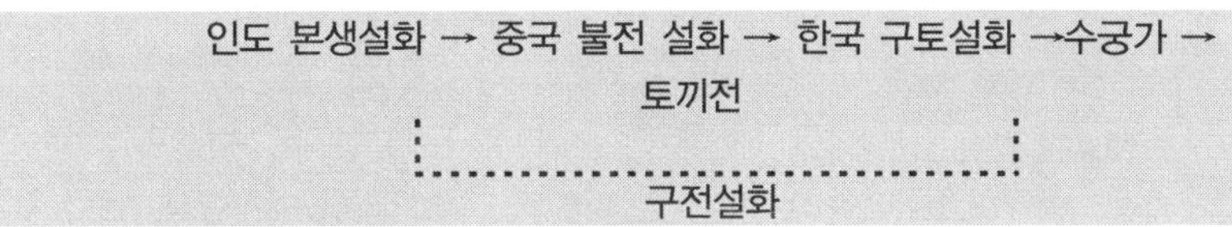

즉, 외국의 전래설화가 토착화해 구토설화나 기타 구전설화가 되고, 이들이 다시 판소리 사설화하여 '수궁가'가 되었다가, 판소리 대본의 정착 과정에서 문자화되면서 '토끼전'으로 소설화된 것이다.

그러므로 이 작품은 우리나라에 알맞게 그 무대가 꾸며지고, 마침내는 판소리로 불리기까지 하다가 우리의 고대 소설로 틀이 잡힌 것이다. '토끼전'은 대부분의 고전 소설처럼 특정한 작가 개인이 아니라, 전승과 전파에 따라 수많은 작가들에 의해 변개, 착색되어 온 것이다. 그래서 흔히 이런 문학을 유동 문학(流動文學), 적층 문학(積層文學)이라고 부른다.

소설의 줄거리는 다음과 같다. 남해(南海)의 용왕(龍王)인 광리왕(廣理王)이 병들어 죽게 되자 영약(靈藥)인 토끼의 간(肝)을 구하는 사명을 띤 자라가 산중에서 토끼를 꾀어 등에 업고 수궁(水宮)으로 돌아오던 중 내막을 알게 된 토끼가 기지로써 간을 볕에 말리려고 꺼내 놓고 왔노라는 말에 속아 토끼를 놓쳐 버린다. 이에 자라가 자살하려던 찰나, 도인(道人)의 도움으로 선약(仙藥)을 얻을 수 있었다는 이야기로서, 자라와 토끼의 행동을 통하여 인간성의 결여를 풍자해 주는 내용이다.

'토끼전'의 주제는 대체로 충(忠)을 앞세운 중세적 유교의 지배논리를 강조하는 경우, 이들 충과 유교적 도덕률에 대한 야유와 비판, 서민적 풍자적 해악이 주제인 경우, 또 이들 양자가 공존, 내지 혼재하는 경우의 세 가지 양상으로 나타난다. '토끼전'은 동물들을 등장시켜 풍자적으로 묘사한 의인소설(擬人小說)이자 우화소설(寓話小設)이다. 조선의 고전소설에는 실화(實話)가 모델이 되어 작품으로 정착된 것이 적지 않다.

그러나 고전소설에는 실화가 소설로 된 것뿐만 아니라 전해 내려오는 우화가 소설의 소재가 된 것 또한 적지 않다. 전해 내려오는 우화라 한다면 과거에는 설화문학(說話文學)으로 벌써 오랫동안 민간에 유행되어 문자로 기록되지 않은 문학으로 일반 대중에게 환영을 받았다. 또 그러는 사이에 대중의 생활이 남몰래 그 가운데로 스며 들어가, 때마침 소설이 널리 읽혀짐에 따라 누군가가 문자로 옮겨 작품화한 것이라 할 수 있다. '토끼전'은 〈삼국사기(三國史記)〉에 적혀 있는 삼국시대부터 전해 내려오던 '구토설화(龜兎說話)'가 그 줄거리를 얼마만큼 바꾸어 가면서 입으로 전해져 오다가 조선의 영정조(英正祖) 무렵에 이르러 소설로 굳어진 것이라 생각된다.

이는 동물의 세계를 통하여 인간사회를 풍자하려는 뜻에서 만들어진 것이라 볼 수 있다. 곧 자라의 충성스러운 성격과 토끼의 경솔하면서도 간사한 지혜는 흔히 우리 인간에게서도 그러한 모습을 볼 수 있다.

그리하여 '토끼전'을 읽는 사람에게 다음과 같은 교훈을 주고 있다. 첫째, 자기의 분수에 넘치는 헛된 욕심을 부리지 말라는 교훈을 담고 있다. 즉, 산중에 사는 토끼가 자기를 높이 평가하는 자라의 말에 현혹되어 용궁으로 들어가는데 이것은 우리 인간들 세계에서는 흔히 볼 수가 있는 광경이다. 작자는 이 대목에서 풍자의 극치미를 보여주고 있다. 둘째, 무슨 일이든지 경솔하게 행하지 말 것이며 비밀을 함부로 미리 말하지 말라는 교훈을 담고 있다. 만약 용왕 이하 신하들이 깊이 생각하여 토끼의 말을 분석했다면 절대 속아 넘어 가지 않았을 것이다. '토끼전'과 같은 동물들을 의인화한 소설로는 '두껍전', '장끼전', '서동지전' 등이 있는데 모두가 세상 사람들을 풍자적으로 충고하기 위한 것들이다. 이것은 마치 서양의 〈이솝 우화〉에 나오는 짐승들의 이야기와 비슷하면서도 좀 더 사실적인 면이 두드러지는 것이 특징이다.

(4) 심청전(沈淸傳)[작자 미상]

작품 줄거리

　심청은 태어난 지 7일 만에 어머니를 여의고, 눈 먼 부친 심 봉사 밑에서 자란다. 심청은 어려
서부터 효성이 지극하여 아버지를 극진히 부양하였다. 그러던 어느 날 심 봉사는 공양미 삼백 석
을 시주하면 눈을 뜰 수 있다는 이야기를 듣고, 공양미를 시주하겠노라고 약속한 뒤 전전긍긍한
다. 이에 심청은 남경 상인에게 공양미 삼백 석을 받고 자신의 몸을 팔아 인당수에 몸을 던진다.
물에 빠진 심청은 용궁에서 전쟁의 일과 앞으로의 운명을 전해 듣고 어머니를 만난 뒤 연꽃에 둘
러싸인 채 인당수 물 위로 오른다. 이 때 남경 상인들이 돌아오다가 인당수에 떠 있는 연꽃을 발
견하여 이를 왕에게 바쳤는데, 왕은 연꽃에서 심청을 발견하고 새 왕비로 맞아들였다. 심청은 심
봉사의 일이 궁금하여 왕에게 맹인 잔치를 열도록 권한다. 맹인 잔치에서 심청과 심 봉사는 다시
만나게 되고, 딸을 만난 기쁨에 심 봉사는 눈을 뜬다.

핵심 정리

- 시대 : 조선 후기

- 갈래 : 윤리 소설. 설화 소설. 판소리계 소설
- 문체 : 가사체. 운문체
- 특징 : 적층 문학. 전래 설화에서 판소리로 가창되다가 고대 소설로 정착됨. 여러 배경 사상이 융합되어 나타남
- 사상 : 유교의 근본 사상인 효(孝)를 바탕으로 하고 있으나 불교, 도교의 사상도 일부 유입되어 있다
- 근원 설화 : 내용상으로는 '인신 공희 설화(人身供犧說話)', '효자 불공 구친 설화(孝子佛供救親說話)', '맹인 득안 설화(盲人得眼說話)'. 문헌상으로는 〈삼국사기〉의 '효녀 지은 설화〔일명 연권녀(連權女) 설화〕', 〈삼국유사〉의 '빈녀 양모(貧女養母)'와 '거타지(居陀知) 설화', 전남 '성덕산 관음사 연기 설화'에 나오는 '홍장(洪莊) 처녀 이야기' 등이 있다.
- 주제 : 부모에 대한 지극한 효성

작품 해설

주인공 심청은 생후 7일 만에 어머니를 잃고 눈 먼 심 봉사 밑에서 동냥젖을 먹어가며 자랐으며, 철이 들자 아버지에 대한 효성이 지극했다. 15살 때 아버지의 눈을 뜨게 하기 위하여 절에 시주할 공양미 삼백 석에 뱃사람들에게 몸이 팔려 인당수에 제물로 바쳐진다. 그 후, 심 봉사는 뺑덕어미란 음란한 여자와 살며 세속적인 인간으로 변모되고 만다.

한편, 물에 빠진 심청은 죽지 않고 수정궁에서 지내다가 연꽃이 되어 인당수에서 선원에게 발견된다. 선원은 이 꽃을 황제에게 바치고 청이는 연꽃에서 환생하여 황후가 된다. 심청은 아버지를 못잊어 맹인 잔치를 베풀고, 그 자리에서 아버지를 만난다. 딸을 만난 심 봉사는 반가움에 눈을 뜨게 된다.

이 작품의 이야기는 현실 세계가 중심을 이루는 전반부와 환상의 세계가 중심을 이루는 후반부로 구분된다. 가난한 심 봉사의 외딸 심청의 지극한 효성과 아버지를 위한 헌신적인 사랑은 전반부의 중심 내용이다. 이 부분에서는 부모에 대한 효성이라는 사회 윤리적인 가치가 중심축에 놓여 있다. 물론, 이야기의 핵심적인 모티프는 인신 공희(人身供犧)이다. 후반부는 심청의 환생과 함께 심 봉사가 광명을 얻는 환상적인 세계가 펼쳐진다.

덧붙여 이 작품은 배경사상에서 그다지 분명치 않은 모습을 보인다. 효를 최대의 덕목으로 강조한다는 면에서는 유교적이고, 화주승을 통해 부처의 신통력을 내세운 점에서는 불교적이며, 옥황상제와 선궁(仙宮), 선녀 등이 등장해서 심청을 소생시킨다는 점은 도교적이라 할 수 있다. 그뿐 아니라 이들 외래적 사상의 밑바탕에는 고유의 민간 신앙이 자리잡고 있다. 장님인 심 봉사가 제의적(祭儀的) 행위를 통해서 눈을 뜰 수 있다고 믿는다든지, 뱃사람들이 인간을 제물로 바쳐 제사를 지낸다든지 하는 등의 행위가 이를 증명해 준다. 유교, 불교, 도교, 민간 신앙 등은 서로 쉽게 융합할 수 없는데도 '심청전' 속에서는 아무런 모순이나 갈등을 보이지 않고 조화를 이룬다. 이런 혼합적 사고는 한국 문학의 사상적 특성 가운데 하나이다.

(5) 양반전(兩班傳)〔작자 박지원(朴趾源)〕

작품 줄거리

옛날 강원도 정선(旌善) 땅에 한 가난한 양반이 있었는데, 그는 현명하고 정직하며 책 읽기를 즐기고 손님 접대를 잘하며 신임 군수에게 인사 잘하는 인물이었다. 그러나 생산능력이 없으므로, 관가에서 쌀을 빌려 먹으며 살아가는 처지였는데, 그 환자(還子)가 어느덧 천여 석이나 되어 갚을

길이 없자 마침내 관찰사의 투옥 명령이 내렸다. 군수가 난처하여 망설일 때 이웃에 살던 지체 낮은 부자가 그 빚을 대신 갚아주고 양반의 신분을 샀다. 한숨 돌린 군수가 증인이 되어 양반문서를 만들어 주었는데, 거기에는 양반으로서 지켜야 할 온갖 형식적인 행동절차와 권리 등이 기록되어 있었다. 부자는 그것을 보니 겉치레일 뿐, 구속이 많고 거추장스럽기만 하며, 그 월권(越權)이 도둑과 다를 바 없으므로 양반이 되기를 포기하고 달아난 후 다시는 양반 소리를 하지 않았다.

핵심 정리
- 작자 : 박지원(朴趾源, 1737-1805) 조선 영정조 시대의 문인. 학자. 호는 연암(燕巖). 박제가와 홍대용 등과 함께 북학파의 영수로서 청나라 문물을 받아들일 것을 주장했고, 문학을 통해 양반 계층의 공리 공론을 배격하는 한편, 독창적인 사실적 문체와 비판적 문학 확립.
- 갈래 : 한문 소설. 단편 소설. 풍자 소설
- 시점 : 전지적 작가 시점
- 구성 : 발단 – 전개 – 결말의 3단 구성
- 문체 : 번역체. 산문체. 문어체
- 배경 : 시대적(18세기). 공간적(정선군). 사상적(실학 사상)
- 주제 : 양반들의 공허한 관념, 비생산적, 특권 의식에 대한 비판

작품 해설
　연암 박지원의 한문소설 중에서 그의 작가 의식을 드러내고 있는 대표적인 작품의 하나로 조선 후기 양반 사회를 신랄하게 풍자하고 있다. 여기서 풍자의 일차적인 대상은 무위도식하며 살고 있는 양반 사족이다. 그리고 양반의 참된 도리를 생각하지 못한 채, 양반 신분을 돈으로 사려고 했던 상인의 망상을 통렬하게 풍자하고 있다. 지배 계층의 행패와 그로 인한 사회적 작폐를 신랄하게 제시하고 있는 이 작품에서, 조선 후기 사회의 계층적 변혁의 징후를 발견할 수 있다. 공허한 명분에 사로잡혀 평민에 대한 침탈을 일삼는 양반층에 대한 풍자와 함께, 신분 질서가 크게 흔들린 당시의 사회상을 엿볼 수 있다. 이 작품은 투철한 실학 정신의 표현일 뿐 아니라, 문학이 경험적 사실성을 넘어서는 허구의 장치를 통해서도 진실을 드러낸다는 좋은 본보기이다.

■ 참고1
❶ '양반전'의 시대적 배경
　조선 후기 사회는 임진·병자 양란의 후유증으로 조선 전기의 엄격한 신분 질서가 동요하기 시작했으며 상업의 발달과 농업 생산력의 발달 등으로 평민 부자들이 많이 나타났다. 국가에서는 부족한 재정을 메우기 위해서 돈 많은 평민들에게 일정한 돈을 받고 양반으로 올려 주기도 하였다.
　한편 당시의 지배 관료층은 혼란된 사회를 개혁하려는 의지가 부족하고 공허한 명분에 얽매여 있었으며, 관료 사회의 부패 또한 심하였다. 〈양반전〉은 이와 같은 조선 후기 사회의 한 단면을 풍자적으로 그린 작품이다.
❷ '양반전'의 풍자적 특성
　'양반전'의 내용 구성은 다음과 같이 다섯 단락으로 나눌 수 있다. (1) 정선군의 한 양반이 환곡을 갚지 못하여 곤란한 처지가 됨 (2) 그 고을 부자가 양반 신분을 사기로 하고, 군수도 찬성함 (3) 첫번째 양반 매매 증서를 작성함 (4) 부자가 불만을 말하자 두번째 증서를 작성함 (5) 부자가 머리를 저으며 달아나 버림.
　여기서 우선으로 문제가 되는 것은 양반을 사고 판다는 행위인데, 이 작품에 있는 내용 그대로 일이

이뤄질 수는 없다. 돈을 많이 들여서 양반이 되는 것은 몰래 하는 일이지, '양반전'의 이야기처럼 공개적으로 거래할 성질의 문제는 아니기 때문이다. 그럼에도 작자가 이러한 가공적 이야기를 쓴 것은 당시 사회의 현실이 이처럼 신랄하다고 여겼기 때문이다. 즉, 박지원은 풍자적으로 과장된 이야기를 통해 당대 사회의 문제성을 뚜렷하게 부각시켜 나타내고자 한 것이다. 양반 매매 증서를 작성하는 것도 그런 의도에 의한 상상적 수법의 산물이다.

❸ '양반전'의 풍자 대상과 주제

박지원이 이 글에서 풍자하고자 한 대상은 양반이다. 그가 비판하고자 한 양반의 모습은 다음의 두 가지이다. (1) 첫번째 문서에서 풍자된 양반 : 무위도식(無爲徒食)하며 공허한 관념과 겉치레에 얽매인 비생산적 계층 (2) 두번째 문서에서 풍자된 양반 : 지식과 신분을 앞세워 개인적 이익만을 취하여 부당한 특권을 남용하는 집단.

작가는 이 양면 모두를 부정적으로 보고 있으나, 좀더 강한 비판이 가해진 것은 2차 문서의 특권적 행동이다. 평민 부자가 이 문서의 내용을 듣고 기겁을 하면서 달아나 버린 데서 이 점은 분명히 나타난다. 이와 같은 풍자적 비판을 통해서 작자가 말하고자 한 주제는 양반층의 공허한 관념, 비생산성과 부당한 특권 남용의 당시 사회의 커다란 병폐이며 문제라는 것으로 요약될 수 있다. 그 자신이 양반에 속하면서도 양반층의 문제점을 이렇게 날카롭게 풍자한 데에 박지원의 뛰어난 실학 정신과 비판 의식에 있다.

❹ 양반 매매 증서에 대하여

'양반전'에는 양반 매매 증서가 두 번 나온다. 첫 번째 증서는 양반으로서 지녀야 할 덕목과 행실에 관해 말한 것이다. 사회의 지도층으로서의 내면적·인격적 덕목에 관한 것보다는 약간 빈정거리는 어투로 형식적인 측면을 서술하고 있다. 이 부분은 한문학사상 독창적인 문체로 중요한 의의를 가진다. 두 번째 증서는 양반의 수탈적 측면을 풍자한 것이다. 백성들 위에 군림하는 횡포한 양반의 속성이 잘 묘사되어 있다.

❺ 양반의 비생산성에 대하여

양반이 꾸어 먹은 환곡을 갚을 방도가 없어 밤낮으로 울기만 하면서 어찌할 바를 모르자 그의 아내가, "당신은 평생 글 읽기만 좋아하고 관곡 갚을 방도조차 없으니, 에이 불쌍도 하오. 양반, 그까짓 양반만 찾더니 결국 한 푼어치도 못 되는구려."라고 꾸짖는다. '허생전'에서도 허생의 아내가 글만 읽는 허생에게, "당신은 밤낮으로 글 읽었다는 것이 겨우 '어찔할 수 있겠소'만을 배웠소그려."라고 꾸짖는 대목이 나온다. 이 부분들은 당시의 양반이 생업에 힘쓰지 않고 앉아서 글만 읽는 것에 대한 연암의 비판이라 할 수 있다. 양반은 생산적인 일에 종사해서는 안 되고 오로지 글만 읽어야 한다는 당시의 통념이 그릇된 것이라는 연암의 사상을 엿볼 수 있다.

■ 참고2 : 〈열하일기(熱河日記)〉전 26 권에 대하여

박지원이 연경을 다녀와서 쓴 견문기로서 명확한 정본(定本)이 없고 당시 판본(板本)도 없이 많은 전사본(傳寫本)만이 있다. 1780(정조 4)년 사신 종형(從兄) 박명원의 수행으로 청나라 황제 고종의 만수절(萬壽節)을 진하하기 위해 연경, 열하 등지에 가서 4개월간 돌아보며 그 곳의 문물 제도를 보고 기록하였다. 1637년 인조가 청나라 태종에게 군신의 예를 올린 삼전도의 치욕 이후 효종이 추진했던 북벌론의 의지가 강하게 지배하고 있던 당시, 본질은 사라진 채 권력자들의 당리당략(黨利黨略)을 위한 논쟁으로 전락하자 비록 적대적인 감정이 쌓여 있는 상황이지만 그들의 발전된 문명을 수용함으로써 조선의 현실을 개혁하고자 했다. 전체 26권의 내용은 다음과 같다.

• 서(序) : 누가 서문을 썼는지는 밝히지 않음. 그 기록에 참은 있어도 거짓은 없다고 함

- 제1권 – 도강록(渡江錄) : 압록강에서 요양까지 15일 동안의 기록. 중국 땅의 실용적 면에 감탄
- 제2권 – 성경잡지(盛京雜誌) : 십리하에서 소흑산에 이르는 5일간의 기록
- 제3권 – 일신수필(馹汛隨筆) : 신광년에서 산해관에 이르는 9일간의 기록. 수레의 제도를 비롯한 중국의 여러 제도에 관한 기록. 앞에 서문을 달아 이용후생(利用厚生)에 관한 논평을 실었음
- 제4권 – 관내정사(關內程史) : 산해관에서 연경에 이르는 11일간의 기록. 여기에 '虎叱' 수록
- 제5권 – 막북행정록(漠北行程論) : 연경에서 열하에 이르는 5일간의 기록. 열하에 대한 상세한 기록과 열하로 떠날 때의 애처로운 이별의 심사를 그림
- 제6권 – 태학유관록(太學留館錄) : 열하의 태학에서 6일 동안 머문 기록. 당대 명망 있는 학자들과 조선과 중국의 문물제도에 관해 논하고 있다. 홍대용의 지전설도 중국인에게 전하고 있는 내용이다.
- 제7권 – 구외이문(口外異聞) : 고북구 밖의 기문이사를 적은 부분
- 제8권 – 환연도중록(還燕道中錄) : 열하에서 연경으로 다시 돌아오는 6일간의 기록
- 제9권 – 금료소초(金蓼少抄) : 의술(醫術)에 관한 기록
- 제10권 – 옥갑야화(玉匣夜話) : '허생전' 수록
- 제11권 – 황도기략(黃圖記略) : 황성에서 화포도까지의 견문 수록
- 제12권 – 알성퇴술(謁聖退述) : 순천부학에서 조선관까지의 기행
- 제13권 – 앙엽기(像葉記) : 홍인사에서 이마보총까지의 30여 군데 명소 기록
- 제14권 – 경개록(傾盖錄) : 열하의 태학에서 사권 여러 사람들에 대하여 그 소전(少傳)을 기록
- 제15권 – 황교문답(黃敎問答) : 황교와 서학, 지옥설에 대하여 논평하면서, 말미에는 북쪽 오랑캐들에 대한 주의심을 환기하였다.
- 제16권 – 행재잡록(行在雜錄) : 청나라 황제의 행재소에서의 견문 기록
- 제17권 – 반선시말(班禪始末) : 원나라 때부터 중국 황제들이 번승(番僧)들에게 베푼 정책 설명
- 제18권 – 희본명목(戱本名目) : 청나라 황제의 만수절에 행하는 연극 놀이의 대본과 종류 기록
- 제19권 – 찰십윤포(札什倫布) : 열하에서 직접 보고 들은 활불 반선에 대한 기록
- 제20권 – 망양록(忘羊錄) : 열하의 태학에서 사권 윤가전, 왕민호 등과 함께 음악에 대해 논한 기록
- 제21권 – 심세편(審勢篇) : 조선인들의 다섯 가지 망령됨과 중국인들의 세 가지 어려움에 대하여 논함
- 제22권 – 곡정필담(鵠汀筆談) : '태학유관록' 중 윤가전과 나눈 이야기에서 못다한 이야기를 계속하여 기록
- 제23권 – 동란섭필(銅蘭涉筆) : 동란재에서 머물 때 쓴 것으로 가사, 향시(鄕試), 서적, 언해, 양금(洋琴) 등에 관한 잡록(雜錄)
- 제24권 – 산장잡기(山莊雜技) : 열하산장에서 보고 들은 일들을 기록
- 제25권 – 환희기(幻戱記) : 중국 요술쟁이의 여러 재주를 구경하고 소감을 적음
- 제26권 – 피서록(避署錄) : 열하의 이궁(離宮)인 피서산장에 있을 때의 기록

(6) 허생전(許生傳)[작자 박지원(朴趾源)]

작품 줄거리

허생(許生)은 10년 계획으로 남산골에서 공부를 하는데, 가난을 못 이겨 어느날 공부를 중단하

고 장안의 갑부인 변씨(卞氏)를 찾아가 10만 금을 빌려 지방으로 내려간다. 그는 이 돈을 밑천으로 장사를 벌여 크게 돈을 벌고 좋은 일을 많이 한 다음 20만 금을 변씨에게 갚는다. 놀란 변씨가 그 뒤를 밟아 보니 남산 밑의 작은 오두막으로 들어가는 것이었다. 그후 두 사람은 깊이 사귀는 사이가 되었다. 하루는 변씨가 이완(李浣)이라는 정승을 허생에게 소개한다. 이 정승은 시사에 관한 이야기를 주고받다가 오히려 허생에게 비웃음만 사고 돌아간다. 허생의 비범한 인품을 알게 된 이 정승은 그를 기용하고자 다시 찾아갔지만, 이미 허생은 어디론가 사라지고 없었다.

핵심 정리

- 작자 : 〈허생전〉 참고
- 갈래 : 한문 소설. 설화 소설. 단편 소설. 풍자 소설
- 문체 : 역어체. 산문체
- 표현 : 대화를 통한 사건 전개. 냉소적 현실 풍자
- 배경 : 시간(17세기 후반-조선 효종 때). 공간(서울 중심의 한반도 전역)
- 갈등 : 개인 ↔ 사회
- 관점 : 사회의 구조적 모순과 취약한 경제 구조를 비판적으로 봄
- 시점 : 전지적 작가 시점
- 사상 : 이용후생(利用厚生)의 실학 사상
- 구성 :
  발단 – 글 읽기에 몰두하던 허생은 생활고에 못 견딘 아내의 질책에 집을 나섬
  전개 – 변씨에게 돈을 꾸어 매점매석하고 빈 섬을 경영하다 돌아와 꾼 돈을 갚음
  위기 – 허생과 변씨는 친교를 나누고, 변씨는 이완과 허생에게 서로를 소개함
  절정 – 허생은 현실 타개책을 제시하나 이완이 거절하자 이에 곧 그를 쫓아냄
  결말 – 허생은 표연히 자취를 감춤
- 제재 : 선비의 이인적(異人的) 삶
- 주제 : 양반 사대부의 무능 비판과 새로운 삶의 각성 및 실천 촉구
- 의의 : 실학 사상으로 당시 사회의 모순을 비판·풍자하고, 근대 의식을 고취한 실학 문학의 대표작
- 출전 : 〈열하일기(熱河日記)〉 중 '옥갑야화(玉匣夜話)'

주요 등장 인물

- 허생(許生) : 주인공. 남산 묵적골 선비로서 이인(異人)다운 풍모를 지닌 비판적 지식인. 이용후생(利用厚生) 정신을 추구하는 인물로 경제의 흐름을 간파하고 있으며, 권력자의 허위 의식을 비판함. 강직하고 도량이 활달한 성격을 지님
- 허생의 아내 : 독서에만 전념하는 허생은 학문의 목적을 인격 완성이라는 윤리적 수양에 두고 있는 데 반해, 허생의 아내는 실용성에 두고 있어 그 갈등을 이룬다.
- 변씨(卞氏) : 허생의 비범한 재주와 성품을 꿰뚫어 볼 줄 아는 혜안(慧眼)을 지닌 부자(富者). 도량이 넓고 허생으로 하여금 포부를 펴게 하고 이완(李浣)을 만나게 하는 역할을 함
- 이완(李浣) : 어영 대장. 무능한 사대부의 상징으로 북벌론(北伐論)의 핵심 인물이며, 풍자의 대상이 됨

작품 해설

작가의 〈열하일기〉 10권의 '옥갑야화'에 제목이 없이 실려 있는 설화적 소설로서, 후대 '허생전'이라는 이름으로 불리었다. '호질(虎叱)', '양반전'과 함께 작가의 대표작이다. 실학 사상을 담은 작품으로 18세기 후반의 변화를 주도할 새로운 세계관을 모색하려 했던 연암은 주인공 허생을 통해 관념적 유교 사회를 비판하고, 중상주의 사상, 이상국 건설, 시국 대처 방안 등 대응책을 제시하였으나, 아울러 그 한계도 드러내고 있다. '문학은 시대와 사회를 반영한다.'는 각도에서 문학과 현실과의 관계를 파악할 수 있는 작품이다. 조선 정조(正祖) 때의 한문 단편소설인데, 당시 사대부의 허례 허식과 나약한 경제 체제를 실학적 입장에서 비판하는 내용으로 되어 있다. 그리고, 이 작품은 작가의 부국이민(富國利民)의 경제관과 인본주의(人本主義)를 내세우고 있는 점이 특이하다.

주제면에서 이 작품을 보면, 전반부에서는 허생이 매점매석으로 부를 취득하는 과정을 통해 우리 나라의 취약한 경제 현실을 비판하고 있으며, 후반부에서는 지배 계층을 대표하는 이완을 등장시켜 사대부 계층의 무능과 허위 의식을 비판하는 동시에 사대부들의 현실에 대한 자각과 실천을 추구하고 있다. 그리고 '홍길동전'의 '율도국'과 이 작품의 '빈 섬'의 관계를 말한다면, '홍길동전'의 '율도국'은 이상향으로서 적서차별도 없고, 탐관오리의 횡포도 없는 곳인데 반해, 허생이 마련한 '빈 섬'은 그의 경륜을 시험하는 곳으로 완전한 이상향은 아니다. 즉, '율도국'은 최종적인 기착지인 반면, '빈 섬'은 새로운 가능성이 있는 섬일 따름이다. 끝으로 이 작품의 결말 구조의 특징은 미완결의 종결법으로 갈등이 해소되지 않고 극도로 고조된 상태에서 끝난다는 것이다. 미완(未完)의 구조로 사건을 종결한 것은 작가의 사상이 급진적이어서 당대의 현실로는 수용하기 어려웠음을 반영한다고 하겠다.

지명 - 율도국(구체적)　　　　　　　　　형태 - 추상적. 낙원화
결과 - 죽을 때까지 머무는 최후의 공간
〔허생전〕
특성 - 현실적 경륜의 시험 장소　　　　　方법 - 어려움 없이 빈 섬에 들어감
지명 - 무인공도(추상적)　　　　　　　　형태 - 공동 생산과 예의 범절에 근거한 사회
결과 - 새로운 문제를 제시하기 위한 준비 공간

(7) 광문자전(廣文者傳)[작자 박지원]

작품 줄거리

　　광문은 종루(鐘樓)를 떠돌아다니는 비렁뱅이다. 어느날 많은 걸인들이 그를 두목으로 추대하여 소굴을 지키게 하였다. 그런데 어느 겨울밤 걸인 하나가 병이 들자, 이를 광문이 죽은 것으로 의심하여 쫓아낸다. 그는 마을에 들어가 숨으려 하지만 주인에게 발각되어 도둑으로 몰렸다가 풀려난다. 그는 주인에게 거적 하나를 얻어 수표교에다 다른 걸인들이 버린 걸인의 시체를 거적으로 잘 싸서 서문 밖에 장사를 지내 준다. 그런데 그를 숨어서 지켜보던 주인이 광문의 덕행을 지켜보고, 이를 가상히 여겨 그를 약방에 추천하여 일자리를 마련해 준다.

　　그러나 약방에서 돈이 없어지는 사건이 벌어지자, 광문은 또 다시 의심받는다. 며칠 뒤 진범이 잡히고 광문의 무고함이 밝혀진다. 주인이 광문의 사람됨을 널리 알려 장안 사람 모두가 광문을 존경했다. 광문은 아무리 많은 돈이라도 보증을 서 줄 정도로 착하고 순진한 사람이었다. 그러나 마흔이 넘도록 장가를 가지 않았다. 한편 서울에는 운심이라는 기생이 있었는데, 그는 춤을 추지 않았다. 그러나 광문이 콧노래로 장단을 맞추자 운심은 비로소 춤을 추었다. 이에 모두 사람들이 광문과 친구가 되기를 청하였다.

핵심 정리

- 작자 : 〈허생전〉 참조북
- 갈래 : 풍자 소설. 단편 소설. 한문 소설
- 성격 : 풍자적. 사실주의적
- 주제 : 권모술수가 판을 치던 당시 양반 사회의 풍자. 신의(信義) 있는 생활 자세와 허욕(虛慾)을 부리지 않는 삶의 태도
- 시대 : 조선 후기
- 시점 : 전지적 작가 시점
- 표현 : 당시 사회를 사실적으로 묘사함

작품 해설

　　이 작품의 주인공 광문은 우리 고전소설에서 쉽게 볼 수 있는 것처럼 고귀한 혈통을 갖고 태어나거나 비범한 능력을 소유하지도 않은 인물이다. 광문은 비렁뱅이면서도 마음이 착해 항상 주위 사람들을 감동시키는 평범한 사람이다. 이러한 인물형을 통해 새로운 시대에는 신분이나 지위보다는 성실하고, 신의 있고, 인간의 가치를 통찰하며, 남의 어려움을 자신의 일처럼 생각하고 도울 수 있는 사람이 필요하다는 연암의 인식을 엿볼 수 있다. 특히 이 작품은 작가가 살고 있던 당시의 사회상을 생생하게 묘사한 사실주의적 작품으로 평가된다. 이 작품을 쓰게 된 동기에 관하여 작가는 그 서문에서 "광문은 궁한 걸인으로서 그 명성이 실상보다 훨씬 더 컸다. 즉, 실제 모습은 더럽고 추하여 보잘 것 없었지만, 그의 성품과 행적으로 나타난 모습은 참으로 대단했다. 그리고 그는 원래 세상에서 명성 얻기를 좋아하지도 않았는데, 마침내 형벌을 면하지 못하였다. 하물며

도둑질로 명성을 훔치고, 돈으로 산 가짜 명성을 가지고 다툴 일인가.”라 하여, 당시 양반을 사고 파는 어지러운 세태를 꾸짖었다.

주요 등장 인물

- 광문(廣文) : 종로에서 밥을 빌러 다는 거지. 거지 두목이었을 때 살인 누명을 쓰고 집단에서 쫓겨났을 때도 죽은 거지 아이를 공동 묘지에 묻어 주는 모습에서 광문이 인정 많은 성품을 지닌 인물임을 알 수 있고, 취직한 약방 주인에게 절도 혐의를 받았을 때 구차하게 변명하지 않고 떳떳하게 처신하여 결백이 입증되는 과정을 통해 그가 정직한 인물임을 알 수 있다. 이해(利害)가 얽힌 각박한 불신 사회에서 남을 위해 선뜻 보증을 서 주고, 자신의 분수를 알고 결혼 및 치산(治産)에 연연해하지 않는 인물이다.

연습문제

※ 다음 글을 읽고 물음에 답하시오.

[앞의 줄거리] 안평대군의 궁녀였던 운영은 수성궁에서 김생을 우연히 만나 첫눈에 반한다. 두 사람은 남의 눈을 피해서 금지된 사랑을 속삭이지만, 결국 탄로나 운영은 자살하고 김생도 뒤따라 죽는다. 천상에서 다시 만난 두 사람이 옛일을 생각하며 수성궁에서 노닐던 중, 마침 유영을 만나 자신들의 사연을 이야기한다.

　김생은 눈물을 흘리면서 사례하고 말하는 것이었다.

　"ⓐ우리 두 사람은 다 같이 원한을 품고 죽었기로 염라대왕이 그 죄 없음을 불쌍히 여겨 다시 인간에 태어나게 하였습니다. 그러나 지하의 낙이 인간보다 못하지 않은데, 하물며 천상의 낙은 어떠하겠습니까? 그러므로 인간에 나가기를 원하지 않습니다. 다만 오늘 저녁 슬퍼한 것은, ⓑ대군이 한 번 돌아가시자, 고궁에 주인이 없고 까마귀와 새들이 슬피 울고, 사람의 자취가 이르지 아니하기로 그랬을 뿐입니다. 게다가 새로 병화(兵火)를 겪은 후로 빛나던 집이 재가 되고, 옥 같은 섬돌, 분 같은 담이 모두 무너지고 오직 섬돌 위에 피어 있는 꽃만이 향기롭고, 뜰에는 풀만이 깔리어 봄빛을 자랑할 뿐이니, 그 옛날의 모습이 바뀌지 아니하였다고는 하지만, 인사(人事)의 변화가 쉬움이 이와 같거늘 ⓒ다시 와 옛일을 생각하니 어찌 슬프지 아니하겠습니까?"

　"그러면 그대들은 천상의 사람입니까?"

　"우리 두 사람은 본래 천상의 선인(仙人)으로서 오래도록 옥황상제를 모시고 있었더니, 하루는 상제께서 태청궁(太淸宮)에 앉아 저에게 옥동산의 과실을 따 오라 하시기로, ⓓ제가 반도(蟠桃)를 많이 따 가지고 와서 운영과 같이 먹다가 발각되어 진세(塵世)에 적하(謫下)되어 인간의 괴로움을 골고루 겪다가, 이제 옥황상제께서 허물을 용서하사 삼청궁(三淸宮)으로 올라가서 다시 옥황상제의 향안(香案) 앞에서 상제를 모시게 하였삽기로, 돌아가서 이때를 타서 바람의 수레를 타고 다시 진세의 옛날 놀던 곳을 찾아와 보았을 뿐입니다."

　김생이 말을 마치고는 눈물을 뿌리면서 운영의 손을 잡고 또 말하였다.

　"바다가 마르고 돌이 불에 타 버린들 우리들의 정은 사라지지 않을 것이요, 또 땅이 늙고 하늘이 거칠어진들 우리들의 원한은 지우기 어려울 것입니다. ⓔ오늘 저녁에 존군(尊君)과 서로 만나 이와 같이 따뜻한 정을 나누었으니, 속세의 인연이 없으면 어찌 얻을 수 있겠습니까? 엎드려 바라건대, 존군께서는 이 책을 거두어 가지고 돌아가시와 영원히 전해 주시옵고, 경솔한 사람들의 입에 전하여 웃음거리가 되지 않게 해 주시면 매우 다행으로 생각하겠습니다."　　(… 중략 …)

　[A]이때 유영도 취하여 잠깐 누워 있다가 산새 소리에 깨어났다. 구름과 연기는 땅에 가득하고 새벽빛은 창망한데, 사방을 살펴보아도 사람은 보이지 않고, 다만 김생이 기록한 책만이 있었다. 유영은 쓸쓸한 마음 금할 길 없어 책을 거두어 가지고 돌아왔다. 장 속에 책을 감추고 때때로 내어 보고는 망연자실하여 침식을 전폐하였다. 후에 명산을 두루 찾아다니더니, 그 미친 바를 알 수 없었다고 한다.

– 작자 미상, 운영전 –

<문제 1> 위 글의 내용과 부합하지 않는 것은?
　　　　① 김생과 운영은 자신들의 이야기를 알리고자 한다.
　　　　② 김생과 운영은 전생부터 깊은 인연을 가지고 있었다.
　　　　③ 김생과 운영은 안평대군의 죽음을 안타까워하고 있다.
　　　　④ 김생과 운영은 죽음으로써 그들의 사랑을 성취하였다.
　　　　⑤ 김생과 운영은 인간 세상에 다시 내려오고 싶어 한다.

<문제 2> ⓐ~ⓔ를 시간 순으로 배열할 때, 가장 먼저 일어난 일은?
　　　　① ⓐ　　　　　② ⓑ　　　　　③ ⓒ　　　　　④ ⓓ　　　　　⑤ ⓔ

<문제 3> 〈보기〉의 설씨녀가 운영에게 할 수 있는 말로 가장 적절한 것은?

〈보기〉
　설씨녀를 흠모하던 가실은 그녀의 아버지가 징집되자 혼인을 약조하고 대신 군대에 지원한다. 기한이 지나도 가실이 돌아오지 않자 아버지는 딸을 다른 데로 시집보내려 한다. 약속을 지키려 시집가기를 거부하다 집 안에 갇힌 설씨녀 앞에 마침내 남루한 차림의 가실이 나타나고, 두 사람은 사랑을 이룬다.

　　　　① 이상 세계로 도피하려 하지 말고, 현실에 만족하며 사는 것이 좋습니다.
　　　　② 이유가 무엇이든 다른 사람의 신체적 자유를 빼앗는 것은 나쁜 일입니다.
　　　　③ 아무리 어렵고 힘든 상황이라도 포기하지 않고 참아 내는 것이 중요합니다.
　　　　④ 내가 사랑하는 사람이 다른 이를 사랑한다는 것은 정말 견디기 힘든 일입니다.
　　　　⑤ 친한 이들도 결국 자신의 이해대로 행동하니, 사람이란 믿을 수 없는 존재입니다.

<문제 4> 〈보기〉와 비교할 때, 〔A〕가 주는 표현상의 효과로 적절한 것은?

〈보기〉
　이때 유영도 잠깐 누워 있다가 산새 소리에 깨어났다. 사방을 살펴보아도 사람은 보이지 않고, 다만 김생이 기록한 책만이 있었다. 유영은 책을 거두어 가지고 돌아왔다. 장 속에 감추어 두고 때때로 내어 보고는, 이야기에 착오가 있으면 바로잡고, 빠진 대목은 보태었다. 제목을 '운영전'이라 하고, 널리 세상에 알려 오늘날까지 전해지게 하였다.

　　　　① 김생과 운영이 앞으로 취할 행동을 암시한다.
　　　　② 김생과 운영의 이야기에 담긴 비극성을 강화한다.
　　　　③ 김생과 운영에게 일어난 사건을 요약하여 제시한다.
　　　　④ 김생과 운영의 이야기에 대해 심리적 거리를 부여한다.
　　　　⑤ 김생과 운영이 처한 상황을 좀더 사실적으로 전달한다.

※ 다음 글을 읽고 물음에 답하시오.

　이 때에 상서가 국사(國事)에 매이어 집에 돌아오지 못하였더니 상서의 부인이 생*의 행동거지(行動擧

止)가 수상함을 보고 하인들을 @힐문(詰問)하였다. 이에 하인들이 부득이하여 사실대로 아뢰니 부인이 크게 놀라 즉시 상서께 기별하였다. 상서가 또한 통분하나 '누님께서 주혼(主婚)**하고 선이 몹시 사랑한다 하니 달리 금치 못하리라.' 하고 낙양 태수에게 기별하되,

"동촌 술 파는 할미 집에 숙향이라는 계집이 가장 ⓑ요악(妖惡)하다 하니 잡아다가 죽이라."

하였다. 이생은 고모 집에 있어 아무 것도 모르고 있었다. 이 때 낙양 태수 김전이 상서의 말을 듣고 즉시 관원들을 풀어 숙향을 잡아 오니 숙향이 아무 것도 모르고 잡히어 관전(官前)에 이르니 태수가 물어 말하기를,

"너는 어떤 창녀이기에 상서 댁의 공자를 ⓒ고혹(蠱惑)하였느냐? 이제 쳐 죽이라는 기별이 왔으니 나를 원망하지 말라."

하고 아랫사람들에게 호령하여 형틀에 매고 치려 하니 낭자가 원망하여 말하기를,

"소녀는 다섯 살 때 피란 가던 중에 부모를 잃고 동서로 구걸하며 다니다가 할미집에 의지하였는데, 이랑이 빙례(聘禮)***로 구혼하옴에 상하 체면에 거스리지 못하여 성혼하였습니다. 이는 진실로 첩의 죄가 아닙니다."

하였다. 태수가 말하기를,

"나는 상서의 기별대로 할 뿐이다."

하고 치기를 재촉하니 숙향의 화월(花月) 같은 용모에 머리를 흐트러뜨리고 눈물이 밍밍하여 슬피 우니 그 경상(景狀)을 차마 못 볼러라. 집장 사령이 매를 들어 치려 한즉 팔이 무거워 들지 못하였다. 태수가 크게 노하여 다른 사령으로 갈아 치웠으나 또한 매끝이 땅에 붙고 떨어지지 아니하니 태수가 고이히 여겨 말하기를,

"필시 애매한 사람이리라. 그러나 상서의 기별임에 나로서는 어쩌지 못하겠다."

하고 동여매어 물에 넣으려 하였다. 이 때 태수의 부인인 장씨의 꿈에 숙향이 앞에 와 울며 말하기를,

"부친께서 저를 죽이려 하거늘 모친이 어찌 구하지 않으십니까?"

하니 부인이 놀라 깨어 시비로 하여금,

"상공이 무슨 공무를 보시는가 알아 오라."

하였다. 시비가 되돌아 와 말하기를,

"상공이 이 상서의 영(令)으로 그 댁 며느리를 죽이려 하십니다."

하니 장씨가 놀라 급히 태수를 청하여 말하기를,

"여아(女兒)를 잃은 지 십여 년에 한 번도 꿈에 뵈는 일이 없더니 아까 몽중에 숙향이 울며 여차저차 하오니 매우 이상합니다. 오늘 보시는 공무(公務)는 어떤 일입니까?"

하였다. 태수가 말하기를,

"이 상서의 아들이 숙향에게 고혹되어 부모를 속이고 장가들었음에 제게 기별하여, '죽이라' 하기에 이번 일을 하는 것입니다."

하니 장씨가 말하기를,

"몽사가 이상하고 이 상서의 며느리가 또한 피란 중에 부모를 잃었다 하니 그 근맥을 물어 보겠습니다. 일을 잠시만 미루어 주십시오."

하였다. 태수가 이에 응낙하고 하령하여, 가두라 하니 낭자 약하디 약한 몸에 큰 칼을 쓰고 누수만면(淚水滿面)****하여 옥에 들며 말하기를,

"이 곳이 어디입니까?"

하니 옥졸이 대답하여 말하기를,

"낙양 옥중이다. 내일은 죽을 것이니 불쌍하구나."

하거늘 낭자 헤아리되, '이랑은 내가 죽는 것을 모를 것이니 소식을 누가 전하리오?' 하고 애통해 하더니 날이 밝음에 문득 청조(靑鳥) 날아와 울거늘 낭자가 적삼 소매를 떼어 손가락을 깨물어 피를

내어 편지를 써 새의 발목에 매어 주며, '이랑께 전하라.' 경계하니 청조가 두 번 울고 날아 갔다.

이 날 이랑이 고모 집에서 자는데 문득 이랑의 고모가 잠결에 대경 대로하여 말하기를,

"선이 비록 상서의 아들이나 내 또한 길렀음에 주혼하였던 것인데, 내게 묻지도 아니하고 어찌 이렇듯 걱정을 끼칠 수 있는가?"

하거늘 생이 부인을 흔들어 깨웠다. 부인이 정신을 차려 생에게 꿈 얘기를 이를 즈음에 문득 청조가 날아와 이랑의 앞에 앉거늘 자세히 보니 발목에 한 봉물이 매어 있는지라 끌러 보니 그 글에 하였으되,

[A]《 "박명 첩 숙향은 삼가 글월을 이랑 좌하에 올립니다. 첩이 전생 죄를 차생(此生)에서 피하지 못하여 속절없이 낙양 옥중의 흙이 되니 죽기는 섦지 아니하나 낭군을 다시 못 보니 지하에 가도 눈을 감지 못할 것입니다. 엎드려 비옵건대 낭군은 천첩을 생각지 말으시고 천금같이 귀한 몸을 ⓓ보중(保重)하십시오." 》

하였거늘 이랑이 편지 글에 크게 놀라 그 글을 고모에게 드리고 낙양 옥중에 가 함께 죽고자 하니 고모가 말하기를,

"내 몽사와 같으니 장차 어찌하리오? 그러나 경솔히 굴지 말고 할미 집에 사람을 시켜 자세히 알아오라."

하며 일변으로 상서 집 노복을 불러 물으니 노복 등이 대답하여 말하기를,

"부인이 알으시고 상서께 기별하여 여차저차한 것입니다."

하거늘, 부인이 대로하여 말하기를,

"내 주혼함을 업수이 여기고 내게 묻지도 아니하고 무작정 사람을 죽이려 하는구나. 내 친히 경성으로 올라가 상서를 만나 결단하리라."

하고 ⓔ치행(治行)하여 경성으로 갔다.

– 작자 미상, 숙향전(淑香傳) –

* 생 : 이 상서의 아들, 이름은 선.

*주혼 : 혼사(婚事)를 맡아 주관함.

**** 빙례 : 혼례.

**** 누수 만면 : 눈물이 얼굴에 흘러 내림.

〈문제 5〉 ⓐ~ⓔ의 의미로 바르지 않은 것은?

① ⓐ 힐문(詰問) : 되받아 물음.

② ⓑ 요악(妖惡) : 요사하고 간사하며 악독함.

③ ⓒ 고혹(蠱惑) : 아름다움이나 매력 같은 것에 홀려서 정신을 못 차리게 함.

④ ⓓ 보중(保重) : 몸의 관리를 잘하여 건강하게 유지함.

⑤ ⓔ 치행(治行) : 길 떠날 여장을 준비함.

〈문제 6〉 윗글에 등장하는 인물에 대한 설명으로 적절하지 않은 것은?

① '숙향'은 지순한 사랑의 소유자이다.

② '고모'는 상황에 침착하게 대처하고 있다.

③ '낙양 태수'는 위계 질서를 중시하고 있다.

④ '상서'는 가문과 신분을 중히 여기고 있다.

⑤ '이랑'은 상황을 적극적으로 타개해 나가고 있다.

<문제 7> 윗글을 쓰기 위해 작가가 〈보기〉와 같은 구상을 했다고 할 때, 윗글에서 확인할 수 없는 것은?

<보기>
[죽음의 위기에 처한 숙향]

◦ 어떻게 위기에 처하게 할 것인가?
  1. 상서로 하여금 이랑과 숙향의 관계를 알게 함 ①
  2. 상서와 낙양 태수의 상하 관계를 이용함 ②

◦ 어떻게 위기에서 구할 것인가?
  1. 처형의 보류
   - 형장 장면의 이적(異蹟) ③
   - 태수 부인의 꿈
   - 동정적인 여론 조성 ④
  2. 상황 전환을 위한 공간 매개 - 청조 활용 ⑤
  3. 낙양과 경성의 연결 - 고모의 상경

<문제 8> 〔A〕에 나타난 숙향의 심리와 가장 가까운 것은?
  ① 낙동강에서 당신 처음 만났더니
     보제원에서 다시 당신과 헤어지네.
     이 도화(桃花)야 땅에 떨어져 흔적조차 없을지언정
     달 밝으면 어느 때인들 당신 생각 않으리.   - 도화, 낙동강 -
  ② 약초를 캐다가 길을 잃었네.
     봉우리마다 단풍잎이 지네.
     중이 물을 길어 돌아가니
     문득 연기가 나무 끝에서 피어나네.   - 이이, 산속에서 -
  ③ 가을 바람에 괴로이 읊조리나,
     세상에 나를 알아 주는 이 없네.
     창 밖에 밤 깊도록 비만 내리는데,
     등불 앞에 마음은 만리 밖을 내닫네.   - 최치원, 가을 밤 비 내릴 때 -
  ④ 세상은 어지러운 시비(是非)뿐
     십 년 동안 내 마음에 때만 묻혔네.
     지는 꽃 우는 새 봄바람 속
     어느 깊은 산속에서 홀로 살고 싶네.   - 김제언, 무설사에 부치다 -
  ⑤ 슬퍼도 참아야지, 세상사 이런 것을.
     당신은 반평생을 그림을 공부했네.
     내일이면 호연히 떠난 뒤에는
     나는 몰라, 또 어디로 떠돌아다닐는지…….   - 계생, 이별에 부쳐 -

<문제 9> 윗글을 TV 드라마로 만들었다고 하자. 다음 회를 예고하고자 할 때, 그 내용으로 가장 적절
한 것은?
  ① 운명의 시간은 점점 다가오고……. 상서와 고모의 만남, 아! 가엾은 숙향의 운명은 과

연 어찌될 것인가? 또한 낙양 태수 부부와 숙향의 관계는 밝혀질 것인가?

② 애통하게 헤어진 연인을 이어 주는 태수 부부의 활약상은 점점 흥미진진해지고……. 애틋하여라, 숙향과 이랑은 다시 만나 사랑의 열매를 맺을 수 있을 것인가?

③ 사랑하는 연인의 가슴 아픈 이별, 이랑에 대한 숙향의 애절한 그리움, 그러나 운명은 철저하게 숙향을 외면하고……. 홀로 남은 이랑은 과연 어떻게 될 것인가?

④ 숙향에 대한 태수와 상서의 횡포는 날로 심해지는데……. 한편, 숙향을 구하기 위한 태수 부인의 은밀한 움직임은 분주해지고……. 과연 태수 부인은 숙향을 구해 낼 수 있을 것인가?

⑤ 갈수록 깊어지는 상서 부인과 고모의 갈등……. 젊은 연인의 사랑은 이렇게 끝이 나는 것인가? 안타까워라, 숙향에 대한 태수 부부의 뜻밖의 호의도 결국은 허사가 되고 마는 것인가?

※ 다음 글을 읽고 물음에 답하시오.

이때 안평국 왕비가 기러기 발에 편지를 매어 보내고 회답 오기를 밤낮으로 기다리고 있었는데, 하루는 왕이 내전에 들어 왕비와 더불어 옥루에 올라 난간에 비기어 앉아 성의를 생각하시고 슬픔을 금치 못하였다. 홀연 기러기가 중천에 높이 떠서 긴 소리로 아뢰는 듯하더니 순식간에 쏜살같이 내려와 왕비 앞에 앉거늘, 왕비가 기러기만 보아도 성의를 본 듯하여 손으로 기러기를 덥석 안고 어루만지며 살펴보니 기러기가 발에 한 통의 편지를 매고 왔는지라. 일희일비하여 급히 풀어 뜯어보니 그 사연에 이르기를,

"불효자 성의는 삼가 백배(百拜)하옵고 부왕 전하와 모비 마마께 올리나이다. 이별이 오래되었사온데 양 전하의 기후 강녕하심을 기러기 편으로 듣자오니 반갑고 설운 마음 헤아릴 길이 없사옵니다. 연전에 모비의 병환을 위하여 슬하를 떠나 서역을 갈 때에 천신만고 끝에 십생구사(十生九死)로 수만리 서천에 이르러 일영주를 얻었습니다. 돌아오던 도중 바다 가운데에서 포악한 변을 만나 뱃사람 일행을 모두 죽이고 장차 소자를 죽이려 할 때 거느린 군사 중에 태연이라 하는 사람의 힘을 입어 목숨은 보전하였으나 두 눈을 잃고 한 조각 나무판에 태워져 푸른 파도 속으로 밀쳤으니 십이 세 어린 것이 어찌 살기를 바라리오? 파도에 밀려서 지향없이 가옵더니 여러 날만에 겨우 한 섬에 다달았습니다. 짐작하니 언덕이어서 더듬어 보니 바위가 있기에 바위 위에 올라 정신을 수습하였더니 바람결에 대 우는 소리가 들려 내려가 더듬어 보니 과연 대밭이 있었습니다. ㉠대를 베어 단저*를 만들어 슬픈 마음을 덜고 앉아 오작에게 실과를 얻어 먹고 있었더니 천지신명이 도우사 중국 호승상이 남일국의 사신으로 다녀오시는 길에 소자를 데려다가 보살핌을 입어 승상부에 머물게 되었던 일이며, 과거에 급제하여 부마된 전후 사연과 호승상의 수양자된 말씀을 낱낱이 아뢰고, 공주와 더불어 고국으로 즉행하오니 또 중도에 무슨 변이 있을지 모르오니 엎드려 바라옵건대 양친은 살피옵소서."

하였더라. 왕비가 보기를 다함에, 전하는 다 듣고 나서 눈물을 흘리고 슬퍼하시더라. 왕비가 기러기를 붙들고 통곡하여 슬퍼하시더니, 이 때 세자 항의가 왕비의 곡성을 듣고 크게 놀라 들어가 엎드려 여쭙기를,

"모후는 무슨 까닭으로 이렇듯이 비창(悲愴)하십니까?"

왕비가 항의를 보고 잠잠하시거늘 항의가 일어나 사면을 살펴보니 서안에 일봉 서찰이 놓였고 또 기러기를 어루만지시거늘 자세히 보니 이는 곧 성의의 필적이었다. 항의가 말하기를,

"서간을 보오니 성의가 중국에 들어가 입신양명하여 부마가 되었다 하니 이는 부왕의 성덕이거늘 어찌 그리 슬퍼하십니까? 빨리 예단을 갖추어 마중나가시옵소서."

하더라. 왕비가 그날로 예단을 갖추어 중로에 사신을 보내었다. 이 때 상이 항의에게 칙교(勅敎)하기를, '중전을 모시고 떠나지 말라' 하셨다.

차설, 항의가 마음 속으로 헤아리되, '성의가 틀림없이 죽은 줄로 알았는데 어찌하여 살았으며 이다지 영귀하게 되었는고. 만일 성의가 오면 나의 전후 행적이 발각되겠구나.' 하고 매우 근심하다가 한 계교를 생각하고 노복에게 분부하여 적부리를 부르니, 이 사람은 지혜와 용기가 매우 많았다. 이날 항의가 적부리를 청하여 후히 대접하고 말하기를,

"그대가 나를 위하여 오백 군사를 거느리고 중로에 나가 매복하였다가 성의 일행을 쳐서 함몰시키고 돌아오면 천금의 상을 아끼지 않겠다. 그리고 내 장차 왕이 되는 날 무거운 소임을 맡길 것이니 그대는 힘을 다하여 성사케 하라."

〈중략〉

적부리가 정신을 진정하여 살펴보니 한 소녀가 말을 타고 진전에 횡행함이 제비 같은지라. 적부리가 분을 참지 못하여 달려들어 칠십여 차례가 되도록 승부를 결정지을 수 없었는데, 기러기가 또 날개에 모래를 묻혀 적부리의 얼굴에 뿌려 두 눈에 모래가 들어가 눈을 뜨지 못할 때에 공주의 칼이 번뜩하더니 적부리의 머리가 말 아래로 떨어졌다. 이 때 적진 중에서 적부리의 죽음을 보고 또 한 장수가 장창을 들고 내달아 크게 외쳐 말하기를,

"너는 조그만 여자이다. 내 형을 죽이고 어찌 살기를 바라겠느냐?"

하니 이는 부리의 아우 문이라. 오백 근 철퇴를 들고 달려들어 싸울 때에, 황성 장졸이 접응(接應)하여 공주를 도우니 창검이 서리 같았다. 문이 더욱 분하여 서로 싸워 칠십여 합에 이르러도 서로 승부를 결정 짓지 못할 정도로 검술이 신묘하니 참으로 적수였다. 공주가 정신을 진정하여 무슨 경문을 외니 문득 공중으로부터 오방신장(五方神將)이 내려와 좌우로 적문을 치며 호령하는 소리가 천지를 진동하더라. 문이 황겁하여 도망하고자 하더니 문득 공주의 검광이 빛나며 문의 머리가 검광을 따라 떨어졌다. 공주가 칼을 들어 적부리의 군사를 치고자 하다가 문득 깨닫고 '적부리의 군사는 곧 부마국 백성이다' 하고 일제히 호령하여 세우고 큰 소리로 깨우쳐 돌려보내니, 군사들이 물러나와 공주의 은덕을 송덕하며 만세를 불렀다. 군사 한 사람이 아뢰기를,

"망발스런 모습이 되었사오니 소졸들이 전배(前陪)*함을 바라나이다."

하거늘 공주가 허락하여 앞세우고 황성 일행은 뒤를 따라 일행과 인마를 거느리고 도성으로 들어가니 거리마다 송덕하며 만민이 모두 천만세를 부르며 남녀노소 없이 다투어 구경하더라.

— 작자 미상, '적성의전' —

* 단저 : 짧은 피리.

* 전배(前陪) : 벼슬아치가 행차할 때나 상관을 뵐 때에 앞을 인도하는 일.

〈문제 10〉 위 글을 제대로 이해했는지 확인하기 위해 질문지를 만들어 보았다. 적절하지 않은 것은?

　　① 공주는 왜 적부리의 군사들을 살려두었을까?

　　② 성의는 어떻게 해서 외딴 섬에 이르게 되었을까?

　　③ 공주는 어떤 도움을 받아 적부리 형제를 물리쳤을까?

④ 항의는 어떻게 편지가 성의가 보낸 것임을 알아차렸을까?
⑤ 왕비는 어떻게 항의의 속셈을 알고 성의에게 편지를 보냈을까?

〈문제 11〉 ㉠과 같은 상황에서 '성의'가 불렀을 만한 노래를 써 보았다. 가장 적절한 것은?
　　　　　① 지난 해 알은 체 하던 기러기
　　　　　　올해도 머리 위를 가로지르니
　　　　　　외로운 강가에 반가움이 앞서네
　　　　　② 깊은 숲 향기를 따라 들어가
　　　　　　나무 베고 잔돌 가지 골라 놓으니
　　　　　　원앙은 오지 않고 까마귀만 우짖네
　　　　　③ 피리를 들어 어깨에 맞추고
　　　　　　쓸쓸한 가을 바람에 곡조를 맞추며
　　　　　　세월의 덧없음을 서글퍼 하네
　　　　　④ 새벽 바람에 눈물로 이별한 임
　　　　　　약수가 가렸는가 소식이 망망하니
　　　　　　재회를 기약치 못하고 한숨만 쉰다
　　　　　⑤ 옛날을 생각하고 눈물지으며
　　　　　　피리를 부니 까막까치만 모여드네
　　　　　　부모의 슬하가 따뜻한 걸 너희는 아느냐

〈문제 12〉 위 글에 나온 인물들에 대해 할 수 있는 말로 적절하지 않은 것은?
　　　　　① '항의'는 '성의'의 귀향 소식에 전전긍긍(戰戰兢兢)하고 있군.
　　　　　② '적부리'와 '공주'는 난형난제(難兄難弟)의 실력을 갖고 있군.
　　　　　③ '왕비'는 '성의'로부터 소식이 오기를 학수고대(鶴首苦待)하고 있군.
　　　　　④ '성의'는 마침내 금의환향(錦衣還鄕)하여 부모 곁으로 오게 되었군.
　　　　　⑤ '성의'는 '호승상'의 결초보은(結草報恩)으로 위기에서 벗어나게 되었군.

〈문제 13〉 위 글을 읽고 보인 반응으로 적절하지 않은 것은?
　　　　　① 정의를 위한 투쟁이 정당하다는 사실을 다시 한 번 깨닫게 되었어.
　　　　　② 성의와 항의가 벌이는 싸움은 왕위 계승을 둘러싸고 왕자들이 다툼을 벌이던 역사적 현
　　　　　　실을 반영한 것이 아닐까?
　　　　　③ 남녀의 결연, 환상적인 이야기, 뚜렷한 선악 대결 등 흥미로운 요소들이 많아서 오늘날
　　　　　　독자들의 취향에도 맞을 것 같아.
　　　　　④ 권력을 되찾기 위해 항의의 제안에 응하는 적부리 형제의 행위를 통해 당쟁에서 밀려난
　　　　　　양반들의 실세 회복 의지를 엿볼 수 있어.
　　　　　⑤ 공주가 싸움의 전면에 나서서 공을 세우는 장면은 남성 중심의 봉건적인 의식이 약화되
　　　　　　고 있다는 사실을 암시하는 게 아닐까?

〈문제 14〉 위 글과 〈보기〉의 공통적인 이야기 요소로 적절하지 않은 것은?

〈보기〉

　옛날에 어떤 왕이 계속 딸만 낳았는데 그 일곱 번째 딸이 바리데기였다. 일곱째도 또 딸이라는 소

리에 화가 난 왕은 딸을 갖다 버리도록 시켰다. 십여 년 후 왕과 왕후가 죽을 병에 걸려 점을 쳐보니 저승에 있는 약수를 먹어야 산다고 했다. 왕은 여섯 딸들에게 그 약을 가져올 것을 부탁했지만 모두 거절했다. 이 소식을 들은 바리데기는 약수를 구하러 저승으로 떠난다. 공주는 수 많은 역경을 겪지만 불보살의 도움으로 무사히 저승에 도착한다. 그러나 저승의 수문장이, 같이 살면서 아들 일곱을 낳아주고 온갖 시중을 다 들어주어야 한다고 하였다. 그의 요구를 들어 준 바리데기는 약수를 얻고 돌아와서 왕과 왕후를 살려낸다. 바리데기는 만신의 왕인 무당이 되고 남편과 아들들도 각각 신이 되었다.

① 주인공이 고귀한 혈통을 지니고 태어났다.
② 주인공의 과업 성취를 방해하는 존재가 있다.
③ 주인공이 겪는 시련은 운명적으로 결정된 것이다.
④ 주인공이 노력의 대가로 영예로운 지위를 획득하게 된다.
⑤ 주인공이 어려운 과업을 성취함으로써 비범성을 드러낸다.

※ 다음 글을 읽고 물음에 답하시오.

홍식(紅色)이 거록ㅎ야 붉은 긔운이 하늘을 쒸노더니 이랑이 소릭를 놉히ㅎ야 나를 불러 져긔 믈밋츨 보라 웨거늘 급히 눈을 드러 보니 믈밋 홍운(紅雲)을 헤앗고 큰 실오리 ㄱ튼 줄이 붉기 더옥 긔이(奇異)ㅎ며 긔운이 진홍(眞紅) ㄱ튼 것이 ᄎᄎ 나 손바닥 너븨 ㄱ튼 것이 그믐밤의 보는 숫불빗 ㄱ더라 ᄎᄎ 나오더니 그 우흐로 젹은 회오리밤 ㄱ튼 것이 붉기 호박(琥珀) 구슬 ㄱ고 묽고 통낭(通朗)ㅎ기는 호박도곤 더 곱더라

그 붉은 우흐로 흘흘 움즉여 도는디 처엄 낫던 붉은 긔운이 빅지(白紙) 반 쟝 너븨만치 반듯시 비최며 밤 ㄱ던 긔운이 히 되야 ᄎᄎ 커 가며 큰 징반만 ㅎ여 붉웃붉웃 번듯번듯 쒸놀며 젹식(赤色)이 왼 바다희 끼치며 몬져 붉은 긔운이 ᄎᄎ 가시며 히 흔들며 쒸놀기 더욱 ᄌ로 ㅎ며 항 ㄱ고 독 ㄱ튼 것이 좌우(左右)로 쒸놀며 황홀(恍惚)이 번득여 냥목(兩目)이 어즐ㅎ며 붉은 긔운이 명낭(明朗)ㅎ야 첫 홍식을 헤앗고 텬듕(天中)의 징반 ㄱ튼 것이 수레박희 ㄱㅎ야 믈 속으로셔 치미러 밧치듯시 올나 붓흐며 항 독 ㄱ튼 긔운이 스러디고 처엄 붉어 것츨 빗최던 거슨 모혀 소혀텨로 드리워 믈 속의 풍덩 쌔디는 듯 시브더라 일식(日色)이 됴요(照耀)ㅎ며 믈결의 붉은 긔운이 ᄎᄎ 가시며 일광(日光)이 쳥낭(淸朗)하니 만고 텬하(萬古天下)의 그런 장관은 ㉠딕두(對頭)할딕 업슬 둣ㅎ더라

— 의유당 관북 유람 일기(意幽堂關北遊覽日記) —

〈문제 15〉윗글에 대해 바르게 설명한 것은?
① 자신의 체험을 객관적으로 서술하고 있다.
② 중세 국어의 엄격한 표기법을 잘 보여준다.
③ 내용은 산문적이나 규칙적인 리듬감이 느껴진다.
④ 시간의 흐름에 따른 대상의 변화를 섬세하게 관찰하고 있다.
⑤ 감상 대상의 장관을 강조하기 위하여 상징적 기법을 사용하고 있다.

〈문제 16〉밑줄 친 부분이 ㉠의 의미로 쓰인 것은?
① 홍식(紅色)이　　　　② 하늘을　　　　③ 호박도곤

④ 믈 속으로셔   ⑤ 믈 속의

〈문제 17〉 윗글의 내용을 바르게 이해한 것은?
　　　　① 바다에 물결이 일지 않아 일출을 볼 수 있었다.
　　　　② 해가 먼저 솟아 나온 다음, 진홍빛 기운이 차차 나왔다.
　　　　③ 구름이 이따금씩 이동하여 일출의 장관을 한층 멋지게 하였다.
　　　　④ 해는 회오리밤 만하던 것이 쟁반 만해지고, 수레바퀴 모양으로 커지면서 솟아올랐다.
　　　　⑤ 믈 속의 붉은 기운은 처음에는 백지 반장 만한 것이었으나, 차츰 커져 항아리 만해졌다.

〈문제 18〉 윗글에 주로 나타난 감각적 표현이 쓰인 것은?
　　　　① 골 넘어 뻐꾸기는 우는데
　　　　② 네 가슴 향기로운 풀밭에 엎드리면
　　　　③ 향기로운 이슬 밭 부드러운 이 언덕을
　　　　④ 우거진 산마루에 금빛 기름진 햇살은 내려오고
　　　　⑤ 흐르는 골짜기 스며드는 물소리에 내사 줄줄줄 가슴이 울어라.

　　　※ 위 문제는 "언어영역"(한국교육과정평가원·시도교육청, 2002-2005)을 정리한 것임

　　　1.⑤ 2.④ 3.③ 4.② 5.① 6.⑤ 7.④ 8.① 9.① 10.⑤ 11.⑤ 12.⑤ 13.④ 14.③ 15.④
　　　16.③ 17.④ 18.④

제3장 현대소설의 이해

1. 현대 소설의 이해

(1) 소설의 특징

① 허구성

진짜로 일어난 일이 아니라 작가의 주관과 상상력으로 꾸며낸 거짓 세계라는 것이다. 비록 지어낸 이야기이긴 하지만 여러 구성요소의 긴밀한 짜맞춤으로 인해 현실보다 더욱 현실적인 가상세계가 펼쳐질 수 있다.

② 진실성

인생의 진실을 밝혀내는 데 목적이 있다. 소설은 비록 허구 세계를 그리지만, 궁극적으로는 인생의 참모습과 진실을 추구하고 있다. 소설가들의 관심사는 다양한 인간들의 다양한 삶이다. 그래서 작가들은 많은 인물들의 사상과 행동을 통해서 인간이 인간답게 살아가는 방법이 어떤 것인가를 보여주고 탐구한다.

③ 인생의 표현

원숭이들의 삶이 아니라 인간의 삶을 표현한다는 말이다. 조지 오웰의 '동물농장'에는 동물들이 등장한다. 그러나 그 동물들은 인간의 성격을 그대로 옮긴, 동물의 탈을 쓴 인간들이다. '이솝우화'에 등장하는 동물들도 마찬가지이다.

④ 서사성

인물, 사건, 배경 등이 있고 시간의 흐름과 관련된 일정한 이야기(스토리)구조를 지닌다.

(5) 예술성

소설이 문학예술의 한 장르인 만큼 일정한 형식미와 예술성이 있어야 한다.

> **알아두기**　희곡과 소설의 차이점
> ❶ 소설은 독자가 읽게 하는 것이 목적이며, 희곡은 읽게 할 수도 있으나 관객에게 연극으로 보여주기 위한 것이 주목적이다.
> ❷ 인물면에서 보면, 소설에서는 등장인물 수에 제한이 없지만, 희곡에서는 등장인물의 수에 제한을 받으며 또 분명하고 의지적인 희곡적 성격을 지녀야 한다.
> ❸ 소설은 시간적·공간적 제약이 없지만, 희곡은 제약을 받는다.
> ❹ 소설 문장은 대화와 지문으로 이루어지지만, 희곡 문장은 주로 대화로 이루어진다.

(2) 소설의 중요 개념

(1) 소설의 서술자(화자)

서술자, 혹은 화자란 작품 속에서 독자에게 이야기를 건네는 인물이다. 그런데 서술자는 작중 인물일 수도 있고 그렇지 않을 수도 있다. 다만 주의할 일은 서술자가 작중 인물이 아니라고 해서 (가령, 전지적 작가 시점이나 작가 관찰자 시점의 경우) 서술자와 작가가 동일한 존재는 아니라는 점이다. 서술자는 엄밀하게 말해서 작가로부터 분리되어 작품 속에서만 존재하는 인물이다. 비록 그가 작가의 세계관이나 현실 인식 태도를 전달한다고 하더라도 직접 글을 썼던 작가와 일치하는 인물은 아니기 때문이다.

(2) 소설의 표현 방법

❶ 설명 : 작가가 알고 있는 사실이나 지식 따위를 자상하게 풀이해서 독자들에게 알려주는 표현 방법.
❷ 묘사 : 상태나 동작, 등장인물의 심리·사건 등을 눈에 보이도록 구체적으로 그려서 실감이 나도록 표현하는 방법.
❸ 서사 : 사건을 시간의 순서에 따라 죽 이야기해 나가는 표현 방법.
❹ 대화 : 등장인물들이 주고받는 말로, 사건 전개나 인물의 성격 등을 알려주는 기능.

(3) 소설의 주제 표현 방법

❶ 작가가 직접 나타나 알려주는 방법.
❷ 작중인물들의 대화에 의해 주제가 간접적으로 나타나도록 하는 방법.
❸ 등장인물들간의 갈등과 해결을 통해 나타내는 방법.
❹ 상징으로 나타내는 방법 등.

(4) 소설의 인물

소설 속의 인물은 개성적이고 독창적인 성격을 지니고 행동함으로써 독자적인 인간상을 보여준다. 따라서 독자는 이러한 인물을 통해 인간의 성격 유형과 인간상을 알게 됨으로써 인간과 세상에 대한 인식과 시야를 넓힐 수 있다.

❶ 인물 성격 제시 방법 두가지

ㄱ) 직접적 제시 방법(분석적·해설적 제시 : telling) : 작가가 직접 나타나서 인물의 성격을 설명하는 방법. 혹은 작품 속의 한 인물이 다른 인물의 성격이나 심리 상태 등을 직접 설명하거나 논평을 하는 방법이다. 독자는 그 설명과 논평을 그대로 받아들이기만 하면 된다.

〔예1〕 젊은 시절에는 알뜰하게 벌어 돈푼이나 모아 본 적도 있기는 하였으나, 읍내에 백중이 열린 해 호탕스럽게 놀고 투전을 하고 하여 사흘 동안에 다 털어 버렸다. 나귀까지 팔게 된 판이었으나 애끓는 정분에 그것만은 이를 악물고 단념하였다. 결국 도로아미타불로 장돌이를 다시 시작할 수밖에는 없었다. 짐승을 데리고 읍내를 도망해 나왔을 때에는, 너를 팔지 않기 다행이었다고 길가에서 울면서 짐승의 등을 어루만졌던 것이었다. 빚을 지기 시작하니 재산을 모을 염은 당초에 틀리고, 간신히 입에 풀칠을 하러 장에서 장으로 돌아다니게 되었다. 호탕스럽게 놀았다고는 하여도 계집 하나 후려 보지 못하였다. 계집이란 쌀쌀하고 매정한 것이었다. 평생 인연이 없는 것이라고 신세가 서글퍼졌다. 일신에 가까운 것이라고는 언제나 변함없는 한 필의 당나귀였다. (이효석 「메밀꽃 필 무렵」)

ㄴ) 간접적 제시 방법(극적 제시, showing) : 등장인물의 외양(겉모습), 행동, 대화 등 객관적인 상황을 묘사하여 보여주는 방법. 인물의 성격이나 심리 상태를 극적으로 암시함으로써 간접적으로 인물의 성격을 보여준다. 인물의 성격을 생생하고 구체적으로 드러내는 이점이 있는 반면 작가의 견해를 나타내기 어려워 인물 제시가 불명확해지기 쉽고, 서술자의 인물에 대한 태도나 인물의 정확한 성격 파악이 쉽지 않다. 따라서 소설의 사건 진행 속도가 느려질 수도 있다는 단점이 있다. 또한 작가와 인물간의 거리는 멀어지나 독자와 인물간의 거리는 가깝다.

〔예2〕 형무소에서 병보석으로 가출옥되었다는 중환자가 업혀서 왔다. 휑뎅그런 눈에 앙상하게 뼈만 남은 몸을 제대로 가누지도 못하는 환자. 그는 간호원의 부축으로 겨우 진찰을 받았다. 청진기의 상아 꼭지를 환자의 가슴에서 등으로 옮겨 두 줄기의 고무줄에서 감득되는 숨소리를 감별하면서도, 이인국 박사의 머릿속은 최후 판정의 분기점을 방황하고 있었다.

입원시킬 것인가, 거절할 것인가…….

환자의 몰골이나 업고 온 사람의 옷매무새로 보아 경제 정도는 뻔한 일이라 생각되었다. 그러나 그것보다도 더 마음에 켕기는 것이 있었다. 일본인 간부급들이 자기 집처럼 들락날락하는 이 병원에 이런 사상범을 입원시킨다는 것은 관선 시의원이라는 체면에서도 떳떳치 못할뿐더러, 자타가 공인하는 모범적인 황국 신민(皇國新民)의 공든 탑이 하루아침에 무너지는 결과를 가져오는 것이라는 생각이 들었다.

순간 그는 이런 경우의 가부 결정에 일도양단하는 자기 식으로 찰나적인 단안을 내렸다.
그는 응급 치료만 하여 주고 입원실이 없다는 가장 떳떳하고도 정당한 구실로 애걸하는 환
자를 돌려보냈다. (전광용의 「꺼삐딴 리」에서)

(5) 복선(伏線)

앞으로 일어날 상황에 대해 넌지시 암시를 주는 것이다. 앞으로 닥쳐올 사건의 성격을 미리
슬그머니 알려주어 독자에게 마음의 준비를 시켜주는 서사적 장치이다.

(6) 갈등

소설이나 희곡 등에서 한 인물 내부의 혼란이나 한 인물과 그를 둘러싼 외적인 요소와의 심리적
혼란을 말한다. 갈등은 개인과 개인, 개인과 사회, 개인과 운명이 서로 대립되어, 전개되는 사건에
필연성을 부여하는 역할을 한다.

❶ 갈등의 양상
ㄱ) 외적 갈등 : 개인과 개인, 개인과 사회, 개인과 제도(법률), 개인과 국가 등의 갈등.
　　· 개인과 개인 사이의 갈등 : 소설 속에서 중심 역할을 하는 긍정적 인물과 그에 반대하는
　　　부정적 인물 사이의 갈등 등.
　　· 개인과 사회의 갈등 : 개인이 살아가면서 겪는 사회 윤리나 제도와의 갈등 등.
　　· 개인과 운명의 갈등 : 고대 그리스 비극에서 주로 사용되었던 것으로, 개인의 삶이 어쩔
　　　수 없는 운명에 의해 좌우되는 데에서 오는 갈등. 김동리의 '역마'에서 대대로 장돌뱅이의
　　　운명을 갖고 태어난 주인공이 사랑에 실패하고 결국 장돌뱅이로 나서는 장면.
ㄴ) 내적 갈등 : 한 개인의 내면에서의 갈등. 주로 개인 내부의 심리적 모순 대립에 의한 내적
　　갈등. 양심-비양심, 사랑-증오, 선의-악의의 갈등 등.

(7) 소설의 거리

작가가 소재를 다루면서 일정한 예술적 효과를 얻기 위해 취하는 심적·지적 절제를 의미한다.
쉽게 말하면 작가가 작중인물에 대하여 취하는 태도 및 독자가 작중인물에 대하여 느끼는 친근감의
정도. 작가는 '작가-서술자-인물-독자'사이의 거리를 조정함으로써 소설의 사실성을 효과적으로
살릴 수 있다. 예를 들면 1인칭 주인공 시점에서 작가와 작중인물의 거리가 가장 가깝고, 작가
관찰자 시점에서는 멀어진다. 전지적 작가 시점은 작가가 인물의 내면에 관여한다는 점에서는
가깝고, 제삼자의 입장으로 물러나 있다는 점에서는 멀다.

 시점과 거리와의 관계

소설에서 거리란 서술자와 작중인물, 독자와 작중인물 사이의 거리를 말하는데, 이러한 소설의 거리는 시점과 밀접한 관련을 맺는다. 1인칭 시점은 서술자가 '나'이므로 독자가 친밀감을 가지고 작품을 대할 수 있어 독자와 작중인물 사이의 거리가 가깝다. 이에 비해 3인칭 관찰자 시점은 인물의 시점이 객관성을 띠기 때문에 먼 거리를 내포하고, 전지적 작가 시점에서는 작가가 어떤 태도를 취하느냐에 따라 가까운 거리를 내포할 수도 있고 먼 거리를 내포할 수도 있다. 따라서 같은 제재를 취하더라도 시점에 따라 그 형상화의 방향이 달라질 수 있다는 점을 알 수 있다.

※ 다음 글을 읽고 물음에 답하시오.

    [앞의 줄거리] 나는 대구에서 서울로 오는 기차 안에서 동석하게 된 기묘한 사나이와 대화를 나누게 된다. 그는 고향에서 남부럽지 않게 살았으나 일제의 착취로 농토를 빼앗기고, 서간도로 갔다. 그러나 거기서도 그는 비참한 생활 끝에 부모마저 잃게 된다. 여기저기 떠돌며 고생만 하던 그는 일본으로 건너갔으나 돈도 벌지 못하고 초라하게 귀국하여 고향에 들렀다가 서울로 올라가는 길이다.

    "고향에 가시니 반가워하는 사람이 있습디까?"
    ⓐ "반가워하는 사람이 다 뭔기오, 고향이 통 없어졌더마."
    "그렇겠지요. 구 년 동안이니 퍽 변했겠지요."
    "변하고 뭐고 간에 아무것도 없더마. 집도 없고, 사람도 없고, 개 한 마리도 얼씬을 않더마."
    ⓑ "그러면 아주 폐농이 되었단 말씀이오?"
    "흥, 그렇구마. 무너지다 만 담만 즐비하게 남았더마. 우리 살던 집도 터야 안 남았는기오만 찾아도 못 찾겠더마. 사람 살던 동리가 그렇게 된 것을 구경했는기오?"
    하고 그의 짜는 듯한 목소리는 높아졌다.
    "썩어 넘어진 서까래, 똘똘 구르는 주추는 꼭 무덤을 파서 해골을 헐어 젖혀 놓은 것 같더마. 세상에 이런 일도 있는기오? 백여 호 살던 동리가 십 년이 못 되어 통 없어지는 수도 있는기오. 후우!"
    하고 그는 한숨을 쉬며, 그 때의 광경을 눈앞에 그리는 듯이 멀거니 먼 산을 보다가, 내가 따라 준 술을 꿀꺽 들이키고,
    ⓒ "참, 가슴이 터지더마, 가슴이 터져."
    하자마자 굵직한 눈물이 두어 방울 뚝뚝 떨어진다.
    나는 그 눈물 가운데 음산하고 비참한 조선의 얼굴을 똑똑히 본 듯싶었다.
    이윽고 나는 이런 말을 물었다.
    "그래, 이번 길에 고향 사람은 하나도 못 만났습니까?"
    "하나 만났구마. 단지 하나."
    "친척 되는 분이던가요?"
    "아니구마, 한 이웃에 살던 사람이구마."
    하고 그의 얼굴은 더욱 침울했다.
    "여간 반갑지 않으셨겠지요?"
    "반갑다마다. 죽은 사람을 만난 것 같더마. 더구나 그 사람은 나와 까닭도 좀 있던 사람인데……."
    "까닭이라니?"
    "나와 혼인 말이 있던 여자구마."
    "하아!"
    나는 놀란 듯이 벌린 입이 닫혀지지 않았다.
    "그 신세도 내 신세만이나 하구마."
    하고 그는 또 이야기를 계속하였다.
    그 여자는 자기보다 나이 두 살 위였는데, 한 이웃에 사는 탓으로 같이 놀기도 하고, 싸우기도 하며 자라났다. 그가 열네 살 적부터 그들 부모들 사이에 혼인 말이 있었고, 그도 어린 마음에 매우 탐탁하게 생각하였다.

    그런데 그 처녀가 열일곱 살 된 겨울에 별안간 간 곳을 모르게 되었다. 알고 보니, 그 아비 되는
자가 이십 원을 받고 대구 유곽에 팔아 먹은 것이었다.
〈중략〉
    "암만 사람이 변하기로 어째 그렇게도 변하는기오? 그 숱 많던 머리가 훌렁 다 벗어졌더마. 눈은
푹 들어가고, 그 이들이들하던 얼굴빛도 마치 유산을 끼얹은 듯하더마."
    ⓓ "서로 붙잡고 많이 우셨겠지요?"
    "눈물도 안 나오더마. 얼른 우동집에 들어가서 둘이서 정종만 따라 마시고 헤어졌구마."
    하고 가슴을 짜는 듯한 괴로운 한숨을 쉬더니만 그는 지난 슬픔을 새록새록이 자아내어 마음을
새기기에 지쳤음이더라.
    ㉠ "이야기를 다 하면 무얼 하는기오."
    하고 쓸쓸하게 입을 다문다. 나 또한 너무도 참혹한 사람살이를 듣기에 쓴물이 났다.
    ⓔ "자, 우리 술이나 마저 먹읍시다."
    하고 우리는 주거니받거니 한 되 병을 다 말리고 말았다.
    그는 취흥에 겨워서 어릴 때 멋모르고 부르던 노래를 읊조렸다.

    ㉡ 볏섬이나 나는 전토는 / 신작로가 되고요—
       말마디나 하는 친구는 / 감옥소로 가고요—
       담뱃대나 떠는 노인은 / 공동 묘지로 가고요—
       인물이나 좋은 계집은 / 유곽으로 가고요—

— 현진건, '고향' —

〈문제 1〉 윗글에서 상상할 수 있는 장면이 아닌 것은?
       ① '이웃 처녀'가 고생스럽게 살아가는 모습
       ② 어린 시절에 '그'가 '이웃 처녀'와 어울려 놀던 모습
       ③ 폐허로 변한 마을을 보고 '그'가 망연자실해 하는 모습
       ④ '그'가 '나'를 만나 기차 안에서 술을 마시며 처지를 한탄하는 모습
       ⑤ '그'가 '이웃 처녀'와 우연히 다시 만나 가정을 꾸밀 계획을 세우는 모습

〈문제 2〉 윗글을 제재로 리포트를 쓸 때, 가장 적절한 것은?
       ① 전쟁으로 인한 인간의 고통을 보여 주는 인물로 '나'를 연구한다.
       ② '그'를 통해 사회적 부조리에 저항하는 민중의 모습을 연구한다.
       ③ 식민지 상황에서 힘든 삶을 살아가는 전형적인 인물로 '그'를 연구한다.
       ④ '나'와 '그'를 통해 식민지 상황이 만들어 내는 동포 사이의 불신을 연구한다.
       ⑤ '나'와 '그'의 행동 차이를 통해 위기에 직면한 인간이 그에 대처하는 방식을 연구한다.

〈문제 3〉㉠에 이어서 할 수 있는 말로 적절한 것은?
       ① "빛 좋은 개살구지요."   ② "언 발에 오줌 누기지요."
       ③ "죽은 자식 나이 세기지요."   ④ "밑 빠진 독에 물 붓기지요."
       ⑤ "바늘 구멍으로 하늘 보기지요."

〈문제 4〉㉡에 대한 설명으로 옳은 것은?
       ① 새로운 사건의 발생을 암시하고 있다.

② 비참한 현실을 해학적으로 그려 내고 있다.

③ 민족의 비극적 상황을 압축적으로 표현하고 있다.

④ 일제에 대한 저항 의지를 직접적으로 나타내고 있다.

⑤ 사건을 주관적으로 해석하여 다양한 의미를 끌어내고 있다.

〈문제 5〉 〈보기〉의 설명에 비추어 볼 때, ⓐ~ⓔ를 말하는 모습으로 가장 자연스러운 것은?

생각과 느낌을 표현할 때, 얼굴 표정, 몸동작, 눈맞춤 등의 언어 외적 표현이나, 어조, 음색, 속도, 고저, 장단, 강약 등 언어에 부수되는 표현을 활용하여 전달 효과를 높이기도 한다.

① ⓐ : 가슴을 펴고 큰 소리로 말한다.

② ⓑ : 둘만의 비밀스런 표시로 한 눈을 찡긋한다.

③ ⓒ : 상대방을 이해하는 뜻으로 고개를 끄덕인다.

④ ⓓ : 동정 어린 표정으로 상대방을 바라본다.

⑤ ⓔ : 상대방의 귀에 대고 작은 소리로 말한다.

※ 다음 글을 읽고 물음에 답하시오.

가까운 부락들에는 안 갔었지만 먼 데 동냥을 나갔던 사람들은 계속 수상한 소문들을 듣고 왔다. 그만큼 했음 떠날 줄 알았던 문둥이들이 내처 버티고 있으니까 이번에는 아주 밖으로 내쫓는다, 정 안 들으면 모조리 강에다 밀어 넣어 버리겠다고까지 벼른다는 것이었다.

㉠"미친놈들! 즈그만 살라는 땅인가? 어데 해보라지⋯⋯?"

우중신 노인은 모두 들으란 듯이 일부러 큰 소리로써 구두덜거렸다.

밤에는 늦게까지 모닥불을 피워 놓고 놀았다. 그러면서 습격을 당한 이야기와, 또 그런 일이 있으면 어쩌겠느냐는 이야기들이 으례 나왔다. 속담에 문둥이가 풍은 대풍이라고, 모두 큰소리들을 쳤다.

맞서 싸우자는 정도가 아니었다. 정말 또 내쫓으러 온다면 놈들하고만 싸울 게 아니라 놈들이 사는 동네까지 마구 덮치자는 놈도 있었다. 나라가, 법이 못 지켜 줄 바에는 자기들의 힘으로써 그러한 불법을 막는 수밖에 도리가 있겠느냐는 주장들이었다.

그들은 의논한 결과 향토 예비군처럼 반을 나누고, 밤에는 제법 보초까지 다 세웠다.

그와 동시에 부근 주민들의 동정을 살피는 정보활동까지 개시했다.

하루는 동냥을 나갔던 한 패가 지레 돌아왔다. 온다는 것이었다.

"한 집에서 한 사람씩 꼭 나오게 대 있담더!"

"응⋯⋯."

우중신 노인은 무슨 계책이라도 서 있는 듯이 심각한 표정을 지어 보였다.

곧 '인간단지'에 비상소집이 내렸다. 모두 보통 때와 같이 일을 하다가 부락민들이 또 몽둥이를 들고 올 때는 곧 한곳에 모이기로 했다.

"먼저 손을 대서는 안 댄데잇! 저쪽에서 기어이 덤빌 때는, 그때는 한번 해 보자 말이다. 알겠나? ㉡이기고 지고는 이번이 마지막이다."

우중신 노인은 이렇게 당부를 하고 치구를 시켜 몇 사람의, 손가락 없는 불구자만을 천막 안으로 불러들였다. 힘으로는 못 당할 테니 악으로써 대결을 하자는 것이었다. 그는 손가락이 없는 팔뚝들에 낫을 한 자루씩 동여매었다. 그러니까 한 사람이 두 자루씩 가진 셈이었다. 이것이 그날의 소위 특공대와 같은 것이었다.

"놈들이 간대로 때리 쥑이지는 몬할 끼다. 이래서 우리들의 결심을 비이자 말이다."

"멋하면 한 놈 쥑이고 나도 죽을라요!"

이마가 몹시 까진 '소신랑'이 역시 표독스런 소릴 했다.

결국 올 것은 왔다.

2백여 명의 장정들이 백주에 괭이며 삽, 몽둥이들을 들고 몰이꾼처럼 몰려왔다. 어느 얼굴을 보나 인간 백정이다.

50명 남짓한 '인간단지'의 식구들은 우선 손에 쥔 것 없이 그들의 천막 앞에 앉아 있었다.

부락민들은 천막들을 죽 에워쌌다.

구장인지 뭔지 얼굴이 넓적하고 입이 메기처럼 커다란 사람이 겁에 질려 있는 듯한 단지의 사람들을 보고 명령을 하듯 했다.

"여러 말 할 것도 들을 것도 없으니 곧 이곳을 떠나시오!"

목소리도 입 따라 우렁찼다.

경기까투리가 일동을 대표해서 따지려 들었다. 그러나 그는 두 마디도 못하고 구장인 듯한 사내의 발길에 채여 넘어졌다.

단지민들은 우꾼 하려다 말고 천막 안을 돌아보았다.

흰 수염을 덜덜 떨며 우중신 노인이 예의 긴 지팡이를 짚고 경기까투리가 섰던 자리에 나타났다.

"자네 말마따나 여러 말 할 것 없네. 우릴 쥑이라. 우선 나부터!"

우중신 노인은 누더기 같은 윗도리를 확 찢어 젖히며 뼈만 남은 가슴을 쑥 내밀었다.

그러나 구장깨나 해 먹을 만한 사람같이 보이는 메기아가리에겐 그까짓 거러지들의 불평이나 위협 따위에 왼 눈도 깜짝할 필요가 없다.

"자네? 이 자식이 머 이런 기 있노!"

메기아가리의 넓적한 손바닥이 우노인의 얼굴을 몰강스럽게 냅다 갈겼다.

쓰러질 듯하다가 일어나는 우노인의 수염에 피가 벌겋게 흘러내렸다.

– 김정한, 인간단지(人間團地) –

〈문제 6〉 윗글에 대한 설명으로 적절하지 않은 것은?
    ① 시간이 흐름에 따라 긴장감이 고조되고 있다.
    ② 배경 묘사가 사건의 전개 방향을 암시하고 있다.
    ③ 사투리를 활용하여 사건의 현장감을 강화하고 있다.
    ④ 외양과 행동을 묘사하여 인물의 성격을 드러내고 있다.
    ⑤ 인물들 사이의 대립 구도를 통해 주제를 드러내고 있다.

〈문제 7〉 우중신 노인에 대한 설명으로 적절하지 않은 것은?
    ① 낙천적이고 미래 지향적이다.
    ② 부당한 현실에 저항하고 있다.
    ③ 주위 사람들의 신망이 두텁다.
    ④ 대담하면서도 용의주도한 면이 있다.
    ⑤ 상황을 고려하여 적절하게 대응하고 있다.

〈문제 8〉 ㉠의 생략된 부분에 들어갈 수 있는 말로 가장 적절한 것은?
    ① 손바닥으로 하늘을 가리겠다는 거야?
    ② 어째서 방귀 뀐 놈이 먼저 성을 내는 거야?

③ 종로에서 뺨 맞고 한강에서 눈 흘기는 거야?

④ 염불에는 맘이 없고 잿밥에만 맘이 있는 거 아냐?

⑤ 쥐 새끼도 급하면 고양이에게 접어드는 것도 모르나?

〈문제 9〉 윗글을 희곡으로 각색하여 공연할 때, ⓒ에 가장 잘 어울리는 동작이나 표정은?

　　　① 이죽거리며　　　　　　② 반색을 하며

　　　③ 손사래를 치며　　　　　④ 비장한 표정으로

　　　⑤ 머리를 설레설레 흔들며

〈문제 10〉 윗글의 소재가 된 사건을 심층 취재하여 〈보기〉와 같은 기사문을 쓴다고 할 때, ⓐ∼ⓔ 중 본문에 나와 있지 않은 것은?

〈보기〉

[나환자촌 단지민들과 인근 마을 주민들 유혈 충돌]

○일 오후 1시 경, △△군에 있는 무허가 나환자 천막촌에서 인근 마을 주민들이 이 시설의 철거를 요구하다가, 이를 지키려는 나환자들과 물리적으로 충돌하는 사건이 발생했다. 지난 주, 나환자 수용 시설인 '자유원' (원장 박○○)의 부정과 비리를 폭로한 나환자들은, 자유원을 떠나 ⓐ이 곳에 '인간단지'라는 거처를 마련했다고 한다. 나환자들이 이 곳에 정착하자 인근 마을 주민들은 극력 반발하였고, 급기야는 물리적으로 충돌하는 사태가 벌어진 것이다. 마을 구장은 "문둥이들이 우리의 철거 요구에도 불구하고 단지를 떠나지 않아 ⓑ강압적으로 쫓아낼 수밖에 없었다." 라고 말했다.

이에 앞서 자유원 박 원장은 ⓒ자유원을 떠나 '인간단지'에 들어가려는 사람들을 위협한 것으로 알려졌으며, '인간단지' 의 대표격인 ⓓ우중신 노인은 마을 사람들의 폭력으로 부상을 당했음에도 불구하고, 끝까지 저항할 뜻을 밝혔다. 한편 단지민들은 소외 계층인 자신들을 지켜주지 못한 ⓔ나라와 법에 대해서도 불신감을 드러냈다.

　　　① ⓐ　　　　② ⓑ　　　　③ ⓒ　　　　④ ⓓ　　　　⑤ ⓔ

※ 다음 글을 읽고 물음에 답하시오.

　방울재 허칠복(許七福)이가 고향을 떠난 지 삼 년 만에 미쳐서 돌아와 징을 두들기며, 댐을 막은 뒤부터 밀려드는 낚시꾼들을 쫓아 댔다.

　덩실덩실 춤을 추며 징을 두들기는 칠복이의 모습은 나무탈을 쓴 도깨비 같다고들 했다. 그리고 그가 그렇게 된 것은 고향을 잃은 서러움, 아내를 빼앗긴 원한 때문이라고들 했다. 아무도 기다리는 사람이 없는 고향에 여섯 살 난 딸아이를 업고 불쑥 바람처럼 나타난 그는, 물에 잠겨 버린 지 삼 년째가 되는 방울재 뒷동산 각시바위에 댕돌같이 앉아서는, 목이 터져라고 마을 사람들의 이름을 하나하나 불러 대는가 하면, 혼자서 고개를 끄덕거려 가며 오순도순 귀신 씨나락 까먹는 소리를 중얼거리다가도, 불컥 고개를 쳐들어 하늘을 찔러 보고, 창자가 등뼈에 달라붙도록 큰 소리로 웃어 대고, 느닷없이 징을 두들기며 겅중겅중 도깨비춤을 추었다. 그런데 이상한 것은 그의 성질이 염병을 앓아 귀머거리가 된 사람처럼 물렁해지고, 바보처럼 느물느물해진 거였다. 황소같이 힘이 세고 성깔이 왈살스럽던 그는, 도깨비 춤추듯 징을 두들다가도 방울재 사람들이 쫓아와서 한마디만 질러 대도 슬그머니 징채를 감추고 목을 움츠리는 거였다.

(중략)

[A]《 "자네 정신 말짱허니께 허는 소리네만 좋은 얼굴로 헤어지세. 지발 부탁이니 지금 떠나도록 히여."

강촌 영감이 볼멘소리로, 그러나 약간은 사정조로 말하고 나서 칠복의 겨드랑이에 손을 넣어 일으키려고 했다.

"낼 아침 떠나라 허고 싶네만, 정은 단칼에 자르는 거이 좋은겨."

칠복이는 아이를 업고 천천히 일어서서 희끄무레한 램프 불빛에 비춰 보이는 침울하게 가라앉은 마을 사람들의 얼굴들을 하나하나 가슴 속 깊이깊이 새기며 찬찬히 뜯어보았다. 그의 눈에서는 금방 눈물이 소나기처럼 주르륵 쏟아질 것만 같았다.

"핑 서둘러 나가면 대처 나가는 버스를 탈 꺼여!"

강촌 영감이 앞서 술청을 나가며 하는 말이다. 강촌 영감을 따라 칠복이가 고개를 떨구고 나갔고, 뒤이어 봉구와 덕칠이, 팔만이가 차례로 몸을 움직였다.》

[B]《봉구네 주막에서 나온 그들은 칠복이를 앞세우고 미루나무가 두 줄로 가지런히 비를 맞고 늘어서 있는 자갈길 구신작로를 향해 어둠 속을 걸었다. 그들은 아무도 입을 열지 않았다. 칠복이의 등에 업힌 그의 딸아이가 캘록캘록 기침을 하자, 바짝 뒤를 따르던 봉구가 잠바를 벗어 덮어씌워 주었다.

빗방울은 점점 굵어졌고 호수를 훑고 온 물에 젖은 가을 바람에 으스스 몸이 떨렸다.

이따금씩 고속도로에서 자동차들이 헤드라이트로 눅눅한 어둠의 이 구석 저 구석을 쿡쿡 쑤셔 대며 바람처럼 내달았다. 자동차의 불빛이 길게 어둠을 가를 때마다 칠복이를 앞세우고 걷는 방울재 사람들의 가슴이 마치 총을 맞는 것만큼이나 섬찟섬찟했다.

신작로에 당도해서 조금 기다리자 읍으로 들어가는 헌털뱅이 버스가 왔으며, 그들은 서둘러 차를 세우고 칠복이를 밀어넣었다.

"징헌 고향 다시는 오지 말어."

봉구가 천 원짜리 두 장을 칠복이의 호주머니에 푹 쑤셔넣어 주며 울먹울먹한 목소리로 말했다.

칠복이가 무슨 말인가 하는 것 같았으나 부르릉 버스가 굴러가는 바람에 알아들을 수가 없었다.

그들은 버스가 어둠 속에 묻히고 자동차 불빛이 보이지 않게 되어서야 말없이 돌아섰다.》

한사코 가기 싫다는 칠복이 부녀를 억지로 버스에 태워 쫓아 보낸 그날 밤, 방울재 사람들은 잠을 이룰 수가 없었다. 후두둑후두둑 빗방울이 굵어지고 땅껍질 벗겨 가는 소리가 드세어질 무렵, 봉구는 잠결에 아슴푸레하게 들려 오는 징소리에 퍼뜩 놀라 일어나 앉았다.

"아니, 이 밤중에 무신 징소리당가?"

그는 마른 기침을 토해 내고 삐그덕 방문을 열어, 송곳 하나 박을 틈도 없이 꽉 들어찬 어둠의 여기저기를 쑤석여 보았다. 어둠 속 어디선가 딸을 업은 칠복이가 휘주근하게 비에 젖은 채 바보처럼 벌쭉벌쭉 웃으면서 불쑥 나타날 것만 같았다.

그는 문을 안으로 걸어잠그고 자리에 들어 아내의 톱상스러운 허리를 꼭 껴안고 잠을 청하려고 했으나, 땅껍질을 두드리는 빗방울 소리 사이사이로, 징소리가 쉬지 않고 큰 황소 울음처럼 사납고도 구슬프게 들려 왔기 때문에 잠시도 눈을 붙일 수가 없었다. 어쩌면 바람 소리와도 같은 그 징소리는 바로 뒤란의 아카시아 숲께에서 가깝게 들린 것 같다가도 다시 댐 쪽으로 아슴푸레 멀어져 가곤 했다.

"바람 소린지, 징소린지."

봉구는 벌떡 일어나 더듬더듬 담배를 찾아 성냥불을 붙였다. 그는 좀처럼 잠을 이루지 못하고 몇 번인가 누웠다 앉았다 하며 담배만 피웠다. 자꾸만 귓바퀴를 후벼 파고 들려 오는 징소리가 오목가슴 깊숙이에 가시처럼 걸린 때문이었다.

　이날 밤, 팔만이도, 덕칠이도, 강촌 영감도 다 같이 방울재 안통 여기저기서 쉴새없이 들려 오는 징소리 때문에 한숨도 잠을 이루지 못하고 뒤척였다.

　징소리는 점점 더 가깝게, 그리고 때로는 상여 소리처럼 슬프게 들렸는데, 그 소리에 잠을 이루지 못한 방울재 사람들은, 그게 어쩌면 그들한테 쫓겨난 칠복이의 우는 소리일지도 모른다는 생각들을 다 같이 했다. 그 생각과 함께 징소리가 더욱 무서워졌으며 아침을 맞기조차 두려웠다.

– 문순태, 징소리 –

〈보기〉의 ㉠~㉤ 중, 서사 전개상 기능이 위 글의 '칠복이'와 가장 가까운 것은?

〈보기〉

　옛날 어느 마을에 한 ㉠아이가 태어났다. 이 아이는 힘이 장사였다. 하지만 그가 장성하자 마을 사람들은 걱정이 생겼다. 예로부터 평민 중에 큰 장사가 나면 나라에 반역을 한다는 말이 있었기 때문이었다. ㉡마을 사람들은 화를 당할 것이 두려워 ㉢청년을 관가에 밀고하였다. ㉣군사들이 몰려왔고, 청년은 순순히 끌려가 죽음을 당했다. 그날 밤 청년 집 우물에서 한 마리 ㉤백마가 하늘로 올라가며 슬픈 소리로 울었다. 이후 마을의 모든 우물이 말라 버렸다. 이에 마을 사람들이 그 원혼을 달래는 재를 지내주자 비로소 물이 다시 고였다. 그 연못을 말샘[馬泉]이라 불렀다.

① ㉠　　　② ㉡　　　③ ㉢　　　④ ㉣　　　⑤ ㉤

〈문제 12〉 〔A〕를 통해 알 수 있는 내용이 아닌 것은?
　　① 마을 사람들은 칠복이를 희생양으로 삼고 있다.
　　② 강촌 영감은 칠복이가 빨리 떠나기를 재촉하고 있다.
　　③ 마을 사람들은 자신들의 결정을 부담스러워하고 있다.
　　④ 강촌 영감은 인정에 이끌리면서도 현실을 따르고 있다.
　　⑤ 마을 사람들은 침묵으로 강촌 영감의 말에 동조하고 있다.

〈문제 13〉 〔B〕에 대한 설명으로 적절하지 않은 것은?
　　① 자연물을 통해 인물들의 정서를 드러내고 있다.
　　② 감각적인 어휘를 통해 분위기를 고조시키고 있다.
　　③ 시간적 배경을 통해 상황의 암울함을 부각시키고 있다.
　　④ 명멸하는 불빛을 통해 인물들의 심리 상태를 암시하고 있다.
　　⑤ 공간의 이동을 통해 인물 간의 심화된 갈등을 보여 주고 있다.

〈문제 14〉 고향에 대한 '칠복이'의 태도를 가장 잘 설명하고 있는 것은?
　　① 황폐화된 고향을 새로 일구고자 한다.
　　② 과거와 달라진 고향에 염증을 느끼고 있다.
　　③ 현실을 인정하고 새로운 고향을 찾으려 한다.

④ 변해 버린 고향에 어떻게든 적응해 살려고 한다.
⑤ 자신을 버린 고향이지만 여전히 미련을 가지고 있다.

〈문제 15〉 위 글을 읽고 '징소리'의 의미를 파악하기 위해 토론한 내용이다. 적절한 의견으로 볼 수 없는 것은?
　　① 징소리에는 칠복이의 한이 담겨 있어. 어쩔 수 없이 고향을 떠난 뒤 힘들게 다시 고향으로 돌아왔지만, 다시 쫓겨나야 하는 한이지.
　　② 칠복이의 징소리에는 마을 사람들과 소통하고 싶은 마음이 담겨 있어. 마을 사람들의 이름을 부르고, 춤추며 징을 치는 모습에서 이런 마음을 읽을 수 있어.
　　③ 징소리의 음색은 깊고 묵직하잖아? 고향이 물에 잠기는 충격을 받아들여야 했지만 그럼에도 꺾을 수 없었던 마을 사람들의 꿈이 나직하게 퍼져 나오는 것 같아.
　　④ 내가 주목한 것은 칠복이가 쫓겨나 버스에 올라타며 하고자 했던 말이야. 마을 사람들이 그날 밤에 들은 징소리는 칠복이가 하고 싶었던 말을 대신한 것이 아닐까?
　　⑤ 나는 징소리에는 사회적 울림도 담겨 있다고 봐. 댐이 만들어지고 고향이라는 공동체가 무너지면서 겪어야만 했던 방울재 사람들의 비극을 알리려는 소리로 들린다는 말이지.

※ 다음 글을 읽고 물음에 답하시오.

　　형우가 병원에서 퇴원을 해 2주일 만에 학교에 나왔다. 악수 세례가 쏟아지고, 등을 두드리고, 체육 시간에는 헹가래까지 시키려고 했지만 형우가 도망을 쳤다. 그렇게 하면서 우리들은 숨죽여 기표의 동정을 살폈다. 그러나 그의 차가운 시선에 부딪힌 아이들은 섬뜩한 느낌으로 고개를 돌리곤 했다. 나는 후우 - 가슴을 쓸어내렸다.
　　"형, 우리 미술 시간에 라면 먹으러 갈까?"
　　내가 말을 건넸다. 우리들은 가끔 후동 교사 뒷담을 넘어 구멍가게에서 라면을 사먹은 다음 감쪽같이 들어오곤 했다. 재수파들이 그 전문이었던 것이다.
　　"필요 없어."
　　기표가 쳐다보지도 않은 채 퉁명스럽게 뱉었다. 그는 국어책을 읽고 있었다. 안톤 슈나크의 '우리를 슬프게 하는 것들'.　　　　　(　　　　　　　　　　　A　　　　　　　　　　　)
　　다른 반 애들이 말했다. 선생들이 교실에 들어올 때마다 임형우의 일화가 예로 들어지면서, 학우를 아끼고 의리로써 지켜 준 참다운 우정과 반의 결속을 위해 담임 선생과 함께 남모르게 애써 온 그 숨은 이야기가 술술 펼쳐지더란 것이다. 교정에 모여 선 아이들도 입에입에 형우의 얘기로 만발했다.
　　"우리들이 커닝을 도와준 것이 기표의 [비위]를 상하게 한 모양이지?"
　　병원에 있을 때는 남의 눈을 생각해 못 물어 본 걸 하굣길 둘만의 자리가 됐을 때 내가 넌지시 물어보았다.
　　"글쎄 그런 것 같았다."
　　형우가 짐짓 좌우를 둘러보면서 대답했다.
　　"그때 그 일, 담임 선생님이 시켜서 한 거지?"
　　내가 넘겨짚자 형우가 한 순간 당황하는 것 같았다. 언제고 밝히고 싶었던 것이라 나는 다시 다그쳤다.
　　"그렇지?"

"꼭 그런 건 아니지만 그 문제를 담임 선생님과 의논한 건 사실이다."

"합법적으로 만들기 위해서냐?"

"아니다. 담임 선생님이 기표를 나한테 일임하겠다고 말했기 때문이다. 선생님은 기표를 구원해 주고 싶었던 것이다."

"그랬겠지. 형우야, 넌 지금 네가 기표를 구원했다고 보니?"

"아직 완전히는…… 그러나 멀지 않았다."

나는 웃어 주었다.

"기표는 그렇게 생각하지 않을 걸. 형우, 네가 구원해 주고 있다고 말이야."

"그것은 기표가 생각할 일이 아니다."

"무슨 뜻이냐?"

"우리가 무서워했던 건 기표가 아니라 기표를 둘러싸고 있는 재수파들이었다."

"그런데?"

"이제 그 조직은 없어졌다."

"무슨 근거로 그렇게 말하는 거냐?"

"내가 병원에 있을 때 그 애들이 모두 나한테 사과하러 왔었다. 하나하나 서로가 모르게 다녀갔다."

"기표두 왔었니?"

내가 헐떡이면서 물었다.

"오지 않았다. 그러나 난 그런 놈한테 사과도 받고 싶지 않다."

그럴 테지. 나는 후우 가슴을 쓸어내렸다.

"그래, 다른 애들이 너한테 사과를 했다고 해서 재수파가 없어졌다고 생각하는 건 잘못일 거야."

"물론 겉으로야 그대로 남아 있겠지. 그러나 그들은 이미 이빨 뺀 뱀이나 다름없어. 걔들이 모두 나한테 말했다. 기표는 악마라고. 자기들 피를 빨아먹고 사는 흡혈귀라고."

형우와 갈라서야 하는 길목에 와 있었다. 나는 형우네 집 쪽으로 따라가며 물었다.

"너 지금 무슨 얘길 하는 거냐?"

형우가 나를 향해 싱긋 웃었다.

"기표는 다 아는 것처럼 가난한 집 애다. 거기다가 그 부모가 다 병들어 누워 있다. 시집간 기표 누나가 대주는 돈으로 겨우겨우 먹고 산댄다. 기표 동생이 셋이나 있다. 기표 바로 밑의 동생이 버스 안내원을 해서 생활비를 보탰는데 요즘 무슨 일로 해서 그것도 그만두었다. 아무튼 생활이 말두 아니란 거야. 재수파들이 매달 얼마씩 모아 생활비를 보태줬다는 거야. 집에서 돈을 뜯어낼 수 없는 애들은 혈액 은행에 가 피를 뽑아 그 돈을 내놓았다는 거다."

"그렇게 해 달라고 기표가 강요한 건 아닐 텐데."

"마찬가지다. 재수파들은 기표가 무서웠다는 거야."

"지금도 무서워하고 있는 걸."

"그렇지 않아."

병원에서 지내는 동안 혈색이 더 좋아진 형우가 자신 있게 말했다.

"이제 아무도 기표를 무서워하지 않게 될 거다."

형우가 손을 흔들고 자기 집 골목으로 사라져 버렸다. 그는 유능한 반장이 틀림없다고 나는 생각했다. 씁쓸한 느낌이 가슴을 스쳤다.

〈중략〉

모 일간지 편집부국장을 지내는 학부형이 우리 반에 있었다. 담임 선생님과 반장이 그 학부형을 만나러 갔다. 그 신문사 기자가 학교에도 여러 번 다녀갔다.

며칠 뒤에 신문 미담란에 우리 반 얘기가 크게 다뤄졌다. 박스 기사였다. 기표의 갸륵한 효성에서부터 재수파들의 우정어린 피뽑기와 급우들로부터 시작된 친구돕기 운동이 전교적으로 파급되어 이룩한 성과가 자세하게 났다. 기표의 여동생 얘기도 끼어 있어 그 기사를 읽은 우리들의 콧등이 새삼 찡했다. 기사 맨 위에 담임 선생님과 반장, 그리고 기표의 사진이 박혀 있었다. 교장 선생님 지시에 의해 그 기사는 각 교실 후편 게시판에 붙이게 돼 있었다.

그 신문 기사가 나가고부터 월요 조회 때마다 교장 선생님은 사회 각계에서 보내오는 성금과 위문 편지를 최기표에게 전달했다. 담임 선생님도 종례 때면 기표에게 편지 여러 장을 건네며,

"거기 여학생 편지도 많이 있으니까 혼자 몰래 보라구."

아이들이 와하하 웃었다. 기표가 얼굴을 벌겋게 달구며 편지 다발을 책상 속에 넣곤 했다. 그럴 때마다 아이들이 박수를 쳤다. 실로 화기애애한 반이 되었던 것이다.

"기표 얘기가 영화로 된다며?"

"그렇대. 재수파들을 중심으로 한 얘긴데 TV에 나오는 제3교실 같은 거겠지."

어디서 나온 얘긴지 기표의 얘기가 영화로 만들어진다는 소문이 파다했다.

이제 아이들은 아무도 기표를 무서워하지 않았다. 형이라고 호칭하는 아이도 드물었다. 아무나 곁에 가서 말을 걸 수가 있었고 때로는 어깨도 쳤다.

— 전상국, '우상의 눈물' —

〈문제 16〉 '나'와 '형우'의 대화 양상으로 보아 '나'의 말하기 전략으로 볼 수 없는 것은?

    ① 상대방의 반응을 유도한다.

    ② 추측했던 것의 진위를 확인한다.

    ③ 상대방에게 다음 말을 재촉한다.

    ④ 앞으로의 일을 넌지시 알게 한다.

    ⑤ 이해되지 않는 부분은 다시 묻는다.

〈문제 17〉〈보기〉는 〔비위〕와 관련된 설명이다. 이와 같은 원리를 적용할 수 있는 사례로 적절하지 않은 것은?

〈보기〉

'비위(脾胃)'는 원래 인체의 장기인 '비장'과 '위장'을 일컫는 말인데 비유적 의미로 확대되어 '어떤 음식물이나 일을 삭여 내거나 상대하여 내는 성미'라는 뜻으로도 쓰인다.

    ① 그 말이 <u>폐부</u>를 찌른 것이다.

    ② 아이가 들어오지 않아 <u>애</u>가 탄다.

    ③ 그들에게 <u>쓸개</u>까지 내놓을 작정이냐?

    ④ 적의 총부리가 그의 <u>심장</u>을 겨누고 있었다.

    ⑤ 나는 그의 잔인한 행동에 <u>간담</u>이 서늘했다.

〈문제 18〉 위 글을 읽고 난 후의 반응으로 적절하지 않은 것은?

    ① 나는 인물들 사이의 갈등을 보면서, 인간의 적대감이 얼마나 부질없는 것인지를 생각하게 되었어.

    ② 나는 인간의 행동은 자신의 의지와는 상관없이, 상황에 의해 좌우되기도 한다는 것을

알 수 있었어.

③ 나는 작품 속에 등장하는 폭력이나 사실의 왜곡 등은 사회 현상의 단면을 보여주는 것
  같다는 생각을 했어.

④ 나는 '나'가 무슨 생각을 하고 있는지가 궁금해. 대립되는 인물들 사이에서 애매한 태도
  를 취하고 있잖아.

⑤ 나는 문체상의 특징을 살펴보았는데, 군더더기가 별로 없는 깔끔한 문장으로 쓰여 있어
  읽기가 편했어.

〈문제 19〉〈보기〉를 참고하여, (A)에 들어갈 내용을 추리한 것으로 가장 적절한 것은?

〈보기〉
◦(A)를 통해 기표의 미래를 짐작해 볼 수 있다.
◦대조적 이미지를 사용하여 감각적으로 표현하였다.

① 재스민의 향기는 우리를 슬프게 한다. 이 향기는 항상 나에게, 창 앞에 한 그루 노목
  (老木)이 섰던 나의 고향을 생각나게 한다.

② 달리는 기차는 우리를 슬프게 한다. 유령의 무리처럼 요란스럽게 지나가는 불 밝힌 차
  창(車窓)에서 미소를 띤 옛날 소녀의 모습이 보일 때.

③ 울고 있는 아이의 모습은 우리를 슬프게 한다. 정원(庭園)의 한 모퉁이에서 발견된 작
  은 새의 시체 위에 초가을의 따사로운 햇볕이 떨어져 있을 때.

④ 돌아가신 아버지의 사진은 우리를 슬프게 한다. 곁방에 문이 열리고 소곤거리는 음성과
  함께 낡아빠진 헌 시계가 새벽 한 시를 둔탁하게 치는 소리가 들릴 때.

⑤ 당신의 살던 집에서는 낯선 이의 얼굴이 내다보고, 왕처럼 경이롭던 아카시아 숲도 이
  미 베어 없어지고 말았을 때. 이 모든 것은 우리의 마음을 슬프게 하는 것이다

※ 위 문제는 "언어영역"(한국교육과정평가원·시도교육청, 2002-2005)을 정리한 것임

정답

  1.⑤ 2.③ 3.③ 4.③ 5.④ 6.② 7.① 8.⑤ 9.④ 10.③ 11.③ 12.① 13.⑤ 14.⑤ 15.③ 16.④
17.④ 18.① 19.③

(1) 개요

한국어능력인증시험은 지난 2003년 4월 10일에 제정된 『국어기본법』을 토대로, 우리나라 국민의 국어능력 향상을 위해 실시되는 시험이다. 즉, 오늘날 지식·정보화 사회를 기반으로 빠르게 "변화하는 국어 생활의 환경에 발맞추어 기존의 국어 교육 내용이나 방법의 한계를 극복하고, 체계적인 사고 과정의 결과로 나타나는 말하고, 듣고, 읽고 쓸 줄 아는 총체적인 언어 능력"을 평가하는 시험으로, 이러한 평가를 통해 "국민의 국어 능력을 신장시키고, 나아가 국어 능력 향상을 학교 교육의 단계를 넘어 평생 학습의 단계로 인식"토록 하고자 개발된 시험이라 하겠다.

(2) 목적

한국어능력인증 시험은 크게 두 가지의 목적을 가진다. 첫째, 국어 교과과정의 지속성 유지와 국어의 평생 교육 지향, 둘째 국어 능력의 향상을 통해 창의적이고 지적인 사고력 증진, 셋째 폭넓은 독서를 기반으로 한국 문화의 이해 향상이 그것이다.

○ 국어 교과과정의 지속성 유지와 국어의 평생 교육 지향

지금까지 7차 교육과정으로 제시된 우리나라의 국어과 교육과정의 기본 지향점은 창의적인 국어 사용 능력을 기르는 데 있다. 창의적인 국어 사용 능력은 언어 활동의 반복으로 성취되는 것이 아니라, 언어 활동과 문학에 대한 기초적인 지식의 체계적인 학습이 선행될 때 더욱 효과적으로 성취된다. 예컨대, 국어 교과과정에서 배우는 문학의 지식은 작품을 수용하고 인간의 삶을 총체적으로 이해하는 능력과 심미적 정서를 함양하는 데에 중요한 기반이 된다는 것이다. 이러한 기반은 국어 사용 양상과 내용을 정확하고 비판적으로 이해하는 능력과 사상과 정서를 효과적이고도 창의적으로 표현하는 능력과 태도를 길러주며, 뿐만 아니라 국어 교육의 이념과 지향인 우리 문화의 이해와 창조에 기여한다. 이에 따라 한국어능력인증시험도 고등학교 과정까지 학습한 국어 교과과정을 이후에도 지속할 수 있고, 이를 통해 국어의 평생 교육을 달성할 수 있는 목적을 지닌다.

○ 국어 능력의 향상을 통해 창의적이고 지적인 사고력 증진

한글을 모국어로 하는 우리나라 사람들에게 국어 능력은 "체계가 없는 잡다한 언어 활동"으로 생각될 수 있고, 또한 과거로부터 이어져 오는 "정해진 예문의 반복 학습"으로 인식될 수도 있다. 이 같은 생각은 국어 교과과정에서 어쩔 수 없이 나타날 수밖에 없는 독본 위주, 강독 위주의 교수-학습 방식과 정해진 틀에 맞추어 출제하는 객관식 시험이 초래한 결과라 할 수 있다. 따라서 '한국어능력인증시험'은 이처럼 틀에 박힌 국어 활동에서 벗어나 창의적 사고력을 향상시키고, 생활화할 수 있도록 유도하는 데 목적이 있다. 이는 이해와 표현의 모든 과정에서 체계적으로 사고하고 문화적 감수성을 심화함으로써 개인적 창의로 나아갈 수 있는 능력을 갖추는 데서 성취된다고 할 수 있다.

○ 폭넓은 독서를 기반으로 한국 문화의 이해 향상

일반인은 물론 대학생의 독서 체험은 국어 능력의 발달, 개인의 지적 성장, 문화 능력의 함양, 주체적 판단 능력의 확보 등에 매우 중요하다. 이에 맞춰 한국어능력인증시험은 일반일들과 대학생들의 독서 체험의 폭과 깊이가 결과에 반영될 수 있는 문제가 출제되고 있다. 이는 평소에 우리가 일상생활에서 접하는 언어 자료, 즉 문학, 신문, 잡지는 물론 새로운 대중 매체에 등장하는 언어 자료를 충분히 읽고, 이해할 수 있는 훈력을 쌓을 필요성을 말해준다. 이러한 과정을 통해 일반인은 물론 대학생들은 자신의 지적·정서적 성장을 직접 인식할 수 있을 것이다.

(3) 출제 기관

현재 한국어능력 인증 시험은 KBS와 한국언어문화연구원에서 실시하고 있다.

❶ KBS 한국어능력시험

○ KBS미디어가 주관하고 KBS 아나운서실 한국어 연구회와 국어학자, 언어학자 등이 문제를 출제하고 있다. 출제영역은 문법능력(어휘력, 문법), 이해능력(듣기, 읽기), 표현능력(쓰기, 말하기), 창안능력(창의적 언어능력), 국어문화능력(국어교과의 교양적 지식)이다.
○ KBS 한국어능력시험은 KBS 입사 및 여러 고시에서 활용되고 있다. KBS 예비사원 지원자는 반드시 KBS 한국어능력시험을 치러야 하며, 시험 결과를 영어 성적과 학점만큼이나 높게 반영할 방침이다. 방송직군 지원자의 경우 1차 서류심사와 2차 필기시험에서 한국어능력시험의 평가 기준이 적용된다. MBC와 SBS도 현재 입사시험의 국어 영역을 한국어능력평가 시험으로 대체하는 방안을 논의 중이다. 방송사 뿐 아니라 고시에서도 국어능력시험이 활용되고 있다. 외무고시에서 공직적성평가가 도입되면서 국제정치학과 국제법 대신 우리말 구사능력과 추리력 등 언어능력을 요구하는 과목들이 추가됐다. 의-치의학 전문대학원 설립에 따른 의학교육입문검사(MEET)와 치의학교육입문검사(DEET)에도 언어추론 영역의 시험이 실시된다.

❷ 국어능력인증시험

○ 한국언어문화연구원에서 시험을 출제하고 중앙일보에듀라인과 이텍스트코리아가 공동으로 시행하고 있다. 국어능력인증시험은 종합적인 국어능력사용을 측정하여 이를 토대로 바른 국어생활과 창조적인 언어문화를 가꾸고자 개발된 평가도구다.

○ 국어능력인증시험의 총점이 5급 이상에 해당될 경우, 각 급수의 인증서를 발송한다. 국어능력
인증시험은 △일부 언론사 입사시험 △공무원 PSAT 언어영역 시험 준비에서 활용하고 있다.
그 외에도 △서울대학교 언어능력경시대회 국어부문 예선채택 △대구가톨릭대학교 21세기형인
재인증제 국어활용부문 채택 △동아대학교 수시모집 특기자 전형 지원 자격 부여 △주요대학입
시의 전형자료 △고등학교 특목고 등 입학전형 참고자료에서 활용하고 있다.

(4) 각 기관별 시험 영역 및 출제 경향

❶ KBS 한국어능력 인증시험

영역	문항수	내　용	비고
어휘	10%	· 4대 어문 규정에 대한 이해능력 · 외국어 및 전문용어에 대한 순화 능력 · 한자에 대한 이해 및 사용 능력	
문법	10%	· 문법에 대한 이해 능력을 측정하는 것으로, 비문 교정 능력 　측정	
듣기	10%	· 강의, 강연, 뉴스, 토론, 대화, 인터뷰 자료 등의 다양한 담 　화 지문을 통해 듣기 능력 평가	
읽기	30%	· 글에 대한 이해력, 비판적 사고력, 추리 상상적 사고력 측정 　하는 것으로, 주로 고전문학과 현대문학의 시가와 산문을 　비롯하여 인문, 사회, 과학, 예술 영역에 대한 이해 능력 　평가	
쓰기	10%	· 글쓰기의 과정에 대한 평가	
말하기	10%	· 보고서 작성 및 발표 능력, 토론 능력, 협상 및 대인(對人) 　설득 능력, 논증 능력, 표준화법(언어예절, 호칭어와 지칭 　어 사용 등) 등의 다양한 말하기 능력 평가 · 표준발음법(표준어규정 제2부 표준발음법) 평가	
창안	10%	· 창의적인 표어를 제작하거나, 글을 읽고 감동적이거나 인상 　적인 제목을 만들거나 추출할 수 있는 능력을 비롯하여 언 　어 사용에서 아이디어를 창안하는 능력, 비유법과 관련한 　창의적 수사법, 고사성어(故事成語)와 속담(俗談) 등을 　활용한 표현 능력 평가	
국어문화	10%	· 국어와 국어 문화에 대한 교양적 이해 능력 향상	
계	100		

영역	문항 수	내 용	비고
듣기	15	○ 담화 자료를 듣고, 논리적, 비판적, 창조적으로 이해하는 능력을 평가한다	
어휘	15	○ 어휘 목록의 양과 질, 실제 이해와 한자 능력을 포함한다.	
어문규정	10	○ 언어활동의 기초가 되는 맞춤법과 띄어쓰기, 표준어와 표준 발음	
읽기	40	○ 글을 읽고 논리적, 비판적, 창조적으로 이해하는 능력을 평가. ○ 읽기 자료는 정보 텍스트, 설득 텍스트, 친교 텍스트, 정서적 텍스트를 포함 ○ 주관식 5 문항으로, 쓰기 영역에 해당	
쓰기	10	○ 아이디어 생성과 조직, 자료 해석, 표현, 고쳐 쓰기 등의 과정을 바르게 수행할 수 있는 능력을 평가	
계	90		

기초 실력 점검 문제

※ 관광 안내원의 설명을 들려드립니다. 잘 듣고 물음에 답하십시오.

> 자, 그럼, 탑의 부분별 명칭을 말씀드리겠습니다. 탑은 기단부, 탑신부, 상륜부로 이루어집니다. 기단부는 석탑의 맨 밑에 높게 만든 단으로 탑의 밑받침이 되는 구축물입니다. 그리고 탑신부는 탑의 몸체가 되는 부분으로 기단부 위에 얹힙니다. 탑신부는 사리를 봉안하는 탑의 중심부입니다. 상륜부는 탑의 맨 위에 얹히는 부분인데, 가장 장식적입니다. 아시겠죠? 그럼 이제 이 탑에 대해 살펴볼까요?
>
> 전체적으로 보면 이 탑은 네모반듯한 모양의 이중 기단 위에 3층의 탑신을 올리고, 마지막으로 상륜부를 올렸어요. 기단은 상층과 하층으로 구분됩니다. 하층 기단은 넓게 만든 반면에 높이를 낮게 했고, 상층 기단은 높게 만든 반면에 폭을 좁게 해서 서로 균형을 이루도록 했습니다. 탑신의 1층은 2층보다 훨씬 높습니다. 2층과 3층의 높이는 1층 높이의 반 이하로 줄어듭니다. 3층은 2층보다도 약간 낮게 만들었고, 폭과 지붕돌은 위로 올라가면서 조금씩 줄어듭니다. 기단부와 탑신부는 아무런 조각이 없어 간결하고 장중하며, 각 부분의 비례가 아름다워 전체의 균형도 알맞고 안정된 느낌을 주죠. 상륜부는 크기가 작은 여러 석재들을 높이 쌓아 만들었고 세밀한 조각들이 많이 새겨져 있습니다. 주악비천상, 공양비천상이 섬세하게 조각되어 있죠. 자, 이제 이 탑의 아름다움을 감상해 보세요.

〔문제 1〕 관광 안내원이 설명하고 있는 탑은?

①  ②  ③ 

④  ⑤ 

〔문제 2〕 겹받침의 발음을 소리 나는 대로 바르게 적은 것은?
　　　　　① 내일 날씨는 그다지 맑지〔말찌〕 않겠습니다.
　　　　　② 중언부언 하지 말고 짧게〔짭께〕 얘기합시다.
　　　　　③ '얇다'〔얍따〕와 '가늘다'를 혼동하는 이가 많다.
　　　　　④ 문지방을 밟고〔밥ː꼬〕 다니면 좋지 않다
　　　　　⑤ 넓디넓은〔넙띠널븐〕 평야를 바라보니 기분이 상쾌하다.

〔문제 3〕 사이시옷의 쓰임이 모두 바른 것은?
　　　　　① 뒷풀이, 뒷뜰　　　② 촛점, 헛점　　　③ 숫꿩, 숫나사
　　　　　④ 우윳빛, 수돗물　　⑤ 댓가(代價), 갯수(個數)

〔문제 4〕 외래어 지명 표기가 바른 것은?
　　　　　① 네델란드　　　　② 싱가폴　　　③ 덴마아크
　　　　　④ 삿뽀로　　　　　⑤ 콸라룸푸르

〔문제 5〕 밑줄 친 시간어의 풀이가 바른 것은?
　　　　　① 이 대회는 <u>해거리</u>로 열린다. → 해마다
　　　　　② <u>해동갑</u>으로 밭일을 하였다. → 해가 뜰 때까지의 때
　　　　　③ <u>해거름</u>이 되니 추워진다. → 해가 거의 넘어갈 무렵
　　　　　④ 이따가 <u>들마에</u> 들르겠습니다. → 가게의 문을 열 무렵
　　　　　⑤ <u>해포</u> 만에 가슴이 탁 트이는 통쾌감을 맛보았다. → 일 년 반의 시간

〔문제 6〕 〈보기〉는 '수질 보전 대책'이라는 제목으로 보고서를 작성하기 위한 개요의 초안이다. 개
　　　　요를 수정하면서 구체화하는 방안으로 적절하지 <u>**않은**</u> 것은?

〈보기〉

1. 서론
2. 수질 현황과 주요 오염원
　　2.1. 수질 환경 기준
　　2.2. 수질 오염 추이
　　2.3. 수질 오염의 주요 원인
　　2.4. 수질 오염 물질의 배출 기준 설정
3. 수질 보전을 위한 분야별 대책
　　3.1. 상·중하수도 관리 대책
　　3.2. 강과 하천, 해양의 관리 대책
　　3.3. 생활 오수 관리 대책
　　3.4. 산업 폐수 관리 대책
　　3.5. 축산 폐수 관리 대책
4. 결론

① 서론에서 수질 오염 문제가 심각해지고 있다는 점을 환기시킴으로써, '2'의 내용과 자연스럽게 연결될 수 있도록 한다.
② '2.4. 수질 오염의 배출 기준 설정'은 '2.1. 수질 환경 기준'에 포함시켜 배출 기준만을 간단히 언급하고, 새로운 기준 설정 강화와 관련된 내용은 '3'에서 각각 언급한다.
③ '3'의 하위 항목들의 '관리 대책'이란 표현은 중복되므로 삭제하고, 그 대신에 '3. 수질 보전을 위한 분야별 관리 대책'으로 고친다.
④ '3.3.', '3.4.', '3.5.'의 항목들은 '3.1.', '3.2.'와 층위가 다르므로 삭제하거나, '2.3.'에 포함시켜서 다룬다.
⑤ 결론에서는 무엇보다도 오염원에 대한 관리가 중요하며, 지속적인 보전 운동이 뒤따라야 한다는 점을 강조한다.

〔문제 7〕 한자어 병기가 바른 것은?

① 국가보훈처(國家報訓處)는 호국 보훈의 달을 맞아 ② 호국영령(護國永靈)들의 숭고한 뜻을 기리고자 '변화·혁신 워크숍'에서 '국가 보훈은 대한민국의 과거−현재−미래입니다'라는 혁신 비전을 선포하였다. 이날 선포된 혁신 비전은 전 직원이 참여하여 수차에 걸친 ③ 의견수렴(意見收廉)을 통해 결정된 '참여형 비전'이다. ④ 혁신목표(革新目標)는 '최고의 서비스, 참여하는 보훈, 혁신하는 조직'으로 설정했다. 이 비전은 나라 위해 공헌하고 희생한 분들에게 현재의 우리가 존경과 예우를 함으로써, 대한민국의 영속성을 보장하는 ⑤ 초석(楚石) 역할(役割)을 국가보훈처가 하겠다는 의미를 담고 있다.

〔문제 8〕 다음 ( ) 안에 공통적으로 들어갈 수 있는 단어로 가장 적절한 것은?

· 위대한 작품은 (   )으로 느껴야 한다.
· 웅보는 전성창의 말만 들어도 (   )에 응어리진 것이 풀리는 것 같았다.
· 그는 자신의 (   )에 비추어 한 치의 부끄러움도 없는 삶을 살려고 노력했다.

① 안　　　　　　② 마음　　　　　③ 가슴
④ 정신　　　　　⑤ 심장

〔문제 9〕 다음 대화에서 언어 예절을 바르게 사용한 것은?

영호는 어머니를 모시고 병원에 가다가 담임선생님을 만났다.

영호 : ① (어머니께) 어머니, 우리 선생님이십니다. (선생님께) 저희 어머님이십니다.
어머니: 처음 뵙겠습니다.
선생님: 안녕하십니까? 영호 담임을 맡고 있는 박현수입니다.
영호 : ② 어머니는 병으로 입원 중이신데 집에 볼일이 계셔서 잠깐 나오셨어요.

어머니: 선생님 덕분에 영호가 공부에 흥미를 갖게 되었어요. ③ <u>집에 돌아오면 꼭 한 가지씩 저에게 여쭤 봐요.</u>

영호 : ④ <u>성적이 안 좋아서 아버님한테 야단을 많이 맞았는데</u> 요즘은 책을 보는 것이 재미있고, ⑤ <u>어머니께 모르는 것을 자주 여쭙곤 해요.</u>

〔문제 10〕 다음 내용을 텔레비전 뉴스로 보도할 때 그 자막(字幕)으로 가장 적절한 것은?

① 원숭이의 얼굴 표정과 감정
　　－ '찌푸림'과 '위협'이 대부분

② 원숭이 뇌 인간과 크게 달라
　　－ 하우저 교수의 새로운 발견

③ 원숭이의 독특한 감정 표현
　　－ 오른쪽 뇌가 주로 담당

④ 히말라야 원숭이 연구
　　－ 인간과 유사한 감정과 표정 지녀

⑤ 원숭이 뇌 구조 인간과 유사
　　－ 좌우반구 역할 분담 확인

〔문제 11〕 테일러가 주목했을 작품으로 가장 알맞은 것은?

일반적으로 인간의 왼쪽 뇌는 얼굴의 오른쪽을 통제하며 언어활동과 밀접한 관련이 있는 반면에, 오른쪽 뇌는 얼굴 왼쪽을 통제하며 감정 상태와 연관되는 것으로 알려져 있다. 이와 관련하여 원숭이의 경우는 어떠한지 조사한 연구 결과가 발표되었다.

하버드 대학교 마크 하우저의 정밀 조사 결과에 따르면, 히말라야 원숭이들은 두려움에 얼굴을 찌푸리는 표정 두 종류와 위협을 가하는 표정 두 종류 등 모두 네 가지 표정을 보여주었다고 한다. 두려움에 얼굴을 찌푸린 표정은 주로 하위의 원숭이가 상위의 원숭이로부터 공격을 받거나 주눅이 들었을 때 나타났다. 또 얼굴을 찌푸리는 표정은 두려움에 얼굴을 찌푸린 표정과 비슷하나 좀 더 빠르게 스쳐 지나간다.

하우저는 대부분의 원숭이들에서 얼굴의 왼쪽이 오른쪽보다 더 일찍 움직이고 더 극단적인 표현을 하며, 상태가 더 오래 간다는 사실을 발견했다. 이러한 연구 결과는 히말라야 원숭이 역시 오른쪽 뇌가 감정 표현을 지배한다는 사실을 암시한다. 일본원숭이를 대상으로 한 기존의 연구에서도 왼쪽 뇌는 소리 신호의 인식과 더 관계가 있다는 것이 입증된 바 있다. 요컨대, 원숭이 뇌의 좌반구는 의미를 담은 소리 신호를, 우반구는 감정을 드러내는 얼굴 표정을 관장한다는 점에서 인간과 마찬가지로 '비대칭성'을 보여주고 있는 셈이다.

① 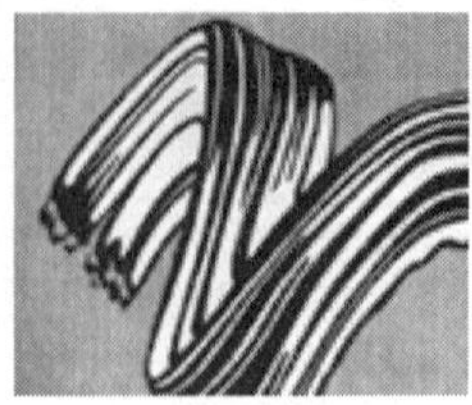

② 

③

④

⑤
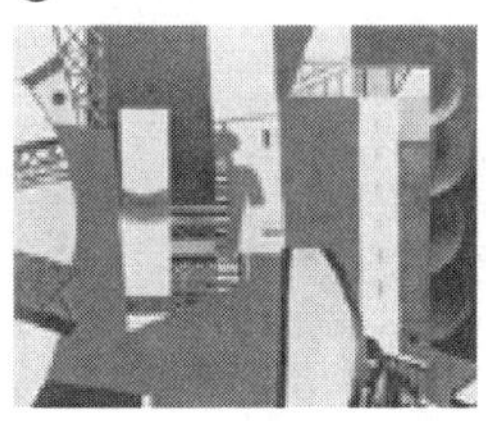

〔문제 12〕 폴록과 미술 평론가가 주고받은 대화의 내용으로 적절하지 않은 것은?
　① 폴록 : "나는 이 시대를 지난 시대의 낡은 미술 양식으로 표현할 수 없다고 봅니다. 각 세대는 그 세대만의 표현 기법을 찾아야 합니다."
　② 평론가 : "당신의 그림에는 온몸을 통해 실존을 반영한 흔적이 있습니다. 당신은 직관과 본능에 따라 그림을 창작하여 주체와 객체의 합일을 시도한 것으로 보입니다."
　③ 폴록 : "맞습니다. 나는 그림 속에 있을 때 나 자신이 무엇을 하고 있는지 깨닫지 못합니다. 내가 어떤 행위를 저질렀는가를 알게 되는 것은, 그림과 친숙해지는 얼마간의 시간이 경과한 뒤입니다."
　④ 평론가 : "당신의 작품이 미술사에서 자주 거론되고 중요시 되는 이유는 특이한 제작 방법을 통해 아름다움을 성취했기 때문입니다. 당신은 보이지 않는 추상의 세계를 새로운 조형 언어로 표현하는 것에 성공한 것으로 보입니다."
　⑤ 폴록 : "글쎄요. 그림은 자체로서 생명력을 지닌다고 믿기 때문에 나는 그림을 고치거나 이미지를 부수는 일에 조금도 두려움을 느끼지 않습니다. 따라서 때로는 인위적인 마무리를 가하여 작품을 완성하기도 합니다."

〔문제 13〕 한국어의 특징을 바르게 말한 외국인은?
　① 다나카: 어미의 변화가 없어서 배우기 쉬워요.
　② 자크: 대명사는 높임법의 변화가 없어 간편해요.
　③ 슈메이: 말할 때 주어 생략을 할 수 없어 불편해요.
　④ 제인: 입술과 이를 동시에 활용하는 자음이 많아 어려워요.
　⑤ 호세: 감각어가 자음이나 모음에 따라 변해 표현이 풍부해요.

〔문제 14〕 단군신화의 내용이 아닌 것은?
　① 환인(桓因)은 환웅(桓雄)에게 천부인(天符印)을 주어 지상에 내려가 다스리게 했다.
　② 환웅은 3천명의 무리를 거느리고 태백산 신단수(神檀樹) 아래로 내려 왔다.
　③ 환웅은 풍백(風伯), 운사(雲師), 우사(雨師) 등과 함께 하백(河伯)을 물리치고 신시
　　(神市)를 차지했다.
　④ 곰은 쑥과 마늘을 먹고 100일 동안 햇빛을 보지 않는 고행을 하고, 삼칠일(三七日)
　　동안 금기를 지킨 뒤 인간이 되었다.
　⑤ 단군은 즉위하여 나라 이름을 조선(朝鮮)이라 했고, 오랫동안 나라를 다스린 뒤 산
　　신(山神)이 되었다.

※ 위 문제들은 'KBS한국어능력인증시험' 예시 문제임

정답

1.③　2.④　3.④　4.⑤　5.③　6.④　7.②　8.④　9.⑤　10.⑤　11.②　12.⑤　13.⑤　14.③

지은이 **고창운**

1958년 4월 6일생

건국대학교 문과대학 국어국문학과 졸업

건국대 대학원 국어국문학과 문학석사

건국대 대학원 국어국문학과 문학박사

건국대, 안양대, 서울교대 강사

1995년부터 건국대학교 문과대학 국어국문학과 교수

서울교육대학교 연구 초빙교수 (2005년)

한국어능력인증

대학생을 위한 강의와 실습

초판 발행 2006년 3월 2일

3쇄 발행 2015년 2월 17일

지은이 고창운

펴낸이 박찬익

펴낸곳 도서출판 **박이정**

130-821 서울시 동대문구 천호대로 16가길 4

Tel 922-1192~3, Fax 928-4683

Http://www.pjbook.com, E-mail pijbook@naver.com

등록 1991년 3월 12일 제1-1182호

ISBN 89-7878-845-9 93710

ⓒ 2006 고창운

값 25,000원